MICRO ECONOMICS

제7판

미시경제학

서승환

弘文社

제7판 머리말*

학부 수준의 미시경제학 교과서에서 다루는 범위는 오랜 기간에 걸쳐 거의 표준화되어 있다. 뿐만 아니라 기존의 교과서에서 이미 다루고 있는 주제들도 충분히 방대하여 한 학기 수업으로 모두 다루는 것이 불가능할 정도이다. 이런 상황에서 최근 미시경제학 분야에서 이루어지고 있는 눈부신 학문적 발전을 어느 정도까지 교과서에 반영해야 하는지를 결정하는 것은 매우 곤혹스러울 수밖에 없는 일이다. 이런 이유 때문에 초판 이래 판을 거듭했음에도 불구하고 새로운 장을 추가하지 못하였다. 그러나 미시경제학 분야의 최근 이론 중 더 이상 소개를 미루기 어려워진 것이 있다. 바로 행태경제학과 관련된 이론들이다. 미시경제학 교과서에서 소개하고 있는 이론들이 엄밀한 연역적 추론에 의해 도출된 것들인 데 반하여 행태경제학과 관련된 많은 이론들은 실험결과에 의존하기 때문에 학부 수준에서 소개하기에 적합하지 않은 측면이 있는 것이 사실이다. 그러나 이미 행태경제학 이론들이 학계에서 한 축을 형성하고 있으며 기존 이론들이 설명하지 못하는 부분을 보완하고 있는 것이 사실이기 때문에 이번 7판에서는 마지막 장에 행태경제이론을 추가하였다. 미시경제학의 새로운 분야를 이해하는 데 도움이 되었으면 하는 바람이다.

이번 7판의 나머지 부분들은 기본적으로 6판과 큰 틀에서는 유사하다. 하지만 독자들의 가독성을 최대한 높이기 위해 다양한 노력을 투입하였다. 본문의 컬러 사용 방식을 조정하고 편집도 대폭 수정하여 독자들의 시각적 이해도를 최대한 끌어올릴 수 있도록 하였다. 문장도 좀 더 다듬어 최대한 평이하게 읽힐 수 있도록 하였으며 오탈자를 최소화하기 위한 노력을 다하였다. 이전 판들에 비해 독자들이 좀 더 편안하게 읽을 수 있는 교과서가 되었으면 하는 바람이다.

이번 7판의 개정에도 많은 분들의 도움을 받았다. 초판 발간 이후 늘 관심과 애정으로 격려해 주시는 홍문사의 임권규 사장님께 깊은 감사를 드리며 이 책의 편집을 위해 최선의 노력을 해 주신 홍문사의 여러 분들에게도 깊은 감사를 드린다. 책을 낼 때마다 늘 미진한 점에 대한 회한이 있다. 이번에도 예외는 아니며 강호제현의 많은 질책과 격려를 기대한다.

2011년 12월

서 승 환

제6판 머리말*

5판을 낸 지 1년 만에 6판을 내게 되었다. 5판에서 미흡하다고 생각된 부분을 모두 수정하여 만든 6판은 사실상 제1전정판에 해당한다. 미시경제학 이론 분야에서 눈부신 발전이 계속되고 있는 것이 사실이지만 지금도 그 분량이 지나치게 방대한 학부 수준의 미시경제학 교과서에 반드시 추가해야 할 내용은 없는 것으로 판단된다. 따라서 6판에서 다루는 내용의 범위도 기본적으로 전에 다루었던 범위를 크게 벗어나지 않는다. 그럼에도 불구하고 6판은 이전 판과 비교하여 두드러진 특징을 몇 가지 가지고 있다.

6판의 가장 두드러진 특징은 종전보다 훨씬 쉽게 읽힐 수 있도록 만들어졌다는 점이다. 이론의 정확한 이해를 위해 어느 정도 수식을 사용하는 것이 불가피한 상황에서 독자들의 이해도를 가능한 한 높이기 위해 되도록 평이하고 직관적인 설명을 시도하였다. 내용 면에서의 이러한 노력과 함께 편집을 전면적으로 개선한 점도 독자들의 이해를 돕는 데 기여할 것으로 기대한다. 특히 6판에서 전면 컬러를 도입한 것이 그림 등을 시각적으로 이해하는 데 큰 도움을 줄 것으로 기대한다. 그 밖에도 현실적인 예를 보다 많이 수록하여 현실의 토대 위에서 미시경제학 이론을 더 쉽고 정확하게 이해할 수 있도록 하였다. 또한 주요 경제학자들을 소개하여 교과서에 소개된 이론들이 어떠한 경로로 발전되어 왔는지 이해할 수 있도록 하였는데, 이러한 시도는 미시경제 이론을 하나의 틀로 이해하는 데 도움을 주리라고 믿는다.

6판 개정판을 내는 데에도 많은 분들의 도움을 받았다. 초판 발간 이래 늘 관심을 갖고 격려해 주시는 임권규 사장님께 감사드리며, 책의 제작에 실무적으로 관여하신 홍문사의 모든 편집부 직원들에게도 이 자리를 빌어 감사드린다. 또한 실용적인 조언을 아끼지 않는 황종휴 선생에게도 깊은 감사를 드린다.

2009년 12월

서 승 환

초 판 머리말*

필자가 연세대학교에서 미시경제학을 강의한 지도 어언 10년이 지났다. 그 사이에 미시경제학 분야와 필자 모두에 있어서 상당한 변화가 있었다. 미시경제학 분야에 있어서는 게임이론game theory을 이용하여 불확실성과 비대칭적 정보의 상황을 분석하는 것이 일반화되어 거의 모든 미시경제학적 분석에 이러한 방법론이 사용되게 되었다. 이에 따라 최근의 미시경제학 교과서에도 이러한 내용들이 점차 강조되어 수록되는 경향이 있다. 한편 필자는 10여 년 간 미시경제학을 강의하면서 미시경제학적 원리를 설명하는 나름대로의 방법을 터득하게 되었으며, 이러한 설명방법을 강의를 통하여 가다듬게 되었다. 이에 따라 필자는 필자 나름의 설명방법과 최근 미시경제학적 이론발전의 기본적인 내용을 포함하는 미시경제학 책을 쓰겠다는 결심을 하게 되었으며 그 결심이 형상화된 것이 이 책이다.

이 책은 서론, 소비자선택이론, 생산자선택이론, 시장형태론, 분배이론, 일반균형 및 후생경제학, 시장결여 및 시장실패의 7개 편으로 이루어져 있다. 책의 모든 편에 있어서 복수기간선택이론을, 그리고 시장형태론에서는 게임이론의 기초를 한 장으로 하여 따로 설명하였다. 한편 시장결여와 시장실패에서는 최근 미시경제학에서 중요한 위치를 차지하고 있는 정보의 경제학economics of information을 한 장으로 하여 역선택, 신호균형, 도덕적 해이 및 본인-대리인 문제 등을 소개하였다.

미시경제학 책을 쓸 때 당면하는 문제 중의 하나는 수학을 어느 정도까지 사용할 것인가 하는 것이다. 이 책의 본문을 기술하는 데 있어서는 수학의 사용을 최대한 자제하였다. 가감승제+, −, ×, ÷, 편미분 및 전미분에 관한 수학적 지식이 이 책의 본문을 이해하기 위하여 필요한 수학적 지식의 전부라고 말할 수 있다. 그 이상의 수학적 지식을 필요로 하거나 수학적으로 다소 복잡한 내용들은 '*' 표시가 되어 있는 부록이나 각주에 수록하였다. 부록이나 각주에 수록된 내용들은 모두 본문에 평이한 말로 설명되어 있으므로 부록과 각주를 읽지 않아도 이 책의 전체를 이해하는 데 아무런 지장이 없다.

필자의 학부 시절부터 지금까지 계속 애정 어린 지도편달을 해 주시는 윤기중 교수님, 윤석범 교수님, 박진근 교수님, 정창영 교수님, 김황조 교수님 그리고 한성신 교수님께 이 자리를 빌어 깊은 감사를 드린다. 특히 박진근 교수님의 격려와 지도에 깊은 감사를 드린다. 필자에게 여러 가지 면으로 도움을 주고 계시는 선배와 동료 모두를 지면 관계로 거론하지 못하는 점 양해를 구한다. 끝으로 이 책의 출판을 기꺼이 수락하여 주신 홍문사의 임권규 사장님께 깊은 감사를 드린다.

1995년 11월

서 승 환

차 례

제 2 편 생산자선택이론

제 4 편 분배이론

제 6 편 시장결여와 시장실패

EXAMPLE 차례

서론

시장경제

01 시장경제

1-1 희소성과 경제학

1-2 모 형

1-3 가격기구

1-1 희소성과 경제학

사람들의 욕심은 끝이 없지만 모든 자원은 희소하다. 즉 모든 자원은 사람들의 욕심을 만족시킬 수 있을 만큼 충분히 존재하지 않는다. 여기서 말하는 자원에는 토지, 물 및 석유 등과 같은 천연자원natural resources 뿐만 아니라 노동과 같은 인적자원human resources, 기계 및 공장 등과 같은 물적자원capital resources 등도 포함되어 있다.

자원이 희소하므로 특정한 목적에 사용하는 자원의 양을 증가시키려면 다른 목적에 사용되는 자원의 양을 줄여야 한다. 예를 들어 어느 학생이 10시간이라는 한정된 시간 동안 공부를 한 후 국어와 수학 시험을 보기로 되어 있다면, 국어 공부에 투입하는 시간이 늘어날수록 수학 공부에 투입할 시간은 줄어든다.

이와 같이 자원이 희소하기 때문에 모든 경제는 어떻게 하면 희소한 자원을 가장 효율적으로 사용할 수 있느냐는 희소성의 문제에 직면하게 된다. 경제학economics은 가계 및 기업과 같은 개별 경제주체와 경제주체들의 모임인 경제 전체가 희소성의 문제를 어떻게 해결해야 할 것인지를 분석하는 학문이다.

경제학은 크게 미시경제학microeconomics과 거시경제학macroeconomics으로 나뉜다. 이 책의 대상인 미시경제학은 개별 경제주체가 희소성의 문제를 어떻게 해결하는지를 분석하는 학문이다. 그러나 미시경제학의 분석 대상은 개별 경제주체의 의사결정에만 국한되지 않으며, 개별 경제주체들의 행위가 서로 결합하여 경제 전체에 어떠한 영향을 주는지도 포함한다.

한편 거시경제학에서는 개별 경제주체의 행위가 아닌 경제 전체의 현상이 주로 분석된다. 따라서 거시경제학에서는 국민소득, 물가, 실업 및 경기변동 등과 같은 총량변수들이 주요 관심사이다. 그러나 최근에는 거시경제학에서도 미시경제학적 분석의 중요성이 매우 강조되고 있다. 이를 가리켜 거시경제학의 미시적 기초 micro-foundations of macroeconomics라고 부른다.

경제가 당면하는 문제

자원이 희소하므로 어떠한 경제라도 생산물의 종류 및 생산량의 결정, 생산방법의 결정, 생산물의 분배라는 세 가지 문제를 해결해야 한다.

- **생산물의 종류 및 생산량의 결정** 자원이 희소하므로 어떤 재화의 생산량을 증가시킨다는 것은 곧 다른 재화의 생산량을 감소시킨다는 것을 의미한다. 따라서 경제는 한정된 자원을 이용해 옷, 주택, 쌀, 콤팩트디스크CD 및 원자력 발전소 등과 같은 다양한 재화들을 얼마만큼씩 생산할 것인지 결정해야 한다. 이러한 의사결정의 기준이 되는 것이 경제학에서 가장 중요한 개념 중 하나인 기회비용 opportunity cost이다.

  X재를 한 단위 더 생산하기 위해서는 다른 재화의 생산에 사용될 수 있는 자원을 X재 생산에 전용해야 한다. 이에 따라 다른 재화의 생산량은 감소하는데, X재 이외의 재화 중 사회적으로 가장 가치가 있다고 평가되는 재화가 Y재라고 생각하자. 이때 X재 한 단위의 추가생산에 의해 감소된 Y재 생산량의 가치가 X재 생산을 한 단위 증가시키는 데 드는 기회비용이 된다. 예를 들어 어떤 학생이 10,000원을 지불하고 연극을 구경하기로 했다면 연극 구경의 기회비용은 이 학생이 10,000원을 지불하고 구입할 수 있었던 차선의 재화, 예를 들어 소설책의 가치가 된다.
- **생산방법의 결정** 어떤 재화를 얼마만큼 생산할 것인지가 결정되면, 어떠한 방법으로 그 재화를 생산할 것인지를 결정해야 한다. 이는 곧 생산요소들을 각 재화의 생산에 어떻게 투입하는 것이 가장 효율적인지를 결정하는 것이다.
- **생산물의 분배** 자원이 희소하므로 모든 사람들이 재화를 원하는 만큼 가질 수는 없다. 따라서 경제는 생산물을 사람들에게 분배하는 기구 mechanism가 있어야 하며, 설정된 기구에 의한 생산물의 분배는 공정해야 한다.

위의 세 가지 문제를 해결하는 방법은 경제체제에 따라 다르다. 사회주의 경제의 자원배분은 중앙정부의 계획에 의해, 자본주의 경제의 자원배분은 시장기구 market mechanism에 의해 각각 이루어진다.

시장은 가계와 기업의 독립적인 의사결정에 의해 자원배분이 이루어지게 해주는 조직organization이다. 시장기구에 의해 자원배분이 이루어진다는 것은 가계와 기업이 각각 독립적으로 결정하는 시장수요와 시장공급에 의해 자원배분이 이루어진다는 것을 의미한다. 자본주의 경제는 자원배분이 시장기구에 의해 이루어지므로 이 책의 초점도 시장기구의 작동원리와 시장기구에 의한 자원배분의 평가에 맞춰진다. 시장기구에 의한 자원배분은 결국 가격을 매개로 하여 이루어지는데, 자본주의 경제는 자원배분이 가격기구price mechanism에 의해 이루어진다고 말하기도 한다. 이에 따라 미시경제학에서는 가격이 가장 중요한 변수로 대두되므로 미시경제학을 가격론price theory이라 부르기도 한다.

1-2 모 형

경제는 수많은 재화와 생산요소가 존재하며, 다수의 가계와 기업은 각각 독립적으로 의사결정을 한다.[1] 이러한 상황에서 우리는 개별 가계와 기업의 의사결정과 시장기구에 의한 자원배분이 어떻게 이루어지는지 이해하고자 한다. 그런데 우리는 복잡한 현실을 일일이 다 설명할 수 있을 것인가?

이 물음에 대한 대답은 '아니오'이며, '그럴 필요도 없다'이다. 우리가 할 일은 복잡한 현실 가운데 핵심essence만 파악해 분석하는 것이다. 이를 위하여 설명 목적상 중요성을 갖지 않는 현실의 세세한 부분은 제외할 필요가 있다. 이러한 목적으로 사용되는 것이 모형model이다. 모형의 예로 흔히 드는 것이 지도이다. 어떤 사람이 서울에서 부산까지 자동차로 가려고 한다면, 서울·부산 사이의 중요한 국도와 고속도로만 나타나 있는 지도로 충분하며, 서울·부산 사이의 세세한 지방도까지 포함된 지도는 그다지 필요하지 않다.

경제학에서 사용되는 모형은 서술적일 수도 있으나 경우에 따라 수식이나 그림을 포함할 수도 있다. 모형은 결국 설명 목적에 맞게 현실을 단순화시킨 것이라고 할 수 있다. 그런데 단순화가 아무런 기준 없이 이루어지는 것은 아니다. 이 점에 관해 "좋은 이론theory이 되기 위해서는 몇 개의 주요 요인만을 포함하는 모형에 의

1 이러한 의사결정을 분권화된(decentralized) 의사결정이라고 한다.

표 1-1
적정 매장 면적의 결정

매장 면적	1	2	3	4	5
수 입	100	160	210	250	280
한계수입	–	60	50	40	30
비 용	100	140	190	250	320
한계비용	–	40	50	60	70
이 윤	0	20	20	0	−40

해 다수의 다양한 관찰 결과를 설명해야 하며, 그 이론에 의해 장래의 관찰 결과가 정확하게 예측되어야 한다"고 한 호킹S.W. Hawking의 언급을 상기할 필요가 있다.[2]

모형이 어떻게 만들어지는지 알아보기 위해 다음의 예를 살펴보자. 간이음식점을 경영하기 위해 매장 면적을 얼마로 정할 것인지 고민하는 사람이 있다고 하자. 현실적으로 사람들은 매장 면적을 결정하는 과정에서 매우 많은 요인들을 고려하며 고려하는 요인들도 제각기 다를 것이다. 그러나 간이음식점을 경영하는 목적은 결국 돈을 벌기 위해서이므로, 간이음식점 경영자의 관심이 수입과 비용의 차이인 이윤의 극대화라고 단순화하기로 하자.

매장 면적이 증가하면 같은 시간대에 수용할 수 있는 고객의 수가 증가하므로 수입 증가를 기대할 수 있다. 그러나 매장 면적이 증가하면 임대료와 종업원 수의 증가에 따른 인건비 증가 등으로 비용도 증가한다. 따라서 간이음식점 경영자는 매장 면적의 변화에 따른 수입과 비용의 변화를 잘 비교해 적정한 면적을 결정하게 된다. 매장 면적의 변화에 따른 수입과 비용의 변화가 표 1-1과 같다면 '이윤 = 수입 − 비용'의 관계에 의해 이윤을 계산할 수 있다. 이때 이윤극대화를 이룰 수 있는 매장 면적은 2 또는 3이다.

이러한 결과를 좀더 일반화하여 다른 여러 가지 경우에 적용할 수 있는지 알아보자. 일반적으로 매장 면적을 현재보다 한 단위 증가시킬 때 기대되는 수입의 증가가 기대되는 비용의 증가보다 크다면 매장 면적을 증가시키려 할 것이며, 반대의 경우에는 매장 면적을 감소시키려 할 것이다. 이를 구체적으로 나타내기 위해 한계marginal라는 개념을 이해할 필요가 있다.

매장 면적을 한 단위 증가시켰을 때 수입이 얼마나 증가하는지는 한계수입mar-

2 S.W. Hawking, *A Brief History of time*, New York, Bantam Books, 1988.

EXAMPLE 1-1

한계혁명 marginal revolution

소비자가 의사결정을 할 때 중요하게 고려하는 것은 소비할 때 추가되는 한 단위의 가치, 즉 한계효용이라는 것이 한계주의 marginalism이다.

한계효용의 개념은 1870년대 영국의 제본스W.S. Jevons, 오스트리아의 멩거C. Menger, 스위스의 왈라스L. Walras에 의해 주장되었다. 이들의 주장이 가치론에 혁신적인 변화를 가져왔기 때문에 한계혁명이라고 부르게 되었다.

애덤 스미스A. smith는 《국부론》에서 '다이아몬드와 물의 역설'에 대해 언급하면서, 인간의 생존에 꼭 필요한 물의 가격은 거의 0인 반면 생존과 무관한 다이아몬드의 가격은 왜 그렇게 높으냐고 물은 후, 상품의 가치는 그 상품을 만들기 위해 투입된 노동의 양에 의해 결정된다는 노동가치설을 제시했다. 즉 물은 거저 주어지다시피 한 것이고 다이아몬드를 캐고 가공하는 데 많은 노동이 투입되기 때문에 다이아몬드 가격이 물보다 비싸다는 것이다.

튀르고J. Turgot는 주관적 가치설의 입장에서 '다이아몬드와 물의 역설'에 대해 분석했다. 즉 상품의 내재적 가치라는 것은 없으며, 상품의 가치는 소비자가 그 상품을 주관적으로 얼마나 강하게 원하느냐에 따라 결정되고 상대적 가치는 사람들의 필요에 따라 끊임없이 변동한다는 것이다. 예를 들어 물이 풍부한 상황에서 다이아몬드의 가치를 높게 평가하는 사람도 사막에 버려진 상황에서는 물의 가치를 더 높게 평가하게 된다.

이러한 주관적 가치설에 입각하여 한계주의는 발전해 왔다. 한계주의에 따르면, 한계효용이 높은 것이 가치도 높다고 평가되며 한계효용은 체감한다고 한다. 그리고 이 이론에 따르면 물은 많고 다이아몬드는 희소하기 때문에

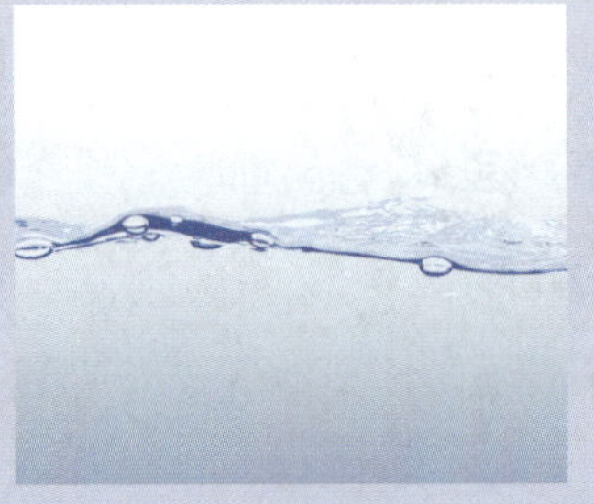

다이아몬드와 물의 역설 사막에 내버려진 사람은 다이아몬드보다 물의 가치를 더 높이 평가할 것이다.

'다이아몬드와 물의 역설'은 간단히 해결된다.

그런데 한계효용은 왜 체감한다고 보아야 하는가? 이는 심리학에서 흔히 인용되는 베버-훼흐너 감각법칙Weber-Fechner law of sensation으로 설명할 수 있다. 이 법칙에 따르면 감각의 강도가 산술급수적으로 증가하기 위해서는 자극이 기하급수적으로 증가해야 한다. 이는 같은 정도로 자극을 증가시키면 감각의 강도는 떨어진다는 것, 즉 한계효용이 체감한다는 것으로 이해될 수 있다.

---

ginal revenue, MR으로 정의된다. 마찬가지로 매장 면적을 한 단위 증가시켰을 때 비용이 얼마나 증가하는지는 한계비용marginal cost, MC으로 정의된다. 이 경우의 MR과 MC를 계산한 결과가 표 1-1에 나타나 있다. 예를 들어 매장 면적이 1인 경우의 수입은 100이고 매장 면적이 2인 경우의 수입은 160이므로 매장 면적이 1에서 2로 한 단위 증가하면 수입이 60만큼 증가한다. 따라서 매장 면적이 2인 경우의 한계수입은 60이 된다.

앞에서 설명한 바와 같이 $MR > MC$이면 매장 면적을 늘려 이윤을 증가시킬 수 있으며, $MR < MC$이면 매장 면적을 줄여 이윤을 증가시킬 수 있다. 따라서 MR

과 *MC*가 같아지는 상황에서 이윤극대화를 이룰 수 있다는 것을 알 수 있다. 표 1-1에서 매장 면적이 3인 경우의 *MR*과 *MC*는 모두 50이며, 이윤은 20으로 극대가 됨을 관찰할 수 있다.[3]

위의 예에서 매장 면적이 $MR = MC$를 만족시키면 적정하게 결정된다는 것을 알았다. 그러나 이러한 결과는 매장 면적의 결정에만 적용되는 것은 아니다. 이 점을 자세히 고려하기 위해 편익benefit을 생각해 보자. 편익이란 의사결정을 하는 경제주체에게 이득이 되는 것을 말한다. 매장 면적 결정에서는 수입이 곧 편익이 된다. 한계수입과 같은 개념으로 한계편익marginal benefit, *MB*을 생각하면 경제주체가 적정을 이루는 조건은 다음과 같다.

$$MB = MC \tag{1-1}$$

위의 결과는 다양한 경우에 적용될 수 있다. 어떤 학생이 몇 년간 교육을 받을 것인가 하는 의사결정을 할 때, *MB*는 교육을 1년 더 받는다면 이 학생의 장래 수입이 얼마만큼 늘어나는지를, *MC*는 교육을 1년 더 받기 위해서는 기회비용의 개념으로 비용이 얼마만큼 더 드는지를 각각 나타낸다. 이 경우에는 **식** (1-1)을 만족시키도록 교육 연한을 결정하는 것이 적정이다.

다른 예로 환경의 질을 어떻게 결정하는 것이 적정한지 생각해 보기로 하자. 환경의 질을 나타낼 수 있는 지수index가 만들어져 있고 환경의 질을 나타내는 지수가 높아질수록 사회의 만족은 증가한다고 가정하자. 이 경우에서 환경의 질을 나타내는 지수가 한 단위 증가할 때 사회의 만족이 얼마나 증가하는지를 나타내는 것이 *MB*이다. 한편 환경의 질을 높이려면 비용을 지불하여야 하는데, 환경의 질을 나타내는 지수를 한 단위 증가시키기 위해 지불하여야 할 비용을 나타내는 것은 *MC*이다. 이 경우에도 **식** (1-1)을 만족시키도록 환경의 질을 결정하는 것이 적정하다. 이상의 결과를 종합할 때 임의의 의사결정 대상인 X의 값을 적정하게 결정하는 방법은 **식** (1-1)을 만족시키도록 결정하는 것임을 알 수 있다. 이를 그림으로 나타내면 그림 1-1의 X_*가 적정한 값이 된다.

---

3 **표** 1-1에서 매장의 면적이 2일 때에는 3일 때와 마찬가지로 이윤이 20으로 나타났다. 이 문제는 매장 면적을 1, 2, 3, … 등 정수(integer)로 나타냈기 때문에 생겼다. 만약 매장 면적이 연속적으로 변화한다고 하면 이윤극대화를 이루는 매장 면적은 3뿐이다.

그림 1-1

최적 의사결정

최적 의사결정은 MB와 MC가 만나는 점에서 이루어진다. 이러한 원리는 다양한 경제적 의사결정의 상황에 동일하게 적용될 수 있다.

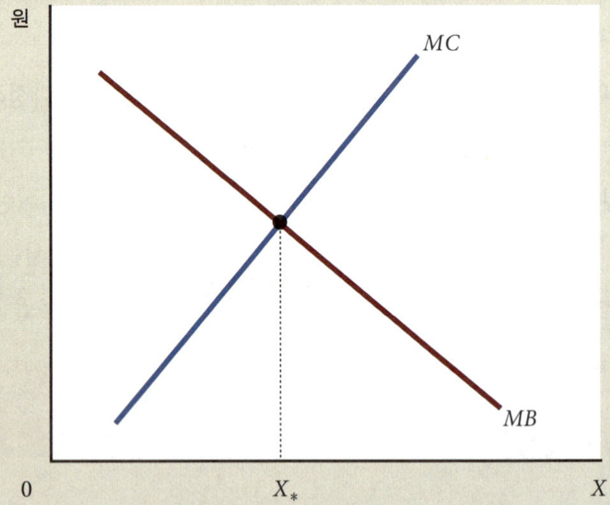

1-3 가격기구

자본주의 경제는 자원배분이 가격기구에 의해 이루어진다. 여기서는 가격기구가 어떻게 작동되는지를 순환흐름 모형 circular flow model과 수요-공급 모형 demand-supply model을 통해 알아보기로 한다.

순환흐름 모형

가계와 기업의 독립적인 의사결정이 시장을 통해 어떻게 연관되는지를 보여주는 모형을 **순환흐름 모형**이라고 한다. 그림 1-2의 순환흐름 모형은 정부는 없고 가계와 기업만 존재하는 경제에서 가계와 기업의 독립적인 의사결정이 시장을 통해 어떻게 연결되는지를 보여준다.

> **순환흐름 모형**
> 가계와 기업의 독립적인 의사결정이 시장을 통해 어떻게 연관되는지를 보여주는 모형을 순환흐름 모형이라고 한다.

가계는 자신이 보유하고 있는 생산요소인 노동을 기업에 제공하고 노동을 제공한 대가를 받으며, 기업은 생산물을 생산하기 위해 노동을 수요하고 노동을 사용한 대가를 지불한다. 따라서 가계의 의사결정인

그림 1-2

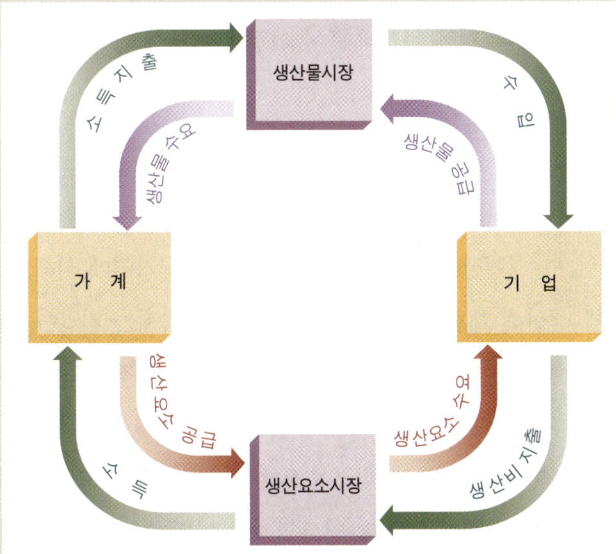

순환흐름 모형

가계와 기업이 생산물 시장과 생산요소 시장에서의 수요와 공급 행위에 의해 어떻게 연결되는지 보여주는 것이 순환흐름 모형이다.

노동의 공급과 기업의 의사결정인 노동의 수요는 생산요소시장의 한 종류인 노동시장에서 서로 연결된다. 가계는 벌어들인 소득을 지출해 재화를 구입하고, 기업은 생산물을 판매해 수입을 올린다. 이에 따라 기업의 의사결정인 재화의 공급과 가계의 의사결정인 재화에 대한 수요는 생산물시장을 통해 서로 연결된다. 그런데 순환흐름 모형은 다음과 같은 특징들 때문에 현실을 모두 반영하고 있지는 않다.

첫째, 여러 종류의 다양한 기업들이 기업부문 하나로 묶여져 나타나 있다. 이에 따라 한 기업이 부품을 생산해 다른 기업에 공급한다거나 하는 기업 간 거래는 고려하지 못하고 있다.

둘째, 모든 생산이 기업에 의해서만 이루어지는 것으로 간주되고 있다. 현실적으로 청소, 세탁 및 식사 등과 같은 것들이 가계에 의해 생산되고 있으나, 위의 순환흐름 모형은 이를 고려하지 않고 있다.

셋째, 중요한 경제주체의 하나인 정부가 포함되어 있지 않다. 시장에서 거래가 정상적으로 이루어지기 위해서는 법과 질서를 유지하는 정부의 역할이 필수적이다. 무법천지인 세상에서는 정당하게 비용을 지불하고 물건을 구입하는 행위 대신 남의 물건을 강탈하는 행위가 일상적으로 발생할 것이며, 이에 따라 시장기구는 정상적으로 작동할 수 없다.

위와 같은 단점들이 있으므로 순환흐름 모형은 좋은 모형이 아니라는 것인가? 이에 대한 대답은 '아니오'이다. 그 이유는 앞의 1-2 모형에서 설명한 바와 같다. 즉 순환흐름 모형은 시장기구에 의해 자원배분이 어떻게 이루어질 수 있는가라는 문제의 핵심을 명확하게 설명해 주는 장점이 있다.

수요-공급 모형

가계와 기업의 독립적인 의사결정은 시장을 통해 서로 연결된다. 즉 시장에서 결정되는 가격에 의해 기업은 가계가 원하는 양만큼 생산해 재화의 과부족이 없게 하며, 가계는 기업이 원하는 양만큼 생산요소를 공급해 생산요소의 과부족이 없게 한다. 시장에서 수요가 공급보다 많으면 가격이 상승하며, 반대의 경우라면 가격이 하락한다. 따라서 수요와 공급이 일치해야만 가격이 안정될 수 있다. 가격이 가계와 기업의 의사결정에 어떻게 영향을 주어 자원배분을 결정하는지를 분석하는 모형이 **수요-공급 모형**이다.

> **수요-공급 모형**
>
> 가격이 가계와 기업의 의사결정에 영향을 주어 자원배분을 결정하는 과정을 분석하는 모형을 수요-공급 모형이라고 부른다.

어떤 재화 X에 대한 수요는 가계에 의해 결정된다. X에 대한 수요에 영향을 주는 요인들로는 X의 가격 P_X, 다른 재화의 가격, 가계소득 및 기호 등이 있다. 그 가운데 X재에 대한 수요(량)에 가장 직접적으로 영향을 주는 요인은 P_X이다. 이에 따라 X재에 대한 수요량을 분석할 때 P_X 이외의 다른 요인들은 일정하다는 가정이 흔히 사용되는데, 이 가정을 '다른 조건이 일정하다 ceteris paribus'의 가정이라고 부른다. 이 가정 아래 P_X가 변화할 때 X재에 대한 수요량이 어떻게 변화하는지를 나타낸 것이 수요곡선 demand curve이다. 일반적으로 수요곡선 D는 그림 1-3과 같이 우하향하는 형태가 된다. 즉 가격이 하락하면 가계는 더 많은 양을 수요하기를 원한다. 이를 수요의 법칙 law of demand이라 한다.

한편 X재의 공급(량)에 영향을 주는 요인으로는 X재의 가격, X재 생산에 투입되는 생산요소의 가격 및 생산기술 등을 들 수 있다. '다른 조건이 일정하다'의 가정 아래 P_X가 변화할 때 X재의 공급량이 어떻게 변화하는지를 나타내는 것은 공급곡선 supply curve이다. 일반적으로 공급곡선 S는 그림 1-3과 같이 우상향하는 형태가 된다. 즉 가격이 상승하면 기업은 더 많은 양을 공급하기를 원한다. 이를 공급의 법칙 law of supply이라 한다.

시장에서 X재의 가격이 그림 1-3의 P_X^0로 결정되면 가계가 수요하려는 양보다 기업이 공급하려는 양이 더 많다. 시장에서 물건이 남아돌면 가격이 하락하므

그림 1-3

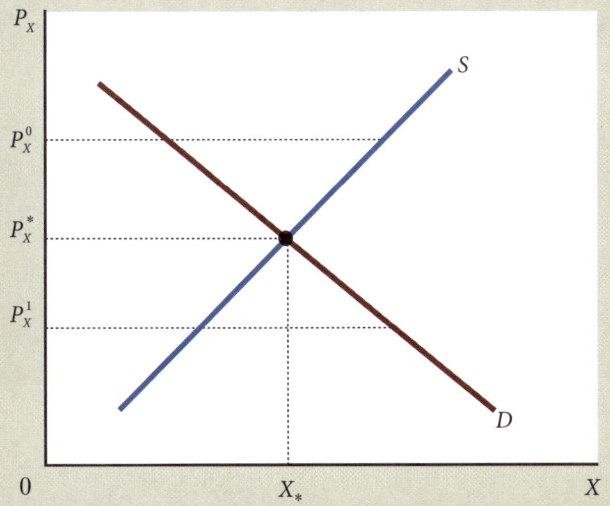

수요-공급 모형

수요와 공급이 일치할 때 균형가격 및 균형수급량이 결정된다. 균형가격이 결정되면 소비자들은 원하는 양을 모두 구매할 수 있고 생산자들도 원하는 양을 모두 판매할 수 있다. 따라서 이 균형가격은 변화하지 않게 된다.

로, X재의 가격은 P_X^0에서 유지되지 못하고 하락하게 된다.[4] 반대로 시장에서 X재의 가격이 그림 1-3의 P_X^1으로 결정되면 가계가 수요하려는 양이 기업이 공급하려는 양보다 더 많다. 시장에 물건이 부족하면 가격은 상승하게 마련이므로, X재의 가격은 P_X^1에서 유지되지 못하고 상승하게 된다.

시장에서 X재의 가격이 그림 1-3의 P_X^*로 결정되면, 가계는 자신이 원하는 양만큼의 X재를 기업이 공급하기 바란다. 그런데 P_X^*에서 가계는 자신이 원하는 양만큼의 X재를 모두 구입할 수 있으며 기업도 자신이 원하는 양만큼의 X재를 모두 공급할 수 있기 때문에 가계와 기업은 의사결정을 바꿀 필요가 없고 가격도 P_X^*에서 계속 유지될 수 있다. 이러한 상태가 곧 균형 equilibrium 이다. P_X^*는 소비자의 기호가 변화한다거나 혹은 기업의 생산비 조건이 바뀐다거나 하는 것과 같은 외부적인 충격이 없는 한 계속 유지될 수 있다. 균형은 경제학에서 가장 중요한 개념 중 하나인데, 일반적으로는 외부의 충격이 가해지지 않는 한 현재의 상태가 계속 유지되는 상태를 균형이라 한다. 균형을 이루는 P_X^*를 균형가격이라 하며, 균형가격에서 형성된 수요량 혹은 공급량인 X_*를 균형수급량이라 한다.

수요-공급 모형은 생산물시장뿐만 아니라 생산요소시장에도 적용될 수 있다. 생산요소시장의 하나인 노동시장에서 가계는 노동의 공급을 결정하며, 기업은 노

4 시장에서 수요량과 공급량의 불일치 현상이 나타나면 가격이나 공급량이 변화하기도 한다.

그림 1-4

노동시장의 균형

노동시장에서는 노동에 대한 수요곡선과 노동의 공급곡선이 만나는 점에서 균형임금과 균형노동수급량이 결정된다.

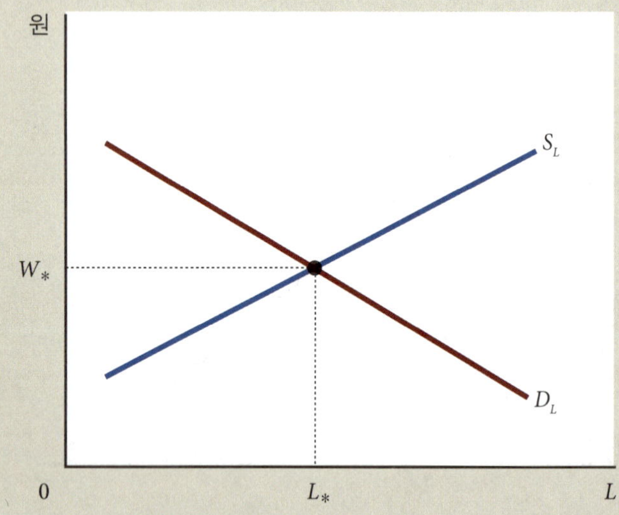

동에 대한 수요를 결정한다. '다른 조건이 일정하다'의 가정 아래 임금이 상승하면 가계가 원하는 노동의 공급량은 증가하므로, 노동의 공급곡선 S_L은 그림 1-4와 같이 우상향하는 형태가 된다.

임금상승률이 매우 높은 경제에서 공장자동화가 진행되는 경우에서 알 수 있는 바와 같이 임금이 상승하면 기업은 노동을 다른 값싼 생산요소로 대체하려 한다. 따라서 노동에 대한 수요곡선 D_L은 그림 1-4와 같이 우하향하는 형태가 된다. 노동시장의 균형은 임금이 W_*인 경우에 달성된다. 이러한 W_*를 균형임금이라 하며, L_*를 노동의 균형수급량이라 한다.

가격기구에 의한 자원배분

앞에서 살펴본 수요-공급 모형은 가격기구에 의해 자원배분이 어떻게 이루어지는지 잘 설명해 준다. 생산물의 종류와 생산량의 결정은 각 생산물시장에서 균형이 달성되어 해결된다. 즉 각 시장에서의 균형수급량만큼이 생산된다.

균형수급량이 얼마로 결정될 것인지는 수요곡선과 공급곡선의 위치에 따라 달라진다. 그림 1-3에서 X재는 균형수급량인 X_*만큼 생산된다. 그러나 그림 1-5에서는 Y재가 생산되어도 그 가격이 너무 비싸 수요가 없기 때문에 Y재가 생산되지 않는다. 그림 1-4와 같이 노동시장이 균형을 이루면 가계의 소득은 $W_* \times L_*$

그림 1-5

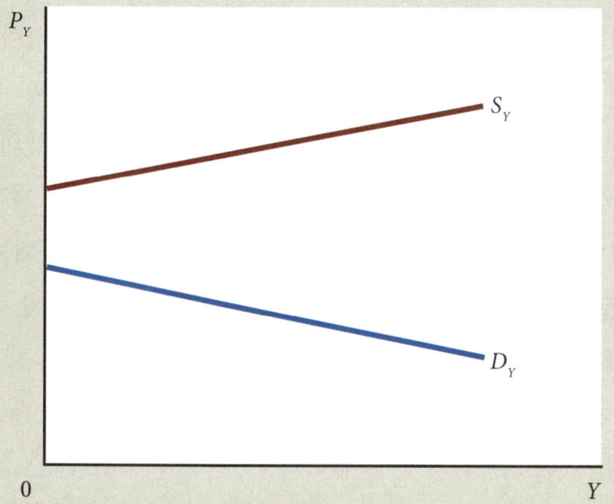

재화가 생산되지 않는 경우

재화를 생산하기 위해 기업이 받아야 할 금액이 소비자들이 재화를 구매하기 위해 지불할 의사가 있는 금액보다 높으므로 생산이 이루어지지 않는 경우이다. 생산이 이루어지지 않는다는 것은 Y재 시장이 존재하지 않음을 의미한다.

로 결정된다. 이 소득으로 각 가계는 만족을 최대한 높일 수 있도록 각 재화에 대한 수요량을 결정한다. 이러한 의사결정을 통해 생산물의 분배 문제가 해결된다.

기업이 여러 생산요소를 이용해 생산할 수 있다면 각 생산요소별로 생산요소의 균형수급량이 결정된다. 이는 생산에 투입되는 각 생산요소의 양이 결정되었다는 것, 즉 생산방법의 결정 문제가 해결되었다는 것을 의미한다.

1-4 이 책의 내용

앞에서 우리는 암묵적으로 수요곡선은 우하향하며, 공급곡선은 우상향하는 것으로 간주했다. 수요곡선은 왜 우하향하며, 공급곡선은 무엇 때문에 우상향하는가? 이 책의 소비자선택이론에서는 합리적인 소비자의 선택행위의 결과로 우하향하는 수요곡선이 얻어지게 됨을 살펴본다. 그리고 생산자선택이론에서는 이윤극대화를 이루려 하는 기업의 의사결정을 통해 우상향하는 공급곡선이 얻어지는 과정을 살펴본다. 가계와 기업이 항상 확실한 상황에서만 의사결정을 하는 것은 아니므로, 이 책에서는 불확실성uncertainty이 존재하는 상황에서 가계와 기업의 의사결정이 어떻게 이루어지는지도 설명한다.

기업이 이윤극대화를 위해 어떻게 행동해야 할 것인지는 시장 형태에 따라 다르다. 시장 형태에 대해서는 시장형태론에서 완전경쟁, 독점, 독점적 경쟁 및 과점시장의 이론으로 자세히 논의한다. 과점 시장같이 상호의존적인 경제 주체들의 의사결정을 이해하려면 게임이론game theory을 이해할 필요가 있다. 이 책은 게임이론에 대한 개괄적인 설명도 포함하고 있다. 앞에서 논의한 바와 같이 자원배분의 문제에는 소득분배의 문제가 포함된다. 이는 생산요소의 수요와 공급에 의해 결정되는데, 이에 대한 자세한 논의는 분배이론에서 이뤄진다.

일반균형 및 후생경제학에서는 시장기구에 의해 모든 시장에서 균형을 달성시키는 자원배분을 이루는 것이 가능한지, 이렇게 이뤄진 자원배분이 사회적으로 바람직한 것인지 살펴본다. 시장기구에 의해 효율적인 자원배분을 이루지 못한 경우에 '시장실패market failure가 있다'고 한다. 이에 관해서는 시장결여와 시장실패에서 자세히 살펴본다. 이 책의 마지막 장에서는 최근의 미시경제학에서 중요한 위치를 차지하고 있는 정보의 경제학economics of information과 행태경제학behavioral economics을 개괄적으로 다룬다.

요 약

- 사람들의 욕망은 무한하나 자원은 희소하므로 모든 경제는 생산물의 종류 및 생산량의 결정, 생산방법의 결정, 생산물의 분배를 포함하는 자원배분의 문제를 해결해야 한다. 자본주의 경제는 자원배분의 문제를 시장기구에 의해 해결한다.
- 복잡한 현실을 설명하기 위해서는 설명 목적상 중요성을 갖지 않는 현실의 세세한 부분은 제외하고 문제의 핵심만을 고려할 필요가 있다. 이러한 목적으로 구축된 것이 모형이다.
- 순환흐름 모형은 가계와 기업의 독립적인 의사결정이 시장을 통해 어떻게 서로 연결되는지 보여준다. 그리고 가격이 가계와 기업의 의사결정에 어떻게 영향을 주어 자원배분을 결정하는지를 분석하는 것이 수요-공급 모형이다.

Ⅰ

소비자선택이론

02 선호관계와 효용함수

우리는 경험적으로 소비자의 소비 행태에 관하여 다음과 같은 사실들을 알고 있다.

첫째, 어떤 재화의 가격이 상승하면 그 재화에 대한 수요량이 감소하며, 그에 따라 그 재화의 소비량도 감소한다. 예를 들어 어떤 도시에서 도로 혼잡이 극심해 휘발유세를 올리기로 했다면, 이는 위의 사실을 이용한 것이다. 즉 그 도시의 정책 담당자는 휘발유세를 올리면 휘발유의 소비자가격이 상승하여 휘발유 소비량이 줄고, 그에 따라 휘발유를 사용하는 자동차의 이용도 줄어 도로 혼잡이 완화될 것이라고 생각한 것이다.

둘째, 많은 재화들은 소득이 증가하면 수요가 증가한다. 예를 들어 내구소비재는 소득이 증가하면 수요도 폭발적으로 증가하여 내구소비재 생산을 위한 시설 규모가 커지고 새로 생산에 참여하려는 기업이 증가한다.

셋째, 어떤 재화에 대한 수요가 얼마나 될 것인지는 그 재화의 가격이나 품질 못지않게 소비자가 그 상품을 좋아하는 정도, 즉 소비자의 기호preference에도 의존한다. 어떤 맥주의 가격과 품질이 전과 동일해도 소비자의 변화된 기호에 부응하는 새로운 맥주가 시장에 나오면 기존 맥주의 수요가 줄어드는 것 등이 현실에서 발견할 수 있는 예가 된다.

소비자선택이론은 이러한 소비자들의 소비 행태를 논리적으로 설명하려고 한다. 이를 위해서는 소비자가 합리적인 소비자라고 전제해야 한다. 합리적인 소비자란 의사결정을 할 때 일관된 목표를 가지며, 자신이 당면한 여러 제약을 충분히 고려해 목표를 최대한 달성하는 소비자를 말한다.

소비자가 당면하는 제약 가운데 대표적인 것이 소득의 제약이다. 소비자가 소비에 지출할 수 있는 현금이 한정되어 있을 때 소비자의 의사결정 목표는 일반적으로 만족, 즉 효용utility을 극대화하는 것이라고 생각된다. 이때의 문제는 소비자의 효용을 어떠한 방법으로 나타낼 수 있는가이다. 이 문제의 답을 구하려는 것이 소비자선택이론이다.

소비자선택이론에서는 합리적인 소비자의 선호관계 preference relation 로부터 효용함수가 도출되며, 소득이 제약돼 있을 때 효용 극대화를 이룬 결과로서 수요함수가 도출된다.

2-1 선호관계

소비자는 여러 종류의 소비재를 소비한다. 소비자가 소비하는 소비재의 양을 일정한 순서를 유지하면서 짝지어 놓은 것을 **소비계획** consumption plan 이라 한다.

> **소비계획**
>
> 소비자가 소비하는 소비재의 양을 일정한 순서를 유지하도록 하면서 짝지어 놓은 것을 소비계획이라고 한다.

예를 들어 쌀 1kg, 옷 2벌, 구두 4켤레, 책 15권, 전자오락 2회인 소비계획은 (1, 2, 4, 15, 2)로 나타낼 수 있으며, 쌀 1.5kg, 옷 1벌, 구두 5켤레, 책 10권, 전자오락 5회인 소비계획은 (1.5, 1, 5, 10, 5)로 나타낼 수 있다. 이를 좀 더 일반화해 나타내면 다음과 같다.

첫째, 소비자가 소비하는 재화의 종류가 N개 있고 이 중 i번째 재화의 소비량을 X_i라 하면, 소비계획 X는 $X=(X_1, X_2, \cdots, X_N)$으로 표시할 수 있다.

둘째, 두 개의 소비계획을 $X^a=(X_1^a,\ X_2^a, \cdots, X_N^a)$와 $X^b=(X_1^b, X_2^b, \cdots, X_N^b)$로 표시한다면, 각 소비계획이 포함하는 재화의 종류와 짝지어 놓은 재화의 순서는 같지만 각각의 소비계획이 나타내는 재화의 양은 서로 다르다는 것이다.

소비계획을 그림으로 나타내는 것은 재화의 종류가 3가지 이하인 경우에만 가능하다. 왜냐하면 재화가 3가지인 경우의 소비계획은 삼차원 공간 위의 한 점이 되므로 이를 그림으로 나타내는 것은 매우 복잡하기 때문이다. 따라서 그림을 이용해 설명할 때는 통상 재화가 2가지인 경우가 이용된다.

재화가 2가지 있는 경우의 소비계획은 $X=(X_1, X_2)$로 나타내는데, 이때 X_1과 X_2는 각각 첫 번째 및 두 번째 재화의 소비량이므로 음(−)이 될 수 없다. 따라서 소비계획은 그림 2-1과 같이 좌표축의 1상한의 점들로 나타낼 수 있다. 여기서 유의할 점은 1상한의 모든 점들이 소비계획으로 고려된다는 것이다. 즉 X_1과 X_2는 모든 양의 실수일 수 있다는 것인데, 이는 결코 이상한 것이 아니다.

그림 2-1

선택 가능한 소비계획

두 가지 재화의 존재와 재화의 가분성(divisibility)을 전제로 하는 경우의 소비계획은 평면상의 한 점으로 나타낼 수 있다. 따라서 (X_1, X_2) 평면 위의 모든 점들이 소비계획이 될 수 있다.

첫 번째 재화가 사과인 경우를 생각해 보자. 어떤 소비자가 사과 반 개를 먹기 위해 손으로 사과를 반으로 쪼개는 경우 쪼개진 사과 반쪽이 반드시 0.5가 되지는 않으며, $\sqrt{2}/3$가 될 수도 있다.[1]

여러 개의 다른 소비계획들이 있는 경우라면, 소비자는 자신이 좋아하는 정도에 따라 소비계획들을 순서대로 배열할 수 있다. 즉 여러 개의 소비계획들이 있을 때 가장 좋아하는 소비계획을 맨 앞에 놓고 그 다음으로 좋아하는 것을 그 다음 위치에 놓고 하는 식으로 소비계획들을 배열할 수 있다. 소비자가 좋아하는 정도에 따라 소비계획에 서열을 설정해 주는 관계를 **선호관계** preference라고 한다.

선호관계

소비자가 좋아하는 정도에 따라 소비계획에 서열을 설정해 주는 관계를 선호관계라고 한다.

재화가 1가지만 존재하는 경우의 선호관계는 재화량의 크기 관계로 쉽게 표현할 수 있다. 만약 1가지 재화예: 현금만 존재한다면, 이 경우의 소비계획에는 현금액만 포함된다. 여기서 현금이 많을수록 소비자의 만족이 증가한다고 했을 때, $X^a > X^b$이면 소비자는 X^a를 X^b보다 더 좋아한다고 볼 수 있다. 즉 재화가 1개만 있는 경우의 선호관계는 단순히 재화의 양적 크기 관계에 의해 나타낼 수 있다.

1 재화 중에는 쪼갤 수 없는 경우도 있다. 이를 불가분성(indivisibility)이라 하는데, 불가분적(不可分的)인 재화의 경우는 가분적 재화의 분석 결과를 이용해 쉽게 분석할 수 있으므로 일반적인 경우의 설명에서는 고려하지 않는다.

재화가 여러 개 있는 경우의 소비계획들 사이의 양적 크기 관계는 매우 특별한 경우에만 사용할 수 있다. 양적 크기관계 >, ≥ 및 =를 다음과 같이 정의하자.

첫째, $X^a > X^b$는 모든 i에 관해 $X_i^a > X_i^b$라는 것을 나타낸다.

둘째, $X^a \geq X^b$는 모든 i에 관해 $X_i^a \geq X_i^b$이고 최소한 하나의 재화에 대하여는 =이 성립하지 않는다는 것을 나타낸다.

셋째, $X^a = X^b$는 모든 i에 관해 $X_i^a = X_i^b$이라는 것을 나타낸다($i = 1, 2, \cdots, N$).

그러나 재화가 여러 개 있는 경우에는 위의 세 가지 양적 크기 관계가 모든 경우를 다 나타낼 수 없다. 위의 예에서 $X^a = (1, 2, 4, 15, 2)$와 $X^b = (1.5, 1, 5, 10, 5)$인 소비계획들 사이의 양적 관계를 >, ≥ 및 =로 나타낼 수 없지만, 소비자는 X^a를 X^b보다 더 좋아할 수 있다. 이러한 상황을 양적 크기 관계에 의해 나타낼 수 없으므로 소비자의 선호관계를 정의할 필요가 있다.

첫째, $X^a \succ X^b$를 소비자가 X^a를 X^b보다 더 좋아하는 것, 즉 X^a가 X^b보다 명백히 더 선호되는 X^a is strictly preferred to X^b 것이라고 정의한다.

둘째, 소비자가 X^a와 X^b를 똑같이 좋아하는 것을 'X^a와 X^b가 무차별하다 X^a is indifferent to X^b'라고 정의해, $X^a \sim X^b$로 나타내기로 한다.

셋째, ≻와 ~를 결합해 $X \succsim X^b$를 'X^a가 X^b보다 약하게 선호된다 X^a is weakly preferred to X^b'라고 정의할 수 있다. 여기서 X^a가 X^b보다 약하게 선호된다는 것은 X^a가 X^b보다 명백히 선호되거나 무차별하다는 것, 즉 X^a가 X^b보다 덜 선호되지 않는다는 것을 나타낸다.

여러 종류의 재화가 있는 경우에 소비자가 두 개의 소비계획 중 어느 것을 더 좋아하는지는 위에서 정의된 바와 같은 선호관계에 의해 나타낼 수 있다. 그러나 선호관계는 매우 추상적인 개념이므로, 그 자체만을 이용해 합리적인 소비자의 선택행위를 분석하기는 쉽지 않다. 이러한 문제점은 선호관계를 양적 크기 관계로 바꾸어 줌으로써 해결할 수 있다.

효용함수 utility function U는 소비계획 X와 이러한 X의 소비로부터 얻는 만족인 효용 utility u 사이의 관계를 나타낸다. 즉 $u = U(X)$이다. X^a와 X^b의 선호관계가 $X^a \succsim X^b$인 경우라면 $U(X^a) \geq U(X^b)$이며, 이는 소비자가 좋아하는 소비계획일수록 효용수준이 높다는 것을 나타낸다.[2]

---

2 즉 효용함수란 더 큰 만족을 주는 소비계획을 더 큰 수치로 표현하는 함수라고 볼 수 있다.

선호관계의 공리

합리적인 소비자의 선택행위가 만족시켜야 할 조건을 선호관계의 공리라고 한다.

모든 선호관계를 다 효용함수를 이용해 나타낼 수 있는 것은 아니다. 선호관계를 효용함수로 나타내기 위해서는 일정한 조건을 만족시켜야 한다. 이러한 조건들은 합리적인 소비자라면 당연히 만족시켜야 할 조건들로, 이를 **선호관계의 공리** axiom 라 한다.[3] 선호관계의 공리로는 반사성, 완비성, 이행성, 연속성, 단조성 및 볼록성 등이 있다.

반사성 reflexiveness 은, 어느 소비계획은 그 자신보다 약하게 선호된다는 것, 즉 $X^a \succsim X^a$ 로 나타낼 수 있다. 원래의 명제가 참일 때 그 명제의 대우명제는 항상 참이므로 반사성의 의미를 명확하게 알기 위해 대우명제를 생각해 보자. $X^a \succsim X^a$ 의 대우명제는 '$X^a \succ X^a$ 가 아니다'가 된다. 이는 어느 소비계획은 그 자체보다 명백하게 선호될 수 없다는 의미이므로 반사성의 명제는 확실히 참이다.

완비성 completeness 은 합리적인 소비자는 항상 선호의 입장을 분명히 한다는 것이다. 즉 X^a 와 X^b 두 개의 소비계획 중 어느 것을 더 좋아하느냐고 물으면 X^b 또는 X^a 를 더 좋아한다거나 혹은 양자를 똑같이 좋아한다는 등의 분명한 입장을 밝히며, 어느 소비계획을 더 좋아한다고 말할 수 없다는 식의 애매한 답변을 하지 않는다는 것이다. 완비성은 '두 개의 소비계획 X^a 와 X^b 가 있을 때 소비자의 선호는 $X^a \succsim X^b$ 이거나 $X^b \succsim X^a$ 둘 중 하나이다'로 나타낼 수 있다.[4]

이행성 transitivity 은 소비자의 선호가 일관성을 가져야 한다는 것을 나타낸다. 세 개의 소비계획 X^a, X^b 및 X^c 가 있는데, 소비자가 X^a 를 X^b 보다 더 좋아하고 X^b 를 X^c 보다 더 좋아한다고 하자. 이때 소비자에게 X^a 와 X^c 가운데 어느 것을 더 좋아하느냐고 물으면, 소비자는 X^a 를 X^c 보다 더 좋아한다고 대답해야 선호에 일관성이 있다. 이는 '세 개의 소비계획 X^a, X^b 및 X^c 가 있으며, $X^a \succsim X^b$ 이고 $X^b \succsim X^c$ 이면 $X^a \succsim X^c$ 이어야 한다'로 나타낼 수 있다.

반사성, 완비성 및 이행성의 세 가지 공리만 만족시켜도 선호관계를 효용함수를 이용해 나타낼 수 있는 최소한의 조건은 충족된 셈이다. 그러나 효용함수가 소비자 선택행위를 분석하는 데 적합하려면 몇 개의 공리들을 추가적으로 만족시켜야 한다. 이들은 곧 단조성, 연속성 및 볼록성이다.

3 공리란 증명이 필요 없는 자명한 명제(proposition)를 말한다.

4 $\succsim$의 정의에 의해 여기서 정의된 완비성의 공리에는 X^a와 X^b를 무차별하게 생각하는 경우가 이미 포함되어 있으므로 이를 구별하여 포함시킬 필요는 없다.

그림 2-2

사전편찬식 선호관계의 비연속성

사전편찬식 선호관계의 경우, X_*보다 약하게 선호되는 소비계획들의 모임은 X_* 위의 수직선을 포함하는 노란색 부분이 된다. X_* 아래 수직선 부분이 $\{X|X \succsim X_*\}$에 포함되지 않아 $\{X|X \succsim X_*\}$는 닫힌집합이 아니며 따라서 연속성의 공리는 성립하지 않는다.

단조성monotonicit은 소비량이 증가할수록 소비자의 만족이 증가한다는 것, 즉 다다익선을 의미하며, '$X^a \geq X^b$이면 $X^a > X^b$이다'로 나타낼 수 있다.

연속성continuity은 소비자의 선호관계에 급격한 변화가 있어서는 안 된다는 것이다. 예를 들어 설탕과 옷감을 소비하는 소비자가 단조성의 공리를 만족시킨다고 하자. 즉 설탕 20kg, 옷감 100m^{2}인 소비계획 X를 설탕 20kg, 옷감 50m^{2}인 소비계획 Y보다 좋아해 $(20, 100) = X > Y = (20, 50)$이 성립한다. 선호관계에 급격한 변화가 없다는 것은 $Z = (20 + \Delta, 50)$이며 Δ가 매우 작은 수라면 Y와 Z는 거의 같은 소비계획이므로 $X > Z$가 성립한다는 것이다.

연속성의 공리에 위배되는 선호관계의 예로 사전편찬식 선호관계lexicographic preference ordering를 들 수 있다. $X = (X_1, X_2)$, $Y = (Y_1, Y_2)$라는 두 소비계획이 주어졌을 때, $X_1 > Y_1$이면 X_2 및 Y_2의 크기와는 상관없이 X가 더 선호되고 $X_1 = Y_1$이고 $X_2 > Y_2$이면 X가 더 선호된다는 것이 사전편찬식 선호관계의 예이다. 올림픽 경기에서는 국가 순위를 결정할 때 어떤 국가가 획득한 은메달 수가 아무리 많아도 금메달 1개를 당하지 못한다. 이 경우를 살펴보면 사전편찬식 선호관계를 이해할 수 있다. 즉 이 경우에서는 X_1이 금메달이고 Y_1이 은메달인 사전편찬식 선호관계가 성립한다.

앞의 예에서 살펴본 바와 같이 사전편찬식 선호관계는 $X > Y$가 성립하며 Z와

그림 2-3

볼록결합

$Z=\lambda X+(1-\lambda)Y$가 성립한다$(0<\lambda<1)$. 이는 Z가 X와 Y를 연결한 직선 위의 임의의 점, 즉 X와 Y의 볼록결합으로 이루어진 소비계획임을 나타낸다.

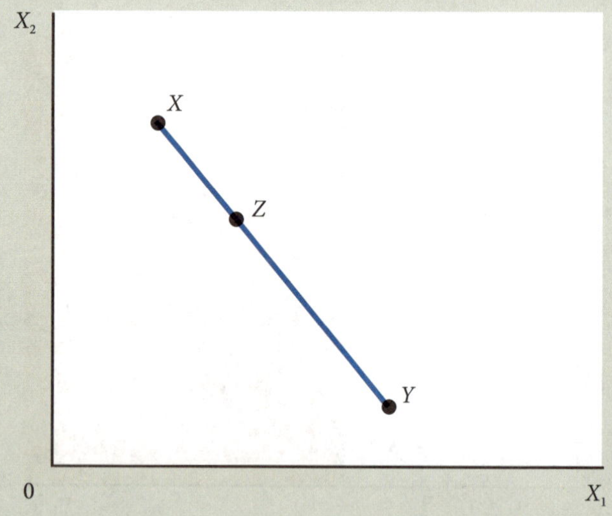

Y가 거의 같은 소비계획이라고 해도, $Z>X$가 성립해 선호관계의 급격한 변화가 초래된다. 사전편찬식 선호관계가 성립하는 경우, 그림 2-2에서 X_*보다 약하게 선호되는 소비계획들의 모임은 일부 경계를 포함하지 않으므로 닫힌집합이 아니다. 경계를 포함하는 집합을 닫힌집합이라 하므로, 연속성의 공리는 '임의의 소비계획 X_*에 대해 $\{X|X\succsim X_*\}$는 닫힌집합이다'로 나타낼 수 있다.

볼록성convexity의 공리는 매우 추상적이며 게다가 수학적이라는 느낌까지 들기 때문에 미시경제학의 수학적 증명을 위해 억지로 도입된 공리인 것으로 오해하기 쉽다. 볼록성의 공리는 사실 '중용의 도'를 나타낸다. 즉 소비자들은 편중된 소비계획보다는 균형을 이루는 중간의 소비계획을 더 좋아한다는 것이다. 이를 체계적으로 이해하기 위해 볼록결합convex combination을 먼저 이해할 필요가 있다.

그림 2-3에서 X와 Y를 연결하는 선분 위의 임의의 소비계획 Z를 X와 Y의 볼록결합으로 나타낸 소비계획이라 한다. 볼록성의 공리는 '$X\sim Y$인 경우에 $Z>X\sim Y$가 성립한다'로 나타낼 수 있다.5

예를 들어 밥과 김치라는 두 가지 재화가 존재할 때 첫 번째 소비계획은 밥만 10숟가락 먹는 것이고, 두 번째 소비계획은 김치만 10젓가락 먹는 것이라 하자.

5 볼록결합을 수식으로 정확히 표현하면 다음과 같다. 그림 2-2에서 $X=(X_1, X_2)$, $Y=(Y_1, Y_2)$ 및 $Z=(Z_1, Z_2)$인 경우 $Z=\lambda X+(1-\lambda)Y$로 나타내는데, 이는 $Z_1=\lambda X_1+(1-\lambda)Y_1$ 및 $Z_2=\lambda X_2+(1-\lambda)Y_2$가 성립함을 의미한다$(0<\lambda<1)$.

두 개의 소비계획이 모두 괴롭기는 마찬가지이므로 소비자가 각 소비계획으로부터 얻는 만족은 동일하다고 가정해 보자. 그렇다면 $\lambda = 0.5$인 경우의 두 소비계획의 볼록결합, 즉 밥과 김치를 섞어 밥 5숟가락과 김치 5젓가락을 먹는 소비계획은 위의 두 소비계획보다 더 높은 만족을 줄 것이다.

2-2 효용함수

소비자는 소비계획을 소비하여 만족을 얻는다. 소비계획과 그 소비계획을 소비할 때 얻는 만족 사이의 관계를 결정해 주는 것이 **효용함수** utility function 이다. 효용함수를 이용해 소비자의 선택행위를 분석하기 위해서는 효용함수가 실재하는지부터 확인해야 한다. 효용함수가 실제로 존재하지 않는다면, 효용함수를 이용해 소비자의 선택행위를 분석하는 것은 의미가 없다.

> **효용함수**
>
> 소비계획과 그 소비계획을 소비할 때 얻는 만족 사이의 관계를 결정하는 것이 효용함수이다. 즉 X가 소비계획, u가 그 소비계획을 소비할 때 얻는 만족, U가 효용함수라면 $u = U(X)$의 관계가 성립한다.

선호관계가 반사성, 완비성 및 이행성의 공리를 만족시키면 효용함수가 존재함을 보일 수 있다.[6] 그리고 단조성과 연속성의 공리가 추가로 만족되면 효용함수는 연속함수 continuous function 가 된다. 한편 연속적인 효용함수의 모양을 결정해 주는 것은 볼록성의 공리이다. 볼록성의 공리가 충족되면 뒤의 2-3 무차별곡선에서 효용함수를 이용하여 그린 무차별곡선이 원점에 대해 볼록하게 된다.

X가 소비계획, u가 그 소비계획의 소비로부터 얻는 만족, U가 효용함수라 하면 $u = U(X)$의 관계가 성립한다. 효용함수가 이와 같이 정의되었다는 것은 소비자가 소비행위를 통해 얻는 만족을 숫자로 정확히 나타낼 수 있다는 것을 의미하는가? 이 질문에 대한 대답은 '아니오'이며 '그럴 필요도 없다'이다. 즉 소비자의 선택행위를 분석하기 위해 만족을 정확한 숫자로 나타낼 필요는 없으며 효용함수는 단지 선호관계를 충실히 나타내기만 하면 된다는 것이다.

6 선호관계가 반사성, 완비성 및 이행성의 공리를 만족시키는 경우에 효용함수가 존재한다는 것은 수식으로 엄밀하게 증명할 수 있다. 그러나 이의 엄밀한 증명은 이 책의 수준을 크게 넘어서므로 생략하기로 한다. 이 증명에 관심이 있는 독자는 Debreu, G., *Theory of Value*, Yale University Press, 1959나 기타 고급 미시경제 이론에 관한 책들을 참고하기 바란다.

예를 들어 $X^a \succsim X^b$ 이면 $U(X^a) \geq U(X^b)$의 관계가 성립하는 것으로 효용함수의 역할은 충분하다. 그리고 $X^a \succ X^b$인 경우에 효용함수가 나타내야 하는 것은 $U(X^a) > U(X^b)$의 관계이다. 효용함수 U의 형태가 구체적으로 주어지면 $U(X^a)$와 $U(X^b)$의 값을 구할 수 있다. 예를 들어 $U(X) = X_1X_2$, $X^a = (1, 3)$, $X^b = (2, 1)$인 경우라면 $U(X^a) = 3 > 2 = U(X^b)$가 성립한다.

그런데 이번에는 U의 형태를 바꾸어 $V = U^2$, 즉 $V(X) = (X_1X_2)^2$ 으로 하면 $V(X^a) = 9 > 4 = V(X^b)$가 성립한다. 형태가 다른 두 개의 효용함수 U와 V는 소비자가 X^a와 X^b를 소비할 때 얻는 만족의 절대수준은 다르게 결정하나 X^a를 소비할 때의 효용수준을 X^b를 소비할 때의 효용수준보다 높게 결정한다는 점에서는 동일하다. 즉 두 효용함수 모두 $X^a \succ X^b$인 소비자의 선호관계를 나타내며 동일한 선호관계를 나타낸다는 관점에서 보면, $U(X) = X_1X_2$와 $V(X) = (X_1X_2)^2$를 같은 선호관계를 나타내는 효용함수로 취급할 수 있다.

그러나 효용함수의 형태를 임의로 바꾸어도 위와 같은 결과가 항상 성립하는 것은 아니다. 예를 들어 $W = -U$, 즉 $W(X) = -X_1X_2$로 바꾸어주면 $W(X^a) = -3 < -2 = W(X^b)$가 되어 $X^b \succ X^a$인 결과가 초래된다. 따라서 처음에 주어진 U와 같은 선호관계를 나타내기 위해서는 일정한 조건을 만족시켜야 한다. 이러한 조건은 단조증가함수 monotone increasing function를 이용해 나타낼 수 있다.

f라는 함수가 있을 때 u의 값이 증가함에 따라 $f(u)$의 값이 증가하면 f는 단조증가함수인 것으로 정의된다. 예를 들어 $f(u) = a + bu^2\ (b > 0)$이면 단조증가함수이다. 함수의 형태를 단조증가함수에 의해 바꾸는 것을 단조변환 monotone transformation이라고 부른다. $u = U(X) = X_1X_2$를 $f(u) = a + bu^2$에 의해 단조변환하면 $a + b(X_1X_2)^2$이 된다.

서수적 효용이론, 기수적 효용이론

단조변환이 허용되는 효용이론을 서수적 효용이론이라고 한다. 반면에 단조변환이 허용되지 않는 효용이론은 기수적 효용이론이라고 한다.

효용함수가 선호관계만 충실히 나타내면 족하다는 것은 주어진 효용함수를 단조변환해도 무방함을 의미한다. 이와 같이 단조변환을 허용하는 효용이론을 **서수적 효용이론** ordinal utility theory이라고 한다. 한편 단조변환을 허용하지 않는 효용이론은 **기수적 효용이론** 이라고 한다.

기수적 효용이론은 효용수준을 '유틸 utils' 단위로 정확히 측정할 수 있으며, 따라서 효용수준을 정확히 비교하는 것이 가능하다는 것을 전제로 한다. 기수적 효용이론에 의하면, 예를 들어 $U(X_1, X_2) = X_1X_2$, $X^a = (1, 3)$, $X^b =$

$(2, 1)$인 경우에 $U(X^a)=3$유틸, $U(X^b)=2$유틸로 정확히 측정되며, 이에 따라 X^a를 소비할 때 얻는 만족이 X^b를 소비할 때 얻는 만족보다 1유틸만큼 더 크다고 말할 수 있게 된다.

이와 같이 단조변환을 하면 X^a와 X^b를 소비할 때 얻는 만족의 차이가 달라지므로, 기수적 효용이론이 적용된 경우에는 단조변환이 허용되지 않는다. 따라서 기수적 효용이론 하에서는 유틸 단위로 나타낸 효용을 더하고, 빼고, 곱하고, 나누어 주는 것 등이 가능하다.

합리적인 소비자의 선택행위를 분석하려는 목적으로는 보다 일반화된 서수적 효용이론만을 전제로 할 수 있다. 그러나 이 책에서는 설명의 편의를 위해 기수적 효용이론을 사용하며, 꼭 필요한 경우에만 서수적 효용이론을 언급하기로 한다.

2-3 무차별곡선

두 개의 재화 X_1, X_2가 존재하는 경우의 효용함수는 $u=U(X_1, X_2)$로 나타낸다. 이러한 효용함수는 그림으로 나타내어 설명하면 매우 편하지만, 효용함수를 3차원 공간에 그려야 하기 때문에 그림을 그리기가 매우 어렵다는 문제가 있다. 이 문제를 극복하기 위해 고안된 것이 **무차별곡선** indifference curve이다.

> **무차별곡선**
>
> 동일한 만족을 주는 소비계획들의 모임을 (X_1, X_2) 평면에 그린 것이 무차별곡선이다.

임의의 소비계획 X^*와 만족이 동일한 소비계획들의 모임을 'X^*를 지나는 무차별곡선'이라 하며, $\{X \mid U(X)=U(X^*)\}$로 나타낼 수 있다. 2-1 선호관계에서 언급된 선호관계의 공리들을 모두 만족시키는 경우에 무차별곡선은 다음과 같은 성질들을 만족시킨다.

1. 임의의 소비계획에 대해 그 소비계획을 지나는 무차별곡선을 그릴 수 있다.
2. 무차별곡선의 기울기는 음(−)이다.
3. 무차별곡선은 서로 교차하지 않는다.
4. 원점에서 멀리 떨어진 무차별곡선일수록 높은 효용수준을 나타낸다.
5. 무차별곡선은 원점에 대해 볼록하다.

그림 2-4

무차별곡선의 기울기가 음인 이유

I(Ⅲ)에 포함된 소비계획들은 모두 X^*보다 크(작)다. 따라서 단조성의 공리에 의해 I 및 Ⅲ에 포함된 어떠한 소비계획도 X^*와 동일한 만족을 줄 수 없다. X^*에 비해 한 재화는 많고 다른 재화는 적은 Ⅱ 및 Ⅳ의 경우는 X^*와 동일한 만족을 줄 수 있으므로 무차별곡선의 기울기는 음일 수밖에 없다.

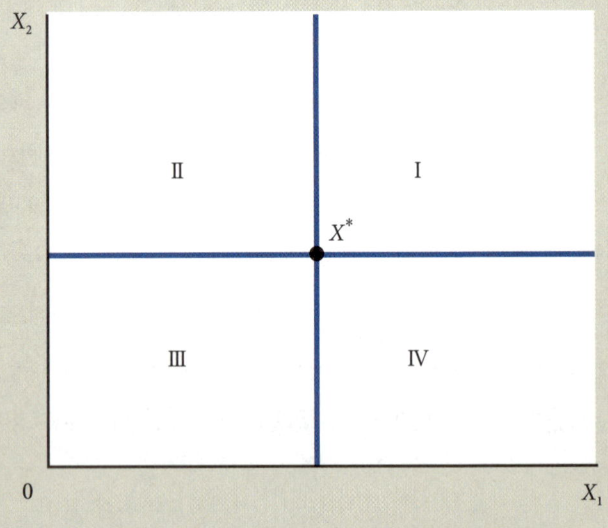

무차별곡선의 정의가 임의로 주어진 소비계획과 동일한 만족을 주는 소비계획들의 모임이므로, **1**은 무차별곡선의 정의를 다른 방법으로 표현한 것에 불과하다. **2**가 성립하는 이유는 단조성의 공리가 성립하기 때문인데, 그림 2-4에 의해 그 이유를 설명할 수 있다. X^*를 지나는 무차별곡선의 기울기를 알아보기 위해 X^*와 무차별한 소비계획들이 어디에 위치할 수 있는지 살펴보자.

첫째, I은 두 재화의 소비량이 모두 X^*보다 큰 경우이다. 따라서 단조성의 공리에 의해, I에 포함된 소비계획들은 X^*보다 더 높은 만족을 준다.

둘째, Ⅲ은 두 재화의 소비량이 모두 X^*보다 작은 경우이므로, Ⅲ에 포함된 소비계획들은 X^*보다 낮은 만족을 준다.

따라서 I과 Ⅲ은 X^*와 무차별한 소비계획들을 포함할 수 없다.

셋째, Ⅱ는 첫 번째 재화의 소비량은 X^*보다 적으나 두 번째 재화의 소비량은 X^*보다 많다. Ⅳ는 Ⅱ의 경우와 반대로 첫 번째 재화의 소비량은 X^*보다 많으나 두 번째 재화의 소비량은 X^*보다 적다. Ⅱ와 Ⅳ에 포함된 소비계획들의 경우, 한 재화의 소비량은 X^*보다 작으나 다른 재화의 소비량은 X^*보다 많으므로 X^*와 동일한 만족을 주는 소비계획들이 포함될 수 있다.

따라서 X^*를 지나는 무차별곡선은 Ⅱ와 Ⅳ에 있는 소비계획들 중 일부로 나타나며, 이는 무차별곡선의 기울기가 음(−)이라는 것을 의미한다.

그림 2-5

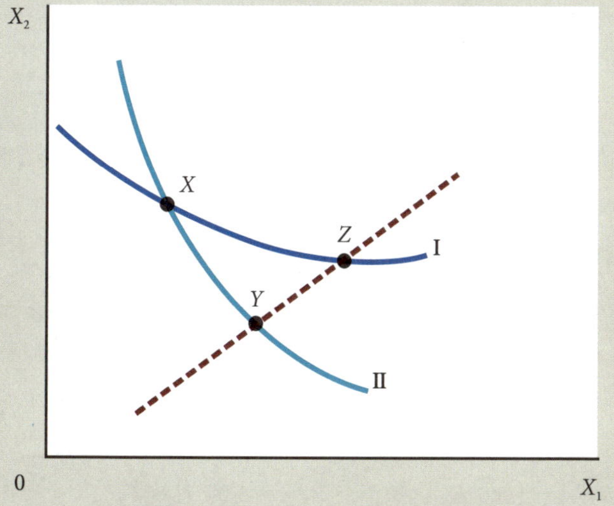

무차별곡선이 교차하지 않는 이유

무차별곡선의 정의에 의해 $U(X)=U(Y)$ 및 $U(X)=U(Z)$이므로 $U(Y)=U(Z)$가 성립해야 한다. 그러나 단조성의 공리에 의하면 $U(Z)>U(Y)$가 항상 성립해야 하므로 $U(Y)=U(Z)$라는 결론은 잘못된 것이다. 이러한 잘못된 결론은 무차별곡선이 만나는 점 X가 있기 때문에 발생한 것이므로 무차별곡선은 서로 만나면 안 된다.

무차별곡선이 교차하지 않아야 하는 이유를 알아보기 위해 무차별곡선이 교차한다면 어떠한 모순이 발생하는지 알아보기로 하자. 두 개의 무차별곡선이 교차한다면 교차점이 존재하는데 이를 그림 2-5에서와 같이 X라 하자. X를 지나는 무차별곡선 I 위에 존재하는 임의의 다른 소비계획을 생각할 수 있는데 이를 Y라 하면, X와 Y는 동일한 무차별곡선 I 위에 있으므로 $U(X)=U(Y)$의 관계가 성립한다. 이때 Y가 주어지면, Y를 지나며 기울기가 양인 임의의 직선과 무차별곡선 II가 만나는 점이 존재한다. 이를 Z라 하자.

X와 Z는 동일한 무차별곡선 II 위에 있으므로 $U(X)=U(Z)$가 된다. 그런데 Y와 Z를 비교해 보면 Z의 경우, Y보다 두 재화의 양이 모두 많으므로 단조성의 공리가 만족된다면 $U(Z)>U(Y)$가 성립해야 한다. 이상을 정리하면 $U(X)=U(Y)$, $U(X)=U(Z)$나 $U(Z)>U(Y)$라는 모순된 결과를 얻는다. 이러한 모순은 무차별곡선이 교차하는 X와 같은 점이 있기 때문에 생기므로 무차별곡선은 교차할 수 없다는 결론을 얻을 수 있다.[7]

기울기가 음인 무차별곡선이 서로 교차하지 않는다면 임의의 두 개의 무차별곡선 I과 II를 그림 2-6과 같이 그릴 수 있다.

7 여기서 "무차별곡선이 교차하지 않는다"라는 말을 엄밀하게 표현한다면 "기호가 일정한 특정 소비자의 무차별곡선은 서로 교차하지 않는다"가 된다.

그림 **2-6**

무차별곡선과 효용수준

단조성의 공리에 의해 $U(Y) > U(X)$가 성립한다. 이는 무차별곡선의 정의에 의해 무차별곡선 Ⅱ의 효용수준이 무차별곡선 Ⅰ의 효용수준보다 높다는 것을 나타낸다.

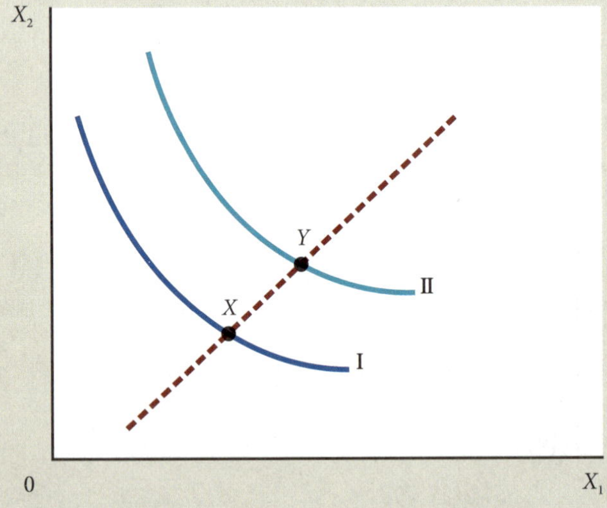

무차별곡선 Ⅰ 위의 임의의 소비계획을 잡아 이를 X라 하고, X를 지나는 기울기가 양인 임의의 직선과 무차별곡선 Ⅱ가 만나는 점을 Y라 하자. 여기서 소비계획 Y는 X에 비해 두 재화의 양이 모두 많으므로, 단조성의 공리에 의하면 $U(Y) > U(X)$가 성립한다. 즉 원점으로부터 멀리 떨어진 무차별곡선일수록 더 높은 만족의 수준을 나타낸다.

무차별곡선이 원점에 대해 볼록하다는 것은 무차별곡선의 곡률을 나타낸다. 곡선의 곡률은 원점에 대해 볼록convex to the origin, 원점에 대해 오목concave to the origin, 볼록하지 않고 비정형적인 것non-convex의 세 가지로 나누어진다. 그림 2-7 (a)는 원점에 대해 볼록한 경우, (b)는 원점에 대해 오목한 경우, (c)는 볼록하지 않고 비정형적인 경우이다.

임의의 무차별곡선 위의 두 개의 소비계획을 X와 Y라 하고, 이들의 볼록결합을 Z라 하자. 무차별곡선이 원점에 대해 볼록하면 $U(Z) > U(X)$이나, 원점에 대해 오목하면 $U(Z) < U(X)$가 된다는 것을 알 수 있다. 한편 볼록하지 않고 비정형적일지라도 $U(Z) < U(X)$인 경우가 생길 수 있다.

한편 볼록성의 공리는 무차별곡선 위의 임의의 두 소비계획에 대해, 이들의 볼록결합은 임의로 주어진 두 소비계획보다 높은 만족을 소비자에게 준다는 것이다. 따라서 볼록성의 공리를 만족시키려면 무차별곡선은 원점에 대해 볼록해야 한다.

그림 2-7

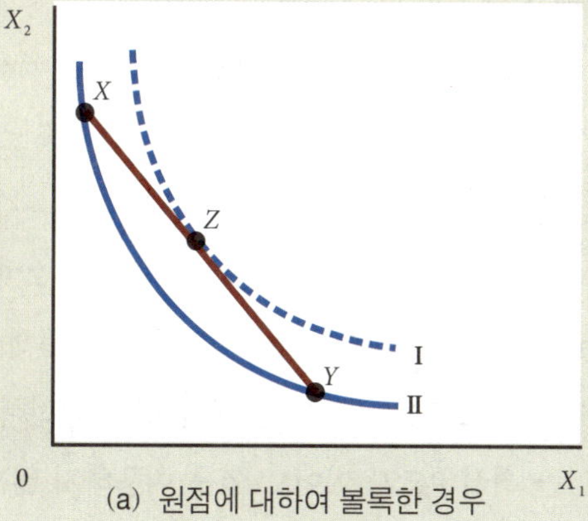

(a) 원점에 대하여 볼록한 경우

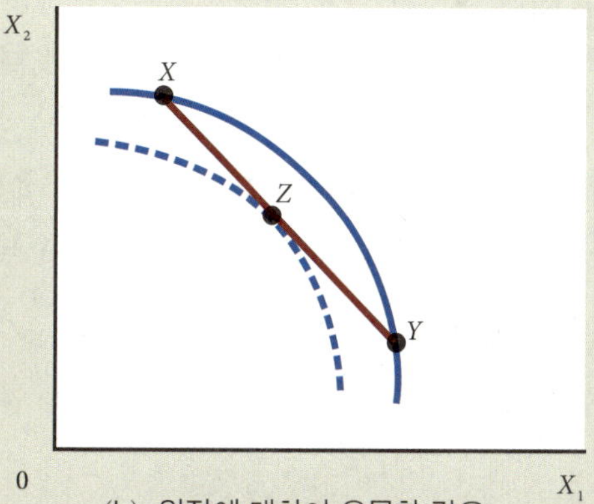

(b) 원점에 대하여 오목한 경우

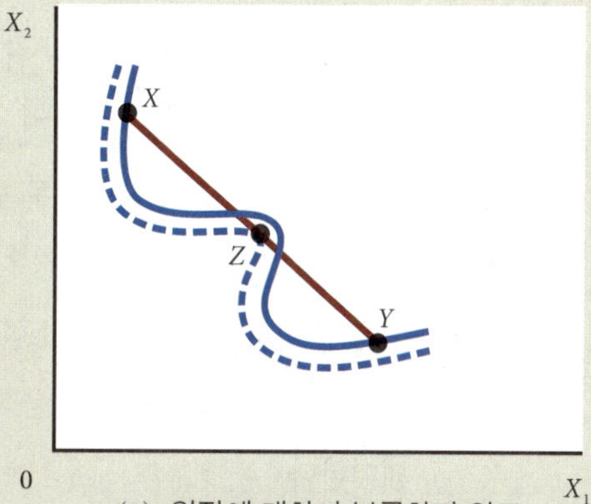

(c) 원점에 대하여 볼록하지 않고 비정형인 경우

무차별곡선이 원점에 대해 볼록한 이유

(a) 볼록성의 공리에 의해 $U(Z) > U(X) = U(Y)$이다. 무차별곡선이 원점에 대해 볼록한 경우에 무차별곡선 I이 II보다 원점에서 멀게 그려지므로 모순이 발생하지 않는다.

(b) 무차별곡선이 원점에 대해 오목하면 볼록성의 공리에 위배된다.

(c) 무차별곡선이 비정형이면 볼록성의 공리에 위배되는 경우가 생긴다.

2-4 특이한 형태의 무차별곡선

효용함수의 도출에 이용된 공리들이 달라지거나 재화들 사이의 관계를 특별히 규정하는 경우에 무차별곡선은 '기울기가 음이고 원점에 대해 볼록한' 일반적 형태가 아닌 특이한 형태를 취할 수 있다. 먼저 단조성의 공리가 충족되지 않으면 무차별곡선의 형태가 어떻게 달라지는지 살펴보자.

우리가 통상 수요하려고 하는 재화는 경제재 economic goods 이며, 소비자의 욕망이 무한한 경우에는 경제재의 소비량이 증가할수록 소비자의 만족도 증가한다. 그러나 이 세상에는 경제재 이외에 경제악 economic bads[8]과 중립재 neutral goods 등도 존재한다. 공해와 같은 경제악은 그 양이 증가하면 소비자의 만족은 감소한다. 한편 중립재는 소비자의 효용에 아무런 영향도 주지 못하는 재화이다. 컴퓨터를 전혀 다룰 줄 모르며 앞으로도 컴퓨터를 배울 의사가 전혀 없는 소비자의 경우, 주변에 이용할 수 있는 최신 PC가 있어도 이를 이용하지 않으므로 최신 PC는 이 소비자의 만족에 아무런 영향도 주지 못한다. 이 경우의 최신 PC는 이 소비자의 입장에서 보면 중립재이다. 만약 이 소비자가 컴퓨터를 사용하지 못하기 때문에 열등감과 스트레스를 느낀다면, 이 소비자에게 최신 PC는 오히려 경제악이 된다.

경제악과 중립재는 모두 단조성의 공리를 만족시키지 못한다. 두 개의 재화 X_1과 X_2 중 X_2가 경제악인 경우를 생각해 보자. X_2가 경제악이면 X_2의 양이 증가할수록 소비자의 만족은 감소한다. 따라서 X_2의 양이 증가할 때 X_1의 양도 증가해야만 소비자는 동일한 만족을 얻을 수 있으며, 이는 무차별곡선의 기울기가 양임을 의미한다.

그림 2-8 (a)는 X_2가 경제악인 경우인데, 이 경우에는 화살표 방향으로 무차별곡선이 이동하면 소비자의 만족은 증가하게 된다.[9] X_2가 중립재라면 소비자의 만족은 전적으로 X_1의 양에만 의존한다. 따라서 무차별곡선은 그림 2-8 (b)에서 보는 바와 같이 수직선이 되며, 화살표 방향으로 이동하면 소비자의 만족이 증가한다.

단조성의 공리가 만족되지 않는 다른 예는 어떤 소비자의 소비계획에 만족의 포화점 satiation point 또는 bliss point 이 존재하는 경우이다. 이 경우에 만족포화점 이상으로 소비하면 이전까지 경제재이었던 소비재가 경제악이 된다. 따라서 만족포화점의 존재는 단조성의 공리와 배치된다.

독서와 음악감상을 즐기는 어떤 소비자가 12평 아파트에서 살고 있다고 하자.

---

8 경제재를 재화(goods), 경제악을 비재화(bads)라고 표현하기도 한다.

9 X_2가 경제악일 때의 무차별곡선 곡률이 **그림 2-8** (a)와 같은 이유는 한계비효용이 체증하기 때문인데, 이에 대한 자세한 설명은 다음의 2-5(한계효용과 한계대체율)에서 하기로 한다.

그림 2-8

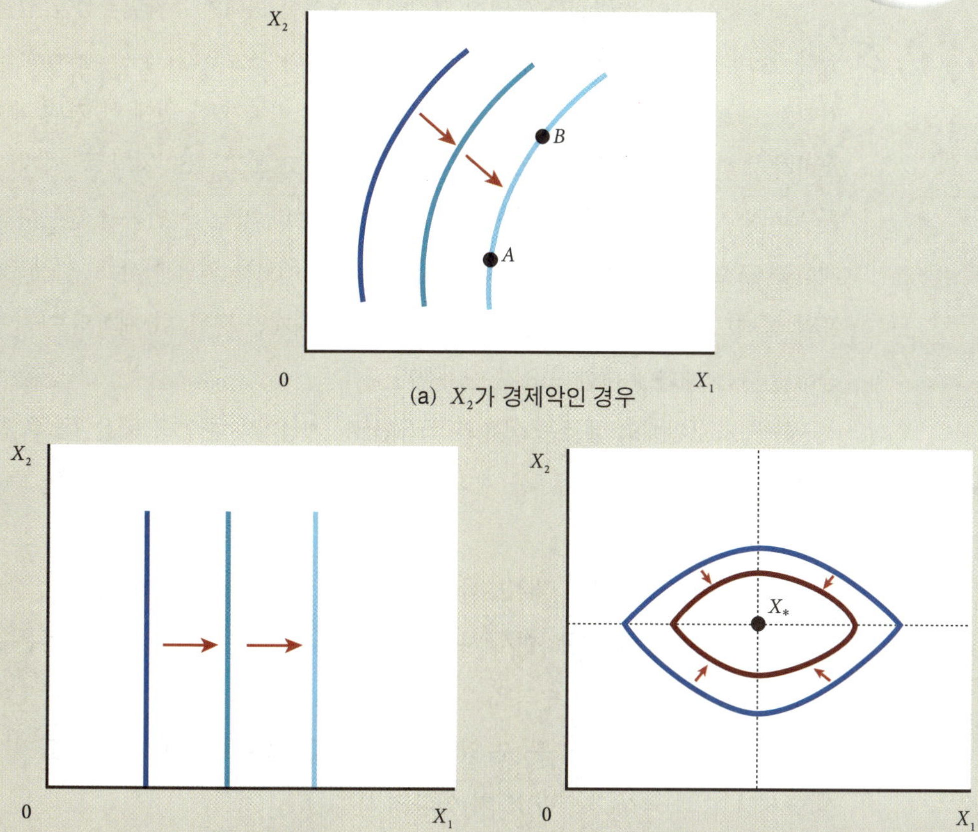

(a) X_2가 경제악인 경우

(b) X_2가 중립재인 경우

(c) 만족포화점이 존재하는 경우

특이한 경우의 무차별곡선

(a) X_2가 경제악이면 X_1이 증가할 때 X_2도 증가해야 일정한 효용수준을 유지할 수 있으므로 무차별곡선의 기울기는 양이다. 무차별곡선의 곡률이 그림과 같은 이유는 한계비효용 체증 때문이다.

(b) X_2가 중립재이면 X_2의 양이 증가해도 효용수준이 같으므로 무차별곡선은 수직선이 된다.

(c) 만족포화점이 존재할 때 어느 재화의 양이 만족포화점 이하이면 경제재, 만족포화점을 초과하면 경제악이 되므로 무차별곡선의 형태가 이와 같다.

이 소비자는 독서와 음악감상을 즐기므로 책과 음반이 많을수록 이 소비자의 만족은 증가할 것이다. 그러나 이 소비자가 책과 음반을 구입하는 데에는 한계가 있다. 즉 책과 음반의 구입이 어느 한계를 넘어서면 집안에 발 디딜 틈도 없어지며 갖고 있는 책과 음반의 관리가 어려워짐에 따라 책과 음반의 파손이 발생해 수시로 스트레스를 받게 될 것이다. 이 경우, 이 소비자의 만족을 증가시킬 수 있는 책과 음반의 양에는 한계가 있으며, 이 한계를 넘어선 책과 음반은 오히려 경제악이 된다. 그림 2-8 (c)는 X_*가 만족포화점인 경우의 무차별곡선의 형태를 나타낸다.

소비재들 사이의 관계를 특별히 규정해도 특이한 형태의 무차별곡선을 얻을 수 있다. 소비재 사이의 관계는 조대체재 gross substitute 와 조보완재 gross complement 의 두 가지로 나눌 수 있다.[10] 두 가지 재화가 있을 때 소비자가 한 번에 한 가지 재화만 소비하려 한다면 두 재화는 조대체재 관계에 있다고 하고, 소비자가 두 가지 재화를 동시에 사용할 때에 두 재화를 각기 사용할 때보다 더 높은 만족을 얻는다면 두 재화는 조보완재 관계에 있다고 한다. 조대체재의 예로는 연필과 샤프, 카세트테이프와 콤팩트디스크 CD 등이 있다. 두 재화가 조대체재인 경우, 한 재화의 가격이 상승하면 다른 재화에 대한 수요가 증가한다.

한편 조보완재의 예로는 석유와 석유난로, 게임기와 게임팩 등을 들 수 있다. 두 재화가 조보완재인 경우, 한 재화의 가격이 상승하면 다른 재화에 대한 수요가 감소한다.

조대체재의 극단적인 경우로서 완전한 조대체재 perfect gross substitute 의 경우를 생각해 보자. 서울에 거주하면서 사업상의 이유로 수시로 제주도로 출장가는 소비자가 제주도에 갈 때마다 수익을 올린다고 하자. 이 소비자의 만족은 제주도에 출장가는 횟수로 결정된다고 볼 수 있다. 제주도 항공권은 항공사에 따라 표지가 청색 표지인 X_1과 녹색 표지인 X_2가 있다고 하자.

이 소비자는 항공권의 색깔에는 관심이 없으므로 소비자의 만족은 항공권의 수가 총 몇 매이냐에 따라 결정된다. 즉 청색 항공권 10장의 만족과 청색 항공권 9장 및 녹색 항공권 1장의 만족이 동일하다. 따라서 $X_1+X_2=10$을 만족시키는 모든 X_1과 X_2의 결합은 이 소비자에게 동일한 만족을 주며, 이에 따라 무차별곡선은 그림 2-9 (a)와 같이 직선이 된다. 완전한 조대체재라는 것은 소비자의 입장에서 볼 때 두 재화가 실질적으로 같은 재화라는 의미이다.

조보완재의 극단적인 경우로서 완전한 조보완재 perfect gross complement 의 경우를 생각해 보자. 취미로 모형자동차를 만드는 어떤 소비자는 모형자동차가 완전히 조립되어야만 만족을 느낀다고 가정하자.

---

10 여기서 조(gross)의 의미는 소득효과를 포함한다는 것이다. 소득효과를 포함한다는 말의 의미를 명확히 하려면, 가격 변화에 따른 수요량의 변화인 가격효과(price effect)를 대체효과(substitution effect)와 소득효과(income effect)로 나누는 것이 필요하다. 이에 대한 분석은 **3장**에서 살펴볼 것이다.

그림 2-9

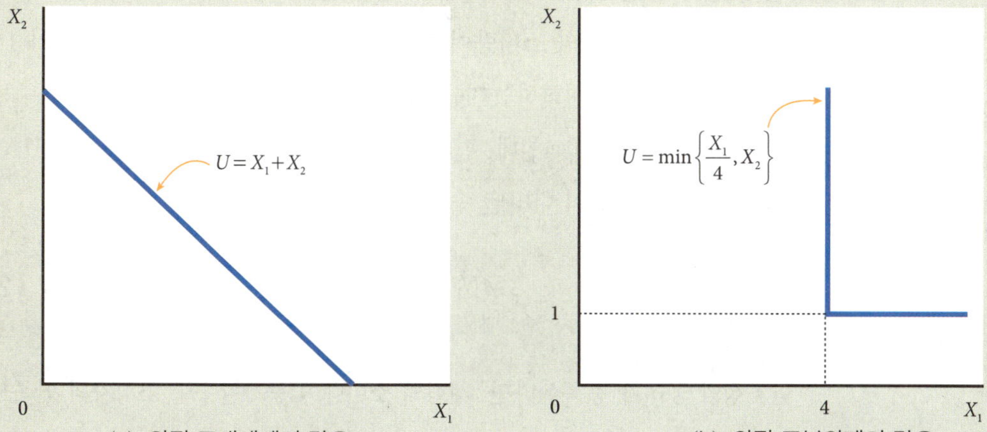

(a) 완전 조대체재인 경우 (b) 완전 조보완재인 경우

특이한 경우의 무차별곡선

(a) 완전조대체재인 두 재화는 실질적으로 같은 재화이므로, 소비자의 만족은 두 재화의 총량에 의해서만 결정된다. 따라서 무차별곡선은 직선이 된다.

(b) X_1이 4라면 X_2가 1보다 아무리 더 커도 효용수준은 증가하지 않는다. 이는 이 구간에서는 X_2가 중립재와 마찬가지라는 뜻이므로, 무차별곡선이 수직선이 된다. X_2가 1이고 X_1이 4를 초과하는 경우도 X_1이 중립재와 마찬가지이므로, 무차별곡선은 수평선이 된다.

이 소비자는 바퀴인 X_1과 차체 재료인 X_2를 따로 구입한다. $X_1=4$, $X_2=1$일 때, 즉 이 소비자가 모형자동차 한 대를 완전히 조립할 수 있을 때 이 소비자의 만족이 1유틸이라 한다면, $X_1>4$, $X_2=1$일 때에도 이 소비자의 만족은 여전히 1유틸이다. 왜냐하면 모형자동차 한 대를 조립할 수 있는 차체 재료가 있을 때 4개를 초과하는 바퀴는 무용지물이므로 이 소비자의 만족을 증가시킬 수 없기 때문이다. 마찬가지로 $X_1=4$, $X_2>1$인 경우에도 이 소비자의 만족은 1유틸이다. 이러한 상황을 그림으로 나타낸 것이 그림 2-9 (b)이다.

2-5 한계효용과 한계대체율

무차별곡선이 원점에 대해 볼록한 표준적인 효용함수로 돌아가 보자. 재화의 소비량이 변화하면 효용수준이 변화한다. 재화의 소비량이 1단위 변화할 때 효용수준이 얼마나 변화하는지 나타내는 것을 한계효용 marginal utility 이라 한다. X_1의 한계효용 MU_1은 X_2의 소비량이 일정하게 주어진 경우에 X_1의 소비가 1단위 증가할 때 u가 얼마나 변화하는지를 나타낸다. 이를 수학적으로 나타내 주는 것이 편미분 partial differentiation 인데, 편미분의 기호로는 보통 '∂'를 사용한다.[11] 이 경우의 MU_i는 다음과 같이 나타낼 수 있다.

$$MU_i = \frac{\partial u}{\partial X_i} \tag{2-1}$$

단조성의 공리가 충족된다면, 재화의 소비량이 증가할수록 소비자의 만족도 증가해야 한다. 이를 한계효용을 이용해 $MU_i > 0$으로 나타낼 수 있다 ($i=1, 2$). 한편 재화의 소비량이 증가함에 따라 소비자의 만족도 증가하기는 하지만 그 증가의 정도는 점차 감소한다고 가정되는데, 이를 한계효용 체감 diminishing marginal utility 이라 한다. 한계효용 체감이란 재화의 소비량이 증가할 때 한계효용이 감소한다는 것으로, 다음과 같이 나타낼 수 있다.

$$\frac{\partial MU_i}{\partial X_i} < 0 \tag{2-2}$$

한계효용 체감을 직관적으로 설명하면 다음과 같다. 어떤 소비자가 35℃의 기온에서 2시간 동안 정구를 했다고 하자. 정구가 끝난 후 청량음료를 1잔 마시면 만족도가 매우 높을 것이다. 그러나 첫 번째 잔에서 어느 정도 목을 축인 후 두 잔째 청량음료를 마시면 만족도는 첫 번째 잔보다 훨씬 작을 것이다. 이와 같은 경우를 숫자로 나타낸 것이 표 2-1이다.

표 2-1에서 X_2의 소비량이 일정하게 주어진 상태에서 X_1의 소비량이 증가하면 총효용이 증가하는데, 이는 곧 MU_1이 0보다 크다는 것이다. 한편 X_1의 소비량이 증가함에 따라 한계효용이 감소하므로 MU_1의 변화가 음(−)이 됨을 알 수 있는데, 이것이 곧 한계효용이 체감함을 나타낸다. 한계효용 체감은 어떤 재화의 소비량이 증가할 때 그 재화의 한계효용이 감소한다는 것을 의미한다. 그러나 다른 재화의

11 $u=aX_1^2$를 X_1에 대해 미분하면 $du/dX_1=2aX_1$이 된다. $u=aX_1X_2$를 X_1에 대해 편미분한다는 것은 X_1으로 미분할 때 X_2를 주어진 상수처럼 생각한다는 것이므로, 이때에는 $\partial u/\partial X_1=aX_2$가 된다.

표 2-1
한계효용 체감

X_1의 소비량	X_2의 소비량	총효용 $\{U(X_1, X_2)\}$	한계효용 (MU_1)	MU_1의 변화
0	1	10	–	–
1	1	20	10	–
2	1	29	9	−1
3	1	37	8	−1
4	1	43	6	−2

소비량이 변화할 때 이 재화의 한계효용이 어떻게 변화할 것인지는 알 수 없다.

X_1을 식빵, X_2를 잼이라 하자. 어떤 소비자가 식빵을 먹지 않을 때 만족이 0, 잼을 바르지 않은 식빵을 1개 먹을 때 10의 만족을 얻는다면 $MU_1 = 10$이 되고, 잼을 바른 식빵을 1개 먹을 때 12의 만족을 얻는다면 $MU_1 = 12$가 된다. 즉 식빵을 1개 먹을 때 만족이 얼마나 늘어나는지는 잼을 발랐느냐에 따라 다르며, 이 예에서는 X_2가 증가함에 따라 MU_1도 증가한다.

X_1과 X_2 사이의 한계대체율 marginal rate of substitution between X_1 and X_2 MRS_{12}를 기하학적으로 정의하면, 무차별곡선 위의 어느 한 점에서의 접선의 기울기를 구한 뒤 양(+)으로 나타낸 값이라고 할 수 있다. 그림 2-10의 A에서의 기울기는 $\Delta X_2 / \Delta X_1$이지만 그 값이 음(−)이므로 양의 값을 갖도록 부호를 바꾼 $-(\Delta X_2 / \Delta X_1)$가 MRS_{12}가 된다. 한계대체율에 경제적인 의미를 부여하기 위해서는 다음과 같이 표현을 달리 해서 나타낼 필요가 있다.[12]

$$MRS_{12} = \frac{MU_1}{MU_2} \quad (2\text{-}3)$$

이와 같이 한계효용의 비율로 나타낸 한계대체율은 소비자가 주관적으로 X_1을 X_2에 비해 얼마나 더 좋아하는지를 나타내는데, 이를 X_2의 양으로 평가한 X_1의 주관적 가치라 한다. 이러한 한계대체율의 의미를 다음의 예를 통해 자세히 알아보기로 하자.

12 식 (2-3)은 전미분(total differentiation)을 이용해 다음과 같이 도출되었다. $u = U(X_1, X_2)$를 전미분하면 $\Delta u = (\partial u / \partial X_1) \cdot \Delta X_1 + (\partial u / \partial X_2) \cdot \Delta X_2$가 된다. 동일한 무차별곡선 위에서 X_1과 X_2가 동시에 변화하며, 효용수준에는 변화가 없으므로 $\Delta u = 0$이 된다. 이러한 사실과 한계효용의 정의를 이용해 위의 식을 정리하면 **식 (2-3)**을 얻을 수 있다.

그림 2-10

한계대체율

한계대체율 MRS_{12}는 무차별곡선의 어느 한 점에서의 접선의 기울기를 구해 부호를 바꾸어 양으로 만들어 준 값이다 이는 한계효용의 비율로 나타낼 수 있다. 한계효용체감은 무차별곡선이 원점에 대해 볼록한 것과 관계가 있다.

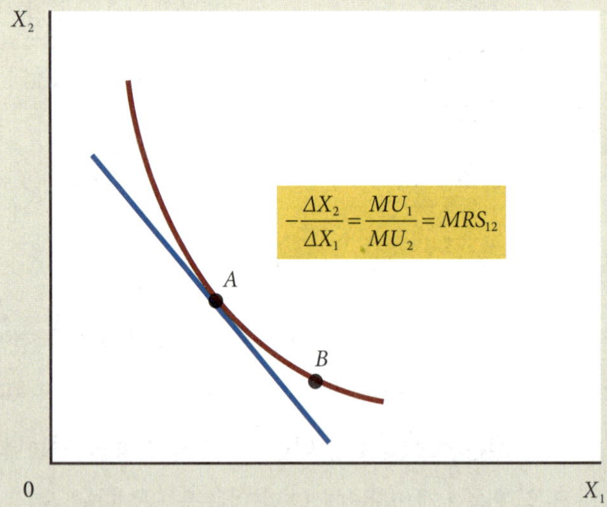

예를 들어 $MU_1=20$, $MU_2=10$인 경우에 $MRS_{12}=2$가 된다. $MU_1=20$이라는 것은 이 소비자가 X_1을 한 단위 더 소비하면 만족이 20만큼 증가한다는 것이고, $MU_2=10$이라는 것은 이 소비자가 X_2를 한 단위 더 소비하면 만족이 10만큼 증가한다는 것이다. 즉 X_1을 한 단위 더 소비할 때 얻을 수 있는 만큼의 만족을 X_2의 소비를 통해 얻으려면 X_2를 두 단위 더 소비하는 것이 필요하며, 소비자의 효용 증가라는 관점에서 볼 때 X_1 한 단위와 X_2 두 단위는 그 가치가 같다. 이때 "X_2 2단위"의 2가 곧 MRS_{12}가 된다.

비교 대상이 되는 다른 모든 재화들의 가치를 특정 재화를 기준으로 나타낼 때 그 특정 재화를 가치척도의 기준 numéraire 이라 한다. 일반적으로 가치척도의 기준으로 사용되는 것은 화폐인데 화폐 1단위의 가치는 1원이 된다. 구두 한 켤레의 가격 혹은 가치가 10만원이라는 것은 비교대상이 되는 구두 한 켤레와 가치척도의 기준인 화폐 10만 단위의 가치가 같음을 나타낸다. 즉 비교대상이 되는 재화의 가치는 그 재화 1단위의 가치와 가치척도의 기준 몇 단위의 가치가 같은가로 나타낸다는 것이다.

MRS_{12}가 2라는 것은 비교대상이 되는 X_1 한 단위 가치가 X_2 2 단위의 가치와 같다는 것이며 이는 곧 X_2가 가치척도의 기준으로 사용되었음을 의미한다. 한편 X_2의 양으로 나타낸 주관적 가치에서 주관적이라는 의미는 같은 양의 X_1과 X_2를

그림 2-11

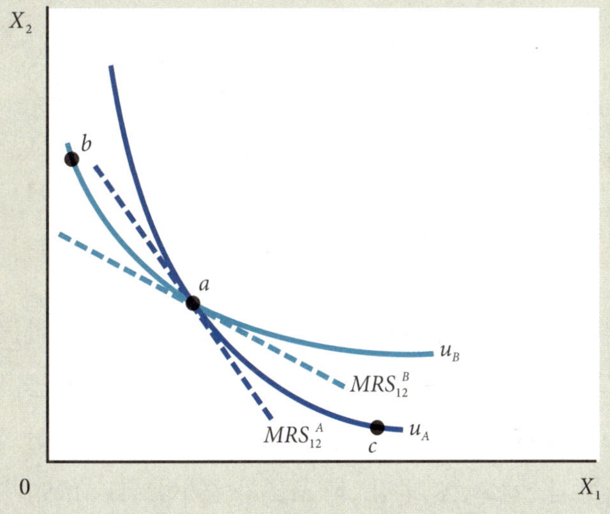

기호가 다른 소비자들의 경우

두 소비자의 상이한 기호는 동일한 소비계획을 선택해도 한계대체율이 다르다는 것으로 나타난다. $MRS_{12}^A > MRS_{12}^B$라는 것은 A가 B보다 상대적으로 X_1을 더 좋아한다는 것이다.

소비하여도 그림 2-11에서 보는 바와 같이 소비자마다 MRS_{12}의 값이 다를 수 있음을 나타낸다.[13]

X_2로 평가한 X_1의 주관적 가치는 재화의 소비량에 따라 달라진다. 이에 관해 일반적으로 생각할 수 있는 것은 어느 재화의 양이 많아질수록 소비자가 그 재화를 귀하게 여기지 않는다는 것이다. 즉 X_1의 양이 많아지면 X_1의 주관적 가치는 떨어진다. 그림 2-10에서는 A보다 X_1의 양이 더 많은 B의 경우에 MRS_{12}가 더 작음을 알 수 있다.

볼록성의 공리가 충족되어 무차별곡선이 원점에 대해 볼록하다면 무차별곡선을 따라 오른쪽으로 이동할 때, 즉 동일한 효용수준을 달성한다는 조건을 만족시키면서 X_1이 증가하고 X_2가 감소할 때 무차별곡선의 기울기는 완만해진다. 이 과정에서 MRS_{12}는 하락하는데 이를 한계대체율 체감이라 한다. 이때의 한계효용의 변화를 살펴보자.

X_2의 양을 일정하게 유지하면서 X_1을 증가시키면 MU_1이 감소하며, X_1의 양을 일정하게 유지하면서 X_2를 감소시키면 MU_2는 증가한다. 그러나 무차별곡선을 따라 오른쪽으로 이동하면, X_1과 X_2 모두 변화하므로 다른 재화의 소비량을 일정하

13 소비자 A와 B의 기호가 다르면 같은 계획 a를 선택해도 얻는 효용수준이 상이하다. 따라서 두 소비자의 무차별곡선이 a에서 만나도 아무런 모순이 발생하지 않는다.

표 2-2
한계비효용 체증

X_1의 소비량	X_2의 소비량	총효용 $\{U(X_1, X_2)\}$	한계효용 (MU_2)	MU_2의 변화
1	0	40	–	–
1	1	38	−2	–
1	2	35	−3	−1
1	3	30	−5	−2
1	4	22	−8	−3

게 유지할 수 없다. 따라서 한계효용 체감이 반드시 한계대체율 체감을 의미하는 것은 아니다.14 다만 현실적으로 한계효용이 체감하나 한계대체율이 체증하는 경우는 매우 예외적인 경우로 간주되며, 무차별곡선을 따라 오른쪽으로 이동하는 경우에는 X_1이 증가해 MU_1이 감소하고, X_2가 감소해 MU_2가 증가하므로 MRS_{12}가 감소한다는 식으로 이해해도 무방하다.

경제악의 경우

어떤 재화의 소비량이 증가할수록 소비자의 만족이 감소한다면 그 재화는 경제악economic bads이다. 따라서 X_2가 경제악인 경우라면 MU_2는 0보다 작아지는데, MU_2가 음(−)이라는 점에서 이를 X_2의 소비에 따른 한계비효용marginal disutility이라 한다.

한계효용이 체감한다고 가정되는 데 반해 한계비효용은 체증한다고 가정된다. 즉 X_2의 소비량이 증가할수록 불만족은 가속적으로 증가한다. 표 2-2에 나타난 바와 같이 X_2가 경제악인 경우, X_2의 소비량이 증가함에 따라 총효용이 가속적으로 감소한다. 이것이 한계비효용 체증이다. 한계비효용 체증은 X_2가 증가함에 따라 $-MU_2$가 증가하는 것으로 나타난다.

한계대체율은 0보다 큰 값으로 정의되므로 X_2가 경제악인 경우의 한계대체율은 $MRS_{12} = -(MU_1 / MU_2)$로 나타난다. 이 경우, 그림 2-8 (a)에서 보는 바와 같이 X_1과 X_2를 모두 증가시켜 A에서 B로 이동하면, MU_1은 하락하는 반면 $-MU_2$는 증가하므로 MRS_{12}는 하락한다. 따라서 X_2가 경제악인 경우의 무차별곡선의 곡률은 그림 2-8 (a)와 같아진다는 것을 알 수 있다.

14 특정 재화의 한계효용이 다른 재화의 소비량 변화에 의해 영향을 받지 않는다면, 즉 각 재화의 한계효용이 서로 독립적이라면 한계효용 체감은 곧 한계대체율 체감을 의미한다.

기호가 상이한 경우

우리는 앞에서 '무차별곡선은 교차하지 않는다'라는 성질이 있음을 알았다. 그러나 이를 엄밀하게 표현하면 '소비자의 기호가 일정하게 주어진 경우에 그 소비자의 무차별곡선은 교차하지 않는다'라고 할 수 있다. 소비자의 기호 변화나 기호가 다른 두 소비자의 존재를 전제하는 무차별곡선들을 (X_1, X_2) 평면에 그리면 무차별곡선들은 교차할 수 있는데, 소비자의 기호가 달라지면 동일한 소비계획을 소비해도 소비자의 만족은 달라질 수 있기 때문이다.[15]

예를 들어 소비자 A의 효용함수는 $u_A = X_1^{0.5}X_2^{0.5}$, 그리고 소비자 B의 효용함수는 $u_B = X_1^{0.25}X_2^{0.25}$로 각각 다른 경우에 $X_1 = 16$, $X_2 = 4$를 소비한다면, $u_A = 8$, $u_B = 4$가 된다. 이를 그림으로 나타낸 **그림 2-11**에서 동일한 소비계획 a를 소비해도 u_A와 u_B가 서로 다름을 알 수 있다.

그림 2-11의 소비계획 a에서 $MRS_{12}^A > MRS_{12}^B$인데, 이는 소비자 A의 X_2의 양으로 표시한 X_1의 주관적 가치가 소비자 B보다 크다는 것이다. 즉 소비자 A는 소비자 B보다 X_1을 더 좋아한다. 어느 소비자가 어떤 재화를 더 좋아하는지는 두 소비자가 동일한 소비계획을 소비하는 경우의 한계대체율을 비교해 보면 알 수 있다.

즉 **그림 2-11**에서 소비자 A가 B에 비해 X_1을 더 좋아한다는 것은 두 소비자가 모두 소비계획 a를 소비하는 경우에 한한다. 두 소비자가 전혀 다른 소비계획을 소비하는 경우, 예를 들어 소비자 A가 소비계획 c를, 그리고 소비자 B가 소비계획 b를 소비하는 경우에는 $MRS_{12}^B > MRS_{12}^A$가 성립한다.

15 무차별곡선의 형태는 그 소비자가 지니는 선호관계의 특징을 반영한다는 점을 기억하자.

요 약

- 소비자가 좋아하는 정도에 따라 소비계획에 순위를 매겨 준 관계를 선호관계라 한다. 선호관계는 반사성, 완비성, 이행성, 연속성, 단조성 및 볼록성의 공리를 만족시킨다. 볼록성의 공리는 수학적 편의를 위해 도입된 공리가 아니라 소비 행위에서 나타나는 중용을 의미한다.

- 소비계획과 그 소비계획에 따라 소비할 때 얻는 만족 사이의 관계를 결정하는 것은 효용함수이다. 효용함수의 단조변환이 허용되는 효용이론이 서수적 효용이론이며, 단조변환이 허용되지 않는 효용이론이 기수적 효용이론이다.

- 만족이 동일한 소비계획들의 모임을 그린 것은 무차별곡선이다. 무차별곡선은 다음의 성질을 만족시킨다. ① 임의의 소비계획을 지나는 무차별곡선이 있다. ② 무차별곡선의 기울기는 음(−)이다. ③ 무차별곡선은 교차하지 않는다. ④ 원점에서 멀리 떨어진 무차별곡선일수록 높은 효용수준을 나타낸다. ⑤ 무차별곡선은 원점에 대해 볼록하다.

- 다른 재화의 소비량이 일정하게 주어진 경우, 어떤 재화의 소비량이 1단위 증가함에 따라 효용수준이 얼마나 변화하는지를 나타낸 것이 한계효용이다. 단조성의 공리가 충족되면 한계효용은 0보다 크다. 한계효용은 체감하지만, 한계비효용은 체증한다.

- 무차별곡선 위의 한 점에서의 기울기를 구해 양(+)의 값을 갖도록 부호를 조정해 준 것이 한계대체율이다. $MRS_{12}=MU_1/MU_2$는 X_2의 양으로 평가한 X_1의 주관적 가치라는 의미를 갖는다.

연 습 문 제

01 두 재화 X_1과 X_2를 소비하는 소비자가 A~H의 소비계획에 대해 다음과 같이 순위를 매겼다. 순위가 높을수록 더 좋아하는 소비계획이며, 순위가 같으면 동일한 만족을 주는 소비계획이다. 이 소비자의 무차별곡선을 그림으로 그리시오.

소비계획	X_1	X_2	순 위
A	6	6	1
B	3	5	2
C	4	3	2
D	5	2	2
E	3	4	3
F	1	4	4
G	2	2	4
H	3	1	4

02 약볼록성을 다음과 같이 정의하기로 한다. "두 소비계획 X^a와 X^b가 무차별한 경우에 X^a와 X^b의 볼록결합인 X^c는 X^a 혹은 X^b보다 더 선호되거나 무차별하다." 약볼록성을 만족시키는 무차별곡선의 형태는 어떠한가?

03 다음 각각의 경우의 무차별곡선을 그리시오.

(1) X_1과 X_2의 한계효용이 체증한다.

(2) X_1과 X_2의 한계효용이 일정하다.

04 어떤 소비자의 만족은 축구경기 관람 수 X_1과 야구경기 관람 수 X_2에 의해 결정된다. 우리나라가 월드컵 유치에 성공한 후 이 소비자의 무차별곡선은 어떻게 변화했겠는가?

05 X_1이 경제악이고 X_2가 경제재인 경우의 무차별곡선을 그림으로 나타내시오. 이 결과를 앞의 **그림 2-8** (c)와 관련지어 생각하면 어떠한가?

06 어떤 소비자의 효용함수가 $u = U(X_1) + V(X_2)$로 주어졌다—이러한 효용함수를 더하기 형태로 분리된 효용함수 additively separable utility function 라 한다. $\Delta MU_i / \Delta X_j$의 값은 얼마인가? 이 경우에 한계효용 체감과 한계대체율 체감은 완전히 일치하는가?

07 효용함수 $U(X_1, X_2)$를 $a + bU(X_1, X_2)$로 단조변환하였다 $(b > 0)$. 단조변환 후 MU_1, MU_2 및 MRS_{12}의 값은 어떻게 변하는가? 이 결과에 의하면 한계효용의 개념은 기수적 효용이론에 적합하고, 한계대체율의 개념은 서수적 효용이론에 적합하다고 할 수 있는가?

08 어느 지역사회가 갑, 을, 병의 3인으로 구성되어 있다. 세 개의 대안 X, Y 및 Z에 관한 3인의 선호가 다음과 같이 주어졌다.

순 위	갑	을	병
1	X	Z	Y
2	Y	X	Z
3	Z	Y	X

(1) 개인들의 선호관계가 이행성을 만족시키는가?

(2) 지역사회의 선호관계는 투표를 통한 다수결에 의해 결정된다. 지역사회의 선호관계는 이행성을 만족시키는가?

09 재화가 3개인 경우를 대상으로 $X^a > X^b$, $X^a = X^b$, $X^a \geqq X^b$인 경우의 숫자 예를 드시오.

03 수요함수

3-1 예산제약 하의 효용극대화

소비자의 최적 의사결정 목표는 효용극대화이다. 소비자가 이 목표를 달성하는 데 아무 제약이 없다면 소비자의 선택은 매우 간단하다. 즉 소비자는 모든 재화를 무한히 소비해 무한대의 효용을 달성하면 된다. 그러나 현실적으로 소비자가 소비에 사용할 수 있는 소득은 제한되어 있으므로 재화를 무한히 소비할 수는 없다. 따라서 소비자의 문제는 제한된 소득을 어떻게 잘 이용해 최대의 만족을 얻을 것이냐가 된다. 이를 예산제약 하의 효용극대화라 한다. 소비자는 일정하게 주어진 소득의 범위 안에서 만족을 극대화할 수 있도록 소비계획을 선택하여 예산제약 하의 효용극대화를 이룬다.

소비자가 소비에 지출할 수 있는 소득이 I로 일정하게 주어졌다고 하자. 두 재화 X_1, X_2의 가격이 각각 P_1, P_2로 주어진 경우, 소비자가 첫 번째와 두 번째 재화를 각각 X_1, X_2만큼 구입하면 소비자의 총지출액은 $P_1X_1+P_2X_2$가 된다. 소비자의 소비지출액은 소득을 초과할 수 없으므로 소비자의 예산제약budget constraint은 다음과 같이 나타난다.

$$P_1X_1+P_2X_2 \le I \tag{3-1}$$

> **예산선, 예산집합**
>
> 소비자가 주어진 소득을 모두 지출해야 소비할 수 있는 소비계획들의 모임을 예산선, 예산제약을 만족시키는 소비계획들의 모임을 예산집합이라 한다.

여기서 '='가 성립하는 경우를 그림으로 나타내면 그림 3-1의 절편이 I/P_2이고 기울기가 $-(P_1/P_2)$인 직선이 된다. 이를 **예산선** 또는 **가격선**price line이라 한다. 예산제약은 식 (3-1)의 '≤'를 만족시키는 것이므로 예산제약을 만족시키는 소비계획들은 그림 3-1의 노란색 부분에 포함되어야 한다. 예산제약을 만족시키는 소비계획들의 모임을 **예산집합**budget set이라 한다.

소득이 제약돼 있는 상황에서 소비자는 예산집합에 포함된 소비계획들만 선택

그림 3-1

예산집합

예산제약을 만족시키는 소비계획들의 모임을 예산집합이라 하는데, 이는 그림에서 노란색 부분으로 나타난다.

할 수 있다. 소비자가 당면하는 문제는 예산집합에 포함된 소비계획 중 어떠한 소비계획을 선택해야 효용극대화를 이룰 수 있느냐이다. 먼저 배제할 수 있는 소비계획들은 예산선 위에 있지 않은 소비계획들이다. 예를 들어 그림 3-2의 A보다는 X_1과 X_2의 소비량을 늘려 B를 소비하는 것이 더 합리적이다. 이는 B를 소비할 때의 효용이 A를 소비할 때의 효용보다 더 높기 때문이다. 따라서 예산선 위에 있지

그림 3-2

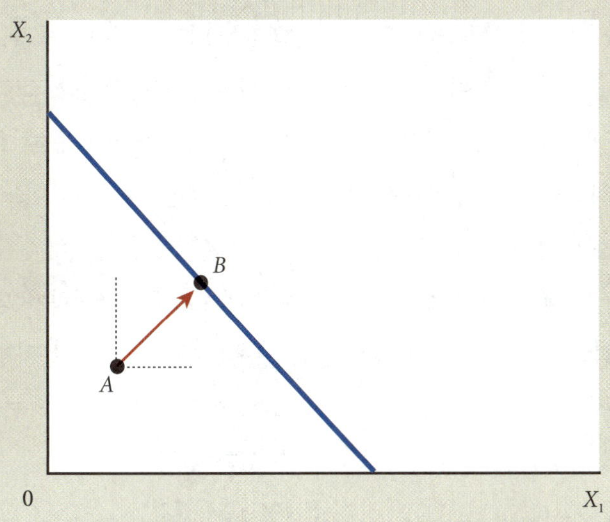

내부점이 선택되지 않는 이유

A와 같은 어떠한 내부점에 대해서도 B와 같은 예산선 위의 점은 두 재화의 양이 모두 더 많은 소비계획이다. 따라서 합리적인 소비자라면 어떤 경우에도 내부점을 선택하지 않는다.

그림 3-3

예산제약 하의 효용극대화

예산선 위의 소비계획 중 효용을 극대화하는 소비계획은 E와 같이 예산선과 무차별곡선이 접하는 점에서 구한 소비계획이다. E의 소비계획이 효용극소화가 아니라 효용극대화라는 것을 보장하기 위한 이계조건은 무차별곡선이 원점에 대해 볼록하다는 것이다.

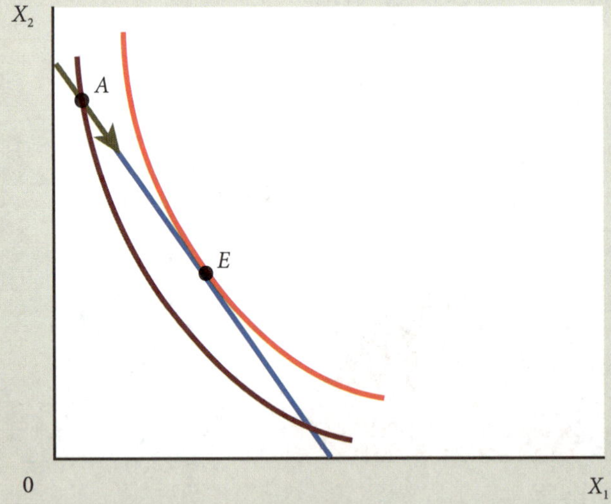

않은 소비계획들은 절대로 선택되지 않는다.

그렇다면 소비자가 예산제약 하의 효용극대화를 이루려면 예산선 위의 소비계획들 중에서 어느 소비계획을 선택해야 할 것인가? 그림 3-3에서 소비자가 예산선 위의 임의의 소비계획 A를 선택했다 하자. A를 소비하는 경우의 효용은 A를 지나는 무차별곡선에 의해 나타난다. 그런데 A는 예산제약 하의 효용극대화를 이루는 소비계획이 아니다. A를 지나는 무차별곡선보다 더 바깥쪽에 위치하는 무차별곡선을 예산선 위에서 찾을 수 있기 때문이다.

소비자가 예산선을 따라 화살표 방향으로 이동하는 경우를 생각해 보자. 이 경우의 이동은 예산선을 따라 이루어지므로 항상 예산제약을 만족시킨다. 그리고 화살표 방향으로 움직일수록 소비자의 효용은 증가한다. 이러한 이동을 통해 효용극대화를 이루는 소비계획을 찾아낸 것이 E이다. E에서는 예산선을 따라 어느 방향으로 이동해도 소비자의 만족이 감소한다.

여기서 소비계획 E가 예산제약 하의 효용극소화가 아니고 효용극대화가 되는 것은 무차별곡선이 원점에 대해 볼록하기 때문이다. 그림 3-4에서 만약 무차별곡선이 원점에 대해 오목하다면 예산선 위의 소비계획들 중 무차별곡선과 접하는 소비계획 E는 효용을 극소화하는 소비계획이 됨을 알 수 있다.[1]

---

1 이를 수학적 용어를 빌어 표현하면 다음과 같다. 예산제약 하의 효용극대화 문제를 풀 때 예산선

그림 3-4

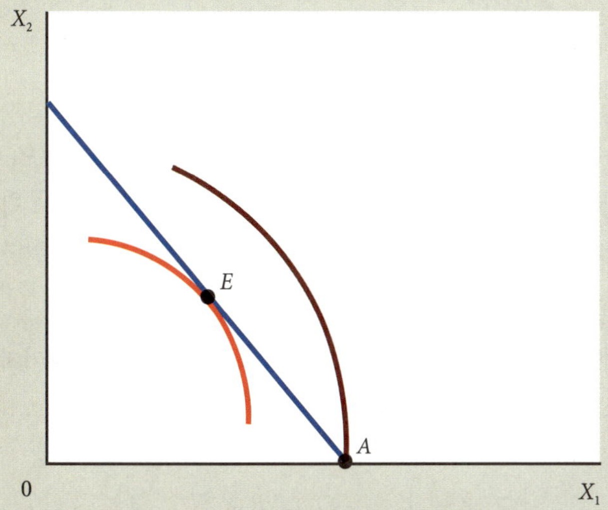

무차별곡선이 원점에 대해 오목한 경우

무차별곡선이 원점에 대해 오목한 경우에 예산선과 무차별곡선이 접하는 E가 예산제약 하의 효용극소화를 달성하는 소비계획이다. 이 경우 예산제약 하의 효용극대화를 달성하기 위해서는 모서리 해인 A를 선택해야 한다.

소비자가 예산제약 하의 효용극대화를 이루려면 예산선 위의 소비계획 E와 같이 무차별곡선과 예산선이 접하는 소비계획을 선택해야 한다. 예산선의 기울기의 절댓값은 상대가격 P_1/P_2 이며, 무차별곡선 기울기의 절댓값은 MRS_{12} 이다. 따라서 예산제약 하의 효용극대화의 조건을 다음과 같이 쓸 수 있다.

$$MRS_{12} = \frac{P_1}{P_2} \qquad (3\text{-}2)$$
$$P_1X_1 + P_2X_2 = I$$

식 (3-2)는 예산선 위의 소비계획으로, 무차별곡선과 예산선이 접하는 경우가 예산제약 하의 효용극대화를 이루는 최적 소비계획임을 나타낸다. **식** (3-2)를 $MRS_{12} = MU_1/MU_2$ 을 이용해 다시 정리하면 다음과 같다.

$$\frac{MU_1}{P_1} = \frac{MU_2}{P_2} \qquad (3\text{-}3)$$
$$P_1X_1 + P_2X_2 = I$$

과 무차별곡선이 접한다는 조건을 얻는데, 이는 곧 일계 조건(first order necessary condition)이다. 일계 조건을 만족시키는 해가 효용을 극대화하는 것이냐, 혹은 극소화하는 것이냐는 이계 조건(second order sufficient condition)에 달려 있다. 소비자의 선택 문제에서 일계 조건을 만족시키는 소비계획이 예산제약 하의 효용극소화가 아닌 효용극대화인 것을 보장하는 이계 조건은 무차별곡선이 원점에 대해 볼록하다는 것이다.

식 (3-2)와 **식** (3-3)은 어떤 경제학적 의미를 갖는가? 먼저 **식** (3-3)을 생각해 보자. 한계효용 MU_1은 X_1을 한 단위 더 소비할 때 효용이 얼마나 증가하는지를 나타낸다. 이때 X_1의 가격이 P_1이므로, X_1을 한 단위 더 소비하는 것은 X_1에 대한 지출을 P_1원 늘린다는 것이다. X_1에 대한 지출을 P_1원 늘릴 때 증가하는 효용이 MU_1이라면, X_1에 대한 지출을 1원 증가시킬 때 증가하는 효용은 MU_1 / P_1이 된다. **식** (3-3)은 X_1 및 X_2에 대한 지출액을 1원 증가시킬 때 얻는 효용의 증가가 같아야 예산제약 하의 효용극대화를 이룰 수 있다는 것으로, 이를 1원당 한계효용 균등의 원리 equi-marginal utility principle라 한다.

식 (3-3)이 예산제약 하의 효용극대화 조건이라면, **식** (3-3)을 만족시키지 않는 경우에는 X_1과 X_2의 소비량을 바꾸어 예산제약을 만족시키면서 더 높은 만족을 얻을 수 있다.

예를 들어 $MU_1 / P_1 = 10 > 5 = MU_2 / P_2$인 경우를 생각해 보자. 이 경우에 예산제약을 만족시키면서 X_1에 대한 지출액을 1원 늘리고 X_2에 대한 지출액을 1원 줄일 수 있다. X_1에 대한 지출액을 1원 늘리면 효용은 $MU_1 / P_1 = 10$만큼 증가하며, X_2에 대한 지출액을 1원 줄이면 효용은 $MU_2 / P_2 = 5$만큼 감소한다. 따라서 X_1에 대한 지출액을 1원 늘리고 X_2에 대한 지출액을 1원 줄이는 경우에 총효용은 5만큼 늘어난다. $MU_1 / P_1 > MU_2 / P_2$인 경우에는 X_1의 소비를 늘리고 X_2의 소비를 줄여서, 반대의 경우에는 X_1의 소비를 줄이고 X_2의 소비를 늘려서 효용을 증가시킬 수 있다. 따라서 예산제약 하의 효용극대화를 이루기 위해서는 $MU_1 / P_1 = MU_2 / P_2$가 성립해야 한다.

이번에는 **식** (3-2)의 경제학적 의미를 생각해 보자. 앞의 2-5 한계효용과 한계대체율에서 설명한 바와 같이 $MRS_{12} = MU_1 / MU_2$은 X_2를 기준으로 평가한 X_1의 주관적 가치이다. 예를 들어 $MRS_{12} = 5$인 경우, 이는 X_1의 소비를 한 단위 증가시키는 경우의 효용 증가가 X_2의 소비를 한 단위 증가시키는 경우의 효용 증가의 5배가 됨을 의미한다. 이 경우에 이 소비자는 X_1 한 단위를 더 얻기 위해 X_2를 다섯 단위까지 포기해도 효용이 동일하다. 즉 이 소비자의 주관적 가치평가에 의할 때 X_1 한 단위는 X_2 다섯 단위의 가치와 같다.

반면에 $P_1 = 20$원, $P_2 = 10$원이라는 것은 시장에서 X_1 한 단위와 X_2 두 단위가 교환됨을 나타낸다. 어느 소비자라도 X_2 두 단위의 소비를 포기하면 X_1 한 단위를 시장에서 더 구입해 소비하는 것이 가능하며, 이 교환비율이 모든 소비자에게 동일

EXAMPLE 3-1

전망이론 prospect theory 과 부존효과

사람들은 신고전학파 경제학에서 주장하는 바와 같이, 항상 예산제약 하의 효용극대화를 달성하려고 행동하는가? 이에 대해 근본적인 회의를 나타내는 일군의 경제학자들을 가리켜 행동주의 신봉자behavioralist라고 부른다. 2002년 노벨경제학상을 수상한 대표적인 행동주의 신봉자인 카네만D. Kahneman은 인간homo sapience과 경제인homo economicus을 구별해 전망이론prospect theory을 주장했다.

전망이론의 예 중에 부존효과endowment effect가 있다. 실험에 의하면, 사람들은 잠시라도 소유했던 물건에 훨씬 높은 가치를 부여한다. 실제로 코넬대학교 학생들을 대상으로 하여 수행했던 다음의 실험을 살펴보자.

먼저 커피잔을 초콜릿보다 더 좋아하는 학생과 초콜릿을 커피잔보다 더 좋아하는 학생들이 반반씩 포함되도록 실험집단을 확정한다. 이 학생들에게 무작위로 시장가격이 동일한 커피잔과 초콜릿을 나누어 주고, 자발적으로 교환하게 한다. 이때 교환을 하려는 학생의 비율은 얼마나 될 것인가? 상식적으로는 50%가 교환할 것으로 생각되지만, 실제로 교환을 한 학생의 비율은 10% 남짓인 것으로 나타났다. 이는 부존효과가 작동한 결과이다.

부존효과가 보편적 사실이라면, 소비자선택이론은 많이 달라져야만 한다. 그러나 모든 부존효과가 모든 소비자들에게 보편적으로 적용되는 것은 아니다. 실험 결과에 의하면 경험이 없는 소비자에게는 부존효과가 강하게 작용하는 반면, 경험이 풍부한 소비자에게는 부존효과가 거의 작용하지 않는 것으로 나타났다.

경험이 없는 소비자에게 강하게 작용하는 부존효과는 주식시장에서 초보투자자가 실패하는 이유를 설득력 있게 해명해 준다.

증권시장의 경우, 초보투자가는 호황장세의 끝 무렵에 비싼 가격에 주식을 매입한 후 주가가 하락해도 팔지 못하고 결국 큰 손해를 보지만, 경험이 풍부한 기관투자가 등은 적절하게 주식을 처분해 손실을 극소화하는 것 등이 이의 예이다.

하게 주어졌다는 점에서 X_2로 표시한 X_1의 객관적 가치가 $P_1 / P_2 = 2$라고 말한다.

식 (3-2)는 예산선 위의 소비계획으로, X_2로 표시한 X_1의 주관적 가치와 객관적 가치가 같도록 소비계획을 선택했을 때 예산제약 하의 효용극대화를 이룰 수 있으며, 그렇지 않은 경우는 소비계획을 변경시켜 더 높은 효용을 얻을 수 있음을 나타낸다. 예를 들어 $MRS_{12} = 5 > 2 = P_1 / P_2$인 경우를 생각해 보자. $MRS_{12} = 5$라는 것은 이 소비자가 한 단위의 X_1을 얻기 위해 X_2를 다섯 단위 포기해도 똑같은 만족을 얻을 수 있음을 나타낸다. 즉 X_1 한 단위를 얻기 위해 포기해야 하는 X_2의 양이 다섯 단위 미만이면 이 소비자의 효용은 증가한다.

한편 $P_1 / P_2 = 2$라는 것은 이 소비자가 X_2 두 단위만 포기해도 시장에서 X_1 한 단위를 구입할 수 있음을 의미한다. 따라서 이 소비자는 X_2의 소비량을 줄이고 X_1

그림 3-5

소비자가 X_2를 극단적으로 선호하는 경우

A에서는 한계대체율이 상대가격보다 낮아 X_1의 소비를 줄이고 X_2의 소비를 늘리면 만족이 증가할 수 있다. 그러나 X_1의 소비가 이미 0으로서 더 줄일 여지가 없기 때문에 부득이 A를 선택하는 것이다. 소득을 모두 X_2의 소비에만 사용하므로 이 소비자는 X_2를 극단적으로 좋아한다고 할 수 있다.

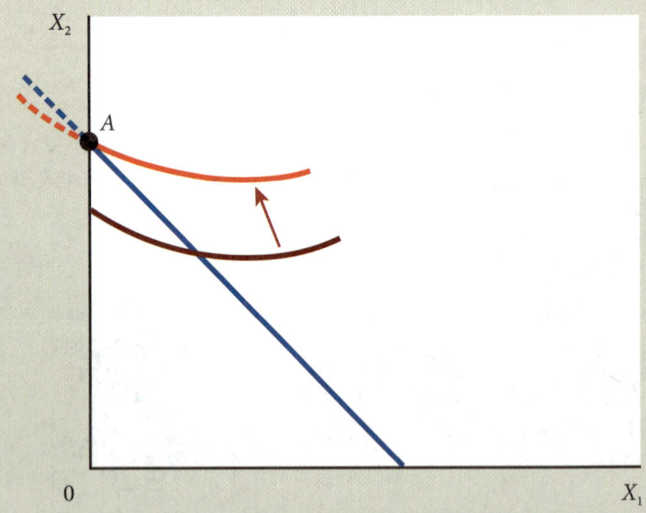

의 소비량을 늘려 효용을 높일 수 있다. 그림 3-3의 A와 같은 소비계획의 경우는 $MRS_{12} > P_1 / P_2$이 성립하는데, 예산제약을 만족시키면서 X_1을 늘리고 X_2를 줄이도록 화살표 방향으로 이동하면 효용이 증가한다. $MRS_{12} > P_1 / P_2$인 경우에는 X_1의 소비를 늘리고 X_2의 소비를 줄여서, 반대의 경우는 X_1의 소비를 줄이고 X_2의 소비를 늘려서 효용을 증가시킬 수 있다. 따라서 예산제약 하의 효용극대화를 이루기 위해서는 $MRS_{12} = P_1 / P_2$이 성립해야 한다.[2]

내부해가 아닌 경우

예산선 위의 점들 중 $X_1 = 0$이거나 $X_2 = 0$인 점을 극단점이라고 한다. 그리고 예산제약 하의 효용극대화를 이룬 소비자가 극단점이 아닌 예산선 위의 점을 선택한 경우의 해를 내부해 interior solution 라 한다. 따라서 앞에서 분석된 소비자의 선택행위는 내부해인 경우에 국한되었음을 알 수 있다. 한편 예산제약 하의 효용극대화를 이룬 소비자가 양 극단점을 선택하는 경우의 해를 모서리 해 corner solution 라 한다. 모서리 해가 성립하는 예로는 소비자가 한 재화를 극단적으로 좋아하는 경우, 무차별곡선이 원점에 대해 오목한 경우, 두 재화의 관계가 완전한 조대체재인 경우 등을 들 수 있다.

2 이는 소비자가 시장에서 결정된 객관적 가치에 자신의 주관적 가치를 일치시키도록 소비계획을 조정해야 예산제약 하의 효용극대화를 이룰 수 있음을 의미한다.

그림 3-6

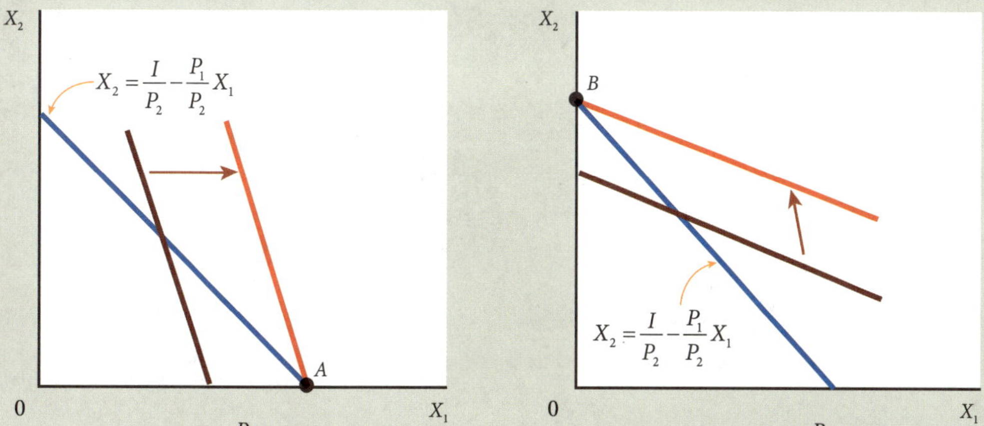

(a) $MRS_{12} > \frac{P_1}{P_2}$ 인 경우　　(b) $MRS_{12} < \frac{P_1}{P_2}$ 인 경우

완전 조대체재인 경우

완전 조대체재인 경우는 무차별곡선이 직선이므로 MRS_{12}의 값이 항상 일정하다. 따라서 항상 $MRS_{12} > P_1/P_2$이거나 $MRS_{12} < P_1/P_2$이 성립한다. 전자의 경우는 X_1만 소비하고, 후자의 경우는 X_2만 소비한다.

소비자가 X_2를 X_1에 비해 훨씬 더 좋아하는 경우의 예가 그림 3-5이다. 소비자가 소득의 전액을 X_2의 구입에만 사용한 소비계획 A의 경우는 $X_1 = 0$이다. A에서는 $MRS_{12} < P_1/P_2$이 성립해 정상적인 경우라면 X_1을 줄이고 X_2를 늘려야 효용이 증가한다. 그러나 이 경우는 소득을 모두 X_2의 구입에만 사용해 $X_1 = 0$을 선택했으므로 더 이상 줄일 X_1이 없다. 따라서 이 소비자는 부득이 A와 같은 모서리 해를 선택할 수밖에 없다.

무차별곡선이 원점에 대해 오목한 경우, 그림 3-4와 같이 무차별곡선과 예산선이 서로 접하는 E는 효용을 극소로 하는 점이다. 따라서 효용극대화를 이루기 위해서는 A와 같은 모서리 해를 선택해야 한다. 두 재화가 완전한 조대체재라면, 무차별곡선은 직선이 된다. 이때 무차별곡선과 예산선의 기울기의 크기 관계에 따라 그림 3-6 (a)의 A나 (b)의 B와 같은 모서리 해를 얻게 된다.

(a)는 무차별곡선의 기울기가 예산선의 기울기보다 큰 경우이므로, A에서도 $MRS_{12} > P_1/P_2$이 성립한다. 정상적인 경우라면 X_1을 늘리고 X_2를 줄여 효용을 증가시킬 수 있으나, A는 이미 $X_2 = 0$이므로 더 이상 X_2를 줄일 수 없어 부득이 모서리 해를 선택하게 된다. (b)에서도 비슷한 이유로 모서리 해인 B를 선택한다.

그림 3-7

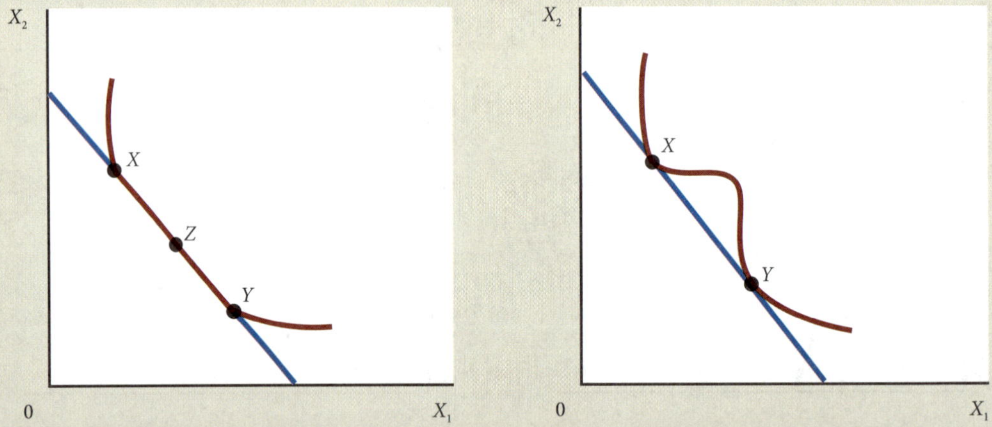

(a) 약볼록성의 공리를 만족시키는 경우 (b) 무차별곡선이 비정형인 경우

다수해가 존재하는 경우

(a) 약볼록성의 공리를 만족시킬 때 무차별곡선의 일부 구간이 직선일 수 있으며, 이 부분의 기울기와 예산선의 기울기가 일치하는 경우에 무한히 많은 해가 존재할 수 있다.

(b) 무차별곡선이 비정형이면, 무차별곡선과 예산선이 두 점에서 접해 다수해가 존재할 수 있다.

다수해의 경우

앞에서의 분석은 예산제약 하의 효용극대화를 이루는 소비계획이 한 개만 존재하는 경우로 한정하였다. 이 경우, 최적 소비계획이 한 개만 존재하는 이유는 무차별곡선이 원점에 대해 볼록하기 때문이다. 무차별곡선이 원점에 대해 볼록하지 않은 경우로, 선호관계가 볼록성 convexity의 공리가 아닌 약볼록성 weak convexity의 공리를 만족시키는 경우와 무차별곡선이 원점에 대해 볼록하지 않은 비정형 non-convex인 경우 등을 들 수 있다.

선호관계가 약볼록성의 공리를 만족시킨다는 것은 '두 개의 소비계획 X와 Y가 무차별할 때 이 두 소비계획의 볼록결합인 Z는 X 혹은 Y보다 선호되거나 무차별하다'라고 정의된다. 볼록성의 공리를 만족시킬 때 $U(Z) > U(X) = U(Y)$가 성립하지만, 약볼록성의 공리를 만족시킬 때는 $U(Z) \geq U(X) = U(Y)$가 성립해 '='가 포함된다는 점이 다르다. 이 경우의 무차별곡선은 원점에 대해 볼록하지만 직선인 부분을 포함할 수 있다.

그림 3-7 (a)의 경우는 X와 Y 사이의 부분이 직선인데, 무차별곡선이 직선인 부분에서는 $U(Z) = U(X) = U(Y)$가 성립한다. 예산선이 그림 3-7 (a)와 같이 주

그림 **3-8**

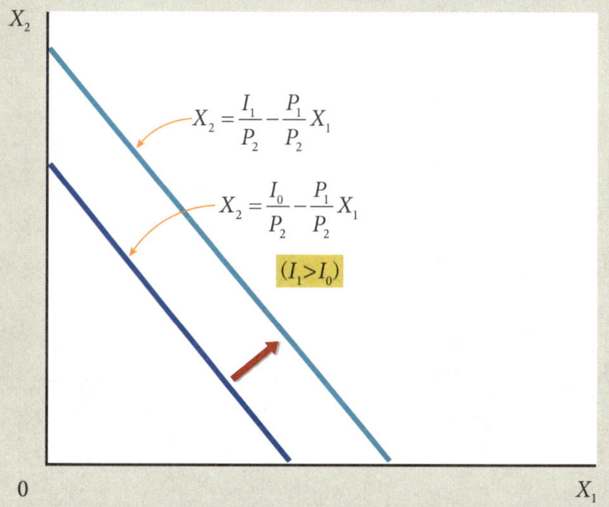

소득 증가에 따른 예산선의 이동

소득이 증가하면 예산선의 절편은 변화하지만 기울기는 일정하다. 이는 곧 예산선이 평행이동함을 나타낸다.

어지면 X와 Y 사이의 모든 소비계획은 예산제약 하의 효용극대화를 만족하는 소비계획이 된다. 한편 무차별곡선이 원점에 대해 볼록하지 않고 비정형인 경우는 그림 3-7 (b)에 나타나 있다. 이 경우의 X와 Y는 모두 예산제약 하의 효용극대화를 이루는 소비계획들이다.

3-2 소득 변화와 소비자의 최적 선택

예산제약이 달라지면 효용극대화를 위한 소비계획의 선택도 달라진다. 소비자의 예산선을 변화시킬 수 있는 요인들로는 소득 변화와 가격 변화를 들 수 있다. 여기서는 소득 변화가 소비자의 최적 선택에 어떠한 영향을 주는지 분석하기로 하며, 가격 변화가 소비자의 최적 선택에 어떠한 영향을 주는지는 다음의 3-3 가격 변화와 소비자의 최적 선택에서 분석하기로 한다.

가격은 일정하고 소득만 I_0에서 I_1으로 증가하면 예산선의 기울기는 일정하며, 예산선의 절편만 I_0 / P_2에서 I_1 / P_2으로 증가한다. 이러한 변화가 그림 3-8에 나타

그림 3-9

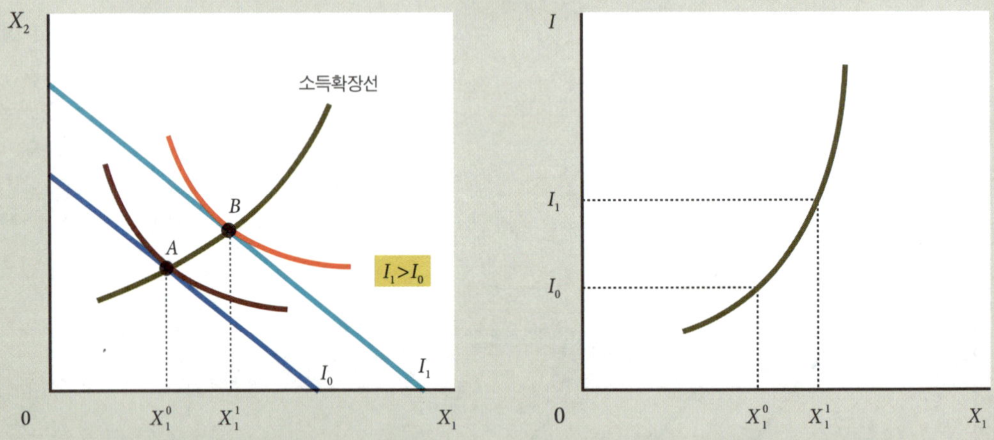

(a) 소득확장선 (b) 엥겔-곡선

정상재인 경우의 소득확장선과 엥겔-곡선

소득이 변화함에 따라 변화하는 최적 소비계획들을 연결한 선을 소득확장선이라 하고, 소득확장선이 갖고 있는 정보를 (X_1, I) 평면에 표현한 것을 엥겔-곡선이라 한다.

나 있다. 소득이 I_0에서 I_1으로 증가하면, 예산제약 하의 효용극대화를 이룰 수 있는 소비계획은 그림 3-9 (a)에서 보는 바와 같이 A에서 B로 바뀐다. 이 경우는 소득이 증가함에 따라 X_1과 X_2의 수요량이 모두 증가하게 된다. 이와 같이 소득이 증가함에 따라 수요량이 증가하는 재화를 정상재 normal goods 라 한다.

정상재의 경우 엥겔-곡선의 기울기가 그림 3-9 (a)와 같이 양(+)이다. 소득이 증가할 때, 정상재에 대한 수요량이 얼마나 증가하는지는 재화의 종류에 따라 다르다. 예를 들어 소득이 10% 증가했을 때 수요량이 10%보다 더 증가한 재화는 사치재 luxury goods, 10%보다 덜 증가한 재화는 필수재 necessary goods 라고 부른다. 그림 3-9 (b)는 필수재를 보여준다. 열등재 inferior goods 는 소득이 증가함에 따라 그 재화에 대한 수요량이 감소한다. X_1이 열등재인 경우의 **소득확장선**[3]은 그림 3-10 (a)와 같고, **엥겔-곡선**은 그림 3-10 (b)와 같이 기울기가 음(−)이다.[4]

> **소득확장선, 엥겔-곡선**
>
> 소득 변화에 따라 변화하는 최적 소비계획들을 연결한 선을 소득-소비곡선 또는 소득확장선(income expansion path)이라 한다. 한편 엥겔-곡선(Engel curve)은 소득과 소비량 사이의 관계를 나타낸다.

3 소득확장선은 소득-소비곡선(income-consumption curve)이라고도 한다.

4 동일한 재화인데도 엥겔-곡선이 우상향하다가 우상향하는 모습을 보이는 경우도 있다. 즉 한 번 정상재가 되었다고 해서 영원히 정상재에 머물라는 보장도 없는 것이다.

그림 3-10

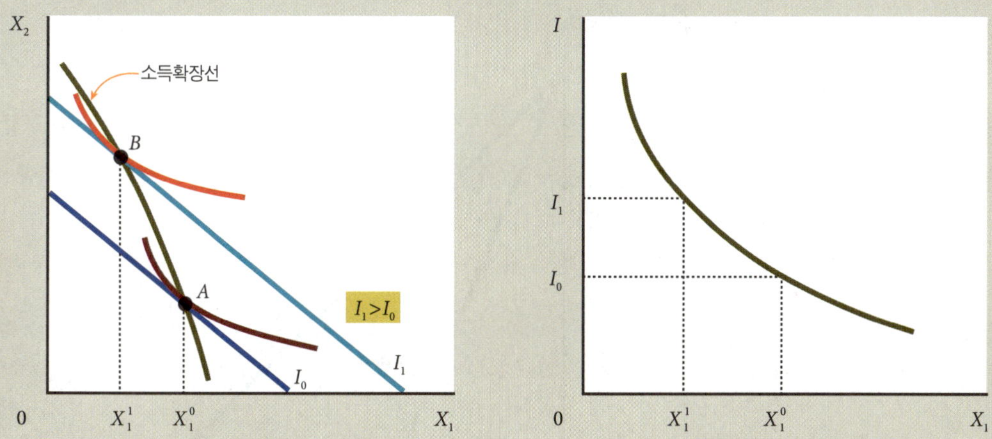

(a) 소득확장선 (b) 엥겔-곡선

열등재의 소득확장선과 엥겔-곡선

열등재는 소득이 증가하면 수요가 감소하므로 엥겔곡선의 기울기가 음이 된다.

3-3 가격 변화와 소비자의 최적 선택: 수요함수

소득 이외에 예산선을 변화시키는 다른 요인으로는 가격이 있다. 여기서는 소득 및 X_2의 가격은 각각 I 및 P_2로 일정하게 주어지고 P_1만 변화하는 경우에 소비자의 최적 선택이 어떻게 달라지는지 알아보자.

수요곡선 | X_1의 가격이 P_1^0에서 P_1^1으로 하락하면 그림 3-11에서 보는 바와 같이 예산선의 절편은 변화하지 않으며, 기울기만 P_1^0/P_2에서 P_1^1/P_2으로 감소한다. P_1의 하락에 의해 예산선이 변화하면, 예산제약 하의 효용극대화를 이루는 소비계획도 그림 3-12 (a)와 같이 $A \rightarrow B \rightarrow C$로 변화한다.

가격 변화에 따라 변화하는 최적 소비계획을 연결한 선을 가격-소비곡선 또는 **가격제시곡선** price offer curve[5]이라 한다. 여기서 '제시'의 의미는 가격을 제시한다는

5 가격제시곡선을 가격-소비곡선(price-consumption curve)이라고도 한다.

그림 3-11

가격 변화에 따른 예산선의 이동

P_1이 하락하면, 예산선의 절편은 일정하지만 기울기는 완만해진다.

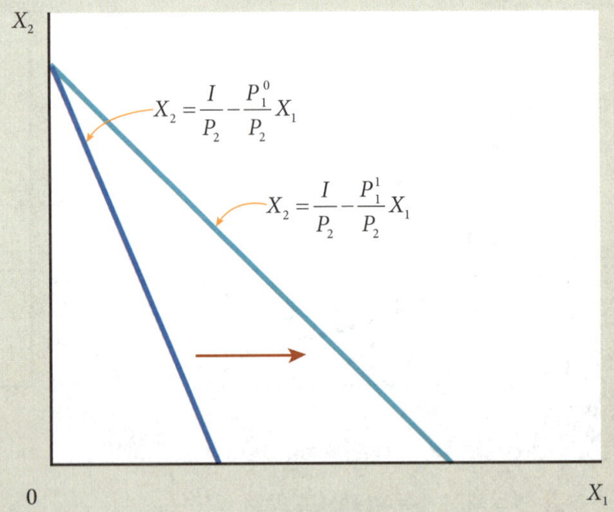

가격제시곡선, 수요곡선

상이한 가격 하에서 얻어진 최적 소비계획들의 모임을 가격제시곡선, 가격의 변화에 따라 예산제약 하의 효용극대화를 이루는 최적 수요량이 어떻게 변화하는지를 그림으로 나타낸 것이 수요곡선이다.

것이 아니라, 가격이 주어진 경우에 예산제약 하의 효용극대화를 이루는 수요량을 제시한다는 의미이다. **수요곡선** demand curve 은 가격의 변화에 따라 예산제약 하의 효용극대화를 이루는 최적 수요량이 어떻게 변화하는지를 나타낸다. 가격제시곡선이 나타내는 가격과 최적 수요량 사이의 관계를 나타낸 그림 3-12 (b)가 수요곡선이다. 여기서 구한 수요곡선은 개별 소비자의 X_1에 대한 수요곡선이다.

X_1을 구입하기 원하는 소비자가 여러 명일 때, 각 소비자들의 수요량을 더하면, X_1의 시장수요량이 된다. 따라서 X_1의 시장수요곡선은 개별 소비자들의 X_1에 대한 수요곡선을 수평으로 합해 얻을 수 있다. 그림 3-13에서 X_1의 소비자가 세 명이고 X_1의 가격이 P_1^0이라면, 각 소비자의 수요량은 X_1^a, X_1^b, X_1^c이다. 이때 시장수요량은 $X_1^a + X_1^b + X_1^c = X_1^d$ 로 나타나며, 이는 곧 개별 소비자들의 수요곡선을 수평으로 합해 시장수요곡선 D_X를 얻을 수 있음을 나타낸다.

수요곡선의 정확한 이해를 위해 다음과 같은 점들을 분명히 해 둘 필요가 있다. 수요곡선 위의 각 점은 주어진 가격과 소득 하에서 최적을 달성한 결과로 얻은 X_1과 P_1 사이의 관계를 나타낸다. 그런데 P_1이 변화하면, 예산제약 하에서 달성할 수 있는 최대 효용수준이 달라진다. 따라서 수요곡선 위의 각 점은 그림 3-12 (b)

그림 3-12

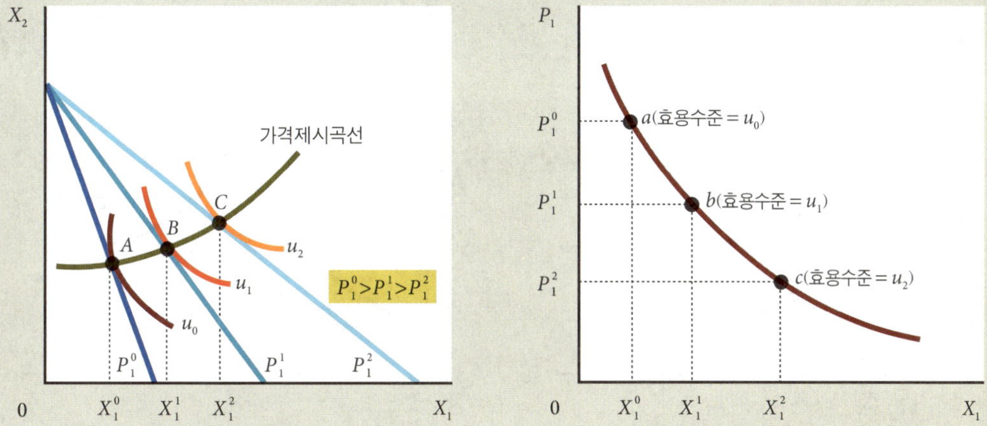

(a) 가격제시곡선 (b) 수요곡선

가격제시곡선과 수요곡선

가격 변화에 따라 변화하는 최적 소비계획을 연결한 선을 가격제시곡선이라 하며 이를 (X_1, P_1) 평면에 그린 것이 수요곡선이다. 수요곡선 위의 각 점이 나타내는 효용수준은 모두 다르며 수요가격은 지불할 의사가 있는 최대금액이 된다. 한편 주어진 가격에서 결정된 수요량은 희망수요량이 된다.

와 같이 다른 효용수준을 나타낸다.[6]

예산제약 하의 효용극대화 조건은 $MRS_{12}=P_1/P_2$이다. 앞의 3-1 예산제약 하의 효용극대화에서 설명한 바와 같이 MRS_{12}는 X_2를 기준으로 나타낸 X_1의 주관적 가치인 동시에 현재보다 효용수준을 낮추지 않는다는 전제 아래 X_1 한 단위를 더 얻기 위해 포기할 의사가 있는 X_2의 최대량이다. 이러한 X_2의 양을 화폐단위로 나타내려면 여기에 X_2의 가격인 P_2를 곱하면 된다. 따라서 $MRS_{12} \times P_2$는 X_1 한 단위를 더 얻기 위해 포기할 의사가 있는 최대금액, 즉 X_1 한 단위를 더 얻기 위해 지불할 의사가 있는 최대금액을 나타낸다.

그림 3-12 (a)의 A에서는 $MRS_{12}=P_1^0/P_2$, 즉 $P_1^0=MRS_{12} \times P_2$가 성립한다. 이는 수요량이 X_1^0일 때 X_1 한 단위를 더 얻기 위해 지불할 의사가 있는 최대금액이 $MRS_{12} \times P_2 = P_1^0$ 라는 것이다. 이를 요약하면, 임의의 수요량 X_1이 주어진 경우에 수요곡선이 나타내는 가격 P_1은 X_1 한 단위를 더 얻기 위해 지불할 의사가 있는 최

6 수요곡선 위의 각 점이 나타내는 효용수준이 동일하도록 수요곡선을 도출할 수 있는데, 이렇게 도출된 수요곡선을 보상수요곡선(compensating demand curve)이라고 한다. 여기서 고려되는 수요곡선을 보상수요곡선과 구별하기 위해 통상수요곡선(ordinary demand curve)이라고 부르기도 한다.

그림 3-13

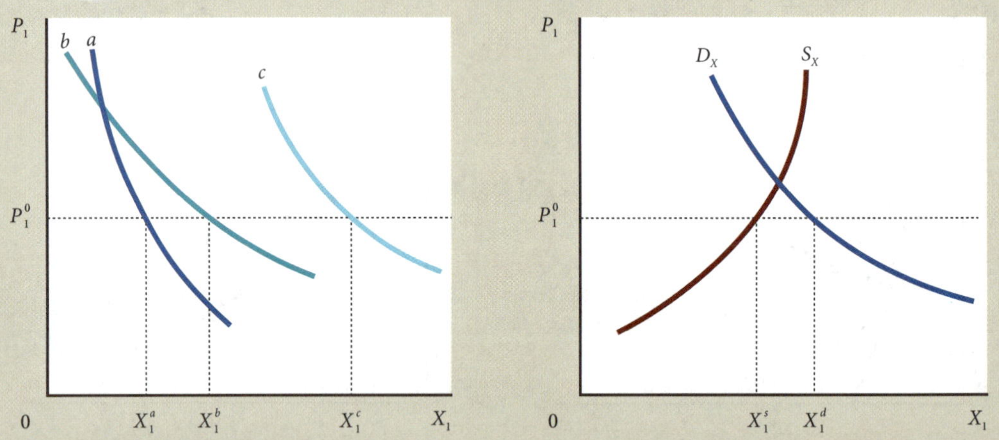

(a) 개별 수요곡선 (b) 시장수요 및 공급곡선

개별 수요곡선과 시장수요곡선

기호가 다른 개인들의 수요곡선은 서로 다른 형태로 얻어지며, 이들을 모두 수평으로 합하면 시장수요곡선이 된다.

대금액을 나타낸다.[7] 여기서 지불할 의사가 있는 최대금액이란 소비자가 그 금액을 주고 재화 한 단위를 더 구입한다면 재화 한 단위의 소비에 따른 효용 증가와 화폐 지불에 따른 효용 감소가 정확히 일치하여 효용의 순증가가 없는 수준의 금액이다.

X_1의 가격이 P_1^0로 주어졌을 때, 수요곡선이 나타내는 수요량은 X_1^0이다. 이때 X_1^0은 P_1^0에서 소비자가 예산제약 하의 효용극대화를 이루기 위해 소비하기를 원하는 X_1의 양, 즉 희망수요량desired demand이다. 희망수요량을 실현시킬 수 있을지는 시장 상황에 의존한다. 그림 3-13에서 P_1^0이 최고가격price ceiling으로 설정되었다면, 소비자들의 희망수요량은 X_1^d이지만 시장공급량은 X_1^s에 불과하다. 따라서 이때는 소비자들이 희망수요량만큼 소비할 수 없다.

그림 3-12 (b)와 같이 수요곡선을 도출하는 과정에서는 P_2와 I가 일정하게 주어진 것으로 가정되었다. 따라서 P_1이 변화하는 경우와 P_2 및 I가 변화하는 경우는 다른 결과를 초래한다. P_1이 $P_1^0 \to P_1^1 \to P_1^2$로 변화하면 X_1은 $X_1^0 \to X_1^1 \to X_1^2$로 변화한다. 이러한 수요량의 변화는 수요곡선을 따라 이루어지므로 이를 수요곡선 위의 이동이라 한다. 한편 수요곡선을 도출하는 과정에서 일정하게 주어진 것으로

7 수요량이 주어진 경우에 수요곡선이 나타내는 가격을 수요가격이라 한다. 수요가격은 현재 상태에서 재화 한 단위를 더 구입하려고 할 때 지불할 의사가 있는 최대금액이다.

그림 3-14

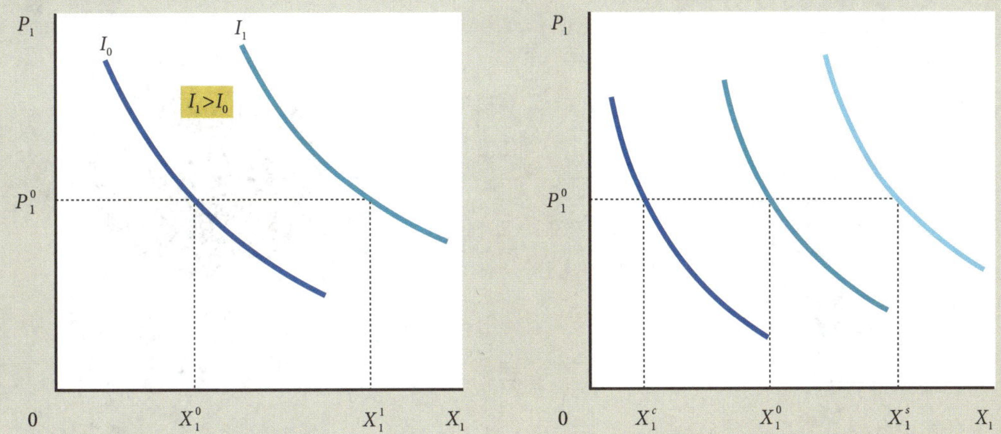

(a) 소득이 증가하는 경우 (b) 다른 재화의 가격이 상승하는 경우

수요곡선의 이전

P_1 이외의 다른 요인이 변화하면 수요곡선의 이전이 일어난다.
(a) 소득이 증가하면 수요곡선은 오른쪽으로 이동한다.
(b) P_2가 변화해도 수요곡선이 이전하는데, 그 방향은 대체재 및 보완재인지 여부에 따라 달라진다.

가정된 P_2와 I가 변화하면 수요곡선 자체가 움직이게 되는데, 이를 수요곡선의 이전shift이라 한다. 그림 3-14 (a)에서는 가격이 P_1^0, 소득이 I_0로 주어져, X_1의 수요량이 X_1^0로 결정되었다. 가격이 P_1^0로 고정되어도 소득이 I_0에서 I_1으로 증가할 때, 이 재화가 정상재라면 수요량은 X_1^1으로 증가한다. 이는 곧 수요곡선이 오른쪽으로 이전된다는 것을 의미한다.

P_2가 상승하는 경우에 X_1에 대한 수요량이 어떻게 영향을 받을 것인지는 두 재화 사이의 관계에 의존한다. P_1이 P_1^0로 일정하게 주어진 경우라도 두 재화 사이의 관계가 조대체재인 경우라면 P_2의 상승은 X_1에 대한 수요를 증가시키며, 조보완재인 경우라면 P_2의 상승은 X_1에 대한 수요를 감소시킨다. 따라서 그림 3-14 (b)와 같이 P_2의 상승에 의해 조대체재인 경우는 수요곡선이 오른쪽으로 이동하며, 조보완재인 경우는 왼쪽으로 이동한다.

수요함수

가격과 그 가격에 의한 예산제약 하의 효용 극대화를 이루는 수요량 사이의 관계를 나타내는 것이 수요함수이다.

수요함수

수요곡선을 함수식으로 표현한 것이 **수요함수** demand function이다. 즉 수요함수는 가격과

코카콜라 이야기

EXAMPLE 3-2

다음의 신문 기사는 소비자의 기호 변화가 대체재 및 보완재 관계에 있는 다른 재화의 수요에 어떠한 영향을 주는지를 잘 보여 주고 있다.

"지난 1886년 미국 조지아 주 애틀랜타에서 탄생한 이후 110년 동안 전 세계 사람들의 입맛을 사로잡았던 코카콜라Coca-Cola가 흔들리고 있다.

코카콜라는 과거에도 여러 번 위기를 겪은 바 있지만 그 아성이 좀처럼 흔들리지 않았다. 1980년대 중반 펩시콜라에 대항하기 위해 내놓은 뉴 코크New Coke 사태 정도가 비교적 큰 사건이었다. 당시 뉴 코크의 맛이 소비자의 기호에 부응하지 못하자, 구 코카콜라를 '코카콜라 클래식'으로 이름을 바꾸어 출시한 후 현재에 이르고 있다. 아무리 반미감정이 불고 현지의 토속 콜라들이 출시되어도세계 제1의 브랜드인 코카콜라는 건재했던 것이다.

최근 생수, 주스, 건강음료 등이 모두 상승세를 기록했지만 유독 코카콜라만 마이너스 성장을 하였는데, 최근에 불고 있는 웰빙well being열풍과 밀접한 관계가 있다. 먼저 생각할 수 있는 것은 패스트 푸드가 건강에 악영향을 준다는 인식이 확산되면서 패스트 푸드에 대한 수요가 감소하고 있다는 것이다. 코카콜라는 패스트 푸드와 가장 강한 보완재 관계에 있는 상품이다. 따라서 패스트 푸드에 대한 수요 감소는 보완재인 코카콜라에 대한 수요 감소로 나타나게 된다.

웰빙 열풍이 불면서 패스트푸드의 수요 감소는 보완재인 코카콜라 수요 감소의 원인이 되었다.

웰빙열풍으로 사람들의 건강에 대한 관심에 높아짐에 따라 고급 주스, 두유, 비타민 아미노산 음료 등과 같은 코카콜라와 대체재 관계인 재화에 대한 수요가 증가하면서 코카콜라에 대한 수요는 감소하게 되었다는 것도 주요 원인이다."

그 가격에 의한 예산제약 하의 효용극대화를 이루는 수요량 사이의 관계를 나타낸다. 따라서 X_1의 수요함수는 X_1에 대한 수요량과 그에 영향을 주는 요인들인 P_1, P_2 및 I 사이의 관계를 규정하므로, $X_1 = X(P_1, P_2, I)$로 쓸 수 있다.[8]

수요함수를 정확히 이해하기 위하여 분명히 할 것은 수요함수가 합리적인 소비자의 최적 행동을 전제로 하고 있다는 점이다. 즉 P_1, P_2 및 I가 주어진 경우에 수요함수 X로 결정되는 수요량 X_1은, 예산제약 하의 효용극대화를 이루도록 소비계획을 결정했을 때 그 소비계획이 나타내는 희망수요량이라는 것이다.

수요함수의 성질 가운데 하나는 모든 가격과 소득이 동시에 같은 비율로 변화하면 수요량이 변화하지 않는다는 것이다. 이를 '수요함수는 0차 동차homogeneous of degree zero 함수이다'라고 표현한다. P_1, P_2 및 I가 모두 k배 증가해도 예산선에서는

8 이 경우에 수요곡선을 도출할 때는 P_2와 I는 주어진 것으로 가정하며, X_1에 가장 큰 영향을 주는 요인이 P_1이라는 점을 고려하여 기술의 편의를 위해 $X_1 = X(P_1)$로 간단히 쓸 수 있다.

이 k가 소거된다. 예산선이 변화하지 않으므로 예산제약 하의 효용극대화를 이루는 X_1의 수요량도 변화하지 않는다. 수요함수가 0차 동차함수라는 것을 수식으로 표현하면 $X(kP_1, kP_2, kI) = X(P_1, P_2, I)$와 같다.

수요함수와 수요곡선을 비교해 보면 이상한 점이 발견된다. $X_1 = X(P_1, P_2, I)$로 표현된 수요함수를 수학적 관례에 따라 그림으로 그리면 수직축이 X_1이고 수평축이 P_1이어야 하는데, 실제 수요곡선 그림은 수직축이 P_1, 수평축이 X_1을 나타낸다. 수요곡선을 이와 같이 그리는 것은 마샬A. Marshall의 《경제학원론》 이후에 관례로 굳어졌기 때문으로, 통상 이 관례에 따른다. 그러나 수학적으로 엄밀하게 말한다면, 수요곡선이 나타내는 것은 역수요함수inverse demand function이다. 수요함수가 $X_1 = X(P_1, P_2, I)$라면 역수요함수를 $P_1 = X(X_1, P_2, I)$로 쓸 수 있다. 이를 좀더 간략히 나타내면 수요함수가 $X_1 = X(P_1)$일 때 역수요함수는 $P_1 = P(X_1)$이 된다.

수요함수가 $X_1 = X(P_1)$과 같다는 것은 P_1이 주어졌을 때 X_1이 1개 결정된다는 것이다. 이는 선호관계가 볼록성의 공리를 만족시킨다는 것을 전제로 한다. 그러나 앞의 3-1 예산제약 하의 효용극대화에서 보았듯이 선호관계가 약볼록성을 만족시킨다면, P_1이 주어질 때 예산제약 하의 효용극대화를 이루는 X_1이 여러 개 존재하게 된다. 이 경우에는 수요함수라 부르지 않고 수요상응관계demand correspondence라고 부른다.

특이한 경우의 수요곡선

재화의 성격이나 무차별곡선의 형태에 따라 가격제시곡선과 수요곡선의 형태가 특이할 수 있다. 여기서는 기펜재Giffen goods의 경우, 가격제시곡선과 수요곡선의 형태가 어떠한지 알아보기로 한다. 일반적인 경우라면 가격이 하락할 때 수요량이 증가하게 된다. 이를 수요의 법칙law of demand이라 한다. 이러한 수요의 법칙에 위배되어 가격이 하락할 때 오히려 수요가 감소하는 재화가 있는데, 이를 기펜재라 한다. 어느 재화가 열등재의 정도가 심하면 기펜재가 될 수 있는데, 이 경우를 예를 들어 설명하면 다음과 같다.[9]

어느 소비자가 매일 세 끼를 2개씩의 라면으로 때운다고 하자. 라면 1개의 가격이 1,000원이라면 이 소비자가 1주일에 지출하는 식비는 21끼×2,000원=42,000원이 된다. 이 경우에 라면 1개의 가격이 800원으로 떨어졌을 때 이 소비자의 라면

9 열등재의 정도가 심하다는 것은 수요량의 변화가 소득의 변화 방향과 반대 방향으로 진행되는 열등재 가운데에서도 소득효과의 크기가 매우 큰 열등재라는 의미이다.

그림 3-15

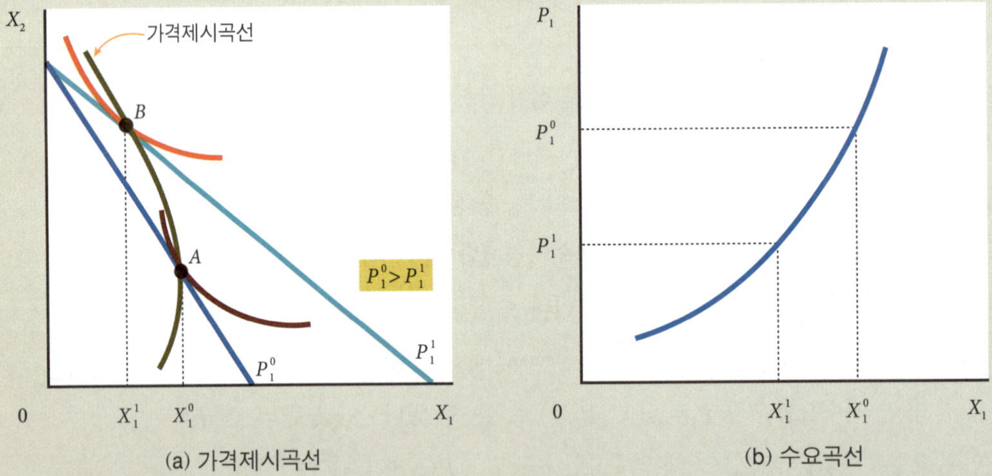

기펜재의 가격제시곡선과 수요곡선

가격이 하락(상승) 할 때 수요가 감소(증가)하는 재화를 기펜재라고 한다. 기펜재는, 가격제시곡선의 기울기가 음이며 수요곡선의 기울기는 양이 된다. 따라서 수요의 법칙에 어긋나게 된다.

에 대한 수요가 어떻게 변화하는지 살펴보자.

이 소비자가 월요일 아침부터 일요일 점심까지 라면으로 모든 끼니를 해결했다면 총지출액은 20끼×1,600원 =32,000원이 된다. 따라서 일요일 저녁에는 종전에 비해 10,000원의 여유가 있으므로 라면에 식상한 이 소비자는 일요일 저녁으로 라면 이외의 먹을거리, 예를 들어 설렁탕을 한번 먹어보려 할 것이다. 따라서 라면 가격의 하락은 라면에 대한 수요를 1주일에 42개에서 40개로 낮추므로, 이 소비자에게 라면은 기펜재가 된다.[10]

X_1의 가격이 P_1^0일 때 이 소비자가 예산제약 하의 효용극대화를 이루기 위해 그림 3-15 (a)와 같이 X_1^0만큼 소비하기를 원한다고 하자. X_1이 기펜재인 경우, X_1의 가격만 P_1^0에서 P_1^1로 하락하면 X_1의 수요량이 X_1^0에서 X_1^1로 떨어지므로 가격제시곡선의 기울기는 음(−)이 된다. 가격제시곡선에서 볼 수 있듯이 P_1의 하락이 X_1의 수요 감소를 초래하므로, 기펜재는 정상재와 다르게 수요곡선의 기울기가 그림 3-15 (b)와 같이 양(+)이다.

10 19세기 중엽 기펜(Giffen)이 아일랜드의 감자에 대한 수요 행태를 관찰한 결과 감자 가격이 하락하면 감자 수요가 감소하는 현상을 발견해 이를 기펜의 역설이라 하였다. 이 경우의 감자는 본문의 예에 나타난 라면에 해당된다.

3-4 대체효과와 소득효과

앞의 수요곡선 분석에서 가격이 변화할 때 수요량이 어떻게 변화하는지에 대하여 알아보았다. 가격의 변화에 의한 수요량의 변화를 가격효과 price effect 라 한다. 가격이 ΔP_1만큼 변화할 때 X_1에 대한 수요량이 ΔX_1만큼 변화했다면, 가격효과는 ΔX_1이 된다. 정상적인 경우라면 수요의 법칙이 작용하므로 ΔP_1과 ΔX_1의 부호는 서로 반대이다.

가격효과, 대체효과, 소득효과

가격의 변화에 의한 수요량의 변화를 가격효과라 한다. 가격효과는 대체효과와 소득효과로 분리할 수 있다. 대체효과는 실질소득이 일정할 때 상대적인 가격 변화가 초래하는 수요량의 변화이며, 소득효과는 가격 변화가 유발하는 화폐의 구매력 변화, 즉 실질소득의 변화에 의해 초래되는 수요량의 변화이다.

가격효과는 실질소득의 개념을 이용해 **대체효과** substitution effect 와 **소득효과** income effect 로 나눌 수 있다 가격효과 = 대체효과 + 소득효과. 대체효과는 실질소득이 일정할 때 가격 변화가 수요량에 미치는 효과이며, 소득효과는 가격 변화에 따른 실질소득의 변화가 수요량에 미치는 효과이다.

슬루츠키의 대체효과와 소득효과

실질소득이 무엇인가, 혹은 실질소득이 일정하다는 것이 무엇을 의미하느냐에 관하여 두 가지 견해가 있다. 슬루츠키 Slutsky 에 의하면, 가격이 변화했음에도 종전에 구입했던 것과 동일한 소비계획을 소비할 수 있다면 실질소득이 일정하다고 한다.

소득 및 X_2의 가격이 각각 I 및 P_2로 주어졌으며, X_1의 가격이 P_1^0인 경우의 예산선이 그림 3-16 (a)의 예산선 l_0으로 주어졌다고 하자. 여기서 예산제약 하의 효용극대화를 이룬 결과, 예산선 l_0 위의 점 A가 선택되었다. 그런데 X_1의 가격만 P_1^1로 하락한 경우의 예산선은 예산선 l_1과 같이 나타난다.

가격이 변화해도 실질소득이 일정하다는 전제를 충족시키는 예산선을 l_2라 하면, 이 예산선의 어떤 형태일까? 가격이 변화했으므로 예산선의 기울기는 예산선 l_1과 같아야 하며, 종전 소비계획을 소비할 수 있어야 하므로 점 A를 지나야 한다. 이 조건을 만족시키는 예산선이 그림 3-16 (a)의 예산선 l_2이다.

그림 3-16

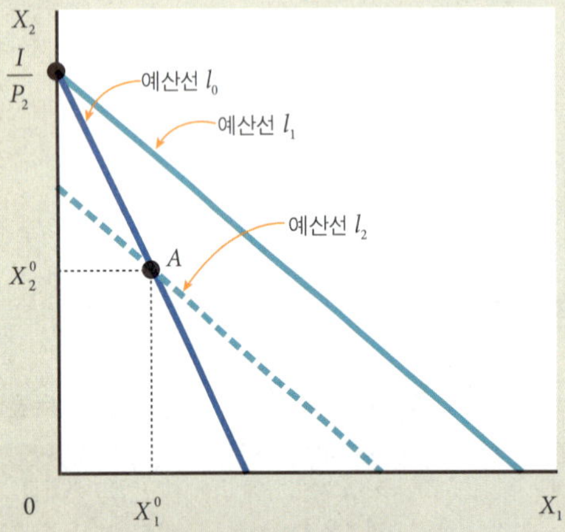

(a) 슬루츠키 실질소득 일정의 개념

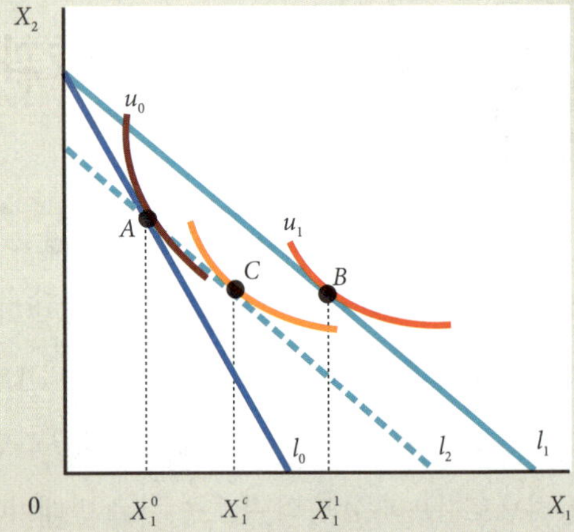

(b) 대체효과와 소득효과

➔ 슬루츠키의 대체효과와 소득효과

(a) 가격이 하락하는 경우에 예산선의 기울기는 예산선 l_1과 같다. 가격이 하락했음에도 불구하고 종전의 소비계획 A를 소비할 수 있어 실질소득이 일정한 예산선은 예산선 l_2와 같다.

(b) 각 예산선이 주어졌을 때 구한 효용극대화 결과에 의해 가격효과를 대체효과와 소득효과로 나눌 수 있다.

예산선 l_2는 예산선 l_0보다 아래에 위치하고 있는데 그 의미는 무엇인가? 그것은 X_1의 가격이 하락했음에도 불구하고 종전의 A처럼 X_1^0과 X_2^0를 구입하는 경우의 지출액은 주어진 소득 I보다 작게 되므로, 남는 돈으로 재화를 더 구입할 수 있음을 의미한다. 즉 화폐소득이 I로 일정하여도 가격이 하락하면 이 소비자의 실질적인 구매력은 증가하게 된다. 이러한 구매력 증가를 가격 하락에 따른 실질소득 증가라 하는데 이를 그림으로 나타내면 그림 3-16 (a)에서 예산선 l_2가 예산선 l_1로 움직이는 것과 같다. I 및 P_2가 일정하게 주어지고 X_1의 가격이 P_1^0인 경우에 예산제약 하의 효용극대화를 달성한 점은 그림 3-16 (b)의 A이며, 이때 X_1에 대한 수요량은 X_1^0이다. X_1의 가격만 P_1^0에서 P_1^1으로 하락한 경우라면 예산선은 예산선 l_0에서 예산선 l_1으로 변화하고 B가 선택되며, 이 경우의 X_1의 수요량은 X_1^1이다. 따라서 가격효과는 $X_1^1 - X_1^0$이다.

X_1의 가격이 P_1^0에서 P_1^1으로 변화하는 경우, 실질소득은 일정하다고 전제했을 때 X_1에 대한 수요량이 얼마나 변화했는지 나타내는 것이 대체효과이다. X_1의 가격이 P_1^0에서 P_1^1으로 변화할 때 실질소득이 일정하다는 것은 예산선이 예산선 l_0

ECONOMIST

John R. Hicks 1904~1989

20세기 가장 영향력 있는 경제학자 가운데 한 사람으로 평가되고 있는 힉스는 1904년에 영국에서 태어나 클립톤대학Clifton college, 옥스퍼드대학교의 발리올대학Balliol college에서 수학하였다. 런던경제대학교, 맨체스터대학교 등에서 강의하였고 1946년 옥스퍼드대학교의 경제학 교수가 된 이후 1971년까지 근무하였다. 1964년 작위를 수여받아 힉스경Sir Hicks이 되었으며 1972년 애로우K. Arrow와 함께 노벨경제학상을 받았다.

힉스의 공헌은 경제학 전반에 걸쳐 있다. 힉스는 자신의 대표 저작 가운데 하나인 1939년 발간된 《가치와 자본value and capital》에서 에지워스Edgeworth식의 무차별곡선의 개념이 서수적 효용의 개념을 포함한다고 주장하였고, 가격효과를 대체효과와 소득효과로 분해하는 작업과 함께 보상수요함수를 도출하였다.

힉스가 거시경제학에 기여한 중요한 공헌 가운데 하나는 1937년에 이코노메트리카Econometrica에 발표한 〈케인즈와 고전학파Mr. Keynes and the Classics〉에서 찾을 수 있다. 힉스는 이 논문에서 현재 힉스-한센 *IS*-*LM*곡선Hicks-Hansen IS-LM cueve으로 잘 알려져 있는 분석틀을 정립하였다.

에서 예산선 l_2로 변화했다는 것이다. 예산선 l_2에서 효용극대화를 이루는 소비계획은 C이며, 이때의 X_1에 대한 수요량은 X_1^c이다. 따라서 대체효과는 $X_1^c - X_1^0$이다. P_1의 하락에 따른 구매력 증가, 즉 실질소득의 증가 효과는 예산선이 예산선 l_2에서 예산선 l_1으로 움직이는 것과 동일한 크기로 나타난다. 따라서 소득효과는 $X_1^1 - X_1^c$가 된다.

힉스의 대체효과와 소득효과

힉스Hicks는 실질소득을 효용수준으로 보았다. 따라서 실질소득이 일정하다는 것은 곧 효용수준이 일정함을 의미한다. 소득 및 X_2의 가격이 I 및 P_2로 주어졌고 X_1의 가격이 P_1^0인 경우, 예산선은 그림 3-17의 예산선 l_0이다. 예산선 l_0에서 효용극대화를 이루는 소비계획은 A이며, 이때 X_1에 대한 수요량은 X_1^0이다. X_1의 가격만 P_1^0에서 P_1^1으로 하락하면, 예산선 l_0은 예산선 l_1과 같이 변화한다. 한편 예산선 l_1에서 효용극대화를 이루는 소비계획은 B이고, 이때의 X_1에 대한 수요량은 X_1^1이다. 따라서 가격효과는 $X_1^1 - X_1^0$이다.

X_1의 가격만 P_1^0에서 P_1^1로 하락하는 경우의 대체효과는 효용수준이 u_0으로

그림 3-17

힉스의 대체효과와 소득효과

가격이 하락하여 예산선의 기울기가 예산선 l_1과 같아졌을 때, 일정한 실질소득인 효용수준 u_0을 최소지출액으로 달성한 결과를 이용하여 가격효과를 대체효과와 소득효과로 나누는 것이 가능하다.

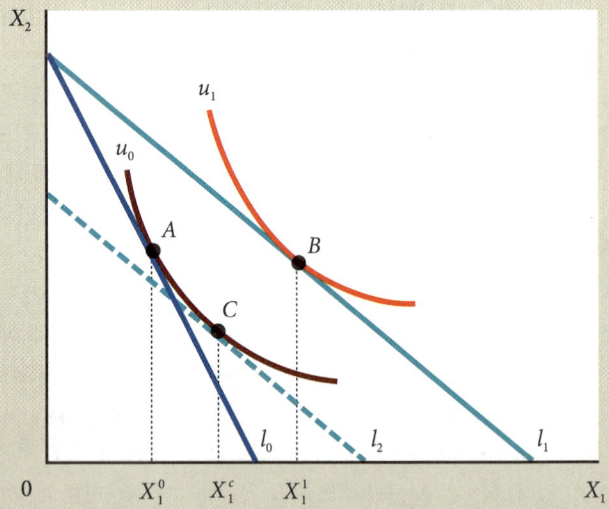

고정된 상황에서 X_1에 대한 수요량이 가격 하락에 따라 얼마나 변화하는지를 나타낸다. 이러한 상황을 나타낼 수 있는 예산선의 형태는 어떠한가? X_1의 가격만 P_1^0에서 P_1^1로 하락했으므로 예산선의 기울기는 예산선 l_1의 경우와 같다. 예산선의 기울기가 l_1과 같고 효용수준 u_0을 달성할 수 있는 예산선은 무수히 많다. 이 경우 판단의 기준은 지출액을 극소화하여야 한다는 것이다. 예산선 l_2는 기울기가 $-(P_1^1/P_2)$이며 효용수준 u_0을 달성할 수 있는 예산선 중 지출액을 극소로 하는 예산선이다.[11] 일정하게 주어진 효용수준 u_0을 지출액을 극소로 하면서 달성하는 경우 최소지출액은 예산선 l_2가 나타내는 바와 같고 X_1의 수요량은 X_1^c이다. 따라서 대체효과는 $X_1^c - X_1^0$이다.

소득효과는 X_1의 가격이 P_1^0에서 P_1^1으로 하락함에 따라 실질소득인 효용수준

---

3 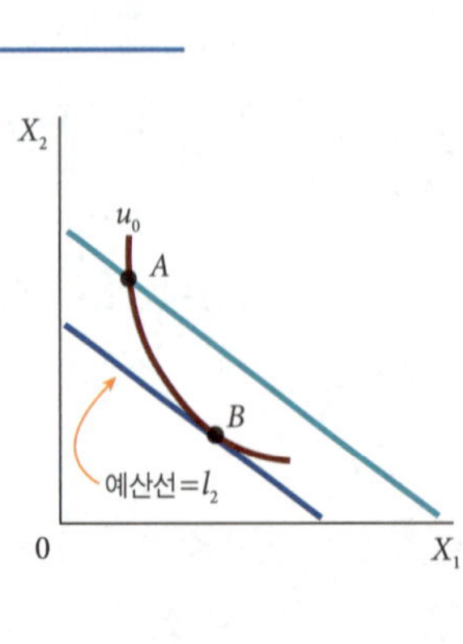

X_1 및 X_2의 가격이 P_1 및 P_2로 주어졌을 때, 예산선의 기울기는 $-(P_1/P_2)$로 일정하게 주어진다. 효용수준을 u_0로 고정시키면 이 효용수준을 나타내는 무차별곡선을 생각할 수 있다. 무차별곡선 위의 임의의 점 A를 선택해도 u_0를 달성할 수 있다. 이때의 지출액은 A를 통과하는 예산선에 의해 나타낼 수 있는데, 이 예산선은 지출액을 극소화하지는 못한다. 지출액을 극소화하고 효용수준 u_0를 달성하기 위해서는 B를 선택해야 하며, 이때의 예산선은 왼쪽 그림의 예산선 l_2와 같다.

그림 3-18

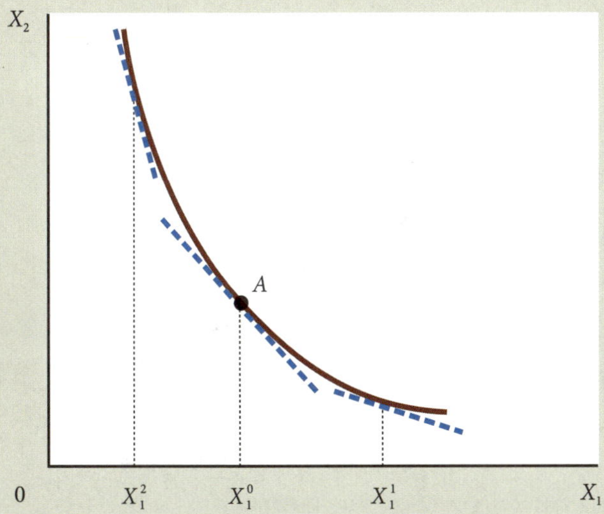

대체효과가 항상 음(−)인 이유
무차별곡선이 원점에 대해 볼록하면, P_1이 하락할 때 대체효과에 의한 X_1의 수요는 항상 증가할 수밖에 없다.

이 u_0에서 u_1로 상승하면서 생긴 X_1에 대한 수요량의 변화이다. 소비자가 적정화를 이루어 예산선과 무차별곡선이 서로 접한다면 효용수준이 u_0에서 u_1로 상승하는 것과 소득이 증가해 예산선이 예산선 l_2에서 예산선 l_1로 변화하는 것의 효과는 같다. 따라서 소득효과는 $X_1^1 - X_1^c$이다.

대체효과의 부호는 무차별곡선의 형태와 밀접한 관계가 있다. X_1의 가격이 하락하면 예산선의 기울기는 완만해진다. 한편 무차별곡선이 원점에 대해 볼록한 경우에 동일한 무차별곡선 위에서 우하향으로 이동하면, 즉 X_1이 늘고 X_2가 줄면 한계대체율은 감소한다. 그런데 소비자가 예산제약 하의 효용극대화를 이루려면 무차별곡선과 예산선이 서로 접하는 소비계획을 선택해야 한다. 이는 P_1이 하락하면 대체효과에 의해 X_1의 수요량이 증가하며, P_1이 상승하면 대체효과에 의해 X_1의 수요량이 감소함을 의미한다.

이를 그림으로 설명한 것이 그림 3-18이다. 그림 3-18의 A는 X_1의 가격이 P_1^0일 때 최적 소비계획이며, 이때 X_1에 대한 수요량은 X_1^0이다. 효용수준이 일정하다면 P_1이 하락하는 경우에 X_1에 대한 수요량이 X_1^1로 늘어나며, P_1이 상승하는 경우에는 X_1에 대한 수요량이 X_1^2로 줄어든다.

무차별곡선이 원점에 대해 볼록할 때 P_1이 하락하면 대체효과에 의한 X_1의 수요량은 증가하며, P_1이 상승하면 대체효과에 의한 X_1의 수요량은 감소한다는 사실

그림 3-19

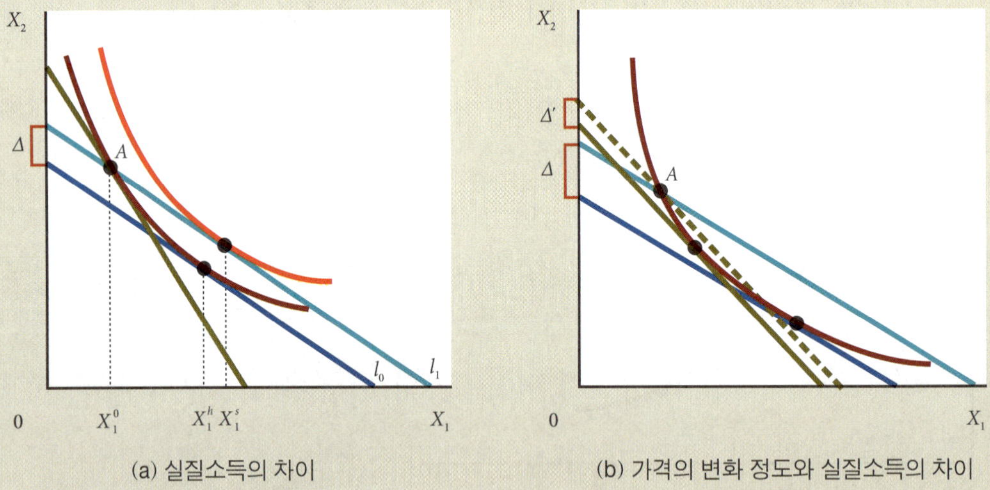

슬루츠키와 힉스의 비교

슬루츠키의 실질소득과 힉스의 실질소득 개념의 차이는 실질소득이 일정하다는 것을 전제로 하는 예산선의 차이로 나타난다. 가격 변화가 작을수록 그 둘의 차이도 작아진다. 만약 미분을 이용한다면, 양자의 차이는 없어지게 된다.

을 '무차별곡선이 원점에 대해 볼록한 경우의 대체효과는 항상 음(−)이다'라고 표현한다. 여기서 대체효과가 음이라는 것은 가격의 변화 방향과 대체효과에 의한 수요량의 변화 방향이 반대임을 의미한다.

대체효과와 소득효과에 대한 슬루츠키와 힉스의 설명이 차이가 나는 것은 실질소득을 다르게 정의하기 때문이다. P_1이 하락할 때 그림 3-19(a)와 같이 슬루츠키의 대체효과를 구할 때 이용되는 예산선은 예산선 l_1이며, 힉스의 대체효과를 구할 때 이용되는 예산선은 예산선 l_0이다. 예산선 l_1이 예산선 l_0보다 위에 있고 X_1이 정상재이므로, $X_1^s > X_1^h$가 성립한다. 따라서 슬루츠키의 대체효과가 힉스의 대체효과보다 더 크다.[12] 이때, 슬루츠키의 대체효과와 힉스의 대체효과의 차이는 각각의 예산선의 절편의 차이인 Δ에 의해 나타낼 수도 있다. 즉 Δ가 클수록 슬루츠키의 대체효과와 힉스의 대체효과의 차이가 크다.

그림 3-19(b)의 A는 그림 3-17의 A와 같은 점이다. 가격의 변화 ΔP_1이 작을

12 가격이 상승하는 경우에는 이와 반대로 힉스의 대체효과가 슬루츠키의 대체효과보다 더 크다. 이는 그림을 그려 보면 쉽게 알 수 있다. 독자 여러분이 스스로 확인해 보기 바란다.

수록 슬루츠키와 힉스의 예산선 절편의 차이인 Δ가 줄어듦을 알 수 있다. 대체효과와 소득효과를 수식으로 엄밀히 표현할 때는 미분을 하여 얻은 도함수derivative를 이용한다. 미분을 한다는 것은 극히 작은 ΔP_1의 값을 고려한다는 것이며, 이때 슬루츠키의 대체효과와 힉스의 대체효과의 크기는 같아진다. 상식적으로 생각해 보아도 종전에 구입한 소비계획과 동일한 소비계획을 구입하면 종전과 동일한 효용수준을 얻게 되므로 힉스와 슬루츠키의 대체효과는 서로 같을 수밖에 없다. 이 책에서는 설명의 편의를 위해 슬루츠키 방정식을 설명하는 경우만 슬루츠키에 의한 '실질소득 일정'의 개념을 사용하며, 그 밖에 특별히 양자를 구별할 필요가 있을 때를 제외하고는 모두 힉스에 의한 '실질소득 일정'의 개념을 사용하기로 한다.

통상수요와 보상수요

수요함수는 무엇을 일정하게 정해 두었는지에 따라 도출된 형태가 달라진다. 앞의 3-3가격 변화와 소비자의 최적 선택에서 언급된 수요함수는 소비자의 소득이 일정하게 주어진 경우에 도출된 수요함수인데, 이를 **통상수요함수**ordinary demand function라 한다. 한편 실질소득이 일정하다고 가정하면서 수요함수를 도출할 수 있는데, 이렇게 도출된 수요함수가 **보상수요함수**compensated demand function이다.

> **통상수요함수, 보상수요함수**
>
> 소비자의 화폐소득이 일정하다는 전제 아래 구해진 수요함수를 통상수요함수라 하며, 실질소득인 효용수준이 일정하다는 전제 아래 구해진 수요함수를 보상수요함수라 한다.

통상수요함수를 전제로 구한 수요량을 통상수요량이라 하고, 보상수요함수를 전제로 구한 수요량을 보상수요량이라 한다. 통상수요함수는 $X_1 = X(P_1, P_2, I)$로 표현되었는데, 통상수요함수의 도출에서 일정하게 주어진 것은 I와 P_2이다. 힉스의 견해에 따라 실질소득을 효용수준으로 보는 경우, 보상수요함수의 도출에서 일정하게 주어지는 것은 P_2와 효용수준 u이다. 따라서 보상수요함수는 $X_1^c = X^c(P_1, P_2, u)$로 쓸 수 있다.[13]

P_1, P_2 및 I가 일정하게 주어지면 예산선의 위치가 확정된다. 이렇게 확정된 예산선에서 효용극대화를 이루도록 소비계획을 선택할 때 결정되는 수요량이 곧 통상수요량이다. P_1, P_2 및 u가 일정하게 주어지면 예산선의 기울기와 무차별곡선의 위치가 확정된다. 주어진 효용수준을 주어진 가격에서 달성하되 지출액을 극소화하도록 결정되는 수요량이 보상수요량이다.

13 통상수요함수는 max $U(X_1, X_2)$, *s.t.* $P_1X_1 + P_2X_2 = I$를, 보상수요함수는 min $P_1X_1 + P_2X_2$, *s.t.* $U(X_1, X_2) = u$를 각각 풀어서 도출한 것이다.

그림 3-20

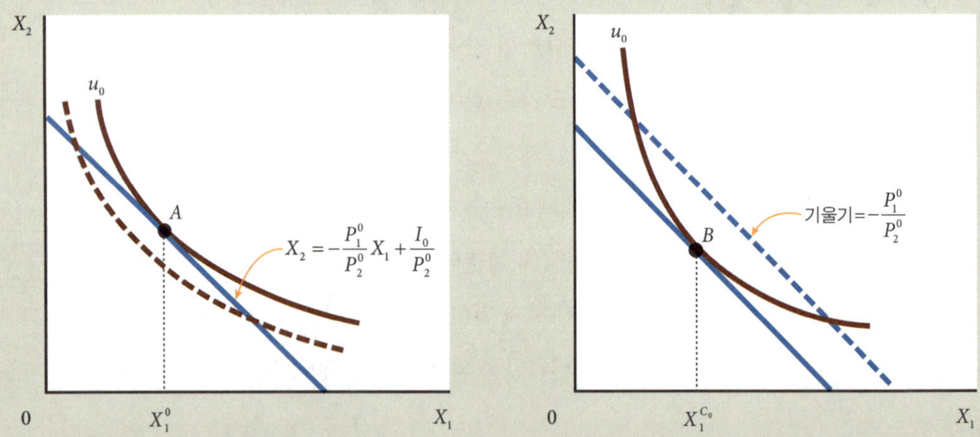

(a) 예산제약 하의 효용극대화

(b) 효용수준제약 하의 지출액극소화

효용극대화와 지출극소화

(a)와 (b)는 완전히 같은 그림이다. 이는 곧 가격이 일정하게 주어진 경우의 통상수요량과 보상수요량은 같음을 의미한다.

X_1 및 X_2의 가격이 P_1^0 및 P_2^0, 소득이 I_0으로 주어진 경우의 예산선은 그림 3-20 (a)와 같다. 예산제약 하의 효용극대화는 A를 선택해 u_0의 효용수준을 달성하는 것이다. 한편 이때 결정된 통상수요량은 X_1^0이다. X_1 및 X_2의 가격이 P_1^0 및 P_2^0로 주어지고 효용수준이 u_0로 주어지면 그림 3-20 (b)와 같이 무차별곡선의 위치가 확정되며, 여기에 그릴 수 있는 예산선의 기울기는 $-(P_1^0/P_2^0)$로 확정된다. 이 경우에 효용수준 u_0이 지출액을 최소로 하려면 B를 선택해야 하며, 이때 보상수요량은 X_1^{c0}로 결정된다.

그림 3-20 (a)와 (b)를 비교해 보면 A와 B는 같은 점이며, 따라서 $X_1^0=X_1^{c0}$가 된다. 즉 가격이 일정하게 주어졌다면 예산제약 하의 효용극대화를 이루도록 결정된 통상수요량과 효용제약 하의 지출액 극소화를 이루도록 달성된 보상수요량은 서로 같다.

가격이 변화하면 통상수요량과 보상수요량은 변화하는데, 변화의 정도가 서로 다르다. 가격의 변화가 통상수요량에 미치는 효과는 앞에서 살펴본 바와 같이 가격효과이다. 그렇다면 가격 변화에 따른 보상수요량의 변화는 무엇인가? 그것은 곧 가격이 변화할 때 효용수준을 일정하게 유지한다면 수요량이 얼마나 변화하는

그림 3-21

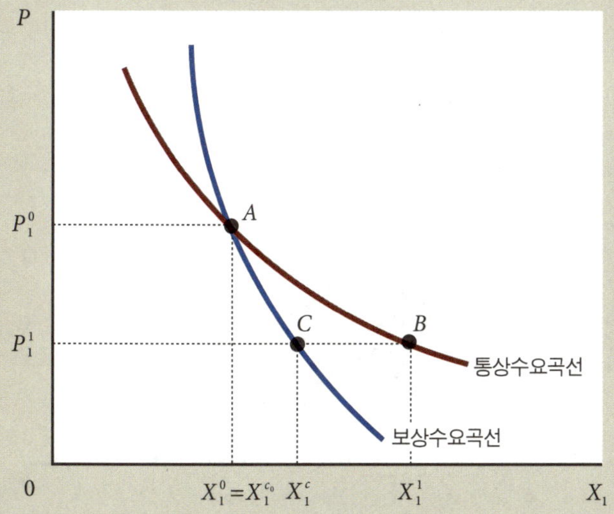

통상수요곡선과 보상수요곡선
가격이 변화할 때 통상수요량의 변화는 가격효과, 보상수요량의 변화는 대체효과가 된다.

지를 나타내므로 대체효과가 된다.

이상의 관계를 그림으로 나타낸 것이 그림 3-21이다. 처음에 X_1의 가격이 P_1^0로 주어진 경우에 결정되는 통상수요량과 보상수요량은 같으므로, 통상수요곡선 ordinary demand curve 과 보상수요곡선 compensated demand curve 은 모두 A를 통과한다. X_1의 가격만 P_1^1으로 하락했다면 보상수요곡선이 나타내는 보상수요량은 X_1^c, 통상수요곡선이 나타내는 통상수요량은 X_1^1이다. 이는 앞의 그림 3-17의 X_1^c 및 X_1^1과 같으며, $X_1^c-X_1^0$은 대체효과를 나타내고, $X_1^1-X_1^0$는 가격효과를 나타낸다.[14]

보상수요곡선의 기울기가 음(−)인 것은 무차별곡선이 원점에 대해 볼록하다면 대체효과가 항상 음(−)이라는 것을 나타낸다. 즉 보상수요곡선의 기울기는 소득효과와 상관없다. 따라서 기펜재의 경우, 통상수요곡선의 기울기는 양(+)이지만 보상수요곡선의 기울기는 음(−)이다.

통상수요곡선 위의 모든 점에 대해 그 점을 지나는 보상수요곡선이 있다. 그림 3-21에서 점 A를 지나는 보상수요곡선은 효용수준이 u_0로 일정하게 주어졌을 때 얻은 보상수요곡선이다. 점 B를 지나는 보상수요곡선은 효용수준이 그림 3-16의 u_1일 때 얻은 보상수요곡선이 된다.

14 슬루츠키의 실질소득 일정을 전제로 해도 동일한 방법으로 보상수요곡선을 도출할 수 있다. 이 경우에는 가격이 변화할 때 보상수요곡선이 나타내는 보상수요량이 슬루츠키의 대체효과가 된다.

그림 3-22

슬루츠키 방정식

가격효과를 대체효과와 소득효과의 합으로 나타낸 것을 수식으로 표현한 것이 슬루츠키 방정식이다. 이의 도출에는 $\Delta I^c/\Delta P_1 = -X_1$의 관계가 이용된다.

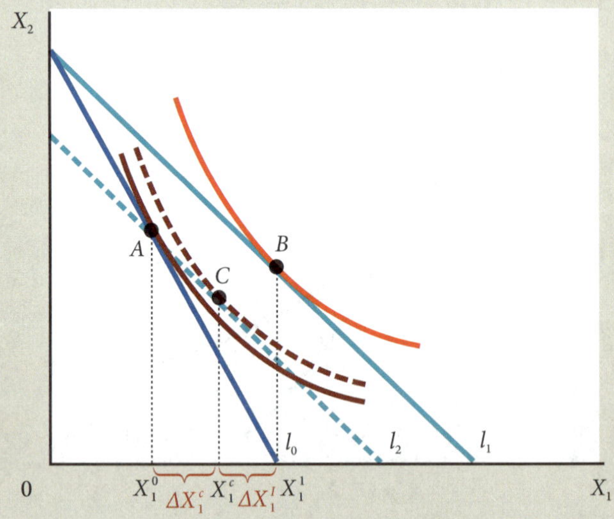

슬루츠키 방정식

가격효과, 대체효과 및 소득효과의 관계를 수식으로 표현한 것이 슬루츠키 방정식Slutsky equation이다. 여기서는 설명의 편의를 위해 슬루츠키에 의한 실질소득 일정의 개념을 이용하기로 한다. 그림 3-22에서 보는 바와 같이 X_1의 가격이 P_1^0에서 P_1^1으로 하락하면 수요량은 X_1^0에서 X_1^1으로 증가한다. 즉 가격이 ΔP_1만큼 변화하면 수요량은 $\Delta X_1 = X_1^1 - X_1^0$만큼 증가한다. 이것이 가격효과이다. 이때 가격이 하락했으므로 ΔP_1은 음(−)이며, ΔX_1은 양(+)이다. 가격효과를 가격이 1원 변화할 때 생기는 수요량의 변화로 나타내면 $\Delta X_1/\Delta P_1$이 된다.

가격이 하락할 때 대체효과에 의한 수요량의 증가는 그림 3-22에서와 같이 ΔX_1^c가 되는데, 이를 가격이 1원 변화할 때 생기는 수요량의 변화로 나타내면 $\Delta X_1^c/\Delta P_1$이 된다. 이제 남은 문제는 소득효과에 의한 수요량의 변화를 나타내는 것이다. 가격이 1원 변화할 때 생기는 소득효과에 의해 수요량이 얼마나 변화하는지는, 가격의 변화가 실질소득 I^c를 변화시키고 실질소득의 변화가 수요를 변화시키는 경로, 즉 $\Delta X_1^I/\Delta P_1 = (\Delta X_1^I/\Delta I^c)\cdot(\Delta I^c/\Delta P_1)$로 나타난다. 여기서 실질소득의 변화는 일정하게 주어진 화폐소득과 가격이 변화한 후 원래 소비계획을 소비하는 경우의 소비지출액과의 차이를 의미한다.

실질소득의 증가가 수요량에 미치는 효과는 예산선 l_2가 예산선 l_1으로 이동할 때 수요량이 얼마나 증가하는가에 의해 나타난다. 즉 실질소득 증가가 수요량에 미치는 효과와 화폐소득의 증가가 수요량에 미치는 효과는 같게 나타나므로, $\Delta X_1^I / \Delta I^c$은 $\Delta X_1 / \Delta I$로 쓸 수 있다. 이제 남은 문제는 $\Delta I^c / \Delta P_1$의 값, 즉 가격이 1원 하락할 때 실질소득이 얼마나 증가하는지 결정하는 것이다. 이를 다음의 예를 이용해 알아보자.

$P_1 = 10, P_2 = 8$일 때 그림 3-22의 A가 $X_1 = 4, X_2 = 10$을 나타낸다고 하자. 이때 $I = 10 \times 4 + 8 \times 10 = 120$이 된다. P_1만 7로 하락하면 예산선 l_2는 A를 통과하므로 l_2가 나타내는 소비지출액은 $7 \times 4 + 8 \times 10 = 108$이 된다. 따라서 l_1과 l_2가 나타내는 소득과 소비지출액의 차이는 $120 - 108 = 12$가 된다.[15] 즉 $\Delta P_1 = -3$이면 $\Delta I^c = 12$가 된다. 따라서 $\Delta I^c / \Delta P_1 = -4$인데, 이 '4'라는 값은 A가 나타내는 X_1이 되므로 이 경우에 $\Delta I^c / \Delta P_1 = -X_1$의 관계가 성립함을 알 수 있다.[16] 여기서의 X_1은 A가 나타내는 X_1에 대한 수요량이다. 이상의 결과를 요약하면 다음과 같다.

$$\frac{\Delta X_1}{\Delta P_1} = \frac{\Delta X_1^c}{\Delta P_1} - X_1 \frac{\Delta X_1}{\Delta I} \tag{3-4}$$

이 슬루츠키 방정식은 가격효과가 대체효과와 소득효과의 합과 같다는 것을 수식으로 표현한 것으로, 그 내용은 앞에서 그림을 이용해 설명한 것과 같다.

열등재와 기펜재 모두 $\Delta X_1^c / \Delta P_1 < 0$ 및 $\Delta X_1 / \Delta I < 0$이 성립한다. 열등재의 경우와 $\Delta X_1^c / \Delta P_1$의 절댓값이 $-X_1(\Delta X_1 / \Delta I)$보다 커서 $\Delta X_1 / \Delta P_1 < 0$, 즉 수요의 법칙이 성립한다. 기펜재의 경우는 $\Delta X_1^c / \Delta P_1$의 절댓값이 $-X_1(\Delta X_1 / \Delta I)$보다 작아 $\Delta X_1 / \Delta P_1 > 0$이 되므로 수요의 법칙에 어긋나게 된다.

---

15 여기서 소득과 소비지출액의 차이가 12라고 해석하는 것의 의미는 다음과 같다. P_1이 10원에서 7원으로 하락해도 소비자의 화폐소득은 120원으로 일정하다. 그런데 P_1이 하락하면 종전의 소비계획은 108원의 소득만 있어도 소비할 수 있다. 즉 P_1의 가격이 하락했음에도 불구하고 종전의 소비계획을 소비하면 재화 구입에 사용할 수 있는 화폐가 12원만큼 더 생기는 것이다. 이는 P_1의 하락이 소비자의 구매력, 즉 실질소득을 12원만큼 증가시켰음을 의미한다. 따라서 여기서 소득과 소비지출액의 차이가 12라는 것은 실질적으로는 화폐소득이 12원만큼 증가한 셈이라는 것이다.

16 이를 일반적으로 설명하면 다음과 같다. P_1^0, P_2 및 I^0에서 예산제약 하의 효용극대화를 이루어 $A = (X_1^0, X_2^0)$를 선택했다면 $P_1^0 X_1^0 + P_2 X_2^0 = I^0 \cdots$①이 성립한다. P_1^0만 P_1^1로 하락한 경우의 기울기는 $-(P_1^1 / P_2)$, A를 지나는 예산선이 나타내는 소득은 $P_1^1 X_1^0 + P_2 X_2^0 = I^1 \cdots$②이다. ②-①을 하면 $(P_1^1 - P_1^0) X_1^0 = (I^1 - I^0)$가 되는데, $\Delta P_1 = P_1^1 - P_1^0 < 0$, $\Delta I^c = I^1 - I^0 > 0$이라면 $X_1^0 \Delta P_1 = -\Delta I^c$가 성립한다.

3-5 탄력성

수요에 영향을 주는 요인들이 변화할 때 수요가 반응하는 정도를 나타내는 것이 수요의 **탄력성** elasticity of demand 이다. 일반적으로 A의 B 탄력성은 B가 1% 변화할 때 A가 몇 % 변화하는지를 나타낸다. 수요가 반응하는 정도를 % 변화로 정의하는 것은 % 변화가 측정단위와 무관하기 때문이다.

> **탄력성**
> A의 B 탄력성은 B가 1% 변화할 때 A가 몇 % 변화하는지를 나타낸다. A와 B의 측정단위가 달라져도 탄력성은 변화하지 않는다.

만약 가격 변화에 대해 수요량이 민감하게 반응하는 정도를 수요곡선의 기울기로 파악한다면, 기울기가 완만할수록 가격 변화에 대한 수요량의 반응 정도가 더 커진다고 판단하게 될 것이다. 그러나 이 경우는 수요곡선의 기울기가 측정단위에 의존하므로 다음의 문제들이 발생한다.

첫째, 같은 상품이라도 측정단위에 따라 기울기가 달라진다. 예를 들어 철강에 대한 수요곡선을 생각해 보자. 철강을 톤 단위로 측정하는 경우에 비해 kg 단위로 측정한 경우에 수요곡선의 기울기는 훨씬 더 완만해진다.

둘째, 이질적인 상품들의 수요곡선 기울기는 서로 비교할 수 없다. 가격이 5,000원 하락할 때 철강의 수요는 10,000톤 증가하고 구두의 수요는10,000켤레 증가한다고 하자. 철강과 구두의 수요 중 어느 것이 더 가격 변화에 민감하게 반응하는가? 정답은 '측정단위가 달라 답변하기 어렵다'이다. 이러한 문제는 측정단위를 제거하면 해결할 수 있는데, 측정단위를 제거하는 방법이 곧 % 변화를 이용하는 것이다.

수요의 가격탄력성

P_1이 1% 변화하는 경우에 X_1이 몇 % 변화하는지를 나타내는 것이 수요의 가격탄력성 price elasticity of demand E_p이다.

$$E_p = -\frac{\Delta X_1 / X_1}{\Delta P_1 / P_1} = -\frac{\Delta X_1}{\Delta P_1} \cdot \frac{P_1}{X_1}$$

수요의 법칙이 성립하므로 $\Delta X_1 / \Delta P_1$은 음(−)이다. 수요의 가격탄력성이 양이

그림 3-23

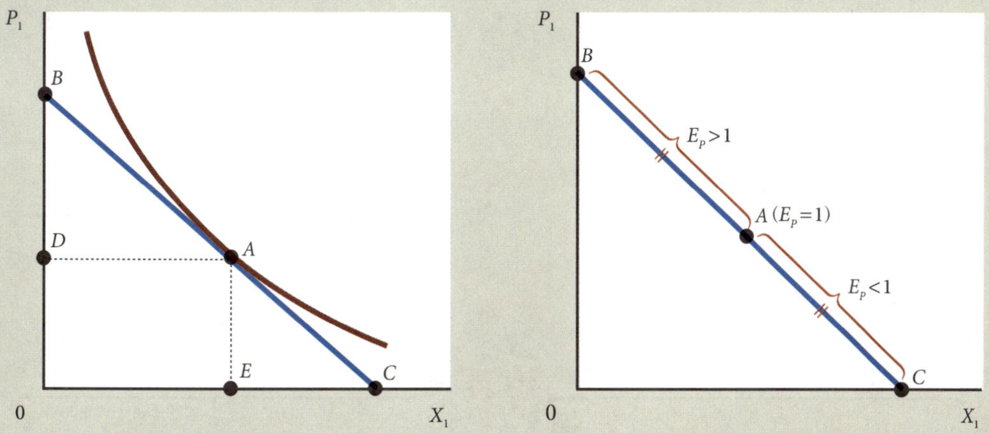

(a) 곡선인 경우 (b) 직선인 경우

수요의 가격탄력성

수요곡선이 직선인지, 곡선인지와 상관없이 수요의 가격탄력성을 그림으로 그리면 AC/AB가 된다.

면 설명이 편하므로 E_p 값을 양으로 만들기 위해 앞에 '–'를 추가하였다. 수요의 가격탄력성이 그림으로 어떻게 표현되는지는 그림 3-23에 나타나 있다.

그림 3-23 (a)의 A에서 수요의 가격탄력성을 구해 보자. $\Delta X_1/\Delta P_1$의 값은 A에 접하는 접선의 기울기로 구해진다. 수요곡선은 역수요함수를 그린 것이므로 이 접선의 기울기는 $-(EC/AE)$와 같다. 한편 A에서 가격은 AE, 수요량이 OE이므로, P_1/X_1은 AE/OE로 나타난다. 따라서 수요의 가격탄력성 $E_p=(EC/AE)\cdot(AE/OE)=EC/OE$가 된다. 간단한 기하학의 지식을 이용하면 최종적으로 $E_p=AC/AB$가 됨을 알 수 있다.

수요곡선이 직선이면 기울기는 일정한 상수이나 수요곡선의 각 점에서 수요의 가격탄력성은 상이하다. 그림 3-23 (b)의 A에서 수요의 가격탄력성이 1이면 A보다 위의 점에서의 수요의 가격탄력성은 1보다 크고, A보다 밑의 점에서의 수요의 가격탄력성은 1보다 작다.[17]

수요의 가격탄력성 $E_p=1$인 경우를 단위탄력적, $E_p>1$인 경우를 탄력적elastic, $E_p<1$인 경우를 비탄력적inelastic이라 한다. 수요의 가격탄력성이 아주 작은 경우는

17 수요곡선의 모든 점에서 탄력성이 동일한 경우로 $X_1=A/P_1^a$인 경우를 생각할 수 있다. 이 경우에는 $\Delta X_1/\Delta P_1=aAP_1^{-a-1}$이 된다. 따라서 $E_p=-(\Delta X_1/\Delta P_1)\cdot(P_1/X_1)=a$로, 일정한 상수가 된다.

그림 3-24

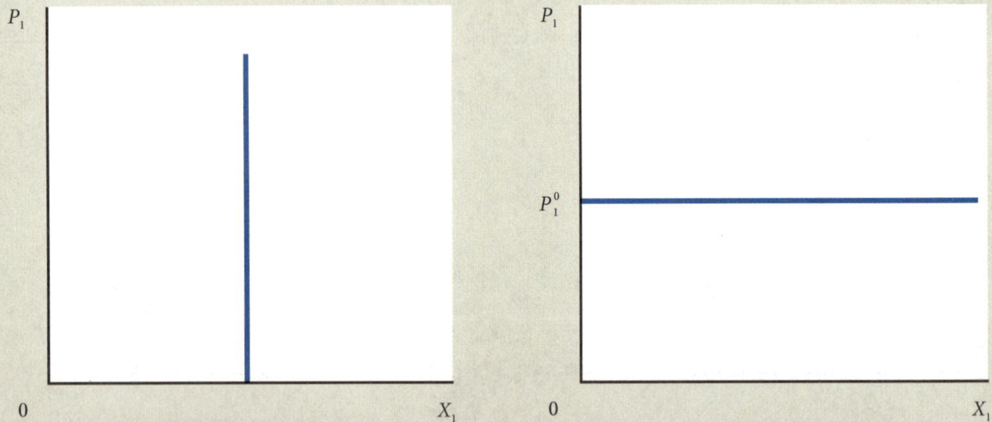

(a) 완전 비탄력적인 경우 (b) 완전 탄력적인 경우

극단적인 경우의 수요의 가격탄력성

가격이 변화해도 수요량이 전혀 변화하지 않는 (a)에서는 수요의 가격탄력성이 0이 되며 가격이 조금만 변화해도 수요량이 무한대로 변하는 (b)에서는 수요의 가격탄력성이 무한대가 된다.

$E_p=0$이 될 수 있다. 이 경우에는 가격이 변화해도 수요량이 전혀 변화하지 않는다. 이를 완전 비탄력적이라 하며, 수요곡선은 그림 3-24 (a)와 같이 수직선이 된다.

수요의 가격탄력성이 점점 커져 $E_p=\infty$가 되는 경우에는 수요곡선이 그림 3-24 (b)와 같이 수평선이 된다. 이 경우를 완전 탄력적이라 한다. 완전 탄력적인 경우, 현재 가격에서 가격을 조금만 올려도 수요량이 0으로 떨어진다. 동일한 품질의 제품을 생산하는 기업이 매우 많은 경우, 시장에서 결정된 가격인 P_1^0보다 조금이라도 높은 가격을 책정한 기업은 제품을 한 단위도 판매할 수 없다. 이 경우에 이 기업이 당면하는 수요곡선은 완전 탄력적인 것이 될 것이다.[18]

수요의 가격탄력성은 가격 변화에 따른 소비지출액의 변화와 밀접한 관계가 있다. 소비지출액은 P_1X_1로 나타낸다. P_1이 1% 상승하는 경우에 $E_p=1$이면 X_1이 1% 감소하므로, 즉 P_1의 상승 정도와 X_1의 감소 정도가 같아 소비지출액 P_1X_1은 변화하지 않을 것이다. 마찬가지로 소비지출액은 P_1이 1% 상승하는 경우에 $E_p>1$이면 감소하며, $E_p<1$이면 증가할 것이다.

이러한 점은 다음과 같이 엄밀하게 확인될 수 있다. P_1의 변화에 따른 소비지

18 이러한 경우는 완전경쟁 시장에서 나타난다.

EXAMPLE 3-3 수요의 가격탄력성이 400인 경우

수요의 가격탄력성이 무한대인 경우가 현실적으로 존재할 수 있을 것인가? 얼마나 커야 수요의 가격탄력성이 크다고 이야기할 수 있는지에 대해 의견의 차이는 있을 수 있지만 다음의 예에 나타난 수요의 가격탄력성은 대단히 크다.

최근 신문기사에 의하면, ○○○사가 실시한 할인행사의 행사품목에 자체상표 라면이 포함되어 있었는데, 1봉지에 460원인 자체상표 라면의 가격을 230원으로 50% 할인하여 판매한 결과 판매량이 200배 증가한 것으로 나타났다. 이에 기초하여 수요의 가격탄력성을 계산해 보면 400이 된다. 수요의 가격탄력성 1을 기준으로 어떤 상품에 대한 수요가 탄력적인지 여부를 판단한다는 점에 비추어 생각할 때 400은 엄청나게 큰 숫자로서 거의 무한대에 가깝다고 평가해도 무방할 것이다.

현실 속에서 비정상적으로 높은 가격탄력성이 관찰되는 예가 적지 않다.

출액 $P_1X_1 = P_1X_1(P_1)$의 변화를 알아보기 위해서는 $P_1X_1(P_1)$을 P_1에 대해 미분해야 한다.[19] 그 결과를 E_p의 정의를 이용해 정리하면 다음과 같다.

$$\frac{\Delta(P_1X_1)}{\Delta P_1} = X_1(1-E_p)$$

이 식은 가격의 변화에 따른 소비지출액의 변화가 수요의 가격탄력성에 달려 있다는 것을 나타내고 있다. $E_p>1$이면 가격이 하락할 때 소비지출액이 증가하며, $E_p<1$이면 가격이 상승할 때 소비지출액이 증가한다. 소비자의 소비지출액은 기업의 총수입이다. 따라서 기업이 제품의 가격을 조정할 때 수요의 가격탄력성이 비탄력적인 제품은 가격을 인상하면 총수입이 증가하며, 탄력적인 제품은 가격을 인하해야 총수입이 증가한다.

일반적으로 필수재의 경우는 사치재에 비해 수요의 가격탄력성이 낮으며, 대체재가 존재하지 않는 재화는 대체재가 많이 존재하는 재화에 비해 수요의 가격탄력성이 낮다. 또한 가계의 소비지출에서 차지하는 비중이 작은 재화일수록 수요의 가격탄력성이 낮다. 가격이 1% 변화하는 경우에 보상수요량이 몇 % 변화하는지 나타내는 것이 수요의 대체탄력성 substitution elasticity of demand 이다. 이를 η_p라 하며, η_p는 다음과 같이 나타낸다.

19 $Z=f(X)g(X)$인 경우, $dZ/dX=f'(X)g(X)+f(X)g'(X)$가 되고 $f'(X)=df(X)/dX$, $g'(X)=dg(X)/dX$를 각각 나타낸다. 여기서의 미분은 이를 이용한 것이다.

$$\eta_p = \frac{\Delta X_1^c / X_1^c}{\Delta P_1 / P_1} = \frac{\Delta X_1^c}{\Delta P_1} \cdot \frac{P_1}{X_1}$$

여기서는 소비자가 적정을 이루는 경우, $X_1 = X_1^c$가 성립한다는 사실이 이용되었다. 무차별곡선이 원점에 대해 볼록하다면 η_p는 항상 음(−)이다.

수요의 소득탄력성과 교차탄력성

소득이 1% 증가할 때 수요가 몇 % 증가하는지 나타내는 것이 수요의 소득탄력성income elasticity of demand이다. 이는 E_I로 나타낸다.

$$E_I = \frac{\Delta X_1 / X_1}{\Delta I / I} = \frac{\Delta X_1}{\Delta I} \cdot \frac{I}{X_1}$$

정상재는 소득이 증가하면 수요가 증가하므로, 즉 $\Delta X_1 / \Delta I$이 양이므로 E_I가 양(+)이며, 열등재는 E_I가 음(−)이다. 수요의 소득탄력성의 경우도 E_I가 1보다 크면 탄력적이라 하고, 1보다 작으면 비탄력적이라 한다. 소득이 두 배로 늘었다고 해서 밥을 두 배로 더 먹지는 않을 것이다. 그러나 소득의 증가에 따라 외식은 더욱 잦아진다. 일반적으로 필수재는 수요의 소득탄력성이 비탄력적이고, 사치재는 수요의 소득탄력성이 탄력적이다.

다른 재화의 가격이 1% 변화할 때 이 재화에 대한 수요량이 몇 % 변화하는지를 나타내는 것은 수요의 교차탄력성cross elasticity of demand으로, E_{P_2}로 나타낸다. 여기서 소득효과를 제외한 대체효과만을 고려한다면 수요의 교차대체탄력성cross substitution elasticity of demand이 된다. 이를 η_{P_2}로 나타낸다.

$$E_{P_2} = \frac{\Delta X_1 / X_1}{\Delta P_2 / P_2} = \frac{\Delta X_1}{\Delta P_2} \cdot \frac{P_2}{X_1}$$

$$\eta_{P_2} = \frac{\Delta X_1^c / X_1^c}{\Delta P_2 / P_2} = \frac{\Delta X_1^c}{\Delta P_2} \cdot \frac{P_2}{X_1}$$

두 재화가 조보완재이면 E_{P_2}는 음(−)이며, 조대체재이면 E_{P_2}는 양(+)이다. 한편 두 재화가 순보완재이면 η_{P_2}는 음(−), 순대체재이면 η_{P_2}는 양(+)이다.[20]

20 여기서 '순'은 대체효과만을 고려한다는 의미이다.

EXAMPLE 3-4

이미지 동기 image motivation

망외부효과 이외에도 사람들의 경제행위에 영향을 주는 매우 다양한 요인이 존재한다. 최근 한 조사에 따르면, 기부 등과 같은 자선행위를 익명으로 하기를 원하는 경우는 1% 미만인 것으로 알려지고 있다. 이는 자신이 행한 선한 행위가 다른 사람들에게 알려져 자신의 이미지가 좋아지기를 바라기 때문이다. 이러한 이유로 기부하는 것을 이미지 동기에 의해 기부라고 한다.

만약 기부에 대해 답례를 하면 기부가 늘어날 것인가? 이는 기부가 공적인 것이냐, 사적인 것이냐에 따라 달라진다. 한 실험에 의하면 익명으로 하는 사적인 기부의 경우에 기부에 대한 답례를 하면 기부가 크게 증가하는 반면, 이름을 밝히고 이를 대외적으로 널리 홍보하는 공적인 기부의 경우에 기부에 대한 답례를 하면 오히려 기부가 감소하는 경우도 있는 것으로 나타났다.

이는 사소한 사례를 받음으로써 자신의 이미지가 훼손될까 걱정하는 사람들이 있기 때문이다. 아무리 경제인homo economicus라 해도 경제적 보상만이 사람들의 행위를 결정짓는 유일한 요인은 아님을 알 수 있다.

이름을 밝히는 기부의 경우 답례를 제공하면 사소한 사례를 받음으로써 자신의 이미지가 훼손될 것을 염려하여 기부가 줄어든다고 한다.

3-6 망외부효과

이제까지의 수요함수에 관한 논의에서 수요에 영향을 주는 요인들로는 가격 및 소득 등이 고려되었다. 그러나 상품의 종류에 따라서는 남들의 소비에 영향을 받아 나의 소비가 달라지는 경우도 있다. 어느 가수의 노래가 크게 유행하는 경우에 남이 사니까 나도 덩달아 그 가수의 음반을 구입하는 경우가 있는가 하면, 명품이나 희귀한 골동품 등을 남이 가지고 있는 것을 보고 나는 절대로 사지 않겠다고 결심하는 경우도 있을 수 있다.

이와 같이 어느 재화에 대한 수요가 그 재화를 구매하는 사람의 수, 혹은 시장수요량에 따라 달라지는 경우를 가리켜 '망외부효과network externality가 존재한다'라고 한다. 그리고 시장수요량의 증가가 재화에 대한 수요에 정(+)의 영향을 주는 경우를 동승효과bandwagon effect라 하고, 부(−)의 영향을 주는 경우를 속물효과snob effect라 한다.

그림 3-25

동승효과가 있는 경우의 수요곡선

동승효과가 있는 경우에는 가격 하락에 의해 수요곡선이 D_1에서 D_2, 즉 바깥쪽으로 이전하므로 수요곡선은 보다 탄력적이 된다.

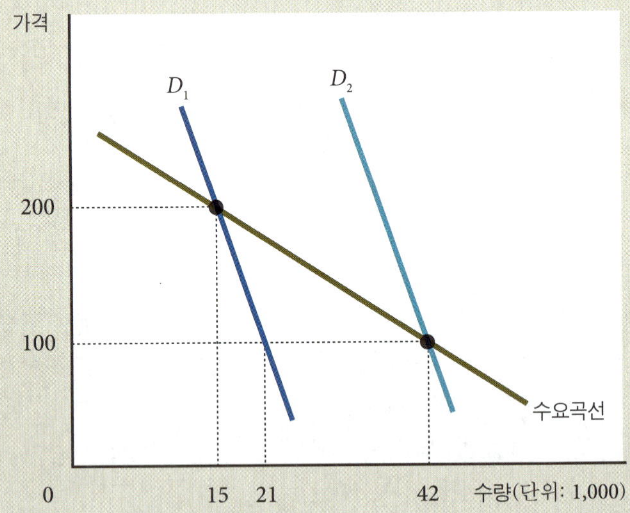

동승효과 많은 사람이 그 재화를 갖고 있기 때문에 자신도 그 재화를 갖기를 원한다거나, 혹은 유행에 따라 재화를 구매하려는 경향이 있을 때 '동승효과가 있다'라고 한다.

그림 3-25에서 D_1은 시장수요량이 20,000 이하일 때의 수요곡선이며, D_2는 시장수요량이 20,000~50,000일 때의 수요곡선이라 하자. 지금 가격이 200이라면 시장수요량은 15,000이므로 수요곡선은 D_1에 해당한다. 가격이 100으로 하락했을 때 D_1이 나타내는 수요량은 21,000이다. 그러나 시장수요량이 20,000을 초과할 때의 수요곡선은 D_2가 되므로 수요량이 42,000까지 늘어난다. 즉 동승효과에 의해 가격이 하락할수록 수요는 가속적으로 증가하기 때문에 수요곡선의 탄력성이 더욱 커진다.

유행이나 멋 이외에도, 어느 재화를 가지고 있는 사람의 수가 늘어날수록 그 재화의 내재적 가치가 커지는 경우도 등승효과를 일으키는 요인이 된다. DVD 플레이어를 갖고 있는 사람의 수가 적은 경우에는 볼 만한 DVD 영화가 적어 DVD 플레이어를 갖고 있어도 별로 이득이 없으나 DVD 플레이어를 갖고 있는 사람의 수가 늘어나면 DVD 영화도 늘어나게 되어 DVD 플레이어의 가치는 높아지며, 이에 따라 수요도 폭발적으로 증가하게 된다.

그림 **3-26**

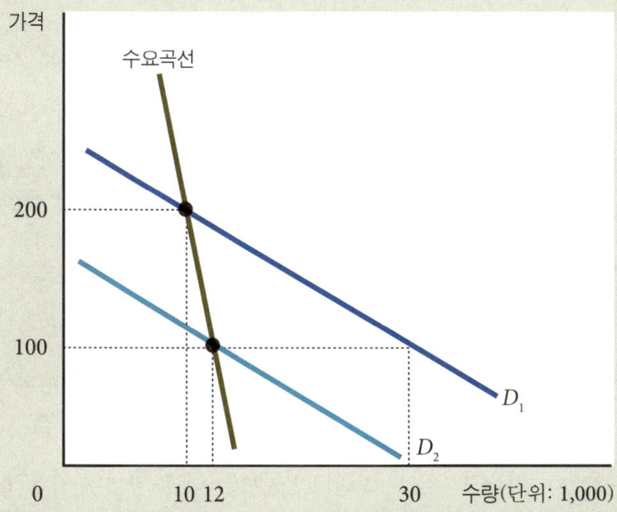

속물효과가 있는 경우의 수요곡선

속물효과가 있는 경우에는 가격 하락에 의해 수요곡선이 D_1에서 D_2, 즉 안쪽으로 이전하므로 수요곡선은 보다 비탄력적으로 바뀐다.

속물효과 남들이 어떤 재화를 많이 갖고 있을수록 그 재화에 대한 수요가 감소하는 경우에 '속물효과가 있다'라고 말한다.

그림 3-26에서 D_1은 시장수요가 10,000 이하인 경우의 수요곡선이며, D_2는 시장수요량이 10,000~40,000일 때의 수요곡선이라 하자. 가격이 200에서 100으로 떨어졌을 때 D_1이 일정하게 주어진다면, 수요량이 30,000으로 늘어날 수 있다. 그러나 속물효과가 작용한다면, 수요곡선은 수요량이 10,000~40,000일 때의 수요곡선인 D_2로 이동하게 되어 수요량이 12,000밖에 증가하지 못한다. 이와 같이 속물효과가 있는 경우에는 수요의 가격탄력성이 더욱 작아진다.

요 약

- 소비자가 일정하게 주어진 소득을 이용하여 효용극대화를 달성할 수 있도록 소비계획을 선택하는 것이 예산제약 하의 효용극대화이다. 예산제약 하의 효용극대화는 $MRS_{12} = P_1 / P_2$을 만족시키도록 소비계획을 선택할 때 이룰 수 있다. 이를 달리 표현하면 $MU_1 / P_1 = MU_2 / P_2$가 되는데, 이를 한계효용 균등의 법칙이라 한다.

- 소비자가 어떤 재화를 극단적으로 좋아하면 모서리 해가 성립할 수 있다. 그리고 선호관계가 볼록성의 공리를 만족시키지 못하면 다수해가 존재할 수 있다.

- 소득변화에 따라 변화하는 최적 소비계획을 연결한 선을 소득-소비곡선 또는 소득확장선이라 한다. 한편 엥겔 Engel-곡선은 소득과 소비량 사이의 관계를 나타낸다. 정상재는 엥겔-곡선의 기울기가 양(+)이며, 열등재는 엥겔-곡선의 기울기가 음(−)이다.

- 상이한 가격에서의 최적 소비계획들의 모임을 가격제시곡선이라 한다. 가격의 변화에 따라 예산제약 하의 효용극대화를 이루는 소비계획이 어떻게 변화하는지를 그림으로 나타낸 것은 수요곡선이다. 통상수요곡선 위의 각 점이 나타내는 효용수준은 서로 다르다. 일반적으로 통상수요곡선은 우하향하나, 부의 소득효과가 대체효과를 능가하는 극단적인 열등재인 기펜 Giffen 재의 경우는 통상수요곡선이 우상향한다.

- 가격과 그 가격에 의해 결정된 예산제약 하의 효용극대화를 이루는 수요량 사이의 관계를 나타내는 것이 수요함수이다. 수요함수는 0차 동차 함수이다. 다수해인 경우는 수요함수가 아니라 수요상응관계가 존재한다.

- 가격의 변화에 따른 수요량의 변화를 가격효과라 한다. 가격효과는 대체효과와 소득효과로 나눌 수 있다. 대체효과는 실질소득이 일정하다는 전제 아래 가격 변화가 초래하는 수요량의 변화이며, 소득효과는 가격변화가 유발하는 구매력의 변화인 실질소득의 변화에 의해 초래되는 수요량의 변화이다. 가격효과를 '가격효과 = 대체효과 + 소득효과'의 수식으로 나타낸 것은 슬루츠키 방정식 Slutsky equation 이다.

- 슬루츠키 Slutsky 에 의하면, 가격이 변화했음에도 불구하고 종전에 구입했던 것과 동일한 소비계획을 소비할 수 있다면 실질소득은 일정하다. 힉스 Hicks 에 의하면, 실질소득이 일정하다는 것은 곧 효용수준이 일정함을 의미한다. 가격의 변화가

미세한 경우라면 양자는 동일하다.

- 화폐소득이 일정하다는 전제 아래 구해진 수요함수가 통상수요함수이며, 실질소득이 일정하다는 전제 아래 구해진 수요함수가 보상수요함수이다. 보상수요곡선의 기울기는 재화가 정상재, 열등재, 기펜재인 경우를 막론하고 항상 음(−)이다. 보상수요량은 주어진 효용수준을 달성할 수 있는 최소지출액에 의해 결정되며, 대체효과는 가격 변화에 따른 보상수요량의 변화를 의미한다.

- A의 B 탄력성은 B가 1% 변화할 때 A가 몇 % 변화하는지를 나타낸다. 탄력성은 측정단위와 무관하다. 가격이 1% 변화할 때 수요량이 몇 % 변화하는지를 나타내는 것은 수요의 가격탄력성이다. 수요의 가격탄력성이 탄력적이면 가격이 하락할 때 소비지출액이 증가한다. 소득이 1% 변화할 때 수요량이 몇 % 변화하는지를 나타내는 것은 수요의 소득탄력성이며, 다른 재화의 가격이 1% 변화할 때 이 재화의 수요량이 몇 % 변화하는지 나타낸 것은 수요의 교차탄력성이다.

- 재화에 대한 수요가 시장수요량에 의존하는 경우에 '망외부효과가 존재한다'라고 한다. 시장수요량의 증가가 수요에 주는 정(+)의 효과를 동승효과, 부(−)의 효과를 속물효과라 한다.

연습문제

01 선호관계에 관한 공리가 약볼록성을 만족시키지만 예산제약 하의 효용극대화를 이루는 소비계획이 하나만 있는 경우를 그림으로 나타내시오.

02 사치재의 엥겔-곡선을 그리시오(엥겔-곡선의 곡률에 유의할 것).

03 KT&G가 담뱃값을 인상하려고 한다. KT&G의 수입은 (1) 담배시장이 개방되지 않은 경우, (2) 담배시장이 개방된 경우에 각각 어떻게 변화할 것인가?

04 X_1은 기펜재이다. 가격이 P_1^0일 때 X_1^0를 최적 소비계획으로 선택해 u_0의 효용수준을 달성했다. X_1에 대한 통상수요곡선과 보상수요곡선을 같은 그림에 나타내시오.

05 어느 소비자의 효용함수가 $u = V(X_1) + X_2$로 주어졌다. 그리고 $P_1 = 1$, $P_2 = 3$, $Y = 70$일 때 $X_1 = 10$을 최적 소비계획으로 선택했다. $Y = 100$인 경우, 예산제약 하의 효

용극대화를 이루는 X_1 및 X_2는 각각 얼마인가?

06 어떤 소비자의 효용함수가 $u=V(X_1)+X_2$로 주어졌다. P_1이 P_1^0에서 P_1^1으로 하락하는 경우의 대체효과, 소득효과 및 가격효과를 그림으로 나타내시오. 소득효과가 0이 되는 이유는 무엇인가?

07 소득(I)이 80인 어떤 소비자가 $P_1=4$, $P_2=8$일 때, $X_1=10$, $X_2=5$를 최적 소비계획으로 선택했다. $\Delta X_1/\Delta I=1$로 항상 일정하며, P_1이 1원 하락하는 경우에 가격효과에 의해 X_1에 대한 수요가 15 증가했다. 대체효과에 의해서는 X_1에 대한 수요가 얼마나 증가하는가?

08 X재에 대한 시장수요함수 및 시장공급함수가 다음과 같이 주어졌다.

시장수요함수 : $X=150-2P$

시장공급함수 : $X=-30+3P$

X재 한 단위를 거래할 때마다 10원씩 간접세를 부과한다면 소비자가 지불하는 가격, 기업이 받는 가격 및 정부의 조세수입은 각각 얼마인가? 수요자와 공급자 중 누가 조세부담을 더 많이 지는가?

09 가격이 상승하는 경우에 힉스의 대체효과가 슬루츠키의 대체효과보다 크다는 사실을 그림을 이용해 나타내시오.

10 효용함수가 $U(X_1, X_2)=V(X_1)+X_2$로 주어졌다. 소득확장선과 X_1에 대한 엥겔-곡선을 그림을 이용해 도출하시오.

11 $U(\lambda X_1, \lambda X_2)=\lambda^k U(X_1, X_2)$가 성립하면 '효용함수가 k차 동차 함수이다'라고 말한다. 이 경우 소득확장선 및 엥겔-곡선의 형태가 모두 직선이 됨을 설명하시오.

12 어떤 소비자의 효용함수가 $u=X_1+X_2$, 소득이 100으로 주어졌다.

(1) 이 소비자의 무차별곡선을 그림으로 나타내시오.

(2) X_1 및 X_2의 가격이 각각 1 및 2로 주어진 경우에 예산제약 하의 효용극대화를 이루기 위한 X_1 및 X_2의 소비량은 각각 얼마인가?

13 다음 각각의 경우에 대해 소득확장선과 엥겔-곡선을 그림으로 나타내고 엥겔-곡선의 형태가 직선인지 판별하시오.

(1) 두 재화 사이의 관계가 완전 조보완재이다.

(2) 두 재화 사이의 관계가 완전 조대체재이다.

(3) 효용함수가 $u=V(X_1)+X_2$로 주어진 경우.

(4) 효용함수 $U(X_1, X_2)$가 동차함수이다.

14 두 재화가 완전 조보완재 및 완전 조대체재 관계인 경우의 가격제시곡선과 수요곡선을 그림으로 나타내시오.

15 어느 소비자의 효용함수가 $u=X_1+X_2$, 화폐소득은 12로 주어졌다.

(1) $P_1=2$ 이고 $P_2=1$일 때 이 소비자가 효용극대화를 이루었다면, $X_1=0$ 및 $X_2=12$가 얻어짐을 그림을 이용하여 설명하시오.

(2) $P_1=3/4$, $P_2=1$일 때 최적 X_1 및 X_2는 얼마인가? 이 경우 대체효과 및 소득효과에 의한 X_1의 수요량의 변화는 각각 얼마인가?

16 어느 소비자의 효용함수가 $u=V(X_1)+X_2$로 주어졌다 ($V'>0$, $V''<0$). X_1의 가격이 P_1^0에서 P_1^1으로 하락하는 경우의 X_1의 수요에 대한 소비자의 의사결정의 변화를 알아보려고 한다.

(1) MRS_{12}에 영향을 주는 요인은 무엇인가? 이에 기초할 때 대체효과 및 소득효과는 얼마인지 그림을 이용하여 나타내시오.

(2) 통상수요곡선과 보상수요곡선의 관계는 어떠한가?

17 X재 및 화폐 M을 소비하는 어느 소비자의 효용함수가 $u=V(X)+M$이고, 이 소비자의 소득은 I, X재의 가격은 P로 주어졌다 (단 $V'>0$, $V''<0$이 성립한다).

(1) MRS_{XM}의 값은 X재의 소비량에만 의존하는가?

(2) P가 변화할 때 가격효과 및 대체효과의 크기 관계는 어떠한가?

부록 1 수요함수

1 수요함수의 수학적 도출

통상수요함수 통상수요함수는 소득이 주어진 경우에 예산제약 하의 효용극대화 문제를 풀어 도출할 수 있다. 지금 재화 X_1 및 X_2의 가격이 P_1 및 P_2, 소득은 I로 주어졌다고 하자. 여기서 소비자의 문제는 다음과 같이 나타난다.

$$\text{Max} \quad U(X_1, X_2)$$
$$s.t. \quad P_1X_1 + P_2X_2 = I$$

이 경우, 예산집합에서 내부점은 항상 제외되므로 예산선 위의 점만 고려된다. 이 문제는 '제약 하의 최적화 문제 constrained optimization problem'의 하나인데, 다음과 같은 라그랑지 함수 Lagrangean function 를 이용하여 풀 수 있다.

$$L = U(X_1, X_2) + \lambda(I - P_1X_1 - P_2X_2)$$

여기서 λ는 라그랑지 승수 Lagrangean multiplier 라 불리는 상수인데, 화폐의 한계효용이라는 경제학적 의미를 지닌다. 이 문제를 풀어 최적 X_1, X_2 및 λ를 구하려면, L을 이들로 미분한 후 그 값을 0으로 하면 된다.

$$\frac{\partial L}{\partial X_1} = MU_1 - \lambda P_1 = 0 \quad \cdots\cdots (1)$$
$$\frac{\partial L}{\partial X_2} = MU_2 - \lambda P_2 = 0 \quad \cdots\cdots (2)$$
$$\frac{\partial L}{\partial \lambda} = I - P_1X_1 - P_2X_2 = 0 \quad \cdots\cdots (3)$$

(1)을 (2)로 나누고 (3)을 다시 쓰면, 다음과 같은 조건을 얻는다.

$$MRS_{12} = \frac{P_1}{P_2}$$
$$P_1X_1 + P_2X_2 = I \quad \cdots\cdots (4)$$

식 (4)의 조건은 앞의 **3-1** 예산제약 하의 효용극대화의 **식** (3-2)와 동일하다. **식** (1)~(3)을 풀면, 세 개의 미지수 X_1, X_2 및 λ를 구할 수 있다. 여기서 X_1을 구하였다는 것은, X_1을 문제에서 일정하게 주어진 값들로 나타냈다는 것이다. 이 경우에 주어진 상수는 P_1, P_2 및 I이므로, X_1 및 X_2의 해는 $X_1 = X_1(P_1, P_2, I)$ 및 $X_2 = X_2(P_1, P_2, I)$로 나타난다. 이것이 곧 통상수요함수이다.

여기서 구한 통상수요함수 $X_1 = X_1(P_1, P_2, I)$가 나타내는 수요량이 예산제약 하의 효용극소화가 아닌 효용극대화를 나타내려면 2계조건을 만족시켜야 한다. 이때 2계조건은 **식** (1)~(3)을 X_1, X_2 및 λ로 미분하여 얻은 다음과 같은 유계 헤시안 Bordered Hessian 행렬식의 값이 양(+)이어야 만족시킬 수 있다.

$$H = \begin{vmatrix} 0 & P_1 & P_2 \\ P_1 & U_{11} & U_{12} \\ P_2 & U_{21} & U_{22} \end{vmatrix} > 0$$

여기서 $U_{ij} = \partial MU_i / \partial X_j$이다($i = 1, 2, j = 1, 2$). $U_{12} = U_{21}$, $MU_1 = \lambda P_1$, $MU_2 = \lambda P_2$인 점을 이용하여 위 행렬식의 값을 구하면 다음과 같다.

$$\begin{aligned} H &= 2P_1P_2U_{12} - P_2^2U_{11} - P_1^2U_{22} \\ &= \left(\frac{1}{\lambda^2}\right)(2MU_1MU_2U_{12} - MU_2^2U_{11} - MU_1^2U_{22}) > 0 \quad \cdots\cdots (5) \end{aligned}$$

무차별곡선이 원점에 대하여 볼록하다는 조건은 무차별곡선을 따라 우하향할 때, 즉 $dX_1 > 0$, $dX_2 < 0$일 때 $MRS_{12} = MU_1 / MU_2$이 감소해야 함을 의미한다. 무차별곡선을 따라 움직인다는 조건인 $MU_1dX_1 + MU_2dX_2 = 0$을 이용하여 MRS_{12}를 전미분하면, 다음과 같은 조건을 얻을 수 있다.

$$dMRS_{12} = \frac{1}{MU_2^3}[MU_2^2U_{11} + MU_1^2U_{22} - 2MU_1MU_2U_{12}]dX_1 \quad \cdots\cdots (6)$$

$MU_2 > 0$이므로, $dX_1 > 0$일 때 $dMRS_{12} < 0$이 되기 위한 조건은 위의 [ ] 안의 값이 음(−)이어야 한다는 것이다. 이는 **식** (5)의 조건과 동일하므로, 예산제약 하

의 효용극대화 문제의 2계조건은 무차별곡선이 원점에 대해 볼록하다는 것이다.

예 효용함수가 $U(X_1, X_2)=AX_1^{\alpha}X_2^{1-\alpha}$와 같은 콥-더글라스 효용함수일 때 X_1과 X_2의 통상수요함수를 도출하여 보자. 여기서 $MU_1=A\alpha X_1^{\alpha-1}X_2^{1-\alpha}$이고 $MU_2=A(1-\alpha)X_1^{\alpha}X_2^{-\alpha}$이므로, $MRS_{12}=P_1/P_2$의 조건은 다음과 같이 나타난다.

$$\frac{\alpha}{(1-\alpha)}\cdot\frac{X_2}{X_1}=\frac{P_1}{P_2}$$

이를 X_2에 관하여 정리하면 $X_2=\{(1-\alpha)/\alpha\}(P_1/P_2)X_1$이 된다. 이를 예산선에 대입한 후 X_1에 관하여 정리하면, X_1의 통상수요함수를 얻을 수 있다. X_2의 통상수요함수도 마찬가지 방법으로 얻는다.

$$X_1=\frac{\alpha I}{P_1},\quad X_2=\frac{(1-\alpha)I}{P_2}$$

보상수요함수 | 힉스Hicks가 주장한 '실질소득 일정'의 개념을 사용하면 효용수준제약 하의 지출극소화 문제를 풀어 보상수요함수를 구할 수 있다.

$$\begin{aligned}\text{Min}\ & P_1X_1+P_2X_2\\ s.t.\ & U(X_1, X_2)=u\end{aligned}$$

이 경우의 라그랑지 함수Lagrangean function는 다음과 같다.

$$L=P_1X_1+P_2X_2+\lambda\{u-U(X_1, X_2)\}$$

이 문제를 풀어 최적 X_1, X_2 및 λ를 구하기 위해서는 L을 이들로 미분한 후, 그 값을 0으로 하면 된다.

$$\frac{\partial L}{\partial X_1}=P_1-\lambda MU_1=0 \quad\cdots\cdots (7)$$

$$\frac{\partial L}{\partial X_2}=P_2-\lambda MU_2=0 \quad\cdots\cdots (8)$$

$$\frac{\partial L}{\partial \lambda}=u-U(X_1, X_2)=0 \quad\cdots\cdots (9)$$

식 (8)을 식 (7)로 나누고 식 (9)를 다시 쓰면 다음과 같은 조건들을 얻는다.

$$MRS_{12} = \frac{P_1}{P_2}$$
$$U(X_1, X_2) = u \quad \cdots\cdots (10)$$

식 (4)와 (10)을 비교해 보면, 예산제약 하의 효용극대화 조건과 효용수준제약 하의 지출액극소화 조건은 모두 무차별곡선과 예산선이 접해야 함을 알 수 있다. 식 (7)~(9)의 방정식을 풀면 세 개의 미지수 X_1, X_2 및 λ를 구할 수 있다. 이때 X_1을 구하였다는 것은 X_1을 문제에서 일정하게 주어진 값들로 나타내었다는 것이다. 여기서 주어진 상수는 P_1, P_2 및 u이므로, X_1 및 X_2의 해는 $X_1^c = X_1^c(P_1, P_2, u)$ 및 $X_2^c = X_2^c(P_1, P_2, u)$로 나타난다. 이것이 곧 보상수요함수이다.

예 효용함수가 $U(X_1, X_2) = AX_1^{\alpha}X_2^{1-\alpha}$와 같은 콥-더글라스 효용함수일 때 X_1과 X_2의 보상수요함수를 도출해 보자. 여기서 $MU_1 = A\alpha X_1^{\alpha-1}X_2^{1-\alpha}$이고 $MU_2 = A(1-\alpha)X_1^{\alpha}X_2^{-\alpha}$이므로, $MRS_{12} = P_1/P_2$의 조건은 다음과 같이 나타난다.

$$\frac{\alpha}{(1-\alpha)} \cdot \frac{X_2}{X_1} = \frac{P_1}{P_2}$$

이를 X_2에 관하여 정리하면 $X_2 = \{(1-\alpha)/\alpha\}(P_1/P_2)X_1$이 된다. 이를 효용함수에 대입한 후 X_1에 관하여 정리하면, X_1의 보상수요함수를 구할 수 있다. X_2의 보상수요함수도 마찬가지 방법으로 구할 수 있다.

$$X_1^c = \frac{1}{A}\left[\frac{\alpha}{(1-\alpha)}\right]^{1-\alpha}\left(\frac{P_2}{P_1}\right)^{1-\alpha} u$$

$$X_2^c = \frac{1}{A}\left[\frac{(1-\alpha)}{\alpha}\right]^{\alpha}\left(\frac{P_1}{P_2}\right)^{\alpha} u$$

통상수요량과 보상수요량의 관계 | P_1, P_2 및 I가 주어졌을 때 구한 통상수요량과 P_1, P_2 및 u가 주어졌을 때 구한 보상수요량은 서로 같다. 이를 위의 예와 같은 콥-더글라스 효용함수를 대상으로 확인해 보자. 먼저 X_1의 보상수요량을 $X_1^c = (1/A) \cdot \{\alpha/(1-\alpha)\}^{1-\alpha} \cdot (P_2/P_1)^{1-\alpha} \cdot u$로 구하고 $u = AX_1^{\alpha}X_2^{1-\alpha}$, $X_1 = \alpha I/P_1$, $X_2 = (1-\alpha)I/P_2$를 대입해 정리하면 다음 관계를 얻는다.

$$X_1^c = \frac{1}{A}\left[\frac{\alpha}{(1-\alpha)}\right]^{1-\alpha}\left(\frac{P_2}{P_1}\right)^{1-\alpha} u$$

$$= \frac{1}{A}\left[\frac{\alpha}{(1-\alpha)}\right]^{1-\alpha}\left(\frac{P_2}{P_1}\right)^{1-\alpha} [AX_1^{\alpha} X_2^{1-\alpha}]$$

$$= \frac{1}{A}\left[\frac{\alpha}{(1-\alpha)}\right]^{1-\alpha}\left(\frac{P_2}{P_1}\right)^{1-\alpha}\left[A\left(\frac{\alpha I}{P_1}\right)^{\alpha}\left(\frac{(1-\alpha)I}{P_2}\right)^{1-\alpha}\right] = \frac{\alpha I}{P_1}$$

위 식은 가격 및 소득이 주어졌을 때 구한 통상수요량과 가격 및 효용수준이 주어졌을 때 구한 보상수요량이 같음을 나타낸다. 그러나 가격이 변화할 때 통상수요량의 변화는 가격효과 보상수요량의 변화는 대체효과이므로 양자는 서로 다르다.

2 간접효용함수

지금까지 우리가 고려한 효용함수는 소비계획의 소비량을 효용수준으로 바꾸는 함수였다. 각 재화의 소비량 대신에 통상수요함수를 효용함수에 대입하면 간접효용함수 indirect utility function 를 얻을 수 있다.

P_1, P_2 및 I가 주어진 경우의 X_1과 X_2의 통상수요함수를 $X_1(P_1, P_2, I)$ 및 $X_2(P_1, P_2, I)$라 하자. 이를 효용함수 $u = U(X_1, X_2)$의 X_1 및 X_2 대신 대입하면, $U\{X_1(P_1, P_2, I), X_2(P_1, P_2, I)\}$를 얻는다. $X_1(P_1, P_2, I)$ 및 $X_2(P_1, P_2, I)$는 예산제약 하의 효용극대화를 이루게 하는 X_1과 X_2의 소비량이므로, $U\{X_1(P_1, P_2, I), X_2(P_1, P_2, I)\}$는 예산제약 하의 효용극대화를 이룬 결과로 달성되는 효용수준이다. 그런데 X_1과 X_2 모두 P_1, P_2 및 I의 함수이므로, 결국 u를 P_1, P_2 및 I의 함수로 다음과 같이 나타낼 수 있다.

$$u = V(P_1, P_2, I) \quad \cdots\cdots (11)$$

이렇게 얻어진 V가 간접효용함수이다. 간접효용함수는 (P_1, P_2, I)와 주어진 (P_1, P_2, I) 하에서 예산제약 하의 효용극대화를 이뤄 얻은 효용수준 사이의 관계를 규정한다. P_1 또는 P_2가 상승하면, 예산제약 하에서 달성할 수 있는 효용수준은 낮아진다. 따라서 $\partial V(P_1, P_2, I)/P_1 < 0$ 및 $\partial V(P_1, P_2, I)/P_2 < 0$이 성립한다. 한편 소득이 높아지면 예산제약 하에서 달성할 수 있는 효용수준은 높아지므로,

$\partial V(P_1, P_2, I) / \partial I > 0$이 성립한다.

간접효용함수는 효용함수에 통상수요함수를 대입하여 도출된 것이므로, 간접효용함수로부터 통상수요함수를 자연스럽게 도출할 수 있다. 이를 가능하게 하는 것이 다음과 같이 정의되는 로이의 항등식Roy's identity이다.

$$X_1(P_1, P_2, I) = -\frac{\partial V(P_1, P_2, I) / \partial P_1}{\partial V(P_1, P_2, I) / \partial I} \quad \cdots\cdots (12)$$

예 간접효용함수의 도출과 로이 항등식의 성립 여부를 $U(X_1, X_2) = AX_1^{\alpha}X_2^{1-\alpha}$와 같은 콥-더글라스 효용함수를 대상으로 살펴보자. 이 경우의 통상수요함수는 앞의 예에서 구한 바와 같이 $X_1 = \alpha I / P_1$, $X_2 = (1-\alpha)I / P_2$로 구한다. 이를 효용함수의 X_1 및 X_2에 대입하면, 다음과 같은 간접효용함수를 구할 수 있다.

$$\begin{aligned} V(P_1, P_2, I) &= A\left[\frac{\alpha I}{P_1}\right]^{\alpha}\left[\frac{(1-\alpha)I}{P_2}\right]^{1-\alpha} \\ &= A\alpha^{\alpha}(1-\alpha)^{1-\alpha}P_1^{-\alpha}P_2^{-(1-\alpha)}I \\ &\equiv BP_1^{-\alpha}P_2^{-(1-\alpha)}I \end{aligned}$$

이를 이용해 $\partial V(P_1, P_2, I) / \partial P_1 = -\alpha BP_1^{-\alpha-1}P_2^{-(1-\alpha)}I$ 및 $\partial V(P_1, P_2, I) / \partial I = BP_1^{-\alpha}P_2^{-(1-\alpha)}$를 구한다. 따라서 $-[\{\partial V(P_1, P_2, I) / \partial P_1\} / \{\partial V(P_1, P_2, I) / \partial I\}] = \alpha I / P_1 = X_1(P_1, P_2, I)$를 구할 수 있다.

3 지출함수

P_1, P_2 및 u가 주어졌을 때 X_1과 X_2의 보상수요함수를 $X_1^c(P_1, P_2, u)$ 및 $X_2^c(P_1, P_2, u)$라 하자. 이를 예산선 $P_1X_1 + P_2X_2$에 대입하면, 지출함수expenditure function를 얻는다. 보상수요량은 주어진 효용수준을 최소지출에 의해 달성할 수 있도록 하는 수요량이므로, $P_1X_1^c(P_1, P_2, u) + P_2X_2^c(P_1, P_2, u)$는 주어진 효용수준을 달성하기 위한 최소지출액이 된다. $X_1^c(P_1, P_2, u)$와 $X_2^c(P_1, P_2, u)$ 모두 P_1, P_2 및 u의 함수이므로, 지출함수는 다음과 같이 얻는다.

$$E(P_1, P_2, u) = P_1X_1^c(P_1, P_2, u) + P_2X_2^c(P_1, P_2, u) \quad \cdots\cdots (13)$$

지출함수는 (P_1, P_2, u)가 주어졌을 때 (P_1, P_2, u)와 주어진 u를 달성하기 위한 최소지출액 사이의 관계를 규정한다. P_1 또는 P_2가 상승하면 주어진 효용수준을 달성하기 위한 최소지출액은 증가하므로, $\partial E(P_1, P_2, u)/\partial P_1 > 0$ 및 $\partial E(P_1, P_2, u)/\partial P_2 > 0$이 성립한다. 한편 위의 지출함수의 정의에 의해 다음과 같이 $\partial E(P_1, P_2, u)/\partial P_1 = X_1^c(P_1, P_2, u)$가 성립함을 알 수 있다.

예 지출함수 도출과 $\partial E(P_1, P_2, u)/\partial P_1 = X_1^c(P_1, P_2, u)$의 성립 여부를 $U(X_1, X_2) = AX_1^{\alpha} X_2^{1-\alpha}$와 같은 콥-더글라스 효용함수를 이용해 살펴보자. 앞의 예에서 살펴본 바와 같이 보상수요함수는 $X_1^c = (1/A)[\alpha/(1-\alpha)]^{1-\alpha}(P_2/P_1)^{1-\alpha}u$와 $X_2^c = (1/A)[(1-\alpha)/\alpha]^{\alpha}(P_1/P_2)^{\alpha}u$로 얻는다. 이를 예산선에 대입하여 다음과 같이 지출함수를 얻을 수 있다.

$$\begin{aligned} E(P_1, P_2, u) &= P_1 X_1^c(P_1, P_2, u) + P_2 X_2^c(P_1, P_2, u) \\ &= P_1 \frac{1}{A}\left[\frac{\alpha}{(1-\alpha)}\right]^{1-\alpha}\left(\frac{P_2}{P_1}\right)^{1-\alpha} u + P_2 \frac{1}{A}\left[\frac{(1-\alpha)}{\alpha}\right]^{\alpha}\left(\frac{P_1}{P_2}\right)^{\alpha} u \\ &= \underline{\frac{1}{A}\left[\left\{\frac{\alpha}{(1-\alpha)}\right\}^{1-\alpha} + \left\{\frac{(1-\alpha)}{\alpha}\right\}^{\alpha}\right]} P_1^{\alpha} P_2^{1-\alpha} u \\ &\equiv B P_1^{\alpha} P_2^{1-\alpha} u \end{aligned}$$

여기서 $\partial E(P_1, P_2, u)/\partial P_1 = \alpha B (P_2/P_1)^{1-\alpha} u$, $\alpha B = (1/A)\{\alpha/(1-\alpha)\}^{1-\alpha}$가 성립하므로, $\partial E(P_1, P_2, u)/\partial P_1 = X_1^c(P_1, P_2, u)$가 된다.

식 (13)의 양변을 P_1으로 미분하면, $\partial E(P_1, P_2, u)/\partial P_1 = X_1^c(P_1, P_2, u) + P_1[\partial X_1^c(P_1, P_2, u)/\partial P_1] + P_2[\partial X_2^c(P_1, P_2, u)/\partial P_1]$이 된다. 그런데 $\partial E(P_1, P_2, u)/\partial P_1 = X_1^c(P_1, P_2, u)$이므로, 다음 식이 성립함을 알 수 있다.

$$P_1 \frac{\partial X_1^c(P_1, P_2, u)}{\partial P_1} + P_2 \frac{\partial X_2^c(P_1, P_2, u)}{\partial P_1} = 0 \quad \cdots\cdots\cdots\cdots\cdots\cdots \quad (14)$$

식 (14)는 대체효과와 교차대체효과 가치의 합이 0임을 나타내고 있다. 무차별곡선이 원점에 대하여 볼록하면, $\partial X_1^c(P_1, P_2, u)/\partial P_1$는 항상 음(−)이다. 따라서 식 (14)는 $\partial X_2^c(P_1, P_2, u)/\partial P_1 > 0$, 즉 재화가 두 가지일 때 두 재화가 항상 순대체재 관계가 된다는 것을 나타낸다.

$\partial E(P_1, P_2, u)/\partial P_1 = X_1^c(P_1, P_2, u)$ 및 $\partial E(P_1, P_2, u)/\partial P_2 = X_2^c(P_1, P_2, u)$가 성립하므로, $\partial X_1^c(P_1, P_2, u)/\partial P_2 = \partial^2 E(P_1, P_2, u)/\partial P_1 \partial P_2$ 및 $\partial X_2^c(P_1, P_2, u)/\partial P_1 = \partial^2 E(P_1, P_2, u)/\partial P_1 \partial P_2$도 성립한다. 즉 X_1^c의 교차대체효과와 X_2^c의 교차대체효과가 같으므로, 다음 식이 성립한다.

$$\frac{\partial X_1^c(P_1, P_2, u)}{\partial P_2} = \frac{\partial X_2^c(P_1, P_2, u)}{\partial P_1} \quad \cdots\cdots (15)$$

여러 가지 탄력성들 사이의 관계 | 여기서는 슬루츠키 방정식과 위에서 구한 **식** (14) 및 (15)의 결과를 이용해 여러 가지 탄력성들 사이의 관계를 알아보자. 앞의 **3-4** 대체효과와 소득효과에 나온 **식** (3-4)의 슬루츠키 방정식을 다시 쓰면 다음과 같다.

$$\frac{\partial X_1}{\partial P_1} = \frac{\partial X_1^c}{\partial P_1} - X_1 \frac{\partial X_1}{\partial I}$$

위 식 양변에 P_1/X_1을 곱한 후 소비자가 적정을 이루는 경우에는 $X_1 = X_1^c$가 성립한다는 사실을 이용하면 다음 결과를 얻을 수 있다.

$$E_p = \eta_p - X_1 \cdot \frac{\partial X_1}{\partial I} \cdot \frac{X_1}{P_1}$$

위 식의 $X_1(\partial X_1/\partial I)(P_1/X_1)$은 다음과 같이 정리된다.

$$X_1 \cdot \frac{\partial X_1}{\partial I} \cdot \frac{P_1}{X_1} = X_1 \cdot \frac{\partial X_1}{\partial I} \cdot \frac{P_1}{X_1} \cdot \frac{X_1}{I} \cdot \frac{I}{X_1} = \frac{\partial X_1}{\partial I} \cdot \frac{I}{X_1} \cdot \frac{P_1 X_1}{I} = W_1 E_I$$

여기서 $W_1 = P_1 X_1 / I$, 즉 X_1에 대한 소비지출이 소득에서 차지하는 비중이 된다. 따라서 최종적으로 탄력성들 사이의 관계를 다음과 같이 얻을 수 있다.

$$E_p = \eta_p - W_1 E_I \quad \cdots\cdots (16)$$

앞의 **3-4** 대체효과와 소득효과에 나온 **식** (3-5)의 슬루츠키 방정식을 이용하면, 위와 같은 방법에 의하여 다음 식을 쉽게 얻을 수 있다.

$$E_{P_2} = \eta_{P_2} - W_2 E_I \quad \cdots\cdots \quad (17)$$

여기서 $W_2 = P_2 X_2 / I$는 X_2에 대한 소비지출이 소득에서 차지하는 비중이다. 이번에는 대체탄력성과 교차대체탄력성이 합이 0이 되는 이유를 알아보자.

$$\eta_p + \eta_{P_2} = \frac{\partial X_1^c}{\partial P_1} \cdot \frac{P_1}{X_1} + \frac{\partial X_1^c}{\partial P_2} \cdot \frac{P_2}{X_1}$$

$$= \frac{\partial X_1^c}{\partial P_1} \cdot \frac{P_1}{X_1} + \frac{\partial X_2^c}{\partial P_1} \cdot \frac{P_2}{X_1} \quad \langle\text{식 (15)에 의하여}\rangle$$

$$= \frac{1}{X_1}\left[P_1 \frac{\partial X_1^c}{\partial P_1} + P_2 \frac{\partial X_2^c}{\partial P_1}\right]$$

$$= 0 \quad \langle\text{식 (14)에 의하여}\rangle \quad \cdots\cdots \quad (18)$$

식 (16)과 (17)을 더한 후 **식** (18)의 결과와 $W_1 + W_2 = 1$인 사실을 이용하면, 다음과 같은 결과를 얻을 수 있다.

$$E_p + E_{P_2} = -E_I$$

04 소비자선택이론의 연장

4-1 현시선호이론

앞에서 논의된 소비자선택이론에서는 선호관계의 공리로부터 효용함수를 도출하며, 그렇게 도출된 효용함수를 이용해 예산제약 하의 효용극대화를 이루는 소비자의 수요함수를 도출하였다. 즉 관찰 불가능한 선호관계를 전제로 해 관찰 가능한 소비자의 수요 행태를 분석했다.[1] 이와 반대로 현시선호이론 revealed preference theory 은 관찰 가능한 소비자의 수요 행태로부터 소비자의 선호관계를 파악하여 무차별곡선을 도출해 내는 것이 가능한지 분석한다.

먼저 현시선호 revealed preference 의 상황이 무엇인지 알아보자. 주어진 가격 $P_0 = (P_1^0, P_2^0)$와 소득으로 $X^0 = (X_1^0, X_2^0)$ 또는 $X^1 = (X_1^1, X_2^1)$의 두 소비계획을 모두 선택할 수 있다고 하자. 그중 예를 들어 X^0를 선택한 것이 관찰된 상황은, 소비자가 X^0를 더 좋아하기 때문에 X^0를 선택한 것이라고 해석할 수 있다. 이와 같이 주어진 가격 P^0에서 선택 가능한 두 개의 소비계획 중 소비자가 어느 것을 더 좋아하는가의 정보를 알 수 있는 상황이 바로 현시선호의 상황이다.

소비자가 선택 가능한 여러 개의 소비계획 가운데 실제로 선택한 소비계획이 최선의 소비계획, 즉 가장 좋아하는 소비계획이라 가정하자. 또한 주어진 가격 P^0에서 선택할 수 있는 최선의 소비계획은 오직 한 가지라고 하자.[2] 그리고 예를 들어 $P^0X^0 = P_1^0X_1^0 + P_2^0X_2^0$ 를 나타내는 것으로 정의한다.

그림 4-1에서 보는 바와 같이 P^0에서 X^0는 예산선 위에 있고 X^1은 내부점이라면, X^0을 X^1보다 더 좋아하는 것이 당연하다. 왜냐하면 X^1을 선택하면 소득 중 지출되지 않고 남는 부분이 있는데, 이를 이용해 상품을 구입하여 소비하면 더 높은 만족을 얻을 수 있으며 합리적인 소비자는 낭비를 하지 않기 때문이다.

---

1 사실, 선호관계의 이행성이니 연속성이니 하는 공리들은 매우 추상적인 것들이다.

2 이 가정은 현시선호이론을 논의하기 위해 반드시 필요한 가정은 아니다. 그러나 이 가정을 이용하면 설명이 매우 쉬워지므로 이 가정을 채택하기로 한다.

그림 4-1

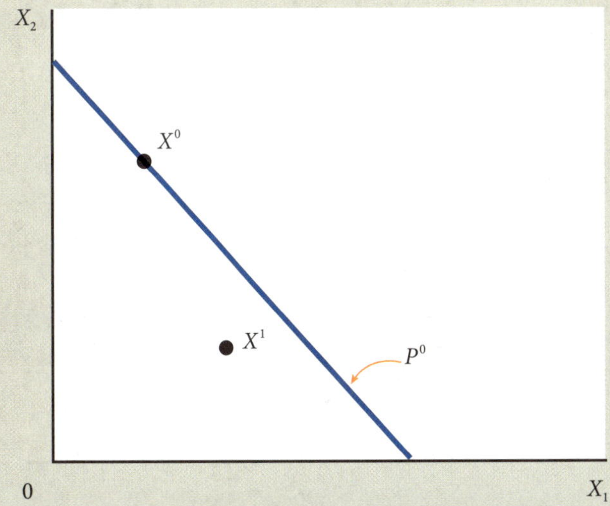

직접 현시선호: X^0 DR X^1

X^0와 X^1 모두 선택 가능한 상황에서 둘 중 X^0를 선택하는 경우의 소비지출액이 X^1을 선택하는 경우의 소비지출액보다 많으면, X^0 DR X^1이 성립한다.

X^0가 X^1에 대해 **직접 현시선호**되었다는 것을 X^0 DR X^1이라고 나타내기로 한다. 주어진 가격에서 소비자는 항상 최선의 소비계획을 선택하면 이 경우에 X^0 DR X^1이라는 것은, X^1은 내부점이지만 X^0가 예산선 위의 점으로서 예산제약 하의 효용극대화를 이루는 점을 나타낸다. 즉 X^0 DR X^1이라는 것은 $X^0 > X^1$을 의미한다. 이를 **현시선호의 원리** principle of revealed preference라 한다.[3]

임의의 두 개의 소비계획이 있을 때 항상 직접 현시선호가 성립하는 것은 아니다. 그러나 소비자가 일관성 있게 소비계획을 선택한다면 간접적으로 현시선호를 파악할 수 있다. 그림 4-2의 경우, X^0 DR X^2가 성립되지는 않으나 X^0 DR X^1과 X^1 DR X^2가 성립한다. 만약 소비자가 일관성 있게 소비계획을 선택한다면 이 소비자는 X^0을 X^2보다 더 좋아해야 한다.

X^0가 X^2에 대해 **간접 현시선호**되었다는 것은 X^0 IR X^2로 표시하기로 한다. 한편 X^0가 X^1에 대하여 직접 혹은 간접적으로 현시선호되었다는 것은 X^0 R X^1으로 표시하기로 한다. 소비

직접 현시선호

P^0에서 X^0 또는 X^1이 모두 선택 가능한 상황에서 실제로 X^0가 선택되었으며 $P^0X^0 \geq P^0X^1$이 성립한다면, 'X^0가 X^1에 비해 직접 현시선호되었다(X^0 is directly revealed to be preferred to X^1)'라고 한다.

현시선호의 원리

주어진 가격에서 소비자가 항상 최선의 소비계획을 선택할 때 X^0 DR X^1은 $X^0 > X^1$을 의미한다.

간접 현시선호

소비자가 일관성 있게 소비계획을 선택한다면, X^0 DR X^1과 X^1 DR X^2가 성립하는 경우 이 소비자는 X^0를 X^2보다 더 좋아해야 한다. 이를 'X^0가 X^2에 대해 간접적으로 현시선호되었다(X^0 is indirectly revealed to be preferred to X^2)'라고 정의한다.

3 이는 소비자가 선택행위를 통해 자신이 무엇을 더 선호하는지를 드러낸다는 것을 뜻하기도 한다.

그림 **4-2**

간접 현시선호: $X^0\ IR\ X^2$

$X^0\ DR\ X^1$이며 $X^1\ DR\ X^2$이다. X^0와 X^2 사이에는 DR 관계가 성립할 수 없지만 소비자가 일관된 선택을 한다면 X^0를 X^2보다 더 좋아한다고 볼 수 있다. 이 경우에 $X^0\ IR\ X^2$가 성립한다.

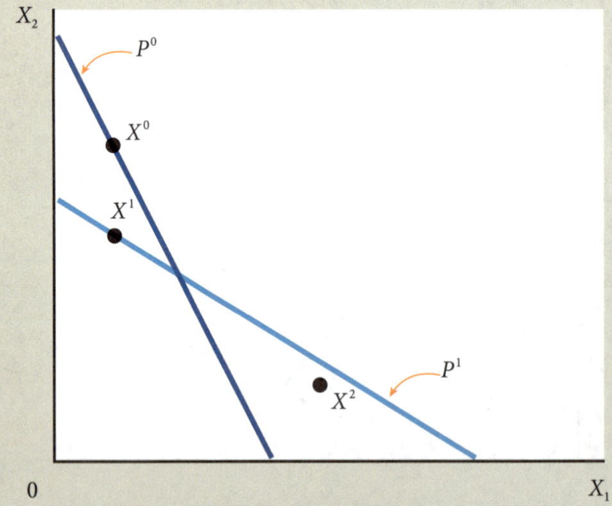

자의 수요 행태를 관찰해 현시선호를 파악하면, 이 소비자의 단조성과 볼록성을 만족시키는 무차별곡선이 어떤 형태인지 추론할 수 있다.

주어진 여러 가격들에 의해 소비자가 실제로 선택한 소비계획들이 **그림 4-3**의 W, X, Y 및 Z로 관찰되었다고 하자. 이 경우에 단조성monotonicity과 볼록성convexity을 만족시키는 무차별곡선 중 X를 지나는 무차별곡선은 어떤 형태인지 추론해 보기로 하자. 먼저 $X\ DR\ W$이므로 X 밑의 노란색 부분에 포함되는 소비계획들은 X보다 만족이 덜한 소비계획들이다. 따라서 X를 지나는 무차별곡선은 이 부분에 포함될 수 없다. 또한 $Y\ DR\ X$ 및 $Z\ DR\ X$가 성립하고, X와 Y의 볼록결합은 X와 Y를 연결한 직선이며, X와 Z의 볼록결합은 X와 Z를 연결한 직선이 된다. 볼록성을 만족시킨다면 X와 Y를 연결한 직선과 X와 Z를 연결한 직선 위의 소비계획들은 모두 X보다 더 높은 만족을 준다.

그리고 단조성을 만족시킨다면 X와 Y를 연결한 직선과 X와 Z를 연결한 직선 위의 임의의 소비계획 A에 대해, 두 재화의 소비량이 A보다 모두 많거나 같은 소비계획들은 모두 A보다 높은 만족을 준다. 따라서 X를 지나는 무차별곡선은 X 위의 노란색 부분에도 포함될 수 없다. X를 지나는 무차별곡선이 X 위와 아래의 노란색 부분에 포함되지 않으므로 가능한 무차별곡선은 **그림 4-3**과 같이 추측할 수 있다.

그림 4-3

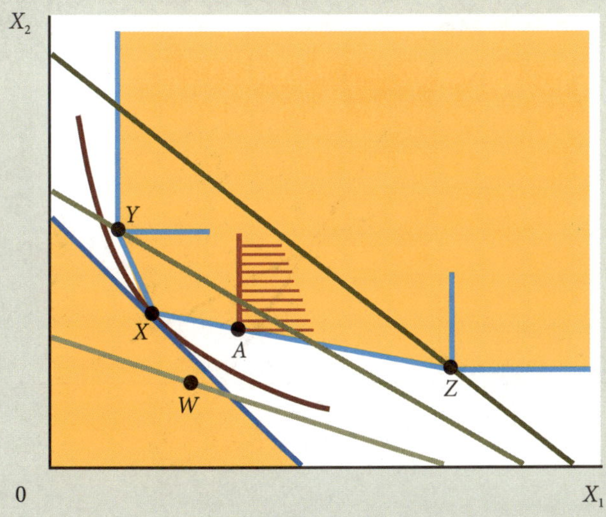

현시선호에 의한 무차별곡선의 추론

현시선호이론에 의해 X보다 확실하게 만족이 많거나 적은 노란색 부분에 포함되는 소비계획들을 빼 주면 X를 지나는 무차별곡선의 형태를 추론할 수 있다.

위의 내용에서도 알 수 있듯이 소비자선택행위를 분석할 때 무차별곡선이 매우 유용한 도구임을 인정한다면, 이러한 무차별곡선을 일련의 추상적 가정들로부터 도출하는 대신 실제로 목격되는 소비자의 행위로부터 추론해 낼 수 있다는 것이 현시선호이론의 의의이다.

현시선호의 약공리

합리적인 소비자라면 소비계획을 일관성 있게 선택할 것이다. 가격이 P^0일 때 X^0 또는 X^1이 모두 선택 가능했는데, X^0가 최적 소비계획으로 선택되었다고 하자$X^0\ DR\ X^1$. 만약 가격이 P^1인 경우에 X^1이 최적 소비계획으로 선택되었다면 P^1에서 X^0의 선택은 불가능해야 한다. 왜냐하면 P^1에서도 X^0를 선택할 수 있었지만 X^1을 선택했다면$X^1\ DR\ X^0$ 이 소비자의 선택행위는 일관성이 있다고 할 수 없기 때문이다. 즉 X^0 또는 X^1 모두 선택 가능한 두 가지 상황에서 어떤 경우에는 X^0를 선택했고 다른 경우에는 X^1을 선택했으므로, 이 소비자의 선택 행위는 일관성이 없는 것이다. 소비자의 선택 행위가 일관성이 있어야 한다는 원리를 규정한 것이 **현시선호의 약공리** weak axiom of revealed preference, *WARP* 이다.

현시선호의 약공리

$X^0\ DR\ X^1$이면 어떠한 경우에도 $X^1\ DR\ X^0$가 성립해서는 안 된다.

그림 4-4

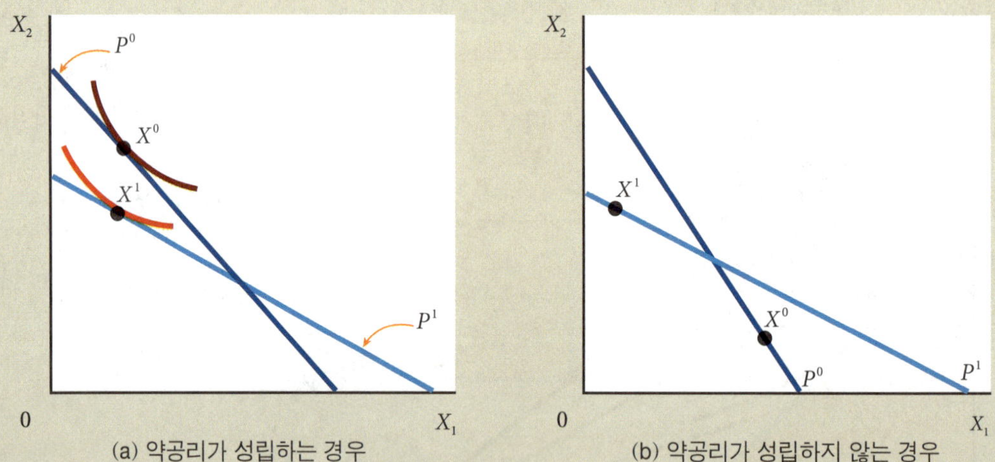

현시선호의 약공리

현시선호의 약공리가 성립하는 (a)의 경우는 선택에 일관성이 있지만, 현시선호의 약공리가 성립하지 않는 (b)의 경우는 선택에 일관성이 없다.

$X^0\ DR\ X^1$이라는 것은 가격이 P^0일 때 X^0 또는 X^1이 모두 선택 가능했는데, X^0를 최적 소비계획으로 선택했다는 것이다. 가격이 P^1인 경우에 X^1이 최적 소비계획으로 선택되었다면, $X^1\ DR\ X^0$가 성립되지 않기 위해서 P^1에서는 X^0가 선택 불가능한 상황이어야 한다. 따라서 현시선호의 약공리를 다음과 같이 쓸 수 있다.

$$P^0X^0 \geq P^0X^1 \Rightarrow P^1X^0 > P^1X^1 \tag{4-1}$$

소비자의 선택행위가 항상 현시선호의 약공리를 만족시키는 것은 아니다. 그림 4-4 (a)는 현시선호의 약공리를 만족시키는 경우이고, (b)는 현시선호의 약공리를 만족시키지 못하는 경우이다. 현시선호의 약공리를 만족시키는 경우라면 그림 4-4 (a)와 같이 X^0와 X^1을 지나는 무차별곡선이 어떠한지 짐작할 수 있다.

현시선호의 강공리

현시선호의 약공리를 만족시킨다고 하더라도 항상 이행성transitivity이 보장되는 것은 아니다. 재화가 세 가지 있을 때 다음과 같은 자료가 수집되었다고 하자.

$P^0=(2, 2, 2)$ 에서 $X^0=(2, 2, 2)$, $P^1=(1, 3, 2)$ 에서 $X^1=(3, 1, 2)$, 그리고 $P^2=(2, 1.5, 5)$ 에서 $X^2=(4, 1, 1.5)$ 가 선택되었다.

이 경우에 $X^0\ DR\ X^1$, $X^1\ DR\ X^2$ 및 $X^2\ DR\ X^0$이 성립함을 확인할 수 있다. 따라서 현시선호의 약공리는 이행성을 보장하지 못함을 알 수 있다. 이행성을 보장하려면 **현시선호의 강공리** strong axiom of revealed preference, *SARP*를 고려해야 한다.

현시선호의 강공리

$X^0\ R\ X^1$이고 $X^1\ R\ X^2$이면, $X^0\ R\ X^2$가 성립한다.

주어진 가격과 소득에서 소비자가 항상 최적 소비계획을 선택한다면 현시선호의 강공리는 항상 충족된다. 한편 현시선호의 강공리가 충족된다면 소비자의 수요 행태로부터 소비자선택이론에서 고려되는 것과 같은 적절한 선호관계well behaved preference를 추론하는 것이 항상 가능하다.[4]

4-2 소비자잉여

예산제약 하의 효용극대화를 이루는 소비자가 시장에서 재화를 구입해 소비하는 것은 효용이 증가하기 때문이다. 소비자가 구매 행위를 통해 얻는 후생welfare의 증가를 화폐단위로 표시한 것이 소비자잉여consumer's surplus이다. 소비자잉여는 지불할 의사가 있는 최대금액과 실제로 지불한 금액의 차이로 나타난다.

만약 소비자가 어느 재화를 100원을 주고 구입할 의사가 있다면, 이는 소비자가 100원을 지불하고 그 재화를 소비한다면 최소한 손해를 보지는 않는다는 것, 즉 효용 감소는 없음을 의미한다. 만약 그 재화의 가격이 80원에 불과하다면 소비자는 기꺼이 그 재화를 구입하여 소비할 의사가 있을 것이며, 그렇게 하였을 때 20원의 이득을 볼 수 있다. 이 20원의 이득이 곧 소비자잉여이다.

설명의 편의를 위해 소비자가 어떤 재화 X와 화폐 M을 소비하는 것으로 가정하자. M은 화폐이므로 그 가격은 1이 되고, X의 가격을 P라 하면 소비자의 소

4 이에 관한 자세한 논의는 이 책의 수준을 넘어서므로 생략한다. 그러나 여기서 이야기할 수 있는 것은 현시선호의 강공리가 적절한 선호관계의 존재에 대한 필요충분조건이 된다는 것이다.

득이 I로 일정하게 주어질 때 예산선은 $PX+M=I$가 된다.[5] 이때 효용함수는 $u=U(X, M)$으로 나타나는데, 화폐가 효용에 미치는 효과는 일반 재화와 같다.

즉 화폐 한 단위의 증가에 따른 효용의 증가를 나타내는 화폐의 한계효용 marginal utility of money MU_M은 양(+)이며, M이 증가할수록 MU_M은 체감한다. 여기서 M의 증가는 화폐 보유 혹은 화폐 소비의 증가를 말하며, M의 감소는 화폐 보유의 감소, 즉 X를 구입하기 위해 화폐를 지불한 것을 의미한다. 한편 X 한 단위를 시장에서 구입하기 위해 소비된 M은 X의 시장가격이 된다. 예를 들어 X재 한 단위를 구입하기 위해 화폐를 두 단위 줄였다는 것, 즉 2원을 지불했다는 것은 X의 시장가격이 2원임을 의미한다.

X에 대한 통상수요곡선을 생각해 보자. 여기서 수요량에 대응해 수요곡선이 나타내는 가격은 앞의 **3-3** 가격 변화와 소비자의 최적 선택에서 살펴본 바와 같이 소비자가 주관적으로 X 한 단위당 지불할 의사가 있는 최대가격인 MRS_{XM}을 나타낸다. 여기서 '지불할 의사가 있는 최대 가격'은 그 가격으로 X를 한 단위 더 구입해 소비하면 효용이 변화하지 않는다는 것을 의미한다. 즉 지불할 의사가 있는 최대 가격보다 낮은 가격으로 X를 구입해 소비하면 효용이 증가하고, 반대의 경우에는 효용이 감소한다.

예를 들어 $MRS_{XM}=MU_X/MU_M=5$이며, $MU_X=5$, $MU_M=1$인 경우를 생각해 보자. $MU_X=5$라는 것은 X의 소비를 한 단위 늘리면 효용이 5만큼 증가하고, $MU_M=1$이라는 것은 M의 소비, 즉 화폐 보유액이 1원 증가하면 효용이 1만큼 증가한다는 것이다. 이 소비자가 예산제약 하의 효용극대화를 이루기 위해 예산선 위의 소비계획을 선택한다면 X와 M을 동시에 증가시키는 것은 불가능하며, X의 소비를 증가시키기 위해서는 보유 화폐의 지출, 즉 M의 감소가 필요하다.

X의 소비를 한 단위 증가시킬 때 감소시켜야 하는 M이 다섯 단위이면, 즉 X 한 단위를 구입하기 위해 5원을 지불해야 한다면 이 소비자는 X의 소비를 늘려도 효용 증가를 이룰 수 없다. 왜냐하면 효용은 X 한 단위의 소비 증가에 의해 5만큼 증가하지만 M 다섯 단위의 감소에 의해 5만큼 감소하기 때문이다. X의 소비를 한 단위 증가시키기 위해 감소시켜야 하는 M의 양이 다섯 단위 미만, 예를 들어 두

---

5 종전까지의 분석과 비교해 보면 X_1이 X로, X_2가 M으로, P_1이 P로, 그리고 P_2가 1로 바뀌었다. 이와 같이 기호(notation)가 달라진 것 이외에는 아무것도 달라진 것이 없으므로, 종전의 소비자선택 이론의 분석 결과에서 얻은 모든 결론들은 여기서도 그대로 적용된다.

그림 4-5

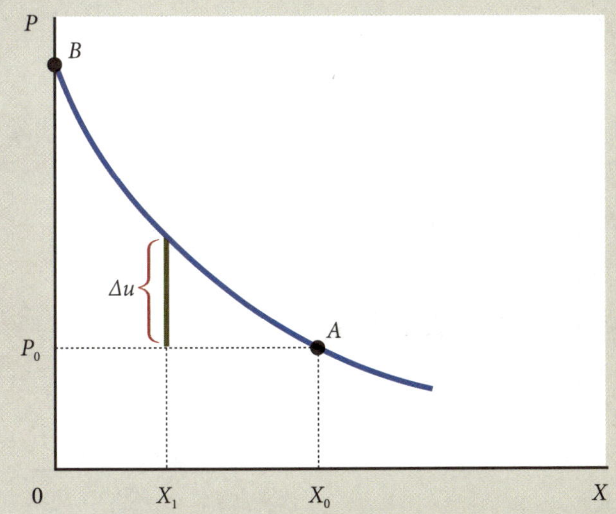

소비자잉여

X_1에서 소비를 약간 더 늘리면 만족은 지불할 의사가 있는 최대 금액과 실제 지불 금액의 차이인 Δu만큼 늘어난다.

단위이면 X 한 단위의 소비 증가에 의해 효용이 5만큼 증가하며, M 두 단위의 감소에 의해 효용이 2만큼 감소한다. 결과적으로 이 소비자의 효용은 3만큼 증가한다. 즉 MRS_{XM}이 5일 때 X 한 단위 구입에 2원을 지불한다면 이 소비자의 효용은 $5-2=3$만큼 증가한다.

X 한 단위를 구매하기 위해 실제로 얼마를 지불해야 하는지는 시장가격 P에 의해 결정된다. 소비자 입장에서 보면 P는 일정하게 주어진 상수인 반면, MRS_{XM}은 소비자가 결정할 수 있는 X의 구입량에 따라 달라진다. 즉 현재 소비자가 보유하고 있는 X의 양이 X인 경우의 한계대체율은 $MRS_{XM}(X)$로 쓸 수 있다. 위에서 살펴본 바는 $MRS_{XM}(X)$가 P보다 큰 상태에서 X의 소비를 한 단위 더 늘리면 소비자의 효용 u가 $MRS_{XM}(X)-P$만큼 증가한다는 것이다.

$$\begin{aligned}\Delta u &= MRS_{XM}(X) - P \\ &= (\text{지불할 의사가 있는 최대가격}) - (X\text{의 시장가격}) \\ &= (\text{수요가격}) - (\text{시장가격}) \qquad (4\text{-}2)\end{aligned}$$

MRS_{XM} 값은 X의 양에 의존하므로 X 한 단위를 추가로 구입할 때 효용이 얼마나 증가할 것인지는 현재까지 구매한 X의 양에 따라 달라진다. 무차별곡선이 원점에 대해 볼록해 한계대체율이 체감한다면 X의 양이 증가할수록 MRS_{XM}, 즉 X

그림 4-6

소비자잉여의 변화

가격이 P_1에서 P_0으로 하락하면 소비자잉여는 노란색 부분의 면적만큼 증가하고, P_0에서 P_1로 상승하면 같은 면적만큼 감소한다.

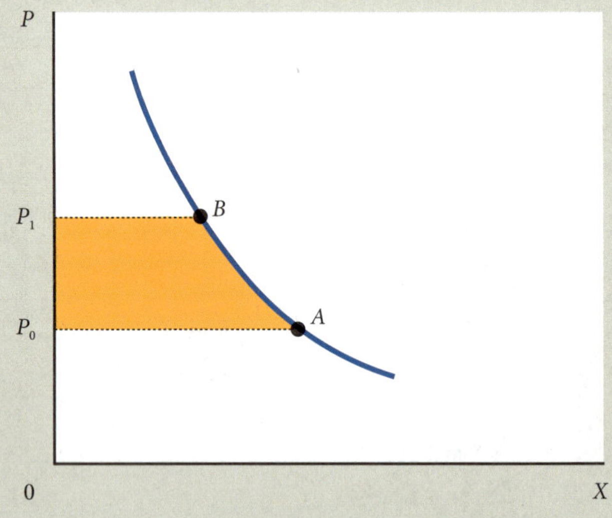

한 단위당 지불 의사가 있는 최대 가격은 하락한다.

그림 4-5에서는 X의 시장가격이 P_0로 주어져 예산제약 하의 효용극대화를 원하는 소비자가 X_0만큼 구입했다. 이 구매 행위로부터 소비자의 효용은 모두 얼마만큼 증가했는가?

예를 들어 재화의 구매량이 X_1일 때 X 한 단위의 추가구매로 얻는 효용의 증가는 길이가 Δu인 선으로 나타낼 수 있다. 모든 경우의 효용 증가를 다 합하려면 $X=0$부터 $X=X_0$에 이르는 모든 경우의 선의 길이를 다 합해야 한다. 이는 곧 X가 0에서 X_0로 연속적으로 변화하는 경우의 면적을 구한다는 말이므로 계산 결과는 삼각형 ABP_0의 면적과 같아진다. 이것이 곧 소비자잉여이다. 가격이 P_0에서 P_1으로 상승하면 소비자잉여는 감소하게 되는데, 그 감소의 정도는 그림 4-6의 ABP_1P_0과 같다.

소득의 보상변화

소비자잉여를 보상의 목적으로 사용할 수 있을 것인가? 예를 들어 X가 주택이며, 주택에 대한 수요함수를 알고 있다고 하자. 주택 가격이 상승하면 소비자의 효용은 감소하는데, 이 효용 감소를 화폐가치로 환산하면 그 금액은 그림 4-6에서의 소비자잉여의 변화 부분과 같다. 이 소비자가 저소득자였으며, 주택 가격이 상승하기 이전에 이 소비자가 달성한 효용수준은 인간다운 생활을 유지할 수 있는 최저 수준이었다고 하자. 이 경우에 정부가 인간다운 생활을 보장해 주기 위해 보조금을 지급하기로 했다면 얼마를 지급해야 할 것인가?

먼저 생각해 볼 수 있는 것은 주택 가격의 상승에 의해 감소한 효용을 화폐가치로 나타낸 것이 소비자잉여의 변화이므로, 소비자잉여의 변화분만큼을 보상해 주면 종전의 효용수준을 다시 달성할 수 있으리라는 것이다. 그러나 여기서 소비자잉여의 변화분은 소비자가 종전의 효용수준을 유지한다 해도 종전의 주택가격에서의 최적 소비계획과 현재의 오른 주택가격에서의 최적 소비계획이 다르다는 점을 간과하고 있으므로 충분하지 못하다. 이러한 문제점은 **소득의 보상변화** compensating variations in income 에 의해 해결될 수 있다.

> **소득의 보상변화**
>
> X의 가격이 P_0에서 P_1로 상승한 경우에 P_1에서의 효용수준이 P_0에서의 효용수준과 같아지도록 하기 위해 보상해 주어야 할 최소 금액이 소득의 보상변화이다.

그림 4-7에서 소득의 보상변화가 어떻게 결정되는지 알아보자. M의 가격이 1이므로 예산선의 기울기는 P이다. 소득이 I_0로 주어졌다면, 가격이 P_0일 때 예산제약 하의 효용극대화를 원하는 소비자는 A를 선택해 u_0의 만족을 얻는다. 가격이 P_1로 상승하면 최적 소비계획은 B가 되며, 효용수준은 u_0에서 u_1으로 감소한다. 이 경우의 문제는 P_1에서 u_0를 달성하기 위해 보상해 주어야 할 최소 금액이 얼마인가이다.

이 문제를 해결하려면, 먼저 예산선의 기울기가 P_1인 경우에 u_0를 달성할 수 있는 최소 지출액이 얼마인지 결정해야 한다. 앞의 3-4 대체효과와 소득효과에서 설명된 바와 같이 최소 지출액은 기울기가 P_1인 예산선과 효용수준 u_0를 나타내는 무차별곡선이 접할 때 결정된다. 그림 4-7 (a)에서 예산선은 l, 수직축은 M, M의 가격은 1이므로 최소 지출액은 예산선 l의 절편과 같다. 따라서 소득의 보상변화 CV는 예산선 l의 절편과 I_0의 차이로 나타난다.

소득의 보상변화 CV와 소비자잉여의 변화 CS 중 어느 것이 더 큰지 알아보기 위해 소득의 보상변화를 보상수요곡선을 이용해 나타낼 필요가 있다. 소비자잉여의 변화는 통상수요곡선을 통해 파악된다. 즉 가격이 P_0에서 P_1으로 상승할 때 소비자잉여의 변화는 그림 4-7 (b)의 ABP_1P_0이다.

가격이 P_0에서 P_1으로 상승한 후 효용수준을 u_0로 유지하게 해 주는 소득 보조가 있다면, 소비자의 X에 대한 수요량은 효용수준 u_0를 나타내는 무차별곡선 위의 이동을 통해 이루어진다. 이는 가격 변화에 따른 수요량의 변화가 대체효과만을

그림 4-7

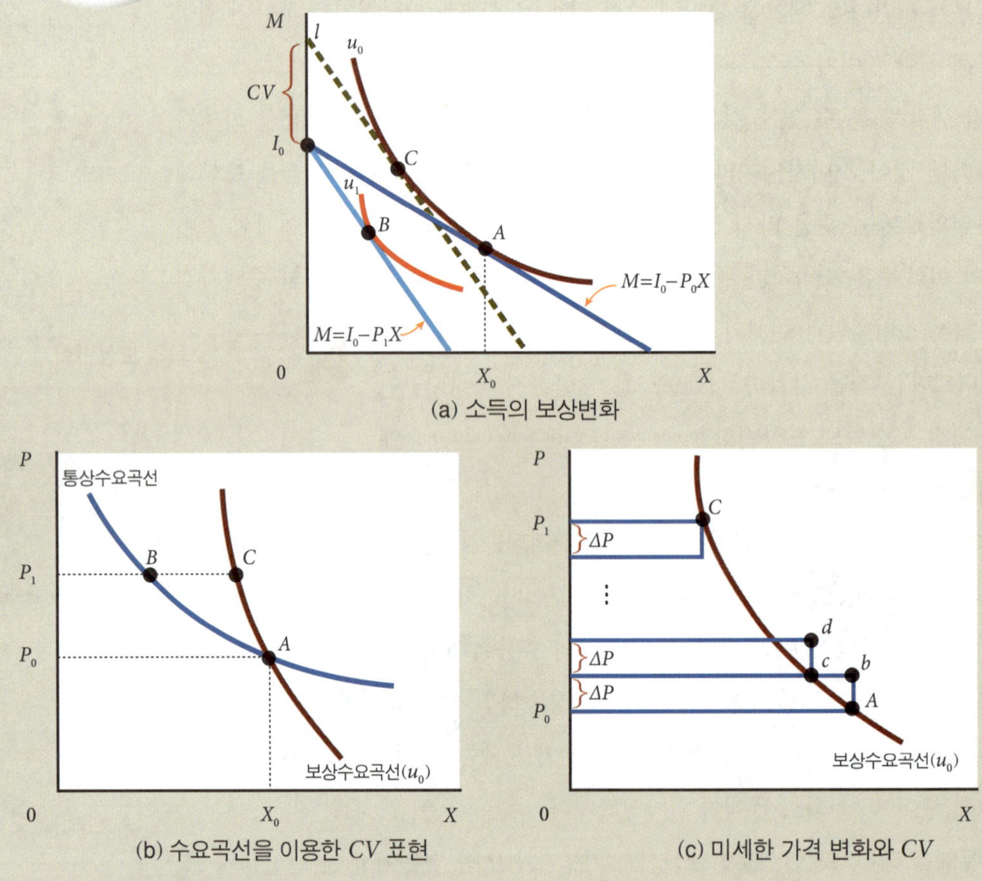

소득의 보상변화(CV)

가격이 변화했을 때, 종전의 효용수준을 최소 지출액으로 달성할 수 있는 금액과 화폐소득의 차이인 소득의 보상변화는 (a)의 CV의 길이로 나타낸다. 효용수준이 u_0인 보상수요곡선에 의해 나타나는 P_0ACP_1로 CV를 나타낼 수도 있다.

포함함을 의미한다. 따라서 소득의 보상변화는 효용수준이 u_0인 경우의 보상수요곡선을 통해 파악될 수 있다.

P가 아주 작은 크기로 ΔP만큼 상승했을 때 종전과 동일한 효용수준을 달성하려면 소득이 최소한 얼마나 더 증가해야 하는가? 즉 소득의 보상변화는 얼마가 되어야 하는가? 이를 다음의 예를 통해 알아보자. 앞에서 보았듯이 ΔP가 아주 작으면 슬루츠키와 힉스의 '실질소득 일정'의 개념이 동일하다. 여기서는 설명의 편의를 위해 '효용수준 일정'이라는 힉스의 실질소득 일정의 개념 대신 슬루츠키의 실질소득 일정의 개념을 사용하기로 한다.

EXAMPLE 4-1

프로스포츠 선수단의 소비자잉여

미국의 경우 도시들이 프로스포츠 선수단을 유치하기 위해 제공하는 있는 각종 인센티브 가운데 세금으로 경기장을 건설해 주는 것이 대표적이다. 1996년 기준으로 경기장 하나를 건설하는 데 3억~4억 달러 정도 드는 것으로 나타났다. 이를 30년 동안 연리 6%를 적용하여 갚는다면 매년 갚아야 할 상환금이 2,200만~2,900만 달러에 달하는 셈이다. 문제는 지방정부가 이러한 부담을 지면서 경기장을 건설해 프로 스포츠 구단을 유치할 가치가 있느냐이다.

이를 판단하기 위해서는 프로스포츠 선수단을 유치하는 데 따르는 이득이 얼마인지 알아야 한다. 이러한 이득은 **그림 4-5**와 같이 소비자잉여에 의해 파악될 수 있다. 만약 연간 발생하는 소비자잉여가 연간 상환금보다 크다면 프로스포츠 선수단을 유치할 가치가 있다고 판단하게 된다. 소비자잉여의 크기에 영향을 주는 중요한 요인은 수요의 가격탄력성인데 수요의 가격탄력성이 높을수록 소비자잉여는 작아지게 된다. 또한 예를 들어 농구단의 경우 구단이 속한 지역 사정에 따라 소비자잉여가 다르게 된다.

수요의 가격탄력성을 1로 가정하고 1996년 기준으로 각종 프로스포츠의 소비자잉여의 평균값을 구한 결과, 야구는 1,290만 달러, 미식축구는 1,130만 달러, 농구는 1,170만 달러, 아이스하키는 1,280

프로야구단의 소비자 잉여가 경기장 건설비에 미치지 못할 수도 있다. 사진은 안산시에 건설 예정인 돔구장 조감도.

만 달러로 계산되었다.

같은 종목이라도 구단별 차이가 상당히 크다. 예를 들어 야구단의 경우 콜로라도의 소비자잉여는 2,300만 달러인 반면 밀워키의 경우는 750만 달러에 불과한 것으로 계산되었다. 어떤 경우이든 소비자잉여가 경기장 건설비에는 못 미치는 경우가 대부분이다.

자료: Alexander, D.L., et.al, "Valuing Consumption Benefits from Professional Sports Franchises", *Journal of Urban Economics* 48, 321-337, 2000

소득이 100인 소비자가 $P=10$일 때 $X=6$과 $M=40$을 최적 소비계획으로 선택했다고 하자. P가 11로 상승했을 때 소비자의 실질소득을 일정하게 유지해 주기 위해서는 종전의 소비계획인 $X=6$과 $M=40$을 소비할 수 있게 해 주어야 한다. 가격이 11일 때 이를 달성하기 위해 필요한 소득은 106이다. 따라서 이 경우의 소득의 보상변화는 6이 되는데, 이 '6'이라는 숫자는 가격 변화 이전의 최적 소비계획이 나타내는 X의 수요량과 동일하다.

이를 일반화시키면 다음과 같다. 가격이 P_0에서 극히 작은 크기로 ΔP만큼 상승했을 때, 소득의 보상변화는 $\Delta P\times$(가격 변화 이전의 수요량)이 된다. 가격이 P_0로부터 ΔP만큼씩 여러 번에 걸쳐 증가해 P_1에 도달하는 경우를 생각해 보자. 가격이 P_0에서 $(P_0+\Delta P)$로 증가한 경우의 소득의 보상변화는 $\Delta P\times X_0$, 즉 그림 4-7 (c)의 직사각형 $Ab(P_0+\Delta P)P_0$가 된다. 이러한 작업을 반복하면 가격이 P_0에서 ΔP만큼씩 계속 상승해 P_1에 이르는 경우의 소득의 보상변화는 그림 4-7 (c)에 나타난 바와 같이 직사각형들의 면적을 모두 합한 것과 같아진다.

한편 ΔP의 값을 점차 작게 하면 직사각형들의 면적의 합은 결국 ACP_1P_0와 같아진다. 따라서 가격이 상승하는 경우, 그림 4-7 (b)에서 CS는 ABP_1P_0의 면적이며 CV는 ACP_1P_0의 면적이므로 $CV > CS$가 성립함을 알 수 있다.

소득의 동등변화

소득의 보상변화는 가격 상승에 따른 효용 감소를 보상해 주는 경우에 그 보상액이 얼마나 되어야 하는지를 결정하므로, 고려되는 효용의 기준은 가격 상승 이전의 효용수준이었다. 그러나 경우에 따라서는 고려되는 효용의 기준이 가격 상승 후에 감소한 효용이어야 할 때도 있다.

정부가 X에 대해 간접세를 부과하면 소비자가 지불해야 하는 X의 가격은 상승하므로, 소비자의 만족도 u_0에서 u_1으로 감소한다. 그런데 u_1이 소비자가 정부의 조세징수를 별 불만 없이 받아들이는 최소의 효용수준이기 때문에 정부가 조세징수를 통해 소비자의 효용수준을 u_1 미만으로 낮추면 감당하기 힘들 정도의 조세저항이 발생하는 상황에서 정부가 간접세를 정액세lump-sum tax로 바꾸기로 했다고 하자.

간접세를 정액세로 바꾸면 가격은 간접세 부과 이전의 수준으로 돌아간다. 이때 정부의 문제는 소비자의 효용수준을 u_1보다 낮은 수준으로 만들지 않는다는 전제 아래 최대한 높은 조세수입을 올리려면 정액세액을 얼마로 결정해야 할 것인가이다. 만약 소비자잉여의 변화에 의해 정액세액을 결정한다면, 소비자잉여의 변화는 가격 변화에 따라 최적 소비계획이 변화할 수 있다는 사실을 반영하지 않으므로 정액세액이 과도하게 결정되는 문제가 생긴다. 그렇다면 정액세액은 어떻게 결정하여야 하는가? 이 문제에 답해 주는 것이 **소득의 동등변화**equivalent variations in income이다.

> **소득의 동등변화**
>
> 가격이 P_0에서 P_1로 상승해 소비자의 효용수준이 u_0에서 u_1로 감소했을 때 가격을 P_0으로 환원시키는 대신 소비자로부터 일정 금액을 받기로 하는 경우, 소비자의 효용수준이 u_1 미만이 되지 말아야 한다는 전제 아래 받아낼 수 있는 최대 금액이 소득의 동등변화이다.

소득의 동등변화가 어떻게 결정되는지 그림 4-8을 통해 알아보자. 소득이 I_0로 주어진 경우에 가격이 P_0이면, 예산제약 하의 효용극대화를 원하는 소비자는 A를 선택해 u_0의 만족을 얻는다. 가격이 P_1으로 상승한다면 최적 소비계획은 B가

그림 **4-8**

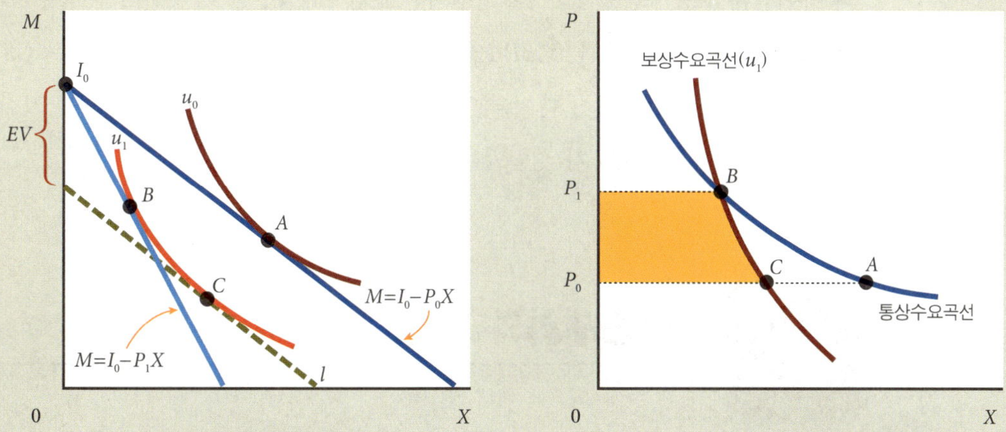

(a) 소득의 동등변화 (b) 수요곡선을 이용한 EV 표현

소득의 동등변화(EV)

종전의 가격에서 변화된 효용수준을 최소 지출액으로 달성할 수 있는 금액과 화폐소득의 차이인 소득의 동등변화는 (a)의 EV의 길이로 나타난다. 이는 효용수준이 u_1인 보상수요곡선에 의해 나타나는 P_0CBP_1으로도 나타낼 수 있다.

되며, 효용수준은 u_0에서 u_1으로 감소한다. 이때 문제는 가격을 다시 P_0로 환원시키는 대신 소비자에게 일정한 금액을 받아야 할 때 소비자가 최소한 u_1은 달성해야 한다는 전제 아래 소비자로부터 받아낼 수 있는 최대 금액이 얼마인가이다.

이 문제를 해결하려면 먼저 예산선의 기울기가 P_0인 경우에 u_1을 달성할 수 있는 최소 지출액이 얼마인지 결정해야 한다. 이 최소 지출액은 기울기가 P_0인 예산선과 효용수준 u_1을 나타내는 무차별곡선이 접할 때 결정된다. **그림 4-8 (a)**에서 예산선은 l, 수직축은 M, M의 가격은 1이므로 최소 지출액은 예산선 l의 절편에 의해 구할 수 있다. P_0에서 결정된 최소 지출액을 보장해 주면 소비자가 u_1을 달성할 수 있으므로, 가격을 P_0로 환원시키는 대신 u_1을 보장하면서 소비자로부터 받아낼 수 있는 최대 금액인 소득의 동등변화 EV는 I_0와 예산선 l의 절편의 차이로 나타난다.

소득의 동등변화 EV와 소비자잉여의 변화 CS 중 어느 것이 더 큰지 알아보기 위해서는 소득의 동등변화를 보상수요곡선을 이용해 나타낼 필요가 있다. 소비자잉여의 변화는 통상수요곡선을 통해 파악된다. 즉 가격이 P_0에서 P_1으로 상승하는 경우의 소비자잉여의 변화는 **그림 4-8 (b)**의 ABP_1P_0과 같다.

소득의 동등변화는 소득의 보상변화와 마찬가지 방법으로 결정된다. 이 경우의 차이점은 효용수준을 u_1으로 고정시킨 보상수요곡선을 사용한다는 점뿐이다. 따라서 소득의 동등변화는 CBP_1P_0가 되며, 가격이 상승하는 경우에 $EV<CS$가 됨을 알 수 있다. 앞에서 구한 소득의 보상변화를 함께 고려하면, 정상재는 가격이 상승할 때 $EV<CS<CV$가 성립함을 알 수 있다.[6]

4-3 부존재화의 교환

이제까지의 소비자선택이론의 분석에서 소비자의 화폐소득은 일정하게 주어진 것으로 가정되었다. 여기서는 소비자가 현물 X_1 및 X_2를 각각 E_1 및 E_2만큼 갖고 있는 경우의 소비자선택 문제를 알아보기로 한다. 소비자가 보유하고 있는 현물 X_1 및 X_2의 양 (E_1, E_2)를 초기 부존량 initial endowment 이라 한다.

X_1 및 X_2의 가격이 P_1 및 P_2인 경우, 소비자가 갖는 초기 부존량을 화폐가치로 환산하면 $P_1E_1+P_2E_2$가 된다. 즉 이 소비자가 초기 부존량을 전부 시장에서 판매하면 수익이 $P_1E_1+P_2E_2$만큼 발생하며, 이것이 가격 (P_1, P_2)에서 이 소비자의 화폐소득이 된다. 이 소비자가 재화를 X_1, X_2만큼 구입할 때 소비지출액은 $P_1X_1+P_2X_2$가 되므로, 소비지출액이 소득을 초과할 수 없다는 예산제약은 $P_1X_1+P_2X_2 \le P_1E_1+P_2E_2$로 나타난다.

소비자가 소득을 모두 지출하는 경우의 예산제약을 만족시키는 소비계획들의 모임이 예산선이므로, 예산선의 절편은 $(P_1E_1+P_2E_2)/P_2$이고, 기울기는 $-(P_1/P_2)$이다. 만약 소비자가 소비계획으로 초기 부존점을 선택한다면, 즉 $X_1=E_1$, $X_2=E_2$이면 항상 $P_1X_1+P_2X_2=P_1E_1+P_2E_2$가 성립한다. 즉 예산선은 항상 초기 부존점을 지난다.

부존량이나 가격이 변화하면 예산선은 이동한다. 가격은 일정하나 초기 부존점만 그림 4-9 (a)에서 E^0가 E^1으로 변화한 경우를 생각해 보자. 이때 가격이 일정하므로, 예산선의 기울기는 일정하지만 예산선은 새로운 초기 부존점 E_1을 통과

6 가격이 하락할 때는 반대로 $EV>CS>CV$가 성립한다. 이는 여기서 설명한 방법과 동일한 방법을 사용해 확인할 수 있으므로 독자 스스로 확인해 보기 바란다.

그림 4-9

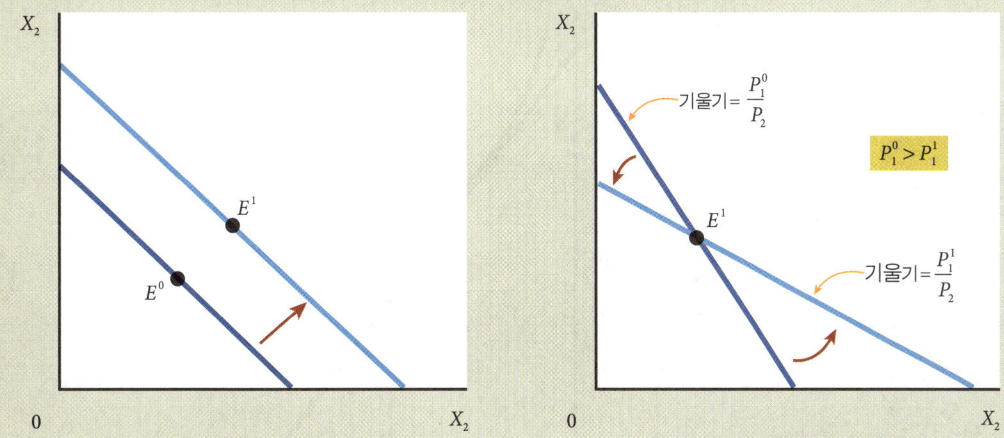

(a) 초기 부존량이 변화하는 경우 (b) 가격이 변화하는 경우

예산선의 이전

초기 부존량이 변화하면 (a)와 같이 예산선이 평행이동하며, 가격이 변화하면 (b)와 같이 예산선이 초기 부존점을 중심으로 회전하게 된다.

한다. 따라서 예산선이 평행이동하게 된다. 이번에는 P_1만 P_1^0에서 P_1^1으로 하락하는 경우를 생각해 보자. P_1의 하락으로 예산선의 기울기는 완만해지며, 초기 부존점을 통과해야 하므로 예산선은 (b)와 같이 반시계 방향으로 회전한다.

소비자가 예산제약 하의 효용극대화를 이룬 결과로 그림 4-10의 A를 선택했다면, 이때 X_1과 X_2의 수요량은 각각 X_1^0 및 X_2^0이다. 소비자가 초기 부존량을 가지고 있다면 초기 부존량을 모두 시장에서 판매해 화폐소득을 얻은 뒤, 이 화폐소득을 다시 지출해 X_1^0 및 X_2^0만큼의 재화를 다시 구입할 필요는 없다.

그림 4-10의 경우, 소비자는 X_1에서는 자신이 가지고 있는 초기 부존량 E_1보다 적게 소비하기를 원하며, X_2에서는 자신이 갖고 있는 초기 부존량 E_2보다 많이 소비하기를 원한다. 이런 상황이라면 소비자는 $(E_1 - X_1^0)$만 시장에서 판매해 $P_1(E_1 - X_1^0)$의 수익을 올린 다음 X_2를 $(X_2^0 - E_2)$만큼 구입하거나, 자신과 입장이 반대인 소비자를 만나 $(E_1 - X_1^0)$을 주는 대신 $(X_2^0 - E_2)$만큼 받아오면 된다.

초기 부존량이 주어져 있다면 소비자는 자신이 원하는 수요량의 전량을 모두 시장에서 구입할 필요가 없다. 자신이 원하는 수요량이 초기 부존량보다 많으면 그 부분만큼만 시장에서 구입하면 된다. 이 경우의 재원은 자신이 원하는 수요량이 초기 부존량보다 작은 재화를 시장에서 판매해 얻은 수익이 된다. 그리고 자신

그림 4-10

초기 부존량이 주어진 경우의 최적화 결과

초기 부존량이 주어진 경우에도 예산선과 무차별곡선이 접하는 점에서 최적화가 이루어진다.

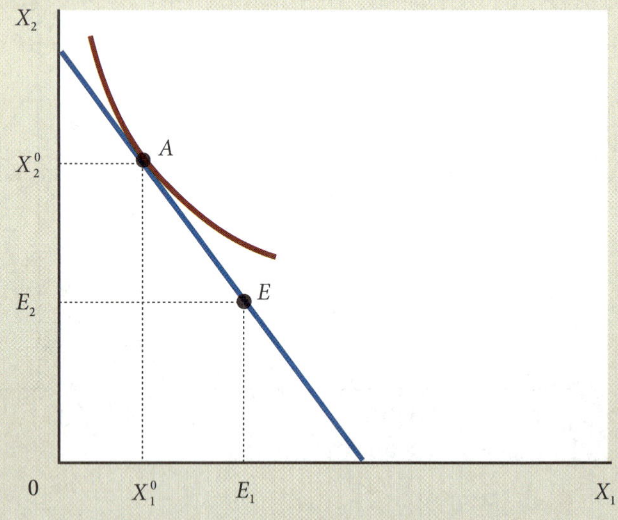

과 입장이 반대인 소비자를 만나 재화를 서로 교환할 수도 있다. 이때 교환비율은 P_1 / P_2으로 주어진다.

조수요량, 순수요량

예산제약 하의 효용극대화를 이루기 위해 소비하기를 원하는 수요량을 조수요량, 조수요량과 초기 부존량의 차이를 순수요량이라 한다.

초기 부존량이 주어져 있는 경우, 시장에서 실제로 거래되는 양은 예산제약 하의 효용극대화를 이루기 위한 희망수요량과 초기 부존량의 차이에 해당하는 양뿐이다. 따라서 **조수요량** gross demand 과 **순수요량** net demand 을 구별할 필요가 있다.

순수요량은 희망수요량과 초기 부존량의 차이이므로, 그 부호가 양(+)일 수도 있고 음(−)일 수도 있다. 순수요량이 양이라는 것은 시장에서 그 재화를 수요한다는 의미이며, 순수요량이 음이라는 것은 시장에서 그 재화를 판매한다는 것, 즉 그 재화를 시장에 공급한다는 의미이다.

가격 변화와 효용 변화

소비자가 초기 부존량을 가질 때 가격 변화에 따른 효용수준의 변화 방향이 불분명한 경우가 있다. X_1의 가격이 P_1^0로 주어졌을 때, 소비자는 예산제약 하의 효용극대화를 이루기 위해 그림 4-11 (a)의 A를 선택한다. 이때 X_1에 대한 수요량이 초기 부존량보다 작기 때문에 이 소비자는 X_1 시장에서 공급자가 된다. 가격이 하락하면 X_1이 기펜재가 아닌 한 조수요량이 증가한다. 가격하락의 효과는 증가한 조수요량이 초기

그림 4-11

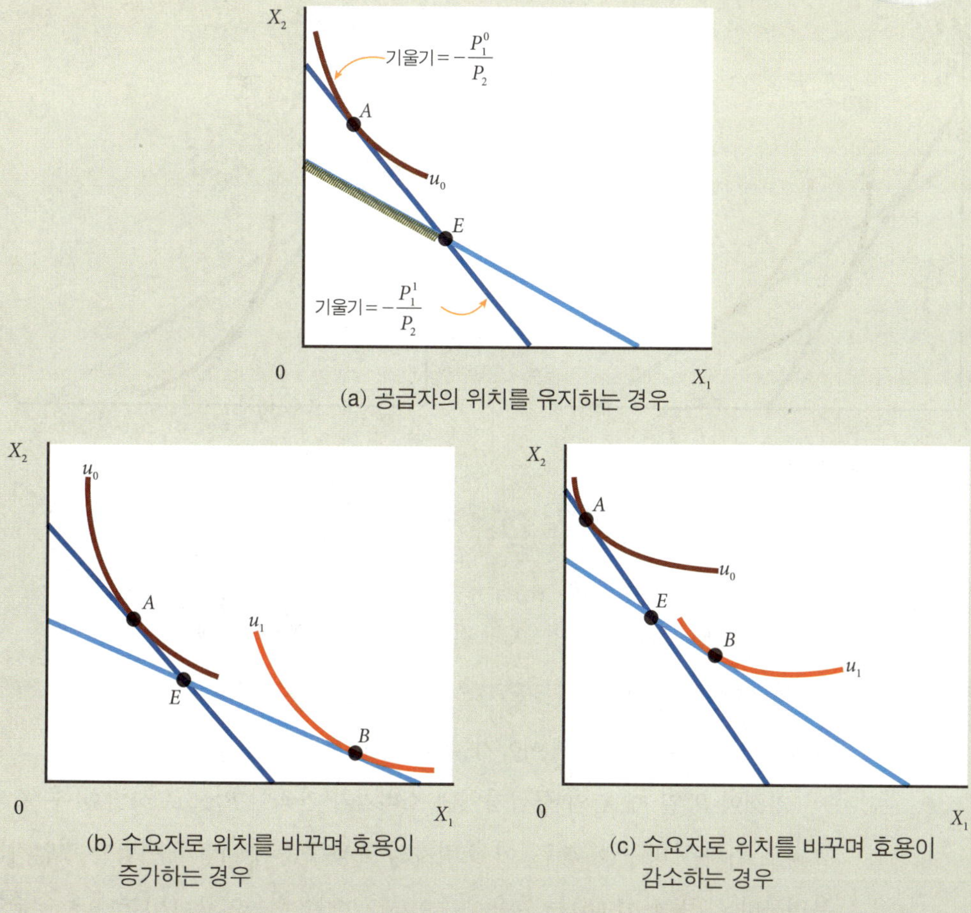

➔ P_1이 하락하는 경우 X_1 공급자의 효용 변화

P_1이 하락하면 X_1에 대한 조수요량이 증가하므로 공급자였던 소비자는 공급자 위치를 유지할 수도 있고 수요자로 위치를 바꿀 수도 있다. 전자의 경우에 효용수준은 (a)와 같이 확실히 감소하나, 후자의 경우라면 효용수준이 (b)와 같이 증가할 수도 있고 (c)와 같이 감소할 수도 있다.

부존량보다 작아 여전히 공급자인 경우와 증가한 조수요량이 초기 부존량보다 커져 수요자로 바뀌는 경우에 각각 달라진다.

가격 하락 후에도 이 소비자가 공급자로서의 위치를 계속 유지한다는 것은 그림 4-11 (a)의 빗금 친 부분에서 무차별곡선과 예산선이 서로 접함을 의미한다. 그런데 이 빗금 친 부분은 P_1^0에서의 예산선 밑에 있으므로, 소비자의 기호가 일정하다면 빗금 친 부분에 포함된 소비계획을 소비할 때 얻는 만족은 확실히 u_0보다 낮다. 이에 따라 가격이 하락한 후에도 공급자로서의 위치를 유지하는 소비자의

그림 4-12

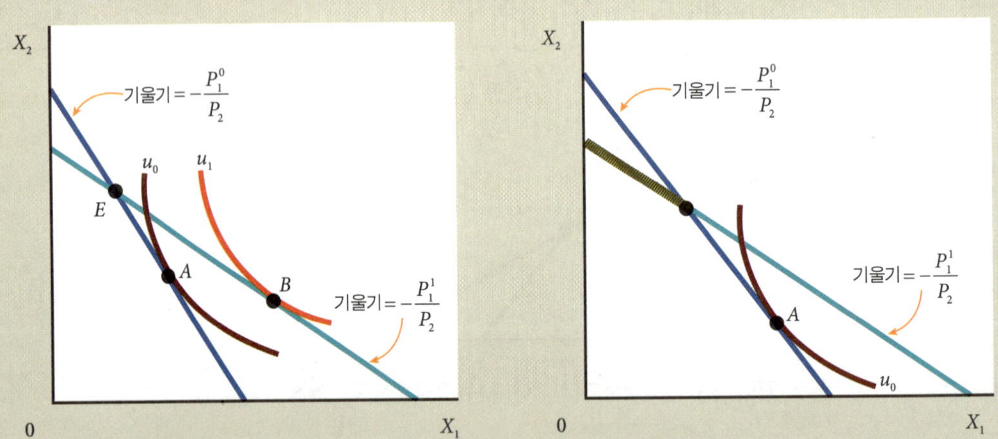

(a) 수요자로 남는 경우　　　(b) 공급자의 위치를 바꾸지 않는 이유

P_1의 하락과 X_1 수요자의 효용 변화

P_1이 하락하면 X_1에 대한 조수요량이 증가하므로 수요자였던 소비자는 (a)와 같이 항상 수요자로서의 위치를 유지하며 효용수준은 증가한다. (b)의 빗금 친 부분은 가격이 하락할 때 X_1에 대한 수요가 감소하는 경우에만 선택이 가능한데, 이는 X_1이 기펜재가 아닌 한 불가능한 상황이다.

만족은 감소한다고 확실히 이야기할 수 있다.

가격이 P_1^0일 때 X_1의 공급자였던 소비자가 가격이 P_1^1으로 하락한 후 X_1의 수요자로 위치를 바꾸는 경우, 이 소비자의 효용수준이 어떻게 변화할 것인지는 불분명하다. 그림 4-11 (b)는 효용수준이 증가하는 경우이고, (c)는 효용수준이 감소하는 경우이다.

X_1의 가격이 P_1^0로 주어졌을 때 소비자는 예산제약 하의 효용극대화를 이루기 위해 그림 4-12 (a)의 A를 선택한다. 이때, X_1에 대한 수요량이 초기 부존량보다 크므로 이 소비자는 X_1 시장에서 수요자가 된다. P_1이 P_1^0에서 P_1^1으로 하락했을 때는 이 소비자가 B를 선택해 X_1의 수요자로서 위치가 변화하지 않는다. 이때 P_1의 하락에 의해 이 소비자의 효용은 u_0에서 u_1으로 상승한다. 처음부터 변함없이 X_1의 수요자인 이 소비자는 P_1이 하락하면, 동일한 X_2의 판매수익으로 구입할 수 있는 X_1의 양이 증가하므로 효용이 증가한다.

P_1^0에서 X_1에 대한 수요자였던 소비자가 가격이 P_1^1으로 하락했을 때 공급자로 바뀔 수 있는가? 그림 4-12 (b)에서, 이 소비자가 P_1^1에서 공급자로 바뀌는 것은 P_1^1에서의 예산선의 빗금 친 부분에서 예산선과 무차별곡선이 서로 접함을 의미한

그림 4-13

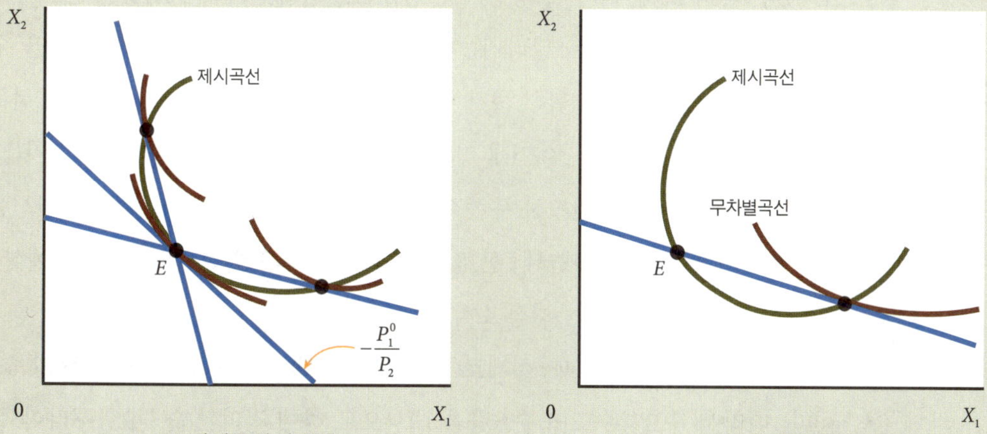

(a) 제시곡선의 도출 (b) 제시곡선의 설명

제시곡선

가격 변화에 따라 변화하는 최적 소비계획들을 (a)와 같이 연결한 선이 제시곡선이다. 제시곡선의 정의에 의해 (b)와 같이 예산선은 제시곡선 위의 두 점과 만나는데, 하나는 부존점이고 다른 하나는 무차별곡선과 접하는 점이다.

다. 이는 곧 P_1이 하락하면 X_1에 대한 수요가 감소한다는 것, 즉 X_1이 기펜재라는 사실을 나타낸다. 따라서 X_1이 정상재라면, P_1이 하락할 때 X_1은 수요자로서의 위치를 바꾸지 않는다.[7]

제시곡선과 순수요곡선

초기 부존량이 주어진 경우에도 가격 변화에 따라 최적 소비계획이 어떻게 변화하는지 가격제시곡선에 의해 알아볼 수 있다. 이 경우에 가격제시곡선, 간략히 말해 제시곡선 offer curve이 갖는 특징이 무엇인지 알아보기로 하자. 여기서 '가격 제시'의 의미는 주어진 가격에서 소비자의 최적 소비계획이 얼마인지 알려준다제시한다는 것이다.

P_1만 변화하는 경우의 제시곡선의 형태는 그림 4-13 (a)에 나타나 있다. P_1이 어떻게 주어지느냐에 따라 예산선 위의 어느 점을 최적 소비계획으로 선택할지를 결

7 P_1이 P_1^0에서 P_1^1으로 상승하는 경우에는 이와 반대의 결과를 얻는다. P_1^0에서 X_1 공급자였던 소비자는 P_1^1에서도 여전히 공급자이며, 가격 상승에 따라 효용이 증가한다. P_1^0에서 수요자였던 소비자가 수요자로서의 위치를 유지한다면 효용수준은 하락하며, 공급자로 위치를 바꾼다면 효용수준이 어떻게 변화할 것인지 불분명하다.

정할 수 있는데, P_1이 P_1^0로 주어졌을 때 부존점 E를 최적 소비계획으로 선택할 수도 있다. 따라서 제시곡선은 항상 부존점을 포함한다.[8] 가격이 P_1^0와 다른 수준으로 변화하면 최적 소비계획도 달라지는데, 이들을 모두 연결해 제시곡선을 얻을 수 있다. 제시곡선의 성격을 명확히 하기 위해 그림 4-13 (b)를 살펴보자. 제시곡선은 항상 부존점 E를 포함한다. 여기에 임의의 예산선을 그리는 경우, 예산선의 기울기는 임의로 정할 수 있으나 반드시 부존점을 통과해야 한다. 따라서 임의의 예산선은 제시곡선과 두 점에서 만나는데, 한 점은 부존점이며 다른 한 점은 주어진 예산선과 무차별곡선이 서로 접하는 최적 소비계획이다.

부존량이 주어졌을 때, 실제로 시장에서 거래가 이루어지는 물량은 순수요량이다. 따라서 수요함수도 순수요량을 대상으로 하여 정의된 순수요함수라야 한다. 그런데 순수요량이 양(+)인 경우는 재화에 대한 수요이지만, 순수요량이 음(−)인 경우는 재화의 공급이다. 따라서 이 경우는 수요함수라기보다는 순공급함수로 정의되어야 한다.

가격이 P_1 및 P_2로 주어져 X_1에 대한 희망수요량을 나타내는 통상수요함수가 $X_1(P_1, P_2)$인 경우, 순수요함수와 순공급함수는 다음과 같다.

$$\text{순수요함수}: D(P_1, P_2) = X_1(P_1, P_2) - E_1 \geq 0$$
$$\text{순공급함수}: S(P_1, P_2) = E_1 - X_1(P_1, P_2) \geq 0$$

어느 경우에 순수요함수가 되고, 어느 경우에 순공급함수가 되는지는 P_1의 수준에 의존한다. 그림 4-14 (a)에 의하면, 가격이 P_1^0 이하일 때 희망수요량이 부존량보다 많아 순수요함수가 되며, 가격이 P_1^0 이상일 때 부존량이 희망수요량보다 많아 순공급함수가 된다.

그림 4-14 (a)에 기초해 P_1과 $X_1(P_1, P_2) - E_1$의 관계를 그림으로 그린 것이 그림 4-14 (b)와 (c)이다. 가격이 P_1^0 이하이면 $X_1(P_1, P_2) - E_1 \geq 0$이며, 가격이 하락할수록 순수요량이 증가한다. 반대로 가격이 P_1^0 이상이면 $X_1(P_1, P_2) - E_1 \leq 0$, 즉 $E_1 - X_1(P_1, P_2) \geq 0$인 순공급이 존재하며, 가격이 상승할수록 순공급량이 증가한다. 따라서 순수요곡선과 순공급곡선을 그리면 각각 그림 4-14 (b) 및 (c)와 같다.

---

8 부존점을 지나는 무차별곡선의 접선의 기울기는 $-(P_1^0/P_2)$인 셈이다.

그림 4-14

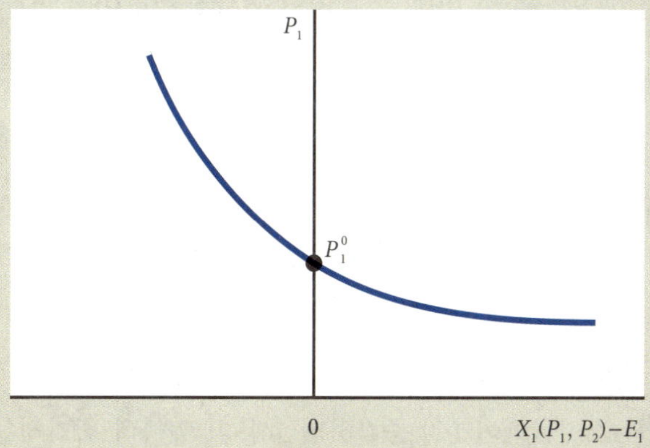

(a)

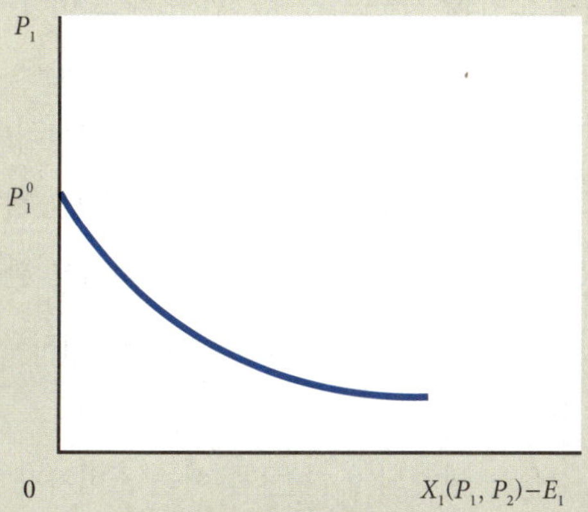

(b) 순수요곡선

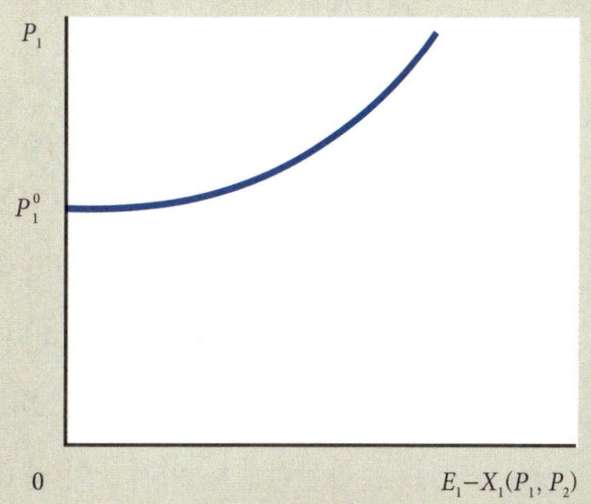

(c) 순공급곡선

순수요곡선과 순공급곡선

가격이 올라갈수록 순수요가 하락하므로 순수요곡선의 기울기는 (b)와 같이 음이 된다. 순수요가 음인 경우는 순공급이 되는데, 가격이 올라갈수록 순공급은 증가하므로 순공급곡선의 기울기는 (c)와 같이 양이 된다.

4-4 복수기간선택이론

지금까지의 소비자선택이론은 한 기간 동안만 생존하는 소비자가 예산제약 하의 효용극대화를 이루기 위해 어떠한 최적 소비계획을 선택할 것인지를 분석하는 것이었다. 만약 소비자가 여러 기간 동안 생존한다면 소비자의 의사결정은 일생 동안

복수기간선택이론

복수기간선택이론은 소비자가 여러 기간에 걸쳐 소비하는 경우를 분석하는 이론으로, 시점에 따른 가치평가 차이의 문제, 저축과 차입의 문제 등이 명시적으로 고려되어야 한다.

의 만족을 극대화하도록 최적 소비계획을 선택하는 것이 될 것이다. 소비자의 의사결정이 여러 기간에 걸쳐 이루어지는 경우를 분석하는 이론을 **복수기간선택이론** intertemporal choice theory 이라고 한다.

두 기간 동안 생존하는 소비자의 1기 및 2기의 소비금액을 C_1과 C_2라 하면, 이 경우의 효용함수는 $u=U(C_1, C_2)$가 된다. 1기를 현재, 2기를 미래라 하면 C_1의 한계효용 $MU_1=\Delta u/\Delta C_1$은 현재의 소비금액이 1원 증가하면 효용이 얼마나 증가하는지를, C_2의 한계효용 $MU_2=\Delta u/\Delta C_2$는 미래의 소비금액이 1원 증가하면 효용이 얼마나 증가하는지를 나타낸다. 이때 한계대체율 $MRS_{12}=MU_1/MU_2$은 미래 소비를 기준으로 평가한 현재 소비의 주관적 가치, 즉 현재 소비를 미래 소비보다 얼마나 더 좋아하는지를 나타낸다.

소비자들은 같은 금액을 현재에 소비하는 것과 미래에 소비하는 것 중 어느 것을 더 좋아할까? 지금 어느 소비자가 100원을 은행에 1년 동안 예금하기로 했다면 그것은 현재 100원을 소비할 수 있는 권한을 포기하고 미래에 소비하기로 했음을 의미한다. 1년 후에 이 소비자는 원금 100원과 이자를 합한 금액, 즉 이자율이 r이라면 $100(1+r)$만큼을 소비할 수 있다.

현실적으로 이자율이 음(−)인 경우는 발견되지 않는다. 이는 소비자가 현재 100원의 소비를 포기하고 예금을 하도록 하려면 1년 후에 100원보다 많은 금액을 지불해야 한다는 것, 즉 모든 소비자가 현재 소비를 같은 금액의 미래 소비보다 더 좋아한다는 것을 의미한다. 이와 같이 소비자는 현재 소비를 미래소비보다 더 좋아하므로, 현재 소비와 미래 소비의 한계대체율 $MRS_{12}=MU_1/MU_2$은 항상 1보다 크다. 따라서 $MRS_{12}=(1+\rho)$로 쓸 수 있다. 여기서 ρ는 **한계시간선호율** marginal rate of time preference 이라고 한다.

한계시간선호율

소비자가 주관적으로 현재 소비를 미래 소비보다 얼마나 더 좋아하는지를 나타내는 것이 한계시간선호율이다. 한계시간선호율은 $MRS_{12}-1$로 정의된다.

1기와 2기의 화폐소득이 M_1과 M_2로 주어졌다면 이것이 곧 소비자의 초기 부존량이 된다. 이 경우에 소비자의 예산선은 어떻게 표현될 수 있는가? 소비자가 1기에 원하는 소비금액 C_1이 M_1보다 작으면 소비자는 (M_1-C_1)을 은행에 예금해 다음 기에 소비하려 할 것이므로, 다음 기의 소득은 $M_2+(1+r)(M_1-C_1)$이 된다. 소비자는 2기까지만 생존하므로 일생의 만족을 극대화하려면 이 금액을 모두 소비해야 한다. 따라서 $C_2=M_2+(1+r)(M_1-C_1)$이 된다.

소비자가 1기에 쓰기 원하는 소비금액 C_1이 M_1보다 크면, 소비자는 $(C_1 - M_1)$의 금액을 은행에서 빌려 1기에 C_1을 소비할 수 있다. 다음 기에 소비자는 차입금에 이자를 합한 금액인 $(1+r)(C_1 - M_1)$을 상환해야 하므로, 2기의 소득은 $M_2 - (1+r)(C_1 - M_1)$이 된다. 소비자는 2기까지만 생존하므로 일생의 만족을 극대화하려면 이 금액을 2기에 모두 소비해야 한다. 따라서 $C_2 = M_2 - (1+r)(C_1 - M_1)$이 된다.

소비자가 예금을 하는 경우와 차입을 하는 경우 모두 $C_2 = M_2 + (1+r)(M_1 - C_1)$이 성립함을 알 수 있는데, 이것이 곧 이 소비자의 예산선이다. 이 예산선을 다시 정리하면 다음과 같이 나타낼 수 있다.

$$C_1 + \frac{C_2}{1+r} = M_1 + \frac{M_2}{1+r} \tag{4-3}$$

이 예산선의 의미를 정확히 알기 위해서는 현재가치present value의 개념을 이해해야 한다. 미래의 가치를 현재 시점을 기준으로 평가한 것을 현재가치라 한다. 어느 소비자가 현재 100원을 은행에 예금하면 1년 후에는 $(1+r)100$원을 찾는다. 이 때의 이자율 r은 모든 소비자에 대해 공통적으로 적용되므로, 이와 같은 사실은 자금시장에서 현재의 100원과 1년 후의 $(1+r)100$원이 같은 가치를 갖는 것으로 평가됨을 의미한다. 그렇다면 1년 후의 100원의 가치를 현재 시점에서 평가하면 얼마가 될 것인가? 정답은 $100/(1+r)$이다. 이것이 곧 1년 후의 100원의 현재가치이다.[9]

식 (4-3)에서 $C_1 + C_2/(1+r)$는 모든 소비지출액의 현재가치이며, $M_1 + M_2/(1+r)$는 모든 화폐소득의 현재가치이다. 따라서 **식 (4-3)**은 소비지출액의 현재가치와 화폐소득의 현재가치가 같다는 것을 나타낸다.

예산제약 하의 효용극대화를 원하는 소비자는 **그림 4-15**의 A를 선택해 1기의 소비를 C_1^0, 2기의 소비를 C_2^0로 결정한다. 1기에 이 소비자는 M_1보다 작은 C_1^0만큼만 소비하기를 원하므로 $(M_1 - C_1^0)$을 예금한다. 따라서 2기의 소득은 $M_2 + (1+r)(M_1 - C_1^0)$가 된다. 예산선의 기울기가 $(1+r)$이므로 이 금액은 정확히 C_2^0와 일치한다.

9 현재 100원을 은행에 예금하면 1년 후에는 $(1+r)100$원이, 2년 후에는 $(1+r)^2 100$원, n년 후에는 $(1+r)^n 100$원이 된다. 따라서 2년 후의 100원의 현재가치는 $100/(1+r)^2$이 되고, n년 후의 100원의 현재가치는 $100/(1+r)^n$이 된다.

그림 4-15

복수 기간의 최적화 결과

예산선과 무차별곡선이 접하는 점에서 최적 소비계획이 결정되는데, 이는 곧 한계시간선호율과 이자율이 같다는 것을 의미한다.

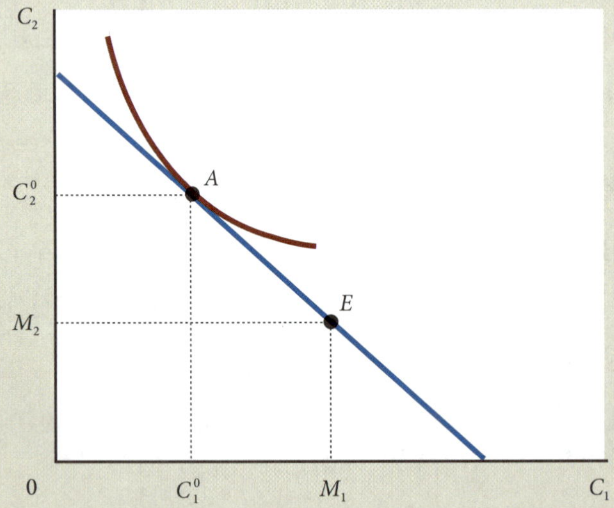

복수 기간 선택에서 소비자는 그림 4-15와 같이 무차별곡선과 예산선이 접하는 점에서 최적을 이룬다. 무차별곡선의 기울기는 $MRS_{12}=(1+\rho)$이며, 예산선의 기울기는 $(1+r)$이다. 이는 소비자가 한계시간선호율과 이자율이 같아지도록 각 기의 소비금액을 결정해야 평생의 효용이 극대화됨을 나타낸다.

한편 한계시간선호율은 미래 소비를 기준으로 한 현재 소비의 주관적 가치이고, 이자율은 미래 소비를 기준으로 한 현재 소비의 객관적 가치이다. 따라서 미래 소비를 기준으로 한 현재 소비의 주관적 가치와 객관적 가치가 일치해야, 소비자는 복수 기간 선택에서 예산제약 하의 효용극대화를 이룰 수 있다.

이자율 변화와 효용 변화

이자율이 변화하는 경우에 소비자의 효용수준이 어떻게 변화할 것인지는 앞의 4-3 부존재화의 교환에서와 동일한 방법으로 알아볼 수 있다.

이자율이 높을수록 현재 소비를 늘리면 미래 소비를 더 많이 줄여야 한다. 이는 곧 이자율이 높을수록 현재소비를 늘림에 따라 더 많은 대가를 치루어야 한다는 것으로, 이자율이 현재 소비의 가격에 해당함을 뜻한다. 따라서 수요의 법칙에 의해 이자율이 상승하면 C_1은 감소하여야 한다.

이자율이 r_0인 경우에 소비자는 예산제약 하의 효용극대화를 이루기 위해 그림

그림 4-16

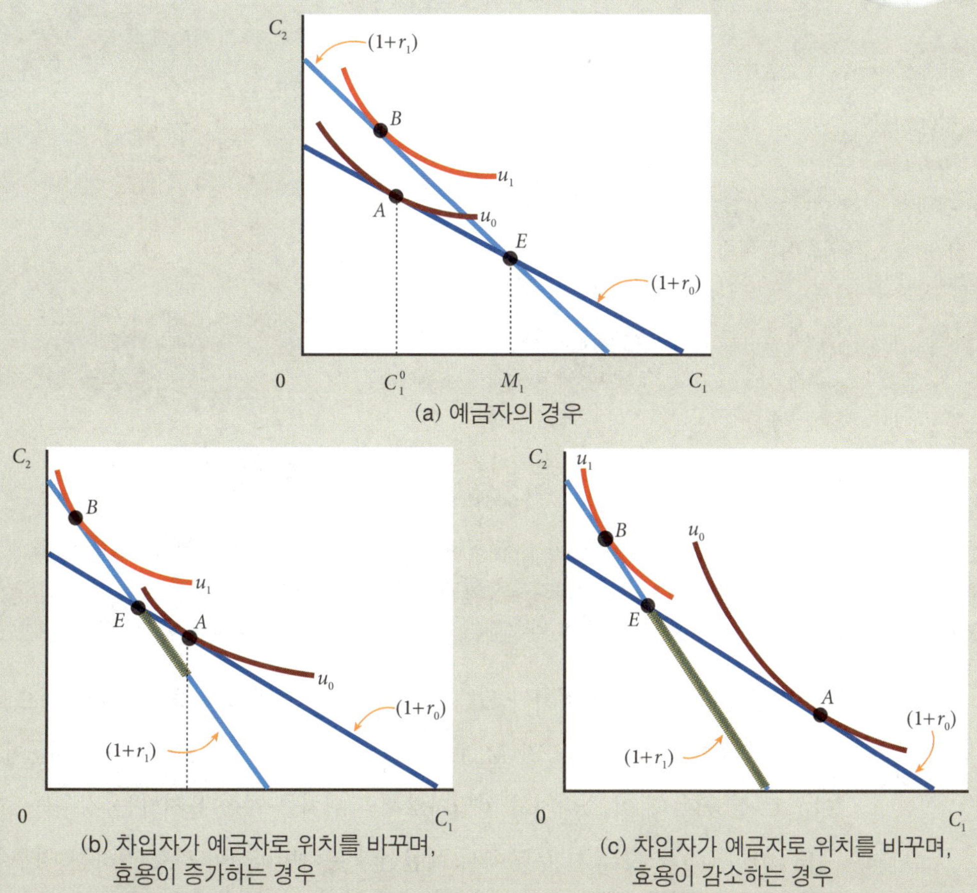

이자율 상승의 효과($r_1 > r_0$)

이자율이 상승하면 C_1이 하락하므로 (a)와 같은 예금자는 예금자 위치를 변함없이 유지하며 효용수준은 증가한다. 차입자는 차입자 위치를 변함없이 유지하면 효용수준은 감소하며, 예금자로 위치를 바꾸면 효용수준은 (b)와 같이 증가할 수도 있고 (c)와 같이 감소할 수도 있다.

4-16 (a)의 A를 선택한다. 이때 C_1^0가 M_1보다 작으므로 이 소비자는 예금자가 된다. 이자율이 r_1으로 상승할 때 예금자의 최적 소비계획은 어떻게 변화할 것인가? 이자율은 C_1의 가격에 해당하므로, C_1이 기펜재가 아닌 한 이자율의 상승은 C_1의 감소를 초래한다. 따라서 그림 4-16 (a)와 같이 예산선과 무차별곡선이 접하는 점 B는 점 A보다 왼쪽에 위치해야 한다. 이는 곧 이자율이 상승할 때 예금자는 예금자의 위치를 유지하며 효용수준을 증가함을 나타낸다.

차입자의 경우는 이자율이 상승할 때 효용수준이 어떻게 변화할지 불분명하

EXAMPLE 4-2

조삼모사

춘추전국시대에 송나라의 저공狙公이란 사람이 원숭이를 많이 기르고 있었다.

어느 날 원숭이 먹이가 부족하게 되자, 저공은 원숭이들에게 "앞으로 너희들에게 주는 도토리를 아침에 3개, 저녁에 4개로 제한하겠다"고 말했다. 그러자 원숭이들은 화를 내며 아침에 3개를 먹고는 배가 고파 못 견딜 것이라고 했다. 저공이 "그렇다면 아침에 4개를 주고 저녁에 3개를 주겠다"고 하자, 원숭이들이 좋아했다는 이야기가 전해져 온다.

이 이야기는 《열자列子》의 〈황제〉 편에 나오는 이야기로 결국 조3모4나 조4모3이나 똑같은 숫자라는 점에서, 똑똑한 사람이 어리석은 사람을 속임수로 속여 넘기는 것에 대한 비유로 알려져 있다.

그런데 이 이야기에서 원숭이들이 어리석다고 말할 수 있을까? 현재 시점이 아침이고 할인율이 매우 크다면 조4모3이 조3모4보다 현재가치가 훨씬 높다고 말할 수 있다. 따라서 원숭이들은 매우 현명한 의사결정을 한 반면, 오히려 저공은 자신이 무슨 일을 했는지 이해조차 못하는 사람이 될 수도 있는 것이다.

현명한 행동으로 평가되는 의사결정일지라도 경제학의 논리로 바라보면 어리석은 의사결정일 수 있는데, 조삼모사의 고사가 대표적인 사례이다.

다. 이자율이 r_0일 때 소비자가 그림 4-16 (b)나 (c)의 A를 최적 소비계획으로 선택했다고 하자. 이 경우, C_1^0가 M_1보다 크므로 이 소비자는 차입자가 된다. 이자율이 r_1로 상승할 때 이 소비자가 차입자로서의 위치를 계속 유지하는 경우는 그림 4-16 (b)나 (c)의 빗금 친 부분에서 예산선과 무차별곡선이 서로 접하는 경우이다. 따라서 이 경우의 소비자의 효용수준은 감소한다고 말할 수 있다.

이자율이 r_1로 상승할 때 차입자가 예금자로 위치를 바꾸는 경우에는 소비자의 효용수준이 어떻게 변화할지 불분명하다. 그림 4-16 (b)는 효용수준이 증가하는 경우이며, (c)는 효용수준이 감소하는 경우이다.

4-5 지수이론

가격지수 | 여러 종류의 상품을 소비하는 소비자가 있고 기준연도base year인 2005년에 비해 비교연도인 2010년에는 각 상품의 가격이 각

기 다르게 상승했다고 하면, 2005년에 비해 2010년 물가는 얼마나 상승했는가?[10]

이 물음에 대한 답변을 다음과 같은 경우를 대상으로 구해 보자. 기준연도 0의 X_1과 X_2의 가격을 $P^0 = (P_1^0, P_2^0)$, 각 재화의 소비량은 $X^0 = (X_1^0, X_2^0)$였다고 하자. 비교연도 1의 X_1과 X_2의 가격은 $P^1 = (P_1^1, P_2^1)$, 각 재화의 소비량은 $X^1 = (X_1^1, X_2^1)$이다. 그리고 $P^0X^0 = P_1^0X_1^0 + P_2^0X_2^0$와 같이 나타내는 것으로 약속한다.

위의 질문에 답하기 위해서는 먼저 물가가 무엇인가를 정의해야 한다. 물가는 일반적으로 여러 재화의 가격들을 평균한 평균치로 정의된다. 이때 평균치는 반드시 단순평균치일 필요는 없으며, 흔히 가중평균치가 사용된다.[11]

P_1과 P_2의 가중치로 w_1과 w_2를 사용했다면, 기준연도와 비교연도의 물가는 각각 $w_1P_1^0 + w_2P_2^0$와 $w_1P_1^1 + w_2P_2^1$이 된다. 이와 같이 기준연도와 비교연도의 물가를 정의하면, 비교연도의 물가가 기준연도에 비해 얼마나 올랐는지는 $[w_1P_1^1 + w_2P_2^1]/[w_1P_1^0 + w_2P_2^0]$의 비율에 의해 나타낼 수 있다. 이 비율을 **물가지수** price index라 한다.

가중치로 흔히 사용되는 것은 수요량이다. 즉 수요량이 많은 재화는 높은 가중치를 주어 물가에 많이 반영되게 하는 것이다. 그런데 이 경우에 사용할 수 있는 가중치는 기준연도의 수요량과 비교연도의 수요량 두 가지가 있다. 기준연도의 수요량을 가중치로 사용해 구한 물가지수를 **라스파이레스** Laspeyres **물가지수** L_p라 하고, 비교연도의 수요량을 가중치로 사용해 구한 물가지수를 **파세** Paasche **물가지수** P_p라 한다.

> **라스파이레스 물가지수, 파세 물가지수**
>
> 기준연도의 수요량을 가중치로 사용해 구한 물가지수를 라스파이레스(Laspeyres) 물가지수(L_p)라 하고, 비교연도의 수요량을 가중치로 사용해 구한 물가지수를 파세(Paasche) 물가지수(P_p)라 한다.

$$L_p = \frac{P^1X^0}{P^0X^0}$$

$$P_p = \frac{P^1X^1}{P^0X^1} \tag{4-4}$$

L_p와 P_p가 1보다 크다는 것은 비교연도의 물가가 기준연도에 비해 모두 상승했다는 것을 나타낸다. 그렇다면 비교연도의 생활수준은 기준연도의 생활수준에 비해 어떻게 변화했는가?

---

10 이하에서 X에 붙는 첨자 중 하첨자는 재화의 종류를, 상첨자는 연도를 나타낸다. 예를 들어 X_1^0는 기준연도에 구입한 재화 1의 수량을 말한다.

11 P_1과 P_2의 평균을 구할 때 $(P_1 + P_2)/2 = 0.5P_1 + 0.5P_2$로 구한 결과는 단순평균치, $0.3P_1 + 0.7P_2$와 같이 구한 결과는 가중평균치라 한다.

금리와 소득분배

EXAMPLE 4-3

소득분배를 나타내는 지표가운데 하나인 지니Gini계수는 그림 17-2에서 볼 수 있는 바와 같이 그 값이 크면 클수록 소득분배가 불공평함을 나타낸다.

오른쪽 그림은 1990~2008년 우리나라의 금리와 지니계수가 추세치로부터 이탈한 값을 그림으로 그린 것이다.

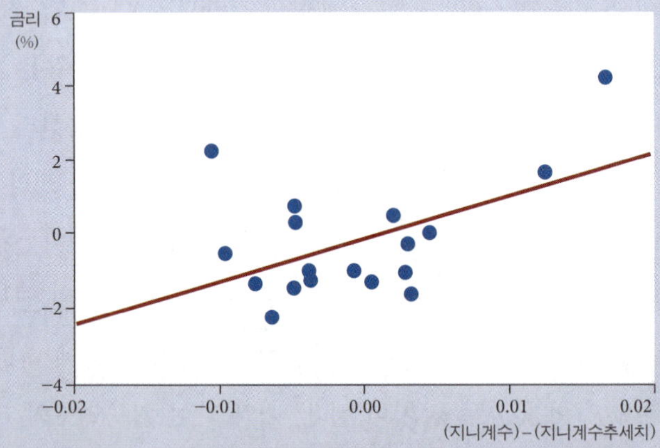

금리의 변화가 소득분배에 영향을 미치는 데 필요한 시간을 고려하기 위해 금리는 전년도 값을 이용하였다. 이 그림은 금리 인상이 소득분배를 점차적으로 악화시키고 있는 현실을 잘 나타내고 있다.

이를 판단하기 위해서는 L_p와 P_p를 지출액 비율 $R = P^1X^1/P^0X^0$과 비교해야 한다. P_p가 R보다 크면 $P^1X^1/P^0X^1 > P^1X^1/P^0X^0$이 성립하는데, 이는 $P^0X^0 > P^0X^1$임을 의미한다. 즉 이 소비자는 P^0에서는 X^0, P^1에서는 X^1을 선택했다. 그런데 P^0에서는 X^0과 X^1 모두가 선택 가능했다. 이 소비자가 현시선호의 약공리를 만족시키도록 행동한다면 P^1에서는 X^0의 선택이 불가능해야 하며, 이는 $X^0\ DR\ X^1$이 성립함을 나타낸다. 따라서 $P_p > R$은 물가 상승에 의해 소비자가 X^0보다 덜 좋아하는 X^1을 선택할 수밖에 없게 되어 생활수준이 악화되었음을 의미한다.

L_p가 R보다 작으면 $P^1X^0/P^0X^0 < P^1X^1/P^0X^0$가 성립하는데, 이는 $P^1X^1 > P^1X^0$임을 나타낸다. 이 소비자는 P^0에서는 X^0, P^1에서는 X^1을 선택했다. 그런데 P^1에서는 X^0과 X^1 모두가 선택 가능했다. 이 소비자가 현시선호의 약공리를 만족하도록 행동한다면 P^0에서는 X^1의 선택이 불가능해야 하며, 이는 $X^1\ DR\ X^0$이 성립함을 의미한다. 따라서 $L_p < R$은 물가가 상승했음에도 소비자의 생활수준은 오히려 향상되었음을 나타낸다. 한편 $R > P_p$이거나 $L_p > R$인 경우는 소비자의 생활수준이 어떻게 변화했는지 명확히 알 수 없다.

물가지수를 구하는 또 다른 목적은 비교연도의 생계비가 기준연도에 비해 얼마나 더 올랐는지 파악하는 것이다. 이 경우의 생계비를 엄밀히 파악하기 위해서는 참생계비지수true cost of living index를 계산해야 한다.

기준연도와 비교연도에 소비자가 예산제약 하의 효용극대화를 이루도록 행동했는데, 비교연도와 기준연도의 가격과 소득 수준이 모두 다르다고 하자. 이에 따라 기준연도의 효용수준 u_0와 비교연도의 효용수준 u_1은 서로 다르게 된다. 기준연도의 효용수준 u_0를 기준으로 하는 경우의 참생계비지수는 변화 후의 가격 P^1에서 효용수준 u_0를 달성하기 위해 필요한 최소 지출액 $E(P^1, u_0)$와 원래의 가격 P^0에서 효용수준 u_0를 달성하기 위해 필요한 최소 지출액 $E(P^0, u_0)$ 의 비율이다. 그런데 가격 P^0에서 소비자는 예산제약 하의 효용극대화를 이루었으므로 $E(P^0, u_0) = P^0X^0$이다. 따라서 효용수준 u_0를 기준으로 하면, 참생계비지수는 $T(u_0) = E(P^1, u_0) / P^0X^0$가 된다.

비교연도의 효용수준 u_1을 기준으로 하는 경우의 참생계비지수는 변화 후의 가격 P^1에서 효용수준 u_1을 달성하기 위해 필요한 최소 지출액 $E(P^1, u_1)$과 원래의 가격 P^0에서 효용수준 u_1을 달성하기 위해 필요한 최소 지출액 $E(P^0, u_1)$의 비율이다. 그런데 가격 P^1에서 소비자는 예산제약 하의 효용극대화를 이루었으므로, $E(P^1, u_1) = P^1X^1$이다. 따라서 효용수준 u_1을 기준으로 하는 참생계비지수는 $T(u_1) = P^1X^1 / E(P^0, u_1)$이 된다.

라스파이레스 물가지수와 비교할 수 있는 참생계비지수는 무엇인가? 라스파이레스 물가지수를 산정할 때 사용되는 가중치는 기준연도의 수요량이다. 기준연도의 수요량을 소비하는 경우에 얻는 만족이 u_0이므로 $T(u_0) = E(P^1, u_0) / P^0X^0$를 라스파이레스 물가지수와 비교할 수 있다.

가격이 P^0일 때 소비자는 예산제약 하의 효용극대화를 이루기 위해 그림 4-17 (a)의 X^0을 선택하였으며, 가격이 P^1일 때는 X^1을 선택했다. $L_p = P^1X^0 / P^0X^0$와 $T(u_0) = E(P^1, u_0) / P^0X^0$을 비교하기 위해서는 $E(P^1, u_0)$의 크기가 얼마인지 알아야 한다. $E(P^1, u_0)$은 가격이 P^1인 경우의 지출선과 효용수준 u_0를 나타내는 무차별곡선이 접하도록 그리면 그림 4-17 (a)와 같이 결정된다. 따라서 $P^1X^0 > E(P^1, u_0)$가 성립해 $L_p > T(u_0)$가 됨을 알 수 있다. 즉 기준연도의 효용수준을 기준으로 할 때 라스파이레스 물가지수는 생계비를 과대평가한다.[12]

파세 물가지수를 산정할 때 사용되는 가중치는 비교연도의 수요량이고 비교연

12 일반적으로 피부에 와 닿는 생계비지수는 기준연도의 효용을 기준으로 한 생계비지수라고 할 수 있다. 즉 사람들은 '올해 물가가 상승했는데, 적어도 작년에 누리던 후생 수준은 유지할 수 있어야 하는 것 아닌가'라는 생각을 많이 한다.

그림 4-17

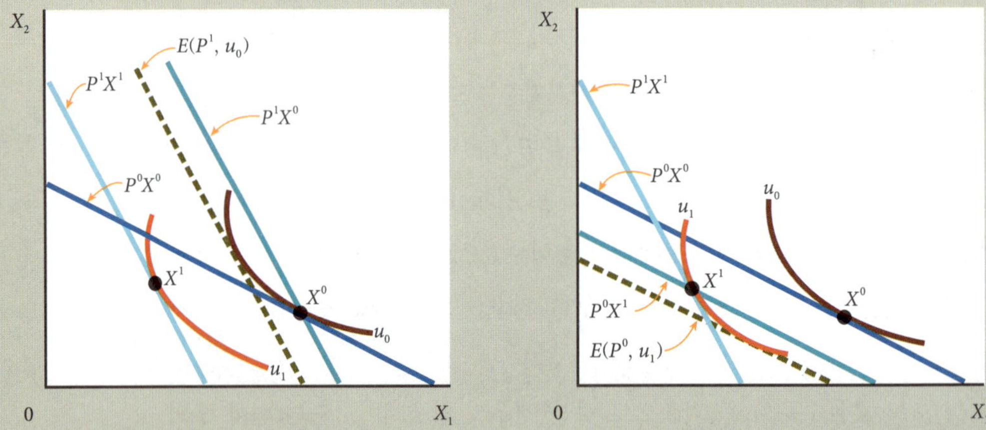

(a) 라스파이레스 물가지수와 참생계비지수의 관계

(b) 파세 물가지수와 참생계비지수의 관계

물가지수와 참생계비지수의 관계

$P^1X^0 > E(P^1, U_0)$이 성립하므로 (a)와 같이 라스파이레스 물가지수는 참생계비를 과대평가한다. 한편 $P^0X^1 > E(P^0, U_1)$이 성립하므로 (b)와 같이 파세 물가지수는 참생계비를 과소평가한다.

도의 수요량을 소비할 때 얻는 만족은 U_1이므로 $T(u_1) = P^1X^1 / E(P^0, u_1)$을 파세 물가지수와 비교할 수 있다. 가격이 P^0일 때 소비자는 예산제약 하의 효용극대화를 이루기 위해 그림 4-17 (b)의 X^0를 선택했으며, 가격이 P^1일 때는 X^1을 선택했다.

$P_p = P^1X^1 / P^0X^1$과 $T(u_1) = P^1X^1 / E(P^0, u_1)$을 비교하기 위해서는 $E(P^0, u_1)$의 크기가 얼마인지 알아야 한다. $E(P^0, u_1)$은 가격이 P^0인 지출선과 효용수준 u_1을 나타내는 무차별곡선이 접하도록 그리면, 그림 4-17 (b)와 같이 결정된다. 따라서 $P^0X^1 > E(P^0, u_1)$이 성립해 $P_p < T(u_1)$이 성립함을 알 수 있다. 즉 비교연도의 효용수준을 기준으로 하는 파세 물가지수는 생계비를 과소평가한다.

수량지수

비교연도 1의 평균소비량이 기준연도 0의 평균소비량에 비해 어떻게 변화했는지 나타내는 것이 수량지수 quantity index 이다. 이때 평균소비량은 가중평균치에 의해 구해지는데, 가중치로는 흔히 가격이 이용된다.

기준연도 0의 X_1과 X_2의 가격을 $P^0 = (P_1^0, P_2^0)$, 각 재화의 소비량을 $X^0 = (X_1^0, X_2^0)$라 하자. 한편 비교연도 1의 X_1과 X_2의 가격은 $P^1 = (P_1^1, P_2^1)$, 각 재화의 소비

량은 $X^1 = (X_1^1, X_2^1)$이다. 어느 해의 가격을 이용했느냐에 따라 수량지수는 **라스파이레스 수량지수** Laspeyres quantity index와 **파세 수량지수** Paasche quantity index로 구별된다. 라스파이레스 수량지수 L_q와 파세 수량지수 P_q는 다음과 같이 나타낸다.

라스파이레스 수량지수, 파세 수량지수

기준연도의 가격을 가중치로 사용하여 구한 수량지수가 라스파이레스 수량지수이고, 비교연도의 가격을 가중치로 사용하여 구한 수량지수가 파세 수량지수이다.

$$L_q = \frac{P^0 X^1}{P^0 X^0}$$

$$P_q = \frac{P^1 X^1}{P^1 X^0} \tag{4-5}$$

L_q와 P_q를 이용해 비교연도의 소비자의 만족이 기준연도에 비해 어떻게 변화하였는지 파악할 수 있다. 먼저 파세 수량지수에 관해 살펴보기로 하자. P_q가 1보다 크다는 것은 $P^1X^1/P^1X^0 > 1$, 즉 $P^1X^1 > P^1X^0$임을 나타낸다.

P^0에서는 X^0, P^1에서는 X^1이 선택되었는데, $P^1X^1 > P^1X^0$라는 것은 P^1에서는 X^1 또는 X^0 모두 선택 가능했으나 X^1이 선택되었음을 의미한다. 이는 $X^1\ DR\ X^0$이 성립되어 비교연도의 효용수준이 기준연도에 비해 높다는 사실을 나타낸다.

L_q가 1보다 작다는 것은 $P^0X^1/P^0X^0 < 1$, 즉 $P^0X^0 > P^0X^1$ 임을 나타낸다. P^0에서는 X^0, P^1에서는 X^1이 선택되었는데, $P^0X^0 > P^0X^1$ 이라는 것은 P^0에서는 X^0 또는 X^1 모두 선택 가능했으나 X^0가 선택되었음을 의미한다. 이는 $X^0\ DR\ X^1$이 성립되어 기준연도의 효용수준이 비교연도에 비해 높음을 나타낸다. 한편 P_q가 1보다 작거나 L_q가 1보다 큰 경우는 기준연도와 비교연도의 효용수준 중 어느 것이 더 큰지 알 수 없다.

요 약

- 현시선호이론에서는 관찰이 가능한 소비자의 수요 행태로부터 소비자의 선호관계를 파악하고, 그로부터 도출 가능한 무차별곡선이 추론된다. 현시선호의 약공리가 충족되면 무차별곡선의 형태를 추론할 수 있다. 이행성이 보장되기 위해서는 현시선호의 강공리를 만족시켜야 한다.

- 소비자가 구매 행위를 통해 얻는 후생의 증가를 화폐 단위로 표시한 것이 소비자잉여이다. 소비자잉여를 보상 목적으로 사용하면 보상금액이 부족하다. 가격이 상승했을 때 상승한 가격에서 종전의 효용수준을 달성할 수 있게 하려면 최소한 얼마를 보상해 주어야 할 것인가는 소득의 보상변화에 의해 대답할 수 있다. 가격이 P_0에서 P_1으로 상승해 소비자의 효용수준이 u_0에서 u_1으로 하락했을 때, 가격을 P_0로 환원시키는 대신 소비자로부터 일정 금액을 받아야 하는 경우를 생각해 보자. 이때 소비자의 효용수준이 u_1 미만이 되지 말아야 한다는 전제 아래 받아낼 수 있는 최대 금액은 소득의 동등변화이다. 정상재는 가격이 상승하면, 소득의 보상변화 > 소비자잉여 > 소득의 동등변화의 관계가 성립한다.

- 소비자가 화폐소득 대신 재화를 보유할 때 그 재화의 양을 초기 부존량이라 한다. 예산제약 하의 효용극대화를 이루기 위해 소비자가 원하는 수요량이 조수요량이며, 조수요량과 부존량의 차이가 순수요량이다. 소비자는 순수요량이 양(+)이면 수요자이며, 순수요량이 음(−)이면 공급자이다.

- 부존량이 주어졌을 때 가격의 변화에 의한 최적 소비계획의 변화는 제시곡선offer curve에 의해 나타난다. 제시곡선은 임의의 예산선과 두 점, 즉 초기 부존점, 예산선 및 무차별곡선이 서로 접하는 점에서 만난다.

- 소비자의 의사결정이 여러 기간에 걸쳐 이루어지는 경우에 소비자가 최적소비계획을 어떻게 결정할 것인가를 분석하는 것이 복수기간선택이론이다. 이 경우에 예산제약 하의 효용극대화는 '한계시간선호율 = 이자율'을 만족시킬 때 달성된다. 한계시간선호율은 소비자가 주관적으로 현재의 소비를 미래의 소비보다 얼마나 더 좋아하는가를 나타낸다. 이자율이 상승할 때 예금자는 예금자 위치를 고수하며, 효용수준이 증가한다. 그러나 차입자가 예금자로 위치를 바꿀 때 효용이 증가할 것인가는 불분명하다.

- 여러 재화의 가격을 가중평균한 것이 물가이다. 물가지수를 구할 때 기준연도의 수요량을 가중치로 사용해 구한 것이 라스파이레스Laspeyres 물가지수이며, 비교연

도의 수요량을 가중치로 사용해 구한 것이 파세Paasche 물가지수이다. 기준연도의 효용수준을 기준으로 할 때 라스파이레스 물가지수는 생계비를 과대평가하며, 비교연도의 효용수준을 기준으로 할 때 파세 물가지수는 생계비를 과소평가한다.

➲ 기준연도의 가격을 가중치로 사용해 구한 수량지수는 라스파이레스 수량지수, 비교연도의 가격을 가중치로 사용해 구한 수량지수는 파세 수량지수이다. 파세 수량지수가 1보다 크면 생활수준이 향상되었음을 의미하며, 라스파이레스 수량지수가 1보다 작으면 생활수준이 하락했음을 나타낸다.

연 습 문 제

01 세 가지 재화를 소비하는 어떤 소비자의 행동이 다음과 같이 관찰되었다.

	P_1	P_2	P_3	X_1	X_2	X_3
사례 1	2	2	2	2	2	2
사례 2	1	3	2	3	1	2
사례 3	2	1.5	5	4	1	1.5

(1) 이 소비자는 현시선호의 약공리를 만족시키는가?

(2) 이 소비자의 선호관계는 이행성을 만족시키는가?

02 어떤 소비자의 효용함수가 $u=X_1+X_2$로 주어졌다. $E_1=E_2=1$인 경우, 이 소비자의 제시곡선을 그림으로 나타내시오.

03 $P=(P_1, P_2)$, $X=(X_1, X_2)$라 정의한다. 어느 소비자가 P^0, P^1 및 P^2일 때, 각각 X^0, X^1 및 X^2를 선택했다. 이 소비자가 현시선호의 강공리를 만족시키는 경우를 그림으로 나타내시오.

04 어떤 소비자의 효용함수가 $u=V(X)+M$으로 주어졌다. X재의 가격 P가 변화할 때 소비자잉여(CS), 소득의 보상변화(CV) 및 소득의 동등변화(EV)를 구하면, $CS=CV=EV$인 결과를 얻는다. 그 이유는 무엇인가? 이 결과를 그림으로 나타내시오.

05 가격이 하락하면 $EV>CS>CV$의 관계가 성립하는 이유를, 통상수요곡선과 보상

수요곡선을 이용해 하나의 그림으로 설명하시오.

06 통상수요함수는 $P=120-2X$이며, 보상수요곡선은 항상 수직선이다. P가 20에서 40으로 상승한 경우의 CS, CV 및 EV를 구하시오.

07 교환의 경우, X_1의 가격이 P_1^0에서 P_1^1으로 상승했다. X_1의 공급자가 공급자로서의 위치를 유지하면 효용이 증가하고 X_1의 수요자가 수요자로서의 위치를 유지하면 효용이 하락하지만, 공급자로 위치를 바꾸면 효용이 어떻게 될지 불분명하다. 이를 그림을 이용해 설명하시오.

08 X_1의 부존량은 10이고, 조수요함수는 $X_1=100-10P_1$으로 주어졌다. X_1의 순수요곡선과 순공급곡선을 그림으로 그리시오.

09 2기 동안 생존하는 어떤 소비자가 최적 소비계획으로 $C_2=0$을 선택했다. 최적 소비계획을 만족시킬 때 한계시간선호율과 이자율의 관계를 설명하시오.

10 고금리 정책을 쓰면 '부자의 효용은 증가하고 가난한 사람의 효용은 감소한다'라고 말할 수 있는가?

11 X재와 화폐 M을 소비하는 어떤 소비자의 소득은 100이며, 효용함수는 $u=X+M$으로 주어졌다. X의 가격이 1/2에서 3/2으로 상승한 경우의 EV와 CV를 구하시오.

12 교통이 혼잡해 휘발유에 교통세를 부과하기로 했다. 도로 혼잡이 완화될 수 있다고 생각하는 이유는 무엇인가? 도로 혼잡이 완화되는 정도에 영향을 미칠 수 있는 변수들은 무엇인가?

13 2기까지 사는 어떤 소비자의 1기 및 2기의 초기 부존량이 각각 E_1 및 E_2로 주어졌다. 이 소비자의 효용함수가 $u=\min\{C_1/a, C_2\}$로 주어진 경우, 다음 물음에 답하시오.

(1) 이 소비자가 1기에 예금자가 되기 위한 조건은 무엇인가?

(2) 이자소득에 대해 세율 t의 세금이 부과된다고 할 때 이 소비자의 예산선을 그리시오. 이 경우, 이 소비자의 1기의 예금액은 (1)에 비해 어떻게 될 것인가? 그 결과를 직관적으로 설명해 보시오.

14 X와 화폐 M를 소비하는 소비자의 효용함수가 $u=\min\{X, M\}$으로 주어졌다. X의 가격인 P가 5인 경우 $X=10$, $M=10$을 소비하였다. P가 9로 상승하는 경우에 CV는 얼마인가?

15 복수기간 선택이론을 이용하여 다음 물음에 답하시오.

(1) A의 효용함수는 $u_a=\min\{C_1^a, k_aC_2^a\}$, B의 효용함수는 $u_b=\min\{C_1^b, k_bC_2^b\}$로 주어졌다. A와 B의 초기부존량은 같고 현재의 금리수준 r_0 아래에서 A는 예금자, B는 차입자이며 각기 u_a^0 및 u_b^0의 효용수준을 달성하고 있다. A 및 B의 상황을 같은 그림에 그리시오. k_a와 k_b의 크기 관계는 어떠한가.

(2) 금리가 r_1로 상승하여 A 및 B의 효용수준이 각기 u_a^1 및 u_b^1로 변화하였다. A의 효용수준이 다시 u_a^0가 되도록 A로부터 일정 금액을 징수하여 B에게 주면 B도 다시 u_b^0를 달성할 수 있는가? 그림을 이용하여 답하시오.

16 복수기간 선택을 하는 어느 소비자의 효용함수가 $u=\min\{kC_1, C_2\}$로 주어졌다. 이 소비자가 차입자가 되는 상황을 그림으로 나타내고, 차입자가 되기 위한 조건을 k, M_1, M_2를 이용하여 구하시오. 금리가 상승할 때 이 소비자의 효용이 증가하는 경우가 있는지 설명하시오.

17 두 기간 동안 생존하는 소비자의 효용함수가 $u=\min\{C_1, C_2/(1+r)\}$로 주어졌으며, 이 소비자의 1기 및 2기의 소득은 M_1 및 M_2로 주어졌다. 한편 이 소비자는 저축자이다.

(1) 평생의 만족을 극대화시키는 C_1, C_2를 그림으로 나타내시오. 이 경우 C_2/C_1의 값은 얼마인가?

(2) H를 유산 inheritance 이라고 할 때, H를 C_1, C_2, M_1, M_2 및 r를 이용하여 나타내시오. 단 H는 C_2를 결정할 때 함께 결정되는 것으로 생각한다.

(3) 소비자의 효용함수가 $u=\min\{C_1, C_2/(1+r)\}+\alpha H/(1+r)^2$인 경우 유산을 남기기 위해 α가 만족시켜야 할 조건은 무엇인가?

18 $P^0=(2, 2, 2)$에서 $X^0=(2, 2, 2)$를, 그리고 $P^1=(1, 3, 2)$에서 $X^1=(3, 1, 2)$를 선택했으며, $P^2=(2, 1.5, 5)$에서는 $X^2=(4, 1, 1.5)$를 선택했다. DR이 이행성을 보장하지 못함을 보이시오.

05 불확실성 하의 선택이론

- 5-1 불확실성의 개념
- 5-2 기대효용함수
- 5-3 위험에 대한 태도
- 5-4 불확실성 하의 최적 선택
- 5-5 포트폴리오의 구성

5-1 불확실성의 개념

이제까지 분석한 소비자선택이론은 모든 여건이 확실할 때, 소비자가 어떻게 주어진 제약 하에서 최선의 선택을 하는지에 국한되었다. 예산제약 하의 효용극대화를 이루기 원하는 소비자가 예산선 위에 있으며 한계대체율과 상대가격을 일치시키는 소비계획을 선택했다면, 소비계획은 항상 계획한 대로 실행된다. 즉 소비계획을 세운 이후에 실제 시장에 나가 상품을 구매하려 할 때 원하는 재화의 공급이 원활하지 않아 갑자기 그 재화의 가격이 폭등했다거나 주식 투자에 실패해 소득이 갑자기 줄었다거나 하는 등의 상황은 발생하지 않는다고 가정하는 것이다.

그러나 현실적으로 소비자의 선택이 항상 확실성을 전제로 이루어지는 것은 아니다. 어떤 소비자가 자동차보험에 가입하려 한다고 하자. 일반적으로 사고가 났을 때 보상금이 많은 보험일수록 보험료는 더 높다. 이 경우에 소비자는 어떤 보험을 선택하는 것이 최적인가?

보상금이 많은 보험에 가입하면 사고가 났을 때 보상금을 많이 받지만 사고가 나지 않으면 많은 보험료만 지불한 셈이 된다. 즉 소비자가 보험 가입으로부터 얼마의 혜택을 얻을 것인지는 사고가 났느냐, 나지 않았느냐는 상황에 따라 달라지므로 대답하기 어렵다. 이와 같이 상황에 따라 결과가 다를 때 소비자가 어떻게 행동할 것인지 분석하는 것이 불확실성 하의 선택이론이다.

발생 가능한 상황들의 모임을 상황집합set of state of nature이라 한다. 위의 자동차보험의 예에서는 상황집합에 사고가 나는 경우와 사고가 나지 않는 경우라는 두 개의 상황이 포함된다. 상황집합이 항상 두 개의 상황만 포함하는 것은 아니다. 예를 들어 복권은 1등에 당첨되는 경우부터 낙첨되는 경우까지의 여러 개의 상황이 상황집합에 포함된다.

일반적으로 상황집합에 포함되는 상황들이 $S_1, S_2, \cdots, S_n$의 n개가 있는 경우를 생각해 볼 수 있다. 이와 같이 일어날 수 있는 상황이 복수로 존재하는 경우를 가리켜 '**불확실성** uncertainty 이 있다'라고 한다. 한편 상황집합에 포함되어 있는 상황들은 그 상황이 일어날 가능성, 즉 확률 probability 에 의해 속성이 결정된다. 예를 들어 자동차보험의 경우는 사고가 일어날 확률을 0.05, 사고가 일어나지 않을 확률을 0.95로 할 수 있다. 지금 i번째 상황 S_i가 일어날 확률을 π_i라 하자. 이 경우의 π_i는 확률이므로 $\pi_1+\pi_2+\cdots+\pi_n=1$이 된다. 각 상황에 확률을 부여할 수 있을 때의 불확실성을 **위험** risk 이라 부른다.[1]

> **불확실성, 위험**
>
> 일어날 수 있는 상황이 여러 개 있는 경우를 가리켜 '불확실성이 있다'라고 하고, 각각의 상황에 확률을 부여할 수 있는 경우의 불확실성을 위험이라고 한다.

불확실성이 없는 경우의 소비계획은 각 재화의 소비량을 배열해 놓은 것으로 정의된다. 그렇다면 불확실성 하의 소비계획은 어떻게 정의될 수 있는가? 어떤 소비자가 8월 중에 정구공과 소설책을 소비한다고 하자. 8월 초에 이 소비자는 다음과 같이 8월 중에 실행할 소비계획을 미리 세울 수 있다.

즉 맑은 날이 많으면 정구공을 5개 구입해 정구를 치고 소설책은 3권만 읽으며, 비오는 날이 많으면 정구공은 2개만 구입하고 소설책은 6권을 읽을 수 있다. 이 소비계획을 체계적으로 나타내는 방법은 같은 정구공이라도 맑은 날이 많은 경우의 정구공과 비오는 날이 많은 경우의 정구공을 다른 상품인 것으로 해석하는 것이다. 이제 비오는 날이 많은 경우를 S_1, 맑은 날이 많은 경우를 S_2, 정구공을 X_1, 소설책을 X_2, 그리고 X_{ij}를 S_i인 경우의 X_j의 소비량이라 하자. 이 경우의 소비계획은 $(X_{11}=2, X_{12}=6, X_{21}=5, X_{22}=3)$이 된다.

이러한 소비계획은 확률을 이용해 달리 표시할 수 있다. 상황 S_i가 일어날 확률을 π_i, 위에서 정의된 X_{ij}를 (X_j, π_i)라 하면, 소비계획은 $\{(X_1, \pi_1), (X_1, \pi_2), (X_2, \pi_1), (X_2, \pi_2)\}$와 같이 나타낼 수 있다. 이와 같이 결정된 소비계획을 **상황의존적 소비계획** contingent consumption plan 이라 한다.

> **상황의존적 소비계획**
>
> 각각 다른 상황에서 어떻게 소비할 것인가를 결정하는 것을 상황의존적 소비계획이라고 부른다.

자동차보험의 경우, 보험료를 낸 소비자는 사고가 일어나면 보험금을 수령하고, 사고가 나지 않으면 보험료 지불을 감수하겠다는 소비계획을 세운다. 이 소비자는 사고가 일어나는 경우와 일어나지 않는 경우라는 상황에 따라 각각 소비계획을 세웠는데, 이것이 곧 상황의존적 소비계획이다. 이때 어느 소비계획이 실제로 실현될 것인가는 어느 상황이 실제로 발생하느냐에 달려 있다.

1 따라서 측정 가능한 불확실성을 위험이라고 표현하기도 한다.

상황의존적 청구권

어떤 상황이 실제로 발생했을 때 상황의존적 소비계획이 나타내는 바와 같이 소비하는 것을 가능하게 해 주는 권리가 상황의존적 청구권이다.

상황의존적 청구권 contingent claims은 청구권에 명시된 상황이 실제로 발생했을 때 과거에 약속한 내용의 이행이나 금액의 지불을 요구할 수 있는 권리이다. 자동차보험에서는 보험증권이 상황의존적 청구권이 된다. 상황의존적 청구권이 시장에서 거래된다면 그 가격은 청구권에 명시된 상황이 일어날 확률, 청구권의 액면가치 및 현재 시점 등의 영향을 받는다. 어떤 상황의존적 청구권이 '내일 비가 오면 5만 원을 주겠다'고 되어 있다고 하자. 이 상황의존적 청구권이 현재 5천 원에 거래된다면 '내일 비가 오면 10만 원을 주겠다'라고 되어 있는 청구권의 가격은 1만 원 정도가 될 것이다. 즉 다른 상황이 일정할 때 상황의존적 청구권의 액면가치가 높을수록 가격은 상승한다.

'내일 비가 오면 5만 원을 주겠다'라고 되어 있는 상황의존적 청구권이 8월에 5천 원에 거래되었다고 해도 평균기온이 영하로 떨어지는 1월에는 이 청구권을 1천 원에 사려는 사람도 별로 없을 것이다. 1월에는 비가 올 가능성이 눈이 올 가능성보다 낮기 때문이다. 액면가가 아무리 높아도 상황이 일어날 확률이 높지 않으면 상황의존적 청구권의 가격은 매우 낮을 것이다. 왜냐하면 명기된 상황이 발생하지 않는다면 상황의존적 청구권은 휴지 조각에 불과하기 때문이다. 독자 여러분은 '내일 지구가 두 쪽이 나면 1조 원을 주겠다'라는 상황의존적 청구권을 얼마에 살 용의가 있는가?

5-2 기대효용함수

불확실성이 존재하는 상황에서 선택에 직면했을 때 효용함수는 상황의존적 소비계획과 이를 소비할 때 얻는 만족 사이의 관계를 나타낸다. 분석을 단순화하기 위해 1개의 상품, 즉 화폐 M만이 존재하는 경우를 가정하여 보자. 이때 상황 S_i가 일어날 확률은 π_i이며, S_i가 일어났을 때 얻는 화폐액이 M_i라 하자. 예를 들어 이 경우에 1등에 당첨될(S_i) 확률이 백만분의 일(π_i)인 복권은, 1등에 당첨되면 1등 상금에서 복권구입비용을 제외한 금액(M_i)을 받게 된다. 이 경우의 효용함수는 다음과 같이 나타낼 수 있다.

$$u = U\{(M_1, \pi_1), (M_2, \pi_2), \cdots, (M_n, \pi_n)\} \quad (5-1)$$

효용함수를 위와 같이 정의하면, 이 효용함수는 앞의 2-2 효용함수에서 이야기한 바와 같은 모든 성격을 만족시킨다. 그러나 이 효용함수를 그대로 이용해 불확실성 하의 선택을 분석하는 것은 매우 불편하다. 불확실성 하의 선호관계에 대한 몇 가지 공리들을 만족시킨다면, **식** (5-1)로 나타낸 효용함수를 다음과 같은 **기대효용 함수** expected utility function 로 나타낼 수 있다.[2]

$$u = \pi_1 U(M_1) + \pi_2 U(M_2) + \cdots + \pi_n U(M_n) \quad (5-2)$$

식 (5-2)의 u가 기대효용인데, **기대효용**이란 각 상황이 발생할 때 얻는 효용을 각 상황이 발생할 확률에 의해 가중평균한 효용이라는 의미를 갖는다. 이런 의미에서 기대효용은 효용의 기댓값이기도 하다.

기대효용함수, 기대효용

상황의존적 소비계획과 상황의존적 소비계획을 소비할 때 얻는 만족 사이의 관계를 규정하는 효용함수가 불확실성 하의 선호 공리를 만족시킨다면 $u = \pi_1 U(M_1) + \pi_2 U(M_2) + \cdots + \pi_n U(M_n)$ 과 같이 기대효용함수로 나타낼 수 있다. 여기서 기대효용 u는 각 상황이 발생한 경우에 얻는 효용을 각 상황이 발생할 확률에 의해 가중평균한 효용이다.

기대효용함수도 일반적인 효용함수와 유사한 성격을 갖는다. 즉 M_i의 소비로부터 얻는 한계효용 $MU_i = \Delta u / \Delta M_i$는 양(+)이다. 그리고 기대효용함수는 더하기 형태로 분리된 효용함수 additively separable utility function 이므로, M_j가 변화해도 MU_i는 변화하지 않는다. 즉 이 소비자가 실제로 발생한 상황에서 얻는 효용은 발생하지 않은 다른 상황에서 얻었을 이득과는 상관이 없다.

예를 들어 자동차보험에 가입하지 않은 소비자가 자동차 사고를 내서 합의금으로 1억 원을 지급했다고 하자. 만약 자동차 사고가 일어나지 않았다면 이 소비자는 합의금으로 지불한 돈으로 더 넓은 집을 사서 이사할 수 있었다고 해도, 자동차 사고 발생 전에 가능했던 상황이 일단 일어난 자동차 사고 때문에 이 소비자가 입은 불만족을 보상해 줄 수는 없다. 즉 이미 엎질러진 물이다.

일반적인 효용함수는 서수성을 지니므로, 원래의 효용함수를 단조변환하더라

2 여기서 몇 가지 공리란 곧 완비성, 이행성, 연속성 및 독립성의 공리 등이다. 이 공리들에 대한 설명과 기대효용함수의 존재에 관한 자세한 증명은 이 책의 수준을 훨씬 넘어서므로 생략하기로 한다. 이의 증명에 관심이 있는 독자는 Varian, H., *Microeconomic Analysis* 3rd. ed., Norton, 1992 를 참조하기 바란다.

EXAMPLE 5-1

알레 Allais 의 역설

기대효용함수가 위험에 직면한 사람들의 행태를 항상 만족스럽게 설명하는 것은 아니다. 알레가 제시한 예를 생각해 보자.

A, B, C, D 4가지 복권이 있다. A는 확실하게 100만 원을 받고, B는 0.1의 확률로 500만 원을 받고 0.89의 확률로 100만 원을 받지만 0.01의 확률로 한 푼도 받지 못하는 복권이다. C는 0.11의 확률로 100만 원을 받고 0.89의 확률로 한 푼도 받지 못하는 복권이며, D는 0.1의 확률로 500만 원을 받지만 0.9의 확률로 한 푼도 받지 못하는 복권이다.

여러분은 A와 B 중 어느 것을 선택할 것인가? 사람에 따라 다르겠지만 A가 B보다 더 좋다고 생각하는 사람에게 다시 묻는다. C와 D 중 어느 것이 더 좋은가?

A가 B보다 더 좋다고 대답한 사람들 가운데 많은 사람들이 D가 C보다 더 좋다고 대답한다. 0.11의 확률로 100만 원을 받는 것보다 약간 적은 0.1의 확률로 500만 원을 받는 것을 더 좋아하기 때문이다. 그러나 이러한 행동은 기대효용함수 이론에는 적합하지 않다. A의 기대효용이 B보다 더 크다면 C의 기대효용이 D보다 커야 한다는 원리를 만족시키지 못하기 때문이다.

사람에 따라 기대효용이론이 적용되지 않는 경우도 있다.

도 그 성질이 변하지 않는다. 그러나 기대효용으로 정의되는 효용함수는 일반적인 단조변환이 모두 허용되지 않으며, 양의 선형류 변환positive linear affine transformation만 허용된다.[3] 그 밖의 단조변환은 원래의 효용함수가 지닌 성질을 변화시킬 수 있기 때문이다. 예컨대 $U=M^{1/2}$로 나타나는 효용함수는 위험기피적 성질을 나타내는데, 이를 단조변환하여 $U'=(M^{1/2})^2=M$으로 나타내면 이는 위험중립적 성질을 띠게 된다. 이런 의미로 본다면, 기대효용이론에서 다루는 효용함수는 기수적 성질도 갖는 것으로 생각할 수 있다.

5-3 위험에 대한 태도

당첨확률이 0.3인 어떤 복권의 가격이 200원인데, 이 복권에 당첨되면 복권 구입 가격을 빼고 1,000원을 받는다고 하자. 이 복권의 기대수익은 0.3×1,000원 − 0.7×

3 효용함수 U를 $a+bU(b>0)$과 같이 변환시키는 것을 양의 선형류변환이라고 한다. 여기서 a가 0인 경우는 양의 선형변환이 된다.

200원 = 160원이 된다. 어떤 소비자가 확실치로 160원을 갖는 것을 이 복권을 갖는 것보다 더 선호하면 **위험기피적**, 복권을 갖는 것을 확실치로 160원을 갖는 것보다 더 선호하면 **위험애호적**, 확실치 160원과 이 복권을 같은 것으로 평가한다면 **위험중립적**이라 한다.

위험기피적, 위험애호적, 위험중립적

소비자의 위험에 대한 태도는 위험을 택하는가, 아니면 그 위험을 택할 때 얻을 수 있는 기대수익을 확실한 가치로 가질 수 있는 경우에 이 확실한 가치를 택하는가에 따라 결정된다. 소비자가 위험을 택하지 않고 확실한 가치로서의 기대수익을 택하면 위험기피적(risk averse), 위험을 택하면 위험애호적(risk loving), 위험과 확실한 가치로서의 기대수익을 같은 것으로 평가하면 위험중립적(risk neutral)이라 한다.

이렇게 정의된 위험에 대한 태도를 기대효용함수를 이용해 나타내면 다음과 같다. M원을 가지고 있는 소비자가 당첨 확률이 π인 복권을 사는 경우를 가정해 보자. 이 소비자의 소득은 복권에 당첨되면 상금에서 복권 구입 비용을 뺀 a원을 받아 $M_a \equiv M+a$가 되고, 낙첨되면 복권 구입 비용 b만큼만 손해를 입어 $M_b \equiv M-b$가 된다. 이 소비자가 복권을 구입하기로 했다면, 이 소비자의 기대소득은 $\pi M_a + (1-\pi)M_b \equiv \bar{M}$가 되며, 기대효용은 $\pi U(M_a)+(1-\pi)U(M_b) \equiv \bar{u}$가 된다.

만약 이 소비자가 기대소득만큼의 금액인 $\bar{M}$를 현금의 형태로 갖는 것을 위험이 개재된 복권을 갖는 것보다 선호한다면, 이 소비자는 위험기피적이다. 즉 어떤 소비자가 위험기피적이라는 것은 $U(\bar{M}) > \bar{u}$가 성립한다는 것을 의미한다. 이는 그림 5-1 (a)와 같이 한계효용이 체감하는 형태로 나타난다.[4]

이 소비자가 기대소득만큼의 금액인 $\bar{M}$를 현금 형태로 갖기보다 불확실성이 개재된 복권을 갖기를 선호한다면, 이 소비자는 위험애호적이다. 즉 어떤 소비자가 위험애호적이라는 것은 $U(\bar{M}) < \bar{u}$가 성립함을 의미한다. 이는 그림 5-1 (b)와 같이 한계효용이 체증하는 경우이다. 한편 위험중립적인 경우에는 $U(\bar{M}) = \bar{u}$가 성립하는데, 이 경우의 한계효용은 (c)와 같이 일정하다.

한계효용이 일정한지, 체감하는지 또는 체증하는지 여부가 위험에 대한 태도와 연관됨은 다음과 같이 직관적으로 이해할 수 있다. 즉 한계효용이 체감한다는 것은 소득이 증가해도 큰 만족을 얻지 못하지만 소득이 감소하면 심각한 타격을 입는다고 생각함을 의미한다. 이 경우라면 아주 작은 확률로 소득이 증가할 수 있는 반면 매우 큰 확률로 소득이 감소할 수 있는 복권을 선호할 이유가 없다.

4 이때 복권의 기대수익은 $\pi a-(1-\pi)b$이고, 복권을 구입할 때의 기대소득은 $\pi(M+a)+(1-\pi)(M-b)=M+\{\pi a-(1-\pi)b\}$이다. 기대효용함수는 양의 선형류변환을 허용하므로 기대수익의 확실치(sure amount)로 위험에 대한 태도를 정의하는 것과 기대소득을 확실치로 정의하는 것은 같은 개념이다.

그림 5-1

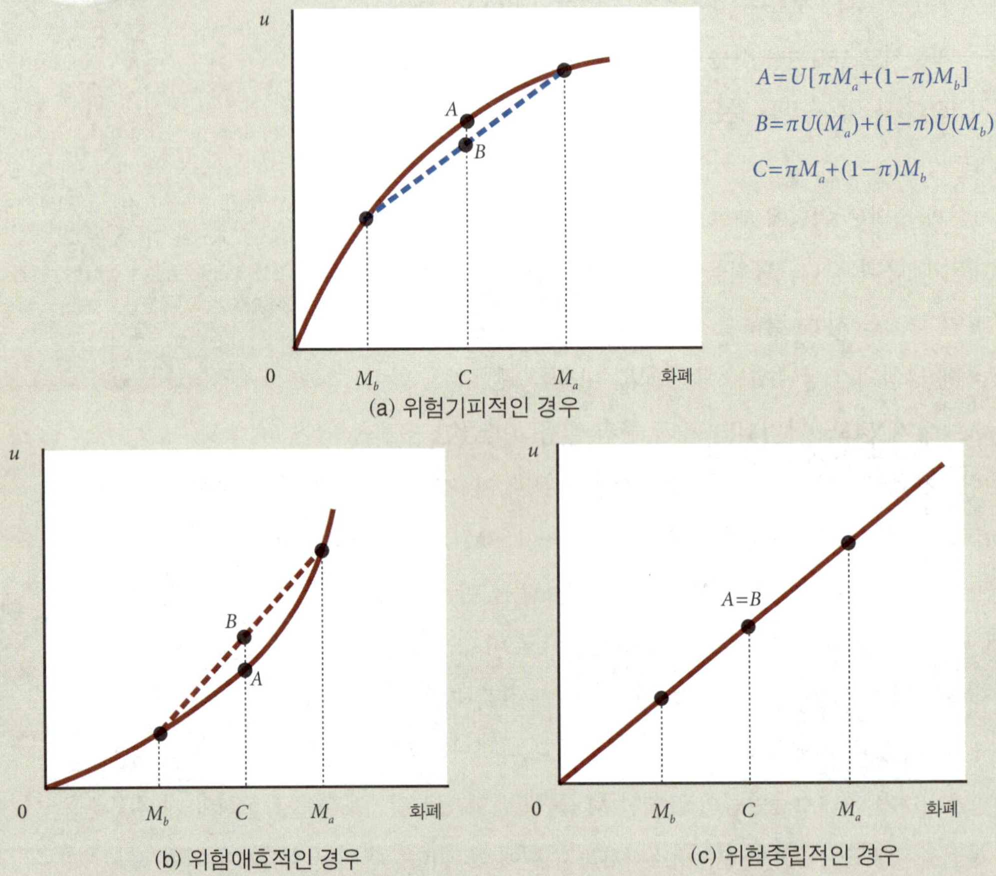

위험에 대한 태도에 따른 효용함수의 모양

위험에 대한 태도는 한계효용의 변화에 의해 결정된다. (a)와 같이 한계효용이 체감하는 경우는 위험기피적, (b)와 같이 한계효용이 체증하는 경우는 위험애호적, (c)와 같이 한계효용이 일정한 경우는 위험중립적이 된다.

위험에 대한 태도를 무차별곡선을 이용해 어떻게 나타낼 수 있는지 알아보자. 복권에 당첨된 좋은 상황 good state 의 소득을 C_g, 낙첨된 나쁜 상황 bad state 의 소득을 C_b라 하자. 위의 예에서는 $C_g = M_a$이며, $C_b = M_b$이다. 이때 기대효용함수는 $u = \pi U(C_g) + (1-\pi)U(C_b)$가 된다. 그리고 C_g의 한계효용 MU_g는 $\pi U'(C_g)$이며, C_b의 한계효용 MU_b는 $(1-\pi)U'(C_b)$로 얻어진다. 여기서 $U'(C_g) = \Delta U(C_g) / \Delta C_g$이며 $U'(C_b) = \Delta U(C_b) / \Delta C_b$이다.

한편 무차별곡선의 기울기를 양의 값으로 만들어 준 C_b와 C_g의 한계대체율

그림 5-2

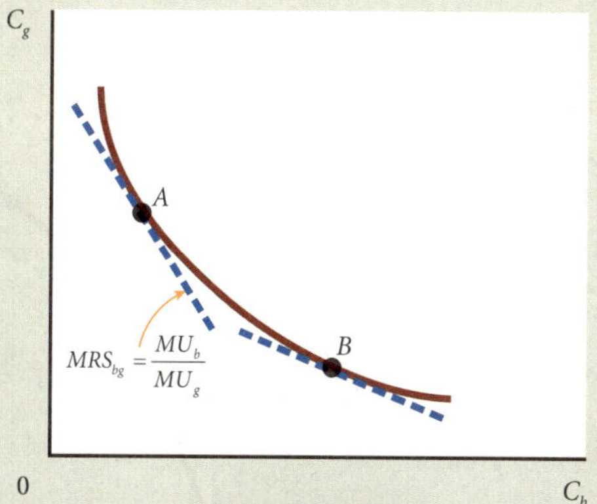

(a) 위험기피적인 경우

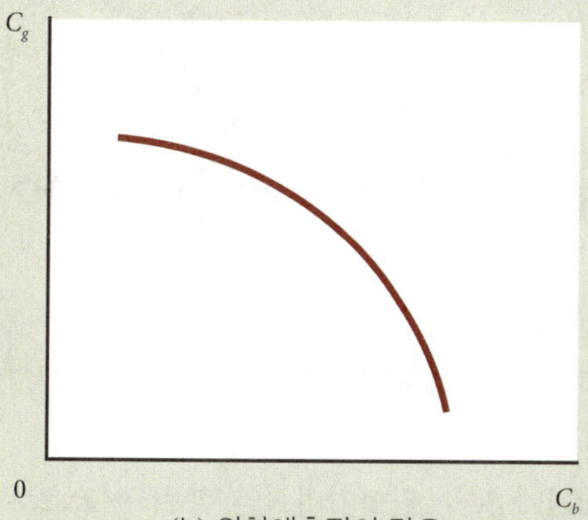

(b) 위험애호적인 경우

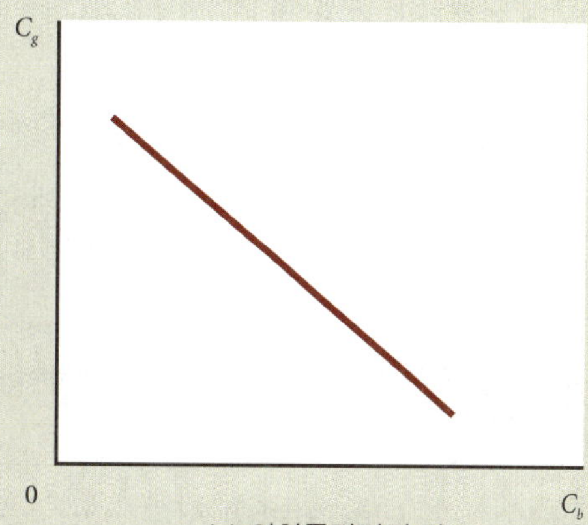

(c) 위험중립적인 경우

위험에 대한 태도에 따른 무차별곡선의 모양

한계효용이 체감하는 위험기피적인 경우의 무차별곡선은 (a)와 같이 원점에 대해 볼록하다. 한계효용이 체증하는 위험애호적인 경우의 무차별곡선은 (b)와 같이 원점에 대해 오목하며, 한계효용이 일정한 위험중립적인 경우의 무차별곡선은 (c)와 같이 직선이 된다.

MRS_{bg}는 $MRS_{bg} = MU_b / MU_g = \{(1-\pi)/\pi\} \cdot \{U'(C_b)/U'(C_g)\}$로 얻어진다.

어떤 소비자가 위험기피적일 때는 한계효용이 체감하므로 그림 5-2 (a)와 같이 무차별곡선을 따라 C_b를 늘리고 C_g를 줄이는 방향으로 이동하면, MU_b는 감소하고 MU_g는 증가하여 MRS_{bg}는 감소한다. 즉 무차별곡선은 원점에 대해 볼록하다. 소비자가 위험애호적일 때는 한계효용이 체증하므로 (b)와 같이 무차별곡선이 원점에 대해 오목하다. 위험중립적일 때는 한계효용이 일정하므로, 무차별곡선은 (c)와 같이 기울기가 일정한 직선의 형태가 된다.

그림 5-3

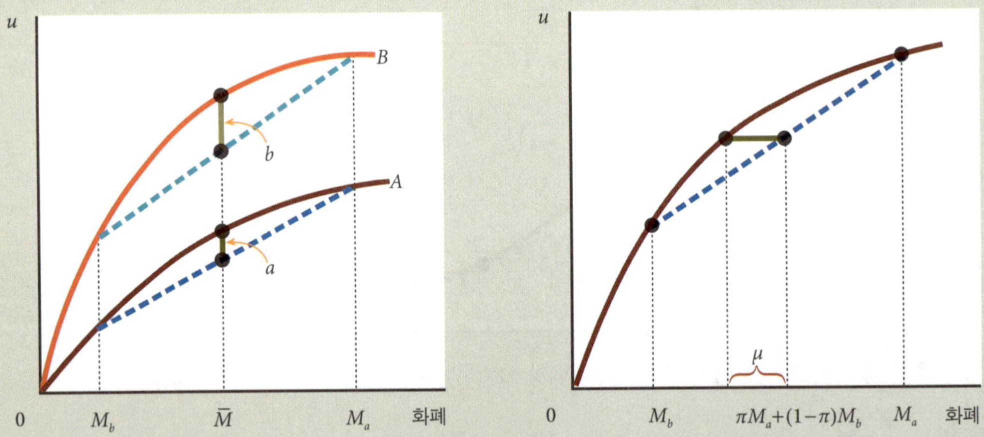

(a) 효용함수의 곡률과 위험기피도의 차이 (b) 위험 프리미엄

위험 기피 정도의 차이

효용함수의 곡률이 클수록 (a)와 같이 기대소득의 확실치를 택하는 경우의 효용수준과 기대효용수준의 차이가 커져 더 위험기피적이 된다. 위험기피도가 증가할수록 (b)에 정의된 위험 프리미엄의 값도 커진다.

위험 기피의 정도 | 두 소비자가 모두 위험기피적인 경우, 어느 소비자가 더 위험기피적인지 어떻게 나타낼 수 있겠는가?

앞에서 위험기피적인 소비자는 기대소득만큼의 현금을 가지는 것을 위험을 택하는 것보다 더 좋아하는 것, 즉 $U(\bar{M}) > \bar{u}$를 만족시키는 것으로 정의되었다. 따라서 기대소득의 확실치를 선택할 때의 효용과 위험을 택할 때의 기대효용의 차이인 $\Delta = U(\bar{M}) - \bar{u}$가 클수록, 소비자는 더 위험기피적이라고 볼 수 있다. 그림 5-3에서는 소비자 B의 Δ가 소비자 A의 Δ보다 더 크므로 소비자 B가 소비자 A보다 더 위험기피적이라고 판단할 수 있다.

그림 5-3 (a)에서 효용함수의 곡률이 더 큰 소비자 B가 더 위험기피적임을 알았다. 그런데 어떤 곡선의 곡률은 2차 도함수에 의해 나타나는데 이차도함수의 값은 양의 선형류 변환을 하면 달라질 수 있다. 이 문제를 해결하면서 위험기피의 정도를 나타내기 위해 $-\{U''(M) / U'(M)\}$의 값이 클수록 더 위험기피적인 것으로 정의할 수 있다. 이를 애로우-프랫의 위험 기피 척도 Arrow-Pratt measure of risk aversion 라 한다.

EXAMPLE 5-2

공황기 아이들 depression babies

사람들이 지닌 위험기피도가 각기 다른 이유를 물을 때 가장 간단한 대답은 기호가 다르기 때문이라는 것이다. 그런데 그 기호의 차이는 어떤 이유 때문에 발생하였느냐라고 물어보면 답변이 쉽지 않다. 이에 대한 답변 중 하나가 '공황기 아이들' 이론이다.

공황기 혹은 주가수익률이 매우 낮은 기간에 성장한 사람들은 평생 동안의 투자에서 남들보다 훨씬 더 위험기피적인 성향을 보인다. 즉 같은 시장조건을 전제하고 나이라는 변수를 통제—일반적으로 사람들은 나이가 많을수록 더 위험기피적이 된다—한 경우에도 성장기에 주가수익률이 낮았던 사람들은 높았던 사람들보다 주식에 투자하는 자산의 비중이 현저히 낮다는 것이다.

공황기 아이들 이론은 위험에 대한 태도의 형성에 여러 요인이 작용함을 암시한다.

이는 어린 시절의 경험이 현재의 위험기피도에 영향을 미침을 의미한다. 더욱 놀랄 만한 사실은 금융자산에 대해 전혀 알지 못했던 어린 시절에 부모에게 이야기로 전해 들은 것과 같은 간접경험이 현재의 투자행태와 위험에 대한 태도에 큰 영향을 준다는 것이다.

다른 방법으로 소비자의 위험 기피 정도를 나타낼 수도 있다. 기대소득의 확실치를 선택할 때 얻는 효용과 위험을 택할 때 얻는 기대효용의 차이를 Δ라고 하면, $\Delta = U(\bar{M}) - \bar{u}$로 쓸 수 있다. 위험기피적인 소비자의 경우 Δ는 양(+)이며, 위험 기피의 정도가 클수록 Δ의 값은 더 커진다.

이러한 사실을 이용해 위험 기피의 척도로 사용될 수 있는 **위험 프리미엄** risk premium을 정의할 수 있다. 한계효용은 0보다 크므로 기대소득에서 일정액을 빼 주면, (기대소득 − 일정액)을 확실치로 소비할 때 얻는 만족이 감소한다. 따라서 빼 주는 금액이 μ일 때 (기대소득 $-\mu$)를 확실치로 소비하는 경우에 얻는 효용과 위험을 택하는 경우의 기대효용이 같아질 수 있다. 이때의 μ를 위험 프리미엄이라 한다.

> **위험 프리미엄**
>
> 위험을 택하여 얻는 효용과 같은 수준의 효용을 줄 수 있는 현금 크기를 확실성 대등액(certainty equivalence)이라고 한다. 위험프리미엄은 기대소득과 확실성 대등액의 차이를 가리킨다. 위험 프리미엄이 클수록 더 위험기피적이라 할 수 있다.

위험 프리미엄 μ는 $U(\bar{M} - \mu) = \bar{u}$를 만족시키며, 그림으로 나타내면 그림 5-3(b)와 같다. 소비자가 위험기피적일수록 기대소득의 확실치를 선택하는 경우의 효용과 위험을 택하는 경우의 기대효용의 차이인 $\Delta = U(\bar{M}) - \bar{u}$가 커진다. 따라서 Δ를 0으로 만들기 위해서는 더 많은 금액을 기대소득에서 빼 주어야 한다. 즉 소비자가 위험기피적일수록 위험 프리미엄은 더 크다.

5-4 불확실성 하의 최적 선택

여기서는 불확실성 하의 소비자의 최적 선택을 복권의 예와 보험 시장의 예를 통해 설명하기로 한다.

복권의 예 어떤 소비자의 소득이 M으로 주어졌다. 당첨 확률이 π인 복권의 당첨 상금은 K원이며, 복권의 가격은 αK원이다. 따라서 π의 확률로 복권이 당첨되면좋은 상황 이 소비자의 소득 C_g는 $C_g = M - \alpha K + K = M + (1-\alpha)K$가 되고, $(1-\pi)$의 확률로 낙첨이 되면나쁜 상황 소득 C_b는 $C_b = M - \alpha K$가 된다. 이 복권의 기대수익은 $\pi(1-\alpha)K - (1-\pi)\alpha K$인데, 기대수익이 0인 도박을 공평한 도박fair gamble이라 한다.[5] 공평한 도박은 $\pi = \alpha$의 조건을 만족시킨다.

이 소비자가 복권을 구입하는 경우, K 값을 자유롭게 선택할 수 있다고 가정하자. 이 소비자가 선택한 K가 높으면 당첨 상금은 많으나, 낙첨됐을 때 감수해야 하는 복권구입비용 또한 높아진다. 이 소비자가 복권을 구입하지 않는 것은 $K=0$을 선택한다는 것이다. 한편 이 소비자가 복권을 구입하기로 했다면, 0보다 큰 K의 값을 얼마로 할 것인지를 결정하여야 한다. 따라서 이 소비자의 문제는 결국 0보다 크거나 같은 K의 값을 결정하는 것이다.

K의 값이 주어지면 C_g와 C_b의 값도 그림 5-4 (a)와 같이 주어진다. (a)의 C_g와 C_b를 (C_b, C_g) 평면에 그린 것이 이 소비자가 당면하는 예산선이다. 이 예산선의 형태에 대해 알아보기로 하자.

먼저 $K=0$인 경우라면, $C_b = C_g = M$이 된다. 이는 원점을 지나는 45° 선 위에 있다. 원점을 지나는 45° 선 위의 임의의 점에서는 $C_b = C_g$가 성립하는데, 이는 어떠한 상황이 발생해도 소득이 같으므로 이 소비자가 확실하게 $C_b = C_g$를 확보할 수 있음을 나타낸다. 이런 의미에서 원점을 지나는 45° 선을 확실선certainty line이라 한다.

5 또는 복권의 가격이 복권의 기대 당첨금액과 동일한 경우를 공평한 도박이라고도 한다. 이런 의미에서 보험료와 기대보험금이 동일한 보험을 공정한 보험이라고 할 수 있다.

그림 5-4

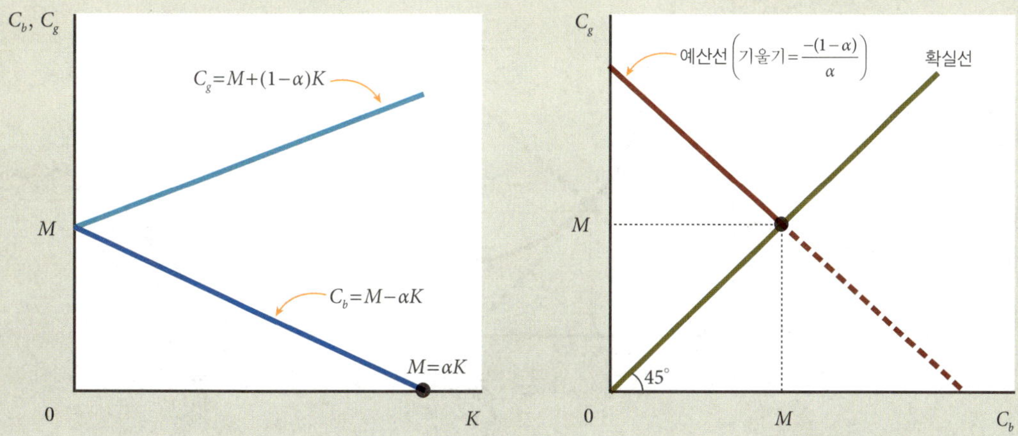

(a) 각 상황에서의 소득과 복권 구입액　　(b) 예산선

복권 구입인 경우의 예산선

복권구입액 K가 증가할수록 (a)에 나타난 바와 같이 C_g는 증가하며 C_b는 감소한다. 이를 (C_b, C_g) 평면에 그리면 (b)에 나타난 바와 같이 기울기가 $-(1-\alpha)/\alpha$인 직선이 되는데 C_b는 M 이하이므로 점선 부분은 예산선에 포함되지 않는다.

이번에는 예산선의 기울기가 어떠한지 알아보기로 하자. 예산선의 기울기는 $\Delta C_g/\Delta C_b$인데, 이는 다시 $(\Delta C_g/\Delta K)/(\Delta C_b/\Delta K)$로 쓸 수 있다. 이를 정리하면 예산선의 기울기는 $-(1-\alpha)/\alpha$가 됨을 알 수 있다.

마지막으로, K가 0보다 크거나 같은 상황만을 고려하므로 항상 $C_g \geq C_b$가 성립한다. 따라서 확실선 윗부분에만 예산선이 위치할 수 있다. 이상의 모든 점을 고려해 예산선을 그리면, 그림 5-4 (b)와 같다. 예산선과 확실선이 만나는 점에서는 $C_b = C_g$가 성립하는데 이는 $K=0$, 즉 복권을 구입하지 않는 상황을 나타낸다. 한편 복권의 구입량이 증가해 K가 증가할수록 예산선을 따라 위쪽으로 이동한다.

예산제약 하의 기대효용 극대화를 원하는 소비자가 예산선 위의 어느 점을 선택할 것인지는 소비자의 위험에 대한 태도에 따라 달라진다. 먼저 위험기피적인 소비자의 최적 의사결정에 대해 알아보자. 위험기피적인 소비자의 무차별곡선은 원점에 대해 볼록하다. 한편 기대효용함수가 $u=\pi U(C_g)+(1-\pi)U(C_b)$로 주어졌으므로, C_b와 C_g의 한계대체율 MRS_{bg}는 앞에서 설명한 바와 같이 $MRS_{bg} = \{(1-\pi)/\pi\}\cdot\{(U'(C_b)/U'(C_g)\}$로 얻어진다. 따라서 $C_b = C_g$가 되는 확실선에서는 $MRS_{bg}=(1-\pi)/\pi$가 된다.

그림 5-5

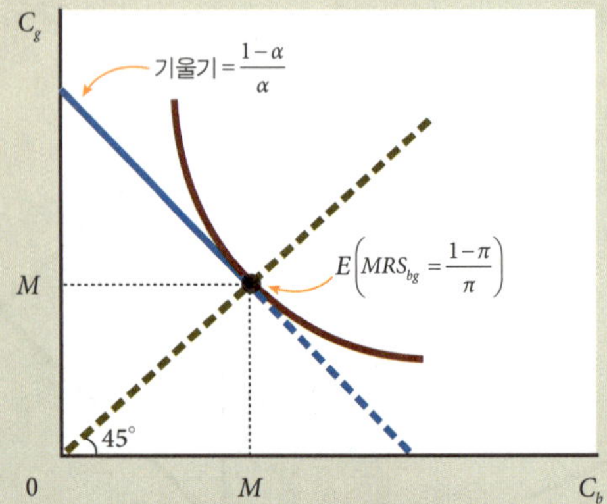

(a) 위험기피적인 경우

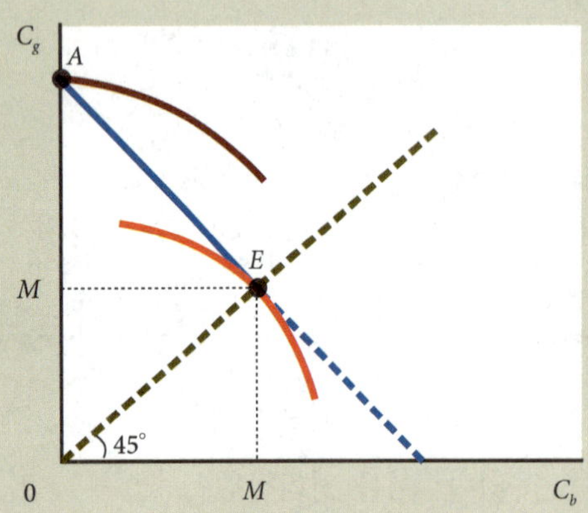

(b) 위험애호적인 경우

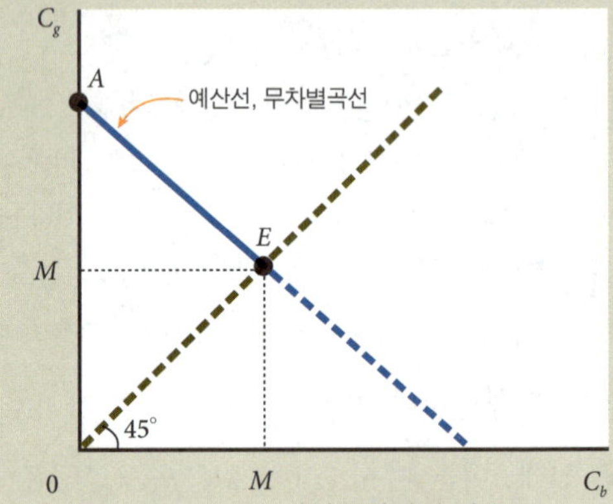

(c) 위험중립적인 경우

복권 구입인 경우의 최적화

공평한 도박의 경우, 위험기피적 소비자는 (a)와 같이 복권을 구입하지 않는다. 위험애호적 소비자는 (b)와 같이 소득의 전액을 복권 구입에 사용하며, 위험중립적 소비자는 (c)와 같이 복권 구입액이 여러 가지일 수 있다.

위험기피적인 소비자의 무차별곡선은 원점에 대해 볼록하므로, 예산제약 하의 기대효용 극대화를 이루기 위해 예산선과 무차별곡선이 접하는 상황의존적 소비계획을 선택해야 한다. 예산선과 무차별곡선이 접하려면, 예산선 기울기의 절댓값 $(1-\alpha)/\alpha$와 $MRS_{bg} = \{(1-\pi)/\pi\} \cdot \{(U'(C_b)/U'(C_g)\}$가 같아야 한다. 그런데 공평한 도박은 $\pi = \alpha$이므로, 예산선과 무차별곡선이 접한다는 것은 $U'(C_b) = U'(C_g)$, 즉 $C_b = C_g$가 성립한다는 것을 나타낸다.

위험기피적인 소비자는 그림 5-5 (a)와 같이 확실선 위의 E를 최적 상황의존적 소비계획으로 선택한다. 그런데 E에서 $K=0$이므로, 위험기피적인 소비자는 공

그림 5-6

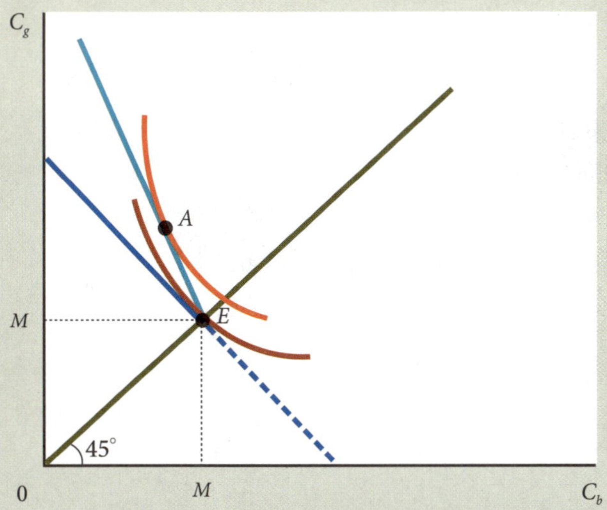

소비자에게 유리한 복권의 경우
위험기피적인 소비자는 공정한 도박이라면 E를 선택하여 복권을 구입하지 않지만, 유리한 복권이라면 A를 선택해 소득의 일부를 복권 구입에 사용한다.

평한 도박이라도 복권을 구입하지 않는 것이 최적임을 알 수 있다.6

위험애호적인 소비자의 의사결정을 알아보자. 이 경우에도 그림 5-5 (b)의 E에서 무차별곡선과 예산선이 접한다. 그러나 위험애호자의 무차별곡선은 원점에 대해 오목하므로, 기대효용을 극대화하는 상황의존적 소비계획은 E가 아닌 A이다. A에서는 $C_b = M - \alpha K = 0$이다. 이는 $M = \alpha K$, 즉 소득의 전액을 복권 구입에 지출하는 상황을 나타낸다.

위험중립적인 소비자의 한계효용은 일정하므로, 임의의 C_b와 C_g에 대해 $U'(C_b) = U'(C_g) = c$가 된다. 여기서 c는 임의의 상수constant이다. C_b와 C_g의 한계대체율은 $MRS_{bg} = (1-\pi)/\pi$가 되므로 무차별곡선은 기울기가 $-(1-\pi)/\pi$인 직선이 된다. 공평한 도박은 $\pi = \alpha$이므로, 무차별곡선의 기울기와 예산선의 기울기가 같다. 따라서 그림 5-5 (c)의 A와 E 사이의 모든 점이 최적 상황의존적 소비계획이 된다.

위험기피적인 소비자는 공평한 도박이라도 복권을 구입하지 않지만, 복권의 기대수익이 0보다 큰유리한 도박이면 복권을 구입한다. 복권의 기대수익은 $\pi(1-\alpha)K - (1-\pi)\alpha K$인데, 이것이 0보다 크다는 조건은 $\alpha < \pi$이다. α가 작을수록, 즉 복권의 가격이 낮을수록 기대수익이 커져 소비자에게 유리한 복권이 된다. 그런데 예

6 이를 직관적으로 해석하면 다음과 같다. 공평한 도박은 도박에 참여하여도 기대소득의 변화가 없다. 즉 기대소득의 변화는 없으면서 위험만 증가하므로 위험 기피자는 당연히 참여하지 않는다.

날씨 마케팅

EXAMPLE 5-3

에어컨은 고가품이다. 한여름 날씨가 선선해 에어컨을 켤 만한 기회가 거의 없다면, 비싼 에어컨을 구입한 소비자는 억울한 느낌이 들 것이다. 그런데 6월경에 에어컨을 미리 구입하려는 소비자는 8월의 날씨를 예측할 수 없다. 즉 불확실성에 직면하면서 제품을 구입해야 하는 입장이다. 이런 경우라면 판매자는 소비자에게 보험을 제공해 구매 의사를 늘릴 수 있다.

그 예로 어느 해 5월에 게재된 다음의 신문 기사를 보자.

"○○전자와 △△전자가 에어컨 판매 촉진을 위해 '날씨 마케팅' 신경전을 펴고 있다.

△△전자는 5월 20일부터 7월 말까지 에어컨을 구입하는 고객 중 6,000명을 선정, 오는 8월 한 달간 낮 최고기온이 섭씨 28도 이상인 날이 10일 이하인 경우 25만 원을 돌려주기로 했다. 이 같은 이벤트는 경쟁사인 ○○전자의 판촉 전략에 대응하기 위한 것이다.

○○전자는 이달 초부터 6월 말까지 에어컨을 구입하는 고객 중 6,000명을 선정해, 오는 8월 한 달 동안 낮 최고 기온이 25도 미만인 날이 9일 이상인 경우 25만 원을 돌려주겠다는 판촉전략을 발표한 바 있다.

이와 관련, ○○전자 측은 '△△전자가 우리의 아이디어를 베꼈다'라고 주장했다.

이에 △△전자 측은 '지난 10년간 기온 분석에 따르면 8월의 낮 최고기온이 섭씨 28도 이상인 날은 7~10일이며, 섭씨 25도 미만인 날은 5일이 채 안 됐다'며 '우리가 뒤늦게 시작한 것은 사실이지만 조건은 소비자에게 더 유리하다'고 말했다."

최근 가전제품 마케팅에서도 보험의 원리를 활용하는 예가 나타나고 있다.

위험 기피자인 소비자라도 자신에게 유리하면 보험에 가입한다. 위의 '날씨 마케팅'은 날씨가 무덥지 않은 경우에 대비해 보험을 제시한 것과 같다. 어차피 에어컨을 구입할 의사가 있었던 소비자의 입장에서 보면 이 보험의 보험료는 없는 셈이므로, 확실히 소비자에게 유리한 보험이다. 따라서 에어컨의 기대가격이 하락해 수요를 증가시킬 수 있는 것이다.

산선의 기울기가 $-(1-\alpha)/\alpha$이므로, 예산선의 기울기가 급하면 급할수록 소비자에게 유리한 복권이 됨을 알 수 있다.

그림 5-6에서는 소비자에게 유리한 복권의 경우, 위험기피적인 소비자는 A를 선택해 복권을 구입한다는 사실을 확인할 수 있다. 그러나 위험애호적인 소비자와는 달리 소득의 전액을 복권 구입에 사용하지는 않는다.

보험시장의 예

위험기피적인 어떤 소비자의 소득이 M원으로 주어졌다. 이 소비자는 자동차를 갖고 있는데, 자동차 사고가 발생하면 이의 처리를 위해 C원을 쓴다. 따라서 이 소비자가 자동차보험에 가입하지

그림 5-7

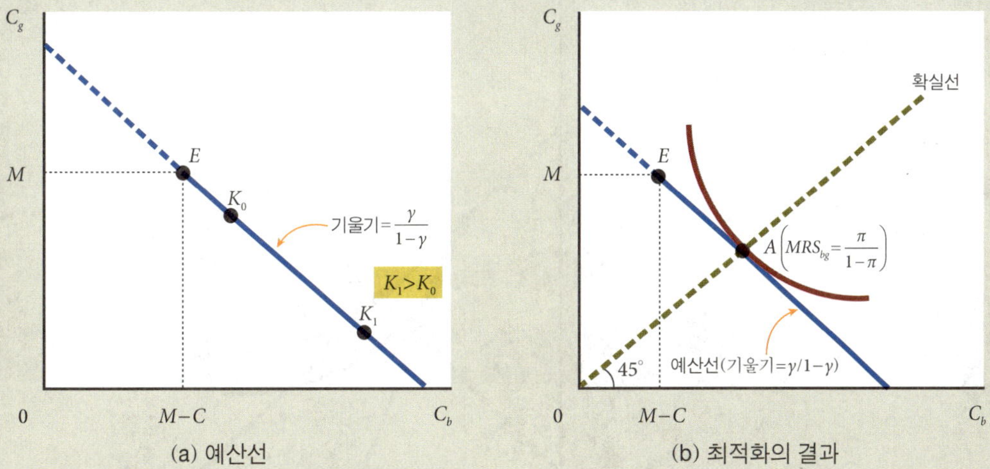

보험 가입인 경우의 예산선과 최적화

예산선은 (a)와 같이 기울기가 $-\gamma/(1-\gamma)$인 직선이 되는데 $C_g>M$인 구간은 제외된다. 위험기피적 소비자는 확실선 위의 점 A를 최적 소비계획으로 선택한다. 이는 사고가 났을 때 전액을 보상하는 보험에 가입함을 의미한다.

않은 경우에 사고가 나면, 이 소비자의 소득은 $M-C$가 된다. 사고가 나지 않는 경우의 소득은 M이다. 한편 자동차 사고가 날 확률은 π로 주어졌다.

이 소비자는 사고가 나면 K원을 보상해 주는 자동차보험에 가입할 수 있는데, 이때의 보험료는 γK이다. 이 소비자가 자동차보험에 가입하면 사고가 발생한 경우의 소득 C_b는 $M-C+(1-\gamma)K$, 사고가 발생하지 않는 경우의 소득 C_g는 $M-\gamma K$가 된다. 앞의 복권의 예와 마찬가지로 이 소비자의 문제는 0보다 크거나 같은 K 중 어떤 값을 선택해야 기대효용을 극대화할 수 있느냐이다.

이 소비자가 당면하는 예산선의 기울기는 $\Delta C_g/\Delta C_b=(\Delta C_g/\Delta K)/(\Delta C_b/\Delta K)=-\gamma/(1-\gamma)$로 결정된다. 이 소비자가 보험을 들지 않는 경우는 $K=0$인 경우이다. 이때 $C_b=M-C$이며, $C_g=M$이 된다. 이 소비자가 보험을 들어 0보다 큰 K를 선택하면 C_g는 감소하고 C_b는 증가하므로, 이 소비자의 예산선은 그림 5-7 (a)와 같이 나타난다. 사고 여부에 상관없이 보험회사의 수입은 γK이다. 보험회사의 비용은 사고가 나면 K, 사고가 나지 않으면 0이므로, 기대비용은 πK가 된다. 따라서 보험회사의 기대이윤은 $\gamma K-\pi K$가 된다.

보험회사의 기대이윤이 0인 계약을 공정한 계약 fair contract 이라 한다. 공정한

그림 5-8

공정하지 않은 보험의 경우

위험기피적인 소비자는 소비자에게 불리한 보험의 경우이라면 B를 선택한다. 이는 사고가 났을 때 손해의 일부만을 보상하는 보험에 가입함을 의미한다.

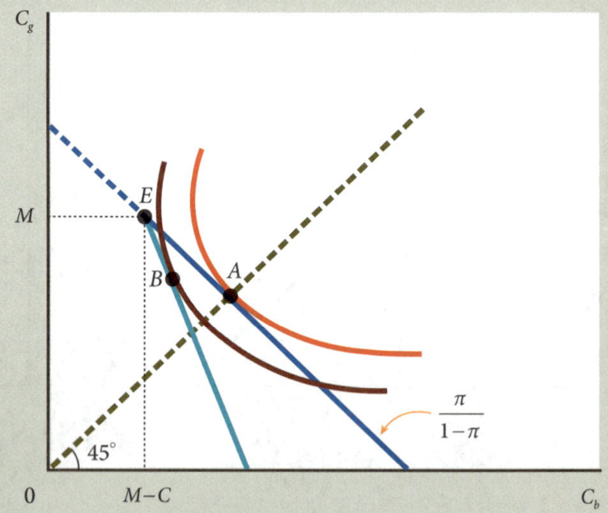

계약이면 $\gamma=\pi$가 성립한다.

공정한 계약인 경우, 위험기피적인 소비자의 최적 선택은 어떠한가? 이 소비자의 무차별곡선은 원점에 대해 볼록하므로 예산제약 하의 효용극대화를 이루려면 무차별곡선과 예산선이 접하는 상황의존적 소비계획을 선택해야 한다. 즉 예산선 기울기의 절댓값 $\gamma/(1-\gamma)$와 한계대체율 $MRS_{bg}=\{\pi/(1-\pi)\}\cdot\{(U'(C_b)/U'(C_g)\}$가 같아야 한다. 그런데 공정한 계약은 $\gamma=\pi$이므로 예산선과 무차별곡선이 접한다는 것은 $U'(C_b)=U'(C_g)$, 즉 $C_b=C_g$가 성립해야 함을 나타낸다. 즉 소비자는 그림 5-7 (b)와 같이 확실선과 예산선이 만나는 A를 최적 상황의존적 소비계획으로 선택한다.

소비자가 확실선과 예산선이 만나는 점을 선택하면, $C_b=M-C+(1-\gamma)K=M-\gamma K=C_g$가 성립한다. 이를 정리하면 $C=K$가 성립함을 알 수 있다. 즉 공정한 계약이라면 소비자는 사고의 전액을 보상하는 보험에 가입한다.

공정하지 못하고 보험회사에 유리한 계약이라도 위험기피적인 소비자는 보험에 가입할 것인가? 보험회사에게 유리한 계약은 기대이윤 $\gamma K-\pi K$가 0보다 큰 계약이며, 이는 γ가 π보다 크다는 것을 의미한다. 따라서 보험회사에게 유리한 계약의 경우, 예산선의 기울기 $\gamma/(1-\gamma)$가 공정한 계약보다 더 급하다. 이 경우에 위험기피적인 소비자는 그림 5-8에서 보는 바와 같이 확실선의 위쪽에 위치한 B를

EXAMPLE 5-4 복권과 보험의 동시구입

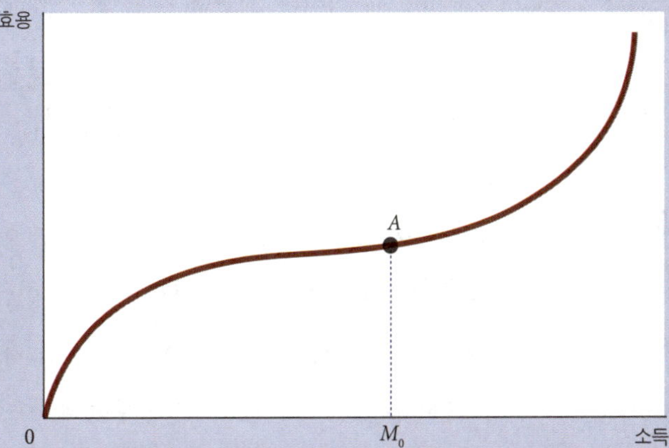

공평한 도박과 공정한 계약을 전제로 하면, 위험기피적인 소비자는 보험에는 가입하지만 복권은 구입하지 않고 위험애호적인 소비자는 보험에는 가입하지 않지만 복권을 구입한다.

그런데 두 가지를 동시에 소비하는 소비자들도 적지 않다. 예를 들어 자동차 보험에 가입한 소비자가 로또복권을 구입하는 경우를 목격할 수 있다. 이러한 소비자의 행위를 어떻게 이해해야 할 것인가?

답은 소비자의 기호에서 찾을 수 있다. 소비자의 위험에 대한 태도는 소득에 따라 달라지는데, 소득이 M_0보다 작으면 위험기피적이 되고, M_0보다 크면 위험애호적이 된다고 가정하자.

위의 그림에서 소득이 M_0일 때 효용곡선상의 점 A를 변곡점 inflection point이라고 한다.

보통 소비자는 소득이 M_0 근처에 있을 때 소득이 감소하면 위험기피자가 되고 소득이 증가하면 위험애호가가 되므로, 당첨되면 소득이 크게 증가할 수 있는 로또복권을 구매하고 동시에 사고가 발생하면 큰 손실이 입을 수 있는 자동차보험에 가입하는 행동을 할 수 있다.

최적 상황의존적 소비계획으로 선택한다. 즉 자동차 보험에 가입하기는 하지만 자동차 사고가 났을 때 손해의 일부만 보상하는 보험에 가입한다.

5-5 포트폴리오의 구성

포트폴리오portfolio의 구성이란 위험자산과 무위험자산을 섞어서 보유하는 것이다. 많은 사람들이 위험기피적이지만 재산을 현금이나 정기예금의 형태로만 보유하지 않고, 정도의 차이는 있지만 소득의 일부를 주식, 채권, 부동산 등 위험이 있는 자산에 분산 투자하는 것이 보통이다. 사람들은 얼마만큼의 수익을 기대할 때 얼마만큼의 위험을 감수할 의사가 있겠는가?

자 산

자산asset이란 그것을 소유한 사람에게 현금의 흐름이나 서비스를 제공해 주는 것을 말한다. 주식, 채권, 부동산 등은 모두 자산이다. 주식이나 채권을 갖고 있으면 배당금 및 이자소득을 올릴 수 있다. 자기 소유의 주택에 거주하면 주택이 제공하는 서비스의 혜택을 누릴 수 있으며, 이 주택을 남에게 세주면 임대료 수입을 얻을 수 있다. 자산이 제공하는 현금의 흐름은 이와 같이 명시적일 수도 있지만 때로는 묵시적일 수도 있다.

자기 소유 주택의 가격이 상승하면 이득이 생긴다. 이를 자본이득capital gain이라 한다. 자본이득은 주택을 팔아야 현금화되지만 주택을 팔기 전에도 묵시적인 현금 흐름이 있는 셈이다. 반대로 주택 가격이 하락하면 손해를 보는 경우도 있다. 이를 자본손실capital loss이라 부른다. 주식에서 주가의 변화, 채권에서 채권 금리의 변화 등도 주택 가격의 변화와 비슷한 개념이라 할 수 있다.

주식, 채권 및 부동산 등과 같이 명시적 및 묵시적 현금 흐름이 불확실한 자산을 위험자산risky asset이라 부른다. 이와 반대로 확실한 수익을 보장해 주는 것을 무위험자산risk-free asset이라 한다. 인플레이션이라는 요인을 고려하지 않는다면 국고채는 무위험자산이 될 수 있다. 왜냐하면 정부가 발행한 채권의 이자 지급은 정부가 파산하지 않는 한 확실한 것이기 때문이다.

자산의 수익률

어떤 자산을 갖고 있는 소유자가 자산에서 얻을 수 있는 이득이 얼마인지 나타내는 지표가 자산의 수익률rate of return이다. 자산의 수익률은 그 자산으로부터 발생한 모든 현금 흐름을 그 자산의 가격으로 나눈 값이다. 100원짜리 주식을 1년 보유하여 6원의 배당금을 받고 주가가 4원 증가했다면, 수익률은 10%가 된다. 여기서 자산의 수익률은 인플레이션의 요인을 감안하지 않은 것으로 명목수익률nominal rate of return이라 한다. 명목수익률에서 인플레이션율을 차감한 것을 실질수익율real rate of return이라 한다.

지금 어떤 자산을 가지고 있다면, 이 자산은 위험이 내포되어 있기 때문에 1년 후에 이 자산의 수익률이 얼마가 될지 알 수 없다. 따라서 이 자산에 대한 투자 의사 결정 등을 하기 위해서는 현재 시점에서 이 자산의 1년 후의 수익률이 얼마나 될 것인지 예상해야 하는데, 이를 기대수익률expected rate of return이라 한다. 위험자산의 경우, 1년 후에 이 자산의 실제수익률actual rate of return이 기대수익률과

위험과 수익의 실제 관계

EXAMPLE 5-5

어느 해의 우리나라 해외 및 국내 펀드 중 수익률이 높은 9개 펀드들의 연간수익률과 표준편차를 각각 그림으로 나타내면 아래와 같다.

포트폴리오의 위험과 수익 사이에 완벽하지는 않지만 어느 정도 정(+)의 상관관계가 존재함을 확인할 수 있다.

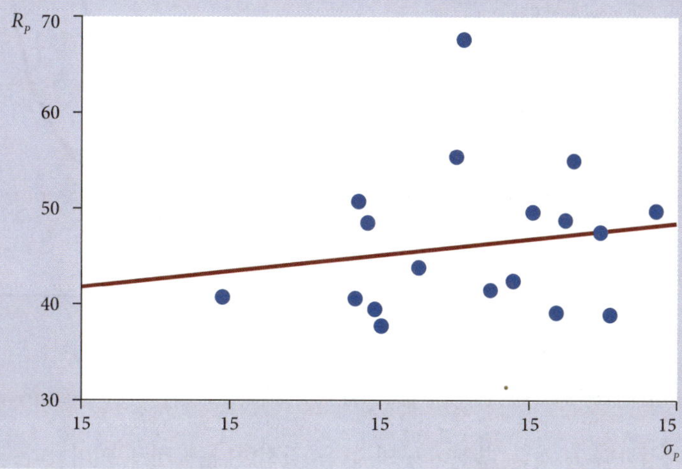

다를 수 있다. 그러나 무위험자산의 경우는 정의에 의해 기대수익률과 1년 후의 실제수익률이 같다.

위험과 수익률 간의 관계

어느 소비자가 무위험자산 및 위험자산을 모두 구입할 수 있다고 하자. 무위험자산의 수익률을 R_f라 하면, R_f는 기대수익률임과 동시에 실제수익률이 된다. 위험자산의 기대수익률을 R_m, 실제수익률을 r_m이라 하자. 이 소비자가 소득의 α에 해당하는 비율만큼으로 위험자산을 구입하고, $(1-\alpha)$에 해당하는 비율만큼으로 무위험자산을 구입하여 무위험자산과 위험자산으로 포트폴리오를 구성했다면, 이 포트폴리오의 기대수익률 R_p는 다음과 같이 나타난다.[7]

$$R_p = \alpha R_m + (1-\alpha) R_f \tag{5-3}$$

위 식에서 R_m 및 R_f는 일정하게 주어진 상수이며, 소비자가 포트폴리오를 구

7 두 변수의 합의 기대치는 기대치의 합과 같다는 사실을 이용했다. 즉 $R_p = E\{\alpha r_m + (1-\alpha) R_f\} = \alpha E\{r_m\} + (1-\alpha) E\{R_f\} = \alpha R_m + (1-\alpha) R_f$.

그림 5-9

소비자 무차별곡선의 형태

수익은 경제재, 위험은 경제악에 해당한다. 경제재의 한계효용은 체감하고 경제악의 한계비효용은 체증하므로 무차별곡선의 형태는 그림과 같다.

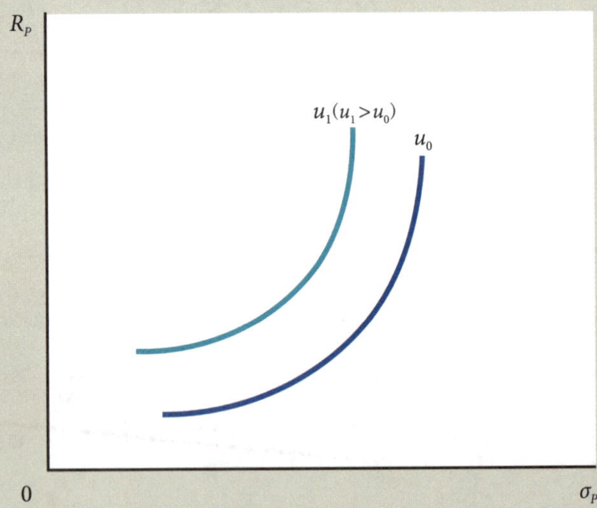

성한다는 것은 자신이 α의 값을 결정한다는 것을 의미한다. 각 자산의 위험을 표준편차에 의해 나타내기로 하자. 무위험자산은 정의에 의해 표준편차가 0이며, 위험자산의 표준편차는 σ_m이라 하자. 여기서 포트폴리오의 표준편차는 다음과 같이 나타난다.[8]

$$\sigma_p = \alpha\sigma_m \tag{5-4}$$

식 (5-3)을 $R_p = R_f + \alpha(R_m - R_f)$로 변형한 후 **식** (5-4)를 대입하면 다음 관계를 얻을 수 있다.

$$R_p = R_f + \frac{(R_m - R_f)}{\sigma_m}\sigma_p \tag{5-5}$$

소비자가 포트폴리오를 구성한다는 것은 곧 α 값을 결정한다는 것이다. 그런데 α 값이 결정되면 R_p는 **식** (5-3)에 의해, σ_p는 **식** (5-4)에 의해 그 값이 일정하게 확정된다. 이는 곧 α 값이 변화할 때 R_p 및 σ_p가 일정한 관계를 유지하면서 변화해야 함을 의미하는데 그 관계가 **식** (5-3)과 **식** (5-4)를 묶어 하나의 식으로 나타

8 포트폴리오의 분산은 다음과 같다. $\sigma_p^2 = E\{\alpha r_m + (1-\alpha)R_f - R_p\}^2$. 여기서 R_P 대신 $\alpha R_m + (1-\alpha)R_f$를 대입해 풀면 $\sigma_p^2 = \alpha^2\sigma_m^{\ 2}$를 얻는다. 따라서 **식** (5-4)가 성립한다.

그림 5-10

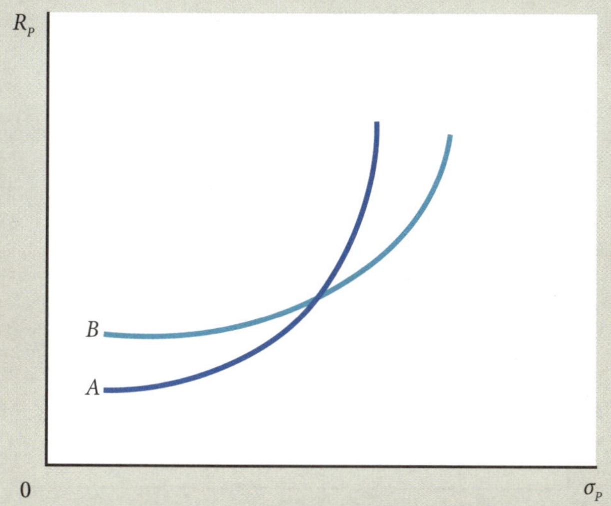

소비자의 위험기피도의 차이

위험기피도가 클수록 위험의 한계비효용이 크므로 동일한 (σ_p, R_p)에 대해 $MRS_{\sigma R}$이 더 크다. 따라서 A가 더 위험기피적이다.

낸 **식** (5-5)이다. 따라서 **식** (5-5)를 만족시키도록 R_p 및 σ_p를 결정한다는 것은 α 값을 결정한다는 것과 같다. 또한 R_p 및 σ_p의 값을 결정하되 **식** (5-5)를 만족시키면서 결정해야 한다는 점에서 **식** (5-5)를 그림으로 그린 절편이 R_f이고 기울기가 $(R_m - R_f)/\sigma_m$인 직선은 곧 예산선에 해당한다. 한편 예산선 위의 한 점은 하나의 α 값과 일대일로 대응한다.

그림 5-11

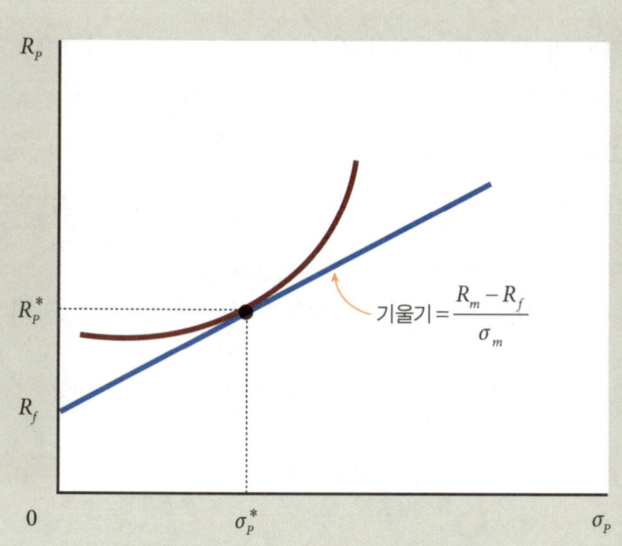

소비자의 최적 포트폴리오 선택

예산제약 하의 효용극대화를 달성할 수 있도록 적정 (σ_p^*, R_p^*)를 선택할 때 이에 의해 적정 α의 값이 유일하게 결정된다.

그림 5-12

소비자의 위험기피도와 최적 포트폴리오의 선택

위험기피도가 높은 소비자인 A는 작은 위험을 선택하므로 작은 기대수익을 감수한다.

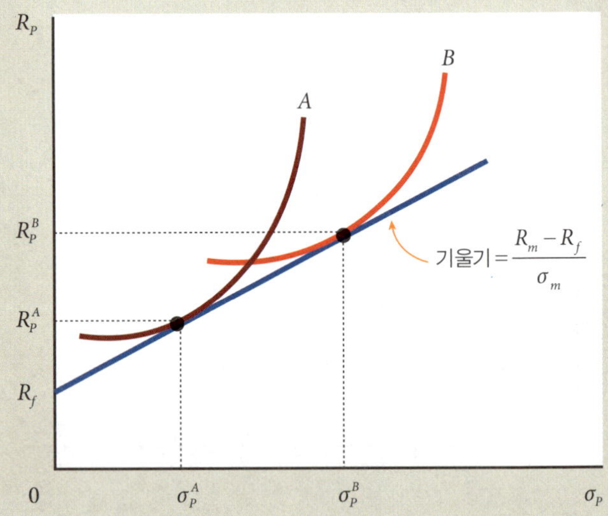

예산선 위의 어떤 점을 선택할 것인지는 어떤 점을 선택해야 효용극대화를 이룰 수 있느냐에 의해 결정된다. 소비자의 선택 대상이 (σ_p, R_p)이므로, 소비자의 효용함수는 $U(\sigma_p, R_p)$에 의해 나타낼 수 있다. 위험기피자인 소비자는 위험을 싫어하므로 σ_p의 한계효용은 $MU_\sigma < 0$이 성립하며, 한계비효용은 체증한다. 한편 R_p의 한계효용은 $MU_R > 0$이며 한계효용은 체감하므로 무차별곡선의 형태는 그림 5-9와 같다.

위험을 더 기피하는 소비자일수록 위험의 비효용이 더 크다고 할 수 있다. 즉 위험을 더 기피하는 소비자일수록 동일한 (σ_p, R_p)에 대해 $MRS_{\sigma R} = (-MU_\sigma)/MU_R$의 값이 더 커진다. 따라서 그림 5-10에서 A가 B에 비해 더 위험기피적이다. 예산제약 하의 효용극대화를 이루는 상황은 그림 5-11에 나타난 바와 같이 무차별곡선과 예산선이 서로 접하는 점에서 얻어진다.

한편 그림 5-12에서 보는 바와 같이 위험을 더 기피하는 소비자일수록 더 작은 (σ_p, R_p)의 결합을 선택함을 알 수 있다.

요 약

- 상황에 따라 결과가 다르게 나타날 때 소비자가 어떻게 행동할 것인지를 분석하는 것이 불확실성 하의 선택이론이다. 일어날 수 있는 상황이 여러 개 있으면 '불확실성이 있다'고 하며, 각각의 상황에 확률을 부여할 수 있는 경우의 불확실성을 위험이라 한다. 불확실성이 존재할 때, 소비자는 각각의 다른 상황에서 어떻게 소비할 것인가 하는 상황의존적 소비계획을 결정한다. 어떤 상황이 실제로 발생했을 때 상황의존적 소비계획이 나타내는 바와 같은 소비를 가능하게 해 주는 것이 상황의존적 청구권이다.
- 불확실성 하의 선호 공리를 만족시키면, 상황의존적 소비계획과 이를 소비할 때 얻는 만족의 관계는 기대효용함수로 나타난다. 기대효용은 각 상황이 발생할 때 얻는 효용을 각 상황이 발생할 확률로 가중평균한 효용이다.
- 소비자의 위험에 대한 태도는 위험을 택하느냐, 위험을 택해 얻을 수 있는 기대수익을 확실치로 가질 수 있을 때 이 확실치를 택하느냐에 따라 결정된다. 소비자가 확실치로서의 기대수익을 택하면 위험기피적, 위험을 택하면 위험애호적, 위험과 확실치로서의 기대수익을 같은 것으로 평가하면 위험중립적이라 한다. 위험기피적인 경우의 무차별곡선은 원점에 대해 볼록하고, 위험애호적인 경우의 무차별곡선은 원점에 대해 오목하다. 위험중립적인 경우의 무차별곡선은 직선이다. 소비자의 위험 기피 정도는 무차별곡선의 곡률이나 위험 프리미엄에 의해 나타낼 수 있다.
- 공평한 도박의 경우, 위험기피적인 소비자는 복권을 구입하지 않으며, 위험애호적인 소비자는 소득의 전액을 복권 구입에 지출한다. 위험기피적인 소비자는 유리한 복권은 구입하나 소득의 전액을 복권 구입에 지출하지는 않는다. 공정한 계약의 경우, 위험기피적인 소비자는 사고가 났을 때 손실의 전액을 보상하는 보험에 가입한다. 그러나 소비자에게 불리한 보험의 경우, 위험기피적인 소비자는 부분보험에만 가입한다.

연 습 문 제

01 기대효용함수가 $U\{(M_1, \pi_1), (M_2, \pi_2)\} = \pi_1 U(M_1) + \pi_2 U(M_2)$ 를 만족시킨다고 할 때 $(\pi_1 + \pi_2 = 1)$, U를 $W = a + bU(\cdot)$ 로 바꾸는 것은 가능하나 $V = U^2$ 로 바꾸는 것은 가능하지 않음을 보이시오.

02 A와 B의 효용함수가 각각 $U^A = M^{1/2}$, $U^B = M^{1/3}$로 주어졌다. A와 B의 애로우-프랫 위험 기피 척도는 각각 얼마인가? A와 B의 효용함수를 같은 그림에 그려 보시오.

03 갑의 위험에 대한 태도는 위험중립적이다. 갑에게 유리한 복권과 불리한 복권이 있을 때 갑의 복권 구입의 의사결정은 각각의 경우에 어떠할 것인지 그림으로 나타내시오.

04 위험 기피자인 갑의 연간 소득은 2,000만 원이다. 갑의 집에 도둑이 들 확률은 1%이며, 도둑이 들면 500만 원의 손해를 본다. 도둑이 드는 경우에 K원을 보상하는 도난보험의 보험료는 $0.01K$이다.

(1) 갑은 K를 얼마로 결정할 것인가?

(2) 도둑이 들 확률이 0.5%로 떨어진다면 K는 어떻게 변화할 것인가? 그 이유를 그림으로 설명하시오.

05 A, B 두 개의 복권이 있다. A는 당첨 확률이 0.1이며 당첨금은 10,000원, 복권 가격은 1,000원이다. B는 당첨 확률이 0.1이며 당첨금은 100,000원, 복권 가격은 10,000원이다. 위험기피적인 소비자는 두 복권 중 어떤 것을 더 좋아할 것인가?

06 어떤 소비자의 기대효용함수가 $\min\{C_b, C_g\}$로 주어졌다. 이 소비자는 자신에게 불리한 불공정한 보험계약이라고 해도 사고가 발생했을 때 피해금액의 전액을 보상하는 보험에 가입할 것인가? 이 소비자는 위험에 대해 어떤 태도를 가지고 있다고 말할 수 있겠는가?

07 어떤 복권을 구입해 100원의 수익을 올릴 확률이 0.2, 250원의 수익을 올릴 확률이 0.5, 300원의 수익을 올릴 확률이 0.3이다(여기서 수익이라는 것은 당첨금에서 복권구입비용을 뺐다는 의미이다). 이 복권의 가격이 235원이라면, 위험 기피자인 소비자는 이 복권을 구입할 것인가?

08 불법주차를 줄이기 위해 범칙금을 높이는 방안과 적발 확률을 높이는 방안이 검토되고 있다. 사람들이 모두 위험 기피자라면, 범칙금을 높이는 것이 더 효과적임을 보이시오(어느 경우나 기대범칙금 = 범칙금 × 적발 확률의 수준은 동일한 것으로 가정한다).

09 금강산에 카지노를 열어 소비자에게 유리한 도박을 제공하기로 하였다. 갑은 금강산 관광에 전혀 관심이 없으며 금강산 여행에 드는 경비는 C이다. 카지노에서의 도박은 확률 π로 당첨이 되는 경우 당첨금이 K인 복권을 αK에 구입하는 것으로 파악하기로 한다. 갑이 도박에 참가하게 되는 α의 최소치가 얼마인지 그림으로 나타내시오.

10 A 및 B 두 개의 투자 프로젝트가 있다. A의 경우 0.6의 확률로 100의 손실을 보고 0.4의 확률로 150의 이득을 본다. B의 경우는 0.6의 확률로 200의 손실을 보고 0.4의 확률로 300의 이득을 본다. 단, 여기에서의 손실 및 이득에는 투자 비용이 이미 포함되어 있다.

(1) 위험 기피자인 갑은 투자를 할 것인가?

(2) 투자 여부에 불구하고 갑은 A와 B 중 어느 투자 프로젝트를 더 선호하는가?

11 R_f를 무위험자산의 수익률, R_m을 위험자산의 기대수익률, R_p를 포트폴리오의 기대수익률, σ_m을 위험자산의 표준편차, σ_p를 포트폴리오의 표준편차라 하자($R_m=5$, $R_f=0$, $\sigma_m=10$으로 그 값이 주어졌다). 소비자의 포트폴리오 구성에 대한 물음에 답하시오

(1) 효용함수가 $u=R_p-k\sigma_p$로 주어진 소비자가 최적화 행위의 결과, 무위험자산만을 보유하기로 하였다. k의 값의 범위는 어떠한가?

(2) 소비자의 효용함수가 $u=\min\{1/\sigma_p, R_p\}$로 주어졌다. (i) 이 소비자의 무차별곡선을 그림으로 나타내시오 (ii) 이 소비자는 최적행위의 결과로 어떠한 포트폴리오를 선택할 것인가?

12 포트폴리오 선택을 생각해 보자. $R_f=0$, $\sigma_m=kR_m$을 전제하는 경우 k가 증가한다는 말의 의미가 무엇인지 설명하고 k가 증가할 때 최적선택의 변화를 그림으로 나타내시오.

III

생산자선택이론

06

생산함수

생산자선택이론에서는 합리적인 기업의 의사결정이 어떻게 이루어지는지를 분석한다. 합리적인 경제주체의 행위를 분석한다는 점에서 소비자선택이론과 생산자선택이론은 동일하다.

소비자선택이론에서는 예산제약 하의 효용극대화를 원하는 소비자가 어떻게 행동할 것인지를 분석했다. 소비자선택이론의 효용에 해당하는 것이 생산자선택이론에서는 산출량이다. 따라서 생산비제약 하의 산출량 극대화 문제는 예산제약 하의 효용극대화 문제와 동일한 것임을 알 수 있다. 한편 소비자선택이론에서의 지출함수는 주어진 효용수준을 달성하기 위해 필요한 최소 지출액이 얼마인지 나타낸다. 이를 생산자선택이론에서 보면 주어진 산출량을 생산하기 위해 필요한 최소 비용이 얼마냐는 문제가 되는데, 이것은 곧 비용함수로 나타낸다.

소비자선택이론과 생산자선택이론은 차이점도 있는데, 그 차이점들은 다음과 같다.

첫째, 효용은 측정이 불가능하지만 산출량은 항상 측정이 가능하다. 따라서 생산자선택이론은 항상 기수적 이론이 된다.

둘째, 일정한 소득을 갖고 소비하는 소비자는 원하는 즉시 상품을 구입해 소비할 수 있다. 그러나 기업은 산출량을 증가시키고 싶어도 즉시 증가시킬 수 없는 경우가 있다. 현재의 생산시설이 완전 가동되고 있다면 산출량을 증가시키기 위해서는 공장 신축이 필요하나, 공장 신축은 하루 이틀이 아닌 비교적 긴 시간을 필요로 한다. 따라서 생산자선택이론에서는 생산자에게 얼마나 시간이 주어졌느냐에 따라 생산자의 의사결정이 달라진다.

셋째, 소비자선택이론에서 소득이 일정하게 주어졌다고 가정하면 예산선은 움직이지 않는다. 그러나 기업이 산출량을 변화시키려면 생산요소의 투입량도 변화시켜야 하므로 이에 따라 생산비도 변화하게 된다. 따라서 합리적인 기업의 의사결정 목표는 총수입에서 총비용을 공제한 금액으로 정의되는 이윤을 극대화하는 것이 된다.

6-1 생산함수와 등량곡선

어떤 기업이 상품을 생산하기 위해서는 직원을 채용해야 할 뿐만 아니라 기계와 같은 설비, 그리고 사무실이나 공장 등을 갖추고 있어야 한다. 이와 같이 상품 생산에 필요한 투입물을 생산요소 factors of production 라 한다. 기업이 이용하는 생산요소의 종류는 매우 많으나, 이를 노동과 자본으로 대별할 수 있다. 여기서 자본은 각종 설비와 부동산을 포함한다.

노동과 자본 중 어느 것을 더 신속히 변화시킬 수 있을까? 산출량을 증가시키려면 기업은 생산요소의 투입량을 증가시켜야 하는데, 노동의 투입량을 증가시키기 위해서는 이미 고용된 노동자들에게 잔업을 요청하거나 새로이 고용을 해야 한다. 자본의 예로 공장을 생각해 보면, 자본 투입량을 늘리기 위해서는 공장을 신축해야 한다. 따라서 노동 투입량의 변화에 필요한 시간이 자본 투입량을 변화시키는 데 필요한 시간보다 훨씬 더 짧음을 알 수 있다.

생산자에게 주어진 시간을 단기와 장기로 나누어 보자. 단기는 노동의 투입량은 변화시킬 수 있으나 자본 투입량을 변화시키기에는 너무 짧은 시간이다. 단기에 투입량을 변화시킬 수 있는 노동을 가변생산요소라 하고, 투입량이 고정된 자본을 고정생산요소라 한다. 한편 장기는 자본의 투입량을 변화시킬 수 있을 만큼 긴 시간이다. 따라서 장기에는 노동과 자본이 모두 가변생산요소이다.

생산요소를 투입하면 그에 대응되는 산출량을 얻을 수 있다. 일정량의 생산요소를 투입했을 때 얼마만큼의 산출량을 얻을 수 있을 것인지는 투입된 생산요소를 얼마나 효율적으로 활용하는지에 달려 있다. 10명의 노동자를 투입해 상품을 만드는 경우를 생각해 보자.

10명의 노동자들이 모두 일을 하지 않는다면 산출량은 0이 될 것이며, 노동자들이 열심히 일할수록 산출량은 증가하지만 10명의 노동자들이 아무리 열심히 일해도 더 이상 산출량이 증가할 수 없는 한계가 존재한다. 즉 생산요소의 투입량이 주어졌을 때 얻을 수 있는 산출량의 수준은 여러 개가 있다. 생산요소의 투입량과 투

생산가능집합

생산요소의 투입량과 투입된 생산요소를 이용해 생산할 수 있는 산출량들의 모임을 생산가능집합이라 한다.

그림 6-1

생산가능집합과 생산함수

노동을 L_0만큼 투입할 때 얻을 수 있는 산출량, 즉 생산가능한 산출량은 0과 X_0 사이의 양이다. 따라서 생산가능집합은 노란색 부분이 되고, 생산곡선은 파란색 선과 같이 나타난다.

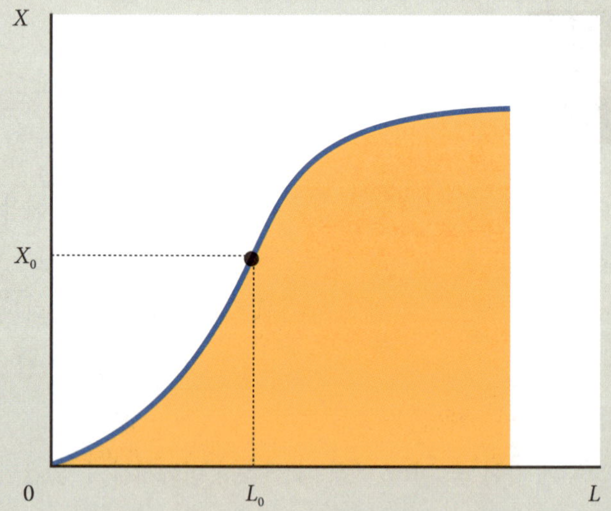

입된 생산요소를 이용해 얻을 수 있는 산출량들의 모임을 **생산가능집합** production possibility set 이라고 부른다.

> **생산함수**
> 생산요소의 투입량과 투입된 생산요소를 가장 효율적으로 이용했을 때 얻을 수 있는 산출량 사이의 관계를 나타내는 것이 생산함수이다.

생산요소의 투입량이 주어졌다면 생산가능집합에 포함된 산출량 중 최대 산출량은 투입된 생산요소를 가장 효율적으로 이용할 때 얻을 수 있는 산출량이다. 생산요소의 투입량과 투입된 생산요소를 가장 효율적으로 이용했을 때 얻을 수 있는 산출량 사이의 관계를 나타내는 것이 **생산함수** production function 이다. 투입된 생산요소를 가장 효율적으로 사용하는 경우에 얻을 수 있는 생산량은 생산기술에 의존하므로 생산함수는 생산기술을 반영한다.

단기 생산함수

노동 L과 자본 K를 이용해 X재를 생산하는 기업을 생각해 보자. 단기에는 자본의 투입량이 일정하게 주어져 있어 산출량 변화는 노동 투입량의 변화에만 의존한다. 따라서 단기의 생산함수는 다음과 같이 나타낼 수 있다.[1]

$$X=f(L)$$

1 자본이 K_0로 주어진 단기의 경우 $f(L, K_0)$로 나타낼 수도 있으나 어차피 K_0는 고정된 상수이므로 $f(L)$로 간략하게 나타낸다.

그림 6-2

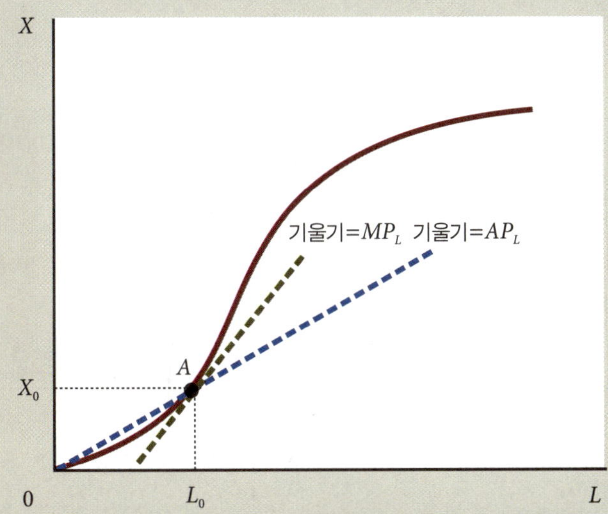

노동의 평균생산성과 한계생산성

노동의 한계생산성은 생산곡선 위의 한 점에서의 접선의 기울기로 나타나며, 노동의 평균생산성은 원점과 생산곡선 위의 한 점을 연결한 선의 기울기로 나타난다.

위의 생산함수는 자본의 투입량이 일정하게 고정된 상황에서의 L의 투입량과 투입된 L을 가장 효율적으로 이용하는 경우에 얻을 수 있는 산출량 X 사이의 관계를 나타낸다. 위의 생산함수를 그림으로 나타내면 생산곡선이 되는데, 일반적인 경우의 생산곡선은 그림 6-1과 같다.[2]

그림 6-1에서 노동의 투입량이 L_0이라면 얻을 수 있는 X의 양은 0과 X_0 사이의 임의의 값이다. 이 중 최대치 X_0은 L_0의 노동을 가장 효율적으로 사용하는 경우에 얻을 수 있는 산출량이다. 따라서 생산가능집합이 생산곡선과 생산곡선의 아랫부분을 모두 포함함을 알 수 있다.

자본의 투입량이 일정하게 고정된 상황에서 노동의 투입량이 1단위 증가할 때 산출량이 얼마나 증가하는지 나타내는 것이 노동의 한계생산성 marginal product of labour MP_L이다. 한편 노동의 평균생산성 average product of labour, AP_L은 노동의 단위당 산출량을 나타낸다.

$$AP_L = \frac{X}{L}$$

$$MP_L = \frac{\Delta X}{\Delta L}$$

2 일반적인 생산곡선의 형태가 **그림 6-1**과 같다는 것은 이론적으로 도출된 것이 아니라 경험에 의해 얻어진 것임에 유의하자.

그림 **6-3**

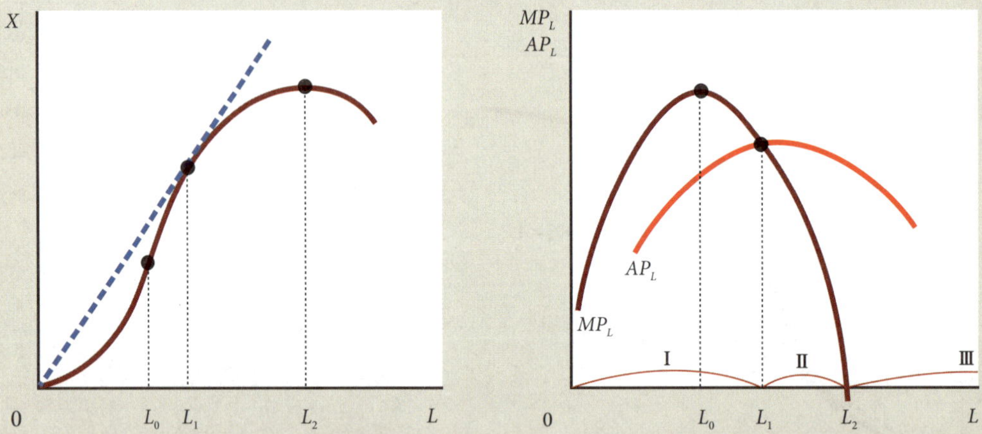

(a) 노동의 평균생산성과 한계생산성 (b) 양자의 관계

노동의 평균생산성과 한계생산성의 관계

생산곡선 위의 각 점에 대해 접선의 기울기와 원점과 연결한 선의 기울기를 비교해 노동의 평균생산성과 노동의 한계생산성의 관계를 알 수 있다.

AP_L과 MP_L을 그림으로 나타낸 것이 그림 6-2이다. 노동의 투입량이 L_0일 때 생산함수가 나타내는 산출량은 X_0이다. 이때 AP_L은 노동의 단위당 산출량인 X_0/L_0이므로, 원점과 A를 연결하는 직선의 기울기와 서로 같다.

한편 노동의 투입량이 L_0인 경우의 MP_L은 $\Delta X/\Delta L$인데, 이는 A에서의 접선의 기울기와 서로 같다.

AP_L과 MP_L의 관계를 그림 6-3 (a)를 통해 알아보자. 여기서 L_1의 의미는 노동의 투입량이 L_1보다 작을 때 노동의 투입량을 증가시키면 AP_L은 증가하고, 노동의 투입량이 L_1보다 클 때 노동의 투입량을 증가시키면 AP_L은 감소한다는 것이다.

생산곡선의 각 점에서의 접선의 기울기를 살펴보면 0에서부터 노동 투입량이 증가하면 처음에는 MP_L이 증가하다가 L_0를 지나면서부터는 MP_L이 감소함을 알 수 있다. 노동의 투입량이 L_1보다 작을 때는 언제나 MP_L이 AP_L보다 크며, 노동의 투입량이 L_1보다 클 때는 언제나 AP_L이 MP_L보다 크다. 한편 노동의 투입량이 L_1이면 AP_L과 MP_L은 서로 같다. 이상의 내용을 모두 고려해 AP_L과 MP_L 사이의 관계를 그림으로 그리면 그림 6-3 (b)와 같다.

생산의 3단계 MP_L 및 AP_L은 증가하는 구간도 있고 감소하는 구간도 있으며 이론적으로는 MP_L이 음(−)인 경우도 생각할 수 있다. MP_L이 음(−)이라는 것은 노동의 투입이 증가할 때 산출량이 감소한다는 것이다. 이러한 다양한 경우 가운데 노동의 투입은 어떠한 상태로 이루어질 것인가? 이에 대한 대답은 '이윤극대화를 위해 행동하는 기업은 평균생산성과 한계생산성이 모두 체감하는 구간에서 생산요소를 투입해야 한다'는 것이 된다.

노동의 투입량에 따라 그림 6-3 (b)와 같이 세 구간으로 나누기로 하자. 이윤극대화를 추구하는 기업은 Ⅱ구간에서만 노동을 투입하게 된다. 이를 알아보기 위해 단기에 기업의 이윤이 $\Pi=PX-WL-RK_0$라 하자. 이때 W는 임금, R은 자본임료를 나타내는데, 이들의 구체적 의미는 뒤에서 살펴보기로 하고 여기서는 우선 노동 및 자본 한 단위를 사용하기 위해 지불해야 하는 비용이라고만 이해하기로 한다. 한편 K_0는 단기에 일정하게 주어진 자본의 양을 나타낸다.

첫째, MP_L이 음(−)인 Ⅲ구간을 생각해 보자. 이 경우는 노동의 투입량을 줄이면 산출량이 증가하므로 이윤이 증가하게 된다. 따라서 Ⅲ구간에 있는 기업은 계속 노동의 투입량을 줄여 결국 Ⅲ구간을 벗어나게 된다.

둘째, Ⅰ구간을 생각해 보자. 위의 기업의 이윤을 L로 나누어 노동 한 단위당 이윤으로 나타내면 $\Pi/L=P\cdot AP_L-W-R\cdot(K_0/L)$가 된다. Ⅰ구간에서 L을 증가시키면 AP_L이 증가하므로 Π/L가 증가하며, 이는 당연히 Π가 증가하는 것으로 나타난다. 따라서 Ⅰ구간에 있는 기업이라면 계속 노동 투입량을 늘려 결국 Ⅰ구간을 벗어나며, 이윤극대화를 이룰 수 있도록 노동의 투입량을 결정하는 기업은 결국 Ⅱ구간, 즉 AP_L 및 MP_L이 모두 감소하는 구간에서 노동의 투입량을 결정한다.

장기 생산함수 노동 L과 자본 K를 이용해 X재를 생산하는 기업을 생각해 보자. 장기에는 노동과 자본의 투입량을 모두 변화시킬 수 있다. 따라서 장기의 생산함수는 다음과 같이 나타낼 수 있다.

$$X=f(L, K)$$

장기의 AP_L과 MP_L은 단기의 경우와 마찬가지로 정의된다. 한편 자본의 평균생산성 average product of capital AP_K는 자본의 단위당 산출량을 나타내고, 자본의 한계생산성 marginal product of capital MP_K는 노동의 투입량을 일정하게 두고 자본의 투입량만을 한 단위 증가시킬 때 산출량이 얼마나 변화하는지를 나타낸다.

$$AP_K = \frac{X}{K}$$

$$MP_K = \frac{\Delta X}{\Delta K}$$

생산의 3단계에서 논의한 바를 연장하는 경우에 MP_L과 MP_K는 모두 양(+), 즉 노동이나 자본의 투입량이 증가하면 산출량이 증가한다. 또한 자본의 투입량은 일정한데 노동의 투입량이 증가하면 MP_L은 감소하며, 노동의 투입량은 일정한데 자본의 투입량이 증가하면 MP_K는 감소하게 된다. 이를 한계생산성 체감의 법칙law of diminishing marginal product이라 한다.

$$\frac{\Delta MP_L}{\Delta L} < 0$$

$$\frac{\Delta MP_K}{\Delta K} < 0$$

MP_L이 양이고 한계생산성 체감의 법칙이 성립한다는 것은 자본의 투입량이 일정한 상황에서 노동의 투입량을 증가시키면 산출량은 감소율로 증가함을 의미한다. 자본의 경우도 마찬가지이다.

노동의 투입량이 일정할 때 자본의 투입량이 증가하면 MP_L은 어떻게 될 것인가? 이를 다음의 예를 통해 알아보기로 한다.

어떤 사람이 1시간 동안 두께가 5cm인 나무판에 못을 박는다고 하자. 이 경우에 노동의 투입량은 1시간 동안의 노동으로 고정되며, 산출량은 나무판에 박은 못의 개수가 된다. 자본으로서의 망치를 생각해 보자. 망치가 없이 맨손으로 못을 박는 경우, 이 사람이 차력사가 아니라면 한 개의 못도 박지 못할 것이다. 그러나 망치가 있으면 수많은 못을 박을 수 있다. 이는 노동의 양이 일정해도 자본의 투입량이 증가하면 MP_L이 증가함을 나타낸다.[3]

자본의 투입량이 일정할 때 노동의 투입량이 증가하면 MP_K는 증가한다. 그 이유를 위의 예에 적용해 생각해 보자. 망치가 한 개 있지만 노동의 투입이 없는 경우, 즉 망치를 나무판 옆에 놓아두기만 한 경우라면 못은 한 개도 박혀 있지 않

---

3 이 경우에 노동과 자본은 상호 보완적 성질을 지닌다. 또한 이러한 상황을 자본장비율이 좋아지면 노동의 생산성이 향상된다고 말하기도 한다.

을 것이다. 망치가 한 개 있고 노동이 투입된 경우, 즉 한 사람이 한 시간 동안 망치로 못을 박은 경우라면 수많은 못을 박을 수 있다.

$$\frac{\Delta MP_L}{\Delta K} > 0$$
$$\frac{\Delta MP_K}{\Delta L} > 0$$

등량곡선

노동과 자본의 투입량이 L_0과 K_0으로 주어진 경우에 (L_0, K_0)을 요소결합이라 한다. 따라서 모든 가능한 요소결합은 (L, K) 평면 위의 점들로 나타낼 수 있다. 장기 생산곡선을 그림으로 그리려면 L, K 및 X를 동시에 그려야 하므로 삼차원 공간에 그림을 그려야 할 것이다. 이러한 불편을 없애기 위해 고안된 것이 **등량곡선** isoquant 이다. 등량곡선은 동일한 산출량을 생산해 낼 수 있는 요소결합을 (L, K) 평면에 나타낸 것이다. 산출량 X_0을 생산해 낼 수 있는 등량곡선은 $\{(L, K) \mid f(L, K) = X_0\}$로 나타낼 수 있다.

> **등량곡선**
> 동일한 산출량을 생산해 낼 수 있는 요소결합을 (L, K) 평면에 나타낸 것이 등량곡선이다.

여기서 정의된 등량곡선은 소비자선택이론에서 정의된 무차별곡선과 유사한 개념이다. 즉 소비자의 선호관계가 무차별곡선에 의해 나타나는 것과 같이 기업의 생산기술은 등량곡선에 의해 나타난다. 또한 등량곡선은 무차별곡선과 마찬가지로 다음과 같은 성질들을 만족시킨다.

1 임의의 요소결합을 지나는 등량곡선이 존재한다.
2 등량곡선은 우하향한다.
3 등량곡선은 서로 교차하지 않는다.
4 원점에서 멀리 떨어진 등량곡선일수록 더 높은 산출량을 나타낸다.
5 등량곡선은 원점에 대해 볼록하다.

노동 및 자본의 한계생산성이 양(+)이므로 노동이나 자본 투입량이 증가함에 따라 산출량이 증가한다는 점을 이용하면, 앞의 네 가지 성질이 성립한다는 것을 무차별곡선의 성질을 보이는 것과 같은 방법으로 증명할 수 있다. 등량곡선이 원점에 대해 볼록한 이유를 알기 위해서는 먼저 노동과 자본 사이의 **한계기술대체율**

> **한계기술대체율**
> 등량곡선 위의 한 점에서의 기울기를 구해 그 값이 양(+)이 되도록 부호를 바꾸어 준 것이 한계기술대체율이다.

그림 6-4

등량곡선이 원점에 대해 볼록한 이유

A에서 B로 이동하면 L은 증가하고 K는 감소한다. 한계생산성이 체감한다면 노동의 한계생산성은 감소하고 자본의 한계생산성은 증가한다. 따라서 $MRTS_{LK}=MP_L/MP_K$은 감소한다.

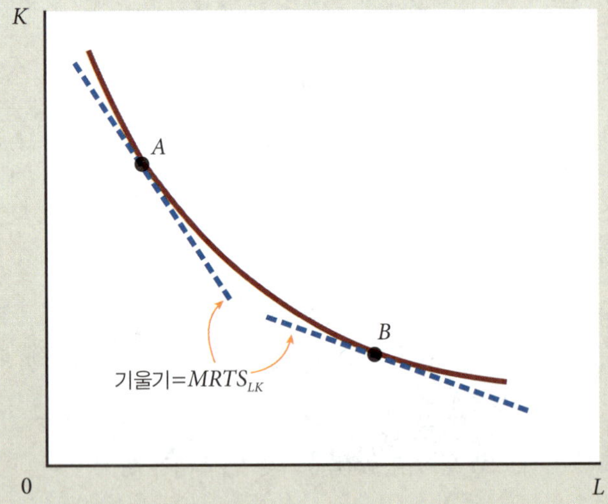

marginal rate of technical substitution $MRTS_{LK}$의 개념을 알아 둘 필요가 있다.

등량곡선 위의 한 점에서의 기울기는 $\Delta K/\Delta L$로 나타낼 수 있다. 그런데 등량곡선은 우하향하므로 그 기울기가 음(−)이다. 따라서 이를 양으로 만들어 준 값인 $-(\Delta K/\Delta L)$가 한계기술대체율이 된다. 요소결합이 등량곡선을 따라 움직이면 L과 K는 모두 변화하나 산출량은 변화하지 않는다. 따라서 이 경우 $\Delta X=(\Delta X/\Delta L)\cdot\Delta L+(\Delta X/\Delta K)\cdot\Delta K=0$이 성립한다. MP_L과 MP_K의 정의를 이용해 이를 정리하면 다음과 같다.

$$-\frac{\Delta K}{\Delta L}=MRTS_{LK}=\frac{MP_L}{MP_K}$$

한계기술대체율은 결국 노동과 자본의 한계생산성 비율임을 알 수 있다. 한계기술대체율이 높다는 것은 자본에 비해 노동의 생산성이 높음을 나타낸다. 그림 6-4에서 보는 바와 같이 A에서 B로 이동한다는 것은 L을 늘리고 K를 줄인다는 것이다. 한계생산성 체감의 법칙이 성립하므로 L이 늘어나면 MP_L은 감소하고, K가 줄어들면 MP_K는 증가한다. 따라서 A에서 B로 이동하면 $MRTS_{LK}$는 감소해야 하며, 이는 등량곡선이 원점에 대해 볼록해야 함을 의미한다.

등량곡선이 우하향하는 이유는 노동 및 자본의 한계생산성이 양(+)이기 때문이

그림 6-5

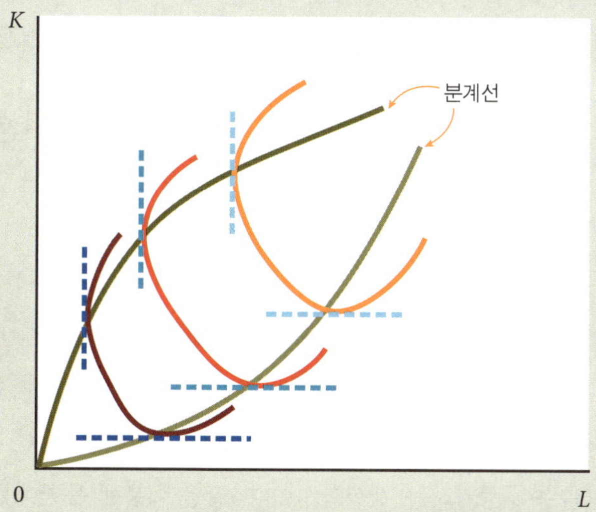

분계선

어떤 생산요소의 한계생산성이 음이라면 등량곡선의 기울기는 양이 된다. 등량곡선의 기울기가 음에서 양으로 바뀌는 점들을 연결한 선을 분계선이라 하는데, 합리적인 기업은 한계생산성이 음이 되지 않도록 생산요소를 투입하기 때문에 생산요소의 투입은 분계선 안에서만 이루어진다.

었다. 자본과 노동의 한계생산성이 음(−)인 경우가 존재할 수 있는가? 노동의 한계생산성이 음이라는 것은 노동의 투입량이 증가하면 산출량이 감소한다는 것이다. 이론적으로는 자본의 투입량이 일정하게 주어졌을 때 투입된 노동이 어느 한계를 넘어 너무 과도해지면 노동의 한계생산성이 음으로 바뀔 수 있다.

어떤 전자회사의 조립라인은 10명을 투입해 조립하는 것이 가장 적당하다고 하자. 노동자의 수가 10명에 도달할 때까지는 노동자의 수를 늘릴수록 산출량은 늘어날 것이다. 그런데 노동자의 수가 10명을 넘어서면서 조립라인이 붐비기 시작하고 30명이 되면 몸을 움직이기조차 불편하다면, 이 상태에서는 노동의 투입량이 증가해도 오히려 생산량이 줄 수 있다. 이때 합리적인 기업이라면 노동 및 자본의 한계생산성이 음이 되지 않도록 생산요소를 투입할 것이다. 왜냐하면 노동의 한계생산성이 음인 경우 노동의 투입량을 줄이면 산출량은 늘어나고 임금 지급액은 줄어들어 이윤이 상승하기 때문이다.

노동의 한계생산성이 음일 때 노동의 투입량을 증가시키면 산출량이 감소하므로, 산출량 수준을 일정하게 유지하려면 자본 투입량도 증가시켜야 한다. 이는 노동의 한계생산성이 음일 때 등량곡선의 기울기는 양(+)임을 나타낸다. 자본의 한계생산성이 음일 때 같은 이유로 등량곡선의 기울기는 양이다. 한계기술대체율은 $MRTS_{LK} = MP_L / MP_K$이므로, MP_L이 0이면 $MRTS_{LK} = 0$이다. 이는 MP_L이 0일 때 등량곡선의 기울기가 0임을 나타낸다. 한편 MP_K가 0이면 $MRTS_{LK}$는 무한대의 값을 가지므로, 등량곡선의 접선이 수직선으로 나타난다.

각각의 등량곡선에서 MP_L이 0인 점과 MP_K가 0인 점들을 연결한 선을 분계선 ridge line이라 한다. 이를 그림으로 나타내면 그림 6-5와 같다. 앞에서 설명한 바와 같이 합리적인 기업의 생산활동은 분계선 안에서 이루어진다.

특이한 경우의 등량곡선

등량곡선은 생산기술을 나타내므로, 생산기술이 특이하면 등량곡선도 특이한 형태를 갖는다. 여기서는 고정계수 생산함수와 선형 생산함수의 경우를 생각하기로 한다. 한편 고정계수 생산함수 fixed coefficient production function는 노동과 자본을 동시에 같은 비율로 증가시켜야만 산출량이 증가하는 생산함수이다. 끌을 이용해 목공예를 하는 사람이 하루에 끌 1개로 목공예품을 1개 만들 수 있다고 하자. 목공예가가 한 사람이면 끌이 아무리 많아도 하루 생산량은 목공예품 1개이며, 끌이 1개밖에 없다면 목공예가가 아무리 많아도 하루에 생산할 수 있는 목공예품 또한 1개로 변함이 없다. 목공예품의 생산량을 하루에 두 개로 늘리려면 목공예가 두 사람과 끌 2개가 필요하다.

고정계수 생산함수를 수식으로 나타내면 $X=\min\{L/a, K\}$가 된다. 이 경우에 $L=a, K=1$이면 X 한 단위를 생산할 수 있다. L의 투입량이 a로 고정된 상태에서 K를 아무리 많이 투입해도 산출량은 여전히 한 단위이다. 마찬가지로 K의 투입량이 1단위로 고정된 상태에서 L의 투입량을 a보다 늘려도 산출량은 한 단위로 변함이 없다. 이를 그림으로 그리면 그림 6-6 (a)와 같다. 고정계수 생산함수를 레온티에프 Leontief 생산함수라 부르기도 하는데, 투입-산출 분석에 이 생산함수가 쓰인다.[4]

선형 생산함수 linear production function는 노동과 자본의 대체가 완전히 자유로운 경우의 생산함수이다. 경찰관과 로보캅이 있는데, 경찰관과 로보캅의 순찰 능력이 같다고 하자. 한 구역을 순찰하기 위해 10명의 경찰관이 필요하다면 9명의 경찰관과 1개의 로보캅이 같은 구역을 순찰할 수 있다. 즉 순찰 목적으로는 경찰관 한 사람과 로보캅 1개를 언제라도 바꿀 수 있다. 선형 생산함수는 $X=aL+bK$로 나타나는데, 이를 그림으로 그리면 그림 6-6 (b)와 같이 등량곡선이 선형이 됨

4 생산함수가 $X=\min\{L/a, K/b\}$로 나타나는 경우 L과 K의 투입비율은 $a:b$이다.

그림 6-6

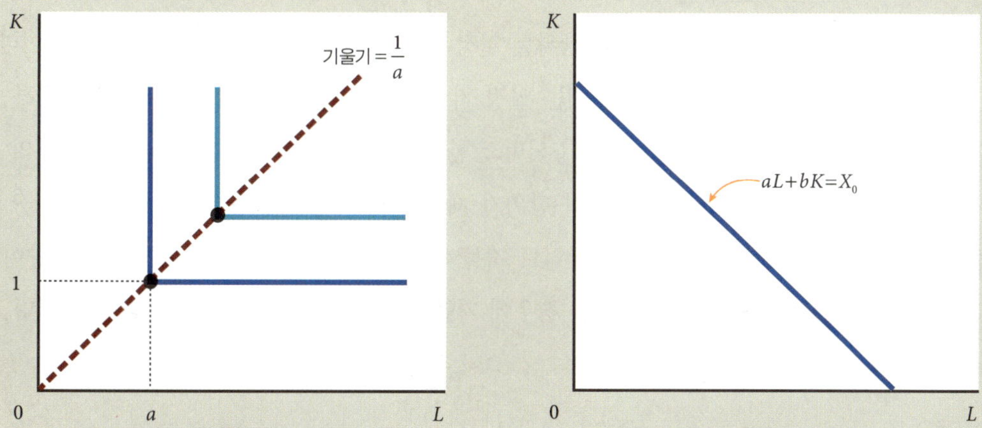

(a) 고정계수 생산함수의 경우 (b) 선형 생산함수의 경우

특이한 형태의 등량곡선

생산요소 간 대체가 전혀 불가능한 고정계수 생산함수의 등량곡선은 (a)와 같이 직각으로 꺾인 형태가 된다. 한편 두 생산요소가 실질적으로 같은 생산요소인 선형생산함수의 등량곡선은 (b)와 같이 직선이 된다.

을 알 수 있다.[5]

6-2 생산비제약 하의 산출량 극대화

기업이 생산비로 사용할 수 있는 금액이 C로 일정하게 주어졌다면 생산요소의 투입을 어떻게 결정해야 산출량을 극대화할 수 있을까? 이에 대한 대답은 고려하는 기간이 장기이냐 혹은 단기이냐에 따라 달라진다.

임금이 W일 때 노동의 투입량이 L이라면 임금 지급액은 WL이다. 임금 지급액은 기업이 노동자를 고용했을 때 노동자가 제공한 서비스service에 대한 대가로 지불한 금액을 의미한다. 따라서 임금은 노동자 한 사람을 구입하는 데 필요한 금액이 아니라 노동자가 제공하는 서비스 한 단위를 구매하는 데 필요한 금액이다. 자

5 생산함수가 $X = aL + bK$로 나타나는 경우 L과 K의 대체비율은 $1/a : 1/b$이다.

본재 한 단위가 제공하는 서비스에 대한 대가로 지불하는 금액은 자본임료 rental rate of capital R이다.

예를 들어 기계 한 단위를 일정 기간 빌릴 때 필요한 금액이 자본임료이다. 기계가 자기 소유인 경우에는 일정 기간 그 기계를 이용하면 그 기계가 제공하는 서비스의 혜택을 보는데, 이 서비스 한 단위의 가치가 자본임료이다. 즉 자본의 소유 여부와 상관없이 자본 한 단위가 제공하는 서비스의 가격이 자본임료이다.[6] 자본의 투입량이 K라면 자본임료 지불액은 RK가 된다. 따라서 노동의 투입량이 L이고 자본의 투입량이 K인 경우에 기업이 당면하는 생산비제약은 다음과 같다.

$$WL+RK\leq C$$

이 생산비제약을 그림으로 나타내면 그림 6-7 (a)와 같다. 그런데 이 조건은 생산비제약에 직면한 기업이 이 조건을 만족시키는 L과 K를 마음대로 선택할 수 있다는 것을 나타내므로, K가 변화시킬 수 있는 장기의 생산비제약이 된다.

단기의 경우에는 상황이 약간 다르다. 단기에는 자본의 투입량이 K_0로 고정되어 있다. 따라서 K의 투입량이 K_0 이하가 되어야 한다. 자본의 투입량이 K_0 미만인 경우에 자본임료 지불액은 얼마가 될 것인가?

건물 100평을 임대해 쓰고 있는 어떤 기업이 매달 임대료 1,000만 원을 낸다고 하자. 어느 달에 경기가 좋지 않아 80평만 사용한 경우에 임대료를 800만 원만 내겠다고 하면 건물주가 이를 받아들이겠는가? 이와 같이 단기에 자본의 투입량을 K_0 미만으로 하는 것이 가능하지만 실제로 지불해야 하는 자본임료는 RK_0가 된다. 따라서 단기의 생산비제약을 다음과 같이 나타낼 수 있다.

$$WL+RK_0\leq C$$
$$K\leq K_0$$

단기의 생산비제약을 그림으로 나타내면 그림 6-7 (b)와 같다. 단기에 자본투입량은 K_0를 초과할 수 없어 자본투입량이 K_0보다 큰 부분은 선택이 불가능하므로 단기의 생산비제약을 만족시키지 못한다. A를 선택하는 경우, 생산비는 WL_1+RK_0가 된다. 왜냐하면 K_1이 K_0보다 작아도 자본임료 지불액은 RK_0가 되어야 하기 때문이다. $WL_1+RK_1=C$이므로 WL_1+RK_0은 C보다 크다. 따라서 A

6 여기서 유의할 점은 자본임료 R이 자본재 한 단위를 구입하는 데 필요한 금액이 아니라는 것이다.

그림 6-7

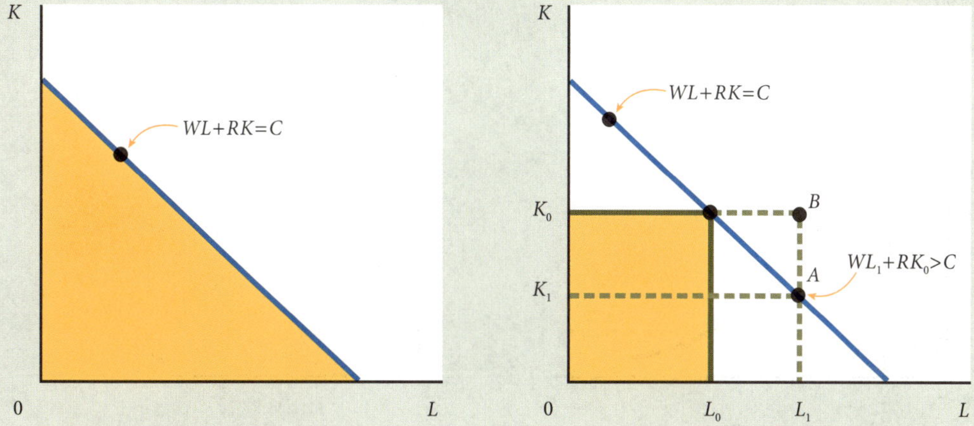

(a) 장기의 비용제약 (b) 단기의 비용제약

단기 및 장기의 비용제약

장기의 비용제약은 (a)의 노란색 부분과 같이 나타나지만 단기에는 다르게 나타난다. 예를 들어 A를 투입하면, 비용은 WL_1+RK_1만큼이 아니라 WL_1+RK_0만큼이 되어 생산비 지출 측면에서는 실제로 B를 투입한 것과 같다. 따라서 투입 가능 집합은 사각형 모양의 노란색 부분이 된다.

는 생산비제약을 만족시키지 못한다. A를 선택하는 경우의 생산비는 B가 나타내는 생산비와 같다. 따라서 단기의 생산비제약을 만족시키는 L과 K의 결합은 그림 6-7 (b)의 노란색 부분에 포함되는 것들이다.

단기 생산비제약 하의 산출량 극대화 문제를 생각해 보자. 그림 6-8에서 보는 바와 같이 A에서의 한계기술대체율 값과 상관없이 항상 A를 선택하는 것이 산출량을 극대화하는 방법이다.[7] 즉 단기에 생산비제약 하의 산출량을 극대화하기 위해서는 주어진 K_0를 선택하고 사용 가능한 생산비 중 자본임료 지불액을 제외한 나머지로 L을 구입해 $L=(C-RK_0)/W$로 결정하는 것이 최적이다.

이번에는 장기 생산비제약 하의 산출량 극대화 문제를 생각해 보자. 장기에 생산비제약을 만족시키는 요소결합 중 생산비를 C로 하는 요소결합들의 모임을 등비용선 isocost line 이라 한다. 등비용선 위의 점들은 $WL+RK=C$를 만족시키는데, 이를 다시 쓰면 $K=(C/R)-(W/R)\cdot L$이 된다. 즉 등비용선은 절편이 C/R이고 기울기가 $-(W/R)$인 직선이다.

7 원점을 중심으로 반지름의 길이가 OA인 원을 그리면 요소투입가능집합은 모두 이 원 안에 포함된다. 이는 점 A가 원점에서 가장 멀리 떨어진 점임을 나타낸다.

그림 6-8

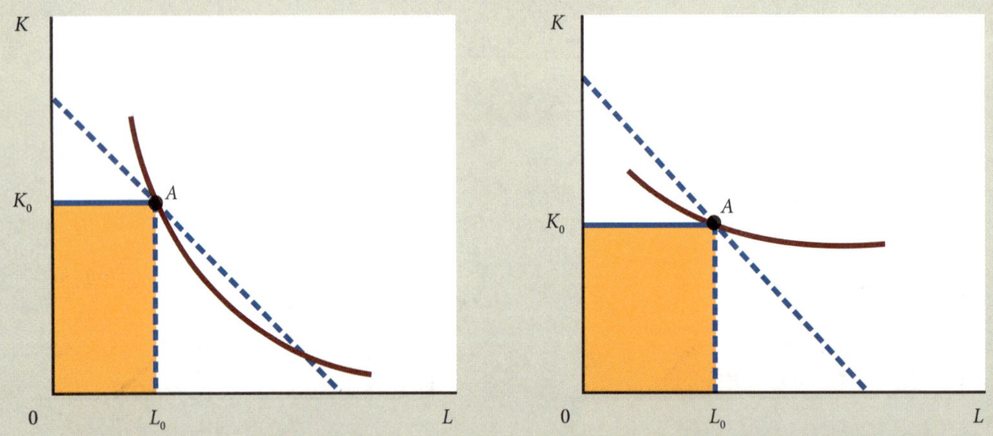

(a) 한계기술대체율이 큰 경우 (b) 한계기술대체율이 작은 경우

단기의 생산비제약 하의 산출량 극대화

단기에 생산비제약 하의 산출량 극대화를 이룰 수 있는 요소 투입은 항상 $K=K_0$인 A에서 얻어진다. 따라서 등량곡선과 등비용선이 A에서 접한다는 보장은 없다.

생산비제약 하의 산출량 극대화를 원하는 기업은 등비용선 아래에 위치한 내부점에 해당하는 요소결합을 선택하지 않는다. 그림 6-9 (a)에서 내부점인 A를 선택하면, 생산비제약을 만족시키며 노동과 자본의 투입량을 모두 증가시키는 B로 이동해 산출량을 증가시킬 수 있다. 따라서 생산비제약 하의 산출량 극대화를 원하는 기업은 등비용선 위의 요소결합을 선택하게 된다.

그림 6-9 (b)에서 보는 바와 같이 등비용선 위의 임의의 요소결합 A를 선택하면 A를 지나는 등량곡선이 있다. 이 등량곡선이 나타내는 생산량을 X_0라 하자. 이때 X_0는 생산비제약 하의 산출량 극대화를 이루는 요소결합이 아니지만 생산비제약을 만족시키며 화살표 방향으로 이동하는 것이 가능하며, 이렇게 이동할수록 산출량이 증가한다. 따라서 생산비제약 하의 산출량 극대화를 이루는 요소결합은 B와 같이 등비용선과 등량곡선이 접하도록 하는 요소결합이다.

등비용선의 기울기는 $-(W/R)$이고 등량곡선의 한 점에서의 기울기를 양(+)으로 만들어 준 것이 $MRTS_{LK}$이므로, 장기 생산비제약 하의 산출량 극대화 조건을 다음과 같이 쓸 수 있다.

$$MRTS_{LK} = \frac{W}{R}$$

그림 6-9

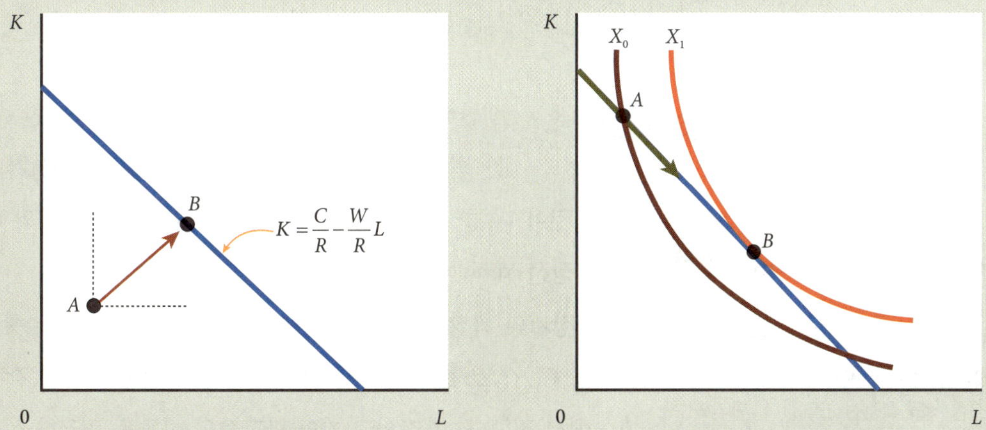

(a) 내부점이 선택되지 않는 이유 (b) 장기의 최적화

장기의 생산비제약 하의 산출량 극대화

장기에 생산비제약 하의 산출량 극대화를 달성하기 위해서는 등비용선 위의 점 가운데 등량곡선과 등비용선이 접하는 B를 선택해야 한다.

$MRTS_{LK} = MP_L / MP_K$인 점을 이용해 이를 다시 쓰면 $MP_L / W = MP_K / R$가 성립함을 알 수 있다. 이 조건의 경제적 의미는 무엇인가? 노동의 투입량이 변화함에 따라 산출량이 얼마나 변화하는지를 나타내는 것이 노동의 한계생산성이다. 즉 노동의 투입량을 한 단위 늘리면 산출량은 MP_L만큼 늘어난다. 임금이 W로 주어졌다면 노동의 투입량을 한 단위 늘리기 위해서는 W원이 필요하다. 이때 MP_L은 임금 지불액이 W원 증가할 때 산출량이 몇 단위 증가하는지를 나타내므로, MP_L / W은 임금 지불액이 1원 증가할 때 산출량이 몇 단위 증가하는지를 나타낸다.

같은 이유로 MP_K / R는 자본임료 지불액이 1원 증가할 때 산출량이 몇 단위 늘어나는지를 나타낸다. 만약 $MP_L / W = 5 > 3 = MP_K / R$가 성립했다면, 생산비제약을 만족시키면서 산출량을 증가시킬 수 있는 방법이 있다. 임금 지불액을 1원 늘리는 대신 자본임료 지불액을 1원 줄여도 생산비제약은 만족된다. 임금 지불액을 1원 늘리면 산출량은 5단위 증가하며, 자본임료 지불액을 1원 줄이면 산출량은 3단위 감소해 전체적으로는 산출량이 2단위 증가한다. 따라서 이 경우에 생산비제약을 만족시키면서 노동의 투입을 증가시키고 자본의 투입을 감소시키면 생산량이 증가한다. 한편 $MP_L / W < MP_K / R$이면 자본임료 지불액을 늘리고 임금 지불액을 줄여 생산비제약을 만족시키면서 산출량을 증가시킬 수 있다. 따라서 생산

비제약 하의 산출량 극대화를 달성하기 위해서는 $MP_L / W = MP_K / R$가 성립해야 함을 알 수 있다.[8]

단기와 장기의 비교

생산비가 일정하게 주어졌다면 단기에 생산할 수 있는 최대량과 장기에 생산할 수 있는 최대량 가운데 어느 것이 더 클 것인가? 이를 알아보기 위해서는 단기와 장기의 **확장선** expansion path을 비교해서 살펴볼 필요가 있다.

> **확장선**
>
> 생산비가 변화하면 생산비제약 하의 산출량 극대화를 이루는 최적 요소결합도 변화한다. 생산비 변화에 따라 변화하는 최적 요소결합들을 연결한 선을 확장선이라 한다. 단기와 장기의 확장선을 비교해 보면 장기가 단기보다 더 효율적임을 알 수 있다.

먼저 장기의 확장선을 살펴보기로 하자. 그림 6-10에서 생산비가 C_0, C_1, C_2로 주어진 경우에 등비용선과 등량곡선은 각각 a, b, c에서 접했다. 따라서 장기의 확장선은 이들을 연결한 선으로 얻어진다. 앞에서 살펴본 바와 같이 단기에는 생산비의 수준과 상관없이 주어진 K_0를 선택하고, 자본임료 지불액을 제외한 나머지 금액으로 노동을 구입하는 것이 최적이다. 따라서 그림 6-10에서 보는 바와 같이 단기 확장선은 K_0가 일정한 수평선이 된다.

생산비가 C_0로 주어졌을 때 기업이 a를 선택하면, 자본의 투입량을 K_0 미만으로 했음에도 불구하고 자본임료 지불액은 RK_0가 되어 생산비가 C_0를 초과하게 된다. 따라서 이 경우 기업은 부득이 d를 선택하게 되는데, d에서는 등비용선과 등량선이 접하지 않아 단기의 생산량이 장기의 생산량보다 작다.

생산비가 C_1일 때 장기의 최적 요소결합이 나타내는 자본의 투입량은 K_0로, 우연히 단기에 주어진 자본의 양과 같다. 따라서 단기와 장기의 생산량은 같다. 생산비가 C_2인 경우에는 단기에 장기의 최적 요소결합인 c를 선택할 수 없다. 단기에는 K_0를 초과하는 자본을 투입할 수 없기 때문이다. 따라서 이 경우, 기업은 단기에 부득이 e를 선택해야 하므로 단기의 산출량이 장기의 산출량보다 적다.

이상에서 알아본 바를 요약하면 생산비가 일정하게 주어졌을 때 장기의 최적 산출량은 단기의 최적 산출량보다 크거나 같다. 따라서 장기는 단기에 비해 더 효율적이라고 할 수 있다. 장기가 단기에 비해 더 효율적인 것은 자본 투입량을 조절할 수 있기 때문이다. 단기에는 자본의 투입량이 K_0로 고정돼 있는 반면, 장기에는 자본의 투입량을 마음대로 변화시킬 수 있다. 즉 장기가 단기에 비해 선택의 폭이 넓으므로 더 효율적이다.

8 이를 1원당 한계생산성 균등의 원리라고도 한다.

그림 6-10

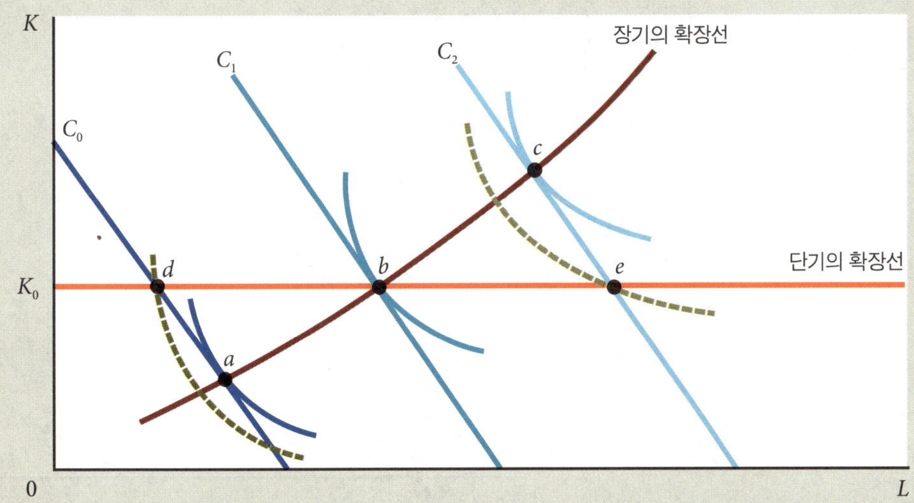

단기와 장기의 효율성 비교

단기 및 장기 확장선은 주어진 생산비로 생산해 낼 수 있는 장기의 산출량 수준이 단기의 산출량 수준 이상임을 보여준다. 따라서 장기가 단기보다 더 효율적이라고 할 수 있다.

6-3 규모에 대한 수익 정도

동차 생산함수 노동의 투입량과 자본의 투입량을 동시에 λ배 증가시킬 때 산출량이 λ^t배 증가하는 경우의 생산함수를 t차 동차 생산함수라 한다. 생산함수가 $X=f(L, K)$로 주어졌을 때 $f(\lambda L, \lambda K)=\lambda^t f(L, K)$가 성립하면 이 생산함수가 t차 동차 생산함수이다. 동차 생산함수의 예로 콥-더글라스Cobb-Douglas 생산함수를 살펴보자.

콥-더글라스 생산함수는 $X=AL^{\alpha}K^{\beta}$로 표현되는 생산함수를 말한다. 노동과 자본의 투입량을 모두 λ배 증가시키면 산출량이 $\lambda^{\alpha+\beta}$배 증가하므로 콥-더글라스 생산함수가 $(\alpha+\beta)$차 동차 생산함수임을 알 수 있다. 이때 한계기술대체율은 $MRTS_{LK}=(\alpha/\beta)\cdot(K/L)$가 되어 L과 K의 비율이 일정하면 $MRTS_{LK}$도 일정하다. 따라서 그림 6-11에서 보는 바와 같이 동차 생산함수인 경우의 장기 확장선은 원

그림 6-11

동차 생산함수인 경우의 확장선

동차 생산함수의 경우에 (K/L)가 일정하면 $MRTS_{LK}$가 일정하기 때문에 확장선이 직선이 된다.

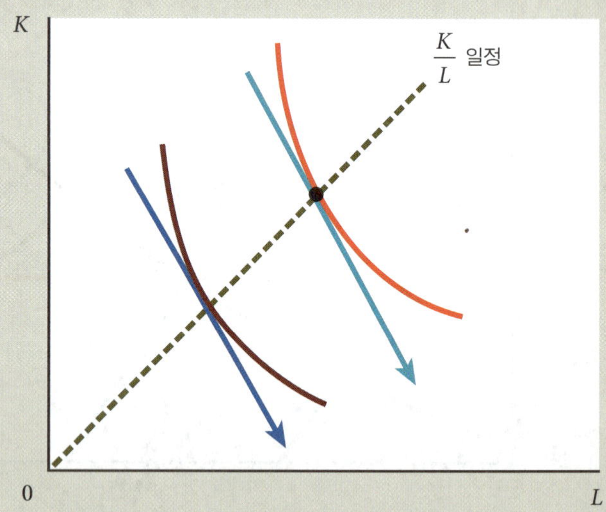

점에서 뻗어 나오는 직선이 된다.[9]

$\alpha+\beta=1$이 되어 콥-더글라스 생산함수가 1차 동차 생산함수인 경우, 몇 가지 특징적 사실들이 더 나타난다. 일반적으로 생산함수가 1차 동차 생산함수이면 $L\cdot MP_L+K\cdot MP_K=X$가 성립하는데, 이를 오일러 정리 Euler's theorem 라고 한다.

규모에 대한 수익 정도

노동 및 자본의 한계생산성은 다른 생산요소의 투입량을 일정한 수준에 고정시키고 한 가지 생산요소의 투입량만 증가시킬 때의 산출량 변화를 나타내는 것으로 정의되었다. 만약 모든 생산요소의 투입량을 동시에 같은 비율로 증가시키면 산출량은 어떻게 변화할 것인가?

> **규모에 대한 수익 정도**
>
> 노동의 투입량과 자본의 투입량을 동시에 λ배 증가시키면 산출량의 증가는 'λ배만큼, λ배보다 작게, λ배보다 크게'의 세 가지 경우 중 하나로 나타난다. 이를 각각 규모에 대한 수익불변, 규모에 대한 수익체감, 규모에 대한 수익체증이라 부른다.

이 질문은 **규모에 대한 수익 정도** returns to scale 에 의해 대답할 수 있다. 그리고 규모에 대한 수익 정도는 자본과 노동을 동시에 같은 비율로 변화시킨다는 것을 전제로 하므로 장기에만 성립하는 개념이다. 규모에 대한 수익 정도를 동차 생산함수 homogeneous production function 를 통해 알아보자. 생산함수가 동차 생산함수라면 t의 값에

9 앞에서 살펴본 고정계수 생산함수와 선형생산함수도 모두 동차 생산함수이다.

따라 규모에 대한 수익 정도가 결정된다. 즉 $t=1$이면 규모에 대한 수익불변constant returns to scale, $t<1$이면 규모에 대한 수익체감decreasing returns to scale, $t>1$이면 규모에 대한 수익체증increasing returns to scale이 된다.

동일한 규모의 유관 기업들이 통합될 때 그 효과는 물리적 통합 이상으로 커질 수 있다. 이를 상승효과synergy effect라 하며, 흔히 $1+1=3$으로 표현한다. 이때 규모에 대한 수익체증이 있다고 생각할 수 있다. 반대로 어떤 기업이 기업 경영의 효율성 제고를 위해 구조조정restructuring을 할 때 직원의 수를 감소시키고 불필요한 설비를 감축시키기로 했다면, 현재 이 기업은 규모에 대한 수익체감에 직면하고 있는 것으로 생각할 수 있다.

규모에 대한 수익 정도와 한계생산성이 다른 개념임을 이해하기 위해 콥-더글라스 생산함수를 생각해 보자. 콥-더글라스 생산함수 $X=AL^{\alpha}K^{\beta}$에서 $0.5<\alpha<1$ 및 $0.5<\beta<1$을 만족시킨다고 하자. 콥-더글라스 생산함수는 $(\alpha+\beta)$차 동차 생산함수인데, 이때 $\alpha+\beta$는 1보다 크므로 규모에 대한 수익체증이다.

한편 노동의 한계생산성 MP_L은 $MP_L=\alpha L^{\alpha-1}K^{\beta}$로 얻어지고 자본의 한계생산성 MP_K는 $MP_K=\beta AL^{\alpha}K^{\beta-1}$로 얻어진다. 따라서 K가 일정할 때 L의 투입량을 증가시키면 MP_L은 하락하며, L이 일정할 때 K가 증가하면 MP_K는 하락한다. 즉 L과 K 모두에 대해 한계생산성 체감의 법칙이 성립한다. 여기서 든 예는 한계생산성이 체감해도 규모에 대한 수익체증일 수 있음을 보여주지만, 일반적으로 양자 사이에 어떤 규칙성 있는 상관관계는 없다고 할 수 있다.

6-4 요소의 대체탄력성과 요소집약도

> **요소의 대체탄력성**
>
> 산출량이 일정하다고 전제하면서 한계기술대체율이 1% 변화할 때 요소결합 비율이 몇 % 변화하는지를 나타내는 것이 요소의 대체탄력성이다. 요소의 대체탄력성이 크다는 것은 생산과정에서 어떤 생산요소가 다른 생산요소로 쉽게 대체될 수 있음을 의미한다.

요소의 대체탄력성

요소의 대체탄력성elasticity of factor substitution은 생산과정에서 한 생산요소가 다른 생산요소로 얼마나 쉽게 대체될 수 있는지를 나타낸다. 요소의 대체탄력성 σ는 산출량을 일정하게 유지하는 상황에서 한계기술대체율이 1% 변화할 때 요소결합 비율 K/L

그림 6-12

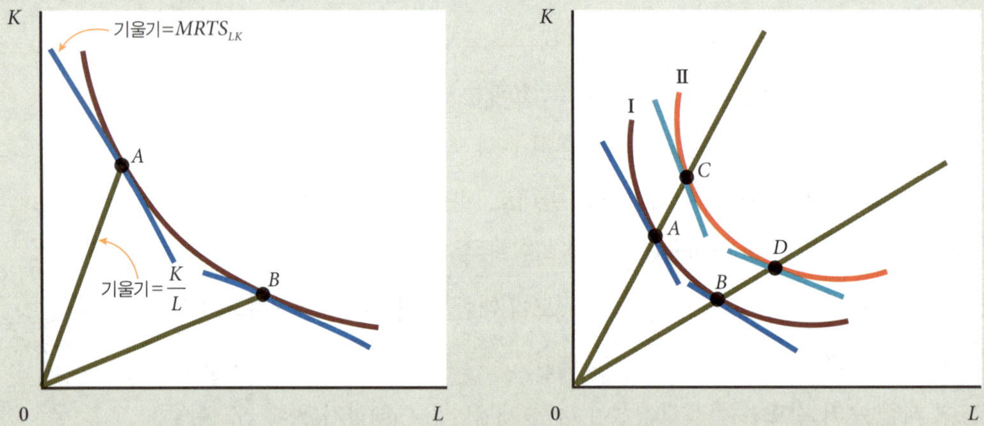

(a) 요소의 대체탄력성이 양(+)인 이유

(b) 요소의 대체탄력성과 등량곡선의 곡률

요소의 대체탄력성과 등량곡선의 곡률

요소의 대체탄력성은 생산량이 일정하다는 것을 전제로 하기 때문에 그 부호가 (a)에 나타난 바와 같이 양(+)이 된다. 한편 (b)에 나타난 바와 같이 요소의 대체탄력성이 작아질수록 등량곡선의 곡률은 커진다.

가 몇 % 변화하는지를 나타낸다.

한계기술대체율은 노동과 자본의 한계생산성의 비율이므로, 요소의 대체탄력성은 두 생산요소의 생산성 관계가 달라짐에 따라 요소결합 비율이 얼마나 많이 변화할 수 있는지 나타낸다. 요소결합 비율이 많이 변화할 수 있다는 것은 어떤 생산요소가 다른 생산요소로 쉽게 대체될 수 있음을 의미한다. 따라서 요소의 대체탄력성이 크다는 것은 생산성 관계가 달라짐에 따라 어떤 생산요소가 다른 생산요소로 쉽게 대체될 수 있음을 나타낸다.[10]

$$\sigma = \frac{\dfrac{\Delta(K/L)}{(K/L)}}{\dfrac{\Delta MRTS_{LK}}{MRTS_{LK}}} > 0$$

그림 6-12 (a)와 같이 등량곡선 위의 A에서 B로 이동하면 한계기술대체율은 감소하며, K/L의 비율도 감소한다. 따라서 요소의 대체탄력성은 양(+)의 값을 갖

10 특정한 생산요소의 생산성이 상대적으로 감소한다면 생산자는 그 생산요소를 다른 생산요소로 대체하고자 할 것이다.

그림 6-13

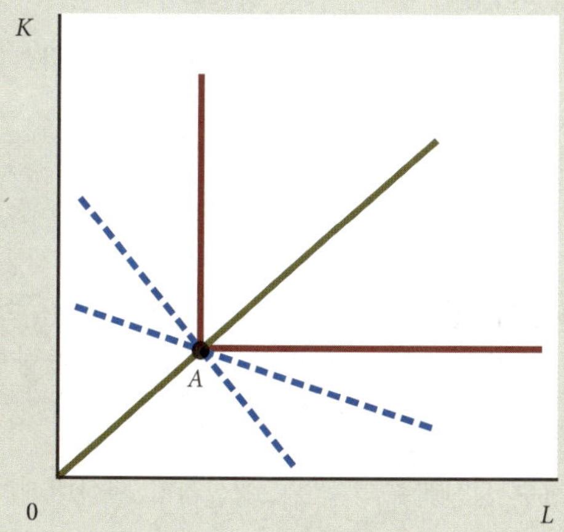

(a) 고정계수 생산함수의 경우

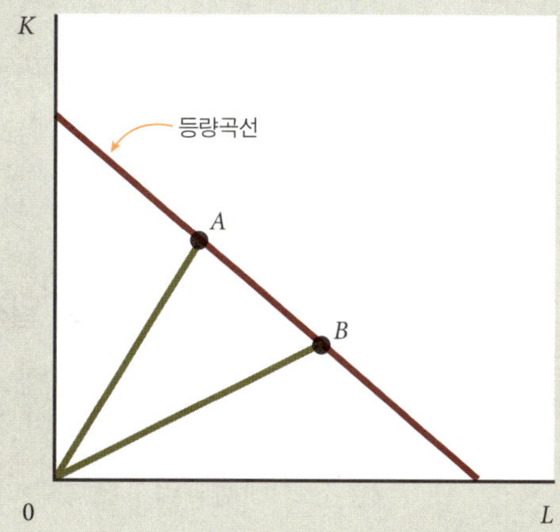

(b) 선형 생산함수의 경우

특이한 경우의 요소의 대체탄력성

(a)의 고정계수 생산함수는 요소의 대체탄력성이 0이 되며 (b)의 선형 생산함수는 요소의 대체탄력성이 무한대가 된다.

는다. 기업이 최적화를 이루는 경우, $MRTS_{LK}=W/R$가 성립하므로 요소의 대체탄력성을 다음과 같이 나타낼 수도 있다.

$$\sigma=\frac{\frac{\Delta(K/L)}{(K/L)}}{\frac{\Delta(W/R)}{(W/R)}}>0$$

임금이 상승하면, 즉 W/R이 증가하면 상대적으로 비싸진 노동을 자본으로 대체하려 하므로 K/L는 증가한다. 이에 따라 요소의 대체탄력성은 양(+)이 된다.

요소의 대체탄력성의 크기는 등량곡선의 곡률과 밀접한 관계가 있다. 그림 6-12 (b)에서 등량곡선 Ⅱ의 곡률이 등량곡선 Ⅰ의 곡률보다 더 크다. 한편 등량곡선 Ⅰ의 A에서 B로 움직이는 경우와 등량곡선 Ⅱ의 C에서 D로 움직이는 경우, K/L의 변화는 모두 동일하다. 그런데 $MRTS_{LK}$의 변화는 등량곡선의 곡률이 큰 Ⅱ의 경우가 Ⅰ의 경우보다 더 크다. 따라서 등량곡선의 곡률이 클수록 요소의 대체탄력성이 낮다고 말할 수 있다.

극단적인 요소의 대체탄력성을 갖는 경우의 예로서 고정계수 생산함수와 선형 생산함수의 경우를 생각해 보자. 고정계수 생산함수의 경우는 그림 6-13 (a)의 A

에서 등량곡선의 기울기가 변화해도 K/L는 변화하지 않는다. 따라서 고정계수 생산함수의 경우는 요소의 대체탄력성이 0이 된다. 선형 생산함수의 경우는 그림 6-13 (b)와 같이 A에서 B로 이동할 때 K/L는 변화하지만 $MRTS_{LK}$는 변화하지 않는다. 따라서 이 경우에는 요소의 대체탄력성이 무한대가 된다.

요소의 대체탄력성이 일정한 생산함수들

일반적인 경우라면 요소의 대체탄력성은 산출량이나 요소결합 비율이 변화하면 함께 변화한다. 그러나 어떤 생산함수들은 항상 일정한 요소의 대체탄력성을 갖는다. 고정계수 생산함수의 경우, 생산자가 생산비제약 하의 산출량 극대화를 이루기 위해 그림 6-13 (a)와 같은 점을 선택했다면 산출량의 수준에 상관없이 요소의 대체탄력성이 항상 0으로 일정하다. 선형 생산함수의 경우는 산출량과 요소의 결합 비율에 상관없이 요소의 대체탄력성이 항상 무한대로 일정하다. 콥-더글라스 생산함수는 한계기술대체율이 $MRTS_{LK}=(\alpha/\beta)\cdot(K/L)$가 되므로, 요소의 대체탄력성이 일정하게 1을 유지한다.[11]

요소의 대체탄력성이 일정한 생산함수의 유형은 여러 가지가 있다. 이와 같은 여러 유형의 생산함수를 모두 포함하도록 만든 생산함수를 요소의 대체탄력성 불변constant elasticity of factor substitution, *CES* 생산함수 또는 *CES* 생산함수라 한다. *CES* 생산함수의 형태는 다음과 같다.

$$X = A\{\alpha L^{-\rho} + (1-\alpha)K^{-\rho}\}^{\frac{1}{-\rho}}$$

여기서 ρ는 대체탄력성 파라미터parameter라 불리는 상수인데, ρ의 값은 -1보다 크거나 같다. ρ가 대체탄력성 파라미터로 불리는 것은 위의 생산함수를 이용해 요소의 대체탄력성 σ를 구하면 $\sigma=1/(1+\rho)$로 얻어지기 때문이다. 이 경우에 ρ가 일정한 상수로 주어지면 요소의 대체탄력성은 일정하며, 요소의 대체탄력성이 어떤 값을 갖는지는 ρ의 값에 의존함을 알 수 있다.

ρ가 -1이면 요소의 대체탄력성 $1/(1+\rho)$은 무한대가 되어 생산함수는 선형 생

11 $MRTS_{LK}=(\alpha/\beta)\cdot(K/L)$의 관계가 성립하며, 이때 α와 β는 값이 일정한 상수이므로 $\Delta MRTS_{LK}=(\alpha/\beta)\cdot\Delta(K/L)$이 성립한다. 따라서 $\Delta(K/L)/\Delta MRTS_{LK}=\beta/\alpha$가 성립한다. 또한 $MRTS_{LK}=(\alpha/\beta)\cdot(K/L)$의 관계에서 $MRTS_{LK}/(K/L)=\alpha/\beta$가 성립하므로 요소의 대체탄력성은 1이 된다.

그림 6-14

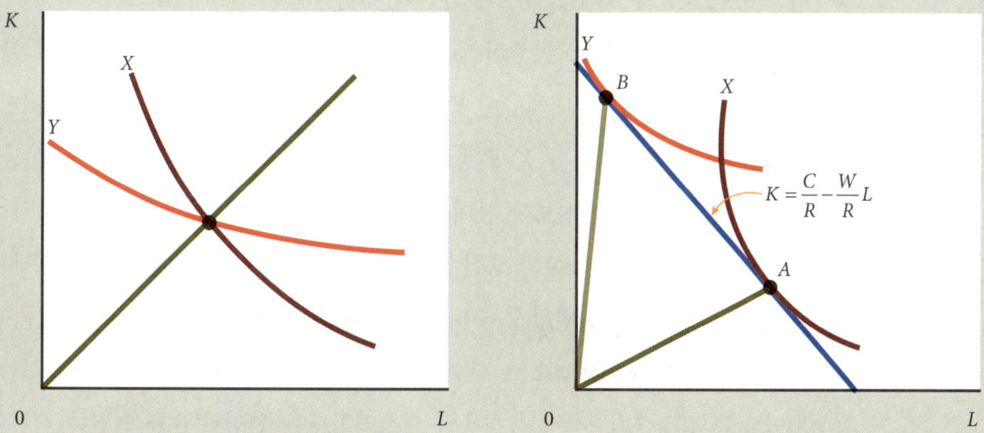

(a) 생산기술의 차이와 등량곡선 (b) 최적 선택의 차이

생산기술의 차이와 요소집약도

(a)에서는 *X*재가 *Y*재에 비해 노동의 한계생산성이 상대적으로 더 크다. 이에 따라 생산비제약 하의 산출량 극대화를 이룬 (b)에 의하면 *X*재의 경우가 *Y*재의 경우보다 더 노동집약적이 된다.

산함수가 된다. 위의 *CES* 생산함수에 $\rho=-1$을 대입하면 $X=A\alpha L+A(1-\alpha)K$가 성립하므로 생산함수가 선형 생산함수가 됨을 알 수 있다.

이를 이용해 ρ가 0이면 *CES* 생산함수는 요소의 대체탄력성이 1인 콥-더글라스 생산함수가 되며, ρ가 무한대이면 *CES* 생산함수는 요소의 대체탄력성이 0인 고정계수 생산함수가 될 것이라고 짐작할 수 있다.[12]

요소집약도 장기에 기업이 일정량의 노동과 자본을 투입하여 생산비제약 하의 산출량 극대화를 이루었다면, 이때 투입된 노동과 자본의 비율 K/L를 요소집약도 factor intensity 라 한다. 상품의 생산에서 자본의 생산성이 노동의 생산성보다 높은 경우에는 생산성이 높은 자본을 많이 사용하려 할 것이므로 요소집약도가 높을 것이다. 반대로 노동의 생산성이 자본의 생산성보다 높은 경우에는 요소집약도가 낮을 것이다.

어떤 제품의 생산에 이용되는 생산기술은 생산함수에 반영되며, 이 생산함수

12 ρ의 값이 0이거나 무한대인 경우는 이 값을 바로 *CES* 생산함수에 대입할 수 없다. 이 경우는 로피탈의 법칙(L'Hôpital's rule)을 이용해야 하는데, 이 책의 범위를 넘어서므로 생략하기로 한다. 관심이 있는 독자들은 Varian, H., *Microeconomic Analysis*, Norton, 1992를 참고하기 바란다.

를 그림으로 그린 것이 등량곡선이다. 따라서 제품 생산에 사용되는 생산기술의 차이는 등량곡선의 형태를 다르게 만든다.

두 개의 상품 X와 Y를 생산하는 경우를 살펴보자. 요소결합 비율이 일정할 때 X재 생산의 한계기술대체율이 Y재 생산의 한계기술대체율보다 큰 경우는 그림 6-14 (a)와 같다. 이 경우, X재 생산에 투입된 노동의 한계생산성이 Y재 생산에 투입된 노동의 한계생산성보다 상대적으로 더 크다. 즉 등량곡선의 기울기가 급할수록 노동의 생산성이 자본의 생산성보다 상대적으로 더 높다는 것을 나타낸다.

장기에 생산비가 일정하게 주어졌을 때 X재를 생산하는 경우에는 그림 6-14 (b)의 A를 최적 요소투입으로 결정하며, Y재를 생산하는 경우에는 B를 최적 요소투입으로 결정한다. 각각의 경우의 요소집약도는 원점과 B를 연결한 직선의 기울기와 원점과 A를 연결한 직선의 기울기로 나타난다. 따라서 X재 생산의 요소집약도가 Y재 생산의 요소집약도보다 낮다는 것을 알 수 있다.

동일한 제품을 생산해 내는 기업들의 모임을 산업 industry 이라 한다. 따라서 요소집약도(K/L)가 낮은 산업을 노동집약적 labour intensive 산업, 요소집약도가 높은 산업을 자본집약적 capital intensive 산업이라 할 수 있다. 위의 예에서는 X재 산업이 노동집약적 산업이며, Y재 산업은 자본집약적 산업이다.

6-5 기술진보

산출량의 증가는 다음의 두 가지 경우에 가능하다. 먼저 생각해 볼 수 있는 것은 생산요소의 투입량을 증가시키는 것이다. 그런데 생산요소의 투입량이 일정해도 생산성이 증가하면 산출량이 증가할 수 있다. 이와 같은 상황이 발생할 때 '**기술진보** technological progress 가 있다'라고 한다. 기술진보는 결국 노동과 자본의 생산성이 증가한다는 것을 의미한다. 이 경우에 노동과 자본의 한계생산성이 같은 정도로 증가하면 '중립적 기술진보 neutral technological progress 가 있다'고 한다. 또한 노동의 한계생산성이 자본의 한계생산성보다 빨리

기술진보

생산성의 증가를 기술진보라고 한다. 노동과 자본의 생산성이 같은 정도로 증가하는 경우를 중립적 기술진보, 노동생산성 증가율이 높은 경우를 노동집약적 기술진보, 자본생산성 증가율이 높은 경우를 자본집약적 기술진보라 한다.

맬서스의 우울한 예측과 기술진보

EXAMPLE 6-1

일반적으로 경제의 산출량을 결정하는 요인으로 다음의 세 가지를 들 수 있다.

첫째, 노동, 자본 및 원료 등과 같은 생산요소의 투입량, 둘째, 기업조직, 수송제도, 통신제도지식 확산 경로, 토지이용제도 등과 같은 생산요소의 투입과 연관된 제도, 셋째, 신기술의 발명, 혁신 등과 같이 생산요소를 산출물로 전환시키는 방법의 진보 등이다.

일반적으로 생산요소의 투입량이 일정해도 산출량이 증가하는 경우에 기술진보가 있다고 한다. 산출물 결정 요인 중 두 번째인 '생산요소 투입과 연관된 제도'와 세 번째인 '생산요소를 산출물로 전환시키는 방법' 등을 넓은 의미의 기술진보의 요인이라고 할 수 있다. 그런데 장기적으로는 신기술의 발명 및 혁신 등에 의해 기술경계 technological frontier를 확장시켜야 경제의 평균 기술수준이 향상되며 이에 따라 생산성의 지속적 증가가 가능하게 된다.

맬서스T. Malthus는 1798년에 발간한 《인구론》에서 인구는 기하급수적으로 증가하지만 식량은 산술급수적으로 증가하여 인류는 암울한 장래를 맞이할 것이라고 예측하였다. 이 예측은 경제학이 우울한 학문이라는 말을 듣게 된 원인 가운데 하나가 되었다. 현재 시점에서 보면 맬서스의 예측은 잘못된 것이 확실한다. 그 이유는 크게 두 가지를 들 수 있다.

첫째, 인구가 기하급수적으로 늘어나지 않았다. 특히 선진국들을 중심으로 인구증가율은 지속적으로 둔화되어 왔다는 것이다.

맬서스(1723~1790) 영국의 경제학자. 인구와 식량 사이에 필연적으로 불균형이 발생할 수밖에 없다고 주장하였다.

둘째, 농업인구가 증가하면 노동의 한계생산성이 감소할 것이라는 점은 사실이지만 맬서스는 기술진보 요인을 간과하였다는 것이다. 농업부문의 기술진보는 노동의 한계생산성 체감에도 불구하고 농업생산성을 꾸준하게 증가시켰다는 것인데 그 증거는 *UN* 식량농업기구가 발표한 다음의 '1인당 농업산출량 지수'를 통해서도 분명히 확인할 수 있다.

연 도	1979~81	1989~91	1999~2001	2004
지 수	87.1	92.4	100.0	105.3

자료 : food and agriculture organization of UN, *statistical yearbook* 2005-6에서 인용

증가하는 경우는 '노동집약적 기술진보가 있다'고 하고, 자본의 한계생산성이 노동의 한계생산성보다 빨리 증가하는 경우는 '자본집약적 기술진보가 있다'고 한다.

중립적 기술진보의 효과를 그림 6-15 (a)를 통해 알아보자. 중립적 기술진보 이전과 이후 모두 노동의 투입량은 L_0, 자본의 투입량은 K_0로 같다고 하자. 즉 이 경우에는 중립적 기술진보 이전과 이후의 요소결합 비율이 K_0/L_0로 같다.

중립적 기술진보 이전의 산출량을 X_0, 중립적 기술진보 이후의 산출량을 X_1이라 하면 X_1은 X_0보다 크다. 한편 중립적 기술진보의 경우, 노동의 한계생산성과 자본의 한계생산성이 같은 정도로 증가하므로, A에서의 한계기술대체율 $MRTS_{LK}=MP_L/MP_K$은 중립적 기술진보 이전과 이후에 모두 동일하다.

그림 6-15

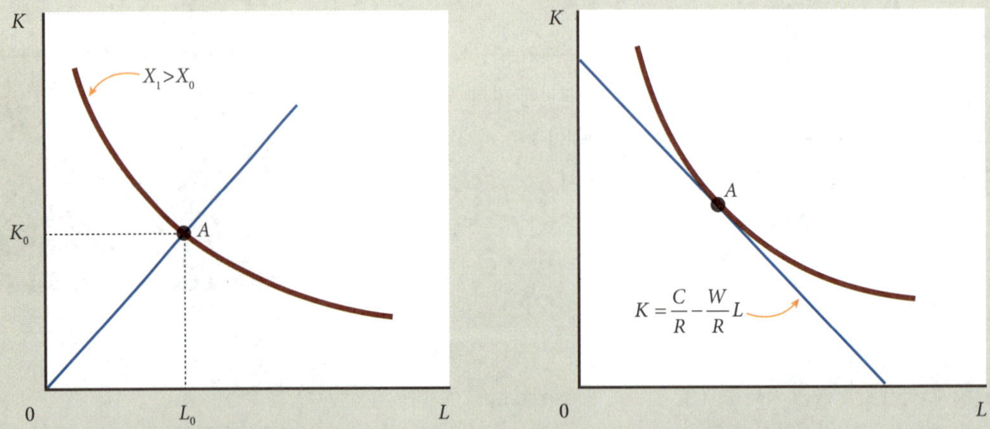

(a) 등량곡선의 변화 (b) 최적 선택의 변화

중립적 기술진보

중립적 기술진보는 (K/L)가 일정하면 $MRTS_{LK}$도 일정하다. 따라서 기술진보가 일어난 후에도 (b)와 같이 최적 선택이 변화하지 않는다.

임금, 자본임료, 생산비가 W, R, C로 일정하게 주어지면 등비용선은 그림 6-15 (b)와 같이 위치가 확정된다. 그런데 중립적 기술진보가 있기 이전에 생산비제약 하의 산출량 극대화를 이루기 위해 A를 선택했다면 중립적 기술진보 이후에도 A를 최적 요소결합으로 선택한다. 즉 등비용선이 변화하지 않는 한 중립적 기술진보가 있어도 요소집약도는 변화하지 않는다.

이번에는 노동집약적 기술진보의 효과를 그림 6-16 (a)를 통해 알아보기로 하자. 노동집약적 기술진보 이전과 이후 모두 노동의 투입량은 L_0, 자본의 투입량은 K_0로 동일하다고 하자. 노동집약적 기술진보 이전의 산출량을 X_0라 하고, 노동집약적 기술진보 이후의 산출량을 X_1이라 하면 X_1은 X_0보다 크다. 한편 노동집약적 기술진보가 일어났다면 노동의 한계생산성이 자본의 한계생산성보다 더 많이 증가하므로 A에서의 한계기술대체율 $MRTS_{LK}$는 증가한다.

등비용선이 주어진 경우, 노동집약적 기술진보가 있기 이전에는 생산비제약 하의 산출량 극대화를 이루기 위해 그림 6-16 (b)의 A를 선택했다.

노동집약적 기술진보가 이루어지면 A에서의 한계기술대체율이 증가해 A는 더 이상 최적 요소결합을 나타내지 못한다. 따라서 노동집약적 기술진보가 일어난 이후에는 B를 최적 요소결합으로 선택한다. 즉 등비용선이 변화하지 않아도 노

그림 6-16

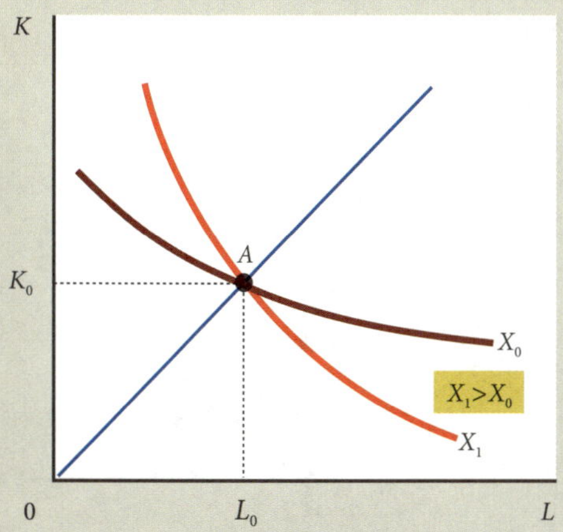

(a) 등량곡선의 변화

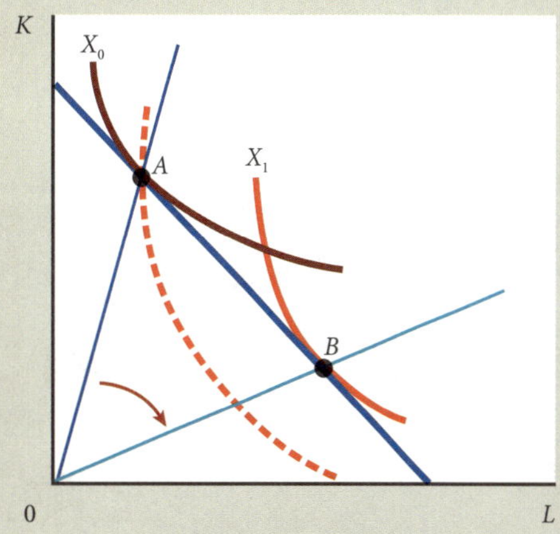

(b) 최적 선택의 변화

노동집약적 기술진보

노동집약적 기술진보는 (a)와 같이 동일한 K/L에 대해 $MRTS_{LK}$가 증가한다. 따라서 최적 선택의 결과, (b)와 같이 더욱 노동집약적이 된다.

동집약적 기술진보가 있으면 요소집약도가 떨어져 X재 산업은 더욱 노동집약적이 된다.

자본집약적 기술진보의 효과를 그림 6-17 (a)를 통해 알아보자. 자본집약적 기술진보 이전과 이후 모두 노동의 투입량은 L_0, 자본의 투입량은 K_0로 동일하다고 하자. 자본집약적 기술진보 이전의 산출량을 X_0라 하고, 자본집약적 기술진보 이후의 산출량을 X_1이라 하면 X_1은 X_0보다 크다. 한편 자본집약적 기술진보가 일어났다면 자본의 한계생산성이 노동의 한계생산성보다 더 많이 증가하므로 A에서의 한계기술대체율 $MRTS_{LK}$는 감소한다.

등비용선이 주어진 경우, 자본집약적 기술진보가 있기 이전에는 생산비제약하의 산출량 극대화를 이루기 위해 그림 6-17 (b)의 A를 선택했다.

자본집약적 기술진보가 이루어지면 A에서의 한계기술대체율이 감소해 A는 더 이상 최적 요소결합이 아니다. 따라서 자본집약적 기술진보가 일어난 이후에는 B를 최적 요소결합으로 선택한다. 즉 등비용선이 변화하지 않아도 자본집약적 기술진보가 있으면 요소집약도는 증가해 X재 산업은 더욱 자본집약적이 된다.

그림 6-17

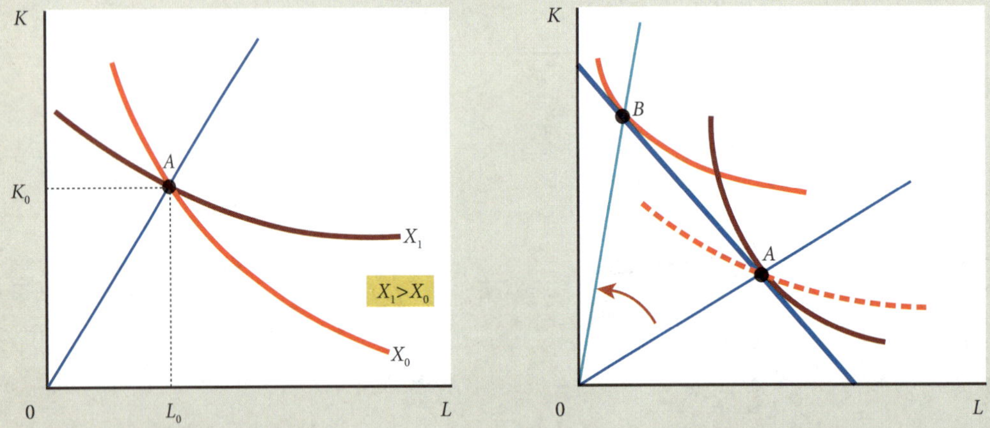

(a) 등량곡선의 변화 (b) 최적 선택의 변화

자본집약적 기술진보

자본집약적 기술진보는 (a)와 같이 K/L에 대해 $MRTS_{LK}$가 감소한다. 따라서 최적 선택의 결과, (b)와 같이 더욱 자본집약적이 된다.

6-6 결합생산

지금까지 고려된 생산함수는 여러 종류의 생산요소를 이용해 한 가지 생산물을 만들어 내는 경우에 국한되었다. 그러나 현실적으로는 한 종류의 생산요소를 투입해 여러 가지 생산물을 만들낼 수도 있다. 예를 들어 원유를 생산요소로 투입하면 휘발유, 중유, 경유, 등유 등 여러 가지 생산물을 얻을 수 있다. 이와 같이 생산과정에서 여러 가지 생산물을 얻는 것을 결합생산joint production이라 한다.

여기서는 노동만 투입해 X재와 Y재를 생산하는 경우를 생각해 보자. 노동의 투입량이 L로 일정하게 주어졌을 때 이를 가장 효율적으로 사용할 때 얻을 수 있는 X와 Y의 결합은 여러 가지가 있을 수 있다. 이 관계를 정해 주는 것이 **생산가능함수**production possibility function이며, 생산가능함수가 나타내는 X와 Y의 결합을 (X, Y) 평면에 그린 것이 **생산가능곡선**production possibility curve이다. 이

생산가능함수, 생산가능곡선

노동의 투입량이 주어졌을 때 이를 가장 효율적으로 이용하는 경우에 얻을 수 있는 산출량들 사이의 관계를 정해 주는 것이 생산가능함수이며, 생산가능함수를 그림으로 그린 것이 생산가능곡선이다.

경우의 생산가능함수는 다음과 같이 나타낼 수 있다.

$$L = h(X, Y)$$

일정량의 노동 L을 이용해 X와 Y를 만들어 내는 경우, 노동 가운데 일부는 X재 생산에 투입하고, 나머지는 Y재 생산에 투입해야 한다. L_X를 X재 생산에 투입된 노동이라 하고, L_Y를 Y재 생산에 투입된 노동이라 하면 $L_X + L_Y = L$이 성립한다. X재 생산에 투입된 노동의 한계생산성을 MP_L^X라 하고, Y재 생산에 투입된 노동의 한계생산성을 MP_L^Y라 하자.

생산가능함수를 (X, Y) 평면에 그린 것이 생산가능곡선인데, 생산가능곡선은 다음과 같은 성질을 만족시킨다.

1. 생산가능곡선은 우하향한다.
2. 노동의 투입량이 많아질수록 생산가능곡선은 원점에서 멀어진다.
3. 생산가능곡선은 원점에 대해 오목하다.

생산가능곡선이 우하향하는 것은 노동의 투입량이 고정되어 있고 노동의 한계생산성이 0보다 크기 때문이다. 생산요소가 노동뿐이므로 X의 생산량을 늘리려면 X의 생산에 투입되는 L_X를 늘려야 한다. L이 일정하므로 L_X를 늘린다는 것은 L_Y를 줄이며, 이는 곧 Y의 생산량이 감소함을 의미한다. 따라서 생산가능곡선은 우하향한다.

한편 노동의 양이 많아지면 X와 Y의 생산에 투입될 수 있는 노동의 양도 많아지므로 X와 Y 모두 생산량이 늘어난다. 이는 곧 노동의 투입량이 많아질수록 생산가능곡선이 원점에서 멀어진다는 것을 의미한다. 생산가능곡선이 원점에 대해 오목한 이유를 알아보기 위해 X와 Y의 **한계전환율** marginal rate of transformation MRT_{XY}의 개념을 알아 둘 필요가 있다. 생산가능곡선 위의 한 점에서의 기울기를 구해 그 부호를 바꾸어 양(+)으로 만들어 준 것을 한계전환율이라 한다.[13]

> **한계전환율**
>
> 생산가능곡선 위의 한 점에서 기울기를 구한 다음, 부호를 양(+)으로 하여 표현한 것이 한계전환율 MRT_{XY}이다. 한계전환율은 MP_L^Y와 MP_L^X의 비율인 MP_L^Y / MP_L^X로 나타낸다.

한계전환율을 구하기 위해 생산가능곡선을 따라 X를 증가시키고 Y를 감소시키는 경우를 살펴보자. 이때 노동의 투입량은 변화하지 않으므로 $\Delta L = 0 = (\Delta L / \Delta X) \cdot \Delta X + (\Delta L / \Delta Y) \cdot \Delta Y$의 관계가 성립한다.

13 한계전환율이란 특정 재화의 생산을 포기하고 다른 재화의 생산으로 전환하고자 할 때 발생하는 생산 감소분과 생산 증가분의 비율이라고 이해할 수 있다.

그림 6-18

한계전환율

생산가능곡선 위의 한 점에서 접선의 기울기로 정의되는 한계전환율은 MP_L^Y / MP_L^X로 나타난다.

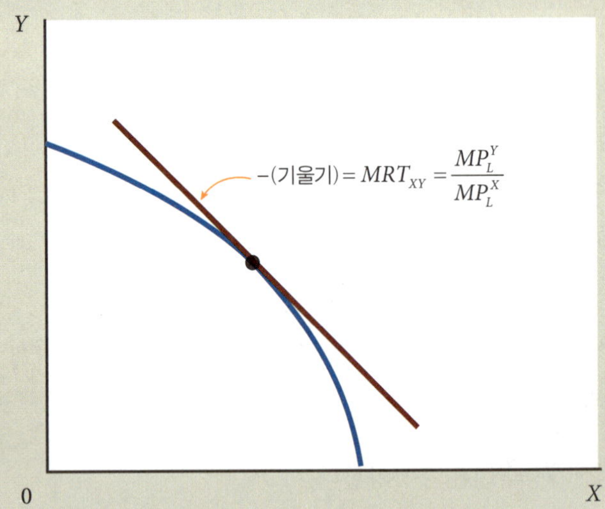

그런데 $\Delta L / \Delta X = 1 / (\Delta X / \Delta L) = 1 / MP_L^X$, $\Delta L / \Delta Y = 1 / (\Delta Y / \Delta L) = 1 / MP_L^Y$ 이며, 한계전환율의 정의에 의해 $MRTS_{LK} = -(\Delta Y / \Delta X)$이므로 한계전환율은 결국 다음과 같이 구해진다.

$$MRT_{XY} = \frac{MP_L^Y}{MP_L^X}$$

그림 6-19

원점에 대해 오목한 생산가능곡선

A에서 B로 이동한다는 것은 X재 생산을 늘리기 위해 X재 생산에 투입되는 노동을 늘리고 Y재 생산에 투입되는 노동을 줄임을 의미한다. 노동의 한계생산성이 체감한다면 MRT_{XY}는 증가하게 된다.

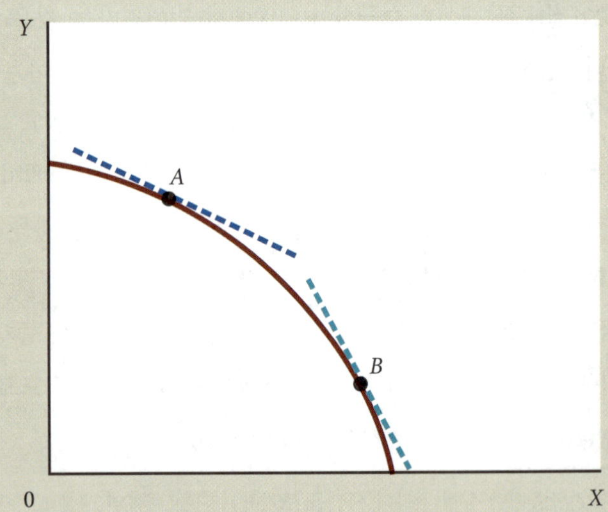

표 6-1

이질적인 노동의 경우 한계전환율의 변화

(a) 각 집단의 특성

집 단	X재 생산량	Y재 생산량
A	6	10
B	7	9
C	8	8
D	9	7
E	10	6

(b) 한계전환율의 변화

Y재 생산에 투입된 집단	X재 생산에 투입된 집단	Y재 생산량	X재 생산량	$-\frac{\Delta Y}{\Delta X}$
A, B, C, D, E		40	0	
A, B, C, D	E	34	10	6/10
A, B, C	D, E	27	19	7/9
A, B	C, D, E	19	27	8/8
A	B, C, D, E	10	34	9/7
	A, B, C, D, E	0	40	10/6

생산가능곡선이 원점에 대해 오목한 이유로 한계생산성 체감의 법칙과 이질적인 노동heterogeneous labour을 들 수 있다. 한계생산성 체감의 법칙이 성립하면 생산가능곡선은 원점에 대해 오목하다.

그림 6-19에서 생산가능곡선 위의 A에서 B로 움직이는 경우를 생각해 보자. A에서 B로 움직인다는 것은 X의 생산량을 증가시키고, Y의 생산량을 감소시킨다는 것이다. X의 생산량을 늘리고 Y의 생산량을 줄이기 위해서는 L_X를 늘리고 L_Y를 줄여야 한다. 한계생산성이 체감하는 경우, L_X가 증가하면 MP_L^X는 감소하며, L_Y가 감소하면 MP_L^Y는 증가한다. 따라서 A에서 B로 이동할 때 한계전환율은 증가해야 하며, 이를 위해서는 생산가능곡선이 원점에 대해 오목해야 한다.

노동이 이질적이면 생산가능곡선은 원점에 대해 오목하다. 이를 표 6-1의 예를 통해 알아보자. 어떤 국민경제에 $A \sim E$의 노동자 집단이 있다. 각 집단은 X와 Y의 생산능력이 다르다. 예를 들어 집단 A가 1년간 X재만 만들면 6단위를 만들고, Y재만 만들면 10단위를 만들 수 있다. 따라서 집단 A는 Y재를 가장 잘 만드는 집단이며, 집단 E는 X재를 가장 잘 만드는 집단이다. 각 집단마다 X재와 Y재를 만드는 능력이 상이하므로 각 집단의 노동은 이질적이다.

현재 이 국가에서는 Y재만 만들고 있다고 하자. 이 경우에 모든 집단의 노동자가 Y재만 만들며, Y재의 생산량은 40이다. 그런데 이 국가가 한 집단의 노동자를 X재 생산에 돌려 X재를 만들기로 했다고 가정해 보자. 이 경우에는 X재를 가장 잘 만드는 집단 E를 X재 생산에 돌리는 것이 가장 효율적이다. 따라서 $\Delta X=10$, $\Delta Y=-6$이 되므로 한계전환율은 $6/10$이 된다.

이 국가가 X재 생산을 좀더 늘리기 위해 한 집단을 더 X재 생산에 투입하기로 했다면 집단 D가 투입된다. 따라서 이때 $\Delta X=9$, $\Delta Y=-7$이 되므로 한계전환율은 $7/9$이 된다. 이와 같이 X재의 생산량을 계속 늘려나가면 표 6-1 (b)와 같이 한계전환율이 증가함을 알 수 있다.[14]

범위의 경제

생산가능곡선이 원점에 대해 오목한 이유를 비용 측면에서 살펴보기로 하자. 어떤 기업이 여러 가지 산출물을 동시에 생산할 때 비용을 절감할 수 있다면 여러 가지 산출물을 생산하려고 할 것이다. 여러 가지 산출물을 동시에 생산하는 경우의 생산비가 그 산출물들을 따로 생산하는 경우보다 더 적다면 '범위의 경제 economies of scope가 존재한다'고 한다.

범위의 경제는 다양한 이유로 존재할 수 있다. 한 산출물을 생산할 때 다른 산출물을 부산물로서 거의 추가비용을 들이지 않고 생산할 수 있는 경우에 범위의 경제가 존재할 수 있다. 쇠고기를 얻기 위해 소를 도축을 할 때 가죽을 덤으로 얻는다든지 휘발유를 얻기 위해 원유를 정제하는 과정에서 등유도 같이 얻는 것과 같은 경우가 이에 해당한다.

어떤 기업이 중간재와 최종재를 모두 생산한다면 '수직적 통합 vertical integration이 이루어졌다'고 한다. 이 경우에도 범위의 경제가 존재할 수 있다. 예를 들어 어떤 철강회사가 철광산과 석탄 광산을 모두 갖고 있어 수송비 등을 절감해 철강을 더 싼 값에 생산할 수 있다면 수직적 통합에 의한 범위의 경제가 존재하게 된다. 그 밖에 몇몇 고정생산요소를 이용해 다양한 산출물을 생산해 판매할 수 있는 경우에도 범위의 경제가 존재할 수 있다. 철강회사에서 하나의 용광로에서 다양한

14 노동이 이질적이라는 것을 사회 전체의 입장에서 보면 한계생산성이 체감한다는 의미이다.

EXAMPLE 6-2

광고대행사의 규모의 경제와 범위의 경제

규모의 경제와 범위의 경제가 현실적으로 얼마만큼 중요한지 알기 위해서는 특정산업을 대상으로 엄밀한 실증분석을 해야 한다.

미국의 광고대행 산업을 대상으로 한 연구에 의하면 대규모 광고대행사의 평균비용은 소규모 광고대행사의 64.9%에 불과한 것으로 나타났다. 이러한 평균비용의 차이를 규모의 경제와 범위의 경제로 나누어 분석할 수 있다. 여기에서 범위의 경제란 광고를 할 수 있는 각종 광고매체의 혼합을 의미한다. 연구 결과에 따르면, 미국의 광고수단을 미디어 이외, TV 및 잡지, 신문, 라디오 등으로 나누었을 때 대규모 광고대행사는 각각의 비중이 22%, 59%, 11% 및 8%인 반면 소규모 광고대행사는 60%, 20%, 12% 및 8%로 규모에 따라 확연한 차이를 보였다.

흥미롭게도 소규모 광고대행사의 규모를 그대로 유지하면서 광고매체의 혼합만 대형 광고대행사와 같이 했을 때 대규모 광고대행사의 평균비용이 소규모 광고대행사의 81.5%에 달하는 것으로 나타났다. 그리고 소규모 광고대행사의 광고매체 혼합은 그대로 두고 규모만 대규모 광고대행사의 크기로 했을 때에도 대규모 광고대행사의 평균비용이 소규모 광고대행사의 83.4%에 달하는 것으로 조사됐다.

현실 경제에서는 규모의 경제와 범위의 경제가 비슷한 정도로 평균비용의 감소에 영향을 주는 것으로 알려졌다.

이는 규모의 경제와 범위의 경제가 같은 정도로 평균비용 감소에 영향을 주고 있음을 암시한다.

자료 : Silk, A.J. et. al., scale and scope effects on advertizing agency cost, *marketing science*, 1993.

철강제품을 만들거나, 자동차회사에서 하나의 자동차 조립라인에서 여러 종류의 자동차를 조립하는 경우가 그 예가 될 수 있다.

이러한 범위의 경제를 어떻게 정형화해 나타낼 수 있는지 살펴보기로 하자. 어떤 기업이 X재만 X만큼 생산할 때의 생산비가 $C(X)$, Y재만 Y만큼 생산할 때의 생산비가 $C(Y)$, X재와 Y재를 각각 X, Y만큼 생산할 때 생산비를 $C(X, Y)$라 하자. 이때 범위의 경제가 존재할 조건은 생산비가 두 재화를 동시에 생산하는 경우가 따로 생산하는 경우보다 작다는 것이므로 다음과 같이 나타낼 수 있다.

$$C(X,\ Y) < C(X) + C(Y)$$

범위의 경제의 정의에 의해 $C(X, Y)$가 $C(X)+C(Y)$보다 작으면 작을수록 범위의 경제의 정도가 크다고 말할 수 있다. 한편 두 재화를 따로 생산하는 경우나 같이 생산하는 경우나 생산비에 차이가 없다면 $C(X, Y) = C(X) + C(Y)$가 성립하게 되며, 이 경우에는 범위의 경제가 없다고 한다.

이제 범위의 경제가 등량곡선의 형태에 어떠한 영향을 주는지 알아보자. 생산

그림 6-20

범위의 경제와 생산가능곡선

범위의 경제가 존재한다면 X재와 Y재를 같이 생산하는 A에서 생산비가 감소하므로 주어진 생산비로 생산해 낼 수 있는 각 재화의 양이 모두 증가할 수 있다. 따라서 생산가능곡선은 원점에 대해 오목한 형태가 된다.

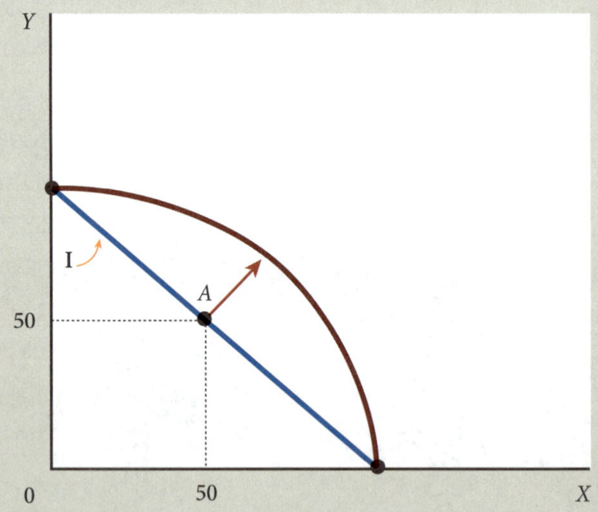

요소로서 노동만이 존재하는데 임금 수준이 일정하다면, 노동의 양이 일정하다는 것과 생산비가 일정하다는 것은 같은 의미가 된다. 지금 범위의 경제가 없는 경우의 예로 $C(X)=X$, $C(Y)=Y$ 및 $C(X, Y)=C(X)+C(Y)$인 경우를 생각해 보자. 노동의 양 및 임금이 일정해 생산비가 100으로 일정하게 주어졌다면 생산가능곡선은 그림 6-20의 I과 같이 직선이 된다.

범위의 경제가 있다면 생산가능곡선의 형태는 어떻게 될 것인가? 범위의 경제가 없는 경우인 그림 6-20의 A가 나타내는 바를 예로 들어 설명해 보자. 범위의 경제가 없으면 두 재화를 따로 생산하든 같이 생산하든 생산비가 동일하므로, A를 X재와 Y재를 따로 50단위씩 생산해 생산비가 100인 경우로 생각할 수 있다.

범위의 경제가 있다면 X재와 Y재를 동시에 50단위씩 생산하면 따로 생산하는 경우보다 생산비가 감소한다. 따라서 100의 생산비로 X재와 Y재를 동시에 생산하면 X재와 Y재의 생산량을 모두 A가 나타내는 것보다 증가시킬 수 있다. 이는 곧 범위의 경제가 존재하지 않는 경우에 직선이었던 생산가능곡선 위의 모든 점이 범위의 경제가 존재하는 경우에는 그림 6-20의 화살표 방향으로 이동해 생산가능곡선이 원점에 대해 오목해짐을 나타낸다.

요 약

- 생산요소의 투입량과 투입된 생산요소를 이용해 생산 가능한 산출량들의 모임을 생산가능집합이라 한다. 생산요소의 투입량과 투입된 생산요소를 가장 효율적으로 이용할 때 얻을 수 있는 산출량 사이의 관계를 나타내는 것은 생산함수이다. 생산요소 한 단위당 산출량은 평균생산성이며, 생산요소의 투입량이 한 단위 증가하는 경우에 산출량이 얼마나 증가하는지를 나타내는 것은 한계생산성이다. 일반적으로 노동(자본)의 투입량이 증가하면 노동(자본)의 한계생산성은 체감하나, 노동(자본)의 투입량이 증가하면 자본(노동)의 한계생산성은 증가한다.

- 동일한 산출량을 생산해 낼 수 있는 요소결합을 그림으로 그린 것이 등량곡선이다. 등량곡선은 다음의 성질을 만족시킨다. ① 임의의 요소결합을 지나는 등량곡선이 있다. ② 등량곡선의 기울기는 음(−)이다. ③ 등량곡선은 서로 교차하지 않는다. ④ 원점에서 멀리 떨어진 등량곡선일수록 높은 산출량을 나타낸다. ⑤ 등량곡선은 원점에 대해 볼록하다.

- 등량곡선 위의 한 점에서의 기울기를 구해 그 값이 양(+)이 되도록 부호를 바꾸어 준 것이 한계기술대체율이다. 한계기술대체율 $MRTS_{LK}=MP_L/MP_K$로 나타낼 수 있다.

- 단기에 생산비 제약 하의 산출량 극대화를 이루기 위해서는 주어진 자본을 다 투입하며, 생산비에서 자본에 대한 지출 금액을 뺀 전액을 노동에 지불한다. 장기에는 $MRTS_{LK}=W/R$가 만족되도록 생산요소를 투입해야 생산비제약 하의 산출량 극대화를 이룰 수 있다. 이를 다시 쓰면 $MP_L/W=MP_K/R$가 되는데, 이를 한계생산성 균등의 법칙이라 한다. 생산비가 일정하게 주어졌다면 장기의 산출량은 단기의 산출량보다 더 많다.

- 노동의 투입량과 자본의 투입량을 동시에 λ배 증가시키면 산출량의 증가는 'λ배만큼, λ배보다 많이, λ배보다 작게'의 세 가지 가운데 하나로 나타난다. 이를 각각 규모에 대한 수익불변, 규모에 대한 수익체증, 규모에 대한 수익체감이라 한다.

- 일정한 산출량 수준을 전제할 때 한계기술대체율이 1% 변화하면 요소결합 비율이 몇 % 변화하는지를 나타내는 것이 요소의 대체탄력성이다. 요소의 대체탄력성이 크다는 것은 생산과정에서 어떤 생산요소가 다른 생산요소로 쉽게 대체될 수 있다는 것이다. 등량곡선의 곡률이 커질수록 요소의 대체탄력성은 낮아진다. CES 생산함수는 요소의 대체탄력성이 $1/(1+\rho)$로 일정한데, $\rho=-1$이면 선형 생

산함수, $\rho = 0$이면 콥-더글라스 생산함수, $\rho = \infty$이면 고정계수 생산함수이다.

- 생산성의 증가를 기술진보라 한다. 노동과 자본의 생산성이 같은 정도로 증가하는 경우를 중립적 기술진보, 노동 생산성의 증가율이 높은 경우를 노동집약적 기술진보, 자본 생산성의 증가율이 높은 경우를 자본집약적 기술진보라 한다.

- 하나의 생산요소로 여러 종류의 산출물을 얻을 수 있는 경우를 결합생산이라 한다. 일정하게 주어진 노동의 투입량과 이를 가장 효율적으로 이용하여 얻을 수 있는 산출량들 사이의 관계를 정하여 주는 것이 생산가능함수이며, 이를 그림으로 그린 것이 생산가능곡선이다. 생산가능곡선은 우하향하며, 원점에 대해 오목하다. 또한 노동의 투입량이 증가할수록 생산가능곡선은 원점에서 멀어진다. 생산가능곡선 위의 한 점에서의 기울기를 구해 부호를 양(+)으로 하여 표현한 한계전환율 MRT_{XY}는 $MRT_{XY} = MP_L^Y / MP_L^X$를 만족시킨다.

- 여러 가지 산출물을 동시에 생산하는 경우의 생산비가 산출물들을 따로 생산하는 경우보다 낮은 경우에 범위의 경제가 존재한다. 범위의 경제가 존재하면 생산가능곡선은 원점에 대해 오목하다.

연 습 문 제

01 X재의 생산함수 $f(L, K)$는 1차 동차 생산함수이고 $f(2, 1) = 5$ 및 $MP_L(2, 1) = 2$라고 알려졌다. $f(4, 2)$ 및 $MP_K(2, 1)$의 값은 각각 얼마인가? 그리고 $MP_L(3, 1)$의 값은 2와 비교해 어떠한가?

02 1차 동차 생산함수에서 오일러 정리를 이용해 AP_L이 극대이면 $MP_K = 0$이며, AP_K가 극대이면 $MP_L = 0$이 됨을 보이시오.

03 장기에 생산비제약 하의 산출량 극대화를 이루는 기업이 최적 요소의 투입으로 $L = 0$, $K = 10$을 선택했다. 이때 $MRTS_{LK}$와 W/R 사이의 관계는 어떠한가? 이를 그림으로 나타내시오.

04 $W = 5$, $R = 10$으로 주어졌다. 생산비는 200을 초과할 수 없으며, 단기에 자본의 투입량은 15를 초과할 수 없다. 단기에 생산비제약 하의 산출량 극대화를 이루기 위해서는 노동을 얼마나 투입해야 하는가?

05 어떤 기업이 현재 $L=10$, $K=10$을 투입하고 있다. W/R가 10% 상승하는 경우에 CD 생산함수, 고정계수 생산함수 및 선형 생산함수의 K/L 값은 각각 어떻게 되겠는가?

06 어떤 국민경제는 노동만 이용해 X재와 Y재를 생산하며, 모든 노동이 동질이다. 다음 물음에 답하시오.

(1) 노동이 동질homogeneous이라는 것은 무슨 의미인가?

(2) 이 경우의 생산가능곡선의 형태는 어떠한가?

07 X재의 생산함수가 $X=\min\{L, K\}$, 그리고 단기에 $K=30$, $W=10$, $R=20$으로 주어졌다. 이 기업은 생산비제약 하에서 산출량이 극대가 되도록 의사결정을 한다.

(1) 이 기업의 단기 및 장기의 확장선을 그림으로 그리시오. 단기의 확장선이 수평선이 아니라고 말할 수 있는가?

(2) 단기 및 장기의 산출량 수준을 같게 만드는 생산비는 얼마인가?

08 요소의 대체탄력성의 부호에 대해 갑은 다음과 같이 이야기했다.

> "$\Delta MRTS_{LK}$가 0보다 크다는 것은 MP_L/MP_K이 증가했음을 의미한다. MP_L이 MP_K보다 더 많이 증가하는 경우에 합리적인 기업이라면 L의 투입량을 상대적으로 증가시키려고 한다. 이에 따라 K/L는 감소하며, 이는 곧 $\Delta(K/L)$가 0보다 작음을 나타낸다."

이상의 논리에 의하면 요소의 대체탄력성의 부호는 음(−)이다. 갑의 의견이 왜 잘못된 것인지 구체적으로 지적하시오.

09 X재의 생산함수 $X=f(L, K)$는 1차 동차 함수이다. 단기에 자본의 양이 K_0로 주어졌으며, 노동을 L_0만큼 투입하는 경우에 주어진 생산비에서 단기 및 장기의 산출량은 동일하다.

(1) 현재의 장기 확장선(I), 노동집약적 기술진보가 이루어진 후의 장기 확장선(II) 및 자본집약적 기술진보가 이루어진 후의 장기 확장선(III)을 같은 그림에 그리시오.

(2) 자본집약적 기술진보가 이루어져 주어진 생산비에서 산출량 극대화를 이룬 결과 단기 및 장기의 산출량 수준은 노동을 L_1만큼 투입하는 경우에 같아졌다. L_0와 L_1의 크기 관계는 어떠한가?

(3) 노동집약적 기술진보의 경우는 (2)의 답이 어떻게 달라지는가?

10 생산함수가 $X=\min\{L, K\}$로 주어졌다.

(1) 등량곡선을 그림으로 나타내시오.

(2) 생산비가 100원, $W=2$원, $R=3$원인 경우 생산비 제약 하의 산출량극대화를 이룰 수 있는 L과 K의 투입량은 각기 얼마인가?

11 X 및 Y를 따로 생산하는 경우 $C(X)=X$, $C(Y)=Y$이다. X 및 Y를 같이 생산하는 경우 (i) $C(X, Y)=X+Y$, (ii) $C(X, Y)=X+Y-(XY)^{0.5}$의 두 가지가 있다. 범위의 경제가 있는 것은 어느 경우인가? 범위의 경제가 있는 경우의 생산가능곡선의 형태는 어떠한가?

12 결합생산의 경우 X재 및 Y재 생산에 투입된 노동의 한계생산성 MP_L^X 및 MP_L^Y가 일정하다고 가정한다. $P_X=P_Y=1$인 경우, 오직 Y재만을 생산하는 것이 이윤극대화를 이루는 경우에 만족시켜야 할 MP_L^X 및 MP_L^Y 사이의 크기 관계는 어떠한가?

13 생산함수가 $X=aL+bK$로 주어져 있다. $a/b>W/R$이며, 단기에 주어진 자본의 양은 0보다 크다. 생산비 제약 하에서 단기에 생산 가능한 양이 장기에 생산 가능한 양보다 크거나 같은 경우가 없음을 그림을 이용하여 나타내시오.

07 비용함수

7-1 비용의 개념

본 장에서는 합리적인 기업이 비용극소화의 문제를 어떻게 해결하는지 알아보기로 한다. 이때 비용은 회계 처리할 때 쓰는 명시적 비용뿐만이 아니라 명시적 비용과 묵시적 비용을 모두 포함하는 경제적인 비용 economic cost, 즉 기회비용 opportunity cost 을 의미하며, 기회비용은 포기해야 하는 차선의 목적의 가치를 나타낸다.[1]

어떤 학생이 토요일 오후에 미시경제학을 공부하거나 혹은 영화 관람을 할 수 있는데, 미시경제학을 공부하기로 했다면 영화 관람은 포기해야 한다. 이 때 미시경제학을 공부하기 위해 치르는 기회비용은 영화 관람의 가치가 된다.

위의 예에서는 소비자가 실제로 자신의 주머니에서 지불하는 비용인 명시적 비용이 발생하지 않았으므로 묵시적 비용만 있는 셈이다. 이번에는 기회비용에 명시적 비용과 묵시적 비용이 모두 포함되는 예로 대학교에 다니는 기회비용을 생각해 보기로 하자.

이 경우에 선택의 대상이 대학교에 다니느냐, 일을 하느냐의 두 가지라면 대학교에 다니는 기회비용은 대학교에 다니지 않고 취업을 하였을 때 얻는 이득이 된다. 취업을 하였을 경우에 물론 노동소득이 발생하지만 그 밖에 대학교에 다니지 않기 때문에 내지 않아도 되는 등록금 또한 이득에 포함되어야 마땅하다. 따라서 대학교에 다니는 것을 기준으로 할 때 대학교에 다니는 기회비용은 명시적 비용인 등록금과 묵시적 비용인 취업을 하여 벌 수 있는 근로소득의 합계가 된다.

두 재화 X_1과 X_2를 소비하는 어떤 소비자가 X_1을 한 단위 더 소비하기 위해서는 일정량의 X_2 소비를 포기해야 한다. 만약 X_1의 가격이 10원이고 X_2의 가격이 5원이라면, X_1을 한 단위 더 소비하기 위해서는 두 단위의 X_2 소비를 포기해야 한다.

1 비용의 정의 중에서 매몰비용(sunk cost)은 일단 지출된 후에는 회수될 수 없는 비용을 말한다. 따라서 매몰비용의 기회비용은 0이므로 경제적 비용에 포함시키지 않는다.

그런데 이 소비자가 예산제약 하의 효용극대화를 이루었다면 무차별곡선과 예산선은 서로 접하므로 X_1 한 단위의 주관적 가치는 X_2 두 단위의 주관적 가치와 동일하다. 따라서 X_1을 한 단위 더 소비하기 위해 치르는 기회비용은 X_2 두 단위의 가치이며, 이를 금액으로 나타내면 $MRS_{12} \times P_2 = P_1$이 된다. 결국 P_1이 X_1 한 단위를 소비하기 위한 기회비용이 되는 것이다.

X재와 Y재만 생산하는 국민경제에서 X재를 생산하는 어떤 기업이 노동을 한 단위 더 투입하기로 하는 경우의 기회비용은 무엇인가?

X재 생산에 노동이 한 단위 더 투입되려면 Y재 생산에 투입되는 노동이 한 단위 감소되어야 하므로 Y재의 산출량이 감소하게 된다. 따라서 X재 생산에 노동을 한 단위 더 투입하는 경우의 기회비용은 생산을 포기해야 하는 Y재의 가치와 같다. 그런데 Y재 산업이 노동의 투입을 적정하게 했다면, Y재 산업에 노동을 한 단위 더 투입하여 얻는 산출물의 가치는 노동을 한 단위 더 투입할 때 드는 비용인 임금과 같을 것이다.[2] 이는 Y재 산업에 투입되는 노동이 한 단위 줄어들 때 포기해야 하는 Y재의 가치가 임금과 같다는 것을 의미한다. 따라서 X재 생산에 노동을 한 단위 더 투입하는 경우의 기회비용은 임금과 같다.

X재를 만들어 내는 어떤 기업이 기계를 1억 원을 주고 구입해 생산하기로 했다고 하자. 이때 기계를 사용하기 위해 치른 기회비용은 얼마인가?

이 기업이 선택할 수 있는 다른 투자 기회는 은행예금밖에 없으며, 이자율은 연 5%라 하자. 이 기업은 기계를 구입하면서 은행에 1억 원을 예금해 연간 500만 원의 이자소득을 올리는 것을 포기했다. 따라서 1억 원짜리 기계를 1년간 사용하기 위해 치른 기회비용은 기계 구입비 1억 원이 아니라 포기해야 하는 차선의 가치인 이자소득 500만 원이며, 이때의 500만 원이 곧 자본임료 rental rate of capital 이다.

1억 원짜리 기계를 구입할 돈이 없어서 다른 사람의 기계를 빌려 쓰는 경우에는 그에 대한 대가로 임대료를 지급해야 한다. 효율시장가설 efficient market hypothesis 을 전제로 하는 경우 임대료는 얼마로 결정될 것인가?

자본시장이 완전하게 작동하면 자금을 어떠한 형태로 운영하든 수익률이 동일하다는 것이 효율시장가설이다. 이 경우에 1억 원을 기계 구입에 사용하든 은행에

2 이윤극대화를 이룰 수 있도록 노동을 투입하는 조건은 '노동의 한계생산물가치 = 임금'이 된다(15장 완전경쟁 요소시장 참조). 여기서 노동의 한계생산물가치가 곧 어느 산업에 노동을 한 단위 더 투입하여 얻게 되는 산출물의 가치가 된다.

EXAMPLE 7-1

굴포천 방수로공사비

사회적인 논쟁이 일어날 만한 사안들도 비용 개념을 이용하여 해결의 실마리를 찾을 수 있다.

기회비용은 명시적 비용과 묵시적 비용을 모두 포함하는 개념이다. 그런데 실제 지불된 비용이지만 기회비용에 포함되지 않은 것이 있는데 그것이 바로 매몰비용sunk cost이다.

매몰비용이란 이미 지불되어 회수가 불가능한 비용을 말한다. 입장료를 내고 공연장에 입장하는 경우 공연이 마음에 들지 않는다고 미리 나와도 입장료를 환불받을 수 없으므로 입장료는 매몰비용이다.

매몰비용이 고정비용과 구별되는 것은 고정비용은 장기라면 회수할 수도 있지만 매몰비용은 장기에도 회수가 불가능하다는 점이다. 예를 들어 기계를 구입함으로써 발생하는 자본임료는 단기에는 고정비용이지만 장기에는 원한다면 기계를 처분하여 비용이 발생하지 않게 할 수도 있다. 그러나 한번 지불한 입장료는 시간이 아무리 흘러도 회수가 불가능하다.

어차피 회수가 불가능한 매몰비용은 경제적 의사결정의 고려사항에서 제외하는 것이 타당하다. 경인운하와 연관된 다음의 사례를 살펴보자.

대규모 토목사업을 하는 것이 사회적으로 타당한지 여부는 편익-비용분석에 의해 판단한다. 즉 편익/비용으로 정의되는 편익-비용비율이 1보다 커야 한다.

경인운하의 편익-비용 분석과 연관된 논란 중 굴포천 방수로 공사비를 생각해 보자. 쟁점은 이미 시행 중인 굴포천 방수로 공사비를 새로 계획하고 있는 경인운하의 비용에 포함시킬 것인지인데, 이를 포함시키느냐에 따라 편익-비용비율이 1보다 커지기도 하고 작아지기도 하는 민감한 사안이었다.

이 경우에 경인운하사업을 중단하여도 이미 시행되고 있는 굴포천 방수로 공사비를 회수하여 다른 사업에 쓸 수는 없다는 것이 핵심이다. 즉 경인운하 건설에 대한 의사결정을 할 때 굴포천 방수로 공사비는 매몰비용으로 보아야 한다. 따라서 이 비용은 기회비용에 포함시키지 않는 것이 타당하다.

예금하든 수익은 500만 원으로 같다. 따라서 다른 사람의 기계를 빌려 쓰는 경우와 자기 소유의 기계를 쓰는 경우 모두 자본임료는 500만 원으로 동일하게 된다.

X재와 Y재만 생산되며, 사용 가능한 자본의 총량은 일정하게 주어진 국민경제가 있다고 가정하자. X재 생산에 자본 1단위를 더 사용하려면 Y재 생산에 사용할 자본 1단위를 줄여야 하며, 이때 Y재의 산출량이 감소한다. 노동의 경우와 마찬가지로 Y재 산업이 자본의 투입을 적정하게 했다면, Y재 산업에 자본을 1단위 더 투입하는 경우에 얻는 산출물의 가치는 자본을 1단위 더 투입할 때 드는 비용인 자본임료와 같을 것이다. 이는 Y재 산업에 투입되는 자본이 1단위 줄어들 때 포기해야 하는 Y재의 가치, 즉 X재 생산에 자본을 한 단위 투입하는 데 따르는 기회비용이 자본임료와 같음을 의미한다.

노동 L과 자본 K를 투입해 X재를 만드는 기업의 생산기술은 생산함수 $X=f(L, K)$에 의해 주어진다. 이 기업이 일정한 산출량을 생산해 내기 위해서는 생산요소를 투입해야 한다. 이때 생산요소를 어떻게 투입하느냐에 따라 생산비가 달라진다. 즉 똑같은 산출량을 얻는 경우일지라도 주어진 요소 가격에서 생산요소의 투입을 적정하게 하지 못하면 더 많은 비용이 들 수 있다.

비용함수 cost function가 나타내는 생산비는 주어진 요소 가격에서 일정한 산출량을 생산해 내기 위해 생산요소의 투입을 적정하게 했을 때 생산요소를 사용한 대가로 지불한 금액인 최소비용이다. 일정한 산출량을 생산하기 위해 생산요소의 투입을 어떻게 하는 것이 적정한지는 단기이냐 장기이냐에 따라 달라진다. 따라서 비용함수도 단기이냐 장기이냐에 따라 그 형태가 달라진다.

> **비용함수**
> 산출량과 그 산출량을 생산하는 데 필요한 최소비용 사이의 관계를 나타내는 것이 비용함수이다.

7-2 단기의 비용극소화와 단기 비용함수

임금과 자본임료 rental rate of capital는 W 및 R로 주어져 있고, 단기에 자본의 투입량은 K_0를 벗어날 수 없으므로 자본을 사용한 대가로 RK_0를 지불해야 한다. 기업이 X_0만큼 생산하기를 원한다면, 생산요소를 어떻게 투입해야 생산비를 가장 적게 들이면서 X_0을 생산할 수 있을까? 이를 그림 7-1을 통해 알아보자.

단기에 K_0보다 많은 자본을 투입하는 것은 불가능하므로, 등량곡선 위의 점들 중 자본 투입량이 K_0보다 많은 점들은 선택할 수 없다. 따라서 등량곡선 위의 점들 중 그림 7-1 (a)에서 점선으로 표시된 부분은 선택 대상에서 제외된다.

선택이 가능한 요소결합 중 그림 7-1 (b)에서 자본의 투입량이 K_0 미만인 A를 선택했다고 하자. 이때 X_0를 생산하기 위한 생산비는 $C_1=WL_1+RK_0$가 되며, 생산비 C_1을 나타내는 등비용선은 B를 통과한다. 그러나 생산비 C_1은 X_0를 생산하는 데 드는 최소 비용이 아니다. 자본의 투입량을 K_0로 하여 E를 선택하면 생산비는 $C_0=WL_0+RK_0$이며, 생산비 C_0를 나타내는 등비용선은 E를 통과한다. C_0가 C_1보다 작으므로 자본의 투입량을 K_0로 하는 것이 자본의 투입량을 K_0 미만으로

그림 7-1

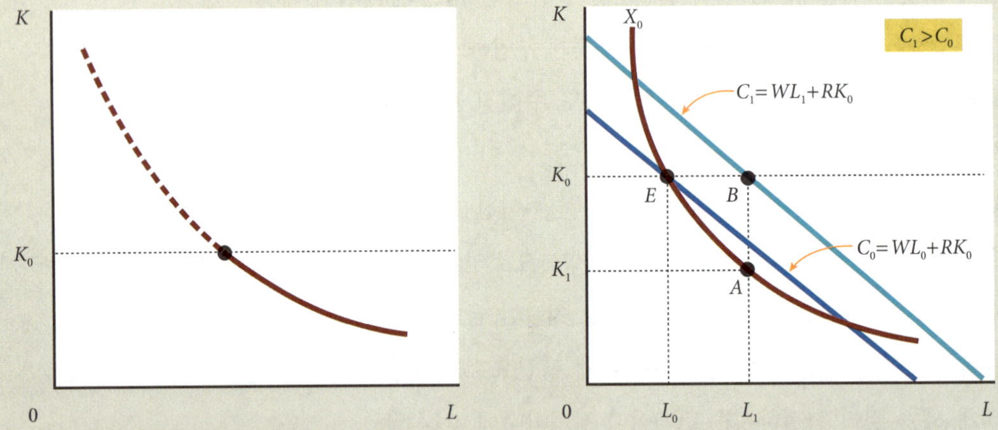

(a) 단기에 불가능한 요소결합 (b) 단기의 최적 요소결합

단기의 비용극소화

자본의 양이 K_0로 주어진 단기에는 K_0보다 많은 자본을 투입할 수 없으므로 (a)에서 점선 부분을 선택할 수 없다. 단기에 자본의 투입량을 K_0보다 적게 해도 비용은 K_0만큼 지불해야 하므로 (b)에서 생산요소를 A만큼 투입했을 때의 비용은 C_1이 되어 비용극소화를 이루는 E만큼 투입했을 때의 비용보다 더 높다.

하는 것보다 생산비를 적게 들이고 X_0를 생산해 낼 수 있는 방법이 된다.

그림 7-1 (b)와 같은 관계는 산출량 수준에 상관없이 성립한다. 따라서 단기에 생산비를 최소로 하는 방법은 산출량의 수준에 상관없이 항상 자본의 투입량을 K_0로 하는 것임을 알 수 있다. 그러나 노동의 투입량은 산출량의 수준에 따라 달라진다. 그림 7-2 (a)에서 보는 바와 같이 산출량이 증가하는 경우, 최소 비용으로 생산하기 위한 자본의 투입량은 K_0로 항상 일정하지만 노동의 투입량은 산출량이 증가함에 따라 증가해야 한다.

임의의 산출량 X를 최소비용으로 생산하기 위한 노동의 투입량을 어떻게 나타낼 수 있을까? 생산함수가 $X=f(L, K)$로 주어진 경우, 단기의 비용극소화를 위해 자본의 투입량을 K_0로 했을 때 X를 생산하기 위해 필요한 노동의 투입량은 그림 7-2 (b)에서 보는 바와 같이 $X=f(L, K_0)$를 만족시키도록 결정되어야 한다. 이를 만족시키는 노동의 투입량이 X에 의존하므로 $L(X)$라 쓰기로 한다.[3] 단기의 산출

3 여기서 $L(X)$로 표시하는 것은 단기에 노동이 가변 생산요소라는 의미도 있지만 더 중요한 것은 **그림 7-2**에서 보는 바와 같이 노동의 투입량을 변화시켜 비용극소화를 이뤘다는 것이다.

그림 7-2

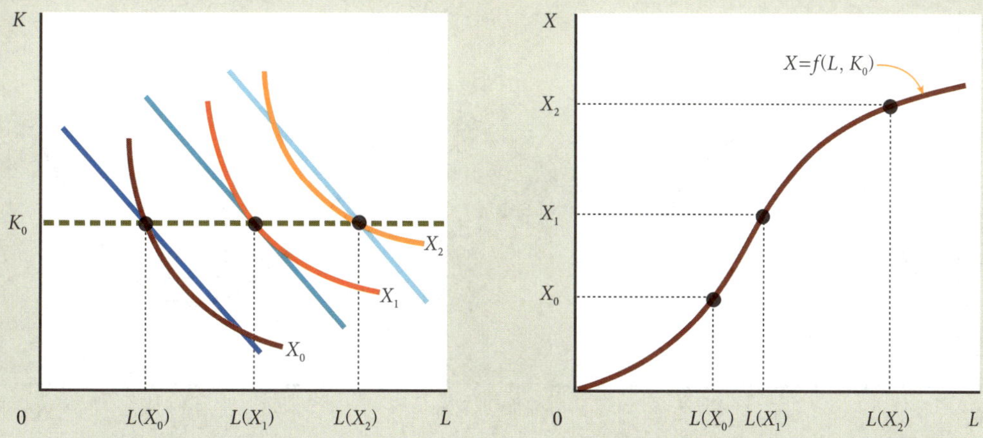

(a) 등량곡선을 이용하는 경우 (b) 생산함수를 이용하는 경우

단기의 노동투입량

단기에 비용극소화를 이루려면 (a)와 같이 자본은 주어진 K_0를 모두 투입하고 노동은 주어진 생산량을 생산할 수 있는 양만큼 투입하여야 한다. 따라서 노동은 가변생산요소가 되고 자본은 불변생산요소가 된다.

량과 그 산출량을 생산해 내는 데 필요한 최소 비용 사이의 관계를 나타내는 단기 비용함수는 다음과 같다.

$$
\begin{aligned}
STC &= WL(X) + RK_0 \\
&= SVC + SFC
\end{aligned} \tag{7-1}
$$

여기서 STC를 단기 총비용short-run total cost이라 한다. 노동의 투입량이 X에 의존하므로 단기 총비용도 X에 의존한다. 즉 $STC = STC(X)$이다.

단기 총비용은 두 부분으로 구성되어 있다. 노동에 대한 지불금액인 $WL(X)$는 산출량의 수준에 따라 달라지므로 이를 단기 총가변비용short-run total variable cost, SVC이라 한다. 한편 자본에 대한 지불금액인 RK_0는 비용을 극소화하기 위하여 산출량의 수준과 관계없이 일정한 값을 가져야 하므로 이를 단기 총불변비용short-run total fixed cost, SFC이라 한다.

평균비용, 한계비용

산출량 한 단위당 생산비를 평균비용이라고 하고, 산출량을 한 단위 증가시킬 때 유발되는 생산비의 증가분을 한계비용이라고 한다.

평균비용average cost은 재화의 단위당 생산비용을 나타내며, 단기 총평균비용은 $SAC = STC/X$로 정의된다. **식** (7-1)의 양변을 X로 나누면 $WL(X)/X$ 및 RK_0/X를 얻는데, 이들은 각

그림 7-3

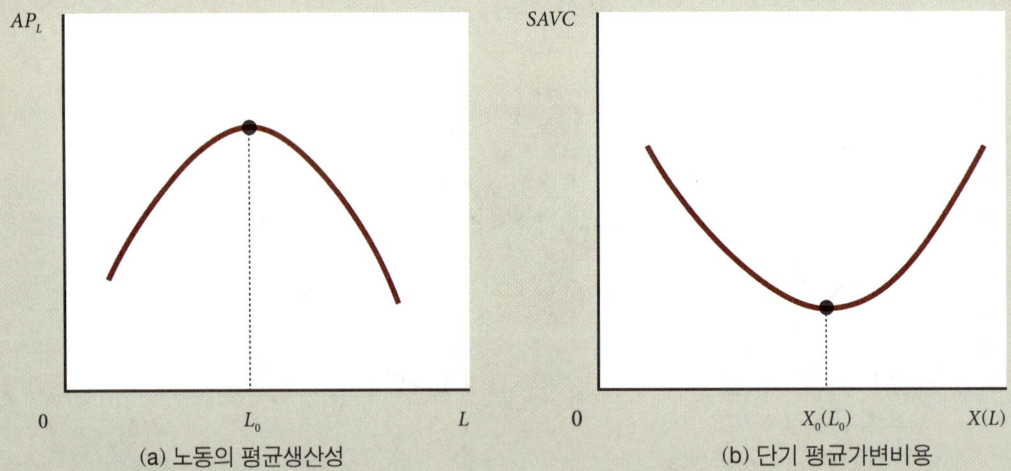

노동의 평균생산성과 단기 평균가변비용

$SAVC = W/AP_L$의 관계가 성립하므로, AP_L이 (a)와 같이 U자를 거꾸로 뒤집은 형태인 반면 $SAVC$는 (b)와 같이 U자형이 된다.

각 단기 평균가변비용 $SAVC$ 및 단기 평균불변비용 $SAFC$이다.

$$SAC = SAVC + SAFC \tag{7-2}$$

평균비용은 평균생산성과 관계가 깊다. 단기 평균가변비용은 $WL(X)/X$인데, 이를 다시 쓰면 $W/(X/L) = W/AP_L$가 된다: $SAVC = W/AP_L$. 즉 노동의 평균생산성 AP_L이 증가하면 $SAVC$가 감소하며, AP_L이 감소하면 $SAVC$가 증가한다. 앞의 6-1 생산함수와 등량곡선에서 살펴본 바와 같이, 노동의 투입량이 증가함에 따라 AP_L이 그림 7-3 (a)와 같이 증가하다 L_0에서 감소한다는 것은 $SAVC$가 산출량이 증가함에 따라 (b)와 같이 감소하다 다시 증가하는 U자 형태를 띤다는 것을 의미한다. 한편 RK_0는 고정된 값이므로, 산출량이 증가함에 따라 $SAFC$는 계속 감소한다.

이제 그림 7-4를 이용해 SAC와 $SAVC$ 사이의 관계를 알아보자. 위의 식 (7-2)에서 알 수 있는 관계는 SAC가 $SAVC$보다 크다는 것이다. 한편 산출량이 증가할수록 $SAFC$는 감소하므로 SAC와 $SAVC$의 차이는 줄어든다.

산출량이 X_0일 때 $SAVC$가 극소가 되었다고 하자. 산출량의 수준을 X_0보다 더 늘리면 $SAVC$는 증가하나 $SAFC$는 감소하므로 SAC가 어떻게 변화할지 알 수 없다. 즉 X_0부터 어느 수준까지는 산출량이 증가할 때 $SAFC$가 감소하는 정도

그림 7-4

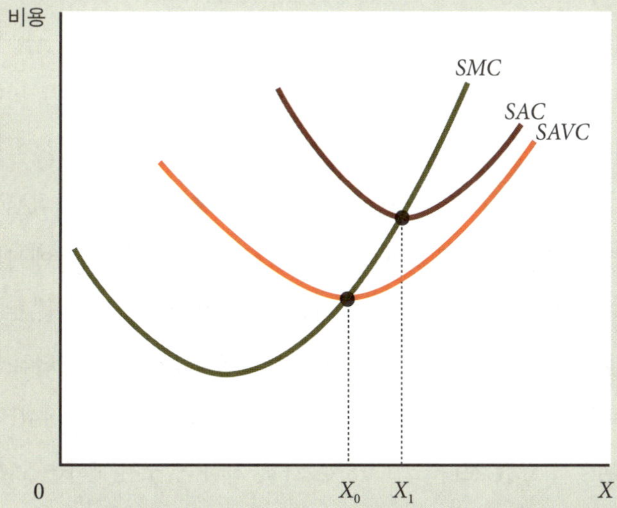

단기비용들 사이의 관계

단기에 *SMC*는 *SAVC*와 *SAC*의 극소점을 모두 통과한다. *SAC*는 항상 *SAVC*보다 크지만 *X*가 증가할수록 그 차이가 감소한다.

가 *SAVC*가 증가하는 정도를 초과해 *SAC*가 감소한다. 그리고 그 수준을 초과하면 *SAVC*가 증가하는 정도가 *SAFC*가 감소하는 정도보다 커져 *X*의 증가에 따라 *SAC*가 증가한다. 따라서 *SAC*를 극소로 하는 산출량의 수준이 X_1이라면 X_1은 X_0보다 크다.[4]

한편 산출량을 한 단위 증가시킬 때 유발되는 생산비의 증가분을 **한계비용** marginal cost, *MC*이라고 하는데, 산출량이 증가할 때 최소 생산비의 변화를 나타내는 단기 한계비용 short-run marginal cost, *SMC*은 $\Delta STC/\Delta X$로 나타낸다. 그런데 *SFC*는 *X*가 변화해도 변화하지 않으므로 $\Delta STC/\Delta X=\Delta SVC/\Delta X$가 성립한다.

$$SMC=\frac{\Delta STC}{\Delta X}=\frac{\Delta SVC}{\Delta X}$$

단기 한계비용은 노동의 한계생산성과 밀접한 관계를 갖는다. 단기 한계비용을 다시 쓰면 $SMC=\Delta WL(X)/\Delta X=W/(\Delta X/\Delta L)=W/MP_L$가 되어 *SMC*와 MP_L 사이에 역관계가 성립한다. 노동의 투입량이 증가하면 MP_L도 증가하다 어느 지점

4 이를 수식을 이용해 설명하면 다음과 같다. $SAC(X)=SAVC(X)+SAFC(X)$를 *X*에 대해 미분하면 $dSAC(X)/dX=dSAVC(X)dX+dSAFC(X)/dX$를 얻는다. 따라서 *SAVC*를 극소로 하는 X_0에서는 $dSAVC(X_0)/dX=0$이 성립하므로 $dSAC(X_0)/dX=dSAFC(X_0)/dX$가 된다. 그런데 산출량 수준에 상관없이 $dSAFC(X)/dX<0$이므로 $dSAC(X_0)/dX<0$이 됨을 알 수 있다. 따라서 $dSAC(X_1)/dX=0$이라면 $X_1>X_0$이 성립한다.

부터 감소하므로 산출량이 증가함에 따라 SMC는 감소하다 다시 증가한다.

이제 단기 한계비용과 단기 평균비용들 사이의 관계를 알아보자. 6-1 생산함수와 등량곡선에서 노동 투입량이 증가할 때 AP_L이 증가하는 구간에서는 MP_L이 AP_L보다 크고, AP_L이 감소하는 구간에서는 AP_L이 MP_L보다 크며, AP_L이 극대가 되면 MP_L과 AP_L이 서로 같다는 것을 알았다. $SAVC = W / AP_L$, $SMC = W / MP_L$이므로, $SAVC$와 SMC 사이에 다음의 관계가 성립한다. 즉 산출량이 증가할 때 $SAVC$가 감소하는 구간에서는 $SAVC$가 SMC보다 크고, $SAVC$가 증가하는 구간에서는 SMC가 $SAVC$보다 크며, $SAVC$가 극소가 되면 $SAVC$와 SMC가 서로 같다.

한편 $SMC = \Delta STC / \Delta X = \Delta SVC / \Delta X$ 이므로 $SAVC$와 SMC 사이에 성립하는 관계는 SAC와 SMC 사이에서도 그대로 성립한다. 즉 산출량이 증가할 때 SAC가 감소하는 구간에서는 SAC가 SMC보다 크고, SAC가 증가하는 구간에서는 SMC가 SAC보다 크며, SAC가 극소가 되면 SAC와 SMC가 서로 같다.[5] 이상에서 알아본 단기비용들 사이의 관계를 그림으로 그리면 그림 7-4와 같다.

비용곡선의 이전

생산성이나 요소가격이 변화하면 비용곡선이 이전된다. 먼저 기술진보를 생각해 보자. 기술진보는 생산성의 증가를 의미하므로, 기술진보 이후에 노동의 평균생산성 AP_L과 노동의 한계생산성 MP_L은 모두 증가한다. 따라서 $SAVC = W / AP_L$와 $SMC = W / MP_L$는 하락하게 된다. 한편 SAC는 $SAVC$가 하락하면 함께 하락하게 된다. 기술진보가 비용곡선에 미치는 효과를 그림으로 나타내면 그림 7-5 (a)와 같다.

이제 임금 W가 상승하는 경우를 알아보자. 임금이 상승하면 $SAVC = W / AP_L$과 $SMC = W / MP_L$도 상승하며, SAC는 $SAVC$가 상승하는 경우에 함께 상승한다. 임금 상승이 비용곡선에 미치는 효과를 그림으로 나타내면 그림 7-5 (b)와 같다.

생산가능곡선 재론

6-6 결합생산에서 생산가능곡선 위의 한 점에서 기울기를 구해 그 부호를 양(+)으로 만들어 준 것을 한계전

5 이를 수식을 이용해 설명하면 다음과 같다. $STC(X) = SAC(X) \times X$이므로 $SMC = dSTC(X) / dX = \{dSAC(X) \cdot X\} / dX = SAC(X) + X \cdot \{dSAC(X) / dX\}$가 된다. 따라서 $SAC(X)$가 극소이면 $dSAC(X) / dX = 0$이므로 $SAC = SMC$가 된다. 한편 SAC가 상승하는 구간에서는 $SMC > SAC$, SAC가 감소하는 구간에서는 $SMC < SAC$가 각각 성립한다.

그림 7-5

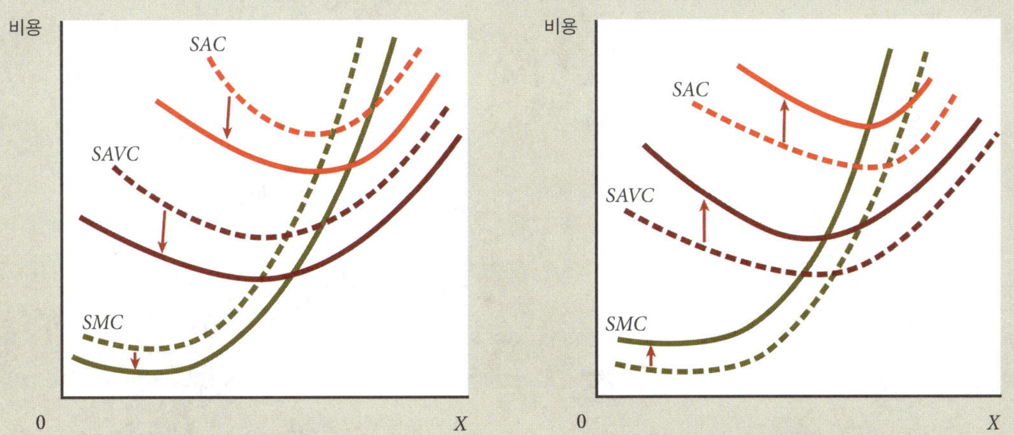

(a) 기술진보가 있는 경우 (b) 임금이 상승하는 경우

단기 비용곡선의 이전

단기에는 산출량이 일정해도 (a)와 같이 기술진보가 있으면 모든 비용이 하락하고, (b)와 같이 임금이 상승하면 모든 비용이 상승한다. 그러나 어떠한 경우라도 비용들 사이의 관계는 변함없이 유지된다.

환율 MRT_{XY}로 정의하였는데, $MP_L^X = W / MC_X$이고 $MP_L^Y = W / MC_Y$이므로 MRT_{XY}를 다음과 같이 여러 가지 방법으로 나타낼 수 있다.

$$
\begin{aligned}
MRT_{XY} &= -\frac{\Delta Y}{\Delta X} \\
&= \frac{MP_L^Y}{MP_L^X} \\
&= \frac{MC_X}{MC_Y}
\end{aligned}
$$

산출량이 증가함에 따라 한계비용이 증가한다면 $MRT_{XY} = MC_X / MC_Y$를 이용해 생산가능곡선이 원점에 대해 오목한 모양임을 알 수 있다.

7-3 장기의 비용극소화와 장기 비용함수

임금과 자본임료가 각각 W 및 R로 주어지면 등비용선의 기울기는 $-(W/R)$로 정해진다. 장기에는 노동과 자본의 투입량을 자유롭게 결정할 수 있기 때문에 그림

그림 7-6

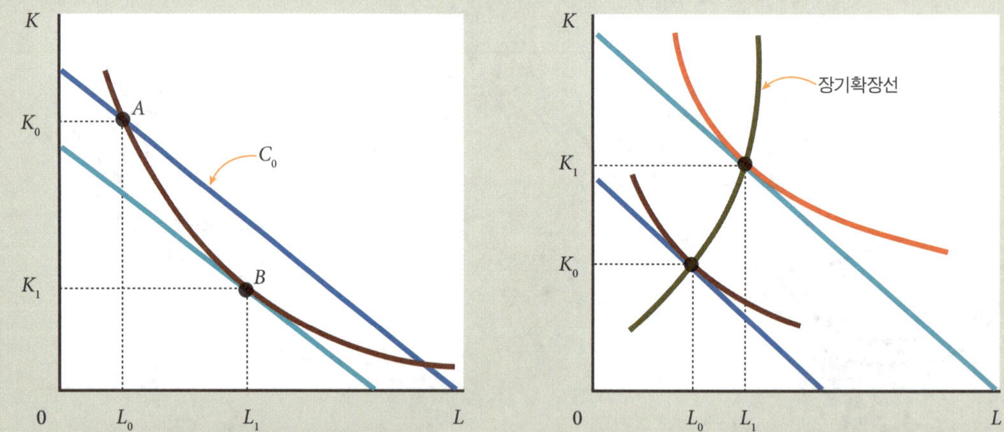

(a) 장기의 최적 요소결합 (b) 장기의 확장선

장기의 비용극소화

(a)의 등비용선과 등량곡선이 접하는 B에서 X_0을 최소 비용으로 생산할 수 있는 장기의 최적 요소결합이 달성된다. (b)와 같이 최적 요소결합을 연결해 장기 확장선을 얻을 수 있다.

7-6 (a)와 같이 X_0을 생산하기 위해 산출량 X_0을 나타내는 등량곡선 위의 임의의 점 A를 선택할 수도 있다. A를 선택했을 때 생산비 C_0은 $C_0 = WL_0 + RK_0$이 되는데, 생산비가 C_0인 등비용선은 기울기가 $-(W/R)$이며, A를 통과하는 직선이 된다.

그런데 생산비 C_0은 X_0을 생산하는 경우의 최소 생산비가 아니다. 등량곡선을 따라 화살표 방향으로 이동하면 X_0 생산에 드는 생산비가 감소하게 되는데, 최소 생산비는 등량곡선과 등비용선이 접하는 B를 선택하여 얻을 수 있다. 주어진 산출량의 수준이 달라지면 그 산출량을 최소 비용으로 생산할 수 있는 최적 요소결합도 달라지며, 이에 따라 최소 생산비도 달라진다. 그림 7-6 (b)에 나타난 바와 같이 산출량이 변화하면서 생산비를 극소화할 수 있는 최적 요소결합도 변화하는데, 그 변화는 장기 확장선을 따라 이루어진다. 장기 확장선 위의 노동과 자본의 양은 산출량의 수준에 의존하므로, 이들을 각각 $L(X)$와 $K(X)$로 쓰기로 한다. 이 경우 장기 비용함수는 다음과 같이 나타낼 수 있다.

$$LTC = WL(X) + RK(X)$$

여기서 LTC는 장기 총비용long-run total cost이다. 노동과 자본의 투입량이 모두 X에 의존하므로 LTC도 X에 의존한다. 즉 $LTC = LTC(X)$이다. 한편 장기에는 노

그림 7-7

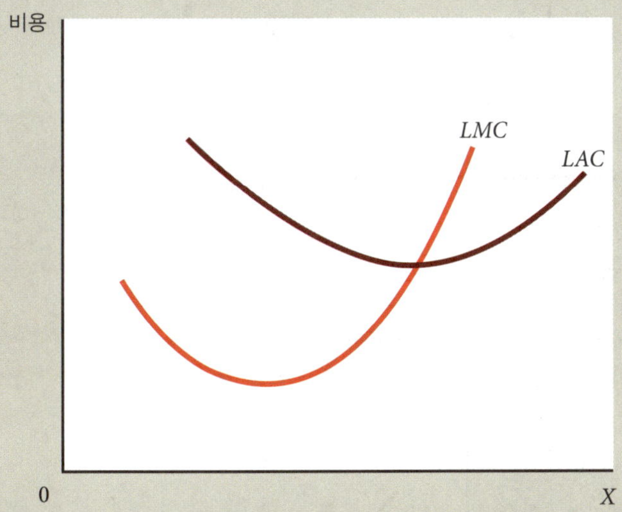

장기 평균비용과 장기 한계비용

단기의 경우와 마찬가지로 장기 평균비용과 장기 한계비용 사이의 관계를 구할 수 있다. 둘 사이의 정확한 관계는 규모에 대한 수익 정도에 의존한다.

동과 자본이 모두 가변생산요소이므로 모든 비용이 산출량의 변화에 따라 변화하는 가변비용이 된다.

장기에 노동과 자본에 대한 수요는, 비용을 극소화하는 가운데 주어진 산출량을 생산해 내는 과정에서 결정된다. 따라서 노동과 자본에 대한 수요량은 임금 W, 자본임료 R 및 산출량 X에 의존하므로 $L(W, R, X)$ 및 $K(W, R, X)$로 쓸 수 있다. 이러한 수요함수를 조건부 요소수요함수conditional factor demand function 또는 유도된 요소수요함수derived factor demand function라 부른다. 여기서 '조건부'의 의미는 일정한 산출량을 생산해 낸다는 조건을 만족시키기 위해 필요한 요소수요량이라는 의미이다.

산출량의 단위당 비용인 장기 평균비용long-run average cost LAC는 $LAC = LTC/X$에 의해 구해지며, 산출량이 한 단위 증가할 때 장기 총비용이 얼마나 변화하는지를 나타내는 장기 한계비용long-run marginal cost LMC는 $LMC = \Delta LTC/\Delta X$에 의해 구해진다. 장기 평균비용과 장기 한계비용의 관계는 단기 평균비용과 단기 한계비용의 관계와 동일하다. 즉 그림 7-7과 같이 산출량이 증가함에 따라 LAC가 증가하면 LMC가 LAC보다 크고, 산출량이 증가함에 따라 LAC가 감소하면 LAC가 LMC보다 크며, LAC가 극소일 때 LAC와 LMC의 크기가 같다.

장기에 LAC의 형태를 결정짓는 것은 규모에 대한 수익 정도이다. 임금과 자본임료가 일정한 경우의 동차 생산함수를 가정해 보자. 이 경우의 확장선은 앞의 6-3 규모

그림 7-8

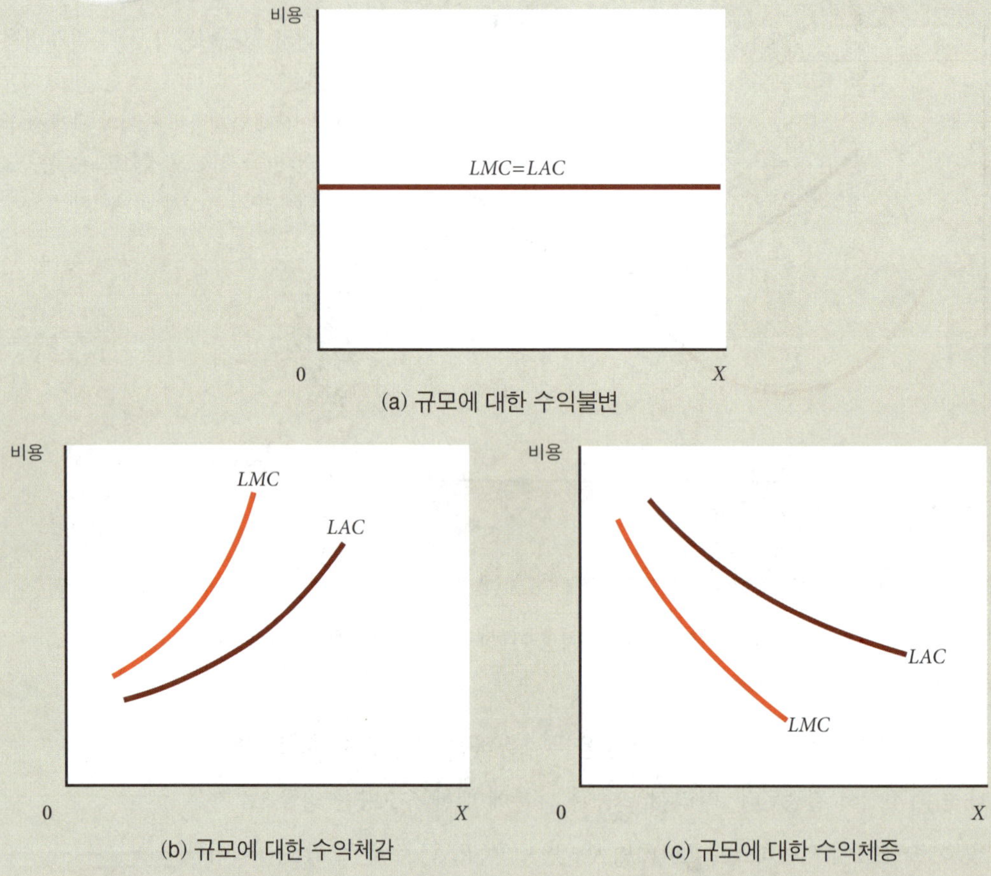

규모에 대한 수익 정도와 장기 비용곡선

규모에 대한 수익 정도에 따라 $LAC(X)$의 형태가 결정되며, $LMC(X)$는 $LAC(X)$와 $LMC(X)$의 일반적 관계에 의해 그 형태가 결정된다.

에 대한 수익 정도에서 살펴본 바와 같이 직선이다. 즉 생산요소 가격이 일정하면 산출량이 변화해도 최적 요소결합 비율 K/L은 변화하지 않는다. 따라서 생산량을 증가시키기 위해서는 노동의 투입량과 자본의 투입량을 같은 비율로 증가시켜야 한다.

노동의 투입량과 자본의 투입량 모두 λ배 증가시키면 최소생산비 $LTC = WL(X)+RK(X)$는 항상 λ배 증가한다. 이 경우, 산출량이 얼마나 변화할 것인지는 규모에 대한 수익 정도에 따라 달라진다. 규모에 대한 수익불변이라면 노동의 투입량과 자본의 투입량 모두 λ배 증가시킬 때 산출량도 λ배 증가한다. 따라서 $LAC=LTC(X)/X$는 산출량의 수준에 상관없이 항상 일정하다. LAC가 산출량과 무관한 일정한 값 a를 가지면 $LTC(X)=aX$가 되므로 $LMC=a$가 된다.

그림 7-9

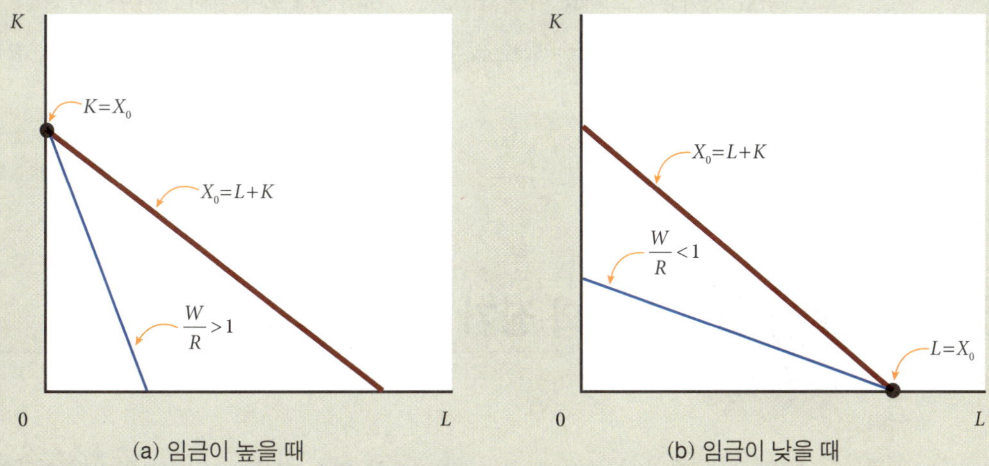

선형 생산함수인 경우의 장기 비용함수

선형 생산함수는 (a)와 같이 W/R가 등량곡선의 기울기보다 크면 K만 투입하고 (b)와 같이 W/R가 등량곡선의 기울기보다 작으면 L만 투입한다. 따라서 장기 비용함수는 $LTC=\min\{W, R\}X$가 된다.

즉 규모에 대한 수익불변인 경우에 $LAC=LMC$가 성립하는데, 이는 그림 7-8 (a)와 같다. 규모에 대한 수익체감이라면 노동의 투입량과 자본의 투입량을 모두 λ배 증가시킬 때 산출량은 λ배보다 적게 증가한다. 따라서 $LAC=LTC(X)/X$는 산출량이 증가함에 따라 계속 증가한다. 앞에서 알아본 바와 같이 LAC가 증가하면 LMC가 LAC보다 크며, 이를 그림으로 나타내면 (b)와 같다. 규모에 대한 수익체증이라면 노동의 투입량과 자본의 투입량을 모두 λ배 증가시킬 때 산출량은 λ배보다 많이 증가한다. 따라서 $LAC=LTC(X)/X$는 산출량이 증가함에 따라 계속 감소한다. 이 경우는 LAC가 LMC보다 크며, 이를 그림으로 나타내면 (c)와 같다.

특이한 경우의 비용함수

생산함수가 고정계수 생산함수로서 $X=\min\{L, K\}$로 주어졌다고 하자. 이때 X를 최소 비용으로 생산해 내기 위해서는 L과 K의 투입량을 모두 X로 해야 한다. 따라서 $L(X)=K(X)=X$이므로 장기 비용함수 LTC는 $LTC=WL(X)+RK(X)=(W+R)X$가 된다. 한편 생산함수가 선형 생산함수로서 $X=L+K$로 주어졌다고 하자. 이 경우에 X를 최소 비용으로 생산할 수 있는 최적 요소결합은 W와 R의 크기에 의존한다.

그림 7-9 (a)에서 보는 바와 같이 W/R가 1보다 크면 자본만 산출량과 같은 규모로 투입해 비용극소화를 이룰 수 있다. W/R가 1보다 작다면 (b)에서 보는 바와 같이 노동만 산출량과 같은 규모로 투입하므로 비용함수는 $LTC = \min\{WX, RX\} = \min\{W, R\} \cdot X$가 된다.

7-4 단기와 장기 비용함수의 비교

일정한 산출량을 생산해 내는 데 필요한 최소 비용은 단기와 장기에 어떻게 차이가 생길까? 단기에 자본의 양이 K_1으로 주어졌다면 비용극소화를 이루기 위해 산출량 수준에 상관없이 자본의 투입량을 항상 K_1으로 유지해야 한다. 그러나 장기에는 비용극소화를 위해 등량곡선과 등비용선이 서로 접하는 요소결합을 선택한다.

그림 7-10에서 산출량이 X_0일 때 장기의 비용극소화는 A를 선택해 달성할 수 있다. 단기에도 자본의 투입량을 K_1보다 작은 A를 선택할 수는 있으나, 이 경우에 자본에 대한 지출금액이 RK_1이므로 A가 단기의 비용극소화를 이루게 하는 요소결합이 아니다. 이 경우에는 D를 선택해야 단기의 비용극소화를 이룰 수 있다. 따라서 산출량이 X_0라면 단기 총비용 $STC(X_0)$가 장기 총비용 $LTC(X_0)$보다 많다.

산출량이 X_1이라면 장기의 비용극소화는 B를 선택해야 이룰 수 있다. 이 경우에는 B가 나타내는 자본의 투입량이 K_1이므로 단기와 장기의 비용극소화 모두 B를 선택해 이룰 수 있다. 따라서 산출량이 X_1인 경우는 $STC(X_1)$과 $LTC(X_1)$이 서로 같다. 산출량이 X_2라면 장기의 비용극소화는 C를 선택해 이룰 수 있다.

그런데 C가 나타내는 자본의 투입량이 K_1보다 크므로 단기에는 C를 선택하여 비용극소화를 이룰 수 없다. 이 경우, E를 선택해 단기의 비용극소화를 이룰 수 있는데, $STC(X_2)$는 $LTC(X_2)$보다 크다.

단기 총비용과 장기 총비용을 비교해 보면 하나의 산출량 수준에서는 양자가 같고, 다른 모든 산출량 수준에서는 단기 총비용이 장기 총비용보다 크다는 것을 알 수 있다. 어느 산출량 수준에서 단기 총비용과 장기 총비용이 같아지는가는 단기에 주어진 자본의 양이 얼마인가에 의존한다. 그림 7-11 (a)에서 단기에 주어진

그림 7-10

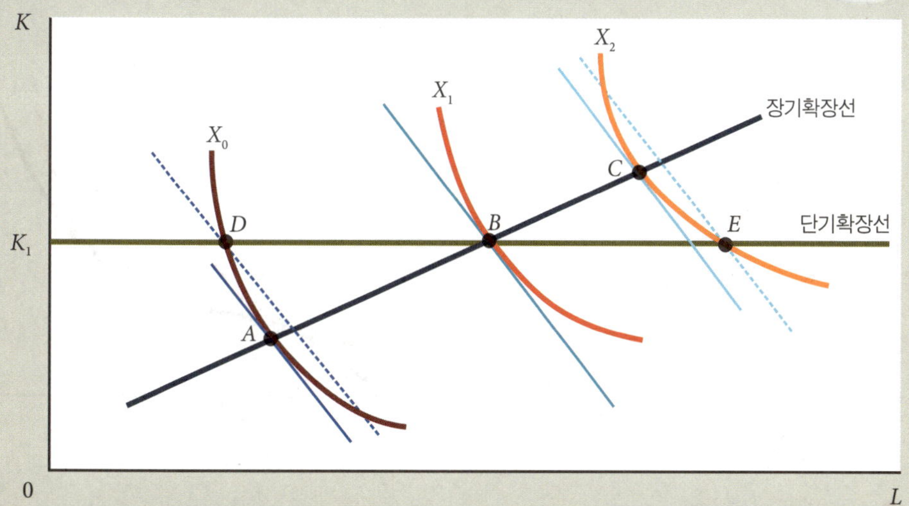

단기와 장기의 비용극소화

단기에는 생산량의 수준에 상관없이 항상 주어진 자본의 양 K_1을 모두 투입하는 것이 비용극소화를 이루는 길이다. 따라서 단기 확장선은 K_1을 지나는 직선이 된다. 그러나 K_1에서 등비용선과 등량곡선이 접한다는 보장이 없으므로 단기 총비용은 장기 총비용보다 더 높다.

자본의 양이 K_1인 경우에는 산출량이 X_1일 때 단기 총비용과 장기 총비용이 같아지며, 단기에 주어진 자본의 양이 K_2인 경우에는 산출량이 X_2일 때 단기 총비용과 장기 총비용이 같아진다는 것을 알 수 있다.

단기에 주어진 자본의 양이 K_i일 때 단기 비용함수를 $STC(X, K_i)$로 쓰기로 하면 $STC(X, K_i) = WL(X) + RK_i$이며, $L(X)$는 $X = f(L, K_i)$를 만족시키는 노동의 투입량을 나타낸다. 단기에 주어진 자본의 양이 K_i일 때 산출량 X_i에서 단기 총비용과 장기 총비용이 같다면 단기와 장기 총비용 사이의 관계는 다음과 같다.

$$STC(X_i, K_i) = LTC(X_i)$$
$$STC(X, K_i) > LTC(X) \quad (X \neq X_i)$$

이러한 단기 총비용과 장기 총비용의 관계를 그림으로 그리면 그림 7-11 (b)와 같다. 단기 총비용곡선은 장기 총비용곡선과 한 점에서만 접하며, 나머지 점에서는 단기 총비용이 장기 총비용보다 크다. 이러한 상황을 '장기 총비용곡선이 단기 총비용곡선들의 포락선 envelope curve 이다'라고 한다.[6]

6 즉 장기총비용곡선은 단기총비용곡선들의 가장 효율적인 점들만 연결해 얻을 수 있다는 것이다.

그림 7-11

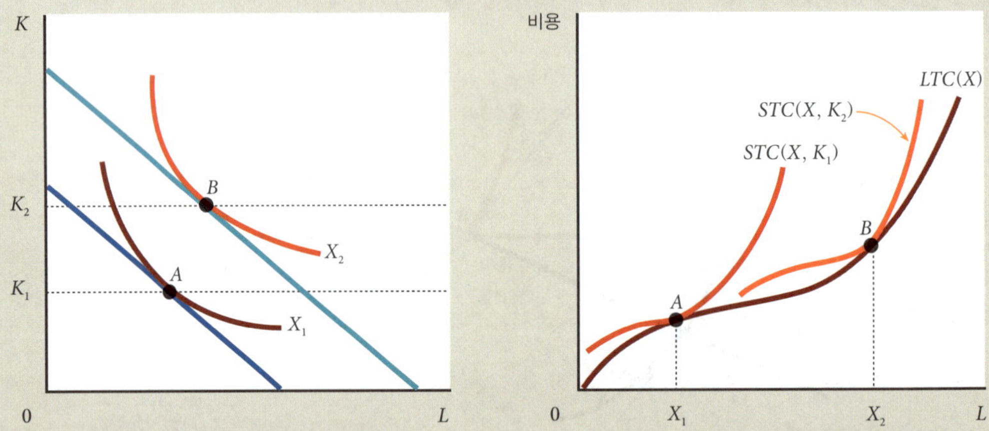

(a) 단기에서 주어진 자본량의 역할 (b) 단기와 장기 총비용

단기와 장기 총비용

단기에 주어진 자본의 양이 K_1이면 X_1에서 단기 및 장기 총비용이 같고 다른 산출량에서는 단기 총비용이 장기 총비용보다 크다. 한편 단기에 주어진 자본의 양이 K_2이면 X_2에서 단기 및 장기 총비용이 같고 다른 산출량에서는 단기 총비용이 장기 총비용보다 크다. 이는 (b)와 같이 장기 총비용곡선이 단기 총비용곡선들의 포락선임을 의미한다.

단기 총비용과 장기 총비용의 관계에 의해 단기 평균비용 SAC와 장기 평균비용 LAC의 관계를 쉽게 알아볼 수 있다. 평균비용은 총비용을 산출량으로 나눈 것이므로, 단기 총비용과 장기 총비용의 관계와 동일한 관계가 단기 평균비용과 장기 평균비용 사이에도 그대로 성립한다.

$$SAC(X_i, K_i) = LAC(X_i)$$
$$SAC(X, K_i) > LAC(X) \qquad (X \neq X_i)$$

이러한 단기 평균비용과 장기 평균비용의 관계를 그림으로 그리면 그림 7-12 (a)와 같다. 단기 평균비용곡선은 장기 평균비용곡선과 한 점에서만 접하며, 나머지 경우는 단기 평균비용이 장기 평균비용보다 크다. 따라서 장기 평균비용곡선은 단기 평균비용곡선들의 포락선이 된다.

단기 한계비용 SMC와 장기 한계비용 LMC의 관계를 그림 7-12 (b)를 통해 알아보기로 하자. 한계비용은 비용곡선 위의 한 점에서의 접선의 기울기로 나타낸다. 단기의 자본투입량이 K_1이라면 산출량이 X_1일 때 단기 총비용곡선과 장기 총

그림 7-12

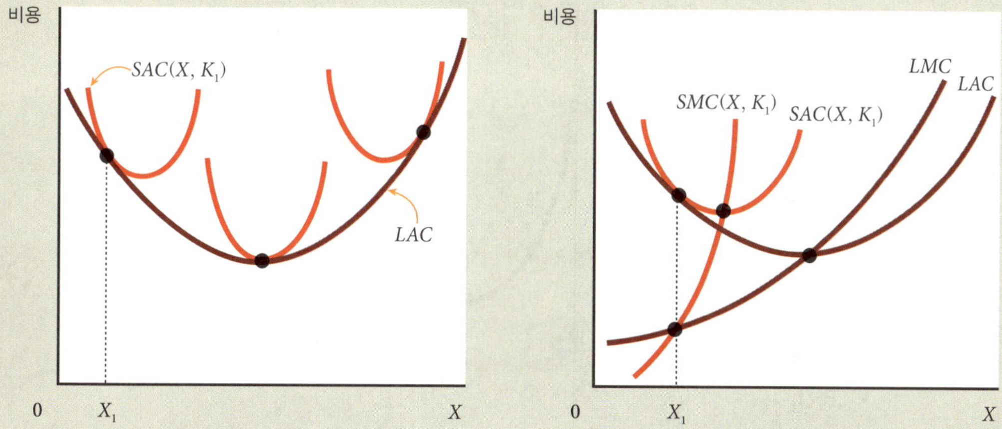

(a) 단기와 장기의 평균비용 (b) 단기와 장기의 한계비용

단기와 장기의 평균비용과 한계비용

장기 총비용곡선이 단기 총비용곡선들의 포락선임을 이용하여 장기 평균비용 및 단기 평균비용 사이의 관계는 (a), 단기 한계비용 및 장기 한계비용 사이의 관계는 (b)와 같이 얻어진다.

비용곡선이 서로 접한다. 따라서 산출량이 X_1이면 SMC와 LMC는 서로 같다.

산출량이 X_1보다 작으면 단기 총비용은 장기 총비용보다 크다. 그런데 산출량을 증가시켜 산출량의 수준이 X_1에 이르게 되면 단기 총비용과 장기 총비용은 서로 같아져야 한다. 이는 산출량이 X_1보다 작으면 산출량이 증가함에 따라 장기 총비용이 단기 총비용보다 더 많이 증가한다는 것, 즉 LMC가 SMC보다 큼을 의미한다.

산출량의 수준이 X_1인 경우에 서로 같아졌던 단기 총비용과 장기 총비용은 X_1 이상으로 산출량을 늘림에 따라 단기 총비용이 장기 총비용보다 더 커진다. 이는 산출량이 X_1보다 크면 산출량이 증가함에 따라 단기 총비용이 장기 총비용보다 더 많이 증가한다는 것, 즉 SMC가 LMC보다 크다는 것을 의미한다. 따라서 SMC와 LMC 사이의 관계는 다음과 같이 정리할 수 있다.

$$SMC(X, K_i) < LMC(X) \quad (X < X_i)$$
$$SMC(X_i, K_i) = LMC(X_i)$$
$$SMC(X, K_i) > LMC(X) \quad (X > X_i)$$

이러한 관계를 그림으로 그리면 그림 7-12 (b)와 같다. 여기서 유의할 점은 LMC가 SMC의 포락선이 아니라는 것이다.

그림 7-13

학습곡선

산출량이 증가하는 동안 경험축적이 이뤄져 제품 생산에 투입되는 노동의 양을 줄여 준 경험곡선의 형태는 오른쪽 그림과 같다.

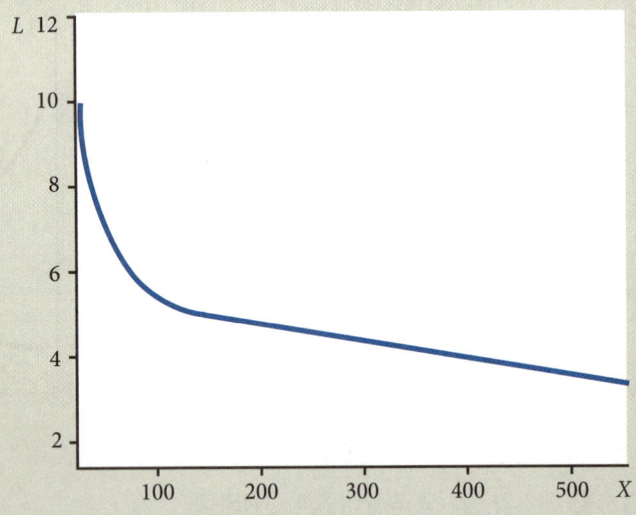

7-5 학습곡선

앞에서 규모의 경제가 존재하면 평균비용곡선이 우하향함을 알았다. 이는 곧 기업의 규모가 비용 수준을 결정할 때 주요인이 될 수 있음을 의미한다. 그런데 생산비를 결정짓는 요인에 기업의 규모만 있는 것은 물론 아니다. 다른 요인의 예로 경험축적을 들 수 있다. 생산을 계속하면서 경험을 쌓다 보면 보다 싼 가격으로 생산하는 것이 가능할 수 있다는 것이다. 경험축적은 노동자들의 기술이 숙련되는 것, 경영자의 경영 노하우가 축적되는 것 등 다양한 방면에서 이뤄질 수 있다. 어떠한 경로를 통해 이뤄지든 경험축적은 결국 생산량이 증가함에 따라 생산물 1단위를 생산하는 데 필요한 생산요소의 투입량이 감소하는 것으로 나타낼 수 있다.

지금 L을 X재 한 단위를 생산하는 데 필요한 노동의 양이라 하고, X를 재화의 누적 산출량이라 하자.[7] 이 경우에 경험축적은 다음과 같은 학습함수 learning

7 이때의 X는 사전적으로 계획된 산출량이 아니라 실제로 실현한 산출량의 누적치라는 점을 기억해야 한다.

표 7-1
학습효과와 생산계획

기 간	생 산 량	누적 생산량	제품 1단위당 노동의 투입량	평균비용
1기	10	10	6.50	650
2기	10	20	6.05	605
3기	10	30	5.41	541
4기	10	40	5.18	518
5기	10	50	5.00	500

function 로 나타낼 수 있다.

$$L = a + bX^{-\beta}$$

여기서 β는 경험축적의 속도를 나타내는 파라미터 parameter 이다. 즉 β의 값이 클수록 경험축적의 속도가 빠르다는 것을 의미한다. X가 1일 때 X재 한 단위를 만들기 위해 필요한 노동의 양은 $a+b$이다. 그리고 X가 증가함에 따라 X재 한 단위를 만들기 위해 필요한 노동의 양은 점차 감소해 결국 a로 수렴하게 된다. 학습함수를 그림으로 그린 것이 학습곡선 learing curve 이다.

$\beta = 0.5$, $a = 2$, $b = 8$인 경우를 대상으로 하여 학습곡선을 그리면 그림 7-13과 같은 모양이 된다. 학습곡선에서 알 수 있는 것은 초기에 경험축적이 빠른 속도로 이루어질 수 있다는 것이다. 이러한 학습의 가능성은 사업의 전망 평가에서 유익하게 사용될 수 있다.

그림 7-13과 같은 학습곡선을 갖는 어떤 기업이 있다고 하자. 이 기업이 노동만 이용해 매기에 10단위의 제품을 생산한다면 평균생산비는 마지막 단위의 노동투입량에 임금을 곱한 값으로 결정된다.

임금이 100인 경우에 각 기의 평균비용은 표 7-1과 같다. 표에서 보는 바와 같이 X재의 시장가격이 550이라면 1기에는 생산이 불가능하다. 그러나 이 기업이 빠른 학습으로 비용을 줄일 수 있다는 것을 사전에 알 수 있다면 3기 이후부터 초과이윤을 얻을 것으로 기대할 수 있기 때문에 지금부터 생산이 가능할 수 있다.

요 약

- 기회비용은 포기해야 하는 차선의 가치를 나타낸다. 노동을 한 단위 사용한 대가로 지불하는 임금은 노동자가 제공한 서비스에 대한 대가이다. 마찬가지로 자본을 한 단위 사용한 대가로 지불하는 자본임료는 자본재의 구입가격이 아니라 자본재가 제공한 서비스에 대한 대가이다. 모든 산업에서 노동과 자본의 투입을 적정하게 했다면 임금과 자본임료는 곧 노동과 자본을 사용하는 기회비용이 된다.
- 비용함수는 산출량과 그 산출량을 생산하는 데 필요한 최소 비용 사이의 관계를 나타낸다. 단기에는 주어진 자본을 모두 사용하고 생산함수가 나타내는 바에 따라 주어진 산출량을 생산할 수 있도록 노동을 투입하는 것이 비용극소화를 이루는 방법이다. 단기에 자본에 대해 지불한 비용이 단기 총고정비용이며, 노동에 대해 지불한 비용이 단기 총가변비용이다. 산출물의 단위당 비용이 단기 평균비용이며, 산출량을 한 단위 증가시킬 때 총비용 혹은 총가변비용이 얼마나 증가하는지 나타낸 것이 단기 한계비용이다. 단기 한계비용곡선은 단기 평균비용곡선과 단기 평균가변비용곡선의 극소점을 통과한다.
- 장기에는 노동과 자본이 모두 가변생산요소이다. 장기 평균비용곡선의 형태는 규모에 대한 수익 정도에 의존한다. 규모에 대한 수익체감이면 장기 평균비용곡선이 우상향하며, 규모에 대한 수익체증이면 우하향한다. 규모에 대한 수익불변이면 장기 평균비용곡선은 수평선이 된다. 주어진 산출량을 최소 비용으로 생산하기 위한 장기비용은 단기비용 이하이다.
- 경험의 축적이 생산비를 하락시킬 수 있음은 학습곡선에 의해 나타난다. 학습곡선의 인지 여부가 기업의 장기적 생산계획에 영향을 줄 수 있다.

연 습 문 제

01 어떤 기업의 생산함수가 1차 동차 함수이다. $L=10$, $K=20$을 투입하면 산출량 150을 얻을 수 있으며, 이 경우의 자본의 한계생산성은 5이다. $W=5$일 때 단기 한계비용은 얼마인가?

02 단기에 현재의 노동 투입량에 의해 $AP_L=5$, $MP_L=10$이다. 임금이 10이라면 $SAVC$

와 SMC는 각각 얼마인가?

03 생산함수가 규모에 대한 수익불변일 때 LAC와 $SAC(X, K_i)$를 같은 평면에 그리시오.

04 생산함수가 $X = AL^{\alpha}K^{\beta}$로 주어졌다. $\alpha+\beta=1$, $\alpha+\beta<1$, $\alpha+\beta>1$인 경우, LAC와 LMC를 각각 그림으로 그리시오.

05 장기 총비용함수가 $LTC = X^2$로 주어졌다. $LTC(10, K_1) = 100$이라면 $LAC(10, K_1)$과 $LMC(10, K_1)$은 각각 얼마인가?

06 단기 및 장기에 대비해 중기를 생각하기로 한다. 중기에는 자본의 양을 증가시킬 수는 없으나 감소시킬 수는 있다. 즉 자본의 양을 감소시키면 감소된 자본의 양에 해당하는 비용만 지불하면 된다. 장기의 평균비용곡선과 한계비용곡선 및 중기의 평균비용곡선과 한계비용곡선을 하나의 그림에 나타내시오.

07 X재의 생산함수 $f(L, K)$는 산출량이 X_0 미만이면 규모에 대한 수익체증, X_0 이상 X_1 이하이면 규모에 대한 수확불변, X_1보다 많으면 규모에 대한 수익체감이다. LAC 및 LMC를 같은 평면에 그리시오.

08 어떤 기업이 10억 원짜리 기계를 한 대 구입했다. 자본시장은 완전하며 이자율이 10%이라면 생산비는 얼마인가? 답을 구하는 과정에서 기회비용의 개념은 어떻게 이용되었는가?

09 어느 기업의 비용함수에 대해 다음과 같은 사실들이 알려졌다.

(i) 장기 총비용함수: $LTC = 3X$

(ii) 자본의 양이 K_0 및 K_1로 주어진 경우의 단기 총비용함수:

$$STC(K_0) = 3X + |2 - X|,\quad STC(K_1) = 3X + |4 - X|$$

이상에 기초하여 다음 물음에 답하시오.

(1) 이 기업의 생산함수는 어떠한 특징이 있는가?

(2) K_0와 K_1의 크기 관계는 어떠한가? 그 이유를 쓰시오.

(3) 단기에 자본의 양이 K_0로 주어진 경우, $X=2$ 일 때 단기한계비용은 얼마인가?

(4) 단기에 자본의 양이 K_1으로 주어진 경우, 단기평균가변비용을 극소화하는 산출량의 수준이 X_1일때 X_1의 크기는 4와 비교하여 어떠한가?

10 (W_0, R_0) 및 (W_1, R_1) 하에서 (L_0, K_0) 및 (L_1, K_1)이 모두 선택가능하지만 (i) (W_0, R_0) 하에서는 (L_0, K_0)이, (ii) (W_1, R_1) 하에서는 (L_1, K_1)이 각각 선택되었다.

(1) (i) 및 (ii) 상황에서 총비용 사이의 관계를 구하시오(효용극대화가 아니라 비용극소화 상황임에 유의하시오).

(2) 현시선호의 약공리를 이용하여 현시적 비용극소화의 약공리를 정의하고, (ii)의 상황을 대상으로 현시적 비용극소화의 약공리를 적용하시오.

(3) R이 일정한 경우에 임금상승이 고용감소를 초래함을 보이시오.

11 어느 기업의 생산함수가 $X = \min\{L, K\}$로 주어졌다. 그리고 W는 임금, R은 자본임료를 각각 나타낸다.

(1) 산출량이 X_0인 경우 장기에 비용극소화를 이루는 L 및 K의 투입량은 각각 얼마인가?

(2) 위의 (1)을 이용하면 결국 LTC는 어떻게 구해지는가?.

(3) 자본의 양이 K_0로 주어진 단기에 SAC가 극소인 경우 그 값이 얼마인지를 이 문제에서 사용하고 있는 기호 notation 를 이용하여 나타내시오.

부록 2 비용함수

1 비용함수의 수학적 도출

장기 비용함수는 주어진 산출량 수준을 최소 비용으로 달성하는 요소투입량을 구한 후, 이를 등비용선에 대입하여 얻는다. 비용극소화의 문제는 다음과 같다.

$$\begin{aligned}&\text{Min} \quad WL+RK\\&\text{s.t.} \quad f(L,K)=X\end{aligned}$$

이 경우의 라그랑지 함수Lagrangean function는 다음과 같다.

$$\mathscr{L}=WL+RK+\lambda\{X-f(L,K)\}$$

여기서 λ는 라그랑지 승수Lagrangean multiplier인데, 산출량의 증가에 따르는 생산비의 증가를 나타내므로, 양(+)의 값을 갖는다. 이 함수를 풀어 최적 L, K 및 λ를 구하려면, $\mathscr{L}$을 각각의 값으로 미분한 후 그 값을 0으로 두어야 한다.

$$\frac{\partial\mathscr{L}}{\partial L}=W-\lambda MP_L=0 \quad \cdots\cdots (1)$$

$$\frac{\partial\mathscr{L}}{\partial K}=R-\lambda MP_K=0 \quad \cdots\cdots (2)$$

$$\frac{\partial\mathscr{L}}{\partial \lambda}=X-f(L,K)=0 \quad \cdots\cdots (3)$$

위의 식들을 다시 정리하면, 다음과 같다.

$$\frac{MP_L}{MP_K}=\frac{W}{R}$$

$$X=f(L,K) \quad \cdots\cdots (4)$$

이는 등량곡선 위의 점으로서 등량곡선과 등비용선이 접하는 요소결합이 비용극소화를 이루는 요소결합임을 나타낸다. **식** (4)를 풀어 L과 K에 대한 조건부 요소 수요함수를 구할 수 있다. 이 경우에 일정하게 주어진 값은 W, R 및 X이므로, 조건부 요소수요함수는 $L=L(W, R, X)$, $K=K(W, R, X)$가 된다.

여기서 구하여진 L 및 K가 산출량제약 하의 생산비극대화가 아닌 생산비극소화를 나타내기 위하여는 2계조건을 만족시켜야 한다. 이 경우의 2계조건은 **식** (1)~(3)을 L, K 및 λ로 미분하여 얻은 다음의 유계 헤시안 행렬식의 값이 음(−)이어야 만족시킬 수 있다.

$$H=\begin{vmatrix} 0 & MP_L & MP_K \\ MP_L & \lambda MP_{LL} & \lambda MP_{LK} \\ MP_K & \lambda MP_{KL} & \lambda MP_{KK} \end{vmatrix}<0$$

여기서, 예를 들어 $MP_{LK}=\partial MP_L/\partial K$, $MP_{LK}=MP_{KL}$인 점을 이용하여 위 행렬식의 값을 구하면 다음과 같다.

$$H=-\lambda(2MP_L MP_K MP_{LK}-MP_L^2 MP_{KK}-MP_K^2 MP_{LL})<0 \quad \cdots\cdots\cdots\cdots (5)$$

등량곡선이 원점에 대하여 볼록하다는 조건은 등량곡선을 따라 우하향할 때, 즉 $dL>0$, $dK<0$인 경우에 $MRTS_{LK}=MP_L/MP_K$이 감소해야 함을 나타낸다. 등량곡선을 따라 움직인다는 조건인 $MP_L dL+MP_K dK=0$을 이용하여 $MRTS_{LK}$를 전미분하면, 다음의 조건을 얻을 수 있다.

$$dMRTS_{LK}=-\left(\frac{1}{MP_K^3}\right)[2MP_L MP_K MP_{LK}-MP_L^2 MP_{KK}-MP_K^2 MP_{LL}]dL \quad \cdots (6)$$

$MP_K>0$이므로, $dL>0$일 때 $dMRTS_{LK}<0$이 되기 위한 조건은 위의 [ ] 안의 값이 양이 되어야 한다는 것이다. 이는 **식** (5)의 조건과 동일하다. 따라서 산출량제약 하의 비용극소화 문제의 2계조건이 등량곡선이 원점에 대하여 볼록한 것임을 알 수 있다.

산출량제약 하의 비용극소화를 이루게 하는 조건부 요소수요함수를 이용하면, 등비용선에 대해 장기 비용함수를 얻을 수 있다.

$$LTC=WL(R, W, X)+RK(R, W, X)$$

예 생산함수가 $f(L,K)=AL^{\alpha}K^{\beta}$와 같은 콥-더글라스 생산함수일 때, L과 K의 조건부 요소수요함수를 도출하기도 한다. 이 경우, $MP_L = A\alpha L^{\alpha-1}K^{\beta}$이고 $MP_K = A\beta L^{\alpha}K^{\beta-1}$이므로, $MRTS_{LK}=W/R$의 조건은 다음과 같이 나타난다.

$$\frac{\alpha}{\beta}\cdot\frac{K}{L}=\frac{W}{R}$$

이를 K에 관하여 정리하면, $K=(\beta/\alpha)\cdot(W/R)\cdot L$이 된다. 이를 생산함수에 대입한 후 L에 관하여 정리하면, L의 조건부 요소수요함수를 얻을 수 있다. K의 조건부 요소수요함수도 마찬가지 방법으로 얻는다.

$$L = BX^{\frac{1}{\alpha+\beta}}$$
$$K = DX^{\frac{1}{\alpha+\beta}}$$

예에서 $B=[(1/A)\cdot\{(\alpha/\beta)\cdot(R/W)\}^{\alpha}]^{1/(\alpha+\beta)}$, $D=[(1/A)\cdot\{(\beta/\alpha)\cdot(W/R)\}^{\beta}]^{1/(\alpha+\beta)}$이다. 이와 같이 구해진 조건부 요소수요함수를 등비용선에 대입해 비용함수를 구할 수 있다.

$$LTC = EX^{\frac{1}{\alpha+\beta}} \quad \cdots\cdots (7)$$

여기서 E는 $WB+RD$이다. 이를 이용해 LAC와 LMC를 구한다.

$$LAC = EX^{\frac{1-(\alpha+\beta)}{\alpha+\beta}}$$
$$LMC = \frac{1}{(\alpha+\beta)}EX^{\frac{1-(\alpha+\beta)}{\alpha+\beta}}$$

$\alpha+\beta=1$이면 규모에 대하여 수익불변이다. 이 경우에는 $LAC=LMC=E$가 된다. $\alpha+\beta>1$이면 규모에 대한 수익체증인데, X가 증가하면 LAC와 LMC 모두 감소하며 $LAC>LMC$ 임을 알 수 있다. $\alpha+\beta<1$이면 규모에 대한 수익체감인데, X가 증가하면 LAC와 LMC 모두 증가하며 $LMC>LAC$ 임을 알 수 있다.

2 비용함수와 생산함수

생산함수의 형태에 따라 도출되는 비용함수의 형태가 달라진다. 그렇다면 비용함수를 알고 있다면 생산함수의 형태가 어떠한지 알 수 있겠는가? 이에 대한 대답은 '그렇다'이다. 이 대답의 의미는 생산함수를 통하여 알 수 있는 정보의 양과 비용함수를 통하여 알 수 있는 정보의 양이 동일하다는 것이다. 이를 생산함수와 비용함수의 쌍대성duality이라 한다.

생산함수와 비용함수 사이에 쌍대성의 존재 여부를 앞의 콥-더글라스 생산함수를 이용해 살펴보자. **식** (7)과 같은 비용함수를 알고 있다면, 이 비용함수를 이용해 조건부 요소수요함수를 도출할 수 있다.

$\partial LTC/\partial W=(\partial E/\partial W)\cdot X^{1/(\alpha+\beta)}$이므로 $\partial E/\partial W$의 값을 구해 보자. $E=WB+RD$인데, B, D가 W의 함수이므로 $\partial E/\partial W=B+W(\partial B/\partial W)+R(\partial D/\partial W)$가 된다. 위에서 정의한 B와 D를 이용해 실제로 계산하면 $W(\partial B/\partial W)+R(\partial D/\partial W)=0$이 되므로 $\partial LTC/\partial W=(\partial E/\partial W)\cdot X^{1/(\alpha+\beta)}=BX^{1/(\alpha+\beta)}=L$이 된다. 마찬가지 방법으로 $\partial LTC/\partial R=(\partial E/\partial R)\cdot X^{1/(\alpha+\beta)}=DX^{1/(\alpha+\beta)}=K$가 됨을 알 수 있다. 즉 비용함수를 알고 있으면 이를 이용해 조건부 요소수요함수를 도출할 수 있다.

비용함수에서 도출된 조건부 요소수요함수로부터 생산함수의 형태를 추론할 수 있다. $L=BX^{1/(\alpha+\beta)}$를 α배, $K=DX^{1/(\alpha+\beta)}$를 β배 하면 다음과 같다.

$$L^{\alpha}=B^{\alpha}X^{\alpha/(\alpha+\beta)}$$
$$K^{\beta}=D^{\beta}X^{\alpha/(\alpha+\beta)}$$

위의 두 식을 곱하면 $L^{\alpha}K^{\beta}=B^{\alpha}D^{\beta}X$가 된다. 여기서 $B^{\alpha}D^{\beta}=1/A$로 하면 이는 생산함수가 $X=AL^{\alpha}K^{\beta}$인 콥-더글라스 생산함수임을 의미한다.

08 이윤극대화와 공급함수

8-1 이윤극대화

8-2 공급함수

8-3 결합생산과 이윤극대화

8-1 이윤극대화

우리는 앞에서 생산비가 주어졌을 때 산출량을 극대화하기 위한 생산요소 투입의 결정 방법과 생산량 수준이 주어졌을 때 생산비를 극소화하기 위한 생산요소 투입량의 결정 방법을 알아보았다. 그런데 기업이 생산요소의 투입량을 변화시키면 생산량과 함께 생산비도 변화한다. 즉 기업이 의사결정을 할 때 생산량과 생산비 중 어느 하나만 고려하기보다는 생산량과 생산비의 변화를 모두 고려하는 것이 더 일반적이다. 이 경우에 기업의 의사결정 목표는 무엇인가?

기업이 생산비를 지불해 생산요소를 투입하면서까지 상품을 생산하는 것은 상품을 시장에서 판매해 이익을 얻기 위해서이다. 따라서 대부분의 기업들은 되도록 많은 이익을 얻기를 원할 것이다. 기업이 상품을 시장에 판매하여 얻는 수익을 총수입 total revenue, *TR*이라 한다.

총수입과 총비용의 차이는 이윤 profit이다. 기업이 높은 이익을 얻기를 원한다는 것은 곧 이윤극대화를 원한다는 것이다. 따라서 기업의 의사결정 목표는 이윤극대화라고 생각할 수 있다.

총수입 | 총수입이 얼마인지는 산출량의 수준 X에 의존한다. 산출량과 총수입 사이의 관계를 나타내는 것이 총수입함수인데, 이를 $TR(X)$로 쓸 수 있다. 총수입함수를 그림으로 그린 것이 총수입곡선이다. 총수입곡선의 형태는 기업이 당면하는 수요곡선의 형태에 따라 달라진다.

기업이 당면하는 수요곡선이 그림 8-1과 같이 수평선인 경우를 생각해 보자. 그림 8-1 (a)가 나타내는 바는 가격이 P_0로 주어졌을 때 이 기업은 주어진 가격에서 자기가 원하는 양만큼을 생산해 시장에 판매할 수 있다는 것이다.[1]

1 또는 기업의 산출량이 시장 가격에 영향을 미칠 수 없는 완전경쟁의 상황을 의미하기도 한다.

그림 8-1

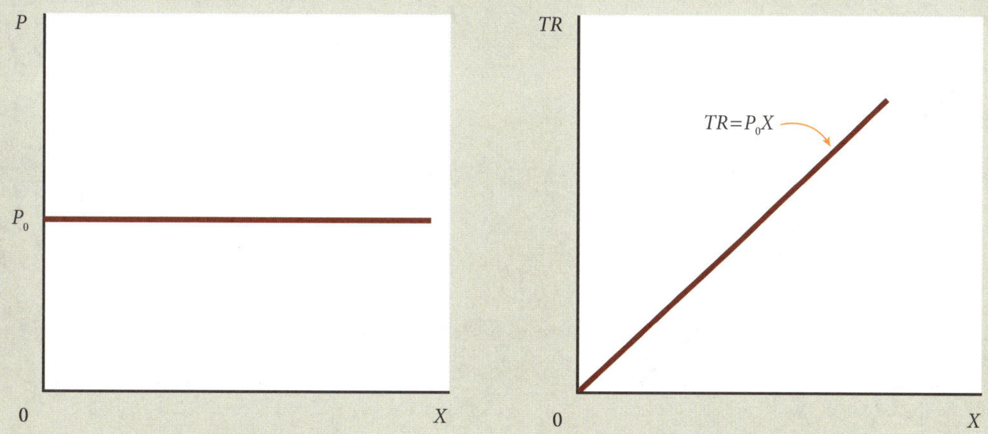

(a) 수요곡선이 수평선인 경우

(b) 총수입곡선

수요곡선과 총수입곡선의 형태

가격이 P_0일 때 수요곡선이 (a)와 같이 수평선이라면, 총수입곡선은 P_0X로서 (b)와 같이 직선이 된다.

산출량의 수준에 상관없이 가격은 항상 P_0이므로 산출량이 X인 경우의 총수입은 $TR=P_0X$가 된다. 따라서 총수입곡선은 그림 8-1 (b)에서 보는 바와 같이 직선이 된다.

그림 8-2는 기업이 당면하는 수요곡선이 우하향하는 경우이다. 설명의 편의를 위해 수요곡선이 직선인 경우를 생각해 보자. 그림 8-2 (a)에서 A는 수요의 가격탄력성이 1인 점이다.

앞의 3-5 탄력성에서 살펴본 바와 같이 A보다 위에 위치한 수요곡선 위의 점들은 수요의 가격탄력성이 1보다 큰 점들이며, A보다 아래에 위치한 수요곡선 위의 점들은 수요의 가격탄력성이 1보다 작은 점들이다. 수요의 가격탄력성이 1보다 큰 경우에 가격이 하락하면 소비자들의 소비 지출이 증가하며, 수요의 가격탄력성이 1보다 작은 경우에 가격이 하락하면 소비자들의 소비 지출은 감소한다.

기업이 당면하는 수요곡선이 우하향일 때 가격이 하락한다는 것은 산출량이 증가함을 의미한다. 한편 소비자들의 소비지출액은 곧 기업의 총수입이다. 따라서 수요의 가격탄력성이 1보다 크면 산출량이 증가해 총수입이 증가하고, 수요의 가격탄력성이 1보다 작으면 산출량이 증가해 총수입이 감소한다. 이에 따라 총수입곡선은 그림 8-2 (b)와 같은 형태가 된다.

그림 8-2

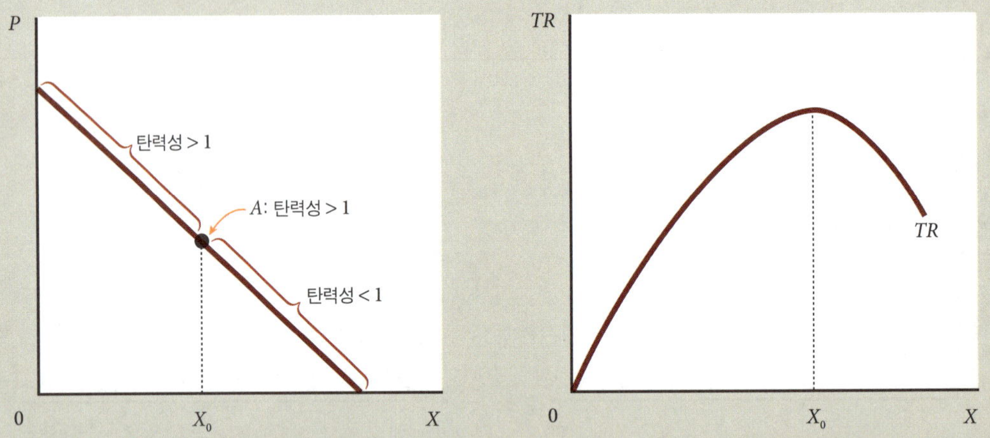

(a) 수요곡선이 우하향하는 경우 (b) 총수입곡선

수요곡선과 총수입곡선의 형태

수요곡선이 직선이며 우하향하는 경우, 수요량이 X_0 이하이면 수요의 가격탄력성이 1보다 크다. 따라서 가격이 하락하고 수요량이 증가할수록 소비지출액, 즉 기업의 입장에서 본 총수입은 증가한다. 수요량이 X_0를 초과하면 수요의 가격탄력성이 1보다 작으므로, 수요량이 증가할수록 총수입은 하락한다.

평균수입과 한계수입

X재를 판매해 X재의 단위당 받을 수 있는 금액은 수요량이 X인 경우에 수요곡선의 높이가 나타내는 가격인 수요가격과 같다. 한편 이때 총수입은 (수요가격)×X가 된다. 산출량의 단위당 수입을 **평균수입** average revenue AR이라 하므로 다음의 관계가 성립한다는 것을 알 수 있다.

$$AR(X) = \frac{TR(X)}{X} = \frac{(\text{수요가격}) \times X}{X} = \text{수요가격}$$

평균수입, 한계수입

산출량 한 단위당 수입을 평균수입이라 하며, 한계수입은 산출량을 한 단위 증가시킬 때 총수입이 얼마나 변화하는가를 나타낸다. 평균수입곡선과 수요곡선은 같다.

위 식이 나타내는 바는 산출량과 평균수입의 관계를 그림으로 그린 평균수입곡선과 수요곡선이 동일하다는 것이다.

산출량이 한 단위 증가할 때 총수입이 얼마나 변화하는지 나타내는 것은 **한계수입** marginal revenue MR이다.

$$MR(X) = \frac{\Delta TR(X)}{\Delta X}$$

기업이 당면하는 수요곡선이 수평이기 때문에 $TR = P_0X$라면 한계수입이 P_0가

그림 8-3

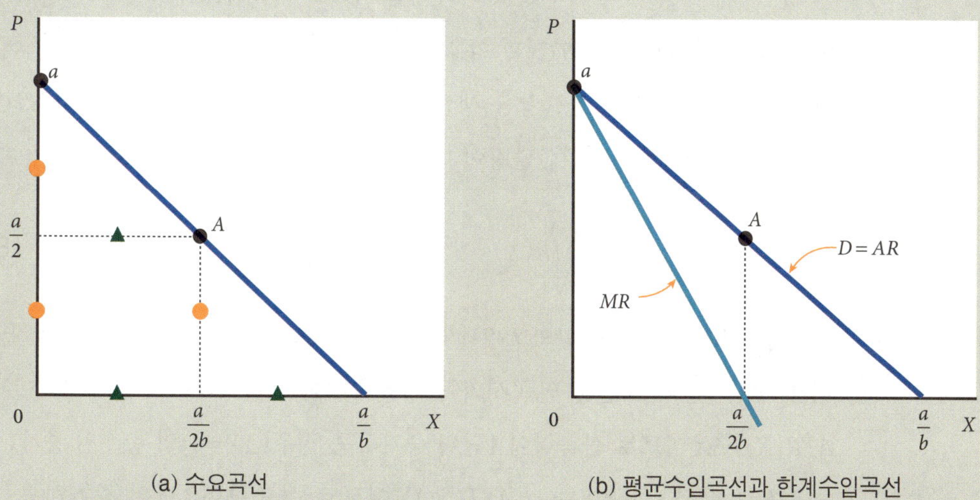

평균수입곡선과 한계수입곡선

한계수입은 항상 평균수입보다 낮으며, 수요의 가격탄력성이 1일 때 0이 된다. 이에 따라 AR과 MR 사이의 관계는 (b)와 같아진다.

되어 평균수입과 한계수입은 동일하다.

기업이 당면하는 수요곡선이 우하향하는 경우의 평균수입과 한계수입의 관계가 어떠한지 알아보자. 이를 위해 수요곡선이 $P = a - bX$와 같이 직선으로 주어진 경우를 가정해 보자. 이 경우에 $TR = PX = (a - bX)X$이므로 $AR = a - bX$가 되어 평균수입곡선과 수요곡선이 같다는 것을 알 수 있다. 한편 한계수입은 $MR = a - 2bX$로 구할 수 있다.[2]

위에서 구한 AR과 MR을 비교해 보면 다음과 같은 사실들을 알 수 있다. 산출량이 0인 경우($X = 0$), AR과 MR은 서로 같고, 산출량이 0보다 크면 항상 AR이 MR보다 크다. 그리고 산출량이 $(a/2b)$라면 MR은 0이 된다.

이 상황을 그림으로 그리면 그림 8-3 (a)와 같다. (a)에서 '●' 표시를 한 선분의 길이와 '▲' 표시를 한 선분의 길이는 같다. 따라서 A에서의 수요의 가격탄력성은 1이 된다. 즉 수요의 가격탄력성이 1일 때 MR은 0이 된다. 이상의 모든 사실을 이용해 AR과 MR 사이의 관계를 나타내면 그림 8-3 (b)와 같다.

---

2 즉 기업이 당면하는 수요곡선이 우하향하는 직선인 경우에 MR곡선은 수요곡선의 수직축 절편과 동일한 절편을 가지면서 기울기가 2배인 우하향하는 직선이 된다.

단기의 이윤극대화

단기의 이윤 Π는 총수입 $TR(X)$와 단기 총비용 $STC(X)$의 차이이므로 단기의 이윤극대화 문제는 산출량을 얼마로 정해야 $TR(X)$와 $STC(X)$의 차이를 가장 크게 만들 수 있는냐이다. 여기서 단기 총비용은 주어진 산출량을 생산할 수 있는 최소 비용이어야 하므로 $STC(X)$는 단기 총비용함수이다. 산출량이 다음을 만족시킬 때 이윤이 극대화된다.

$$MR(X) = SMC(X) \tag{8-1}$$

여기서 $SMC(X)$는 앞의 7-2 단기의 비용극소화와 단기 비용함수에서 정의된 단기 한계비용이다. 왜 이 조건을 만족시켜야 이윤극대화가 달성되는지 알아보자. $MR = \Delta TR(X)/\Delta X$이므로 산출량이 1단위 증가하는 경우($\Delta X = 1$)의 총수입 증가($\Delta TR$)는 MR과 같다. 한편 $SMC = \Delta STC/\Delta X$이므로 산출량이 1단위 증가하는 경우($\Delta X = 1$)의 단기 총비용 증가($\Delta STC$)는 SMC와 같다.

지금 $MR = 5 > 3 = SMC$라 하자. 이 경우에는 이윤극대화가 이루어지지 않았는데, 그 이유는 다음과 같다. 산출량을 한 단위 증가시키면 총수입은 5만큼 증가하고, 총비용은 3만큼 증가하므로 이윤은 2만큼 증가한다. 즉 $MR > SMC$인 경우는 산출량을 증가시켜 이윤을 증가시킬 수 있다. 반대로 $MR < SMC$인 경우는 산출량을 감소시켜야 이윤이 증가한다. 따라서 이윤극대화를 이루기 위해서는 **식** (8-1)이 성립해야 한다.

단기의 이윤극대화를 그림으로 나타내면 그림 8-4와 같다.[3] 그림 8-4 (a)에서 이윤은 TR과 $STC(X)$의 차이이므로 산출량의 수준이 X_1과 X_2 사이인 경우에는 이윤이 0보다 크고, 그 밖의 경우에는 이윤이 0보다 작음을 알 수 있다. 한편 산출량이 변화하면 이윤도 변화하는데, 이를 그림으로 나타내면 그림 8-4 (b)와 같다. 여기서 이윤극대화는 X_*에서 이루어지는데, X_*에서는 TR의 기울기인 MR과 $STC(X)$의 기울기인 SMC가 서로 같다.

이윤극대화를 MR과 SMC곡선을 직접 이용해 그림 8-4 (c)와 같이 나타낼 수도 있다. 이윤극대화 조건인 **식** (8-1)을 만족시키는 산출량의 수준은 X_0와 X_* 두 가지가 있다. 그런데 그림 8-4 (b)에서 X_0는 이윤을 극소로 하는 산출량이므로, **식**

3 여기서는 설명의 편의를 위해 기업이 당면하는 수요곡선이 수평선인 경우를 고려하기로 한다. 기업이 당면하는 수요곡선이 우하향하는 경우에도 여기에서 도출된 결과와 동일한 결과를 얻는다.

그림 8-4

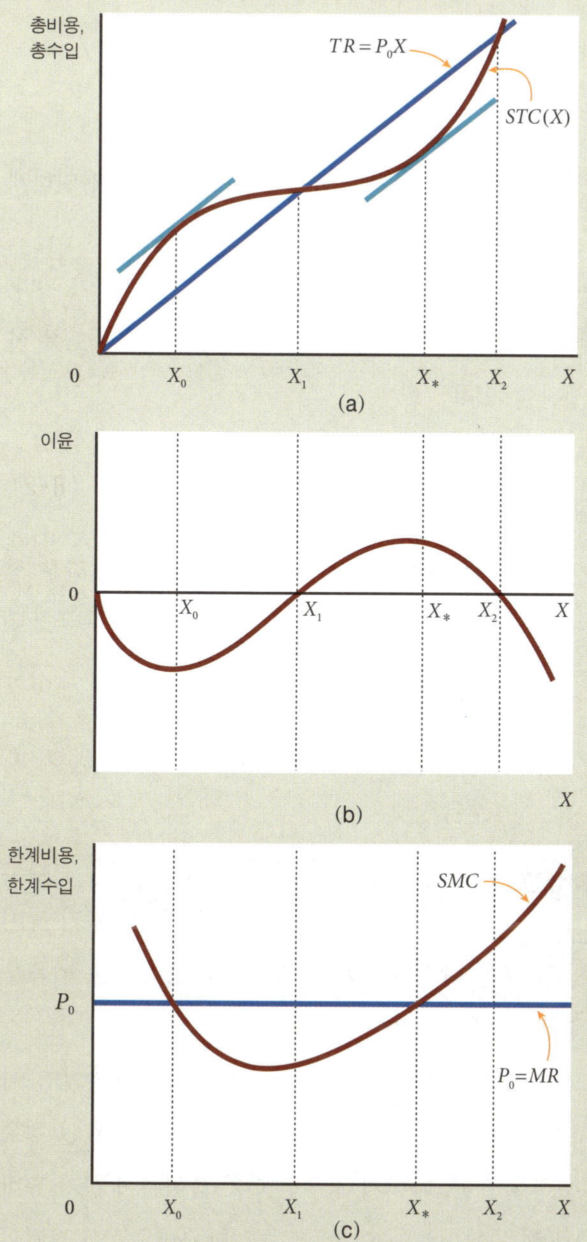

이윤극대화

총수입곡선 TR이 직선인 경우, MR은 일정한 상수 P_0가 되며 SMC는 단기 총비용곡선 $STC(X)$ 위의 어느 한 점에서의 접선의 기울기가 된다. (a)의 X_0 및 X_*에서 이윤극대화의 일계 조건인 $MR = SMC$가 성립한다. 그런데 (b)의 X_*는 이윤극대화를 이루는 산출량인 반면, X_0는 이윤극소화를 이루는 산출량이다. 이는 이윤극대화의 이계 조건이 (c)에 나타난 바와 같이 SMC가 증가하는 구간이어야 함을 나타낸다.

(8-1)을 만족시키는 산출량이 이윤을 극소로 하는 산출량이 아닌 이윤을 극대로 하는 산출량이 되려면 다른 조건을 만족시켜야 함을 알 수 있다.

그 조건이 어떠한 것인지는 산출량이 X_0인 경우와 X_*인 경우의 SMC를 비교해 보면 알 수 있다. 산출량이 X_0인 경우의 SMC곡선의 기울기는 음(−)이며, X_*

인 경우의 SMC곡선의 기울기는 양(+)이다. 따라서 **식** (8-1)을 만족시키는 산출량이 이윤극대화를 이루는 산출량이 되기 위해서는 산출량의 증가에 따라 SMC가 증가하는 부분에서 산출량의 수준이 결정되어야 한다.[4]

장기의 이윤극대화

장기의 이윤극대화가 단기의 이윤극대화와 유일하게 다른 점은 장기에는 기업이 장기 총비용 $LTC(X)$을 생산비로 고려해야 한다는 것이다. 따라서 장기의 이윤은 $TR(X)-LTC(X)$가 된다.

단기에서와 같은 이유로 장기의 이윤극대화는 다음의 조건을 만족시키도록 산출량의 수준을 결정할 때 달성될 수 있다.

$$MR(X)=LMC(X) \tag{8-2}$$

여기서 LMC는 앞의 7-2 장기의 비용극소화와 장기 비용함수에서 정의된 바와 같은 장기 한계비용이다. 한편 장기에도 **식** (8-2)를 만족시키는 산출량이 이윤을 극소로 하지 않고 극대로 하는 산출량이 되기 위해서는 산출량의 수준이 LMC가 증가하는 부분에서 결정되어야 한다.

단기 이윤과 장기 이윤의 비교

앞의 비용함수 분석에서 장기가 단기보다 더 효율적임을 알았다. 즉 장기 총비용이 단기 총비용보다 크지 않다. 이는 단기 이윤이 장기 이윤을 초과할 수 없음을 의미하는 것일까? 이를 그림 8-5를 이용해 알아보자.

그림 8-5 (a)에서 보는 바와 같이 장기 총비용곡선이 $LTC(X)$, 자본의 양이 K_0, 단기 총비용곡선이 $STC(X, K_0)$로 각각 주어졌을 때 산출량 수준이 X_0인 경우만 단기 총비용과 장기 총비용이 같으며, 나머지 경우는 단기 총비용이 장기 총비용보다 크다. 단기의 이윤극대화는 $MR(X)=SMC(X)$를 만족시키는 X_1, 장기의 이윤극대화는 $MR(X)=LMC(X)$를 만족시키는 X_2에서 각각 이루어진다. 따라서

4 이것이 이윤극대화의 이계 조건이다. 이윤극대화의 일계 조건이 $MR(X)-SMC(X)=0$이므로, 이계 조건은 $dMR(X)/dX-dSMC(X)/dX<0$이다. 기업이 당면하는 수요곡선이 수평선이라면 $MR=P_0$로서 상수이므로, 이 조건은 $dSMC(X)/dX>0$인 조건이 된다. 기업이 당면하는 수요곡선이 우하향한다면 $dMR(X)/dX<0$이므로, $dSMC(X)/dX>0$이면 이계 조건이 항상 충족된다.

그림 8-5

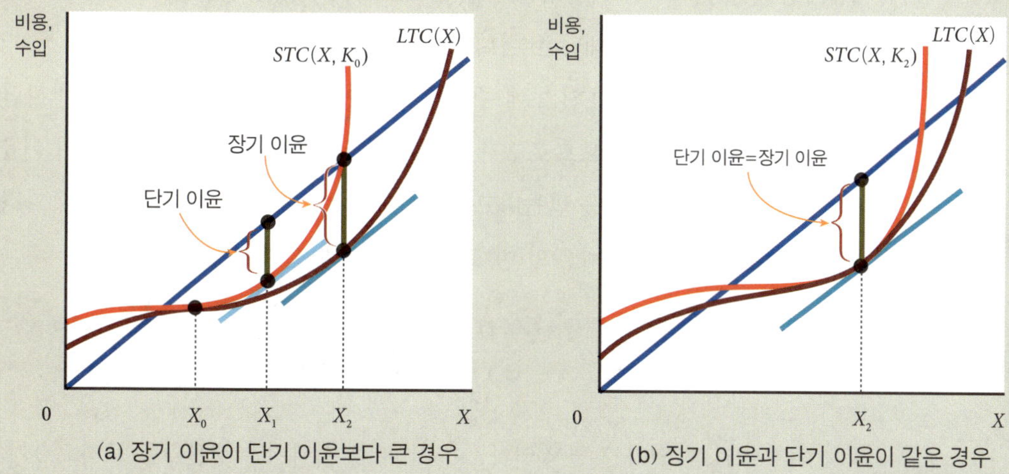

단기와 장기의 이윤극대화

장기 총비용곡선은 단기 총비용곡선들의 포락선이므로 일반적으로 (a)와 같이 단기 이윤이 장기 이윤보다 작다. 그러나 (b)와 같이 단기 및 장기 총비용이 접하면 단기 이윤과 장기 이윤이 같을 수 있다.

이 경우에 단기의 이윤이 장기의 이윤보다 낮음을 알 수 있다.

단기와 장기 총비용이 같아지는 산출량 수준은 단기에 주어진 자본의 양에 의존한다. 자본의 양이 K_2로 주어졌을 때 단기 총비용곡선 $STC(X, K_2)$가 그림 8-5 (b)와 같다고 하자. 이때 단기와 장기의 이윤극대화 모두 산출량을 X_2로 결정하여야 달성할 수 있다. 한편 X_2에서는 단기 이윤과 장기 이윤이 서로 같다. 이상의 결과를 종합할 때 이윤극대화의 결과로 달성되는 단기이윤이 장기이윤을 초과할 수 없음을 알 수 있다.

복수 기간 선택과 이윤극대화

기업이 여러 기간에 걸쳐 생산활동을 하는 경우의 이윤극대화는 장래 이윤의 현재가치를 극대화하는 것이다. 어떤 기업이 2기에 걸쳐 생산활동을 하며, 1기 및 2기 말에 발생하는 이윤이 각각 Π_1 및 Π_2라고 하자. 할인율을 r, 현재의 시점을 1기 초라고 하면 장래이윤의 현재가치 PV는 다음과 같이 나타난다.

$$PV = \frac{\Pi_1}{(1+r)} + \frac{\Pi_2}{(1+r)^2}$$

주식공개를 통해 소유와 경영이 분리된 기업의 주식을 단기적으로만 보유하려는 사람들은 단기적인 이윤에만 관심이 있으며, PV에는 관심을 갖지 않는 근시안적 사람 myopia일까? 그 대답은 '아니오'이다. 그 이유를 알아보자.

어떤 개인 투자자가 1기 초에 주식을 사서 2기 초에 매각하려 한다. 이 사람은 1기 동안 주식을 보유했으므로 2기 초에 배당금을 받는데, 배당금으로 1기 이윤의 α에 해당하는 비율만큼을 받는다고 하자($0<\alpha<1$). 1기 및 2기 초의 주식 가격을 각각 P_1 및 P_2라 하면 순수익의 현재가치는 다음과 같다.

$$\frac{\alpha \Pi_1}{(1+r)} + \frac{P_2}{(1+r)} - P_1$$

여기서 P_2는 얼마가 될 것인가? 이 기업은 2기까지만 생산활동을 하고 3기 초에는 기업이 정리되어, 3기 초 이후에는 이 기업의 주식은 더 이상 가치가 없다. 따라서 2기 초에 P_2의 가격으로 주식을 구입하는 경우에 주식으로부터 발생하는 수익은 2기 말의 배당금밖에 없다. 2기 말의 주식 배당금이 $\alpha\Pi_2$라면 $P_2=\alpha\Pi_2/(1+r)$에서 균형이 성립한다.

만약 P_2가 $\alpha\Pi_2/(1+r)$보다 크다면 주식구입비용이 주식의 수익 2기 초 기준의 현재가치보다 큼을 의미한다. 따라서 이 경우에는 주식의 수요가 감소하므로 P_2가 하락한다. 한편 P_2가 $\alpha\Pi_2/(1+r)$보다 작다면 주식에 대한 수요가 증가하므로 P_2가 상승한다. 따라서 $P_2=\alpha\Pi_2/(1+r)$에서 균형이 성립한다. 이러한 P_2를 위의 식에 대입하면 개인 투자자가 얻는 순수익의 현재가치를 다음과 같이 나타낼 수 있다.

$$\alpha\left[\frac{\Pi_1}{(1+r)} + \frac{\Pi_2}{(1+r)^2}\right] - P_1$$

이 식은 1기 동안만 주식을 보유하는 개인 투자자도 기업의 1기 및 2기의 이윤의 현재가치를 고려함을 나타낸다. 즉 단기 투자라도 기업의 모든 장래 이윤의 현재가치를 고려하므로 근시안적 행위를 하지 않는다.

다른 의사결정 목표 | 지금까지는 기업의 의사결정 목표가 이윤극대화일 때 산출량이 어떻게 결정되는지 알아보았는데, 이러한 분석은 다음과 같은 두 가지 측면에서 비판받고 있다.

첫째, 기업의 의사결정 목표가 이윤극대화이더라도 한계수입과 한계비용이 일치하도록 산출량을 결정할 수 없는 경우가 있다.

둘째, 기업이 이윤극대화 이외의 다른 의사결정 목표를 가질 수 있다.

기업의 의사결정 목표가 이윤극대화인 경우, 기업은 한계수입과 한계비용이 일치하는 산출량만큼 생산하기를 원한다. 그런데 이러한 산출량의 수준이 얼마인지 실제로 알기 위해서는 수요함수와 비용함수에 관한 정확한 정보가 필요하다. 기업이 자신의 비용함수에 관한 비교적 정확한 정보를 가질 수 있다 해도 수요함수에 대한 정확한 정보를 가지기는 매우 어렵다. 왜냐하면 자신이 생산해 내는 제품에 대한 수요는 제품의 가격, 소비자의 기호, 대체재의 출현 여부, 예상하기 어려운 유행의 변화 등과 같은 여러 요인이 복합적으로 작용해 결정되기 때문이다.

이러한 상황에서 기업이 할 수 있는 일은 생산단가인 평균비용에 적당한 이윤율을 고려해 가격을 결정하는 것인데, 이를 마크-업 가격설정 mark-up pricing 이라 한다. 즉 가격 = (1 + 이윤율) × (평균비용)이 되도록 가격을 설정한다.[5] 그러나 마크-업 가격설정이 이윤극대화와 전혀 무관한 것이라고 보기는 어렵다. 왜냐하면 이윤율을 결정할 때 이윤극대화가 고려되기 때문이다. 즉 기업이 수요함수에 대한 정확한 정보가 없더라도 불확실한 수요함수 하에서 이윤극대화를 이룰 수 있도록 이윤율을 결정한다고 볼 수 있다.

자본주의가 발달하면서 점차 소유와 경영이 분리되는 경향이 있다. 이 경우, 소유주가 이윤극대화를 원해도 소유주가 고용한 전문경영자의 행동이 반드시 소유주가 원하는 대로 이루어진다는 보장이 없다. 대표적인 비이윤극대화 non-profit maximization 의 예로서 여가소비 consumption of leisure, 쾌적성 극대화 amenity maximization 및 판매량 극대화 sales maximization 를 살펴보자.

전문경영자가 직장에서 여가를 늘리는 데 가치를 둔다면 소유주가 바라는 대로 열심히 일하지 않을 수 있다. 불필요한 접대를 이유로 과도하게 긴 점심시간을 갖는다거나 주중에 꼭 필요하지 않은 접대 골프를 치는 행위 등이 이의 예가 된다. 이러한 상황이 생긴다면 이윤극대화가 제약을 받을 수밖에 없다.

쾌적성 극대화란 전문경영자들이 넓은 사무실, 많은 수의 보조원 및 값비싼 식사 등과 같이 직책에 수반되는 부차적 수익으로부터 효용을 얻기 때문에 이를 극대화하도록 행동한다는 것이다. 실제로 1990년 미국의 어떤 회사는 중역에게

5 이윤율을 가리켜 마크-업 비율(mark-up rate)이라고도 한다.

그림 8-6

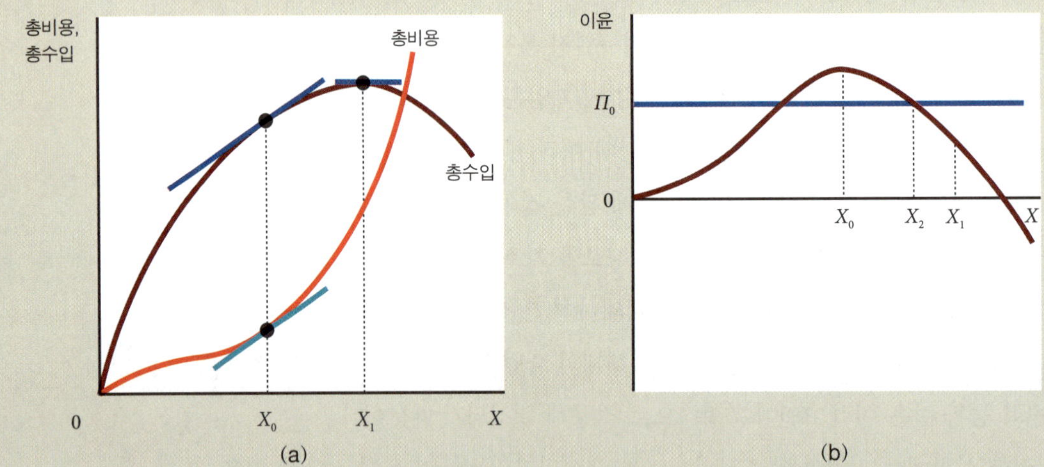

수입극대화

$MR=0$인 경우에 수입극대화를 달성할 수 있다. 만약 기업이 최소 이윤 Π_0를 달성해야 한다는 제약에 직면한다면 생산량은 (b)의 X_2가 된다.

매일 껍질을 벗긴 오렌지를 배달해 주기 위해 연간 8,000달러를 사용하였다. 이는 오렌지 한 개당 가격이 300달러에 이르는 금액이었다. 이러한 쾌적성 극대화가 이윤극대화의 장애가 되는 것은 물론이다.

보몰Baumol에 의하면, 명성을 추구하는 전문경영자들은 매출액을 높이려는 경향이 있다. 이때 매출액, 즉 총수입을 극대화하는 산출량이 결정될 수 있다. 총수입을 극대화하는 산출량 수준은 이윤극대화를 이루는 산출량보다 많다.

다른 제약이 없는 경우에 기업은 $MR(X)=0$이 되는 산출량을 선택해, 총수입을 극대화할 수 있다. 그림 8-6에서 이윤을 극대화하는 산출량이 X_0이지만 총수입을 극대화시키는 산출량은 X_1로, X_0보다 크다는 것을 알 수 있다. 배당이나 기타의 이유에 의해 이 기업이 확보해야 하는 최소한의 이윤이 있다면, 이 기업의 산출량은 달라질 수 있다. 확보해야 하는 최소 이윤이 그림 8-6 (b)와 같이 Π_0이면, 이 기업의 산출량은 X_1보다 작은 X_2에서 결정된다.

이 문제들을 해결하기 위해 소유주는 물론 경영자 스스로가 경영자의 행위를 통제할 수 있도록 해주는 내적 통제기구internal control mechanism와 외부 인력을 이용해 경영자의 행위를 통제하는 외적 통제기구external control mechanism가 작동되고 있다. 따라서 현실적으로 이윤극대화 목표가 어느 정도 제약을 받지만 현실을 적

그림 8-7

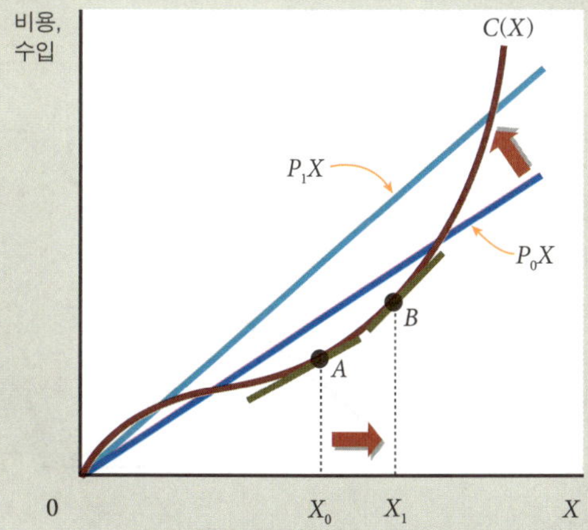

(a) 이윤극대화를 이루는 산출량 변화

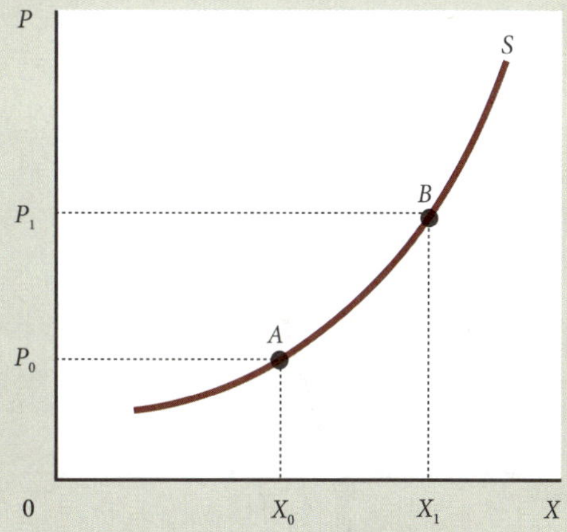

(b) 공급곡선

공급곡선의 도출

(a)와 같이 총수입곡선이 직선이면 주어진 가격 P의 수준에 따라 이윤극대화를 이루는 산출량의 수준이 달라진다. 이를 차원을 달리하여 (b)처럼 (X, P) 공간에 그리면 공급곡선을 얻을 수 있다.

절히 설명하는 부분이 매우 많고, 이윤극대화를 대체할 다른 목표가 마땅치 않으므로 이윤극대화가 기업 의사결정의 목표인 것으로 간주해도 무방하다.

8-2 공급함수

이윤극대화를 원하는 기업이 산출량을 얼마로 결정할 것인지는 가격에 따라 달라진다. 그림 8-7 (a)와 같이 가격이 P_0인 경우에 이윤극대화를 이루는 산출량은 X_0이지만, 가격이 P_1인 경우에 이윤극대화를 이루는 산출량은 X_1이다. 이윤극대화를 이루게 하는 산출량이 가격에 따라 변화하므로 $X=X(P)$로 쓸 수 있는데, 이것이 곧 **공급함수** supply function 이다.[6]

공급함수, 공급곡선

가격과 이윤극대화를 이루는 산출량 사이의 관계를 나타내는 것이 공급함수이며, 이를 그림으로 그린 것이 공급곡선이다.

6 공급함수는 가격을 주어진 것으로 간주하는 기업에 대해서만 정의될 수 있다. 즉 공급함수는 가격 순응자(price-taker)인 기업에게만 존재한다.

그림 8-8

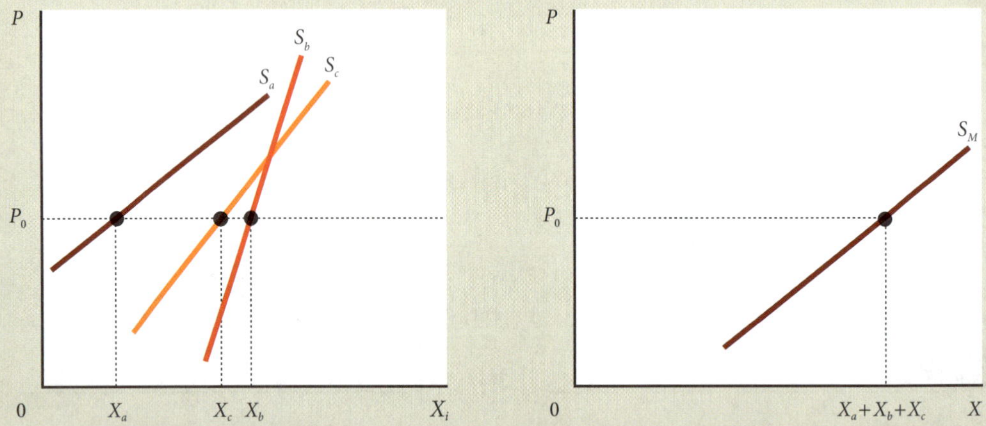

(a) 개별 기업의 공급곡선들 (b) 산업의 공급곡선

산업의 공급곡선

개별 기업들은 비용함수가 서로 달라 (a)와 같이 다양한 공급곡선을 가진다. 모든 개별 기업들의 공급곡선을 수평으로 합하면 (b)와 같이 산업의 공급곡선을 얻을 수 있다.

가격과 이윤극대화를 이루는 산출량 사이의 관계를 그리면 그림 8-7 (b)와 같은 개별 기업의 **공급곡선**을 얻을 수 있다. 한편 X재를 만들어 내는 모든 기업들의 모임을 X재 산업이라 한다. X재 산업의 공급곡선은 개별 기업들의 공급곡선을 수평으로 합해 얻을 수 있다. 그림 8-8 (a)와 같이 개별 기업의 공급곡선이 주어졌다면, 가격이 P_0일 때 각 개별 기업의 공급량은 X_a, X_b 및 X_c이며 산업의 공급량은 $X_a+X_b+X_c$가 된다.

생산자잉여

기업의 총수입에서 가변비용을 차감한 금액을 생산자잉여 producer's surplus라 한다.[7] 어떤 기업의 공급곡선이 그림 8-9 (a)와 같다고 하자. 가격이 P_0일 때 이 기업이 원하는 공급량은 X_0이므로, 이 기업의 총수입은 P_0aX_00의 면적이 된다. 이 기업의 가변비용 VC[8]는 어떻게 나타낼 수 있는가?

7 이는 고정비용을 회수할 수 없는 매몰비용(sunk-cost)이라고 가정했기 때문이다. 왜 그러한지는 독자 여러분이 생각해 보기 바란다.

8 여기서는 단기 및 장기에 모두 성립하므로 이를 구별하지 않기 위해 VC의 앞에 단기를 뜻하는 'S', 장기를 뜻하는 'L' 등을 붙이지 않았다. VC는 단기의 경우 SVC가 되며 장기의 경우 LTC가 된다.

시멘트의 단기 공급곡선

EXAMPLE 8-1

미국의 시멘트 생산량에 관한 자료를 이용하여 현실에서 공급곡선이 어떻게 인식되는지 알아보기자. 미국 내무부US Department of the Interior에서 발간하는 자원연보material yearbook에서 해당되는 각 주별 시멘트 생산량과 생산액에 관한 자료를 얻어 정리하면 오른쪽 표와 같다

이 자료를 이용하여 시멘트 공급곡선을 추론하기 위해서는 몇 가지 가정을 해야 한다. 첫째, 생산액과 생산비가 동일하여 초과이윤이 없다고 가정한다. 둘째, 생산액/생산량은 평균비용이 되는데, 이 평균비용이 한계비용과 같다고 가정한다.

시멘트를 가장 효율적으로 공급하는 방법은 한계비용이 낮은 주부터 차례로 공급하는 것이다. 이 경우의 한계비용은 시멘트의 공급량이 572톤 이하일 때 119.82천 달러이며, 추가로 시멘트 526톤을 공급하면 126.42천 달러로 증가한다. 이와 같이 도출된 시멘트의 단기 공급곡선을 그림으로 나타내면 아래와 같다.

주 이름	생산량(톤)	생산액(천 달러)	한계비용(천 달러)
Alabama	526	66,500	126.42
California	698	89,500	128.22
Florida	900	146,000	162.22
Pennsylvania	384	52,200	135.93
South Dakoda	572	68,900	119.82
Texas	382	50,700	132.72

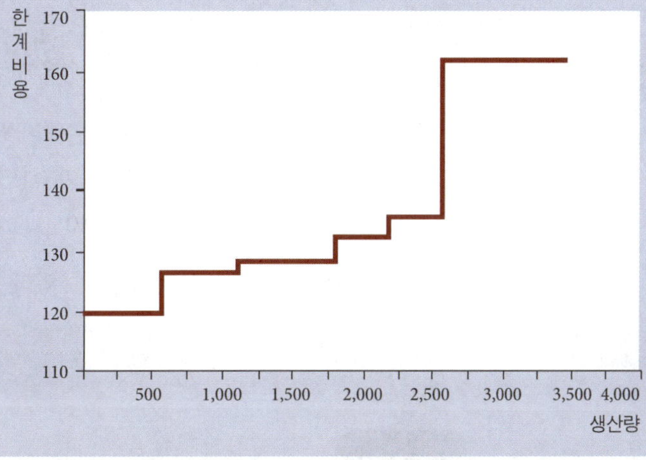

개별 기업의 공급곡선은 결국 한계비용곡선 MC와 같다.[9] 그런데 $MC = \Delta VC / \Delta X$이므로 $\Delta VC = MC \cdot \Delta X$가 된다. 그림 8-9 (b)에서 산출량이 X_1일 때 MC는 aX_1의 길이로 나타나므로 산출량을 ΔX만큼 증가시킬 때 VC가 얼마나 증가하는지는 $\Delta VC = MC \cdot \Delta X = abcX_1$의 면적으로 나타낼 수 있다. 산출량 X_0를 달성하기 위해 산출량을 0에서부터 ΔX만큼씩 계속 증가시키는 경우의 VC는 각 산출량 수준 하에서의 모든 ΔVC들의 합계이므로 그림 8-9 (b)의 모든 사각형들의 면적이 된다.

9 이에 대한 자세한 논의는 뒤의 10-2(개별 기업의 단기 공급곡선)에서 하기로 하고, 여기서는 이 사실을 그대로 받아들이기로 하자.

그림 8-9

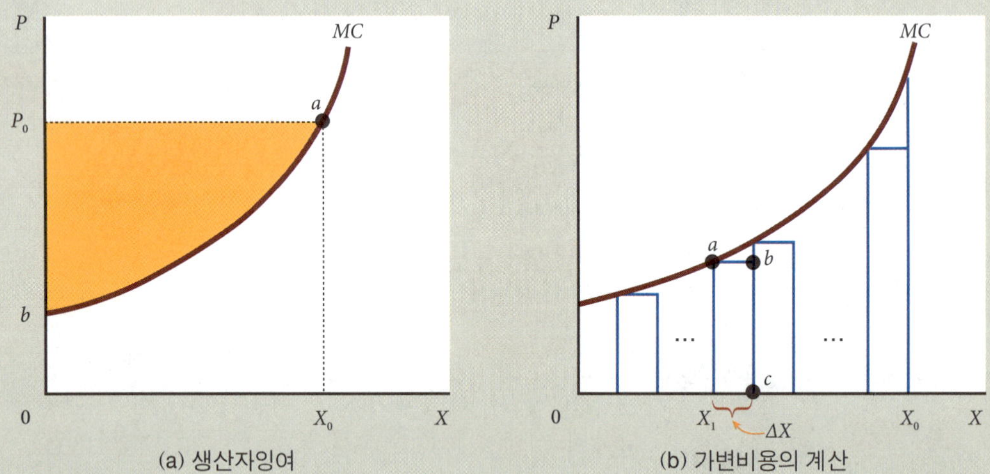

생산자잉여

총수입에서 가변비용을 뺀 금액인 생산자잉여는 (a)에서 P_0ab의 면적으로 나타낼 수 있다. (b)는 한계비용곡선 아래의 면적이 가변비용이 되는 이유를 보여주고 있다.

이 경우에 ΔX의 크기를 점점 작게 하면 VC는 결국 그림 8-9 (a)에서 한계비용곡선 밑의 면적인 $baX_0 0$이 된다.[10] 따라서 P_0의 가격에서 X_0만큼 생산할 때 생산자잉여는 P_0ab의 면적으로 구할 수 있다.

8-3 결합생산과 이윤극대화

노동만 투입해 X와 Y를 생산해 내는 경우의 이윤극대화 문제를 알아보자. 이 경우에 노동의 총투입량은 L_0으로 일정하게 주어졌다. 따라서 X재 및 Y재 생산에 투입되는 노동의 양을 각각 L_X 및 L_Y라고 하면, $L_X+L_Y=L_0$를 만족시켜야 한다. X와 Y의 가격이 P_X 및 P_Y인 경우, X와 Y를 생산한 후에 이를 시장에 판매하여 얻는 수입은 P_XX+P_YY가 된다. 임금이 W인 경우, 결합생산에 투입되는 노동의 총량이 L_0로 일정하므로 생산비도 WL_0로 일정하다. 따라서 결합생산에서의 이윤

10 즉 MC를 0에서 X_0까지 적분하면 가변비용의 크기를 얻을 수 있다.

그림 8-10

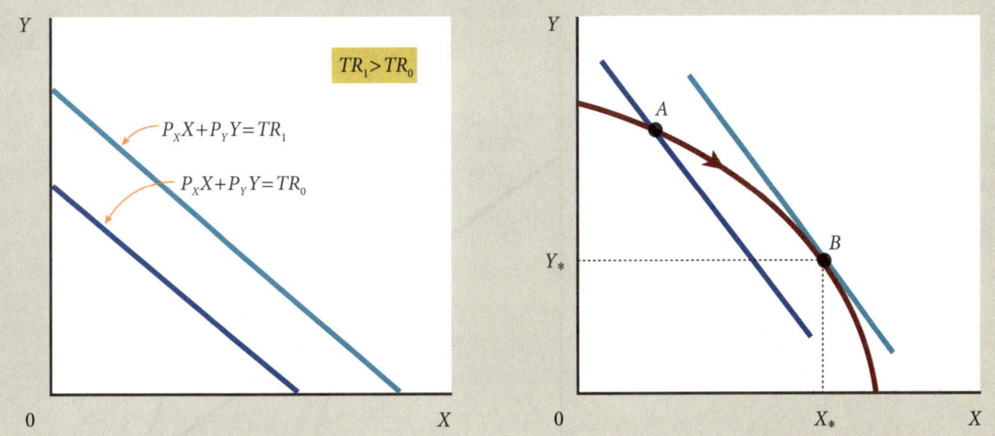

(a) 등수입선 (b) 수입극대화

결합생산과 이윤극대화

결합생산에서는 노동의 양이 L_0로 일정하므로 총비용도 WL_0로 일정하다. 따라서 이윤극대화는 총수입극대화와 동일하다. 등수입선은 (a)와 같은 직선이 되는데, 이것을 가능한 한 원점에서 멀리 떨어뜨려야 수입이 극대화된다. 생산가능곡선이 주어졌을 때 수입을 극대화하기 위해서는 (b)와 같이 생산가능곡선과 등수입선이 접하는 B를 선택해야 한다.

극대화는 곧 생산가능곡선이 주어진 경우의 수입극대화와 동일하다.

동일한 총수입을 얻는 X와 Y의 결합을 등수입선이라 한다. 동일한 수입 TR_0를 얻는 등수입선은 $P_XX+P_YY=TR_0$를 만족시키는 X와 Y의 결합인데, 이는 그림 8-10 (a)와 같이 절편이 TR_0/P_Y이고 기울기가 P_X/P_Y인 직선이다. 그림에서 볼 수 있듯이 수입이 많을수록 등수입선은 원점에서 멀어지게 된다. 따라서 결합생산 하의 이윤극대화 문제는 생산가능곡선 위의 점들 중 등수입선을 원점에서 가장 멀리 떨어지게 할 수 있는 점을 선택하는 문제가 된다.

그림 8-10 (b)와 같이 생산가능곡선 위의 한 점 A를 선택했을 때 총수입은 A를 지나는 등수입선에 의해 나타난다. 그런데 A는 수입을 극대로 하는 X와 Y의 결합이 아니다. 왜냐하면 생산가능곡선 위에서 화살표 방향으로 움직여 X의 산출량을 늘리고 Y의 산출량을 줄이면 수입을 증가시킬 수 있기 때문이다. 이 경우에는 B를 선택할 때 총수입이 극대화된다.

결합생산 하의 이윤극대화를 이루는 B에서는 등수입선과 생산가능곡선이 서로 접한다. 등수입선의 기울기의 절댓값은 P_X/P_Y이며, 생산가능곡선 위의 한 점

그림 8-11

생산가능곡선이 직선인 경우의 이윤극대화

생산가능곡선이 직선이고 기울기가 등수입선의 기울기보다 작은 경우에는 X재만 생산해야 수입극대화를 이룰 수 있다.

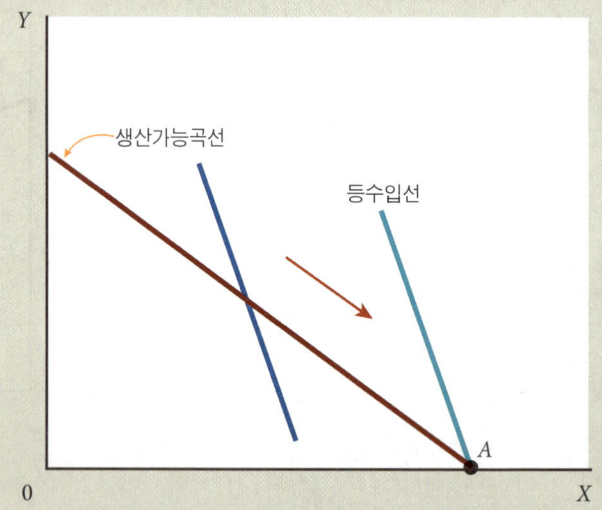

에서의 접선의 기울기의 절댓값은 MRT_{XY}이다. 따라서 결합생산 하의 이윤극대화 조건은 다음과 같이 나타낼 수 있다.

$$MRT_{XY} = \frac{P_X}{P_Y}$$

이제 이 조건의 의미를 알아보자. $MRT_{XY} = MP_L^Y / MP_L^X$이므로, 위의 조건을 $P_X MP_L^X = P_Y MP_L^Y$로 쓸 수 있다. 이 조건의 의미를 이해하기 위해 먼저 $P_X MP_L^X$와 $P_Y MP_L^Y$의 의미를 알아보기로 하자. $MP_L^X = \Delta X / \Delta L_X$이므로 X재 생산에 노동을 한 단위 더 투입하면($\Delta L_X = 1$), X재의 생산량(ΔX)이 MP_L^X만큼 늘어난다. 이렇게 늘어난 X재를 시장에서 판매하면 X재 한 단위당 P_X를 받으므로 총수입은 $P_X MP_L^X$만큼 늘어난다. 즉 $P_X MP_L^X$는 X재 생산에 노동을 한 단위 더 투입할 때 증가하는 총수입이다. 마찬가지 이유로 $P_Y MP_L^Y$는 Y재 생산에 노동을 한 단위 더 투입할 때 증가하는 총수입이 된다.

$MRT_{XY} < P_X / P_Y$, 즉 $P_X MP_L^X > P_Y MP_L^Y$인 경우에는 X재 생산량을 늘리고 Y재 생산량을 줄여 총수입을 증가시킬 수 있다. 그 이유를 $P_X MP_L^X = 10$, $P_Y MP_L^Y = 5$인 경우를 대상으로 하여 알아보자. 이 경우에 노동의 총량이 L_0으로 고정되어 있어도 L_X를 한 단위 증가시키고, L_Y를 한 단위 줄이는 것은 가능하다. L_X를 한 단위

증가시키면 X재의 판매에 의한 총수입은 10만큼 증가하며, L_Y를 한 단위 줄이면 Y재의 판매에 의한 총수입은 5만큼 감소한다. 따라서 전체 수입은 5만큼 증가한다. 이것이 그림 8-10 (b) A의 상황이다. 마찬가지 이유로 $MRT_{XY} > P_X / P_Y$ 인 경우에는 Y재의 생산량을 늘리고 X재의 생산량을 줄여 총수입을 증가시킬 수 있다.

생산가능곡선의 형태가 달라지면 결합생산 하의 이윤극대화를 이루는 X와 Y의 결합이 달라진다. X와 Y의 생산에 투입된 노동의 한계생산성이 일정하면 생산가능곡선은 직선이 된다. 생산가능곡선이 그림 8-11과 같이 직선이면 MRT_{XY}는 X와 Y의 산출량 수준에 상관없이 항상 일정하다. MRT_{XY}가 등수입선의 기울기인 P_X / P_Y보다 작으면, A를 선택해 이윤을 극대화할 수 있다. 이 경우에는 두 재화가 모두 생산되는 일반적인 경우와 달리 X재만 생산된다.

요 약

- 기업이 상품을 시장에 판매해 얻는 수익이 총수입이다. 산출물 한 단위당 수입은 평균수입이며, 평균수입곡선은 기업이 당면하는 수요곡선과 일치한다. 산출물이 한 단위 증가할 때 총수입이 얼마나 증가하는지는 한계수입에 의해 알 수 있다. 한계수입곡선은 평균수입곡선 밑에 위치한다. 수요의 탄력성이 1인 경우의 한계수입은 0이다.
- 한계수입 = 한계비용이 성립하면서 한계비용이 증가하는 부분에서 산출량을 결정하는 기업은 이윤극대화를 이룰 수 있다. 이윤극대화의 결과로 얻는 단기이윤은 장기이윤 이하이다.
- 기업이 여러 기간에 걸쳐 생산활동을 하는 경우에 이윤극대화는 장래 이윤의 현재가치를 극대화함으로써 이룰 수 있다. 기업의 주식을 단기적으로만 보유하는 사람도 근시안적으로 행동하지 않는다.
- 소유와 경영이 분리된 기업의 경우, 경영자의 의사결정 목표가 이윤극대화가 아닐 수 있다. 대표적인 예로서 여가소비, 쾌적성 극대화 및 판매량 극대화 등이 있다. 그러나 현실적으로는 경영자의 행위를 통제하는 내적·외적 통제기구가 있고 이윤극대화가 현실을 적절히 설명하는 부분이 많으며, 이윤극대화를 대체할 만한 다른 의사결정 목표가 없으므로 이윤극대화를 기업의 의사결정 목표로 간주해도 무방하다.
- 가격과 이윤극대화를 이루는 산출량 사이의 관계를 나타내는 것이 공급함수이며, 이를 그림으로 나타낸 것이 공급곡선이다. 산업의 공급곡선은 개별 기업의 공급곡선을 수평으로 합해 얻을 수 있다.
- 결합생산에서 이윤극대화는 수입극대화를 의미한다. 수입극대화는 $MRT_{XY}=P_X/P_Y$ 를 만족시키도록 산출량 수준을 결정해야 이룰 수 있다.

연습문제

01 총비용곡선이 직선이면 공급곡선이 나타내는 산출량의 수준은 0 또는 무한대이다. 이를 그림을 이용해 설명하시오.

02 X재의 수요함수는 $X=(A/P)$로 주어졌으며 A는 일정하게 주어진 상수이다.

(1) 수요의 가격탄력성이 1로 일정함을 보이시오

(2) 총수입곡선의 형태는 어떠하겠는가?

03 단기의 이윤이 장기의 이윤을 초과할 수 없는 이유는 장기 총비용곡선이 단기 총비용곡선들의 포락선이기 때문이라고 할 수 있는가?

04 이윤극대화를 이루는 산출량이 유일하지 않고 여러 개 존재할 수 있는 경우를 총수입곡선과 총비용곡선을 이용한 그림으로 나타내시오.

05 단기에 이윤극대화를 이루었다면, 노동의 평균생산성곡선의 기울기는 양(+)일 수 없다. 그 이유는 무엇인가?

06 어떤 경제에서 노동 L만 이용해 X재와 Y재를 생산해 내고 있다. 노동 한 단위를 X재 생산에 투입하면 X재를 2단위 더 만들 수 있으며, Y재 생산에 투입하면 Y재를 5단위 더 만들 수 있다. 이 경제의 노동은 동질homogeneous이며, 총 50단위의 노동이 있다.

(1) 생산가능곡선을 그림으로 그리시오

(2) $P_X=10$원, $P_Y=20$원이라면 이윤극대화를 이룰 수 있는 X재와 Y재의 생산량은 각각 얼마인가?

07 X재를 생산해 내는 어떤 기업이 100원의 가격으로 X재를 시장에서 판매할 수 있다. 이 기업의 비용함수는 $C=500+X^2$으로 주어졌다.

(1) 이 기업이 이윤극대화를 이루기 위해서는 X를 얼마로 결정해야 하는가? 이 경우의 이윤은 얼마인가?

(2) 이 기업이 이윤극대화를 이루었다면 생산자잉여는 얼마인가? 생산자잉여와 이윤의 차이는 무엇 때문에 발생하는가?

08 어떤 기업이 두 기에 걸쳐 생산활동을 한다. 이 기업은 1기에는 100원의 가격으로 X재를 판매할 수 있으며, 2기에는 200원의 가격으로 X재를 판매할 수 있다. 1기 및 2기의 총비용함수는 각각 $C_1=X^2$ 및 $C_2=2X^2$으로 주어졌다. 이 기업은 할인율로 이자율을 사용하는데, 이자율은 10%이다.

(1) 이 기업의 의사결정 목표를 쓰고, 이를 달성하기 위한 1기 및 2기의 산출량을 구하시오.

(2) A가 1기 초에 이 기업의 주식을 사서 1기 동안만 보유하려 한다. 주식을 1기 동안 보유하면 그 기간에 발생한 이윤의 0.1%를 배당으로 받는다. A가 1기 초에 주식 구입에 지불할 의사가 있는 최대 금액은 얼마인가?

09

시장균형

9-1 시장균형의 개념

시장수요와 시장공급 예산제약 하의 효용극대화를 원하는 소비자는 재화의 가격이 변화하면 최적 소비량을 변화시킨다. 가격과 최적 소비량 사이의 관계를 나타내는 것이 개별 소비자의 수요함수이고, 이를 그림으로 나타낸 것은 개별 소비자의 수요곡선이다. 개별 소비자의 수요곡선을 수평으로 합하면 시장수요곡선을 얻을 수 있다.

X재에 대한 시장수요함수를 $X^d = D(P, A)$로 나타내기로 하자. 여기서 X^d는 X재에 대한 시장수요량, P는 X재의 가격, A는 X재의 시장수요에 영향을 주는 요인들 가운데 가격 이외의 요인들을 모두 포함한 것이다. 즉 A는 인구, 소비자들의 소득, 소비자들의 기호 및 X재와 대체 및 보완 관계에 있는 다른 재화들의 가격을 포함한다. A를 특별히 고려해야 할 필요가 있는 경우를 제외하고는 $X^d = D(P)$로 시장수요함수를 나타내기로 한다.

그림 9-1 (a)에서 보는 바와 같이 X재의 가격이 P_0일 때 시장수요량이 X_0^d라는 것은 X재의 가격이 P_0일 때 소비자들이 X재를 X_0^d만큼 구입하기를 원한다는 것이다. 한편 시장수요량 X_0^d에 해당하는 수요가격이 P_0라는 것은 소비자들이 X_0만큼의 X재를 구입하기 위해 X재 한 단위당 지불할 의사가 있는 최대 가격이 P_0라는 것이다. 이 경우의 소비자잉여는 앞의 4-2 소비자잉여에서 살펴본 바와 같이 abP_0가 된다. 이윤극대화를 원하는 기업의 산출량은 가격이 변화함에 따라 달라지는데, 이 산출량이 곧 개별 기업의 공급량이다.

가격과 개별 기업의 공급량 사이의 관계를 나타내는 것은 개별 기업의 공급함수이고, 이를 그림으로 그린 것이 개별 기업의 공급곡선이다. 시장공급곡선은 개별 기업의 공급곡선을 수평으로 합해 얻을 수 있다.

X재의 시장공급함수는 $X^s = S(P, B)$로 나타내기로 하자. 여기서 B는 가격 이

그림 9-1

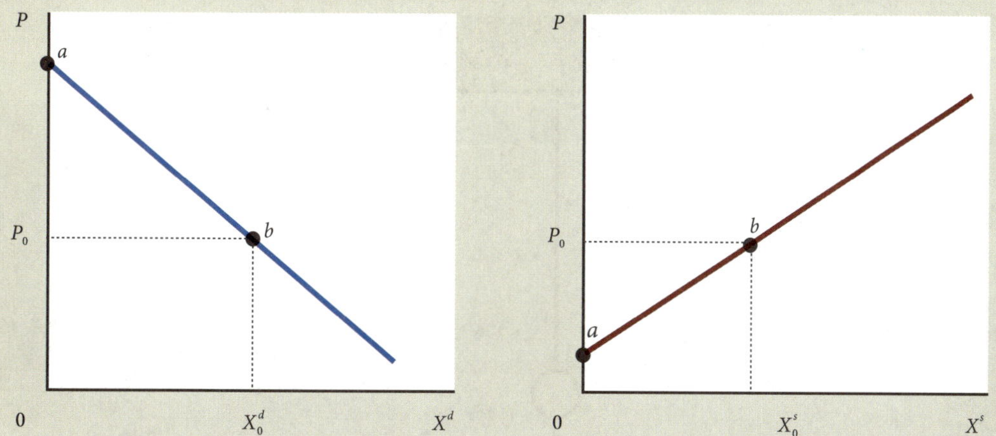

(a) 시장수요곡선 (b) 시장공급곡선

시장수요곡선과 시장공급곡선

(a)의 수요곡선은 가격이 P_0일 때 소비자들이 예산제약 하의 효용극대화를 달성하기 위해 X_0^d만큼 소비하기 원한다는 것을 나타낸다. (b)의 공급곡선은 가격이 P_0일 때 공급자들이 이윤극대화를 이루기 위해 X_0^s만큼 공급하기 원한다는 것을 나타낸다.

외의 X재 공급에 영향을 주는 모든 요인들을 포함한다. 즉 생산요소의 가격 및 기술 수준 등이 포함된다. 시장수요함수의 경우와 마찬가지로 특별히 B를 고려해야 하는 경우 외에는 시장공급함수를 $X^s = S(P)$로 나타내기로 한다.

그림 9-1 (b)에서와 같이 X재의 가격이 P_0일 때 시장공급량이 X_0^s라는 것은, X재의 가격이 P_0일 때 기업들이 X재를 X_0^s만큼 공급하기를 원한다는 것이다. 그리고 시장공급량 X_0^s에 해당하는 공급가격이 P_0라는 것은, 기업들이 X_0^s만큼의 X재를 공급하기 위해 X재 한 단위당 받아야 할 최소 가격이 P_0라는 것이다. 즉 기업이 생산에 필요한 가변비용을 충당하려면 최소한 P_0는 받아야 한다는 것이다.[1] 이 경우의 생산자잉여는 앞의 8-2 공급함수에서 살펴본 바와 같이 P_0ab가 된다.

균형의 개념

외부적인 충격이 없는 한 현재의 상태가 계속 유지된다면 현재의 상태를 **균형** equilibrium이라 한다. 그림 9-2와 같이 천장 위에 실로 추를 매달아

> **균 형**
>
> 외부적인 충격이 없는 한 현재 상태가 계속 유지된다면 현재의 상태가 균형이다. 모든 경제주체들이 원하는 바를 실현하는 상태를 균형이라고 정의할 수도 있다.

1 여기서 가변비용을 충당한다는 의미는 뒤의 10-2(개별기업의 단기 공급곡선)에서 다시 설명될 것이다.

그림 9-2

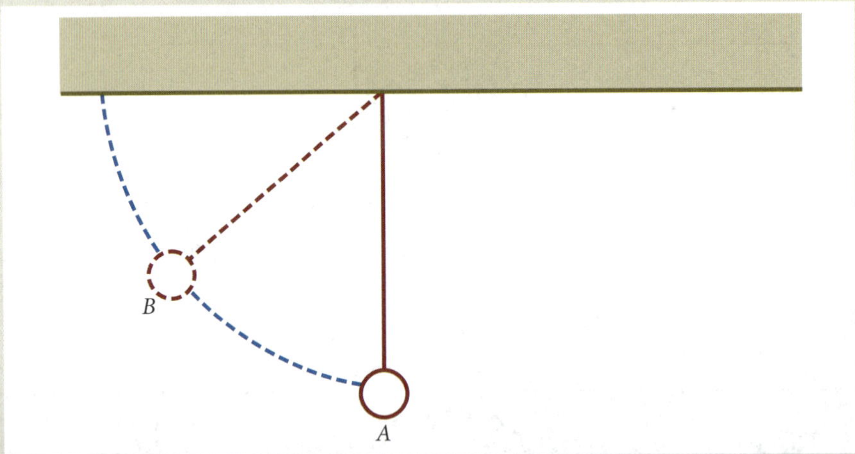

균형의 개념

A는 외부적인 충격이 없는 한 그 위치가 유지될 수 있으므로 균형이며, B는 외부적인 충격이 없어도 그 위치가 유지될 수 없으므로 균형이 아니다.

놓았다고 하자. A에서는 외부적 충격바람이 불거나 누가 추를 건드리는 행위이 없는 한 그 상태를 계속 유지할 것이다. 반면에 B와 같은 상태는 외부적인 충격이 없어도 그 상태가 계속 유지될 수 없다. 따라서 A는 균형이지만, B는 균형이 아니다.

외부적인 충격이 없는 한 현재의 상태가 계속 유지되기 위해서는 경제주체들 모두 원하는 바를 실제로 실현할 수 있어야 한다. 어떤 기업의 생산설비가 일정하게 주어져 있다면, 이 기업은 주어진 생산설비로 이윤극대화를 이룰 수 있는 만큼의 재화를 생산해 시장에 공급하기를 원할 것이다. 만약 이 기업이 원하는 양만큼을 시장에서 판매할 수 없다면 이 기업은 생산량을 조정해야 하므로 생산설비 조정도 피할 수 없다.

즉 현재의 생산설비를 그대로 유지할 수 없다. 따라서 어떤 경제주체가 원하는 바를 실제로 실현할 수 없다면 외부적인 충격이 없더라도 현재의 상태가 계속 유지될 수 없으므로 균형이 아니다.

시장균형

시장균형은 어떤 경우에 이루어지는가? 그림 9-3에서 가격이 P_1인 경우, 기업들이 공급하려는 양이 소비자들이 구입하려는

그림 9-3

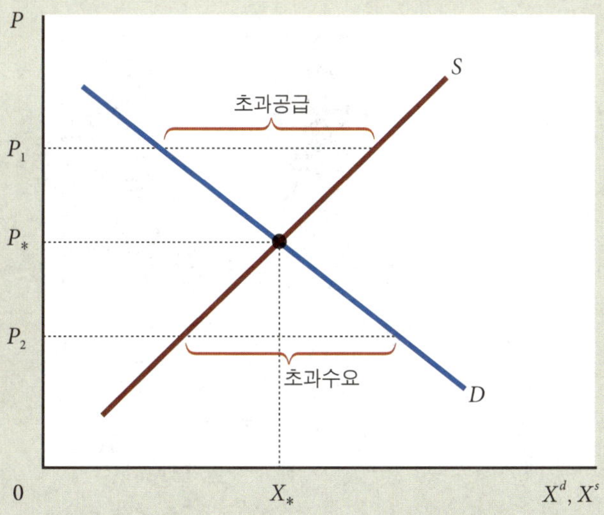

시장균형

가격이 P_1일 때 초과공급이 존재하여 가격이 스스로 하락하게 되므로 시장균형이 아니다. 반대로 가격이 P_2일 때 초과수요가 존재하여 가격이 스스로 상승하게 되므로 역시 시장균형이 아니다. 시장균형은 초과수요도, 초과공급도 없는 P_*에서 얻어진다.

양보다 더 많다. 이러한 상태를 'X재 시장에 초과공급 excess supply 이 존재한다'라고 한다. 초과공급이 존재하는 것은 물건이 남는다는 것이며, 물건이 남으면 가격이 하락하므로, P_1은 하락한다. 따라서 가격이 P_1인 상태는 균형이 아니다.

반대로 가격이 P_2인 경우, 기업들이 공급하기를 원하는 양보다 소비자들이 구입하기를 원하는 양이 더 많다. 이러한 상태를 'X재 시장에 초과수요 excess demand 가 존재한다'라고 한다. 초과수요가 존재하는 것은 물건이 모자란다는 의미이며, 물건이 모자라면 가격은 상승한다. 따라서 P_2는 계속 유지되지 못하고 상승하므로, 가격이 P_2인 상태도 균형이 아니다. 따라서 균형을 이루기 위해서는 수요와 공급이 일치하도록 해 주는 P_*에서 가격이 결정되어야 한다.

$$D(P_*) = S(P_*)$$

이 경우에 P_*를 균형가격 equilibrium price 이라 하고, $D(P_*) = S(P_*) = X_*$를 균형수급량 equilibrium quantity 이라 한다. P_*에서 소비자들은 수요곡선이 나타내는 바와 같이 원하는 양만큼 구입할 수 있으며, 기업들도 공급곡선이 나타내는 바와 같이 원하는 양만큼 공급할 수 있다. 따라서 소비자들과 기업들이 구매 계획과 공급 계획을 바꾸지 않으므로 P_*가 계속 유지된다.

그림 9-4에서 보는 바와 같이 일반적으로 소비자와 기업 모두 균형가격과 균형

진화경제학 evolutionary economics

EXAMPLE 9-1

Charles R. Darwin(1809~1882)

이 책에서 설명하는 균형은 주류 경제학mainstream economics의 관점에서 개념을 파악한 것이다. 주류경제학은 희소성과 합리적 경제주체의 가정에서 출발한다. 예산제약 하의 효용극대화를 이루려는 소비자들에 의해 결정되는 수요곡선과 이윤극대화를 위해 행동하는 기업들에 의해 결정되는 공급곡선이 주어지면 균형이 유일하게 결정되며, 소득 및 요소가격 등과 같이 소비자와 기업이 의사결정을 하는 과정에서 외생적으로 주어진 것으로 가정된 값들이 변하지 않는 한 변화하지 않는다.

이를 각도를 달리하여 설명하면 다음과 같다. 예를 들어 자동차 시장의 경우, 만약 한국, 미국, 일본의 국민소득과 같은 외생변수의 값을 동일하게 적용한다면 세 나라의 자동차시장에서는 동일한 균형이 성립한다. 외생변수의 값을 동일하게 적용했을 때 문화, 역사, 관습 등이 상이한 세 나라의 시장 균형이 완전히 같아진다는 결과를 어떻게 받아들일 수 있을 것인가? 이에 대해 진화경제학은 부정적인 입장을 보인다.

진화경제학은 다윈Darwin의 진화론의 핵심 개념인 변이variation와 선별selection을 경제학에 접목시켰다. 즉 생물은 환경 변화에 적응하여 새로운 형태로 바뀌게 되는데 이 변이가 성공적이면 자연에 의해 선택되어 생존할 수 있지만 그렇지 못한 경우는 도태된다는 것이다. 진화 경제학에서는 선택 대상과 경제주체 모두 고정된 것이 아니라 끊임없이 변화해 나간다고 생각하며 경제주체는 제한적 합리성bounded rationality만 갖는다고 생각한다.

사람들의 사고가 현실화되어 나타난 현상은 돌발사태의 출현 등에 의해 끊임없이 변화하며 한 번 변화된 것을 원상태로 되돌릴 수 없다. 이와 같이 특정한 현재의 상태를 하나의 사고가 진화를 거듭한 결과로 볼 수 있다. 즉 특정한 현재의 상태는 하나의 진화과정과 연결되어 있기 때문에 현재까지의 진화과정이 다르다면 현재의 상태가 다를 뿐만 아니라 현재에 작용하는 다른 외생적 조건을 동일하게 해도 같은 상태가 될 수 없다.

따라서 위의 예에서 한국, 미국, 일본의 자동차시장에 대해 외생변수의 값을 동일하게 적용해도 균형이 완전히 동일하게 나타날 수 없다. 또한 사람들은 제한적 합리성만 갖기 때문에 동일한 환경변화가 다시 나타난다고 해도 진화 결과는 달라질 수 있다. 이는 곧 균형이 관찰 가능한 변수들만으로 확정적으로 결정되지 않음을 의미한다.

수급량의 결정에 영향을 미치지만 소비자와 기업들이 역할을 분담하는 경우도 있다. 그림 9-4 (a)는 시장공급곡선이 수직선인 경우이다. X재가 토지라면 공급곡선이 이러한 형태를 취할 것이다. 이때 균형수급량은 기업들이 결정하며, 균형가격은 소비자들이 결정한다. 한편 그림 9-4 (b)는 공급곡선이 수평선인 경우이다. 이는 주어진 가격에서 기업들이 무제한적으로 X재를 공급할 수 있음을 나타낸다.[2]

2 뒤의 10-3(개별 기업의 장기 공급곡선)에서 살펴보겠지만 완전경쟁 산업이 비용불변 산업이라면 시장공급곡선은 **그림 9-4**의 (b)와 같은 수평선이 된다.

그림 9-4

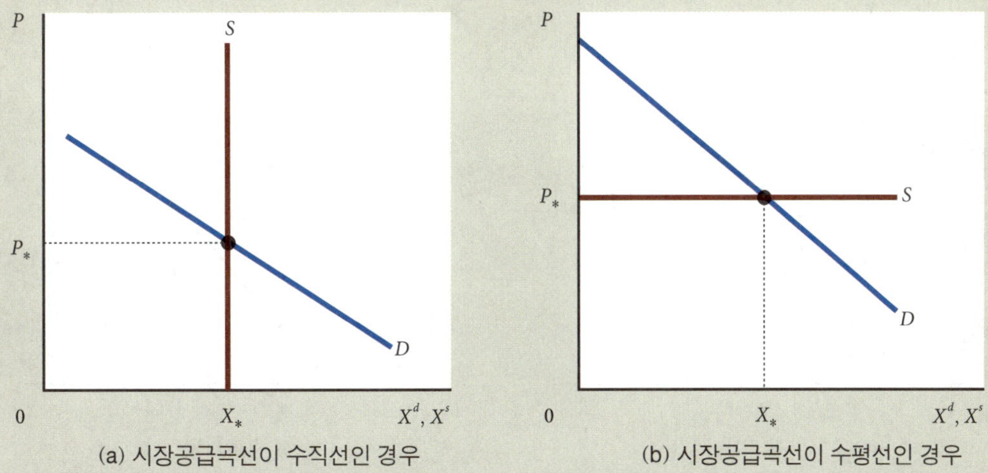

특별한 경우의 시장균형

(a) 시장공급곡선이 수직선이면 수급량은 공급자가 결정하고, 가격은 수요자가 결정한다.
(b) 시장공급곡선이 수평선이면 수급량은 수요자가 결정하고, 가격은 공급자가 결정한다.

그림 9-4 (b)의 경우, 균형가격은 기업들이 결정하며, 균형수급량은 소비자들이 결정한다.

9-2 시장균형의 이동

우리는 앞에서 수요와 공급이 일치하는 상태가 균형임을 알았다. 따라서 수요곡선과 공급곡선을 이동시키는 외부적인 충격이 발생하면 균형이 변화할 것이라고 짐작할 수 있다. 소비자들의 소득이 I_0에서 I_1으로 증가하면 가격이 일정해도 X재에 대한 수요가 증가한다.[3] 이는 그림 9-5 (a)에서와 같이 수요곡선이 $D(P, I_0)$에서 $D(P, I_1)$로 이동하는 것을 의미한다. 따라서 균형가격은 상승하고 균형수급량도 증가한다.

3 이 경우에 X재는 정상재이다. 만약 X재가 열등재라면 수요는 오히려 감소하게 될 것이다.

그림 9-5

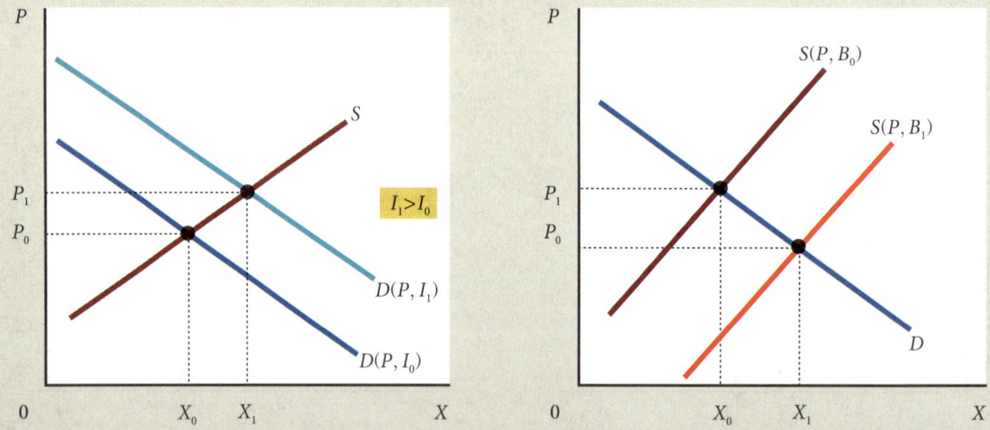

(a) 소비자 소득의 증가 (b) 기술진보

시장균형의 이동

(a)와 같이 소비자의 소득이 증가하면 수요곡선이 우상향으로 이전하므로 균형가격이 상승하고 균형수급량이 증가한다. (b)와 같이 기술진보가 있는 경우라면 공급곡선이 우하향으로 이전하므로 균형가격은 하락하고 균형수급량은 증가한다.

그리고 기업이 기술진보를 이루면 생산비가 하락한다. 따라서 X재의 가격이 일정해도 기업이 이윤극대화를 이루기 위해 공급량을 늘리려고 할 것이다. 이는 그림 9-5 (b)와 같이 공급곡선이 $S(P, B_0)$에서 $S(P, B_1)$로 이동하는 것을 의미하며, 이에 따라 균형가격은 하락하고 균형수급량은 증가한다.

수요곡선과 공급곡선을 모두 이동시킬 수 있는 다른 요인으로 간접세를 들 수 있다. 재화 한 단위의 거래당 t원씩 간접세를 붙여 소비자로부터 징수하면, 소비자가 지불하는 가격 P^c와 기업이 받는 가격 P^f 사이에 $P^c=P^f+t$가 성립한다.[4] 소비자들은 조세 부담을 회피하기 위해 시장에 대해 지불하고자 하는 최대 가격을 각 단위에 대해 t원씩 낮출 것이므로 수요곡선도 t만큼 하락한다.

간접세의 효과를 분석해 보면, 소비자에게 부과하는 경우와 기업에게 부과하는 경우에 생기는 효과는 실질적으로 동일하다. 간접세가 부과되기 전($t=0$)의 균형가격은 P_0이며, 균형수급량은 X_0이었다. 이 경우에 $t=0$이므로 P_0는 소비자가 지불하는 가격인 동시에 기업이 받는 가격이다.

소비자에게 간접세가 부과되면 수요곡선이 t만큼 아래로 이동한다. 이에 따라

4 여기서 간접세는 종량세(per unit tax)라고 가정한다.

그림 9-6

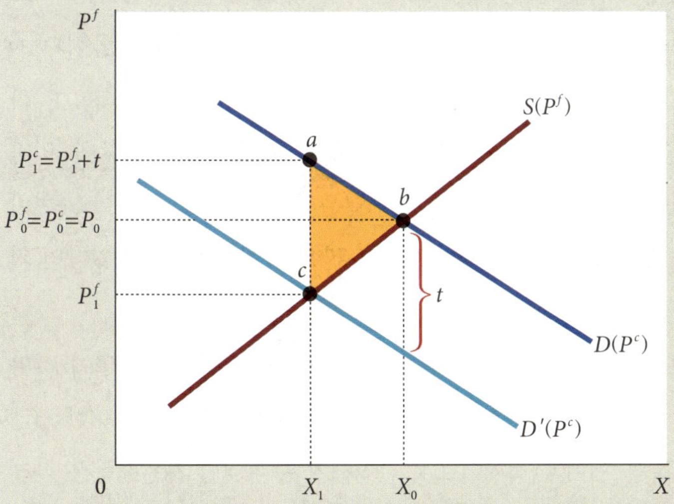

간접세를 부과하는 경우

수직축이 기업이 받는 가격을 나타낼 때, 간접세를 부과하면 수요곡선의 수직축 길이가 간접세 부과액만큼 아래로 이동하게 된다. 따라서 소비자가 지불하는 가격은 상승하고, 기업이 받는 가격은 하락한다. 한편 균형수급량은 감소한다. 경제적 효율성 역시 abc만큼 하락한다.

기업이 받는 가격은 P_1^f로 하락하며, 소비자가 지불하는 가격은 P_1^f+t로 상승한다. 한편 균형수급량은 X_0에서 X_1으로 감소한다.

소비자가 교환을 통해 얻는 이득이 소비자잉여이며, 기업이 생산을 통해 얻는 이득이 생산자잉여이다. 따라서 시장에서의 교환을 통해 소비자와 기업이 얻는 이득은 소비자잉여와 생산자잉여의 합으로 파악할 수 있다. 시장에서의 교환을 통해 얻는 사회 전체의 이득은 여기에 정부의 조세수입을 합해 얻을 수 있는데, 이를 **경제적 효율성** economic efficiency 이라 한다.

> **경제적 효율성**
>
> 소비자잉여, 생산자잉여 및 정부의 조세수입의 합이 경제적 효율성이다. 경제적 효율성은 시장에서의 거래를 통해 사회 전체의 이득이 얼마나 증가하는지를 나타낸다.

간접세가 부과되면 경제적 효율성이 어떻게 되는지를 그림 9-6을 통해 알아보기로 하자. 간접세가 부과되면 소비자잉여는 $P_1^c abP_0$만큼 감소하며, 생산자잉여는 $P_0 bcP_1^f$만큼 감소한다. 한편 정부는 재화 한 단위의 거래당 t원을 간접세로 징수하는데, 간접세 부과 후 시장에서의 거래량이 X_1이므로 정부의 조세수입은 간접세 부과 전의 0원에서 $P_1^c acP_1^f$으로 증가한다.

이렇게 소비자잉여, 생산자잉여 및 정부 조세수입의 변화를 모두 합해 경제적 효율성이 어떻게 변화했는지 알 수 있다. 여기서 간접세 부과에 의해 경제적 효율성이 abc만큼 감소했다. 간접세의 부과에 의해 감소된 경제적 효율성을 간접세의 사회적 손실 dead-weight loss 이라 하며, 그림 9-6의 삼각형 abc를 하버거의 삼각형 Harberger's triangle이라 한다.[5]

현재의 자원배분에서 다른 자원배분으로 옮아갈 때 소비자와 생산자 중 최소한 어느 한 경제주체의 이득이 감소한다면 현재의 자원배분은 파레토 효율적Pareto efficient이다. 시장에서의 거래량이 X_1인 경우에 소비자는 X재 한 단위당 최고 P_1^c까지 지불할 의사가 있는데, 이는 만약 소비자가 P_1^c 미만으로 X재를 구입할 수 있다면 소비자의 만족이 증가함을 의미한다. 또한 기업은 최소한 P_1^f을 받아야 가변비용을 충당할 수 있는데, 이는 만약 기업이 P_1^f보다 많은 금액을 받을 수 있다면 기업의 이득이 증가함을 의미한다.

간접세가 부과된 경우의 가격인 P_1^c가 P_1^f보다 높으므로 소비자와 기업이 P_1^c와 P_1^f 사이의 가격으로 직접 거래하면 모두의 이득을 증가시킬 수 있다. 이러한 거래가 성립하지 못하게 하는 것이 간접세이므로 간접세가 부과되면 자원배분은 파레토 효율적이지 못하게 된다.

9-3 시장균형의 존재와 유일성

시장균형의 존재

수요곡선과 공급곡선이 만나면 시장균형이 형성된다. 수요곡선의 기울기는 음(−)이며 공급곡선의 기울기가 양(+)인 정상적인 경우라면, 수요곡선과 공급곡선이 언젠가는 만난다. 그런데 수요곡선과 공급곡선이 만나는 것이 균형의 존재를 항상 보장하지는 않는다. 왜냐하면 우리가 생각하는 재화는 경제재이기 때문에 그 가격이 음이 될 수는 없기 때문이다.

그림 9-7 (a)는 수요곡선의 기울기가 음이다. 즉 공급곡선의 기울기는 양이지만 수요곡선과 공급곡선이 만나는 점이 나타내는 균형가격이 음인 경우이다. 이는 공기와 같이 소비자들이 원하는 양만큼 항상 공짜로 소비할 수 있을 때 나타나는데, 이러한 재화를 자유재free goods라 한다.[6] 자유재의 경우에는 가격이 0으로 떨어졌음에도 불구하고 여전히 초과공급이 존재한다. 정상적인 경우라면 가격이 더

5 특히 조세가 유발한 효율성의 감소를 가리켜 초과부담(excess burden)이라고도 한다.
6 여기서 free의 의미는 '자유'보다는 '공짜'에 가깝다.

그림 9-7

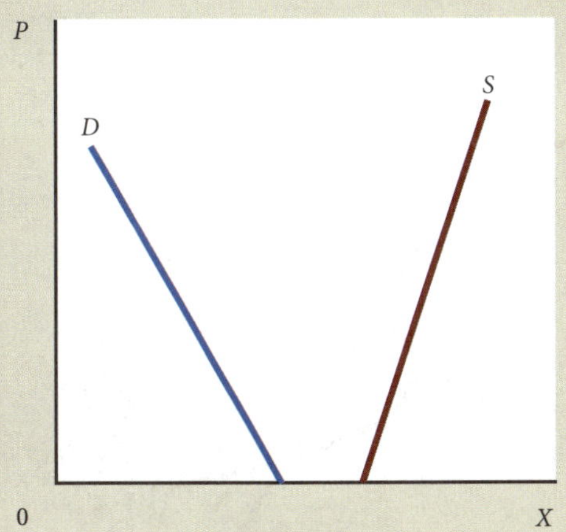

(a) 자유재인 경우

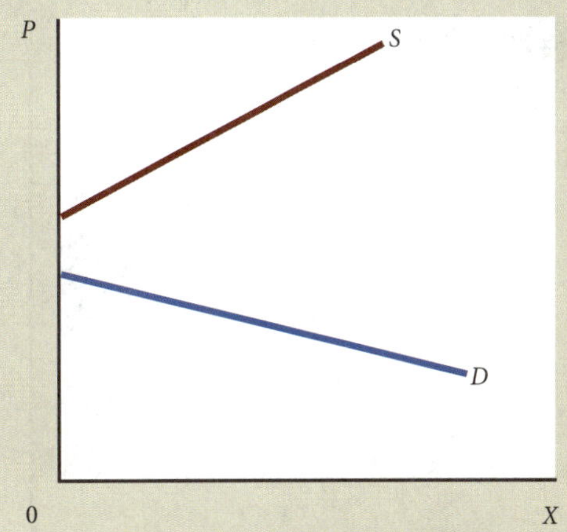

(b) 시장이 존재하지 않는 경우

특별한 경우의 시장균형

가격이 0이어도 여전히 초과공급이 존재하는 경우라면 가격이 더 하락할 수 없으므로 초과공급 상황에서 가격이 0인 상태가 변함없이 유지된다. 이것이 곧 (a)와 같은 자유재인 경우의 균형이다. (b)는 생산비가 너무 비싸 아예 시장이 존재하지 않는 경우이므로 균형에 대해 논의할 필요조차 없다.

떨어져야 하지만 이미 0까지 떨어진 가격이 더 떨어질 수는 없기 때문에 가격이 계속 0으로 유지된다. 외부적인 충격이 없을 때 가격이 변화하지 않는다는 점에서 가격이 0이고 초과공급이 존재하는 상태도 균형이라고 할 수 있다. 우리는 위에서 P_*가 균형가격일 때의 시장균형을 $D(P_*)-S(P_*)=0$인 상태로 정의했다. 여기서 자유재가 존재하는 경우를 포함한다면 시장균형을 다음과 같이 나타낼 수 있다.

$$D(P_*)-S(P_*)\leq 0$$

재화가 자유재가 아니라면 P_*가 0보다 큰 상태에서 $D(P_*)-S(P_*)=0$인 균형이 존재하며, 재화가 자유재라면 $P_*=0$이며 $D(P_*)-S(P_*)<0$인 상태가 균형으로 존재한다.

수요곡선의 기울기가 음이며, 공급곡선의 기울기가 양이지만 그림 9-7 (b)와 같이 균형수급량이 음이어야만 수요곡선과 공급곡선이 만나는 경우는 어떻게 생각해야 할까? 이 경우는 생산비가 너무 비싸므로 그 재화가 생산된다 해도 비싼 가격 때문에 그 재화를 구입할 의사가 있는 소비자가 한 사람도 없는 경우이다.[7]

7 즉 생산자가 최소한으로 받고자 하는 가격(willingness to accept)이 소비자가 지불할 의사가 있는 최

그림 9-8

균형이 여러 개 존재하는 경우

수요 및 공급곡선이 여러 군데에서 만나 다수의 균형이 존재할 수도 있다. 이때 각 균형의 안정성은 서로 다르다.

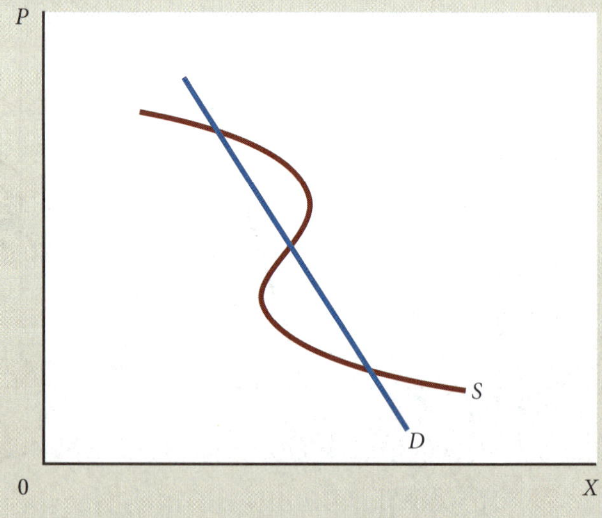

이런 경우라면 시장 자체가 존재하지 않으므로 이를 대상으로 균형의 존재 여부를 논의한다는 것 자체가 무의미한 일이 된다.

우리가 소비자선택이론에서 생각한 선호관계의 모든 공리를 만족시키고 소비자의 소득이 충분해 소비자가 원하기만 하면 항상 재화들을 구입할 수 있으며, 예산제약 하의 효용극대화를 이룬 결과로 도출된 수요곡선의 기울기가 음이고 기업이 이윤극대화를 이룬 결과로 도출된 공급곡선의 기울기가 양이라면 시장균형은 항상 존재한다고 말할 수 있다. 이때 자유재의 존재를 인정하려면 시장균형의 조건을 초과수요가 존재하지 않는 상태로 연장해야 한다.

시장균형의 유일성

수요곡선의 기울기가 음이고 공급곡선의 기울기가 양일 때 균형이 존재한다면 그 균형은 하나뿐이다. 그러나 수요곡선이나 공급곡선의 형태가 비정형이라면 균형이 여러 개 존재할 수 있다. 그림 9-8은 공급곡선의 형태가 비정형이어서 균형이 여러 개 존재하는 경우를 나타내고 있다.

균형이 여러 개 존재한다면, 각 균형들은 안정성 stability 이라는 측면에서 차이

대가격(willingness to pay)보다 항상 높기 때문에 거래가 성사되지 않는 경우이다.

가 날 수 있다. 균형의 안정성에 관해서는 다음에서 논의하기로 한다.

9-4 시장균형의 안정성

충격에 의해 시장균형에서 이탈했다가 스스로 다시 균형으로 돌아갈 수 있을 것인가? 이 경우에 다시 균형으로 돌아가면 균형이 안정적 stable 이라 하고, 일단 균형에서 이탈한 뒤에는 다시 균형으로 돌아가지 못한다면 균형이 불안정적 unstable 이라 한다.균형에서 이탈했을 때 가격이나 수급량이 어떠한 변화를 보일 것인지를 결정해 주는 것을 조정과정 adjustment process 이라고 한다. 이 조정과정에 대해 왈라스 L. Walras 와 마샬 A. Marshall 은 서로 다른 견해를 제시했다.

왈라스의 조정과정 | 시장이 균형이 아니라면 초과수요나 초과공급이 존재한다. 왈라스에 의하면, 시장에 초과수요가 존재하면 재화의 가격은 상승하고 초과공급이 존재하면 재화의 가격은 하락한다. t를 시간이라 하면 재화의 가격이 시간에 따라 변화하는 것은 $P=P(t)$라 쓸 수 있다.

시간이 지남에 따라 가격이 어떻게 변화하는지는 $\Delta P(t)/\Delta t$로 나타낼 수 있다. $\Delta P(t)/\Delta t$가 0보다 크다는 것은 시간이 지남에 따라 가격이 상승할 것임을 의미하고, $\Delta P(t)/\Delta t$가 0보다 작다는 것은 시간이 지남에 따라 가격이 하락할 것임을 의미한다. 이를 이용해 왈라스의 조정과정을 나타내면 다음과 같다.

$$\frac{\Delta P(t)}{\Delta t}=\alpha[D(P)-S(P)] \tag{9-1}$$

여기서 α는 0보다 큰 상수인데, 이를 조정속도 speed of adjustment 라고 부른다. 시장에 비슷한 정도의 초과수요가 존재해도 α가 클수록 시간이 지남에 따라 가격이 변화하는 정도가 커져 균형으로 접근하거나 혹은 균형으로부터 이탈하는 속도가 빨라진다. 이런 의미에서 α를 조정속도라 한다.

위 식은 시장에 초과수요가 존재하면 시간이 지남에 따라 가격이 상승하며,

그림 9-9

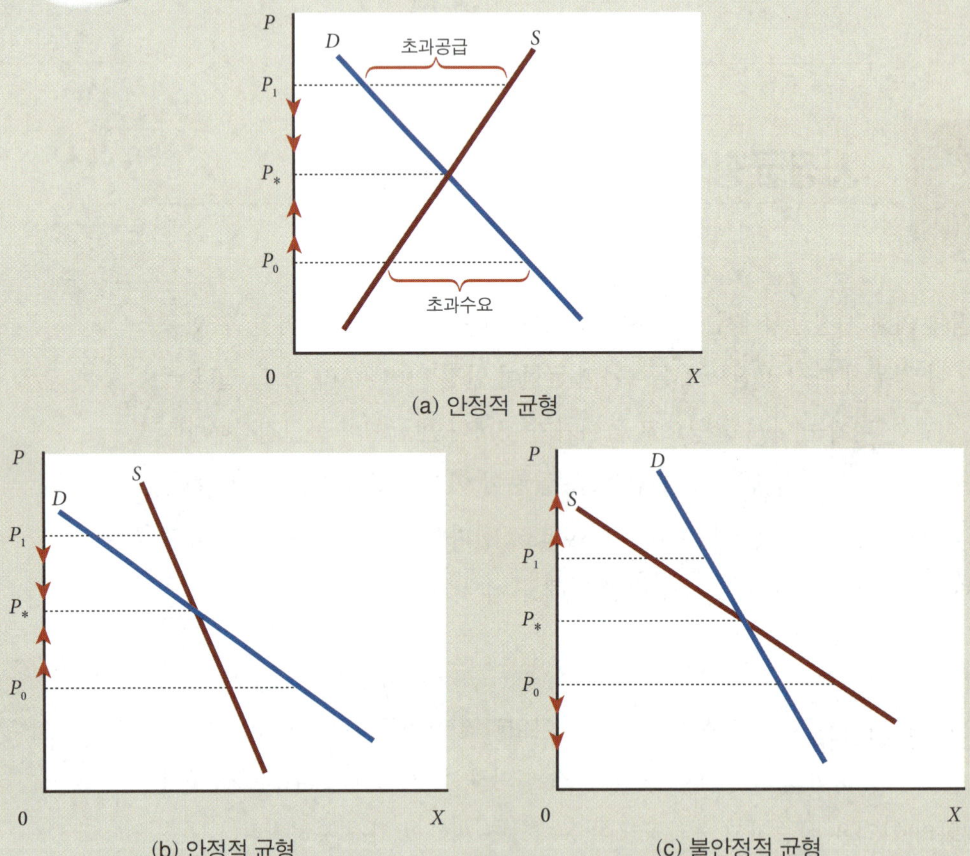

➔ 왈라스의 조정과정에 의한 균형의 안정성 파악

왈라스의 조정과정에 의하면, 초과수요가 존재하면 가격이 상승하고 초과공급이 존재하면 가격이 하락한다. 이 경우에 수요곡선의 기울기가 공급곡선의 기울기보다 작은 (a) 및 (b)는 균형이 안정적이며, 수요곡선의 기울기가 공급곡선의 기울기보다 큰 (c)는 균형이 불안정적이다.

초과공급이 존재하면 시간이 지남에 따라 가격이 하락할 것임을 나타낸다. 한편 가격이 P_*일 때 시장이 균형이면 $D(P_*)-S(P_*)=0$이므로 $\Delta P_*/\Delta t=0$이 된다. 이는 균형가격은 시간이 지나도 변화하지 않음을 나타낸다.

왈라스의 조정과정에 의하면, 균형이 안정적인지 아닌지는 수요곡선과 공급곡선의 기울기에 의존한다. 수요곡선과 공급곡선의 기울기를 각각 D_p와 S_p로 나타내기로 한다.[8] 앞의 3-3 가격 변화와 소비자의 최적 선택에서 이야기한 바와 같이 수요함수

8 이는 우리가 보통 말하는 기울기의 역수라고 보면 된다.

$X^d=D(P)$를 그림으로 그릴 때 수직축이 X^d, 수평축이 P여야 하나, 관례에 의해 수직축을 P, 수평축을 X^d로 설정한다. 따라서 D_p를 수요곡선에 의해 파악하는 경우에 그 크기를 알아보기 위해서는 수직축 쪽에서 바라보아야 한다. 공급곡선의 경우도 마찬가지이다.

그림 9-9 (a)의 경우는 $S_p>0>D_p$인 경우이다. 가격이 P_0일 때 그림에 표시된 만큼의 초과수요가 시장에 존재하므로 P_0는 유지될 수 없으며, 화살표 방향으로 가격이 상승하게 된다. 반대로 가격이 P_1일 때는 초과공급이 존재하므로 P_1이 유지되지 못하고 화살표 방향으로 가격이 하락한다. 이때 가격이 균형가격보다 높으면 균형가격 쪽으로 하락하고, 균형가격보다 낮으면 균형가격 쪽으로 상승해 결국 균형가격에 도달하게 되므로 균형이 안정적이다.

그림 9-9 (b)는 $0>S_p>D_p$인 경우이다. 이 경우에도 가격이 P_0일 때는 그림에 표시된 만큼의 초과수요가 시장에 존재하므로 화살표 방향으로 가격이 상승하게 된다. 반대로 가격이 P_1일 때 초과공급이 존재하므로 화살표 방향으로 가격이 하락한다. 따라서 이 경우에도 가격이 균형가격보다 높으면 균형가격 쪽으로 하락하고 균형가격보다 낮으면 균형가격 쪽으로 상승해 결국 균형가격에 도달하게 되므로 균형은 안정적이다.

그림 9-9 (c)는 $0>D_p>S_p$인 경우이다. 가격이 P_0일 때는 표시한 만큼의 초과공급이 시장에 존재하므로 화살표 방향으로 가격이 하락하게 된다. 반대로 가격이 P_1일 때는 초과수요가 존재하므로 화살표 방향으로 가격이 상승한다. 그런데 이 경우에는 가격이 균형가격보다 높으면 계속 균형가격보다 높은 쪽으로 이탈하고, 균형가격보다 낮으면 계속 균형가격보다 낮은 쪽으로 이탈해 시간이 지남에 따라 점점 균형가격에서 멀어지므로 균형이 불안정적이다.

위의 세 가지 경우 중 (a)와 (b)는 균형이 안정적인 반면, (c)는 균형이 불안정적이다. 각각의 경우에서 수요곡선과 공급곡선의 기울기를 비교해 보면, 왈라스의 조정과정에서 균형이 안정적일 조건은 $S_p>D_p$가 됨을 알 수 있다.

마샬의 조정과정

수요함수 $X^d=D(P)$의 역수요함수를 $P=P^d(X)$라 하고, 공급함수 $X^s=S(P)$의 역공급함수를 $P=P^s(X)$라 하자.[9]

9 예를 들어 수요함수 $X=a-bP$의 역수요함수는 $P=(a/b)-(1/b)X$이며, 공급함수 $X=c+dP$의 역공급함수는 $P=-(c/d)+(1/d)X$이다.

ECONOMIST

Alfred Marshall 1842~1924

신고전학파 경제학의 창시자 가운데 한 사람으로 정당하게 인정받고 있는 마샬은 1842년 영국에서 태어났다. 켐브리지대학에서 수학과 물리학을 전공한 마샬은 런던 빈민가의 참상을 목격한 후 경제학에 관심을 갖기 시작하게 되었다. 1868년 이후 여러 대학에서 경제학을 가르치던 마샬은 1885년 켐브리지대학의 경제학 주임교수가 되었고 1908년 그 직책을 피구A.C. Pigou에게 물려주었다.

활발하게 활동할 때 가장 영향력 있는 경제학자로 명성이 높았던 마샬이 저술하여 1890년 출간된 《경제학원론principles of economics》은 당시의 모든 경제이론들을 망라한 책으로서 그 영향력이 그가 세상을 떠난 지 50년이 지난 후까지 미쳤다는 평가를 받고 있다.

마샬은 위대한 수학자이기도 했다. 그는 《경제학원론》에서 '경제학에서 수학을 사용하는 이유는 경제적인 문제를 쉽고, 간략하고, 정확하게 나타내어 문제해결에 도움을 줄 수 있기 때문이다'라고 언급하였다. "다른 조건이 일정하다면ceteris paribus"의 가정을 전제로 하는 부분균형분석의 대가로 불린 마샬은 수학적 분석방법론을 이용하여 수요 및 공급함수, 탄력성, 소비자 및 생산자 잉여, 준지대 등 다양한 경제분석의 틀을 만들어 냈다.

그리고 역수요함수와 역공급함수에 도입된 물량 X를 공급량인 것으로 생각한다.

마샬의 조정과정에 의하면, 공급량이 X일 때 소비자가 지불할 의사가 있는 최대 가격인 $P^d(X)$가 공급자가 받기를 원하는 최소 가격인 $P^s(X)$보다 높으면 시간이 지남에 따라 공급량이 늘어나고, 반대의 경우라면 공급량이 줄어든다. 시간이 지남에 따라 공급량이 변화한다는 사실은 $X(t)$로, 시간이 지남에 따라 변화하는 공급량은 $\Delta X(t)/\Delta t$로 쓸 수 있다. 따라서 마샬의 조정과정은 다음과 같다.

$$\frac{\Delta X(t)}{\Delta t} = \beta[P^d(X) - P^s(X)] \tag{9-2}$$

여기서 β는 0보다 큰 조정속도이다. 위 식은 소비자가 지불할 의사가 있는 최대 가격이 공급자가 받기 원하는 최소 가격보다 높으면 시간이 지남에 따라 공급량이 증가하며, 반대의 경우라면 시간이 지남에 따라 공급량이 감소함을 나타낸다. 한편 공급량이 X_*에서 시장이 균형을 이루면 $P^d(X_*) - P^s(X_*) = 0$이므로 $\Delta X_*/\Delta t = 0$이 된다. 즉 균형수급량은 시간이 지나도 변화하지 않는다.

마샬의 조정과정에서도 균형이 안정적인지 아닌지는 수요곡선과 공급곡선의

그림 9-10

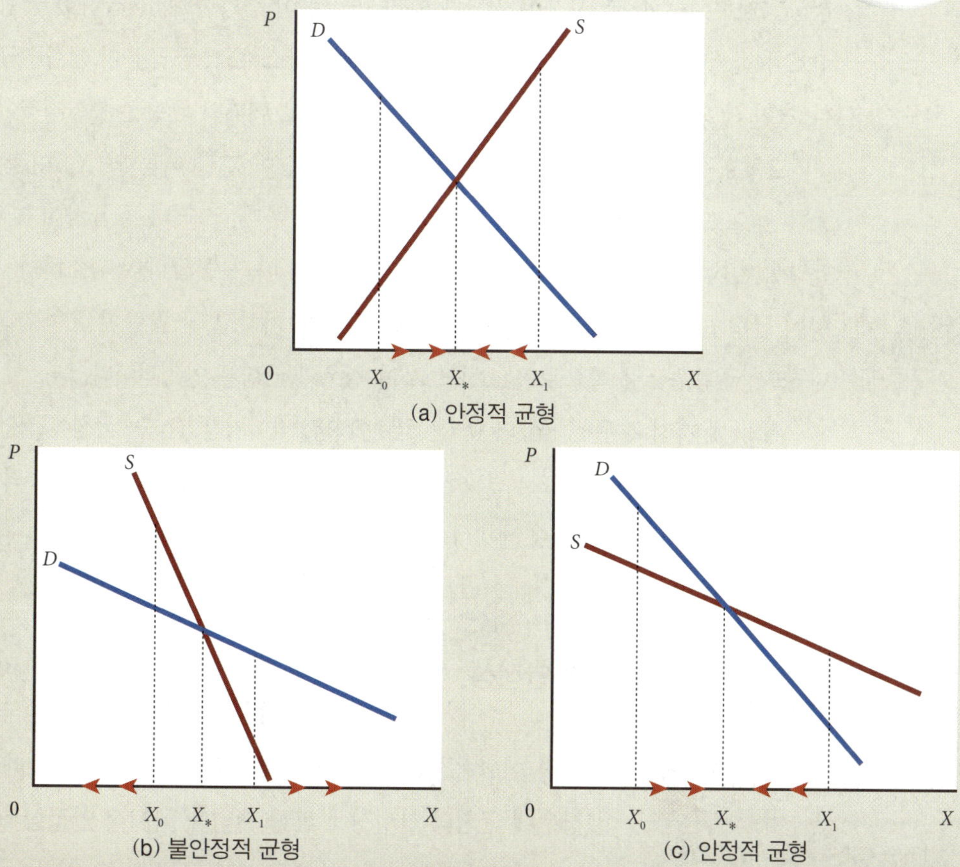

➔ 마샬의 조정과정에 의한 균형의 안정성 파악

마샬의 조정과정에 의하면, 수요가격이 공급가격을 초과하면 산출량이 증가하고 공급가격이 수요가격을 초과하면 산출량이 감소한다. 이 경우에 수요곡선의 기울기의 역수가 공급곡선의 기울기의 역수보다 작은 (a) 및 (c)는 균형이 안정적이며, 수요곡선의 기울기의 역수가 공급곡선의 기울기의 역수보다 큰 (b)는 균형이 불안정적이다.

기울기에 의존한다. 그림 9-10 (a)는 $S_p > 0 > D_p$인 경우이다. 공급량이 X_0일 때 $P^d(X_0)$이 $P^s(X_0)$보다 높으므로 X_0이 유지되지 못하며, 시간이 지남에 따라 공급량이 증가한다. 반대로 공급량이 X_1일 때는 $P^d(X_1)$이 $P^s(X_1)$보다 낮으므로 X_1이 유지되지 못하며, 시간이 지남에 따라 공급량이 감소한다. 공급량이 균형수급량보다 작으면 균형수급량 쪽으로 증가하고, 공급량이 균형수급량보다 크면 균형수급량 쪽으로 감소하므로 이 경우의 균형은 안정적이다.

그림 9-10 (b)는 $0 > S_p > D_p$인 경우이다. 이 경우는 공급량이 X_0일 때 $P^d(X_0)$

가 $P^s(X_0)$보다 낮아 공급량이 감소한다. 반대로 공급량이 X_1일 때는 $P^d(X_1)$이 $P^s(X_1)$보다 높으므로 시간이 지남에 따라 공급량이 증가한다. 공급량이 균형수급량보다 작으면 균형수급량보다 작은 쪽으로 계속 감소하고, 공급량이 균형수급량보다 크면 균형수급량보다 큰 쪽으로 계속 증가하므로 이때의 균형은 불안정적이다.

그림 9-10 (c)는 $0 > D_p > S_p$인 경우이다. 공급량이 X_0일 때는 $P^d(X_0)$이 $P^s(X_0)$보다 높으므로 시간이 지남에 따라 공급량이 증가한다. 그러나 공급량이 X_1일 때는 $P^d(X_1)$이 $P^s(X_1)$보다 낮으므로 시간이 지남에 따라 공급량이 감소한다. 공급량이 균형수급량보다 작으면 균형수급량 쪽으로 증가하고, 공급량이 균형수급량보다 크면 균형수급량 쪽으로 감소하므로 이 경우의 균형은 안정적이다.

위의 세 가지 경우 중 (a)와 (c)는 균형이 안정적이지만, (b)는 균형이 불안정적이다. 각각의 경우에서 수요곡선과 공급곡선의 기울기를 비교해 보면, 마샬의 조정과정에서 균형이 안정적일 조건이 $(1/S_p) > (1/D_p)$이 됨을 알 수 있다.[10]

다수의 균형과 균형의 안정성

균형이 여러 개 존재하는 경우에 균형이 안정적인지 아닌지는 균형가격으로부터의 가격 이탈을 어느 정도까지 허용하느냐에 따라 달라진다. 이 경우에 균형의 안정성에 관한 개념을 **국지적 안정성** local stability과 **전역적 안정성** global stability으로 구별할 수 있다.

> **국지적 안정성, 전역적 안정성**
>
> 가격이 균형가격 근처에서 약간 이탈하였지만 시간이 충분히 흐른 후에 균형가격으로 돌아오면 '균형이 국지적 안정성을 만족시킨다'라고 한다. 가격이 균형가격으로부터 어느 정도 수준까지 이탈했느냐에 관계없이 시간이 충분히 흐른 후 다시 균형가격으로 돌아오면 '균형이 전역적 안정성을 만족시킨다'라고 한다.

공급곡선이 비정형이어서 균형이 3개 존재하는 그림 9-11과 같은 경우의 국지적 안정성을 왈라스의 조정과정에 의해 살펴보기로 하자.

균형 a는 가격이 균형가격 P_0보다 약간만 높아져도 시장에 초과수요가 존재해 가격이 계속 상승하므로 시간이 충분히 흐른 후에도 다시 P_0로 돌아올 수 없다. 그리고 가격이 균형가격 P_0보다 약간만 낮아져도 시장에 초과공급이 존재하므로 가격이 계속 하락해 시간이 충분히 흐른 후에도 다시 P_0로 돌아올 수 없다. 따라서 균형 a는 국지적 안정성을 만족시키지 못한다. 같은 방법에 의해 균형 b는 국지적 안정성을 만족시키지만, 균형 c는 국지적 안정성을 만족시키지 못함을 확인할 수 있다.

10 왈라스 조정과정과 마샬 조정과정의 차이는 가격과 물량의 조정속도 차이에 기인한다. 왈라스는 물량의 조정속도가 무한대라고 생각하지만 마샬은 가격의 조정속도가 무한대로 생각한다.

그림 9-11

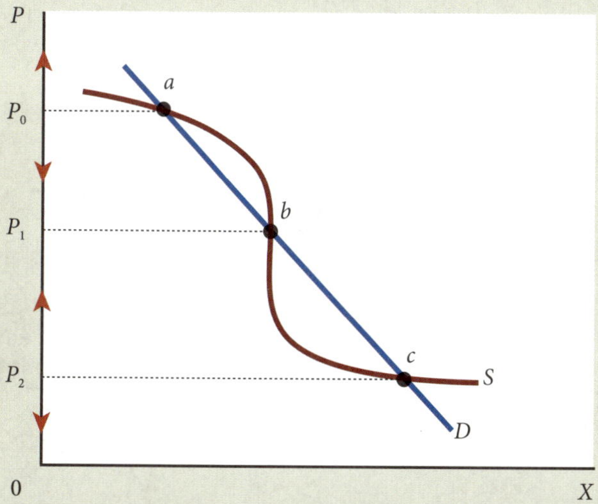

다수의 균형이 존재할 때 균형의 안정성

균형이 여러 개 존재하는 경우에 왈라스의 조정과정에 의하면, b는 안정적 균형이며 a 및 c는 불안정적 균형이다.

국지적 안정성을 만족시키는 균형 b가 전역적 안정성을 만족시킬 것인가? 가격이 균형가격 P_1보다 높은 쪽으로 이탈하는 경우를 생각해 보자. 이 경우에 가격의 이탈이 P_0보다 낮은 수준에서 이루어진다면 시장에 초과공급이 존재해 가격이 하락하므로 시간이 충분히 흐른 후 다시 균형가격 P_1으로 돌아올 수 있다. 그러나 가격이 P_0보다 높은 수준으로 이탈하면 시장에 초과수요가 존재해 가격이 계속 상승하므로 시간이 충분히 흐른 후에도 가격이 다시 P_1으로 돌아올 수 없다. 따라서 균형 b는 국지적 안정성은 만족시키지만 전역적 안정성은 만족시키지 못한다.

위와 같이 균형이 여러 개 존재하는 경우의 균형은 국지적 안정성을 만족시킬 수는 있지만 전역적 안정성은 만족시키지 못한다. 따라서 전역적 안정성을 만족시키기 위해서는 균형이 유일해야 함을 알 수 있다.

9-5 거미집이론

시간이 연속적으로 흐르는 것으로 가정한 왈라스와 마샬의 조정과정과 달리

그림 9-12

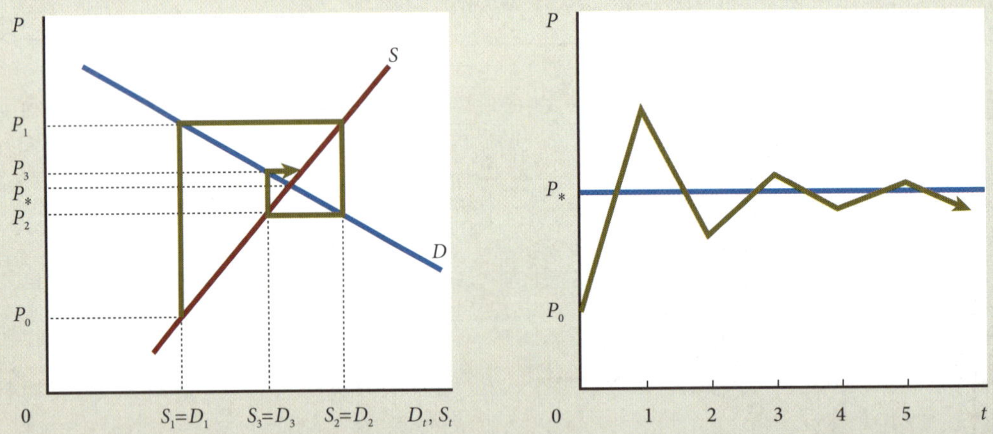

(a) $b>d$인 경우의 가격 조정 (b) 시간의 변화에 따르는 가격 조정

거미집이론: 균형이 안정적인 경우

수요곡선의 기울기 절댓값 b가 공급곡선의 기울기 d보다 큰 경우에 거미집이론에 의한 균형은 안정적이다.

시간을 단속적인 것으로 고려한 모형의 예로서 거미집이론을 살펴보자. 거미집이론은 가격 변화에 대한 수요량의 반응과 초과수요에 대한 가격 반응은 완벽하지만 가격 변화에 대한 공급량의 반응은 불완전한 것으로 파악한다.

농산물의 경우, 소비자들은 농산물의 가격 변화에 따라 그때그때 소비량을 변화시키지만 농부들은 작년도의 가격에 의해 금년도 재배량을 결정한다면, 금년도 농산물의 공급량은 결국 작년도의 농산물 가격에 의해 결정된다. 그런데 이 경우에도 가격은 신축적으로 움직이므로 가격 변화와 이에 따르는 수요량의 변화에 의해 시장균형이 항상 달성된다.

지금 D_t와 S_t를 t기의 재화에 대한 수요량 및 공급량이라 하고, P_t를 t기의 재화 가격이라 하자. 이 경우에 거미집이론의 모형은 다음과 같다.

$$D_t = a - bP_t$$
$$S_t = c + dP_{t-1}$$
$$D_t = S_t$$

여기서 a, b, c 및 d는 일정하게 주어진 상수인데, a, b 및 d는 모두 0보다 크며 c는 0보다 작은 것으로 가정한다. 가격 변화에 대한 수요의 반응이 완벽하다

그림 9-13

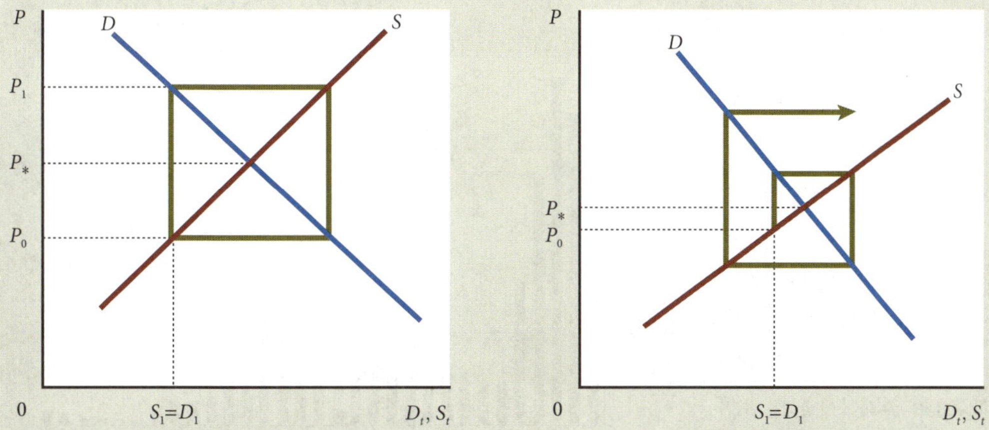

(a) 한정된 순환의 경우 (b) 발산하는 경우

거미집이론: 균형이 불안정한 경우

수요곡선의 기울기 절댓값 b와 공급곡선의 기울기 d가 같은 경우에는 (a)와 같이 한정된 순환을 가지며, (b)와 같이 수요곡선의 기울기의 절댓값 b가 공급곡선의 기울기 d보다 작은 경우에는 발산한다. 이 두 경우 모두 균형은 불안정적이다.

는 것은 D_t가 P_t에 의해 결정된다는 것으로 알 수 있다. 가격 변화에 대한 공급의 반응이 불완전하다는 것은 t기의 공급량이 전기인 $t-1$기의 가격에 의해 결정되는 것으로 나타난다. 또한 가격의 초과수요에 대한 반응과 수요의 가격 변화에 대한 반응이 완벽해 항상 수요와 공급이 일치하고 있다.

여기서 수요곡선과 공급곡선을 수직축을 P_t로 하여 그린다면 기울기의 크기를 알아보기 위해서는 수요 및 공급곡선을 수직축 쪽에서 바라보아야 한다.

b가 d보다 큰 경우인 그림 9-12 (a)를 통해 가격의 조정과정을 살펴보자. 0기에 가격이 P_0로 균형가격 P_*보다 낮게 주어졌다면, 1기의 공급량 S_1은 P_0에 의해 결정되므로 P_0에서 공급곡선이 나타내는 공급량인 S_1으로 결정된다. 1기에 시장이 균형을 이루기 위해서는 S_1과 D_1이 같아야 하는데, D_1을 S_1 수준으로 만들기 위해서는 1기의 가격 P_1이 그림과 같이 P_*보다 높은 수준에서 결정되어야 한다. 2기에는 1기와 마찬가지 과정을 거쳐 가격이 P_*보다 낮은 P_2에서 결정된다.

이러한 과정이 계속되면 시간이 충분히 흐른 후에 가격이 결국 P_*로 수렴하게 되므로 $b>d$인 경우의 균형은 안정적이다. 다시 균형에 도달하기까지의 가격의 변화를 그림으로 나타내면 그림 9-12 (b)와 같다. 균형이 안정적인 경우에 균형가

임대료 규제와 주택공급

EXAMPLE 9-2

최고가격제를 주택시장에 도입한 것이 임대료 규제이다.

현실에서 임대료 규제는 연간 임대료 상승률의 최대치를 설정하고 이를 강제하는 형태로 도입된다. 임대료를 규제하면 임대주택의 공급물량은 장기적으로 감소하며 임대주택 시장에는 만성적인 초과수요가 존재하게 된다. 또한 집주인이 원하는 만큼의 임대료를 받지 못하는 상황이 계속되기 때문에 임대주택의 질이 하락할 가능성도 있다. 이러한 논리적 추론의 결과가 현실에서 실제로 발생하는지 캐나다 온타리오Ontario주의 경우를 예로 들어 생각해 보기로 한다.

온타리오에 임대료 규제가 처음 도입된 해는 1944년이었지만 본격적으로 시행된 것은 1975년부터였고 더욱 강화된 형태를 갖추게 된 것은 1986년 이후이다. 이를 염두에 두고 온타리오의 연도별 민간 임대주택 신규공급물량을 나타낸 위의 그림을 살펴보자.

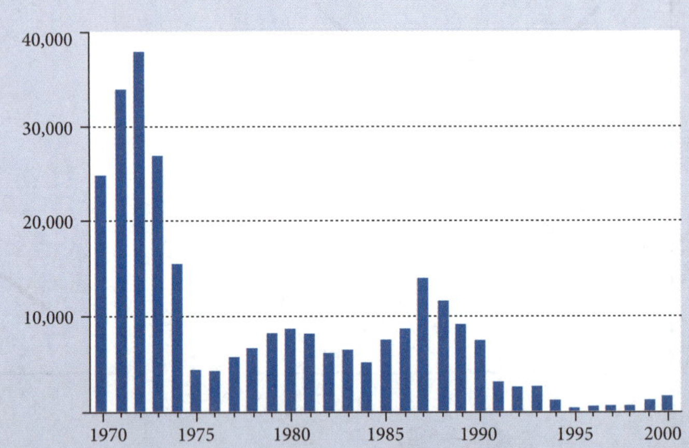

이 그림에서 수직축은 민간 임대주택 신규공급물량을 수평축은 연도를 나타낸다. 임대료 규제가 본격적으로 시행되기 전인 1970년도 초에 비해 1970년대 중반 이후의 민간 임대주택 신규공급물량이 현저히 작으며 1990년 이후에는 그보다 훨씬 줄어들었음을 알 수 있다. 이러한 민간 임대주택 신규공급물량의 변화와 임대료 규제가 상당히 밀접한 관계가 있음을 알 수 있다.

격으로부터 이탈한 가격은 균형가격을 중심으로 진동하는데, 시간이 지남에 따라 그 진동 폭이 점차 줄어들어 결국 균형가격에 수렴한다.

그러나 모든 경우의 균형이 다 안정적인 것은 아니며, 균형이 안정적이냐 아니냐는 수요곡선과 공급곡선의 기울기에 의존한다. 그림 9-13 (a)는 수요곡선과 공급곡선의 기울기가 같은 경우, 즉 $b=d$인 경우이다. 이 경우는 시간이 충분히 흐른 후에도 가격이 균형가격으로 수렴하지 못하고 P_1과 P_2가 반복적으로 나타나게 된다. 이를 '가격 변화가 한정된 순환limited cycle을 갖는다'라고 하는데, 시간이 충분히 흐른 후에도 균형에 도달하지 못한다는 점에서 균형이 불안정적이다.

그림 9-13 (b)는 d가 b보다 큰 경우이다. 이 경우는 시간이 흐를수록 가격이 점차 균형가격으로부터 멀어진다. 즉 가격이 균형가격에 수렴하지 못하고 발산하므로 이 경우의 균형도 불안정적이다.

그림 9-14

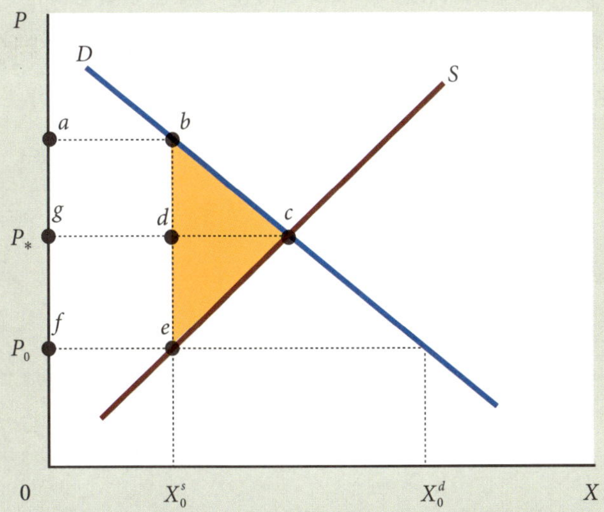

최고가격제에서의 효율성 상실

최고가격을 P_0로 설정하면, 시장에는 계속 초과수요가 존재하게 되며 *bce*의 면적에 해당하는 경제적 효율성의 상실이 발생한다.

9-6 시장균형의 제약

시장의 균형을 인위적으로 제약하면 어떠한 현상이 발생할 것인가? 여기서는 최고가격제 price ceiling 의 경우를 살펴보기로 하자. 시장에서 결정되는 균형가격이 너무 높다고 생각되면 정부는 최고가격을 도입할 수 있다. 정부가 최고가격을 P_0로 설정하면, 시장에서 P_0를 초과하는 가격으로 거래하는 것은 불법이 된다.

정부가 최고가격을 그림 9-14에서와 같이 P_0로 설정하면 P_0에서 기업이 원하는 공급량은 X_0^s, 소비자가 원하는 수요량은 X_0^d이므로 초과수요가 존재한다. 가격에 제한이 없다면 가격이 상승하겠지만, P_0가 최고가격으로 설정되었으므로 가격은 P_0에 머무르며 시장에는 계속 초과수요가 존재한다.

이러한 최고가격제의 효과는 무엇인가? 가장 먼저 경제적 효율성 상실을 지적할 수 있다.

최고가격제가 도입되는 경우의 소비자잉여의 변화는 $gdef - bcd$이고, 생산자잉여의 변화는 $-gdef - cde$이다. 따라서 경제적 효율성의 변화는 $-bce$가 된다. 즉 최고가격제의 도입으로 경제적 효율성이 *bce* 만큼 감소한다.

P_0에서는 초과수요가 지속적으로 존재하므로 암시장이 출현해 불법적인 거래가 발생할 수 있다. 한편 기업의 기술진보가 매출액에 의존하면 최고가격제는 장기적으로 기술진보를 저해하며, 이에 따라 초과수요를 계속 증가시키는 역할을 할 수 있다.[11]

11 실제로 저소득층인 주택 임차인들을 보호하기 위해 주택의 임대료 상한을 설정한 결과, 해당 지역에서 오히려 주택 서비스의 질이 하락하는 현상이 발생하기도 했다.

요 약

- 외부적인 충격이 없는 한 현재의 상태가 계속 유지되는 경우 현재의 상태를 균형이라고 한다. 그 밖에도 경제주체들이 원하는 바를 모두 실현하는 상태를 균형이라고 정의할 수도 있다. 시장균형은 수요곡선과 공급곡선이 만나는 곳, 즉 초과수요가 0인 상태에서 이루어진다. 이때 균형가격은 외부적 충격이 없는 한 계속 유지된다. 균형에서 수요자는 자신이 원하는 양만큼을 수요할 수 있으며, 공급자는 자신이 원하는 만큼의 공급량을 판매할 수 있다.

- 소비자잉여, 생산자잉여 및 정부 조세수입의 합을 경제적 효율성이라 한다. 경제적 효율성은 시장에서의 거래를 통해 사회 전체의 이득이 얼마나 증가하는지 나타낸다. 간접세가 부과되면 경제적 효율성이 저하되는데, 이를 간접세의 사회적 손실 dead-weight loss 이라고 한다.

- 시장균형을 자유재가 존재하는 경우까지 포함하도록 일반화하면 초과수요가 없는 상태라고 정의할 수 있다. 수요곡선이나 공급곡선의 형태가 비정형적이면 균형이 여러 개 존재할 수 있다.

- 시장균형에서 이탈하여 시간이 충분히 흐른 후 다시 균형으로 되돌아간다면 균형은 안정적이다. 왈라스의 조정과정은 초과수요가 존재하면 가격이 상승하고, 초과공급이 존재하면 가격이 하락하는 것을 전제로 한다. 마샬의 조정과정은 소비자가 지불할 의사가 있는 최대 가격이 공급자가 받기 원하는 최소 가격을 능가하면 공급량이 증가하며, 반대의 경우라면 공급량이 감소하는 것을 전제로 한다. 수요곡선이 우하향하며 공급곡선이 우상향하는 경우의 균형은 왈라스의 조정과정 및 마샬의 조정과정에서 모두 안정적이다.

- 가격이 균형가격 근처에서 약간 이탈했지만 시간이 충분히 흐른 후에 균형가격으로 되돌아오면 균형이 국지적 안정성을 만족시킨다고 하고, 가격이 균형가격으로부터 이탈한 수준에 관계없이 시간이 충분히 흐른 후 다시 균형가격으로 되돌아오면 균형이 전역적 안정성을 만족시킨다고 한다. 균형이 여러 개 존재하는 경우에는 국지적 안정성만 만족시킬 수 있다.

- 왈라스의 조정과정 및 마샬의 조정과정에서는 시간이 연속적인 것으로 가정된다. 반대로 시간이 단속적인 경우의 균형의 안정성을 분석하는 것은 거미집이론이다. 이 경우에 균형이 안정적이냐 아니냐는 수요곡선과 공급곡선의 기울기에 의존한다.

연 습 문 제

01 X재의 시장공급곡선은 수직선이다. X재에 간접세를 부과하는 경우에 사회효율의 상실이 나타나지 않는 이유를 그림을 그려 설명하시오.

02 주택에 대한 수요곡선은 우하향하며 공급곡선은 우상향한다. 사람들이 장래의 주택 가격이 상승할 것이라고 예측한다면 시장균형은 어떻게 변화할 것인가? 그림을 이용해 설명하시오.

03 수요곡선이 우하향하고 공급곡선이 우상향하는 것이 왈라스의 조정과정 및 마샬의 조정과정 모두에서 균형이 안정적이기 위한 필요충분조건이 되는가?

04 거미집이론에 의하면, 균형이 안정적이기 위해서는 간접세를 부과하는 경우에 수요자와 공급자 중 누가 조세 부담을 더 져야 하는가?

05 0기에 최신 휴대폰의 균형가격 및 균형수급량은 (P_0, X_0)이다. 1기에는 기술진보가 이루어졌으며, 2기에는 신제품이 새로 시장에 출하되었다. 1기 및 2기의 최신 휴대폰의 균형가격 및 균형수급량은 각각 (P_1, X_1) 및 (P_2, X_2)이다. (P_0, X_0), (P_1, X_1) 및 (P_2, X_2)를 같은 그림에 나타내시오.

06 다음의 두 가지 경우를 생각하자.

(i) 수요는 완전 탄력적이며 공급은 완전 비탄력적이다.
(ii) 수요는 완전 비탄력적이며 공급은 완전 탄력적이다.

(1) (i)을 만족시키는 균형은 왈라스의 조정과정에 의하면 안정적인가?
(2) (ii)를 만족시키는 균형은 마샬의 조정과정에 의하면 안정적인가?
(3) 위의 결과가 일반적인 균형의 안정성 조건과 일치하는가?

07 PC에 대한 수요가 폭발적으로 증가하고 있음에도 불구하고 PC 가격이 계속 하락하고 있다. 이러한 사실은 PC가 기펜Giffen 재임을 의미하는가? 아니라면 이러한 현상을 어떻게 설명할 수 있겠는가?

부록 3 시장균형의 안정성

1 시장균형 안정성의 수학적 설명

왈라스의 조정과정에 대한 국지적 안정성의 조건을 구해 보자. 초과수요함수 $Z(P)$를 $Z(P)=D(P)-S(P)$로 정의하면, 왈라스의 조정과정은 $\Delta P(t)/\Delta t=\alpha Z(P)$가 된다. 균형가격이 P_*일 때, $Z(P_*)=0$이 된다.

국지적 안정성은 P가 P_* 근처에서 이탈했을 때 균형이 안정적인지 판단하는 기준이다. 즉 국지적 안정성은 P의 이탈이 $(P_*-\varepsilon, P_*+\varepsilon)$에서 이루어짐을 전제로 한다. 여기서 ε은 매우 작은 수를 나타낸다. $Z(P)$의 전반적 형태가 아무리 복잡해도 $(P_*-\varepsilon, P_*+\varepsilon)$ 구간에서는 직선 형태인 것으로 간주할 수 있다. 따라서 국지적 안정성의 조건을 구할 때는 $Z(P)$를 P_*를 중심으로 1차 테일러 전개Taylor expansion를 한 결과를 이용해도 무방하다.

테일러 전개 | 함수 $f(X)$가 $f(X)=a_0+a_1X+a_2X^2+\cdots+a_nX^n$을 만족시키는 경우에 $f(X)$를 n차 다항함수polynominal function라고 한다. 임의의 함수 $f(X)$를 X_0을 중심으로 n차 테일러 전개한 결과는 다음과 같다.

$$f(X)=f(X_0)+f'(X_0)(X-X_0)+\left[\frac{f''(X_0)}{2!}\right](X-X_0)^2+\cdots$$
$$+\left[\frac{f^n(X_0)}{n!}\right](X-X_0)^n+R_n \quad =P_n+R_n$$

여기서 P_n은 n차 다항함수, R_n은 잔여분remainder이며, $n!=n(n-1)\cdots1$이다. $f(X)$가 n차 다항함수이면 $R_n=0$이며, 일반적인 경우의 R_n은 0이 아니다.

1차 미분방정식 | 어떤 변수 X가 t의 함수, 즉 $X(t)$라 할 때, 아래의 1차 미분방정식first order differential equation에서 $X(t)$를 어떻게 구할 것인가?

$$\frac{\Delta X(t)}{\Delta t}+aX(t)+b=0,\ X(0)=X_0,\ t>0,\ a\neq 0$$

이 경우의 해는 특별해 particular solution X_p와 보조해 complementary solution $X_c(t)$의 합으로 나타난다. 즉 $X(t)=X_p+X_c(t)$가 된다. X_p는 $\Delta X(t)/\Delta t=0$인 조건으로 구한다. 이 경우에 $aX_p+b=0$이므로, $X_p=-(b/a)$를 구할 수 있다.

한편 $X_c(t)$는 $b=0$인 조건으로 구하는데, 이를 위해 $X_c(t)=A\ exp\{rt\}$로 둔다. 따라서 $X_c(t)$를 구하는 것은 A와 r을 구하는 것이다. $\Delta X_c(t)/\Delta t=Ar\ exp\{rt\}$이므로, 이를 $\Delta X_c(t)/\Delta t+aX_c(t)=0$에 대입하면 $Ar\ exp\{rt\}+aA\ exp\{rt\}=0$이라는 식을 얻어 $r=-a$가 되므로, $X_c(t)=A\ exp\{-at\}$가 된다. A의 값은 $X(0)=X_0$이라는 조건으로 구할수 있다. $X(t)=X_p+X_c(t)=-(b/a)+A\ exp\{-at\}$이다. 이를 $t=0$에서 평가하면 $X(0)=-(b/a)+A=X_0$이 되므로, $A=X_0+(b/a)$를 얻을 수 있다. 따라서 최종적으로 $X(t)=-(b/a)+\{X_0+(b/a)\}exp\{-at\}$가 됨을 알 수 있다.

왈라스 조정과정 하의 국지적 안정성 조건 | 왈라스 조정과정은 $\Delta P(t)/\Delta t=\alpha\{D(P)-S(P)\}=\alpha Z(P)$이다. 여기서 조정속도 α는 0보다 크다. 이를 균형가격 P_*를 중심으로 1차 테일러 전개를 하면 다음 식을 얻을 수 있다.

$$\frac{\Delta P(t)}{\Delta t}=\alpha Z(P_*)+\left[\frac{\alpha\Delta Z(P_*)}{\Delta P}\right][P(t)-P_*]$$

P_*가 균형가격이므로 $Z(P_*)=0$이며, $\Delta Z(P)/\Delta P$를 상수 P_*에서 평가한 $\Delta Z(P_*)/\Delta P$도 일정한 상수 θ이다. 따라서 위의 식은 다음과 같은 1차 미분방정식으로 정리할 수 있다.

$$\frac{\Delta P(t)}{\Delta t}-\alpha\theta P(t)+\alpha\theta P_*=0$$

이 미분방정식을 위에서 설명한 바와 같은 방법으로 풀면 다음과 같다.

$$P(t)=P_*+(P_0-P_*)\ exp\{\alpha\theta t\}$$

이는 초기의 가격이 P_0으로 주어졌다면 시간이 충분히 흐른 뒤, 즉 t가 무한대로 갈 때 $P(t)$가 P_*가 되기 위한 조건은 θ가 음이라는 것이다. 즉 $D_p(P_*) < S_p(P_*)$가 국지적 안정성의 조건이 된다는 것으로, 앞에서 도출한 결과와 같다.

2 거미집이론의 수학적 설명

1차 정차방정식 | 어떤 변수 X가 t의 단속적 함수 X_t라 하자. 이 경우에 다음의 1차 정차방정식first order difference equation에서 X_t를 어떻게 구할 것인가?

$$X_t + aX_{t-1} + b = 0,\ X_0 = X_0,\ t = 0, 1, 2, \cdots,\ a \neq -1$$

이 경우도 X_t는 특별해 X_p와 보조해 X_t^c의 합으로 나타난다. X_p는 $X_t = X_{t-1}$이라는 조건으로 구한다. 여기서 $X_p + aX_p + b = 0$이므로 $X_p = -\{b/(1+a)\}$가 된다. X_t^c는 $b = 0$이라는 조건으로 구한다. X_t^c의 값을 구하기 위하여 X_t^c를 $X_t^c = \alpha\beta^t$로 둔다. 따라서 X_t^c를 구한다는 것은 α와 β 값을 구한다는 것이다. $X_t^c = \alpha\beta^t$와 $X_{t-1}^c = \alpha\beta^{t-1}$을 $X_t^c + aX_{t-1}^c = 0$에 대입하면, $\beta = -a$를 얻는다. 따라서 $X_t^c = \alpha(-a)^t$가 되며, $X_t = -\{b/(1+a)\} + \alpha(-a)^t$가 된다. α의 값은 $X_0 = X_0$인 조건으로 구한다. $X_0 = X_p + X_0^c = -\{b/(1+a)\} + \alpha$이므로 $\alpha = X_0 + \{b/(1+a)\}$가 된다. 따라서 $X_t = -\{b/(1+a)\} + [X_0 + \{b/(1+a)\}] \cdot (-a)^t$를 최종적으로 얻을 수 있다.

거미집이론 하의 안정성 조건 | 앞의 거미집이론에서 $D_t = S_t$의 조건을 다시 쓰면, 다음의 1차 정차방정식을 얻는다.

$$bP_t + dP_{t-1} + (c - a) = 0$$

이와 같은 정차방정식을 위와 같은 방법으로 풀면, $P_t = \{(a-c)/(b+d)\} + [P_0 - \{(a-c)/(b+d)\}] \cdot \{-(d/b)\}^t$를 얻는다. 따라서 균형의 안정 조건은 $b > d$가 되는데, 이는 앞에서 구한 것과 같은 결과이다.

III

시장형태론

10 완전경쟁시장

이윤극대화를 위해 행동하는 기업은 얼마나 생산하여 얼마만큼의 가격으로 시장에 판매할 것인가를 결정해야 한다. 이러한 의사결정의 상황에서 기업은 여러 가지 제약에 직면하게 된다. 생산자선택이론에서 고려된 생산기술의 제약은 생산함수에 의해 나타난다. 즉 기업이 일정량의 생산요소를 투입해 그 생산요소를 가장 효율적인 방법으로 이용해도 산출량의 증가에는 일정한 한계가 있다는 것이다. 생산함수에 의해 나타나는 생산기술의 제약은 그대로 비용함수에도 나타난다.

기업이 직면하는 제약은 생산기술 제약 이외에 시장제약market constraint이 있다. '기업은 소비자들이 구입하기를 원하는 양만큼만 판매할 수 있다'는 것이 시장제약이다. 시장제약을 '기업이 직면하고 있는 시장수요'라고 하기도 한다.

기업이 당면하는 시장제약은 생산물시장의 형태에 따라 다르다. 동질의 상품을 판매하는 기업의 수가 매우 많고 각 기업의 시장점유율이 매우 낮다면, 개별 기업은 상품의 판매량과 관계없이 정해지는 일정한 가격에 직면한다. 어떤 상품을 생산하는 기업이 하나만 있는 독점의 경우 기업의 시장제약은 곧 시장수요곡선이 된다. 소수의 기업이 상품을 생산해 내는 과점의 경우, 한 기업의 시장제약은 자신의 산출량과 가격 설정에 대해 다른 기업들이 보이는 반응을 고려한 수요곡선이 된다.

10-1 완전경쟁의 의미

생산물시장이 다음의 조건을 만족시키면 완전경쟁perfect competition이라 한다.[1]

1 다수의 기업이 동질적인 제품을 생산한다.

1 경쟁이 완전하다는 것은 어떤 기업도 시장의 균형에 영향력을 행사할 수 없음을 의미한다.

2 개별 기업은 소규모이므로 시장점유율이 극히 미미하다.
3 자원의 이동에 아무 제약이 없다.
4 경제주체는 완전한 정보를 갖고 있다.

현실적으로 위의 조건들을 모두 만족시키는 경우를 찾기는 힘들지만 설명의 편의를 위해 쌀 시장을 생각하기로 하자. 우리나라의 쌀은 생산지에 따라 품질이 다른 것으로 생각되지만, 이를 무시하면 쌀 시장은 1과 2의 조건을 어느 정도 만족시킨다. 즉 200만 명의 농부가 쌀을 생산하는데,[2] 생산하는 쌀의 품질이 동일하다면 한 농부의 쌀 생산량이 전체 쌀 시장에서 차지하는 비중은 극히 미미하다. 또한 농부들이 쌀 생산을 위해 비료를 사용하는 경우에 한 농부의 비료 사용량은 전체 200만 농부들의 비료 사용량에 비해 그 양이 아주 미미하다.

이 경우, 한 농부가 생산량을 변화시킨다고 해도 전체 농부들에 의해 결정되는 쌀의 시장 공급량에 미치는 효과는 거의 없으므로 쌀 가격에 영향을 주지 못한다. 또한 한 농부가 쌀 생산량을 증가시키기 위해 비료의 사용량을 늘린다고 해도 전체 농부들에 의해 결정되는 비료에 대한 시장수요에 영향을 주지 못하므로 비료 가격에도 영향을 주지 못한다. 이러한 상황에서 농부는 어떻게 의사결정을 할 것인가? 자신이 쌀 생산량과 비료에 대한 수요량을 어떻게 결정해도 쌀과 비료의 시장가격이 변화하지 않는다는 전제 아래 의사결정을 할 것이다.

1, 2의 조건이 충족되면 기업은 생산량과 생산요소의 수요량을 결정할 때 생산물과 생산요소의 가격이 일정하게 주어진 것으로 간주하게 된다. 이를 가리켜 '기업이 **가격순응자** price taker로 행동한다'라고 한다. 기업이 가격순응자로 행동하면 일정하게 주어졌다고 간주하는 생산물과 생산요소의 가격은 어떻게 결정될까? 이에 대한 대답은 위의 조건 중 4로부터 찾을 수 있다.

> **가격순응자**
>
> 의사결정을 할 때 생산물이나 생산요소의 가격이 일정하게 주어진 것으로 간주하고 의사결정을 하는 경제주체. 완전경쟁 상황에서 개별 기업은 가격순응자이다.

완전한 정보를 가지고 있다는 것은 경제주체들이 자신들에게 필요한 모든 정보를 갖고 있으며, 그러한 정보를 획득하는 데 아무런 비용도 들지 않음을 의미한다. 따라서 소비자들이 완전한 정보를 가지고 있다는 것은 어떤 생산자가 얼마의 가격으로 판매하고 있는지 정확히 알고 있으며, 이를 알기 위해 아무런 비용도 지

2 농부들은 자신의 노동력과 농기구(자본)를 투입해 쌀을 생산하므로 농부 한 사람을 하나의 기업으로 볼 수 있다.

그림 10-1

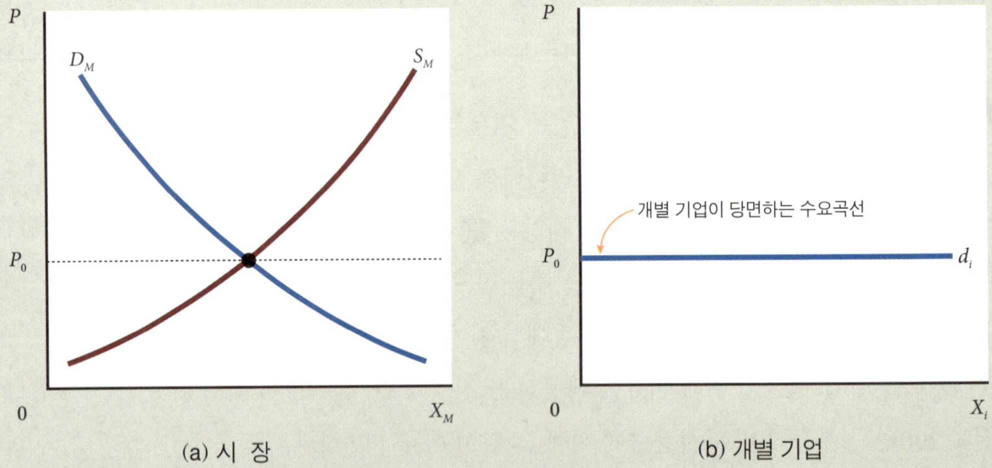

개별 기업이 당면하는 수요곡선과 시장수요곡선

완전경쟁 상황에서 개별 기업의 규모는 아주 미미해 개별 기업이 당면하는 수요곡선은 시장에서 결정된 가격에 의해 결정된다. 따라서 그 모양은 수평선이 된다.

불할 필요가 없다는 것이다.

이 경우에 어떤 기업이 현재 시장에서 거래되는 가격시장가격인 그림 10-1의 P_0 보다 높은 가격을 책정하면 그 기업은 시장에서 한 단위의 상품도 판매할 수 없으며, P_0보다 낮은 가격을 책정하면 시장수요만큼 상품을 판매할 수 있다. 그런데 완전경쟁 상황에서 개별 기업은 시장에서 차지하는 비중이 아주 미미하여 시장수요 전체를 상대할 만한 능력이 없을 뿐만 아니라 P_0 하에서도 생산량 전부를 판매할 수 있기 때문에 가격을 낮추면 손해만 입게 된다. 따라서 개별 기업은 시장에서 결정된 가격 수준(P_0)에서 그림 10-1 (b)와 같은 수평선인 수요곡선을 인식하게 된다. 이는 개별 기업이 직면하는 수요의 가격탄력성이 무한대임을 의미하기도 한다.

3의 조건인 자원 이동에 제약이 없다는 것은 기업 간, 그리고 산업 간 생산요소의 이동에 아무런 제약이 없음을 의미한다. 즉 완전경쟁 산업은 장기에 개별 기업에게 진입과 이탈의 자유가 있다.[3]

3 이는 산업에 진입하는 것을 인위적으로 제한하거나 금지하는 장벽이 없음을 의미한다. 이러한 인위적 진입장벽이 없다 하더라도 고정비용이 발생하는 단기에는 기업 스스로 산업에 진입하는 데 부담을 가질 수 있다. 즉 인위적 진입장벽이 없는 완전경쟁시장이라 하더라도 단기에는 신규기업의 진입이 불가능하거나 제한적일 수밖에 없다.

10-2 개별 기업의 단기 공급곡선

단기의 이윤극대화

완전경쟁 상황에서 개별 기업의 단기 공급곡선을 파악하려면 먼저 개별 기업의 이윤극대화를 알아보아야 한다. 완전경쟁 상황에서 X재를 생산하는 개별 기업의 이윤 Π는 총수입 $TR(X)$와 단기 총비용 $STC(X)$의 차이로 다음과 같이 나타낼 수 있다.

$$\Pi = TR(X) - STC(X)$$

단기에 이윤극대화를 이루기 위해서는 앞의 8-1 이윤극대화에서 살펴본 바와 같이 $MR(X) = SMC(X)$를 만족시키도록 산출량을 결정해야 한다.

한편 총수입 $TR(X)$는 PX인데, 완전경쟁 상황에서 개별 기업은 가격순응자이므로 X재의 가격 P는 그 값이 일정한 상수이다. 산출량 한 단위당 수입인 평균수입 AR은 $AR = TR(X)/X = P$로, 산출량의 수준과 무관한 상수가 된다.

또한 산출량이 한 단위 증가할 때 총수입이 얼마나 증가하는지를 나타내는 한계수입 MR도 $MR = \Delta TR(X)/\Delta X = P$로, 산출량의 수준과 무관한 상수가 된다. 따라서 완전경쟁 상황에서 개별 기업의 단기 이윤극대화 조건은 다음과 같다.

$$P = AR = MR = SMC$$

$P = SMC$가 이윤극대화의 조건이라는 것은 다음과 같이 확인해 볼 수 있다. $P = 10 > 4 = SMC(X)$인 경우에 산출량을 한 단위 증가시키면 총수입은 10만큼 증가하지만, 단기 총비용도 4만큼 증가하므로 이윤은 6만큼 증가한다. 따라서 $P > SMC(X)$인 경우에 산출량을 증가시키면 이윤이 증가한다. 마찬가지로 $P < SMC(X)$인 경우에는 산출량을 감소시키면 이윤이 증가한다. 따라서 이윤극대화를 위해서는 $P = SMC(X)$가 성립해야 한다. 한편 앞의 8-1 이윤극대화에서 알아본 바와 같이 $P = SMC(X)$를 만족시키는 산출량이 이윤을 극소화시키는 산출량이 아니고 이윤을 극대화시키는 산출량이 되기 위해서는 단기 한계비용곡선이 산출량의 증가에 따라 증가하고 있는 부분에서 산출량이 결정되어야 한다.

그림 10-2

개별 기업의 단기 이윤극대화

개별 기업이 이윤극대화를 이루기 위해서는 $P=AR=MR=SMC$를 만족시키는 a에서 산출량 수준을 결정해야 한다(X_*). 산출량이 X_*일 때의 이윤은 P_*abc의 면적과 같다.

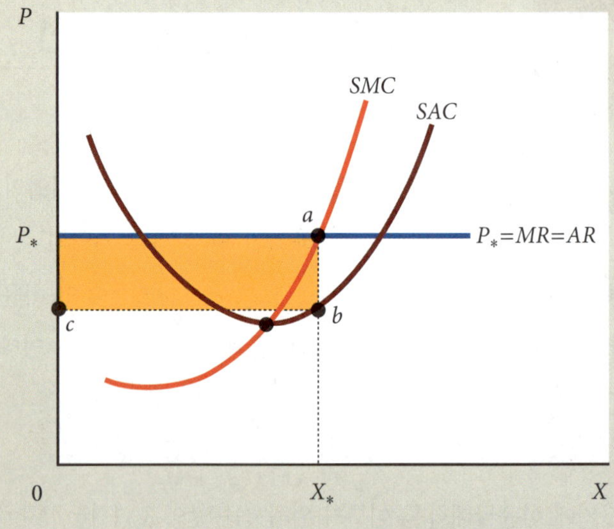

이러한 이윤극대화를 그림으로 나타낸 것이 그림 10-2이다. 개별 기업이 이윤극대화를 이루기 위해 선택하는 산출량의 수준은 $P_*=SMC(X_*)$를 만족시키는 X_*이며, 산출량이 X_*인 경우에 단기 한계비용곡선의 기울기는 양(+)이다. 이 경우의 이윤은 다음과 같이 얻어진다.

산출량이 X_*일 때 총수입은 P_*X_*인데, 이는 그림 10-2의 P_*aX_*0의 면적과 같다. 단기 평균비용 $SAC(X)$는 모든 산출량 X에 대해 $SAC(X)=STC(X)/X$로 정의되므로, X_*에서도 $SAC(X_*)=STC(X_*)/X_*$가 성립한다. 따라서 산출량이 X_*인 경우의 단기 총비용은 $STC(X_*)=SAC(X_*)X_*$가 된다. 이는 그림 10-2의 cbX_*0의 면적과 같다. 따라서 총수입과 단기 총비용의 차이인 이윤은 그림 10-2의 노랑색 부분과 같다. 이 경우의 이윤은 0보다 크다. 즉 노랑색 부분은 개별 기업이 단기에 얻는 초과이윤을 나타낸다.[4]

개별 기업의 단기 공급곡선

개별 기업이 이윤극대화를 이루기 위해서는 $P=SMC(X)$를 만족시키는 산출량을 선

4 뒤에서 다시 살펴보겠지만, 단기 균형에서 반드시 초과이윤을 얻는 것은 아니다. 단기에는 고정비용이 존재하기 때문에 손실의 크기가 고정비용보다 크지 않으면 손실을 보면서도 생산을 계속하는 경우가 종종 나타난다.

그림 10-3

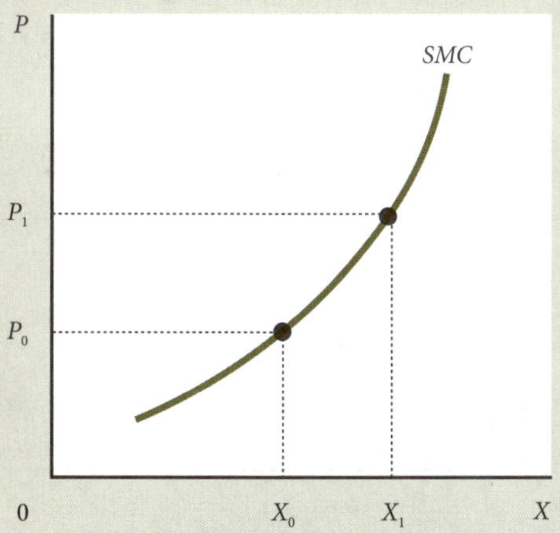

(a) 한계비용곡선이 공급곡선인 이유

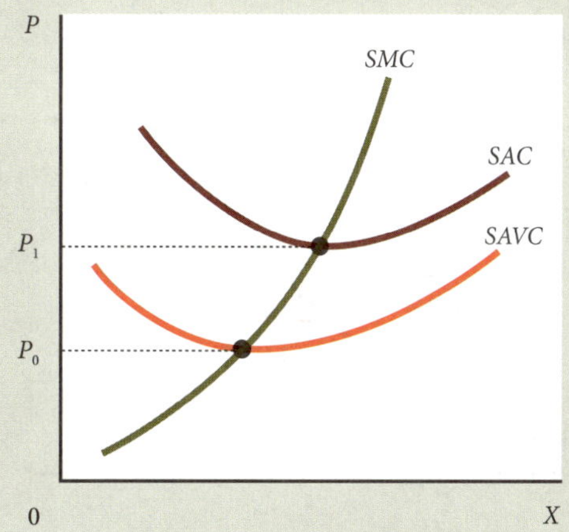

(b) 가격과 이윤

개별 기업의 단기 공급곡선

이윤극대화를 이루기 위해서는 $P=SMC$의 조건을 만족시켜야 하므로 P가 변화하면 이윤극대화를 이루는 산출량, 즉 공급량이 SMC곡선을 따라 움직이게 된다. 따라서 (a)와 같은 SMC곡선이 공급곡선이 된다. 가격이 P_1 이상인 경우에는 초과이윤을 얻을 수 있지만 가격이 P_1 미만인 경우에는 이윤이 음(−)이 된다.

택해야 한다. 그림 10-3 (a)에서 이윤극대화를 이루는 산출량은 가격이 P_0일 때는 $P_0=SMC(X_0)$를 만족시키는 X_0이고, 가격이 P_1일 때는 $P_1=SMC(X_1)$을 만족시키는 X_1이다. 가격이 P_0에서 P_1으로 변화하는 경우에 기업이 이윤극대화를 이루는 산출량은 단기 한계비용곡선 $SMC(X)$를 따라 X_0에서 X_1으로 변화한다. 기업이 이윤극대화를 이루는 산출량이 곧 이 기업이 주어진 가격에서 공급하기를 원하는 양이므로, 가격이 변화하는 경우의 기업의 공급량은 $SMC(X)$곡선을 따라 변화한다. 따라서 개별 기업의 단기 한계비용곡선이 곧 개별 기업의 단기 공급곡선이 됨을 알 수 있다.

주어진 가격에서 기업이 이윤극대화를 이루는 산출량만큼을 실제로 생산해 시장에 공급할 것인지는 이윤의 수준에 달려 있다. 그림 10-3 (b)에서 가격이 P_1 이상인 경우에 기업은 이윤극대화를 이루는 양만큼을 생산해 시장에 공급하면 초과이윤을 얻을 수 있다. 따라서 P_1의 위에 위치한 $SMC(X)$곡선은 개별 기업의 공급곡선이 된다.

가격이 P_1보다 낮은 경우에는 기업이 이윤극대화를 이루는 산출량만큼을 생산

그림 10-4

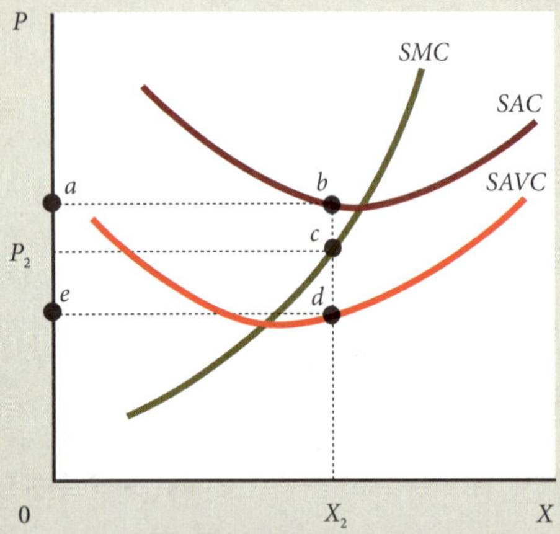

(a) 가격이 평균가변비용 이상인 경우

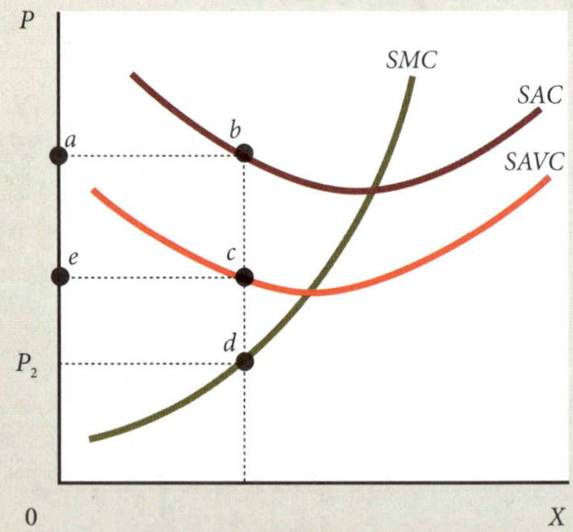

(b) 가격이 평균가변비용 미만인 경우

평균비용과 단기 공급곡선

(a)와 같이 가격이 *SAC* 및 *SAVC*의 최소점 사이에 있으면 생산을 하는 경우가 생산을 하지 않는 경우보다 손해가 작으므로 생산을 한다. 그러나 (b)와 같이 가격이 *SAVC*의 최소점보다도 낮으면 생산을 하는 경우가 생산을 하지 않는 경우보다 손해가 크므로 생산을 하지 않는다.

해 시장에 공급하면 이윤이 음(−)이 된다.[5] 이때 기업이 실제로 공급할 것인지는 손실이 고정비용보다 작으냐 크냐에 의존한다. 이를 알아보기 위해 가격이 단기 평균가변비용의 최소치인 P_0와 단기 평균비용의 최소치인 P_1 사이의 값으로 주어진 경우와 P_0보다 낮은 수준으로 주어진 경우를 구별할 필요가 있다.

그림 10-4 (a)는 가격이 단기 평균비용과 단기 평균가변비용 사이에서 주어진 경우이다. 가격이 P_2일 때 이윤극대화를 이루는 산출량의 수준은 X_2이며, 이를 시장에 공급할 때의 총수입은 P_2cX_20의 면적과 같다. 산출량이 X_2일 때 단기 총비용은 $SAC(X_2)X_2$인데, 이는 abX_20의 면적과 같다. 따라서 이 경우의 이윤은 $-abcP_2$의 면적과 같다. 즉 가격이 P_2일 때 이 기업이 이윤극대화를 이루는 산출량만큼을 생산해 시장에 공급하면 $abcP_2$만큼의 손실을 본다.

이때 기업이 생산활동을 하지 않으면 손실은 얼마인가? 기업이 생산활동을 하지 않으면 $X=0$, 총수입은 0이며 단기 총가변비용도 0이다. 그러나 기업이 생산활동을 하지 않아도 고정비용은 지불되므로 단기 총고정비용 *SFC*만큼의 손해를 본다.

임의의 산출량 X에 대해 단기 평균고정비용 $SAFC(X)$는 $SAFC(X)=SFC/X$

5 이런 의미에서 P_1을 손익분기 가격(break-even price)이라고 한다.

그림 10-5

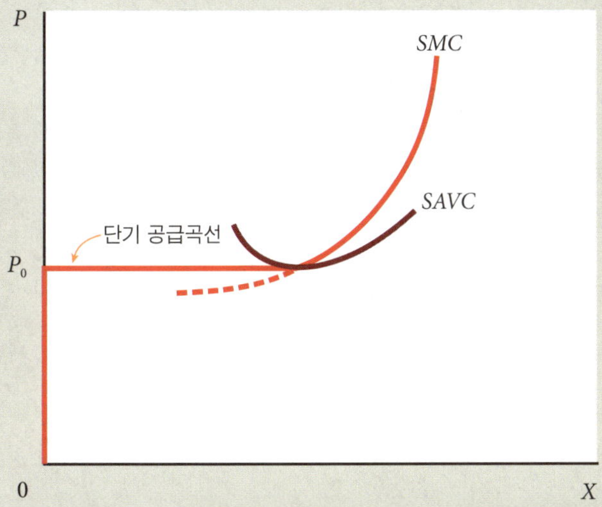

개별 기업의 단기 공급곡선

가격 변화에 따라 이윤극대화를 이루는 산출량이 *SMC*곡선을 따라 변화하는 경우는 생산을 하는 경우에 한하므로, *SAVC*의 최소점 이상의 *SMC*곡선만 개별 기업의 단기 공급곡선이 된다.

로 정의되며, 평균비용들 사이에는 $SAFC(X)=SAC(X)-SAVC(X)$가 성립하므로 $SFC=SAFC(X)X=\{SAC(X)-SAVC(X)\}X$가 성립한다. 이 관계는 모든 X에 대해 성립하므로 산출량이 X_2일 때 $SFC=\{SAC(X_2)-SAVC(X_2)\}X_2$가 성립하는데, 이것은 그림 10-4 (a)에서 *abde*의 면적과 같다.

가격이 단기 평균비용과 단기 평균가변비용 사이의 P_2로 주어진 경우 생산을 하면 $abcP_2$만큼의 손실을 보고, 생산을 하지 않으면 단기 총고정비용인 *abde*만큼의 손실을 본다. 이 경우에 생산을 하는 경우의 손실이 더 작으므로 기업은 X_2만큼을 생산해 시장에 공급한다.[6] 따라서 단기 평균가변비용 위에 위치한 단기 한계비용곡선은 기업의 공급곡선이 된다.

가격이 단기 평균가변비용의 최소치보다 낮은 P_2 수준으로 주어진 경우, 기업이 생산활동을 하면 그림 10-4 (b)의 $abdP_2$만큼의 손실을 보며, 생산활동을 하지 않으면 단기 총고정비용인 *abce*만큼의 손실을 본다. 이 경우에 생산활동을 하지 않을 때의 손실이 더 작으므로 기업은 생산활동을 하지 않는다. 즉 가격이 단기 평균가변비용보다 낮은 수준으로 주어지면 기업의 공급량은 0이 된다.[7] 이상의 논의를 종합하면 개별 기업의 단기 공급곡선은 그림 10-5와 같다는 것을 알 수 있다.

---

6 생산을 하는 경우, 가격이 변화하면 공급량은 *SMC*곡선을 따라 변화한다.

7 이런 의미에서 P_0를 조업중단 가격이라고 한다.

그림 10-6

생산자잉여

P_0에서 X_0를 생산하는 경우의 생산자잉여는 총수입과 가변비용의 차이인 P_0abc의 면적으로 나타낼 수 있는데, 이 면적은 P_0ad의 면적과 동일하다. 단기에 기업은 생산자잉여가 0보다 크면 생산을 계속한다.

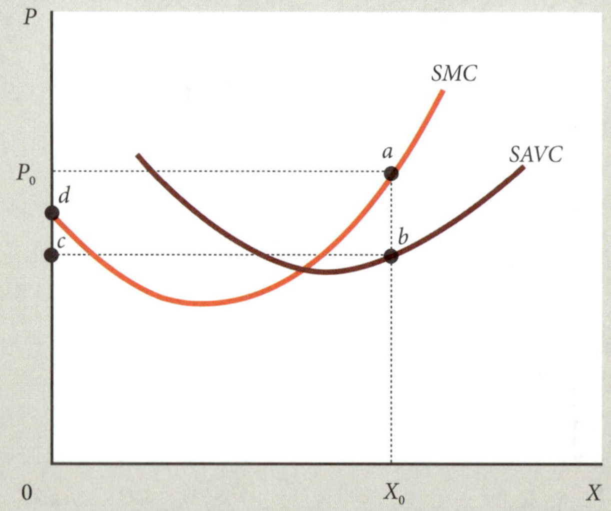

단기이윤과 생산자잉여

기업이 단기에 생산활동으로 얻는 이윤은 (총수입) − (단기 총가변비용) − (단기 총고정비용)이 된다. 앞의 8-2 공급함수에서 정의된 생산자잉여는 기업의 총수입에서 가변생산비를 충당하기 위해 필요한 금액을 공제한 금액인데, 가변생산비를 충당하기 위해 필요한 금액은 곧 단기 총가변비용을 의미하므로 생산자잉여 = (총수입) − (단기 총가변비용)이 된다.

가격이 P_0로 주어져 그림 10-6과 같이 X_0를 생산한 경우의 총수입과 단기 총가변비용의 차이는 P_0abc인데, 이것이 곧 생산자잉여이다. 한편 앞의 8-2 공급함수에서 알아본 바와 같이 생산자잉여는 P_0ad의 면적에 의해 나타낼 수도 있으므로, P_0abc의 면적과 P_0ad의 면적은 서로 같다는 것을 알 수 있다.[8] 이러한 생산자잉여의 정의를 이용하면, 단기에 개별 기업은 생산자잉여가 0보다 크거나 같으면 생산활동을 한다고 말할 수 있다. 즉 기업의 생산 여부를 결정하는 것은 이윤의 존재 여부가 아니라 생산자잉여의 존재 여부이다.

8 생산자잉여를 어떤 식으로 파악하든 총수입은 P_0aX_00의 면적과 같다. 생산자잉여를 P_0abc의 면적으로 파악한 경우는 단기 총가변비용을 $SAVC(X_0)X_0 = SVC(X_0) = cbX_00$의 면적에 의해 파악한 것이고, P_0ad의 면적에 의해 파악한 경우는 단기 총가변비용을 daX_00의 면적에 의해 파악한 것이다. 그런데 daX_00의 면적은 $\int_0^{X^0} SMC(X)dX = SVC(X_0) - SVC(0) = SVC(X_0) - 0 = SVC(X_0)$이므로, 어떤 방식으로 파악해도 단기 총가변비용은 동일함을 알 수 있다.

그림 10-7

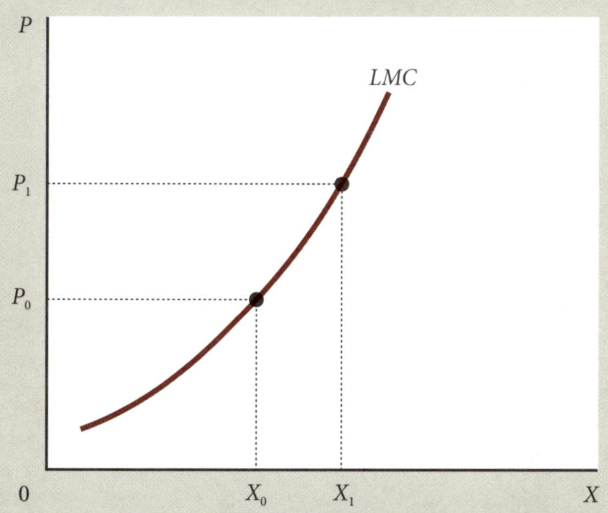

➔ 장기 한계비용곡선과 장기 공급곡선

장기에 이윤극대화를 달성하기 위해서는 $P=LMC$를 만족시키도록 산출량 수준을 결정하여야 한다.

10-3 개별 기업의 장기 공급곡선

장기의 이윤극대화

완전경쟁 상황에서 개별 기업의 장기 이윤극대화 조건은 단기의 경우와 같은 방법으로 구해진다. 장기가 단기와 구별되는 점은 단기 총비용 $STC(X)$ 대신 장기 총비용 $LTC(X)$를 고려해야 한다는 점이다. 이에 따라 장기에 고려되는 한계비용도 장기 한계비용 $LMC(X)$이다. 따라서 장기의 이윤극대화 조건은 다음과 같다.

$$P=AR=MR=LMC(X)$$

장기의 이윤극대화를 그림으로 나타낸 것이 그림 10-7이다. 가격이 P_0로 주어졌을 때 기업이 이윤극대화를 이루기 위해서는 $P_0=LMC(X_0)$를 만족시키는 X_0를 산출량으로 결정해야 한다. 단기에서와 마찬가지로, X_0가 이윤극소화가 아니라 이윤극대화를 이루는 산출량이 되기 위해서는 X_0에서 $LMC(X)$곡선의 기울기가 양(+)이어야 한다.

그림 10-8

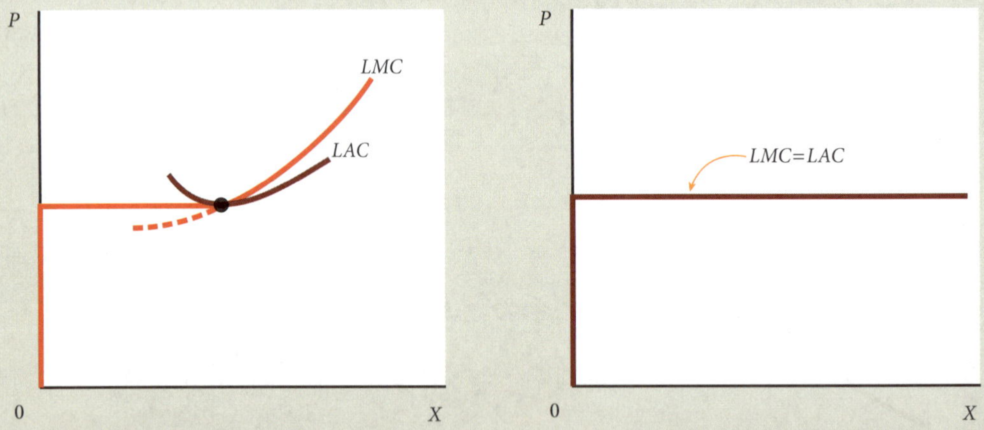

(a) 일반적인 경우 (b) 규모에 대한 수익불변인 경우

여러 경우의 장기 공급곡선

개별 기업의 장기 공급곡선은 (a)와 같이 *LAC*곡선 위의 *LMC*곡선이 된다. 만약 (b)와 같이 규모에 대한 수익불변인 경우는 *LAC*=*LMC*가 성립하므로, 장기 공급곡선은 수평선이 된다.

개별 기업의 장기 공급곡선

그림 10-7에서 가격이 P_0일 때에 이윤극대화를 이루는 산출량은 $P_0=LMC(X_0)$를 만족시키는 X_0, 가격이 P_1일 때 이윤극대화를 이루는 산출량은 $P_1=LMC(X_1)$을 만족시키는 X_1이다. 가격이 P_0에서 P_1으로 변화하면 기업이 이윤극대화를 이루는 산출량 수준도 장기한계비용곡선 $LMC(X)$를 따라 X_0에서 X_1으로 변화한다.

기업이 이윤극대화를 이루는 산출량은 곧 이 기업이 주어진 가격에서 공급하기를 원하는 양이므로, 가격이 변화할 때 기업의 공급량도 $LMC(X)$곡선을 따라 변화한다고 말할 수 있다. 따라서 개별 기업의 장기 한계비용곡선이 곧 개별 기업의 장기 공급곡선이 됨을 알 수 있다.

장기에는 모든 생산요소가 가변생산요소이므로, 고정비용이 없다. 또한 장기에는 진입과 이탈의 자유가 있으므로, 이윤이 음(−)일 때 기업은 생산활동을 중단하고 산업에서 빠져나갈 수 있다. 따라서 장기에 기업은 이윤이 0 이상인 경우에만 공급을 하게 되며, 이에 따라 장기의 공급곡선은 그림 10-8 (a)와 같이 장기 평균비용곡선 위에 위치한 장기 한계비용곡선이 된다.[9]

9 즉 단기와 달리 장기에는 손익분기 가격이 곧 조업중단 가격이 된다.

경합시장 contestable market

EXAMPLE 10-1

장기에 초과이윤이 0이 되는 가장 큰 이유는 진입과 이탈에 제약이 없기 때문이지, 시장에서 실제로 생산활동을 하는 기업의 수가 많기 때문은 아니다. 어느 재화를 만들어 내는 기업이 하나밖에 없지만 완전경쟁 시장과 같이 초과이윤이 없는 가격을 설정할 수밖에 없는 형태의 시장이 보몰Baumol이 제안한 경합시장이다.

예를 들어 진입과 이탈에 전혀 비용이 들지 않고 독점자가 가격을 높게 설정하여 초과이윤을 얻고 있는 경우, 새로운 기업은 소위 치고 빠지기hit and run를 할 가능성이 높다.

즉 이 경우에 시장에 새로 진입한 기업은 높은 가격 때문에 초과이윤을 얻게 되고 기존 기업이 이를 막기 위해 다시 가격을 하락시키는데, 이때 새로 진입한 기업이 시장에서 막대한 이윤을 얻은 후 유유히 빠져나간다는 것이다.

이를 막기 위해 독점자임에도 불구하고 한계비용 가격설정을 하는 경우가 발생할 수 있다. 이러한 형태의 시장이 바로 경합시장이라는 것이다.

경합시장은 독점자임에도 불구하고 한계비용 가격을 설정한다.

생산함수가 규모에 대한 수익불변인 경우에는 앞의 7-3 장기의 비용극소화와 장기 비용함수에서 살펴본 바와 같이 $LMC=LAC$가 되며, LMC와 LAC는 산출량의 수준과 무관하게 일정한 값을 갖는다. 따라서 이 경우에 개별 기업의 장기 공급곡선은 그림 10-8 (b)와 같은 수평선이 된다.

공급의 가격탄력성과 시간

가격이 1% 변화하는 경우에 공급량이 몇 % 변화하는지를 나타내는 것은 공급의 가격탄력성 η이다. 공급의 가격탄력성은 가격의 변화에 따라 공급량이 얼마나 민감하게 변화하는지 나타낸다. 이를 수식으로 나타내면 다음과 같다.

$$\eta = \frac{\Delta X / X}{\Delta P / P} > 0$$

공급의 가격탄력성은 시간에 따라 달라진다. 단기에는 노동만이 가변생산요소이지만, 장기에는 노동과 자본 모두 가변생산요소이다. 지금 최단기를 노동과 자본이 모두 불변생산요소인 경우로 정의하자. 예를 들어 기업에게 하루의 시간이 주어졌다면, 그 기간이 너무 짧아 새로이 추가고용을 하거나 생산설비를 변화시킬 수 없으므로 하루가 최단기가 된다. 최단기에는 가격이 변화해도 모든 생산요소의

그림 10-9

시간과 공급곡선의 변화

기업에게 주어진 시간이 많을수록 선택의 폭이 넓어져 공급곡선이 보다 탄력적이 되는데, 이를 르 샤틀리에의 원리라고 한다.

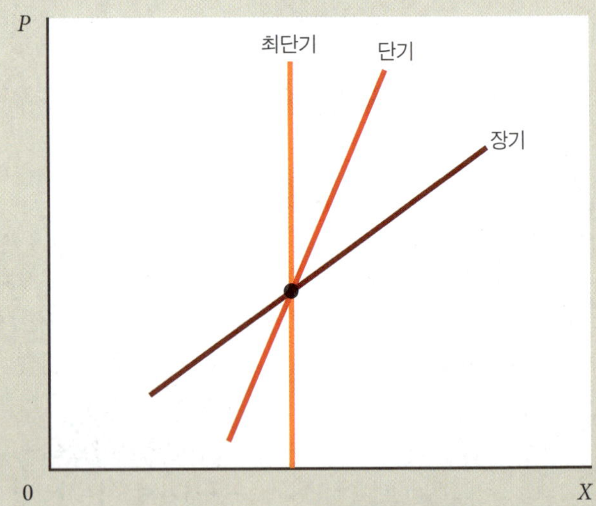

투입량이 고정되어 있으므로 산출량을 변화시킬 수 없다. 즉 최단기에 공급의 가격탄력성은 0이다.

앞의 7-4 단기와 장기 비용함수의 비교에서 살펴본 바와 같이 장기 한계비용곡선은 단기 한계비용곡선보다 기울기가 완만하다. 이는 가격이 동일한 정도로 변화할 때 공급량 변화가 장기가 단기보다 크다는 것, 즉 장기공급의 가격탄력성이 단기공급의 가격탄력성보다 크다는 것을 의미한다. 가격이 변화할 때 단기에는 가변생산요소인 노동의 투입량만을 조정해 산출량을 변화시킬 수 있는 반면, 장기에는 노동과 자본의 투입량을 모두 변화시켜 산출량을 변화시킬 수 있다. 따라서 가격이 동일한 정도로 변화한다면 장기의 산출량 변화가 단기의 산출량 변화보다 크다.

시간에 따라 공급의 가격탄력성이 어떻게 달라지는지를 그림으로 나타낸 것이 그림 10-9이다. 기업에게 주어진 시간이 길어질수록 공급의 가격탄력성은 커지는데, 이를 르 샤틀리에의 원리Le Châtelier's principle라 한다.

장기균형

단기에는 진입과 이탈의 자유가 없으므로, X재 산업에서 생산활동을 하는 기업의 수가 일정하게 주어져 있다. 이에 따라 단기에 개별 기업은 초과이윤을 올릴 수 있다. 그러나 진입과 이탈의 자유가 있는 장기가 되면 상황이 달라진다. X재 산업에서 생산활동을 하는 기업들이 초과이윤

그림 10-10

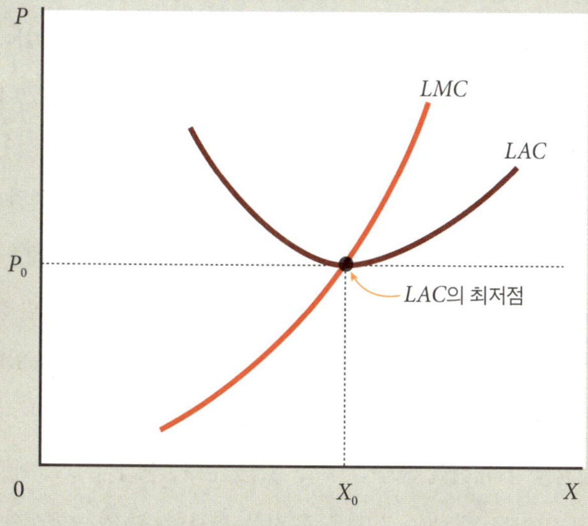

개별 기업의 장기균형

장기에 초과이윤이 존재하면 새로운 기업이 진입하며, 손실이 존재하면 기업의 이탈이 발생한다. 따라서 장기균형을 이루기 위해서는 초과이윤이 0이 되어야 하는데, 이 경우 $P=AR=MR=LMC=LAC$가 성립해야 한다.

을 올리고 있다는 사실이 알려지면, 새로운 기업들이 산업에 진입해 생산활동을 하게 된다. 이에 따라 산업 전체의 공급량이 증가해 X재의 시장가격이 하락하게 된다. 새로운 기업의 진입은 초과이윤이 있는 한 계속되며, 개별 기업의 이윤이 0이 되면 더 이상 진입하지 않는다.

한편 개별 기업의 이윤이 음(−)으로 바뀌면 장기적으로 기존 기업들의 이탈이 이루어진다. 이에 따라 산업 전체의 공급량이 감소하며, X재 가격은 상승한다. 기존 기업들의 이탈은 이윤이 음(−)인 한 계속되며, 이윤이 0이 되면 더 이상의 이탈이 없게 된다. 따라서 산업에서 생산활동을 하는 기업의 수가 더 이상 변화하지 않는 장기의 균형을 이루기 위해서는 이윤이 0이 되어야 한다. 이를 가리켜 장기 무이윤 현상이라고 한다.

장기에 이윤극대화를 이루며 진입과 이탈에 의해 최대이윤을 0으로 달성하는 기업은 다음의 조건을 만족시킨다.

$$P=AR=MR=LMC(X)=LAC(X)$$

위의 조건을 그림으로 나타내면 **그림 10-10**과 같다. 가격이 P_0일 때 이윤극대화를 이루기 위해 개별 기업은 X_0를 생산하는데, 이 경우에 개별 기업의 이윤은 0이 된다.

경제지대

이상의 논의로부터 진입과 이탈이 자유로운 장기에는 초과이윤을 얻을 수 없음을 보았다. 그런데 만약 장기에도 초과이윤을 획득하는 기업이 있다면, 이를 어떻게 해석해야 하는가? 이 경우는 해당 기업이 장기에도 희소한 생산요소를 보유하기 때문에 발생하는 현상으로 해석할 수 있다.

장기에도 희소한 생산요소가 존재하는 이유로는 자연적인 이유와 법률적인 이유를 들 수 있다. 토지나 원유 등은 자연적인 이유로 장기에도 그 공급이 제한되어 있다. 의사나 변호사 등과 같이 면허가 있어야 영업을 할 수 있는 경우는 법률적인 이유에 의해 장기적으로 그 공급이 매우 제한적으로 늘어나는 경우이다. 만약 어떤 업종에 종사하려면 영업허가가 필요한데, 총 영업허가 건수가 고정되어 있다면 영업허가증은 법률적인 이유로 장기에도 희소한 생산요소가 된다.

원유를 공급하는 기업들이 유전을 모두 가지고 있는 경우, 장기적으로 이 기업들이 초과이윤을 올리고 있어도 새로운 기업은 유전을 확보할 수 없는 한 진입할 수 없다. 전체 영업허가증의 수가 고정된 산업의 경우, 기업들이 장기적으로 초과이윤을 올려도 영업허가증을 확보할 수 없는 한 새로운 기업이 진입할 수 없다. 그런데 이 경우의 초과이윤은 장기적으로 희소한 생산요소에 대한 대가로 보아야 한다.

전체 영업허가증의 수가 고정된 산업에 새로운 기업이 진입하려면, 기존의 기업들로부터 영업허가증을 구입해야 한다. 이 경우에 영업허가증의 가격은 이 영업허가증이 진입을 억제해 발생시키는 초과이윤의 가치에 의해 결정된다. 따라서 이 산업에 진입하기 위해 필요한 영업허가증을 구입해야 하는 비용을 포함한다면, 새로 진입하는 기업의 입장에서 본 이 산업의 장기이윤은 0이다. 한편 기존 기업들은 장기적으로 공급이 고정된 영업허가증이라는 생산요소를 보유함으로써 이득을 얻는데, 이를 **경제지대** economic rent라 한다.

> **경제지대**
> 어떤 생산요소의 공급에 필요한 금액을 초과해 그 생산요소에 대해 실제로 지불된 금액을 경제지대라 한다.

위의 예에서 영업허가증의 공급 비용은 0에 가깝다. 그러나 영업허가증이 진입을 억제해 초과이윤을 얻게 하므로, 영업허가증은 이 초과이윤만큼의 가치가 있다. 따라서 새로 진입하기를 원하는 기업은 영업허가증을 기존 기업들이 올리는 초과이윤만큼 지불하여 구입해야 한다.[10] 이는 영업허가증이라는 생산요소를 포

10 엄밀하게 이야기하면, 장래의 초과이윤을 현재가치로 환산해 모두 합한 것이 영업허가증의 가격이다. 또한 어느 한 기간 동안의 영업허가증의 가치라도 그 기간에 발생한 초과이윤과 같다는 점에는 변함이 없다.

그림 10-11

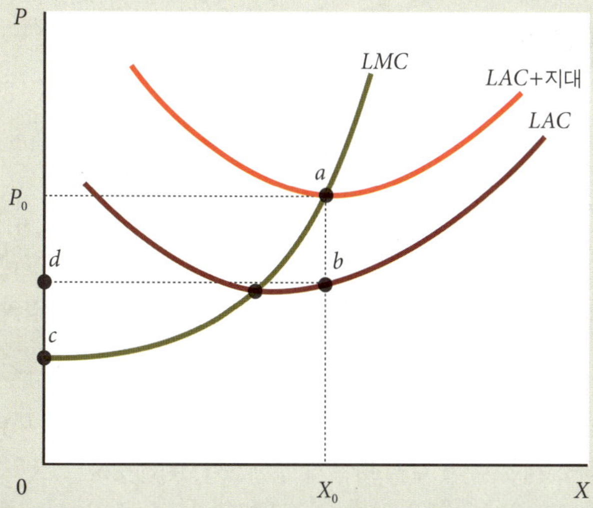

경제지대

장기에도 초과이윤이 존재한다면 장기에도 공급이 고정된 생산요소가 있는 것으로 파악할 수 있다. 이러한 생산요소에 지불되는 비용을 경제지대라고 하는데, 경제지대를 비용에 포함하면 장기이윤은 0이 된다.

함시키지 않은 경우에 계산되는 초과이윤이 곧 영업허가증에 대해 실제로 지불된 금액인 경제지대임을 나타낸다.

경제지대를 그림으로 나타내면 그림 10-11과 같다. 장기에 가격이 P_0로 주어졌을 때 개별 기업은 이윤극대화를 위해 X_0만큼 공급하기를 원한다. 이 경우, 장기에 고정된 생산요소인 영업허가증을 포함하지 않는 장기 평균비용곡선 $LAC(X)$에 의해 평가한다면 이 기업은 P_0abd만큼의 초과이윤을 얻는 것으로 볼 수 있다. 그러나 이 P_0abd는 영업허가증에 대한 대가인 경제지대이므로, 이를 포함하는 '$LAC(X)+$지대' 곡선에 의해 평가한다면, 이 기업의 이윤은 0이 된다. 경제지대가 희소한 생산요소에 대한 대가라는 점에서, 그 개념은 앞에서 정의된 생산자잉여의 개념과 동일하다. 따라서 경제지대를 그림 10-11에서 P_0ac의 면적으로 나타낼 수 있다.

법률적인 이유에 의해 경제지대가 존재하는 경우에 이미 면허증이나 영업허가증을 갖고 있는 기득권자들은 경제지대를 유지하기 위해 면허증이나 영업허가증의 총수가 계속 제한되기를 원한다. 이를 위해 기득권자들이 로비Lobby를 하거나 면허증이 제약되어야만 하는 타당성을 알리려는 홍보 등을 하게 되는데, 이를 지대추구행위rent seeking behavior라 한다. 기득권자가 지대추구행위를 하기 위해 비용을 들인다면 이는 산출량의 증가와는 무관한 경제지대를 보존하기 위한 지출이므로, 사회적 낭비이다.

10-4 산업의 공급곡선

개별 기업들의 모임을 산업이라 한다. 따라서 산업의 공급곡선은 개별 기업들의 공급곡선들을 이용해 구할 수 있다. 단기에는 생산활동을 하는 기업의 수가 일정하게 고정되어 있으며, 장기에는 기업에게 진입과 이탈의 자유가 있어 기업의 수가 변화할 수 있으므로 산업의 공급곡선은 단기와 장기에 각기 다르게 구해진다.

산업의 공급곡선은 산업 전체의 생산요소에 대한 수요가 변화할 때, 생산요소의 가격이 어떻게 변화하는가에 따라 각기 다르게 구해진다. 완전경쟁의 경우, 개별 기업은 소규모이므로 어떤 기업이 생산요소에 대한 수요량을 변화시켜도 생산요소 가격은 변화하지 않는다. 그러나 모든 기업들이 생산요소에 대한 수요량을 증가시켜 산업 전체의 생산요소에 대한 수요량이 변화할 수 있는 산업의 경우에는 사정이 달라진다. 왜냐하면 개별 기업이 생산요소시장에서 차지하는 비중은 미미하지만, 각 산업이 생산요소시장에서 차지하는 비중은 미미하지 않기 때문이다.

산업 전체의 생산요소에 대한 수요가 변화하는 경우에 생산요소 가격이 어떻게 변화할 것인지는 생산요소 공급곡선의 형태에 달려 있다. X재의 가격이 P_0일 때 어떤 생산요소시장에서 X재 산업의 생산요소에 대한 수요곡선이 $D_X(P_0)$로 주어졌다. X재의 가격이 P_0에서 P_1으로 상승하면, 이윤극대화를 원하는 개별 기업들은 산출량을 증가시키기를 원하므로 생산요소에 대한 수요도 증가한다. 이렇게 생산요소 가격이 일정해도 산업의 생산요소에 대한 수요는 증가할 수 있다. 이는 산업의 생산요소에 대한 수요곡선이 그림 10-12에서와 같이 $D_X(P_0)$에서 $D_X(P_1)$으로 이동함을 나타낸다.

이 경우에 요소 가격의 변화는 생산요소 공급곡선의 형태에 따라 다르게 나타난다. 생산요소 공급곡선이 그림 10-12 (a)와 같이 수평이면 $D_X(P_0)$가 $D_X(P_1)$으로 이동해도 요소 가격은 변화하지 않는다. 이를 비용불변 산업이라 한다. 생산요소가 노동이며 실업률이 높은 경우에 노동의 공급곡선은 이와 같은 형태를 가질 것이다. 생산요소의 공급곡선이 (a)와 같이 우상향이면, $D_X(P_0)$가 $D_X(P_1)$으로 이동할 때 요소 가격이 상승한다. 이를 비용증가 산업이라 한다. 생산요소의 공급곡

그림 10-12

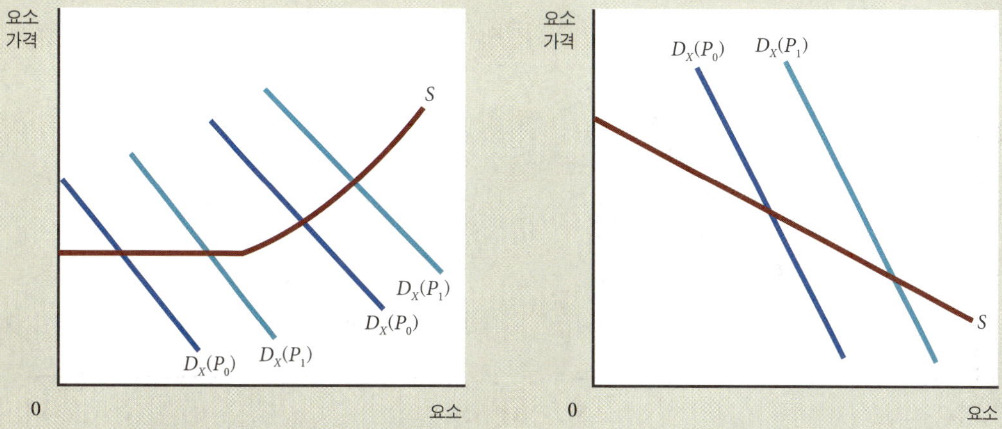

(a) 비용 불변과 비용 증가의 경우 (b) 비용 감소의 경우

산업의 생산요소에 대한 수요 변화와 요소 가격의 변화

산출물의 가격이 상승하여 산업 전체의 생산요소에 대한 수요가 증가한다는 사실을 생산요소시장에서 파악한다면, 생산요소에 대한 수요곡선이 우상향으로 이동하는 것으로 나타난다. 이것이 요소 가격에 미치는 효과는 요소 공급곡선의 형태에 달려있다. (a)의 경우는 비용 불변 및 비용 증가의 경우이고 (b)의 경우는 비용 감소의 경우이다.

선이 (b)와 같이 우하향이면 $D_X(P_0)$가 $D_X(P_1)$으로 이동할 때 요소 가격이 하락한다. 이를 비용감소 산업이라 한다. 생산요소가 이미 생산된 생산요소이며 생산요소의 생산에 규모의 경제가 있는 경우에 생산요소의 공급곡선은 이와 같은 형태를 취할 것이다.

비용불변 산업의 단기 공급곡선

여기서는 X재 산업에서 생산활동을 하는 기업의 수가 n으로 고정되어 있으며, 산업의 노동에 대한 수요가 변화해도 임금이 변화하지 않는 산업의 공급곡선을 도출하기로 한다. 이 산업의 i번째 기업의 생산량을 X_i, 단기 한계비용함수를 $SMC_i(X_i)$라 하자. 임금이 W라면, 앞의 7-2 단기의 비용극소화와 단기 비용함수에서 살펴본 바와 같이 $SMC_i(X_i)=W/MP_L^i$의 관계가 성립한다. 여기서 MP_L^i는 i번째 기업의 한계생산성이다.

그림 10-13에서 가격이 P_0일 때 i번째 개별 기업이 이윤극대화를 이루는 산출량 수준은 X_i^0이므로, 산업의 공급량은 $X_1^0+\cdots+X_n^0=X^0$가 된다. 가격이 P_1으로

그림 10-13

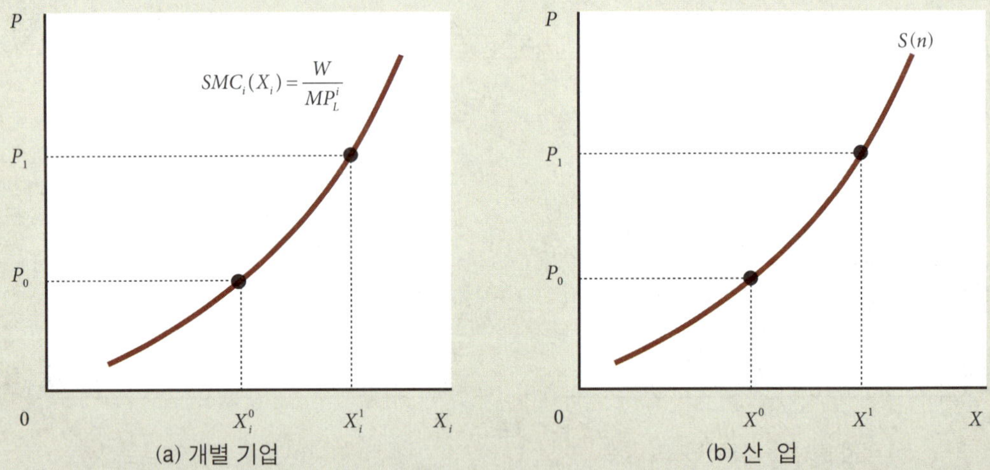

비용불변 산업의 단기 공급곡선

(a)에서와 같이 X재의 가격이 상승하여 개별 기업의 산출량이 증가하고 이에 따라 개별 기업의 노동에 대한 수요량 및 X재 산업의 노동에 대한 수요량이 변화해도 W가 일정하다면 개별 기업의 단기 공급곡선인 SMC_i곡선은 변화하지 않는다. 따라서 산업의 단기 공급곡선은 (b)에서와 같이 SMC_i곡선을 수평으로 합한 형태로 나타난다.

상승하면, 개별 기업은 이윤극대화를 이루기 위해 생산량을 X_i^1으로 증가시키기를 원한다. 이에 따라 개별 기업의 노동에 대한 수요가 증가한다. 그러나 산업 전체의 노동에 대한 수요가 증가해도 임금 W는 변화하지 않으므로, $SMC_i(X_i)$곡선도 변화하지 않는다. 따라서 가격이 P_1일 경우의 산업의 공급량은 $X_1^1 + \cdots + X_n^1 = X^1$이 된다. 이렇게 비용불변 산업의 단기 공급곡선은 개별 기업의 단기 한계비용곡선을 수평으로 합해 구할 수 있다.

비용증가 산업의 단기 공급곡선

여기서는 X재 산업에서 생산활동을 하는 기업의 수가 n으로 고정되어 있고, 산업의 노동에 대한 수요가 증가하면 임금이 상승하는 산업의 공급곡선을 도출하기로 한다.

임금이 W_0일 때 i번째 개별 기업의 단기 한계비용곡선은 그림 10-14 (a)와 같이 $SMC_i(X_i, W_0) = W_0 / MP_L^i$가 된다. 가격이 P_0일 때 i번째 개별 기업이 이윤극대화를 이루는 산출량의 수준은 X_i^0이므로, 산업의 공급량은 $X_1^0 + \cdots + X_n^0 = X^0$가

그림 10-14

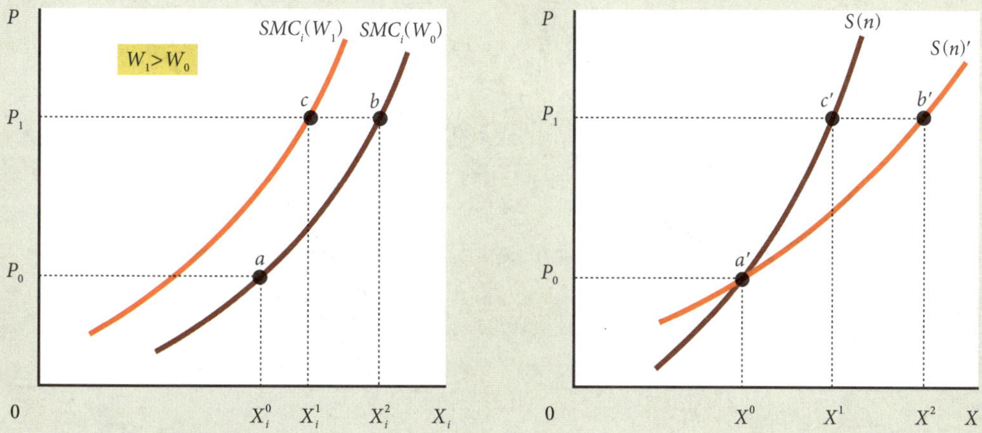

(a) 개별 기업 (b) 산 업

비용증가 산업의 단기 공급곡선

*P*가 상승하면 개별 기업의 산출량이 증가한다. 이에 따라 개별 기업의 노동에 대한 수요량 및 *X*재 산업의 노동에 대한 수요량이 증가하면 비용증가 산업의 *W*가 상승하게 된다. 따라서 (a)에서와 같이 가격이 P_0에서 P_1으로 상승하는 경우, 공급량이 X_i^2가 아니라 X_i^1으로 증가하게 된다. 그리고 (b)와 같이 산업의 단기 공급곡선도 비용불변 산업의 단기 공급곡선인 $S(n)'$보다 기울기가 급한 $S(n)$이 된다.

된다. 가격이 P_1으로 상승하여도 임금이 W_0로 고정되어 있다면, 개별 기업이 이윤극대화를 이룰 수 있는 산출량의 수준은 X_i^2가 된다.

그러나 모든 기업들이 산출량 증가를 위해 노동의 투입량을 증가시키기 원하면, 산업의 노동에 대한 수요량이 증가해 임금이 W_0에서 W_1으로 상승한다. 따라서 *i*번째 기업의 단기 한계비용곡선은 $SMC_i(X_i, W_1) = W_1 / MP_L^i$으로, 임금이 상승한 만큼 위로 이동하게 된다. 임금이 상승하면, 가격이 P_1일 때 *i*번째 기업이 이윤극대화를 이루기 위해 생산하기 원하는 산출량의 수준은 결국 X_i^1이 된다. 이에 따라 산업의 공급량은 $X_1^1 + \cdots + X_n^1 = X^1$이 된다. 이를 그림으로 나타낸 것이 그림 10-14 (b)의 $S(n)$이다.

비용증가 산업의 단기 공급곡선 $S(n)$의 기울기는 비용불변 산업의 단기 공급곡선 $S(n)'$의 기울기보다 급하다.

비용불변 산업의 장기 공급곡선

여기서는 생산활동을 하는 기업의 수는 진입과 이탈에 의해 변화할 수 있

그림 10-15

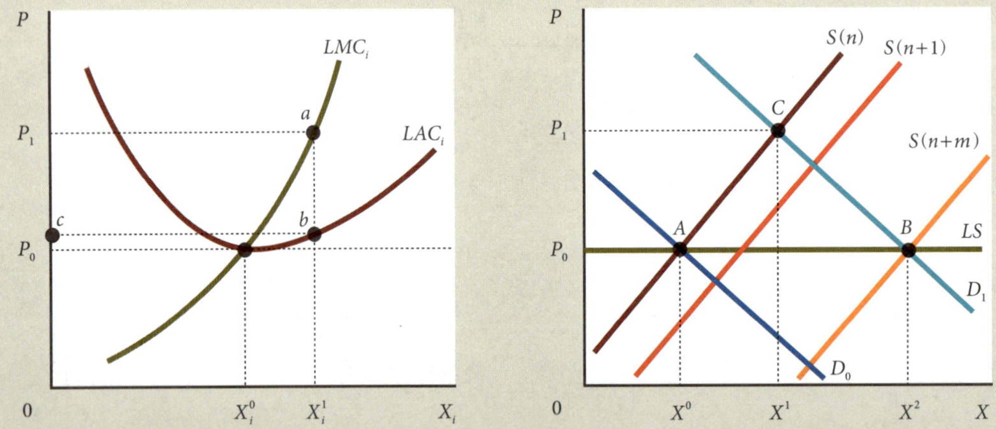

(a) 개별 기업 (b) 산 업

비용불변 산업의 장기 공급곡선

수요곡선이 D_0에서 D_1으로 이동하여 가격이 P_0에서 P_1으로 상승하는 경우, (a)에서와 같이 개별 기업의 생산량은 단기적으로 X_i^1까지 증가한다. 그러나 이 경우에는 초과이윤이 존재하여 새로운 기업이 진입하게 되므로 이에 의해 가격이 하락하게 된다. 다만 비용불변 산업이기 때문에 산업의 산출량 변화에 따라 산업의 생산요소에 대한 수요가 변화해도 요소 가격은 변하지 않는다. 따라서 LMC_i 및 LAC_i곡선의 위치는 바뀌지 않는다. 이 경우에 새로운 장기균형은 가격이 다시 P_0가 될 때 얻어진다. 따라서 산업의 장기 공급곡선은 (b)와 같이 수평선이 된다.

으나, 산업의 노동 및 자본에 대한 수요가 변화해도 임금과 자본임료가 변화하지 않는 산업의 장기 공급곡선을 도출하기로 한다. 이 산업의 장기 공급곡선은 다음의 두 단계를 거쳐 도출된다.

첫 번째 단계에서는 기업의 수가 n으로 고정됐을 때 가격 변화에 따라 산업의 공급량이 어떻게 변화하는지 알아본다. 두 번째 단계에서는 새로운 기업의 진입과 이탈에 의해 산업의 공급량이 어떻게 변화하는지 알아본다.

이 산업의 i번째 기업의 산출량을 X_i라 하고, 장기 한계비용함수 및 장기 평균비용함수를 각각 $LMC_i(X_i)$ 및 $LAC_i(X_i)$라 하자. 그림 10-15에서 가격이 P_0일 때 i번째 기업이 이윤극대화를 이루기 위해 생산하기 원하는 산출량의 수준은 X_i^0이며, 산업의 공급량은 $X_1^0+\cdots+X_n^0=X^0$이다. 그런데 개별 기업들의 이윤이 0이고 기업의 수가 n인 경우의 산업의 공급곡선 $S(n)$과 수요곡선 D_0가 A에서 만나므로, 균형가격은 P_0이고 균형수급량은 X^0이다. 따라서 최초의 이 상황은 개별 기업과 산업이 모두 장기균형을 이룬 상황이다.

이제 소비자들의 소득이 증가해 수요곡선이 D_0에서 D_1으로 이동했다고 하자. 기업의 수가 n으로 일정하다면, 새로운 균형은 그림 10-15 (b)의 C에서 이루어진다. 이때의 가격은 P_0에서 P_1으로 상승한다. 가격이 P_1일 때 i번째 기업이 이윤극대화를 이루기 위해 생산하기 원하는 산출량의 수준은 X_i^1으로 증가한다. 이에 따라 모든 개별 기업들의 노동 및 자본에 대한 수요량이 증가해 산업의 노동 및 자본에 대한 수요량도 증가한다. 그러나 이 산업은 비용불변 산업이므로, 요소 가격이 변화하지 않는다. 따라서 $LMC_i(X_i)$와 $LAC_i(X_i)$의 위치도 변화하지 않는다.

그림 10-15 (b)의 C에서 $S(n)$과 D_1이 서로 만났지만, C에서는 장기균형이 이뤄지지 않는다. 가격이 P_1일 때 i번째 개별 기업이 X_i^1을 생산하면 (a)의 P_1abc만큼의 초과이윤이 발생한다. 이 경우는 장기이므로, 초과이윤이 발생하면 새로운 기업의 진입이 이뤄진다. 이 산업에 1개의 기업이 진입하면 산업의 공급곡선은 (b)와 같이 $S(n+1)$로 이동하며, 이에 따라 균형가격도 하락한다. 그러나 1개의 기업만이 진입하면 시장가격의 하락이 충분하지 않아 계속 초과이윤이 발생하므로, 기업의 진입이 더 이루어진다. 새로운 기업의 진입은 더 이상 초과이윤이 존재하지 않을 때까지 이루어진다.

m개의 기업이 새로 진입해 장기균형을 이루는 경우에 $S(n+m)$은 (b)와 같아야 한다. B에서 $S(n+m)$과 D_1이 만났으므로, 시장은 균형을 이룬다. 한편 i번째 기업은 P_0에서 X_i^0를 생산하는데, 이때의 이윤은 0이다. 이 경우에 (b)의 X^0는 기존 n개의 기업들이 생산한 양이며, X^2-X^0는 새로 진입한 m개의 기업들이 생산한 양이다. 수요곡선이 D_0일 때 장기균형은 (b)의 A에서 이루어졌으며, 수요곡선이 D_1일 때 장기균형은 B에서 이루어졌다. 즉 산업의 공급량은 처음 P_0에서 X^0이었던 것이 새로운 기업들의 진입으로 P_0에서 X^2로 증가했다. 따라서 비용불변 산업의 장기 공급곡선은 A와 B를 연결한 수평선이 된다.

비용증가 산업의 장기 공급곡선

여기서는 생산활동을 하는 기업의 수가 진입과 이탈에 의해 변화하며, 산업의 노동 및 자본에 대한 수요가 증가하면 임금과 자본임료가 상승하는 산업의 장기 공급곡선을 도출하기로 한다. 이 산업의 장기 공급곡선은 세 단계를 거쳐 도출된다. 즉 첫 번째 단계에서는 임금과 자본임료가 고정되어 있으며, 기업의 수도 n으로 고정됐을 때 가격 변화에 따라 산업의 공급량이 어떻게 변화하는가를 알아본다. 두 번째 단계에서는 기업의 수가 n으로 고정되어 있으며, 임금과 자본임료만 변화할 때 산업의 공급량이 어떻게 변화하는지를 알아본다. 세 번째 단계에서는 새로운 기업의 진입과 이탈에 의해 기업의 수가 변화할 때 산업의 공급량이 어떻게 변화하는지 알아본다.

이 산업의 i번째 기업의 산출량을 X_i라 하고, 이 기업의 최초의 장기 한계비용함수 및 장기 평균비용함수가 각각 LMC_i^0 및 LAC_i^0로 주어졌다고 하자. 그림 10-16에서 가격이 P_0일 때 i번째 기업이 이윤극대화를 위해 생산하기 원하는 산출량 수준은 X_i^0이며, 산업의 공급량은 $X_1^0+\cdots+X_n^0=X^0$이다. 그런데 개별 기업들의 이윤은 0이고 기업의 수가 n일 때의 산업의 공급곡선 $S^0(n)$과 수요곡선 D_0가 a에서 만나므로, 균형가격은 P_0이고 균형공급량은 X^0이다. 따라서 최초의 이 상황은 개별 기업과 산업이 모두 장기균형을 이룬 상황이다.

이제 소비자들의 소득이 증가해 수요곡선이 D_0에서 D_1으로 이동한 경우의 균형의 조정과정을 다음 단계를 거쳐 알아보자.

1 기업의 수와 요소 가격이 불변인 경우 수요곡선의 이동에 의해 가격이 P_1으로 상승하므로, i번째 기업이 이윤극대화를 이루기 위해 생산하기 원하는 산출량 수준은 X_i^1으로 증가한다. 이 경우에는 모든 기업들이 생산량을 늘리기 위해 노동 및 자본에 대한 수요를 증가시킨다.

그러나 산업의 노동과 자본에 대한 수요가 증가해도 요소 가격이 불변이므로, i번째 기업의 LMC_i^0와 LAC_i^0는 움직이지 않는다. 따라서 이 경우의 개별 기업과 산업의 위치는 그림 10-16 (a) 및 (b)의 b와 같아진다.

2 기업의 수는 불변이나 요소 가격이 변화하는 경우 1에서는 요소 가격이 불변인 것으로 간주되었으나, 비용증가 산업은 노동과 자본에 대한 수요가 증가하는 경우에 임금 W와 자본임료 R이 상승한다고 가정된다. 여기서는 이러한 요소가격의 상승이 어떠한 역할을 하는지 알아보기로 하자.

먼저 분석을 단순화시키기 위해 임금과 자본임료가 같은 비율로 상승한다고 가정하여 보자. 임금과 자본임료가 같은 비율로 상승한다면 LAC_i를 극소화시키는 산출량의 수준은 변하지 않을 것이다. 산업 전체의 노동 및 자본에 대한 수요가 증가해 임금과 자본임료가 같은 비율로 상승하면, 그림 10-16 (a)와 같이 i번째 기업의 장기 평균비용곡선과 장기 한계비용곡선이 LMC_i^1과 LAC_i^1으로 이동하여 가격 P_1에서 i번째 기업이 이윤극대화를 이룰 수 있는 산출량의 수준이 X_i^2

그림 10-16

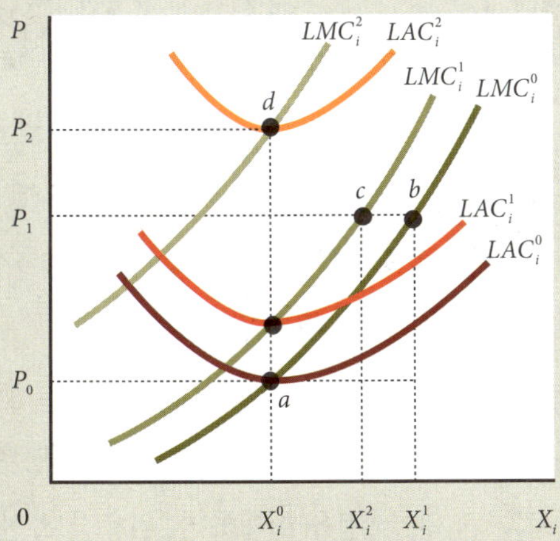

(a) 개별 기업

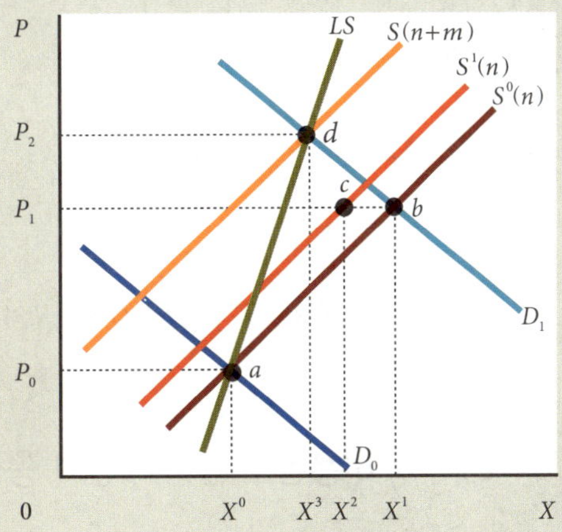

(b) 산 업

비용증가 산업의 장기 공급곡선

비용증가 산업은 산출량 증가에 따라 생산요소 가격이 계속 상승하므로 (a)와 같이 개별 기업의 산출량은 변화가 없지만, 더 높은 가격에서 새로운 균형이 이루어지게 된다. 그리고 새로운 기업이 진입하므로 산업의 장기 공급곡선은 (b)와 같이 우상향하게 된다.

로 감소한다. 이러한 상황을 그림 그림 10-16 (b)에 표시하면 산업의 공급곡선이 $S^1(n)$으로 이동하며, c에 위치하는 것으로 나타난다. 그러나 c에서는 수요곡선과 공급곡선이 만나지 않았으므로 균형이 아니다. 이러한 불균형은 기업의 수가 변화함으로써 조정된다.

3 기업의 수가 변화하는 경우 가격 P_1에서 i번째 개별 기업이 X_i^2를 생산하면 초과이윤을 얻는다. 따라서 장기에는 새로운 기업이 이 산업에 진입하게 되며, 새로운 기업의 진입은 이윤이 0이 될 때까지 계속 이루어진다. 새로운 기업의 진입은 다음의 두 가지 효과를 발생시킨다.

첫째는 새로운 기업이 진입해 생산을 하므로 산업의 공급량이 늘어난다. 둘째는 새로 진입한 기업들이 생산을 하기 위해 생산요소에 대한 수요를 증가시키므로, 산업의 생산요소에 대한 수요가 증가해 요소 가격이 또다시 상승한다. 그리고 이러한 요소 가격의 상승은 기존 기업들의 장기 평균비용 및 장기 한계비용곡선을 더욱 위쪽으로 이동하게 만든다.

새로 m개의 기업이 진입해 이윤이 0이 되면, 새로운 기업의 진입은 더 이상 없게 된다. 이 경우에 i번째 기업의 장기 평균비용 및 장기 한계비용곡선은

LMC_i^2 및 LAC_i^2에 고정된다. 따라서 P_2에서의 i번째 기업의 산출량은 X_i^0로 종전과 같아지고, 이윤은 0이 된다.

m개의 기업이 새로 진입했을 때 산업의 공급곡선은 $S(n+m)$이 되며, 시장균형은 $S(n+m)$과 D_1이 만나는 d에서 이루어진다.[11] 이때 X^3-X^0는 새로 진입한 m개의 기업들이 생산하는 양이다. 산업의 장기 공급곡선은 최초의 장기균형인 a와 새로운 장기균형 d를 연결해 얻을 수 있다. 이에 따라 비용증가 산업의 장기 공급곡선 LS의 기울기는 양(+)이 됨을 알 수 있다.

비용감소 산업의 단기 공급곡선

비용증가 산업의 장기 공급곡선의 도출 과정을 이해하면, 비용감소 산업의 장기 공급곡선이 어떤 형태가 될 것인지 쉽게 짐작할 수 있다. 그림 10-16 (b)와 같이 소비자들의 소득이 증가해 수요곡선이 D_0에서 D_1으로 이동하면 가격이 상승한다. 가격 상승에 따라 개별 기업들은 이윤극대화를 위해 산출량을 증가시키기를 원하며, 이에 따라 노동과 자본에 대한 수요를 증가시킨다. 모든 개별 기업들의 생산요소에 대한 수요가 증가해 산업의 생산요소에 대한 수요가 증가하면, 요소가격이 하락해 장기 평균비용 및 장기 한계비용곡선은 아래쪽으로 이동한다.

가격 상승과 비용 하락에 따라 개별 기업들이 초과이윤을 얻으므로 새로운 기업들이 진입하는데, 새로운 기업들이 생산요소에 대한 수요를 증가시켜 장기 평균비용 및 장기 한계비용곡선을 더욱 아래쪽으로 이동시킨다. 이때 장기균형이 이루어지기 위해서는 최초의 가격보다 낮은 가격 하에서 이윤이 0이 되는 수밖에 없다. 따라서 비용감소 산업의 장기 공급곡선은 우하향한다.

10-5 완전경쟁과 효율성

완전경쟁은 소비자잉여와 생산자잉여의 합으로 정의되는 경제적 효율성에 대

11 신규기업 진입에 의한 산업공급 규모의 증가효과와 기존 기업의 비용 증가에 의한 산업공급 규모의 감소효과 중 어느 영향이 더 큰지에 따라 $S(n+m)$의 위치가 **그림 10-16**과 다를 수도 있다.

그림 10-17

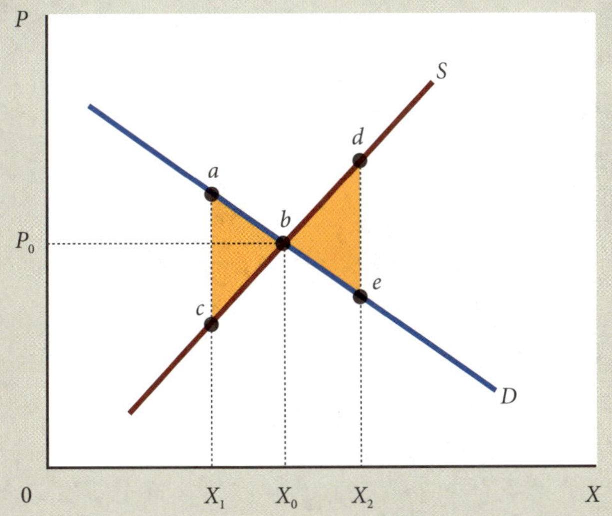

완전경쟁 시장과 효율성

산출량이 완전경쟁 상황인 경우보다 낮은 X_1이라면 *abc*의 면적에 해당하는 만큼의 경제적 효율성의 상실이 있으며, 완전경쟁보다 높은 X_2라면 *bde*의 면적에 해당하는 만큼의 경제적 효율성의 상실이 있다. 따라서 완전경쟁 상황일 때 경제적 효율성이 가장 크다.

한 한 가지 기준을 제시한다. 즉 어떤 형태의 시장도 완전경쟁의 경우보다 더 높은 경제적 효율성을 낳을 수 없다는 것이다.

그림 10-17에서 완전경쟁 산업의 균형은 개별 기업들의 한계비용곡선을 수평으로 합한 공급곡선 *S*와 수요곡선 *D*가 만나는 *b*에서 얻어진다. *X*재 시장의 형태가 완전경쟁이 아니라면, *X*재의 공급량은 완전경쟁 시장의 경우와 다르게 될 것이다. 공급량이 완전경쟁 상황에서의 공급량인 X_0보다 작은 X_1인 경우는 *abc*의 면적에 해당하는 효율성 상실이 있으며, X_0보다 큰 X_2인 경우에도 *bde*의 면적에 해당하는 효율성 상실이 있다. 따라서 완전경쟁 하의 자원배분에 의해 최대의 효율성을 얻을 수 있음을 알 수 있다.

완전경쟁이 가장 효율적인 자원배분을 이루는 이유로는 다음의 두 가지를 들 수 있다.

첫째, 완전경쟁의 장기균형을 살펴보면 가격과 장기 평균비용의 최솟값이 같음을 알 수 있다. 이는 상품의 단가를 낮출 수 있는 한 최대한 낮추어 소비자들에게 공급한다는 것을 의미하는데, 이것이 곧 경제적 효율성을 높이는 요인이 된다.

둘째, 완전경쟁 상황에서 개별 기업들은 가격과 한계비용이 일치하도록 산출량을 결정한다. 산업의 입장에서 보면, 이는 가격이 한계비용과 같게 설정되었음을 의미한다. 이를 한계비용 가격설정 marginal cost pricing 이라 한다. 한계비용 가격설정은 다른 형태의 가격설정보다 효율성 측면에서 우월하다.

양면 사업

EXAMPLE 10-2

완전경쟁 시장에서 가격과 한계비용이 일치하도록 할 때 이윤 극대화를 달성하는 상황은 기업들이 한 가지 제품만을 생산하거나 그 제품에 대한 보완재가 존재하지 않는 경우로 한정된다.

둘 이상의 경제주체 혹은 둘 이상의 제품이 긴밀히 연관되어 있는 사업을 양면 사업two-sided business이라고 한다.

양면 사업의 대표적인 경우가 바로 신용카드 거래이다. 신용카드 거래는 소비자와 기업 모두에게 이득이 되지만, 신용카드 거래가 이루어지기 위해서는 신용카드로 구매하려는 소비자와 이를 받아들이려는 상점이 공존해야 한다. 지금은 이것이 당연한 일로 여겨지지만, 신용카드가 처음 생겼을 때는 만만한 일이 아니었다.

1950년 2월 어느 날 맥나마라F. McNamara가 뉴욕의 한 식당에서 다이너스 클럽 카드로 음식 값을 계산한 것을 신용카드 업계에서는 '최초의 만찬'이라고 부르는데, 그 식당은 사실은 맥나마라가 개업한 식당이었다. 양면 사업의 가격 결정은 전혀 다른 원리로 이루어질 수 있다. 컴퓨터 산업에서 프린터를 싸게 파는 대신 잉크를 비싸게 팔거나 게임 산업처럼 콘솔을 싸게 파는 대신 게임 소프트웨어를 비싸게 파는 것이 그 예가 된다.

둘 이상의 경제주체 혹은 둘 이상의 제품이 긴밀히 연관된 경우를 양면사업이라고 한다.

수요곡선이 나타내는 수요가격은 재화 한 단위를 더 얻기 위해 소비자가 지불할 의사가 있는 최대 금액을 나타낸다. 그런데 이 최대 금액은 소비자들이 재화 한 단위를 더 소비할 때 증가하는 만족, 즉 한계효용의 화폐가치와 같다. 재화의 양이 한 단위 증가할 때 사회 전체의 만족이 얼마나 증가하는가를 나타내는 것은 한계편익marginal benefit, *MB*이다. 한계효용이 체감한다면 한계편익곡선은 우하향한다.

가격이 일정하게 주어진 경우에 모든 소비자들은 저마다 수요곡선이 나타내는 바와 같이 재화의 수요량을 결정한다. 따라서 각 소비자의 재화에 대한 수요량은 모두 다르지만, 재화를 한 단위 더 얻기 위해 지불할 의사가 있는 최대 금액은 주어진 가격과 같은 수준이므로 모두 동일하다. 따라서 재화의 양이 한 단위 증가하는 경우의 한계편익은 가격과 같으며, 이는 증가된 재화를 한 사람이 모두 소비하든 여러 명이 나누어 소비하든 관계없이 동일하다.

완전경쟁 상황에서 한계비용 가격설정이 이루어진다는 것은 가격 = 한계비용 = 한계편익이 됨을 의미한다. 한계비용과 한계편익이 같도록 재화를 공급하는 것이 사회 전체의 만족을 극대화하도록 적정하게 재화를 공급하는 방법이다. 그 이유를 그림 10-18을 통해 알아보기로 하자.

그림 10-18

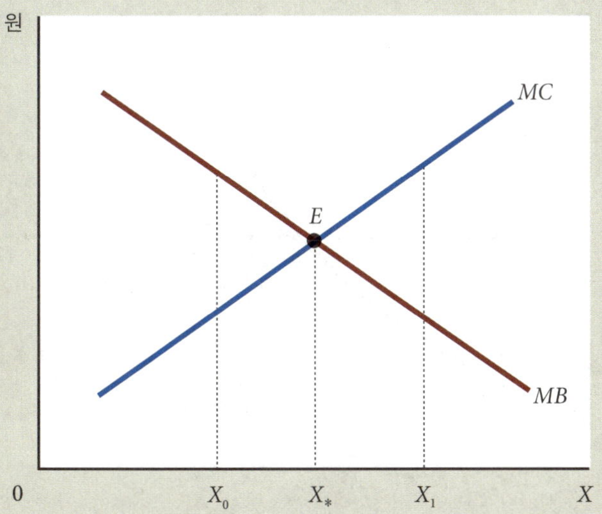

완전경쟁 시장과 사회 후생

완전경쟁 시장의 공급곡선은 MC곡선이며, 수요곡선은 재화 한 단위의 수요 증가가 사회적 만족을 증가시키는 정도, 즉 한계편익(MB)을 나타낸다. 완전경쟁은 $MB=MC$를 의미하는데, 이는 곧 순 사회후생이 극대화되었음을 나타낸다.

재화의 공급량이 X_0이라면 재화의 공급을 한 단위 증가시키는 데 따르는 비용의 증가인 한계비용 MC보다 재화 한 단위의 증가에 의한 사회 전체의 만족의 증가인 한계편익 MB가 더 크다. 따라서 이 경우에 재화의 양을 늘리면 편익과 비용의 차이인 순이득 net gain 이 증가한다. 한편 재화의 공급량이 X_1이라면, 재화의 공급을 한 단위 감소시키는 데 따르는 비용의 감소인 한계비용 MC가 재화 한 단위의 감소에 의한 사회 전체의 만족인 한계편익 MB의 감소보다 더 크다. 따라서 이 경우에는 재화의 양을 줄이면 순이득이 증가한다.

순이득을 극대화하도록 재화를 공급하는 방법은 한계편익과 한계비용이 같아지도록 공급하는 것인데, 이것이 곧 완전경쟁 하에서 재화를 공급하는 방법이다. 따라서 경제적 효율성은 완전경쟁 하에서 최대가 된다.

10-6 복수 기간 선택과 불확실성

복수 기간 선택

여기서는 가격순응자인 기업의 의사결정이 여러 기간에 걸쳐 이루어지는 경우에 이윤극대화를 이루는 산출량이

그림 10-19

복수 기간 선택에서 이윤극대화

완전경쟁 상황에서는 복수 기간 선택의 경우, MR을 적절하게 할인해 주어야 한다는 점을 감안해야 하지만 $MR=MC$에서 이윤극대화가 이루어져야 한다는 점은 동일하다.

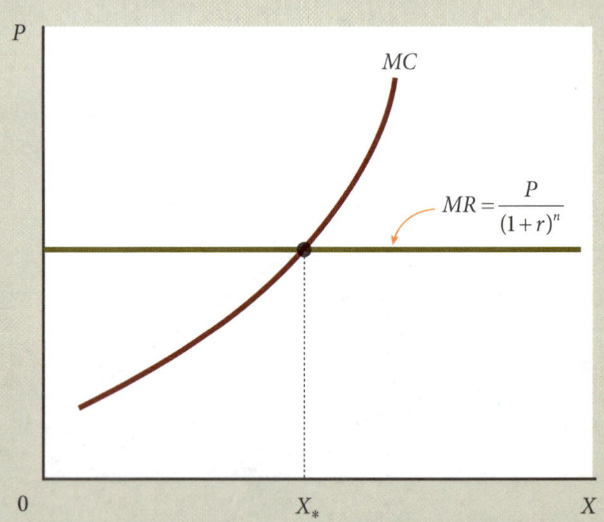

어떻게 결정되는지 살펴보기로 하자. 어떤 목재업자가 현재 나무를 심으면 지금부터 n기 후에 나무를 베어 목재 시장에 판매할 수 있다고 한다. n기 후의 목재 가격은 P로 주어졌으며, 분석의 편의를 위해 목재와 나무는 같은 단위, 즉 m^3로 측정한다고 하자. 한편 현재 시점에서 평가된 목재의 한계생산비 MC는 그림 10-19에 나타난 바와 같이 목재의 산출량 X가 증가할수록 상승한다.

이 경우에 목재업자의 총수입은 현재 시점에서 평가되어야 한다. 지금부터 n기 후의 목재 가격이 P이며 이자율이 r인 경우, 이를 앞의 4-4 복수기간선택이론에서 살펴본 바와 같이 현재가치로 나타내면 $P/(1+r)^n$라는 일정한 상수가 된다. 현재 시점에서 평가한 총수입은 $\{P/(1+r)^n\}\cdot X$이므로, $P/(1+r)^n=MR=AR$이 된다. 이 경우에 기업이 이윤극대화를 이루는 산출량은 현재 시점에서 파악한 MR과 MC가 일치하는 그림 10-19의 X_*로 얻어진다.

재생이 불가능한 자원의 경우

앞에서 예로 든 목재 같은 재화는 나무를 더 심으면 생산량을 증가시킬 수 있는 재화이다. 이러한 재화를 재생이 가능한 renewable 재화라 한다. 그러나 원유나 석탄 같은 자원은 매장량이 일정하므로, 매장량 이상으로 생산하는 것이 불가능하다. 이러한 자원을 재생이 불가능한 자원 non-renewable resource 혹은 고갈성 자원 exhaustible resources이라 한다.

매장량이 X_0배럴barrel인 유전을 갖고 있는 석유업자가 1기 및 2기의 두 기에 걸쳐 원유를 채취한다고 하자. 이 경우에 석유업자는 이윤극대화를 이루는 1기 및 2기의 산출량 X_1 및 X_2를 결정해야 한다. 이때 원유의 매장량은 일정하므로, $X_1+X_2=X_0$가 성립한다.

1기 및 2기의 원유 가격이 각각 P_1 및 P_2로 주어졌을 때, 1기에 평가한 1기 및 2기의 원유 가격은 각각 P_1 및 $P_2/(1+r)$가 된다. 한편 이 기업은 가격순응자이므로, 1기에 평가한 한계수입은 $MR_1=P_1$이 성립한다. 이 기업이 1기에 원유를 채취하는 기회비용은 원유채취 비용과 1기에 원유를 채취했기 때문에 포기해야 하는 2기 수입의 합으로 이루어진다.[12] 단순화를 위해 원유채취 비용을 0으로 가정하자.

1기에 원유 채취를 한 단위 증가시키면 2기에 채취할 수 있는 원유의 양이 한 단위 감소하며, 이에 따라 2기의 수입이 P_2만큼 감소한다. 이를 1기의 시점에서 평가하면 $P_2/(1+r)$가 되는데, 이것이 곧 1기의 한계비용 MC_1이다. 한편 1기의 원유 생산량이 채취량인 X_0와 같으면 더 이상 생산할 원유가 없으므로, 석유업자가 자신의 유전에서 원유를 채취하기 위한 한계비용은 무한대가 된다.

이 기업이 이윤극대화를 이루기 위해서는 $P_1=MR_1=MC_1$이 성립하도록 X_1을 결정해야 한다. X_1의 수준은 P_1과 $P_2/(1+r)$의 값에 의존한다. $P_1>P_2/(1+r)$라면, MR_1이 MC_1보다 항상 크므로 X_1을 증가시킬수록 이윤이 증가한다. 따라서 $X_1=X_0$인 것이 모서리 해로서 이윤을 극대화하는 방법이다. 즉 1기에 매장량을 모두 채취하는 것이다. $P_1<P_2/(1+r)$라면, MR_1이 MC_1보다 작으므로 X_1을 감소시킬수록 이윤이 증가한다. 이에 따라 $X_1=0$을 선택하는 것이 이윤극대화를 이루는 길이다.

만약 $P_1=P_2/(1+r)$가 성립하면, X_1을 어떤 수준으로 결정해도 $MR_1=MC_1$이 성립하므로 이윤극대화를 이룰 수 있다. 즉 이 경우에 한해 매기에 원유가 채취되는 상황이 발생할 수 있다. 매기에 원유가 채취될 수 있는 조건인 $P_1=P_2/(1+r)$를 다시 쓰면 다음과 같다.

$$r=\frac{P_2-P_1}{P_1}$$

12 포기해야 하는 2기의 수입이 1기의 기회비용에 포함되는 이유는 재생이 불가능한 재화이기 때문이다. 재생이 가능한 재화라면 이런 일이 발생하지 않는다.

여기서 $(P_2-P_1)/P_1$은 원유의 가격 상승률이므로, 원유 가격 상승률과 이자율이 같은 경우에 한해 매기에 원유 채취가 이루어짐을 알 수 있다. 이를 호텔링의 자원 추출의 준칙Hotelling's rule for resource extraction이라 한다.

1기에 이 기업은 두 가지 선택 기회를 갖고 있다. 하나는 원유를 보유하고 있는 것이며, 다른 하나는 원유를 판매해 얻은 수익을 은행에 예치하는 것이다. 원유를 보유하는 경우의 암묵적 이자율imputed interest rate은 원유 가격 상승률인 $(P_2-P_1)/P_1$이며, 은행에 예금하는 경우의 이자율은 r이다.[13]

만약 $r>(P_2-P_1)/P_1$이면 은행에 예금하는 것이 유리하므로 1기에 매장량 전부를 채취하여 그 수익을 은행에 예치한다. 반대의 경우라면 모든 매장량을 2기에 채취하며, $r=(P_2-P_1)/P_1$이 성립하면 언제 원유를 채취해도 무차별하므로 매기에 원유가 채취된다.

여기서 고려된 모형에서는 세 가지의 단순화 가정이 사용되었는데, 이를 좀더 자세히 살펴보면 다음과 같다.

첫 번째 가정은 두 기 동안만 채취한다는 것이었다. 그러나 기업이 여러 기간에 걸쳐 채취해도 호텔링의 자원 추출의 준칙은 성립한다. 즉 어느 기의 이자율이 예상되는 원유 가격 상승률보다 높으면 그 기의 원유 채취량은 증가하며, 반대의 경우라면 원유 채취량은 감소한다.

두 번째 가정은 원유채취 비용이 0이라는 것이었다. 실제로 원유채취 비용은 0이 아니며, 원유 채취량이 증가할수록 채취 비용은 가속적으로 증가한다. 이에 따라 어느 기의 이자율이 예상되는 원유 가격 상승률보다 높아도 모든 매장량을 그 기에 채취하는 것이 이윤극대화를 이루는 것이 아닐 수 있다.

그림 10-20에서 MC_1은 원유채취 비용을 포함한 1기의 한계비용곡선이다. MC_1의 기울기가 양(+)인 것은 산출량이 증가할수록 원유채취 비용이 가속적으로 증가하기 때문이다. 이 경우는 이자율이 원유가격 상승률보다 높지만 매장량보다 작은 X_1^*를 채취해야 이윤극대화를 이룰 수 있다.

세 번째 가정은 기업이 장래의 가격인 P_2를 확실히 안다는 것이었다. 현실적으

13 여기서 암묵적 이자율의 의미는 다음과 같다. 1기에 원유를 채취해 원유 한 단위당 P_1의 수익을 올리는 대신, 1기에 원유를 보유하고 2기에 원유를 채취해 원유 한 단위당 P_2원의 수익을 올리는 경우의 수익률은 원유 가격 상승률인 $(P_2-P_1)/P_1$이 된다. 이 수익률이 곧 1기에 원유를 보유하는 대가로 얻는 이득인 암묵적 이자율이다. 즉 현금을 은행에 예금하는 경우의 수익이 이자율에 의해 나타나는 반면, 원유를 보유하는 경우의 수익은 암묵적 이자율에 의해 나타난다.

그림 10-20

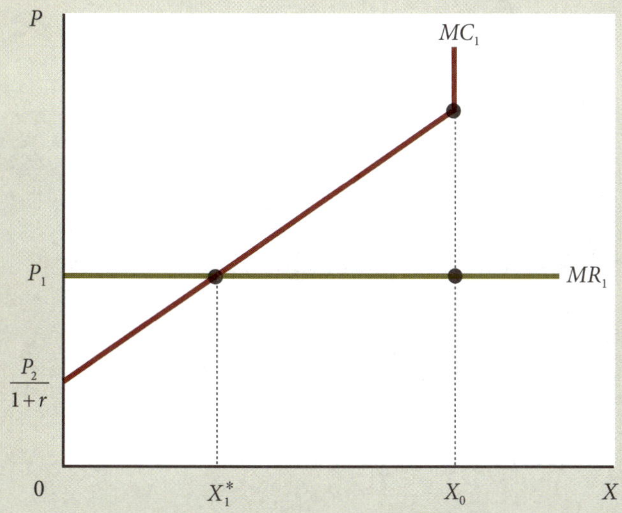

원유 채취 비용과 기간

재생이 불가능한 자원인 원유는 $P_1 > P_2/(1+r)$인 경우에도 채취 비용이 채취량에 따라 증가한다면 모든 기간에 걸쳐 채취될 수 있다.

로 기업이 장래의 가격을 확실하게 아는 것은 불가능하다. 따라서 기업은 합리적 기대 rational expectation 에 의해 장래 가격인 P_2를 예측한 후 이를 의사결정에 이용하게 된다.[14]

불확실성 하의 선택

가격순응자인 어떤 주택 건설업자가 주택을 지어 공급하려 한다. 주택 건설에는 1기가 소요되는데, 1기 후의 주택 가격은 주택 경기에 의존한다. 주택 경기가 좋으면 주택 가격은 P_H가 되며, 주택 경기가 좋지 않으면 주택 가격은 P_L이 된다($P_H > P_L$).

1기 후의 주택 경기가 좋다면 현재 시점에서 평가한 한계수입은 $P_H/(1+r)$가 되며, 주택 경기가 좋지 않다면 한계수입은 $P_L/(1+r)$이 된다. 그러나 1기 후의 주택 경기가 어떠할 것인지 현재 시점에서는 정확히 알 수 없다. 1기 후의 주택 경기가 좋을 확률이 π라면 현재 시점에서 평가한 기대한계수입 expected marginal revenue EMR은 $EMR = \pi \cdot \{P_H/(1+r)\} + (1-\pi) \cdot \{P_H/(1+r)\}$에 의해 얻어진다. 따라서 기대 이윤 극대화를 이루는 조건은 다음과 같다.

$$EMR = MC$$

14 현재 이용 가능한 모든 정보를 이용해 최선을 다해 장래를 예측하는 것을 합리적 기대라 한다.

그림 10-21

불확실성 하의 최적 선택

불확실성이 존재하는 경우라도 MR 대신 EMR을 사용해야 한다는 점만 다를 뿐, 개별 기업이 이윤극대화를 달성하는 조건은 $EMR=MC$로 동일하다.

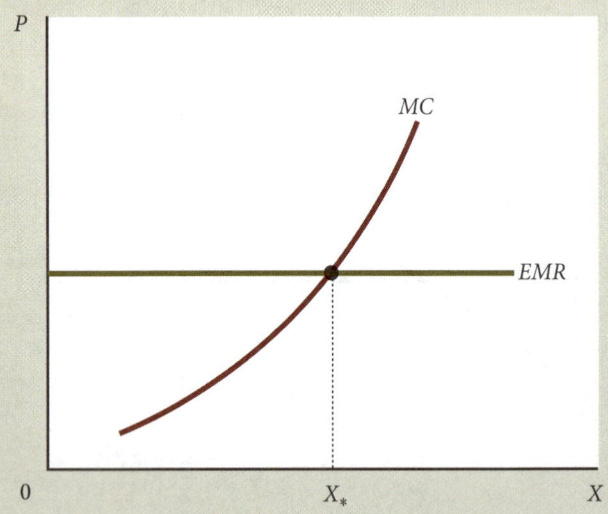

가격순응자인 기업의 EMR은 산출량 X와 무관하므로, EMR은 그림 10-21과 같은 수평선이 되고, 이윤극대화를 이루는 산출량의 수준은 X_*로 얻어진다.

요 약

- 생산물시장이 다음의 조건을 만족시키면 완전경쟁이다. ① 다수의 기업이 동질적인 제품을 생산한다. ② 개별 기업은 소규모이므로, 시장점유율이 극히 미미하다. ③ 자원의 이동에 아무런 제약이 없다. ④ 경제주체는 완전한 정보를 갖고 있다. 이러한 조건을 만족시키는 상황이라면, 개별 기업은 가격순응자로 행동한다.

- 완전경쟁 시장에서는 개별 기업이 가격순응자로 행동하므로, $P=AR=MR$이 성립한다. 따라서 개별 기업의 단기 이윤극대화 조건은 $P=SMC$가 되며, 단기 공급곡선은 단기 평균가변비용곡선 위의 SMC곡선이 된다. 단기에 생산자잉여는 이윤+단기 총고정비용이 되며, 이때 개별 기업은 생산자잉여가 0보다 크면 생산활동을 한다.

- 개별 기업이 $P=AR=MR=LMC$가 충족되도록 산출량을 결정하면, 장기 이윤극대화를 이룰 수 있다. 이때 장기 평균비용곡선 위의 LMC곡선이 개별 기업의 장기 공급곡선이 된다. 공급의 가격탄력성은 장기일수록 커지게 되는데, 이를 르샤틀리어Le Châtelier의 원리라 한다. 장기는 기업에게 진입과 이탈의 자유가 있으므로, 장기균형은 $P=AR=MR=LMC=LAC$인 곳에서 이루어진다. 이때 개별 기업의 이윤은 0이 된다.

- 장기에 진입의 제약이 있으면, 기업은 초과이윤을 얻을 수 있다. 이를 장기에도 자연적 혹은 법률적 이유 때문에 공급이 고정된 생산요소가 있다는 것으로 해석한다. 이 경우의 초과이윤은 어떤 생산요소의 공급에 필요한 금액을 초과해 그 생산요소에 대해 실제로 지불된 금액인 경제지대로 해석될 수 있다. 지대추구행위를 하기 위해 비용을 들인다면, 이는 산출량의 증가와는 무관하게 경제지대를 보존하기 위한 지출이라는 점에서 사회적 낭비이다.

- 비용불변 산업의 단기 공급곡선은 개별 기업의 SMC곡선을 수평으로 합해 얻을 수 있다. 비용증가 산업은 산업의 노동에 대한 수요가 증가함에 따라 임금이 상승한다. 임금의 상승은 개별 기업들의 한계비용곡선을 위로 이동시키므로, 단기 공급곡선의 기울기가 비용불변 산업의 단기 공급곡선의 기울기보다 더 급하다.

- 비용불변 산업의 장기 공급곡선은 기업의 진입과 이탈에 의해 수평선이 된다. 비용증가 산업의 장기 공급곡선의 기울기는 양(+)이며, 비용감소 산업의 장기 공급곡선의 기울기는 음(−)이다.

➔ 완전경쟁 시장은 경제적 효율성 측면에서 다른 형태의 시장보다 우월하다. 그것은 완전경쟁에서 장기균형을 이루면 가격이 장기 평균비용과 일치하며, 개별 기업들은 한계비용 가격설정을 하기 때문이다. 한계비용 가격설정 상황에서는 가격=한계비용=한계편익이 성립하는데, 이것은 곧 경제적 효율성이 최대임을 나타낸다.

➔ 복수 기간 선택의 경우, 현재 시점에서 파악한 MR과 MC가 일치하도록 산출량을 결정하면, 이윤극대화를 이룰 수 있다. 재생이 불가능한 자원의 경우에는 가격상승률과 이자율이 같은 경우에 한해 매기에 자원의 채취가 이루어질 수 있는데, 이를 호텔링Hotelling의 자원 추출의 준칙이라 한다. 불확실성이 있는 경우는 기대한계수입과 한계비용이 일치하도록 산출량을 결정해야 이윤극대화를 이룰 수 있다.

연 습 문 제

01 분양가 규제가 실시되고 있는 상황에서는 분양 아파트의 가격이 중고 아파트의 가격보다 낮다. 분양 아파트 시장의 상황을 그림으로 나타내시오. 채권입찰제를 실시하는 경우, 채권입찰액은 얼마가 될 것인가?

02 갑을 시에서 택시 영업을 하면, 연간 500만 원의 초과이윤을 올릴 수 있다. 택시 영업을 하기 위해서는 영업허가증이 필요한데, 영업허가증의 총수는 제한되어 있다. 영업허가증의 자유거래가 가능하다면, 영업허가증의 시장가격은 얼마가 되겠는가?(이자율은 10%로 가정한다.)

03 노동법이 개정되어 노동자들을 마음대로 해고할 수 없게 되었다. 공급의 가격탄력성은 어떻게 되겠는가?

04 완전경쟁 상황에서 개별 기업이 $P=10$일 때 $X=100$을 생산해 장기균형을 이루었다. $X=100$이라면, 단기 평균비용과 단기 한계비용은 얼마인가?

05 비용감소 산업의 장기 공급곡선이 우하향함을 그림을 이용해 설명하시오.

06 완전경쟁 시장에서 생산활동을 하는 어떤 기업이 올해 10억 원의 손실을 보았으나, 내년에도 계속 생산활동을 할 의사가 있다. 이 기업의 올해의 상황을 그림으로 나타낸다면 어떻게 될 것인가?

07 A국과 B국은 모두 산유국이다. A국의 이자율이 B국보다 높다면 올해 원유 생산량은 어느 국가가 더 많을 것인가?

08 비용불변 산업인 X재 산업이 P_0, X_i^0 및 $\sum X_i^0 = X_0$에서 장기균형을 이루었다. 여기서 X_i^0는 i번째 개별 기업의 산출량, X_0는 산업의 산출량을 각각 나타낸다.

(1) 개별 기업 및 산업의 장기균형을 그림으로 나타내시오.

(2) 이 산업에서 중립적 기술진보가 이루어졌다면, 산업의 장기 공급곡선은 어떠한 형태를 취할 것인가? 이때 도출된 산업의 장기 공급곡선의 형태는 수요 측면의 충격에 의해 도출된 산업의 장기 공급곡선의 형태와 동일한가?

09 X재 산업은 비용불변 산업이며, X재 산업 내에는 모든 면에서 동일한 n개의 기업들이 생산활동을 하고 있다. X재의 시장수요함수는 $X = 100 - 2P + I$로 주어졌다. 여기서 I는 소비자들의 소득이다.

(1) $P = 5$, $X = 5$ 및 $n = 20$일 때 장기균형이 이루어졌다면 I는 얼마인가?

(2) 위에서 구한 I가 $I + 20$으로 증가했을 때 현재 X재 산업에 있는 기업들과 모든 면에서 동일한 기업이 이 산업에 진입한다면, 새로 진입하는 기업의 수는 얼마인가?

10 어느 석유업자가 매장량이 15인 유전을 갖고 있다. 이 업자는 원유 시장에서 완전경쟁에 직면하고 있으며, 2기에 걸쳐 원유를 생산한다.

(1) 1기의 원유 가격은 10이며, 2기의 원유 가격은 11이다. 이자율은 10%이며, 원유채취 비용은 $C = X^2$이다. 여기서 X는 원유 채취량이다. 1기 및 2기의 원유 채취량을 구하고, 이를 그림으로 나타내시오.

(2) 2기의 원유 가격이 22일 확률이 0.5이고, 11일 확률도 0.5이다. 1기의 기대한계비용은 얼마인가? 이 경우에 1기의 원유 채취량은 얼마인가?

11 어떤 회사에서 임금을 삭감하는 대신 삭감액만큼 식권을 제공하기로 했다. 단기에 제품가격 하락으로 이 공장이 폐쇄될 가능성은 종전에 비해 어떻게 변화할 것인가?

12 비용불변산업인 X재 산업 내에 비용조건이 동일한 기업들이 생산활동을 전개하고 있다. 한 개별기업의 비용함수에 대해 다음의 사실들이 알려졌다.

(i) $SMC = a + bX$, SAC는 $X = 5$일 때 극소이다.

(ii) $LMC = c + dX$, LAC는 $X = 8$일 때 극소이다.

(1) 단기에 n개의 기업이 생산활동을 할 때, 산업의 단기공급함수는 어떻게 도출되는가?

(2) 산업의 장기공급함수를 그림에 의해 나타내시오.

13 비용이 동일한 n개의 기업이 완전경쟁시장에서 생산활동을 하고 있으며, 시장은 장기균형을 이루고 있다. 개별 기업의 산출량이 20인 경우 LAC는 10이 되며, 이것이 LAC가 가질 수 있는 최솟값이다. 시장수요함수는 $X=200-2P$로 주어졌다.

(1) 현재 생산활동을 하는 기업의 수는 몇 개인가?

(2) 시장수요함수가 $X=300-2P$로 바뀌었다. 이러한 시장수요함수의 변화를 초래할 수 있는 요인은 무엇이 있는가? 비용불변산업인 경우, 새로운 장기균형에서 새로 진입하는 기업의 수는 몇 개인가?

11 독 점

11-1 독점의 의미

산업에 존재하는 기업의 수라는 측면에서 완전경쟁과 반대되는 시장형태가 독점monopoly이다. 즉 완전경쟁이 어떤 산업 내에서 다수의 소규모 기업이 생산활동을 하는 경우라면, 독점은 어떤 산업에 생산자가 하나만 있는 경우이다. 어떤 산업에서 홀로 생산활동을 하는 기업을 독점자monopolist라고 한다.

어떤 산업이 경쟁적인가, 독점화되었는가는 시장수요에 비해 최소효율 규모minimum efficient scale가 어떠하냐에 달려 있다. 최소효율 규모란 평균비용을 극소로 만드는 산출량 규모를 말한다. 그림 11-1 (a)에서 보는 바와 같이 가격이 P_*로 주어졌을 때, 기업의 최소효율 규모 X_*가 가격 P_*에서의 시장수요 X_0에 비해 매우 작다면 다수의 소규모 기업이 생산활동을 할 수 있기 때문에 이 산업은 경쟁적이 될 수 있다.

그림 11-1 (b)는 가격 P_*에서의 시장수요 X_0에 비해 최소효율 규모 X_*가 매우 커서 하나의 기업만 생산활동을 하여야 손해를 보지 않는 경우를 보여준다. 이미 어떤 기업이 최소효율 규모에 의해 생산을 하고 있으며, 이 기업과 비용 조건이 유사한 다른 기업이 이 산업에 진입할 때 이 기업이 이미 확보하고 있는 시장을 잠식할 수 없다면, 새로 진입하는 기업은 최소효율 규모보다 훨씬 작은 산출량만을 생산해 이윤이 음(-)이 되므로 진입이 불가능하다.

최소효율 규모가 어떠한지는 생산기술이나 고정비용 등에 의존한다. 철도나 전화 산업의 경우, 새로 사업을 시작하려면 고정비용이 매우 많이 드는 반면 일단 시설이 건설된 이후에는 가변비용이 비교적 작아 시장수요량까지 생산하여도 평균비용이 계속 감소할 수 있다. 어떤 기업의 최소효율 규모가 P_*에서의 시장수요량인 X_0보다도 크게 나타나는 경우도 있을 수 있는데, 이를 자연독점natural monopoly이라 한다. 생산기술이 나타내는 규모의 경제의 정도가 매우 크다면, 산출량이 증가함에 따라 평균비용이 계속 감소하여 자연독점이 발생할 수 있다.

그림 11-1

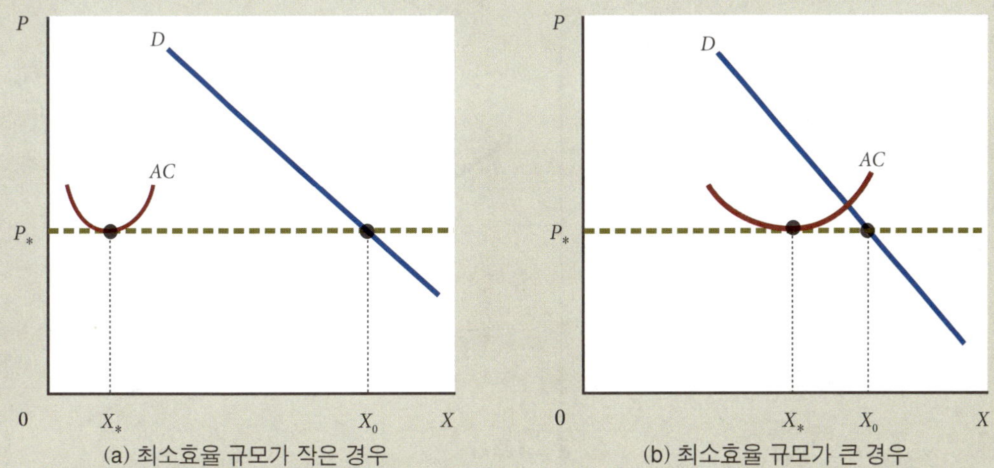

최소효율 규모와 시장 구조

(a)와 같이 최소효율 규모가 시장수요보다 아주 작은 경우에는 비슷한 규모의 기업 다수가 생산활동을 할 수 있어 경쟁적이 된다. 그러나 (b)와 같이 최소효율 규모가 시장규모와 비슷할 때 한 기업이 이미 생산활동을 하고 있다면, 최소효율 규모보다 훨씬 더 작은 양만을 생산할 수밖에 없는 다른 기업이 진입할 수 없다.

자연독점이 가능한 것은 시장수요량에 비해 최소효율 규모가 매우 큰 산업에서 이미 어떤 기업이 생산활동을 하고 있어 이 산업에 다른 기업이 진입하기 어렵기 때문이다. 즉 시장수요량에 비해 큰 최소효율 규모로 인해 새로운 기업이 이 산업에 진입할 수 없는 진입장벽 entry barrier 이 생겨난다.

이 경우에 새로 진입하는 기업이 기존 기업과 경쟁해 기존 기업의 시장을 잠식할 수 있다 해도, 새로운 기업이 실제로 진입하기는 어렵다. 왜냐하면 새로운 기업이 진입하기 위해서는 초기에 막대한 고정비용을 투입해야 하지만, 기존 기업은 이미 고정비용의 투입이 끝난 상태이므로 가변비용이 상대적으로 낮기 때문이다. 이러한 상황에서 새로운 기업이 진입하면, 기존 기업은 새로운 기업의 진입 초기에 가격을 대폭 인하해 진입을 억제할 수 있다.

이러한 진입장벽이 자연독점에 의해서만 가능한 것은 아니다. 법률적으로 특허권 같은 것이 보장된다면, 그 특허권은 기업의 독점적 지위를 법률적으로 보장한다. 즉 특허권이 진입장벽을 형성해 독점을 발생시킨다.[1]

1 규모의 경제로 인한 내생적인 진입장벽이든, 법이나 제도에 의한 인위적 진입장벽이든 단기뿐만 아니라 장기에도 신규기업의 진입을 불가능하게 만든다는 점에서 경쟁적 시장과 다르다.

그림 11-2

독점자와 시장수요곡선

독점자가 더 많은 재화를 시장에 팔기 위해서는 소비자의 수요가격의 하락에 맞추어 가격을 낮게 책정해야 한다.

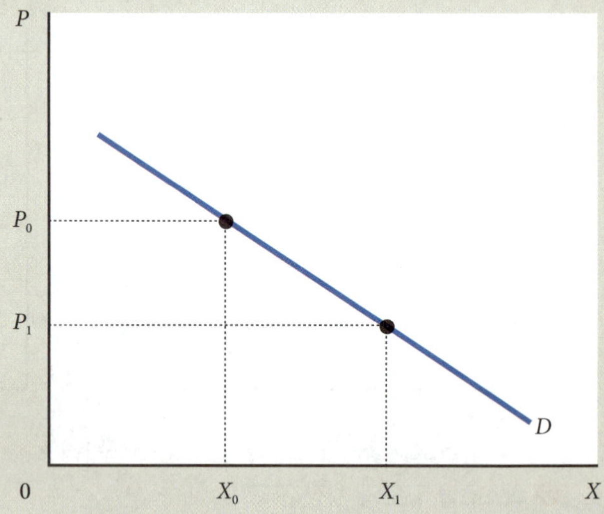

11-2 독점자의 이윤극대화

X재를 생산하는 독점자는 유일하게 X재를 생산하므로 시장 전체를 대상으로 하여 의사결정을 한다. 이때 독점자는 독점력을 이용해 가격을 설정할 수 있는 능력이 있다. 즉 완전경쟁 상황에서 개별 기업은 가격순응자이지만, 독점자는 가격설정자 price setter 이다.

독점자가 가격설정자이기는 하지만 시장수요곡선에 직면하고 있으므로 마음대로 가격을 설정할 수는 없다. 즉 그림 11-2에서 보는 바와 같이 X_0만큼 생산하여 시장에 판매하려면, 시장수요곡선이 나타내는 가격인 P_0를 X재의 가격으로 설정해야 한다. 만약 산출량을 늘려 X_1만큼 판매하기 원한다면, 가격을 P_1으로 인하해야 한다. 즉 독점자는 산출량이 변화하면 가격이 시장수요곡선을 따라 변화함을 인식해야 한다.

X재에 대한 시장수요곡선이 $X=D(P)$라면, 역수요함수를 $P=P(X)$로 쓸 수 있다. 여기서 $P(X)$의 의미는, 산출량이 변화함에 따라 가격이 수요곡선을 따라 변화한다는 것이다. 독점자의 산출량이 X인 경우의 총수입 $TR(X)$는 $P(X)X$가

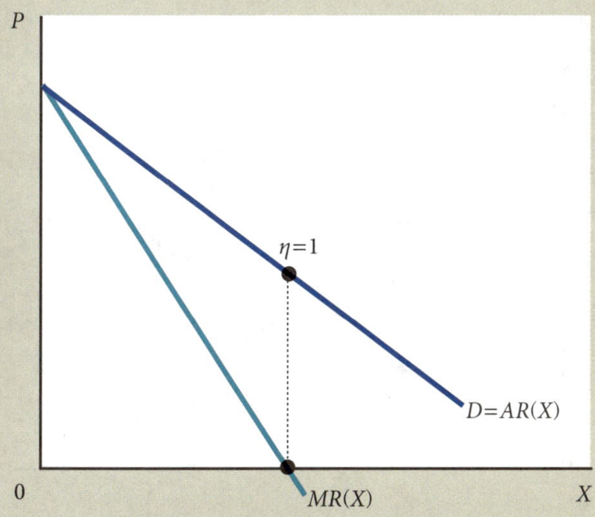

그림 11-3

평균수입곡선과 한계수입곡선

독점자의 AR곡선은 수요곡선과 같으며 MR곡선은 AR곡선 아래에 있다. MR이 0인 경우에 수요의 가격탄력성은 1이 된다.

된다. 한편 산출량 한 단위당 수입은 평균수입 $AR(X)$라 한다.

$$AR(X)=\frac{TR(X)}{X}$$
$$=P(X)$$

즉 평균수입은 역수요함수와 같다. 관례에 따라 수요곡선을 그린 것은 실제로는 역수요함수를 그린 것이므로, 평균수입곡선을 그림으로 그릴 때에는 $D=AR(X)$로 나타낸다. 산출량이 1단위 증가함에 따라 총수입이 얼마나 변화하는지 나타내는 것은 한계수입 $MR(X)$이다. 즉 $MR(X)=\Delta TR(X)/\Delta X$가 되는데, 이를 다시 쓰면 다음과 같다.

$$MR(X)=P(X)+X\frac{\Delta P(X)}{\Delta X}$$
$$=P(X)\left(1-\frac{1}{\eta}\right) \qquad (11\text{-}1)$$

여기서 η는 수요의 가격탄력성이다. 한편 $P(X)=AR(X)$이므로 산출량이 0이면 $MR(X)=AR(X)$가 된다는 것을 알 수 있다. 또한 산출량의 수준이 0보다 크면 수요곡선이 우하향하므로 $MR(X)$가 $AR(X)$보다 작다. 수요의 가격탄력성이 1이면 $MR(X)=0$이 된다.

그림 11-4

독점자의 단기 이윤극대화

독점자는 $MR=SMC$가 성립하도록 산출량 X_*를 결정하며, 이를 모두 시장에서 판매할 수 있도록 가격은 P_*로 설정한다.

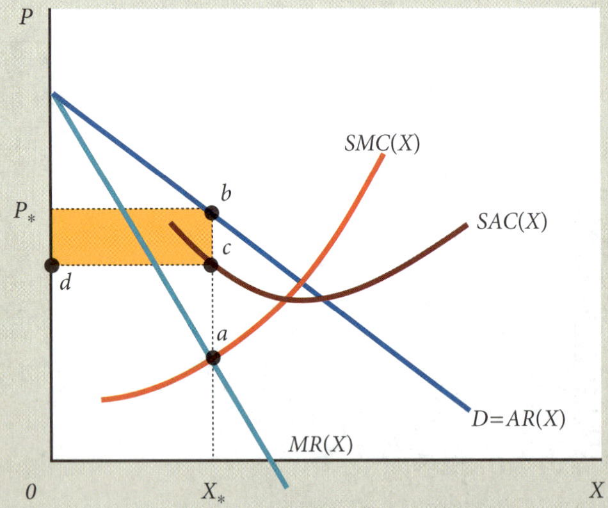

이상의 결과로 $AR(X)$와 $MR(X)$를 그림으로 그리면 그림 11-3과 같다.

단기의 이윤극대화

앞의 8-1 이윤극대화에서 살펴보았듯이 단기의 이윤극대화는 한계수입 $MR(X)$와 단기한계비용 $SMC(X)$가 일치하도록 산출량을 결정하면 달성된다. 독점자의 단기 이윤극대화를 그림으로 나타내면 그림 11-4와 같다.

독점자가 X_*만큼 생산하면 a가 나타내는 바와 같이 한계수입과 단기 한계비용이 일치하므로 이윤극대화를 이룰 수 있다. 독점자가 실제로 X_*만큼 생산해 시장에 판매하기 위해서는 시장수요곡선에 따라 가격을 P_*로 설정해야 한다. 이 경우에 독점자는 P_*bcd만큼의 초과이윤을 얻는다. 독점자가 단기에 초과이윤을 얻을 수 있느냐 없느냐는 전적으로 단기 평균비용곡선 $SAC(X)$와 수요곡선의 상대적 위치에 달려 있다. 그림 11-4에서 단기 평균비용곡선이 위쪽으로 충분히 올라가면 손실이 발생할 수 있음을 알 수 있다.

이윤극대화를 이루기 원하는 독점자는 한계수입이 음(−)이 되도록 산출량의 수준을 결정하지 않는다. 왜냐하면 한계수입이 음인 경우에는 산출량을 줄이면 총수입은 늘어나고 총비용은 감소하여 이윤을 증가하기 때문이다. 따라서 독점자의 이윤극대화는 항상 한계수입이 0보다 큰 상태에서 달성될 수 있다. 이는 앞의 식 (11-1)에 의하면, 독점자가 수요곡선이 탄력적인 부분($\eta>1$)에서 생산활동을 전개한다는 것을 의미한다.

완전경쟁 상황에서 개별 기업의 공급곡선은 한계비용곡선이었다. 이는 개별 기업이 의사결정 과정에서 주어져 있는 가격이 변화하면, 이윤극대화를 이루기 위해 산출량을 한계비용곡선을 따라 변화시킨다는 것을 의미한다. 이에 비해 독점자는 가격설정자이기 때문에 완전경쟁의 경우와 달리 '주어진 가격이 변화하면'이라는 전제 조건 자체가 성립하지 않는다. 따라서 독점자의 공급곡선은 존재하지 않으며, 독점자가 이윤극대화를 이루는 공급량을 나타내는 한 점, 즉 한계수입과 단기 한계비용이 일치하는 점만 존재한다고 말할 수 있다.

장기의 이윤극대화

독점자의 장기 이윤극대화는 단기 이윤극대화와 동일하며, 단지 단기 한계비용 대신 장기 한계비용 $LMC(X)$를 고려해야 한다는 점만 다르다. 즉 장기의 이윤극대화는 $MR(X)=LMC(X)$를 만족시키도록 산출량을 결정해 달성할 수 있다.

완전경쟁의 경우와 달리 독점의 경우에는 장기에도 새로운 기업의 진입이 없다. 따라서 독점자는 장기에도 초과이윤을 얻을 수 있다.[2]

마크업 가격설정

독점자의 이윤극대화 조건을 다른 측면에서 분석하면, 독점자가 한계비용을 일정 비율로 증가시켜 가격을 설정하는 마크업 가격설정 mark-up pricing 을 함을 알 수 있다. 독점자의 이윤극대화 조건인 $MR(X)=MC(X)$를 앞의 식 (11-1)을 이용해 정리하면, 다음 관계를 얻을 수 있다.

$$P(X)=\frac{MC(X)}{1-\dfrac{1}{\eta(X)}}$$

여기서 $\eta(X)$는 수요의 가격탄력성이 산출량의 수준에 따라 다름을 나타낸다. 앞에서 살펴본 바와 같이 독점자는 수요의 가격탄력성이 탄력적인 구간에서만 생산활동을 하므로, $1-1/\eta(X)$은 양(+)이며 1보다 작다. 따라서 $P(X)$는 $MC(X)$

2 또한 단기와 달리 장기에는 시설 규모(K)를 조정할 수 있어 단기 이윤 이상의 이윤을 얻을 수 있다.

보다 크다. 한편 $P(X)$와 $MC(X)$의 차이는 독점자의 독점력[3] 크기를 나타내는 것으로 해석할 수 있다. 독점자가 당면하는 수요곡선의 가격탄력성이 작을수록 독점력은 더 커진다.

11-3 가격차별

지금까지 독점자는 이윤극대화를 위해 하나의 가격만 설정하는 것으로 가정하였다. 그러나 독점자는 같은 상품에 대해 다른 가격을 부과함으로써 더 높은 이윤을 얻을 수 있다. 이러한 독점자의 행위를 가격차별price discrimination이라 하며, 가격차별을 하는 독점자를 차별독점자라 한다.

극장에서 성인과 미성년자의 관람료를 다르게 받는 경우, 심야전력을 할인해 주는 경우, 전화요금을 부과할 때 심야 통화료를 할인해 주는 경우 등이 현실에서 관찰되는 가격차별의 예들이다. 차별독점자의 가격차별은 차별의 정도에 따라 1~3급으로 나눌 수 있다.

3급 가격차별

3급 가격차별3rd degree price discrimination은 '가격차별' 혹은 '시장분할에 의한 가격차별'이라고 부르기도 한다. 소비자들을 특징에 따라 몇 개의 집단으로 완전히 분류하는 것이 가능할 때, 각 집단별로 다른 가격을 부과하는 것이 3급 가격차별이다. 여기서 집단별로 소비자의 특징이 다르게 나타나는데, 이는 소비자들의 수요의 가격탄력성이 다르다는 것을 의미한다.

한편 소비자들을 몇 개의 집단으로 완전히 분류할 수 있다는 것은 극장에서 관객을 성인과 미성년자로 분류하는 것과 같이 어느 소비자가 한 집단으로 분류되면 다른 집단인 것처럼 행동할 수 없으며, 가격차별에 의해 싼 가격에 상품을 구입한 특정한 집단의 소비자미성년자가 비싼 가격이 책정된 다른 집단의 소비자성인에게 상품미성년자표을 전매할 수 없다는 것을 의미한다.

3 독점력을 시장지배력(market power)이라고도 부르는데, 소비자를 자신의 시장으로부터 떠나지 못하도록 할 수 있는 힘을 의미한다고 볼 수 있다.

독점자가 소비자들을 집단 1과 2로 완전히 분류할 수 있다고 하자. 이때 집단 1과 2의 수요의 가격탄력성은 서로 다른데, 집단 1의 수요의 가격탄력성이 집단 2보다 더 크다고 하자.

집단 1 및 2에 대한 판매량을 X_1 및 X_2, 집단 1 및 2의 역수요함수를 $P_1(X_1)$ 및 $P_2(X_2)$라 하면, 집단 1로부터 얻는 총수입 $TR_1(X_1)$은 $TR_1(X_1)=P_1(X_1)X_1$이 되며, 집단 2로부터 얻는 총수입 $TR_2(X_2)$는 $TR_2(X_2)=P_2(X_2)X_2$가 된다. 따라서 독점자의 총수입은 $TR_1(X_1)+TR_2(X_2)$가 된다.

독점자가 집단 1 및 2에 공급한 재화의 양이 X_1 및 X_2인 경우, 독점자의 산출량(X)은 $X=X_1+X_2$가 된다. 따라서 독점자의 총비용을 $TC(X)$로 나타내면, 이윤 Π는 다음과 같이 구할 수 있다.

$$\Pi=TR_1(X_1)+TR_2(X_2)-TC(X)$$

독점자는 이윤극대화를 위해 X_1과 X_2의 산출량을 결정하며, 결정된 산출량에 의해 집단 1 및 2에 부과할 가격 P_1과 P_2를 설정한다. 집단 1 및 2로부터 얻는 한계수입을 각각 $MR_1(X_1)=\Delta TR_1(X_1)/\Delta X_1$ 및 $MR_2(X_2)=\Delta TR_2(X_2)/\Delta X_2$라고 하면, 독점자의 이윤극대화 조건은 다음과 같다.[4]

$$MR_1(X_1)=MR_2(X_2)=MC(X)$$

위 식이 이윤극대화의 조건이 되는 이유를 다음과 같이 알아보자.

먼저 $MR_1(X_1)=MR_2(X_2)$가 성립해야 하는 이유를 알아보자. $MR_1(X_1)=5>3=MR_2(X_2)$라고 하자. 이 경우에 독점자가 X_1을 한 단위 늘리고 X_2를 한 단위 줄이면, 집단 1로부터 얻는 총수입은 5만큼 증가하고 집단 2로부터 얻는 총수입은 3만큼 감소한다. 따라서 이 독점자의 총수입은 2만큼 증가한다. 이때 전체 산출량의 수준과 총비용은 변화하지 않으므로, 독점자의 이윤은 2만큼 증가한다. 즉 $MR_1(X_1)>MR_2(X_2)$일 때는 총산출량은 고정시킨 채 X_1을 늘리고 X_2를 줄여

4 독점자의 이윤극대화 조건을 수식으로 도출하면 다음과 같다.
$\partial\Pi/\partial X_1=\partial TR_1(X_1)/\partial X_1-\{\partial TC(X)/\partial X\}\cdot\{\partial X/\partial X_1\}=MR_1(X_1)-MC(X)=0$, $\partial\Pi/\partial X_2=\partial TR_2(X_2)/\partial X_2-\{\partial TC(X)/\partial X\}\cdot\{\partial X/\partial X_2\}=MR_2(X_2)-MC(X)=0$이므로, 이들을 정리하면 $MR_1(X_1)=MR_2(X_2)=MC(X)$라는 조건을 얻는다. 여기서 $X=X_1+X_2$이므로 $\partial X/\partial X_1=\partial X/\partial X_2=1$이라는 사실이 이용됐다.

마티네

EXAMPLE 11-1

마티네Matinee는 프랑스어로 '대낮'이라는 뜻이다. 그런데 이 말은 연극과 영화에서 사뭇 다른 의미로 사용되고 있다.

연극의 경우, 평일 오후에 추가 공연을 하는 것을 마티네라고 한다. 일상적인 저녁 공연에 비해 관람료가 싼 것이 보통이다.

영화의 경우, 마티네는 직장인들이 퇴근한 후인 평일 오후 6~7시에 영화를 상영하는 것을 의미한다. 이 시간대의 관람료는 다른 시간대보다 비싸다. 우리나라에서는 마티네의 개념을 확장시켜 아예 금요일 오후부터 일요일 밤까지는 주중보다 관람료를 더 비싸게 받고 있다.

'마티네'가 구체적으로 어떤 시간대를 의미하든 그 내용이 3급 가격차별이라는 점에서는 모두 동일하다고 볼 수 있다.

즉 가격탄력성이 높은 시간대의 관객에게는 낮은 가격을 부과하고, 가격탄력성이 낮은 시간대의 관객에게는 높은 가격을 부과하여 독점이윤을 극대화하려는 것으로 분석된다.

마티네도 3급 가격차별의 한 종류라고 할 수 있다.

이윤을 증가시킬 수 있다.

마찬가지로 $MR_1(X_1) < MR_2(X_2)$일 때는 총산출량은 고정시킨 채 X_1을 줄이고 X_2를 늘려 이윤을 증가시킬 수 있다. 따라서 이윤극대화를 이루기 위해서는 $MR_1(X_1) = MR_2(X_2)$가 되어야 한다.

이번에는 집단 1 및 2로부터 얻는 한계수입이 왜 한계비용과 같아야 이윤극대화를 이룰 수 있는지 알아보기로 하자.

$MR_1(X_1) = MR_2(X_2) = 5 > 3 = MC(X)$라고 하자. 산출량을 두 단위 증가시켜 집단 1 및 2에 한 단위씩 판매하면, 집단 1 및 2로부터 얻는 총수입이 각각 5만큼씩 증가한다. 따라서 독점자의 총수입은 10만큼 증가한다. 그리고 산출량이 두 단위 증가했을 때 총비용은 6만큼 증가하므로, 독점자의 이윤은 4만큼 증가한다. 즉 $MR_1(X_1) = MR_2(X_2) > MC(X)$일 때는 생산량을 증가시켜 증가된 생산량을 절반씩 집단 1 및 2에게 판매하면 독점자의 이윤이 증가한다. 한편 $MR_1(X_1) = MR_2(X_2) < MC(X)$인 경우는 생산량을 감소시켜 감소된 생산량을 절반씩 집단 1 및 2에게 덜 판매하면 독점자의 이윤이 증가한다. 따라서 독점자의 이윤극대화는 $MR_1(X_1) = MR_2(X_2) = MC(X)$를 만족시킬 때 달성될 수 있다.

앞의 식 (11-1)에 따르면, $MR_1(X_1) = P_1(X_1) \cdot \{1-(1/\eta_1)\}$, $MR_2(X_2) = P_2(X_2) \cdot \{1-(1/\eta_2)\}$이다. 집단 1의 수요의 가격탄력성이 집단 2의 수요의 가격탄력성보

그림 11-5

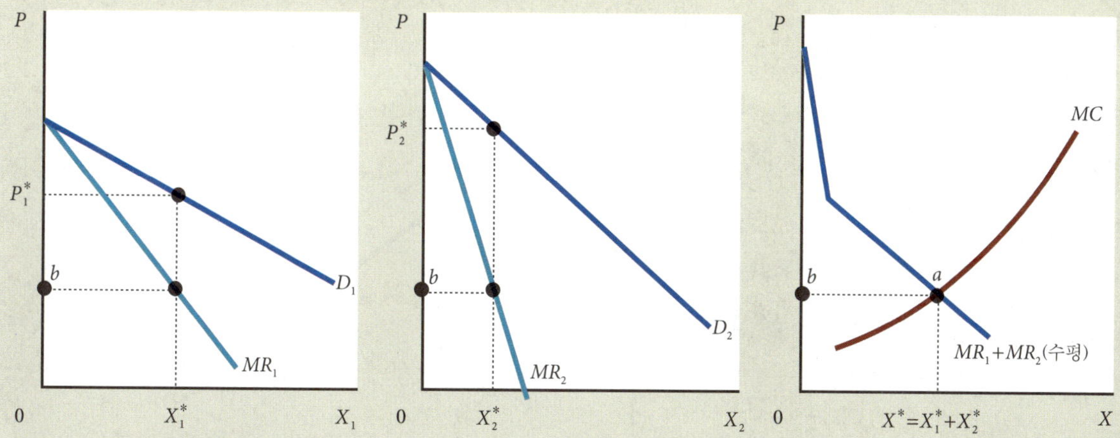

(a) 집단 1 (b) 집단 2 (c) 시 장

3급 가격차별

두 집단의 MR곡선을 수평으로 합하여 MR_1+MR_2(수평)를 얻을 수 있다. MR_1+MR_2(수평)의 의미는 생산량을 $MR_1=MR_2$가 성립하도록 두 집단에 나누어 판매할 수 있다는 것이다.

다 크다고 가정하면, $MR_1(X_1)=MR_2(X_2)$인 이윤극대화 조건으로부터 $P_1(X_1)<P_2(X_2)$가 성립한다는 것을 알 수 있다. 즉 3급 가격차별을 하는 독점자는 수요의 가격탄력성이 높은 집단에 판매되는 제품의 가격을 더 낮게 설정한다.

3급 가격차별을 하는 독점자의 이윤극대화를 그림으로 나타내면 그림 11-5와 같다. 그림 11-5 (a), (b)는 집단 1 및 2의 수요곡선과 한계수입곡선을 나타내는데, 집단 1의 수요의 가격탄력성이 집단 2보다 더 큼을 알 수 있다. 한편 (c)는 집단 1 및 2의 한계수입곡선을 수평으로 합한 MR_1+MR_2(수평)를 나타낸다.

여기서 MR_1+MR_2(수평)의 의미는 다음과 같다. 한계수입이 b가 되도록 하는 집단 1에 대한 판매량은 X_1^*, 집단 2에 대한 판매량은 X_2^*이다. 즉 MR_1+MR_2(수평)가 나타내는 한계수입 b가 되도록 하는 판매량 X_*는 $X_1^*+X_2^*$이다. 이를 다른 각도에서 살펴볼 수도 있다.

MR_1+MR_2(수평) 위의 한 점, 예를 들어 a를 잡으면 a가 나타내는 한계수입은 b, 산출량은 X_*가 된다. 한계수입 b가 되도록 하는 산출량 X_*는 집단 1 및 2에 배분할 수 있다. 즉 한계수입 b가 되도록 하는 집단 1에 대한 판매량은 X_1^*, 집단 2에 대한 판매량은 X_2^*인데, MR_1+MR_2(수평)의 정의에 의해 $X_1^*+X_2^*$는 반드

그림 11-6

2급 가격차별

구입량이 X'인 경우에 가격을 P'보다 약간 싸게 책정하고 X'를 초과하는 부분에 대해서는 가격을 P^*로 책정하는 경우가 2급 가격차별이다. 이 경우에 소비자는 결국 X^*를 구입하게 되며 독점자의 이윤은 2급 가격차별을 하지 않는 경우에 비해 $P'abP^*$만큼 더 증가한다.

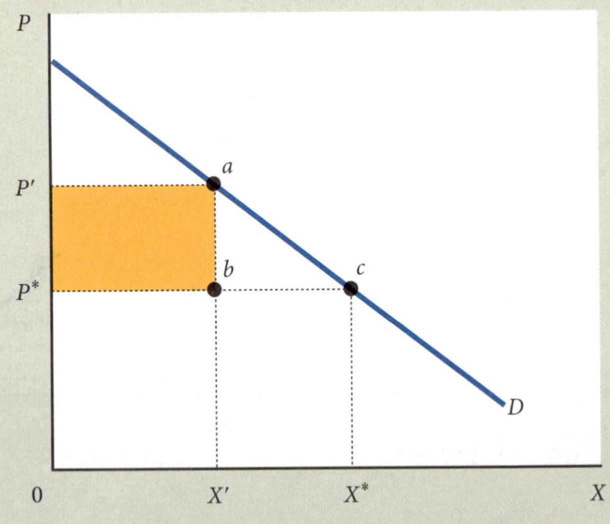

시 X_*와 일치한다. 따라서 MR_1+MR_2(수평) 위의 모든 점은 총 산출량을 집단 1 및 2에 적정하게 배분해 $MR_1=MR_2$를 만족시키는 점이라고 생각할 수 있다.

MR_1+MR_2(수평)의 성질을 이용하면, 독점자는 $MR_1=MR_2=MC$가 성립하는 a를 선택해 이윤극대화를 달성할 수 있다. 이 경우에 각 집단에 대한 판매량은 X_1^* 및 X_2^*가 되며, 가격은 수요곡선과 만나는 P_1^*와 P_2^*로 설정된다. 여기서 수요의 가격탄력성이 큰 집단 1에 부과되는 가격이 더 낮은 것을 관찰할 수 있다.

2급 가격차별

소비자들의 구매량에 따라 다른 가격을 부과하는 것이 2급 가격차별이다. 이를 비선형 가격설정 non-linear price setting 이라고 부르기도 한다.

가격차별을 하지 않는 독점자가 그림 11-4와 같이 이윤극대화를 이루었다고 하자. 이 독점자가 총판매량을 X^*로 하면서 이윤을 더 증가시킬 수 있는 방법이 있는가? 독점자가 X'를 설정한 후 구입량이 X' 이하이면 $P'-1$원에 판매하며, X'를 초과하는 부분에 대해서는 P^*에 판매하기로 했다고 가정해 보자. 이 경우에 소비자들은 $P'-1$원에서 X'보다 약간 더 많이 구입하기를 원하지만, 구매량이 X'를 초과해야 가격이 P^*로 낮아지므로 결국 X^*만큼을 구입하게 된다. 여기서 '-1원'을 무시하면, 독점자의 총수입은 다음과 같다.

EXAMPLE 11-2

인터넷의 발달과 가격차별

인터넷의 발달로 어떤 상품의 가격을 온라인에서 비교한 후 가장 저렴한 공급자로부터 구입하는 일이 일반화되고 있다. 인터넷의 발달은 가격차별을 점차 어렵게 만들 것인가?

이에 대한 대답은 '상품의 종류에 따라 다르다'라는 것이다. 오히려 상품에 따라서는 가격차별이 점점 더 정교한 방법으로 행해지는 경향이 있다.

미국에서 항공사들은 항공권 구매 일자 및 탑승 시간에 따라 가격을 다르게 매기는 가격차별을 일반적으로 실시하고 있다. 또한 델Dell사는 동일한 컴퓨터라고 해도 고객이 주 혹은 지방 정부인가 아니면 소규모 기업인가 등에 따라 가격을 달리 매기는 가격차별 정책을 실시하고 있다.

이러한 가격차별이 가능하려면, 싼 가격에 구입한 소비자가 비싼 가격으로 다른 소비자에게 넘기는 2차시장 secondary market이 없어야 한다. 항공권의 가격차별이 가능한 것은 보안 등의 이유로 항공권을 구입한 사람과 탑승하는 사람이 같을 것을 요구하기 때문이다.

이런 점을 고려하면, 서비스가 재화에 비해 가격차별이 훨씬 더 용이함을 알 수 있다. 사립대학의 경우, 등록금을 비싸게 하면서 재정 능력이 부족한 학생에게는 장학금을 지불하는 것도 일종의 서비스에 대한 가격차별이라고 볼 수 있다.

그러나 개발도상국에 AIDS 치료약을 싸게 공급하는 일은 잘 안 되고 있는데, 주요 원인으로 2차시장의 존재 가능성이 거론된다.

특히 전자통신의 세계는 묶어팔기의 천국이라고 할 수 있다. 이동통신 회사의 각종 패키지 요금제도, 각종 소프트웨어의 사이트-라이선싱site-licensing 등이 그 예에 해당한다.

인터넷의 가격차별은 상품에 따라 다양하게 이루어진다.

이동통신 회사의 상품 가운데 일정액만 내면 친구끼리 무한정 통화하는 상품의 경우, 통화 건별로 계산을 하는 것이 더 쌀 수 있음에도 불구하고 무한정 통화를 선택하는 고객이 많다고 한다. 또한 회사 혹은 학교에서 소프트웨어를 구입하는 경우에도 실제로 이용할 사람을 미리 조사해 필요한 분량만을 구입하는 것이 더 쌀 수 있음에도 불구하고 사이트-라이선싱을 더 선호하는 경향이 있다는 것이다.

X'까지는 한 단위당 P'를 받았으므로 이 부분에 대한 총수입이 그림 11-6의 $P'aX'0$, X'를 초과하는 부분에 대해서는 한 단위당 P^*를 받았으므로 이 부분에 대한 총수입은 bcX^*X'이다. 따라서 2급 가격차별에서의 총수입 TR은 $P'abcX^*0$가 된다. 가격차별을 하지 않는 경우의 TR이 P^*cX^*0인 것과 비교하면 TR이 $P'abP^*$만큼 늘어난 것을 알 수 있다. 이 경우에 독점자의 총산출량은 종전과 변화가 없으므로, 총비용도 전과 동일하다. 따라서 독점자는 2급 가격차별을 통해 비용의 증가 없이 $P'abP^*$만큼의 이윤을 증가시켰다. 이 경우에 X'는 $P'abP^*$의 면적을 극대화하도록 결정된다.

앞에서는 2급 가격차별을 소비자의 구매량에 따라 다른 가격을 설정하는 것이라고 설명했지만, 이를 달리 해석하면 2급 가격차별의 개념을 확대할 수 있다. 구매량에 따라 다른 가격을 설정한다는 것은, 결국 여러 가지 가격 스케줄을 소비자에게 제시하여 소비자로 하여금 선택하게 한다는 것이다. 앞의 예에서는 X' 이하를 P'의 가격에 구입하거나 X'를 초과하는 양을 P^*의 가격에 구입할 수 있게 하여 그 선택은 소비자에게 맡겼다. 이와 같이 여러 가지 가격 스케줄이 제시된다는 점에서 2급 가격차별을 비선형 가격설정이라고 부르기도 한다.[5]

구매자들의 특징이 서로 달라 독점자 입장에서 구매자들을 구별할 수 없다면, 독점자는 여러 가지 가격 스케줄을 제시해 구매자들이 스스로 구별되도록 선별screening할 수 있다. 이는 비대칭적 정보 하에서 발생할 수 있는 2급 가격차별의 상황이다. 그 자세한 내용은 21장정보의 경제학에서 자세히 살펴보고 여기서는 비선형 가격설정의 예로 2부 가격two-part tariff을 살펴보자.

가격이 P인 X재를 X만큼 구입할 때 소비자가 지불해야 하는 금액이 $A+PX$라면, '2부 가격이 설정되었다'라고 말한다. 이는 소비자가 X재를 구입하기 위해 먼저 A원을 지불해 구입할 수 있는 권리를 획득한 후, X재의 구입량에 따라 추가로 비용을 지불해야 하는 경우이다.

우리 주변에서 2부 가격이 설정된 예는 매우 많다. 택시를 이용할 때 기본요금을 먼저 낸 후 주행거리에 따라 요금을 추가로 지불하는 경우, 놀이동산에 입장료를 내고 입장한 후 놀이기구를 탈 때마다 추가로 요금을 지불하는 경우 등이 모두 2부 가격의 예에 해당한다. 2부 가격이 설정되었을 때 X재를 구입하는 소비자가 X재 1단위에 대해 지불하는 금액, 즉 가격은 $A/X+P$로서 구매량에 따라 달라진다. 따라서 2부 가격도 2급 가격차별의 한 종류인 것으로 생각할 수 있다.

1급 가격차별

독점자가 각각의 소비량에 대해 소비자가 지불할 의사가 있는 최대 가격인 수요가격을 부과해 소비자잉여를 모두 독점이윤으로 귀속시키는 것이 1급 가격차별이다. 따라서 이를 완전한 가격차별perfect price discrimination이라고도 부른다.[6]

5 예를 들어 라면 5개 묶음을 3,000원에 판매하기도 하고 10개 묶음을 5,000원에 판매하기도 한다.
6 사실, 1급 차별은 2급 차별에서 설정하는 수량의 구간을 최대한 세분화한 결과라고 볼 수도 있다.

그림 11-7

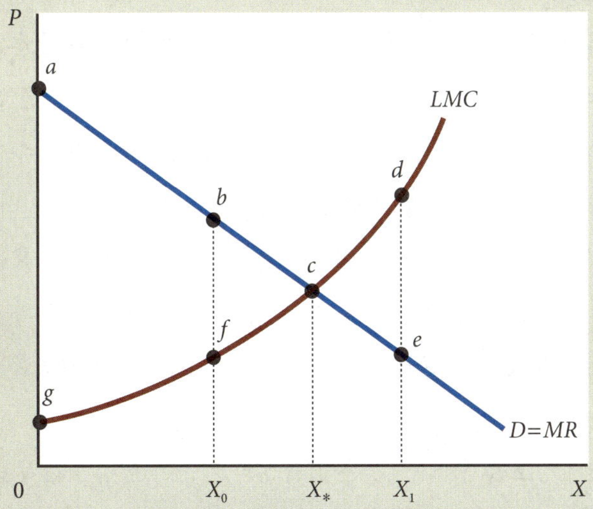

1급 가격차별과 효율적 자원배분

매 단위마다 소비자가 지불할 의사가 있는 최대 금액을 모두 받아내는 것이 1급 가격차별이다. 이 경우에 $D=MR$이므로 생산량은 X_*가 되어 효율적 자원배분이 이뤄지지만 소비자잉여는 모두 독점자가 차지하게 된다.

그림 11-7에서 1급 가격차별을 하는 독점자가 X_*만큼 판매하기 원하는 경우, 독점자의 총수입은 소비자들이 X_*만큼 구매하기 위해 지불할 의사가 있는 최대 금액과 같다. 이는 앞의 소비자잉여에서 본 acX_*0의 면적에 해당한다.

1급 가격차별 상황에서는 소비자들이 각 단위마다 지불 의사가 있는 최고 금액을 지불하고 재화를 구입하므로, 재화를 구입할 때의 효용수준과 재화를 구입하지 않을 때의 효용수준이 서로 같다. 소비자가 교환을 통해 얻는 효용의 증가가 소비자잉여이므로, 이는 소비자잉여가 모두 독점자의 독점이윤으로 귀속됨을 의미한다.

1급 가격차별은 완전경쟁과 마찬가지로 효율적 자원배분을 이루게 한다. 독점자의 장기 한계비용곡선이 그림 11-7의 LMC로 주어졌다고 하자. 1급 가격차별을 하는 독점자가 생산량을 X_*로 결정하는 경우에 총수입은 acX_*0, 총비용은 장기 한계비용곡선 밑의 면적인 gcX_*0이므로, 이윤은 acg가 된다. 생산량이 X_*보다 작은 X_0인 경우의 이윤은 $abfg$가 되어 acg보다 작아지며, 생산량이 X_*보다 큰 X_1인 경우의 이윤도 $acg-cde$로 acg보다 작다. 따라서 1급 가격차별을 하는 독점자는 LMC곡선과 수요곡선이 만나는 c를 선택해 산출량을 X_*로 결정할 때 이윤극대화를 이룰 수 있다.

1급 가격차별을 하면 소비자잉여가 모두 독점이윤으로 귀속되므로, 독점자의 이윤이 곧 경제적 효율성이 된다. 그림 11-7에 X재 시장이 완전경쟁인 경우의 자원배분을 표시하려면 어떻게 해야 하는가?

완전경쟁 상황에서의 산업은 독점자와 비교될 수 있으므로, 그림 11-7의 LMC를 완전경쟁 상황에서의 개별 기업들의 장기 한계비용곡선을 수평으로 합한 산업의 공급곡선인 것으로 간주할 수 있다. 이 경우에 X재 시장의 균형은 수요와 공급곡선이 만나는 c에서 이루어지는데, 이는 1급 가격차별의 경우와 동일하다. 앞의 10-5 완전경쟁과 효율성에서 살펴본 바와 같이 완전경쟁 상황에는 경제적 효율성이 최대가 되어 효율적 자원배분을 이룰 수 있다. 그런데 완전경쟁의 경우와 1급 가격차별이 실시되는 경우의 경제적 효율성이 같으므로, 1급 가격차별도 효율적 자원배분을 이룸을 알 수 있다.

효율성과 연관해 다시 강조할 수 있는 것은 효율성의 기준이 형평과는 무관하다는 것이다. 1급 가격차별의 경우, 소비자들이 교환을 통해 아무런 이득도 얻지 못함에도 불구하고 효율적 자원배분이 이루어진다.

11-4 묶어팔기와 끼워팔기

독점자가 소비자잉여를 독점이윤으로 흡수하는 방법이 가격차별만 있는 것은 아니다. 여기서는 두 개 이상의 상품을 한 묶음으로 판매하는 묶어팔기 및 끼워팔기에 대해 살펴본다.

끼워팔기

끼워팔기tying는 두 개의 제품을 동시에 구매하도록 강요하는 것을 말한다. 마이크로소프트 사가 컴퓨터 운영체계인 윈도우와 인터넷익스플로러를 끼워서 판매하였던 것이 이에 해당한다. 이러한 끼워팔기의 목적은 윈도우 98 판매 당시 90%에 달했던 높은 시장점유율을 이용해 인터넷익스플로러를 확산시키고 독점이윤을 극대화하려는 것이었다.

프랜차이즈 회사들의 정책도 끼워팔기의 예가 될 수 있다. 어느 치킨 프랜차이즈의 경우, 프랜차이즈 점으로 가입하면 원료 등을 반드시 본점을 통해 구입하게

EXAMPLE 11-3 인터넷익스플로러와 끼워팔기

미국의 인터넷서비스업체인 아메리카 온라인AOL은 2002년 마이크로소프트MS 사를 불공정경쟁 혐의로 제소하였다.

사건의 발단은 MS가 데스크톱 컴퓨터에 인터넷익스플로러를 끼워판 데서 비롯되었다. 이러한 MS의 전략은 윈도우의 시장지배력을 이용해 인터넷 익스플로러의 시장점유율을 높이려는 전형적인 끼워팔기 혹은 순수 묶어팔기 전략이었다. 문제는 이러한 MS의 끼워팔기 전략이 웹브라우저 시장에서 AOL의 계열사인 넷스케이프에 치명적인 타격을 주었다는 것이다. 이 사건은 결국 MS가 AOL에 7억 5,000만 달러를 보상하기로 하고 화해함으로써 해결되었다.

우리나라의 경우에도 이와 비슷한 사건이 MSN을 대상으로 수년째 진행되고 있어 그 결과가 어떻게 나올 것인지 주목되고 있다.

이러한 사건들은 독점력을 이용해 이윤극대화를 달성하려는 독점자의 행위가 항상 사회적으로 용인될 수 있는 것은 아니라는 사실을 일깨워 준다.

독점자의 행위가 항상 사회적으로 용인될 수 있는 것은 아니다.

한다. 즉 프랜차이즈의 브랜드에 원재료를 끼워팔기 하는 것이다. 이 경우의 끼워팔기의 목적은 가맹점들이 판매하는 제품의 품질을 일정하게 유지시키는 것과 독점이윤을 극대화하는 것 모두를 포함한다.

묶어팔기

컴퓨터 운영체계와 메신저를 묶어 패키지 형태로만 판매하는 경우와 같이 두 제품을 하나의 묶음으로만 판매하는 것을 순수 묶어팔기pure bundling라 한다. 순수 묶어팔기는 앞에서 이야기한 끼워팔기의 한 종류이다. 한편 패스트푸드 점에서 햄버거와 감자튀김을 따로 팔기도 하지만 이 둘을 묶은 세트메뉴를 파는 것과 같이 두 개의 제품을 따로 팔기도 하고 묶어서 팔기도 하는 것은 혼합 묶어팔기mixed bundling라 한다.

먼저 순수 묶어팔기를 하면 이윤이 어떻게 증가할 수 있는지 표 11-1 (a)를 이용해 살펴보기로 하자. 이 표에 나타난 금액은 각 소비자의 각 재화에 관한 유보가격reservation price이다. 유보가격이란 소비자가 그 재화 1단위를 구입하기 위해 지불할 의사가 있는 최대 금액을 나타낸다.

햄버거 및 감자튀김의 평균비용이 각각 2,000원 및 450원으로 주어진 것으로 가정하자. 이 경우, 모두의 유보가격이 평균비용보다 높으므로 모두에게 햄버거와 감자튀김을 판매해야 이윤극대화를 이룰 수 있다. 따라서 햄버거 가격을 3,000원,

표 11-1

순수 묶어팔기

(a) 순수 묶어팔기가 가능한 경우

	햄버거	감자튀김
소비자 1	3,500원	1,000원
소비자 2	3,000원	1,500원

(b) 순수 묶어팔기가 불가능한 경우

	햄버거	감자튀김
소비자 1	3,500원	1,500원
소비자 2	3,000원	1,000원

감자튀김 가격을 1,000원으로 설정해야 한다. 이때의 이윤은 3,100원이 된다. 그러나 이 기업이 햄버거와 감자튀김을 합해 4,500원에 묶어팔기를 하면 이윤이 더 높아진다. 햄버거와 감자튀김을 묶어 4,500원에 판매하면 소비자 1과 2 모두 세트메뉴를 구입하게 되며, 이 경우의 이윤은 4,100원이다.

순수 묶어팔기가 효과를 발휘하는 경우는 표 11-1 (a)에서와 같이 두 소비자의 햄버거 및 감자튀김에 대한 유보가격이 부(−)의 상관관계를 갖는 경우에 한정된다. 만약 표 11-1 (b)에서와 같이 두 소비자의 햄버거 및 감자튀김에 대한 유보가격이 정(+)의 상관관계를 갖는다면, 따로 파는 경우와 묶어파는 경우의 이윤이 동일하다.

소비자들의 유보가격의 분포가 비교적 광범위한 표 11-2와 같은 경우에는 순수 묶어팔기를 하는 것보다 혼합 묶어팔기를 하는 것이 더 높은 이윤을 얻을 수 있는 방법이다. 여기서 순수 묶어팔기가 가능한 경우는 세트메뉴의 가격이 세 가지, 즉 4,500원, 4,100원 및 3,250원인 경우이다. 각각의 경우의 이윤은 4,100원, 4,950원 및 3,200원이다.

이번에는 다음과 같은 혼합 묶어팔기를 생각해 보자. 즉 세트메뉴의 가격은 4,500원, 햄버거만 구입하는 경우의 가격은 4,000원, 감자튀김만 구입하는 경우의 가격은 2,000원인 경우이다. 이 경우에 소비자 1은 햄버거, 소비자 4는 감자튀김만 구입하며, 소비자 2 및 3은 세트메뉴를 구입하게 된다. 그리고 총이윤은 7,650원이 된다. 즉 혼합 묶어팔기를 함으로써 순수 묶어팔기를 할 때보다 이윤이 더 늘

표 11-2

혼합 묶어팔기의 경우

	햄버거	감자튀김
소비자 1	4,000원	100원
소비자 2	3,500원	1,000원
소비자 3	3,000원	1,500원
소비자 4	1,250원	2,000원

그림 11-8

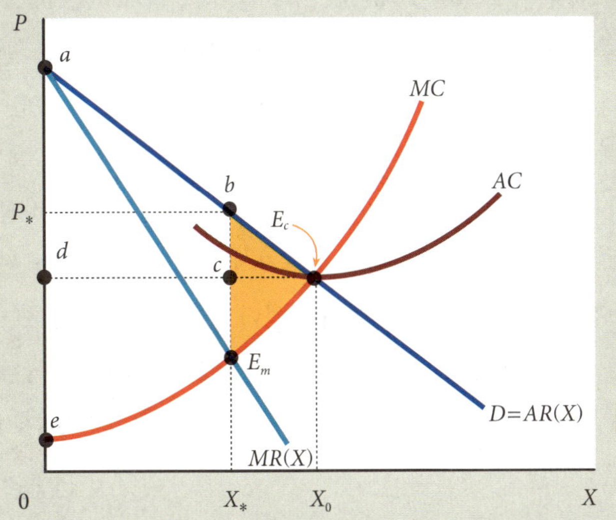

➔ 독점에 의한 효율성 상실

독점자의 MC곡선은 완전경쟁이 이루어지고 있는 상황에서 개별 기업들이 직면하는 한계비용곡선을 수평으로 합한 시장공급곡선에 해당한다. 따라서 독점의 경우에 E_cE_mb의 면적만큼의 효율성 상실이 발생하게 된다.

어나게 할 수 있다.

11-5 독점의 경제적 효과

효율성 상실

그림 11-8에서 독점과 완전경쟁의 경제적 효율성 사이에 어떤 차이가 있는지 알아보자. 독점자는 이윤극대화를 위해 한계수입과 한계비용을 일치시키는 E_m을 선택해 산출량을 X_*로 결정하고, 가격은 P_*로 설정한다. X재 산업이 완전경쟁이라면, MC곡선은 개별 기업들의 한계비용곡선들을 수평으로 합한 산업의 공급곡선에 해당한다. 이때 시장균형은 수요 및 공급곡선이 만나는 E_c에서 이루어지며, 이에 따라 균형수급량은 X_0에서 결정된다.

이제 X재 시장이 완전경쟁에서 독점으로 바뀌는 경우, 경제적 효율성이 어떻게 변화하는지 알아보자. 완전경쟁인 경우의 소비자잉여는 aE_cd, 독점인 경우의 소비자잉여는 abP_*이므로, 소비자잉여의 변화는 $-P_*bcd-bE_cc$가 된다. 완전경쟁인 경우의 생산자잉여는 dE_ce이며, 독점인 경우의 생산자잉여는 P_*bE_me이므로 생산자잉여의 변화는 $P_*bcd-cE_cE_m$이다. 따라서 소비자잉여와 생산자잉여 변화의 합으로 나타나는 경제적 효율성의 변화는 $-bE_cE_m$이다. 즉 독점화가 되면 bE_cE_m만큼의 효율성이 상실되는데, 이를 사회효율의 상실dead-weight loss이라 부르기도 한다.

독점이 완전경쟁에 비해 효율성이 상실되는 이유는 다음의 두 가지 측면에서 찾을 수 있다. 첫째, 독점의 경우에는 가격이 한계비용보다 높게 책정되어 한계비용 가격설정이 이루어지지 못한다. 앞의 **10－5** 완전경쟁과 효율성에서 살펴본 바와 같이 가격이 한계비용보다 높은 경우에는 산출량을 증가시켜 사회의 순이득을 증가시킬 수 있다. 이러한 점에서 독점은 효율적이지 못하다. 둘째, 독점의 경우는 평균비용을 극소로 하는 상태에서 생산이 이루어지지 않는 문제가 있다. 즉 산출량을 증가시키면 단가가 떨어져 가격을 낮출 수 있음에도 불구하고 그렇게 하지 않으므로, 독점은 비효율적이다.

사회후생의 감소

생산요소로서 노동만이 L_0로 주어진 어떤 경제에서 X재와 Y재를 생산하고 있다면, 생산요소를 가장 효율적으로 이용하는 경우에 얻을 수 있는 X재와 Y재의 결합은 생산가능곡선에 의해 나타난다. 생산가능곡선 위의 한 점에서의 접선의 기울기를 구해 그 부호를 양(+)으로 바꾼 것은 한계전환율 MRT_{XY}인데, 앞의 **6－6** 결합생산에서 살펴본 바와 같이 $MRT_{XY}=MP_L^Y/MP_L^X$가 성립한다. 한편 앞의 **7－2** 단기의 비용극소화와 단기 비용함수에서 살펴본 바와 같이 $MP_L^X=W/MC_X$ 및 $MP_L^Y=W/MC_Y$가 성립하므로, MRT_{XY}는 다음과 같이 나타낼 수 있다.

$$MRT_{XY}=\frac{MC_X}{MC_Y}$$

사회 전체의 만족인 사회후생social welfare은 사회가 소비하는 X재와 Y재의 양에 의존하므로, X재 및 Y재의 양과 사회후생 SW 사이의 관계를 결정짓는 사회후생함수social welfare function는 다음과 같이 나타낼 수 있다.[7]

$$SW=SW(X,Y)$$

7 사실, 사회후생을 나타내는 사회무차별곡선을 (X,Y) 평면에서 나타내는 경우는 사회구성원의 선호체계가 동질적인 경우이다.

그림 11-9

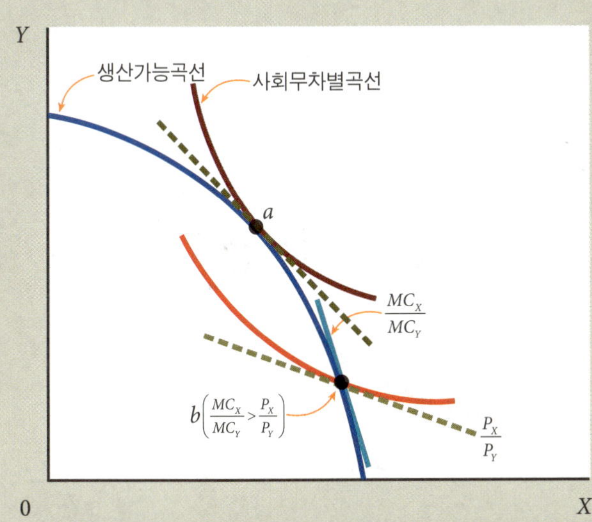

독점과 사회후생

완전경쟁 상황에서는 한계비용 가격설정이 이루어지므로 a와 같이 사회후생이 극대화되도록 자원배분이 이루어진다. Y재 시장이 독점화되면 $P_Y > MC_Y$가 되므로 b에서 생산이 이루어져 사회후생 극대화를 달성할 수 없다.

사회후생함수가 개인의 효용함수와 동일한 성격을 갖는 것으로 가정하자. 동일한 사회후생을 낳는 X와 Y의 결합을 사회무차별곡선 social indifference curve 이라고 한다. 사회무차별곡선은 **그림 11-9**와 같이 원점에 대해 볼록한 형태를 취한다. 사회무차별곡선 위의 한 점에서의 접선의 기울기를 구해 그 부호를 양(+)으로 만들어 준 것이 곧 사회한계대체율 MRS_{XY}^s이다.

X재와 Y재의 가격이 P_X 및 P_Y일 때 사회적인 소비의 적정화가 이루어지기 위해서는 $MRS_{XY}^s = P_X / P_Y$가 성립해야 한다. 한편 X재 및 Y재 산업이 모두 완전경쟁인 경우는 한계비용 가격설정을 하므로, $P_X = MC_X$ 및 $P_Y = MC_Y$가 성립한다. 생산가능곡선 위에 있으면서 사회후생을 극대화할 수 있는 점은 **그림 11-9**의 a이며, a에서는 $MRT_{XY} = MC_X / MC_Y = MRS_{XY}^s$가 성립한다.

Y재 산업이 독점화되면 $P_Y > MC_Y$가 되므로, P_X / P_Y는 감소하게 된다. 한편 생산요소는 효율적으로 이용된다는 것이 전제되고 있으므로, Y재 산업이 독점화되어도 생산되는 X재와 Y재의 결합은 반드시 생산가능곡선 위에 있어야 한다. 따라서 Y재 산업이 독점화되면 **그림 11-9**의 a가 b로 이동한다.

b도 생산가능곡선 위의 점이다. Y재 산업이 독점화됨에 따라 생산가능곡선의 기울기인 MC_X / MC_Y는 사회무차별곡선의 기울기인 P_X / P_Y보다 커진다. 따라서 Y재 산업이 독점화되면 Y재 생산량이 줄어들며, 그 대신 X재 생산량이 늘어나지만

그림 11-10

생산을 가능하게 하는 독점화

AC곡선의 위치가 그림과 같다면 완전경쟁 시장에서는 $P_0 < AC(X_0)$가 성립하여 생산이 불가능하나 독점에서는 $P_* > AC(X_*)$가 성립하여 생산이 가능하게 된다.

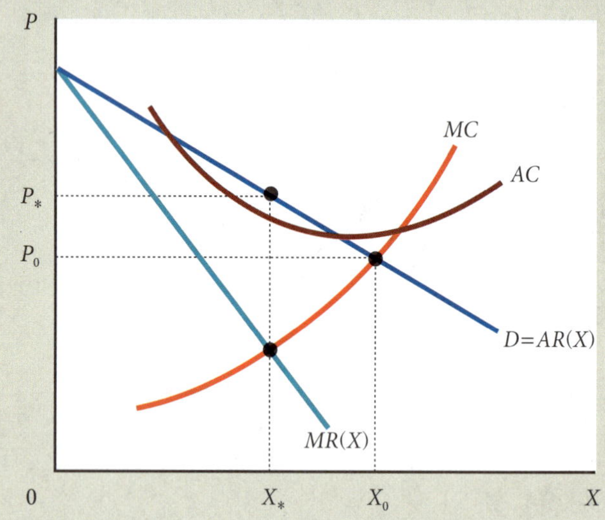

사회후생은 감소한다.

생산을 가능하게 하는 독점화

독점이 완전경쟁보다 효율성 측면에서 열등한 것은 사실이나, 모든 면에서 완전경쟁보다 열등한 것은 아니다. 대규모 토목사업이나 철도, 통신 등과 같이 고정비용이 큰 산업의 경우, 여러 기업들이 참여하면 중복적으로 고정비용을 부담하는 반면 시장수요는 나누어 가지므로 손실이 커 생산이 불가능하다. 그러나 독점인 경우에는 시장수요가 충분해 생산이 가능할 수 있다.

그림 11-10에서 독점인 경우의 산출량 및 가격은 각각 X_* 및 P_*이므로 초과이윤이 발생한다. 그러나 완전경쟁인 경우의 균형수급량 및 균형가격은 X_0 및 P_0인데, 이 경우에는 손실이 발생한다. 이 상황이 장기에서의 상황이라면 완전경쟁 상황에서는 생산이 불가능하나 독점인 경우에는 생산이 가능할 수 있다. 이를 생산이 가능한 독점화라 한다.

특허권의 적정 보장기간

법률적으로 진입장벽을 형성하게 하여 독점화를 가능하게 해 주는 요인 중에 특허권이 있다.

특허권을 일정 기간 동안 법률적으로 보장해 주는 이유는, 사회적으로 기술개발의 유인을 주기 위함이다. 특허권이 보장되면 일정 기간 동안에 특허를 이용해 생산된 제품을 독점적으로 공급할 수 있으므로, 독점이윤을 얻을 수 있다. 특허권 소유자는 이 독점이윤에 의해 개발 비용을 충당하며, 기술개발에 대한 보수도 받을 수 있다.

특허권의 보장이 기술개발의 유인이 되지만 특허권은 특허를 이용해 생산된 제품의 시장을 독점화하므로, 사회효율의 상실을 낳는다. 그렇다면 특허권을 얼마 동안 보장해 주는 것이 사회적인 관점에서 볼 때 적정할까?

특허권을 오래 보장해 줄수록 기술개발의 유인은 증가하며, 기술개발이 많이 일어날수록 장기적으로 그 기술을 사용하는 산업들의 생산비를 절감시켜 사회적 이득이 커진다. 반면에 사회효율의 상실을 낳는 기간이 길어져 효율성 상실의 정도도 커진다. 따라서 적정 특허권 보장기간은 기술개발이 사회 전체에 주는 이득과 특허권 보장에 따른 사회효율의 상실이 같도록 만드는 기간으로 결정된다.

11-6 독점의 규제

앞에서 살펴본 바와 같이 독점은 비효율적인 자원배분을 초래하며, 초과이윤을 발생시킬 수 있다. 독점이 야기하는 자원배분의 비효율성의 정도가 심각하다고 생각되거나 독점이윤이 지나치게 높다고 생각되면, 정부가 독점자를 규제하는 경우가 있다. 여기서는 독점에 대해 가능한 규제들 중 정액세와 간접세의 효과만 살펴보자.

정액세의 부과

독점자의 초과이윤을 제거하기 위해 정액세lump-sum tax를 부과하는 경우의 효과가 어떠한지 알아보기로 하자. 여기서의 정액세는 독점자의 산출량 수준과는 상관없이 일정한 금액을 조세로 부과하는 것이다. 정액세가 부과되기 이전에 독점자의 총비용이 $TC(X)$라면, T원의 정액세 부과 이후의 총비용은 $TC(X)+T$이다.

그림 11-11

정액세 부과의 경우

정액세를 부과하는 경우에 독점이윤은 세금으로 환수할 수 있으나 한계비용에 영향을 주지 못하므로 효율성 상실의 정도는 E_cE_ma로 동일하다.

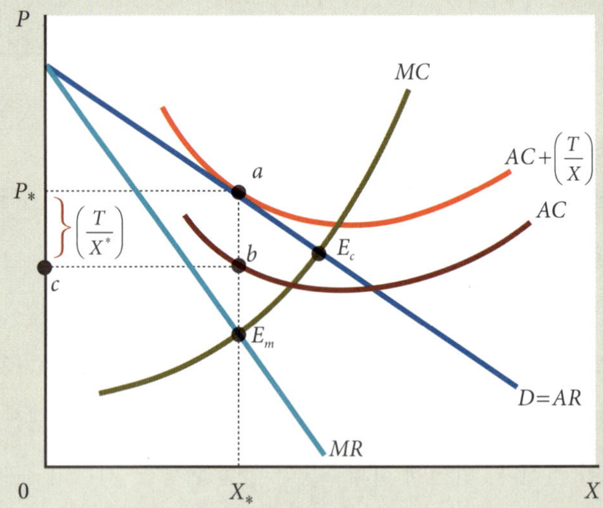

정액세는 일정하게 주어진 상수이므로, 정액세가 부과되어도 한계비용은 변화하지 않지만 평균비용은 $TC(X)/X$에서 $TC(X)/X+T/X$로 증가한다. 따라서 정액세가 부과되면, 한계비용곡선은 변화하지 않으나 평균비용곡선은 위로 이동하게 된다. 한편 정액세가 부과되어도 한계비용곡선이 움직이지 않으므로 독점자가 이윤극대화를 이루는 산출량 수준은 X_*에서 변화하지 않는다.[8]

평균비용곡선이 얼마나 위로 올라갈 것인지는 T의 크기에 달려 있다. T/X_*의 크기가 그림 11-11처럼 되도록 T의 크기를 결정하면, 정액세 부과 이전에 독점자의 이윤이었던 P_*abc를 정부가 정액세로 징수한다. 따라서 독점자의 이윤은 0이 된다. 그러나 정액세의 부과는 독점자의 한계 조건을 변화시키지 못하므로, 효율성 상실의 정도는 aE_cE_m으로 변화가 없다.

물품세의 부과

정부가 기업이 생산한 재화 한 단위당 t원씩 조세로 징수하는 경우를 생각해 보자. 물품세 부과 이전의 독점자의 총비용이 $TC(X)$이면, 물품세 부과 이후의 총비용은 $TC(X)+tX$가 된다. 따라서 물품세 부과 이전의 한계비용이 $MC(X)$라면, 물품세 부과 이후의 한계비용은

8 이러한 의미에서 정액세를 가리켜 중립적 조세(neutral tax)라고도 한다.

그림 11-12

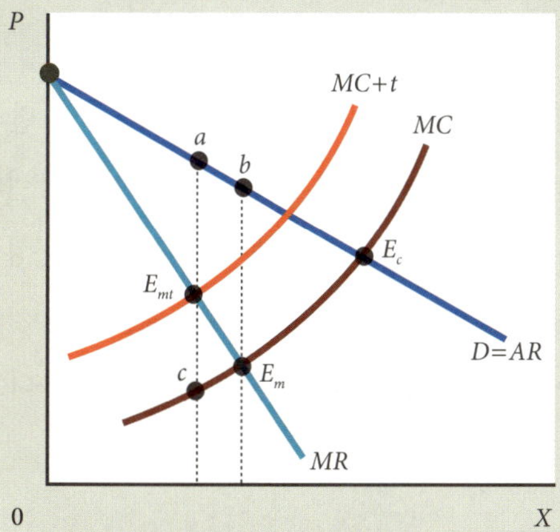

(a) 물품세 부과 전후의 효율성 상실 비교

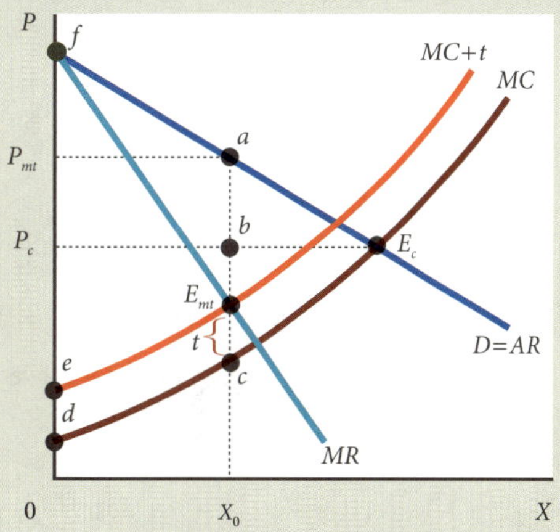

(b) 물품세 부과 후의 효율성 상실

물품세 부과의 경우

기업이 생산한 재화 한 단위당 물품세를 t만큼 부과하는 경우에 MC곡선이 t만큼 위로 이동한다. 이에 따라 효율성 상실의 정도는 E_cE_mb에서 E_cca로 증가한다.

$MC(X)+t$가 된다.

물품세 부과 이전의 독점자의 균형은 그림 11-12 (a)의 E_m에서 이루어지므로, 완전경쟁의 경우에 비해 bE_cE_m만큼의 효율성 상실이 있었다. 물품세 부과 이후의 이윤극대화 조건은 $MR(X)=MC(X)+t$이므로, 독점자가 이윤극대화를 이루기 위해서는 E_{mt}를 선택해야 한다. 이 경우에 효율성 상실의 정도는 어떠한가? 이를 그림 11-12 (b)를 통해 알아보기로 한다.

물품세를 부과하는 경우에는 소비자와 생산자 이외에 정부라는 경제주체가 더 있으므로 경제적 효율성이 소비자잉여, 생산자잉여 및 정부 조세수입의 합으로 나타난다. 완전경쟁인 경우의 소비자잉여는 fE_cP_c, 독점자에게 물품세가 부과된 경우의 소비자잉여는 faP_{mt}이므로, 소비자잉여의 변화는 $-P_{mt}abP_c-aE_cb$가 된다. 완전경쟁인 경우의 생산자잉여는 P_cE_cd, 독점자에게 물품세가 부과된 경우의 생산자잉여는 $P_{mt}aE_{mt}e$이므로, 생산자잉여의 변화는 $P_{mt}abP_c+P_cbE_{mt}e-(P_cbE_{mt}e+eE_{mt}cd+bE_cc)$가 된다.

물품세가 부과되는 경우, 정부의 조세수입은 tX_0이다. 그런데 그림 11-12 (b)에서 $MC(X)+t$와 $MC(X)$의 차이는 항상 t이므로, tX_0는 $eE_{mt}cd$의 면적과 같다. 완전경쟁인 경우의 조세수입은 0, 독점자에게 물품세를 부과하는 경우의 조세수입은

$eE_{mt}cd$이므로, 정부 조세수입의 변화는 $eE_{mt}cd$가 된다. 이상의 소비자잉여의 변화, 생산자잉여의 변화 및 정부 조세수입의 변화를 모두 더하면 $-aE_cc$가 된다는 것을 알 수 있다.

그림 11-12 (a)에서 물품세 부과 이전에는 효율성 상실이 bE_cE_m인 데 반해 물품세를 부과하는 경우에는 aE_cc가 되므로, 물품세 부과에 의해 효율성 상실의 정도가 더 커짐을 알 수 있다. 즉 한계조건을 변화시키지 않는 정액세는 효율성 상실의 정도를 변화시키지 않지만, 한계조건을 변화시키는 물품세는 효율성 상실의 정도를 증가시킨다. 따라서 효율성 측면에서는 정액세가 물품세보다 우월하다고 말할 수 있다.

정액세와 물품세의 비교

조세가 경제주체들의 한계조건을 변화시키지 않으면 효율성 상실을 낳지 않으나, 경제주체들의 한계조건을 변화시키면 효율성 상실을 낳는다는 위의 결과는 다른 조세들의 경우에도 동일하게 적용된다. 소득세의 경우, 모든 사람에게 동일한 금액을 부과하는 정액세라면 효율성 상실을 낳지 않으나, 소득이 증가함에 따라 세율을 증가시키는 누진세는 소비자들의 한계조건을 바꾸어 효율성 상실을 낳는다. 따라서 효율성만 고려한다면, 정액세가 누진세보다 우월하다.

그러나 조세의 평가 기준에 효율성만 있는 것은 아니다. 조세가 얼마나 공평하게 부과되는가를 평가하는 것은 형평equity의 기준이다. 형평의 기준에 의하면, 누진세가 정액세보다 더 우월하다. 이는 효율성과 형평을 동시에 증진시키는 것이 어려우며, 많은 경우에 효율성과 형평 사이에 상충관계trade-off가 존재함을 보여주는 한 예이다.

요 약

- 한 기업만 생산활동을 하는 시장이 독점이다. 어떤 시장이 경쟁적인지, 독점인지는 시장수요에 비해 최소효율 규모가 어떠하냐에 달려 있다. 최소효율 규모가 상대적으로 크면 독점화되는데, 최소효율 규모가 시장수요보다 크면 자연독점이라 한다.

- 독점자는 한계수입과 한계비용이 일치하도록 산출량을 결정해 이윤극대화를 이룰 수 있다. 이때 독점자는 가격설정자이므로 독점의 경우에는 공급곡선이 존재하지 않으며, 독점자가 이윤극대화를 이루는 한 점, 즉 한계수입과 한계비용이 일치하는 점만 존재한다. 마크업 가격설정을 하는 경우에는 독점력이 클수록 높은 가격이 설정된다.

- 독점자가 이윤극대화를 위해 같은 상품에 대해 다른 가격을 설정하는 것을 가격차별이라고 한다. 3급 가격차별은 소비자 집단별로 다른 가격을 설정하는 것이다. 이 경우에 수요의 가격탄력성이 높은 집단에는 낮은 가격이 설정된다. 소비자들의 구매량에 따라 다른 가격을 설정하는 것은 2급 가격차별인데, 이를 비선형 가격설정이라 부르기도 한다. 각각의 소비량에 대해 소비자가 지불할 의사가 있는 최대가격인 수요가격을 부과해 소비자잉여의 전액을 독점이윤으로 귀속시키는 것은 1급 가격차별이다. 1급 가격차별을 완전한 가격차별이라 하기도 한다.

- 독점자는 끼워팔기와 묶어팔기를 통해 이윤을 증가시킬 수 있다. 소비자들의 각 상품별 유보가격이 부(−)의 상관관계를 가지면 순수 묶어팔기가 가능하며, 소비자별 유보가격의 차이가 크면 혼합 묶어팔기가 가능하다.

- 독점에서의 산출량은 완전경쟁의 경우보다 작으므로 효율성 상실이 발생한다. 이러한 효율성 상실은 어떤 산업이 독점화되면 사회후생이 감소한다는 사실을 나타낸다. 그러나 완전경쟁 상황에서는 불가능한 생산이 독점화가 되면 가능한 경우도 있으며, 법률적으로 독점을 보장하는 특허권 등은 기술개발의 유인으로 작용할 수도 있다.

- 정액세를 부과하면 독점이윤은 제거할 수 있으나 효율성 상실은 제거할 수 없으며, 물품세를 부과하면 효율성 상실의 정도가 더 커진다.

연 습 문 제

01 어떤 독점자가 이윤극대화를 이루기 위해 $X=10$을 생산하기를 원한다. $MC(10)=150$, $X=10$인 경우 수요의 가격탄력성은 2이다. 이 독점자는 가격을 얼마로 설정하겠는가?

02 독점자의 단기이윤이 장기이윤 이하라고 할 수 있는 이유를 그림을 이용하여 설명하시오.

03 독점자가 $R\&D$ 지출을 하면, LMC를 LMC_0에서 LMC_1으로 감소시킬 수 있다. 수요곡선, 한계수입곡선, 평균비용곡선, LMC_0 및 LMC_1곡선을 이용해 $R\&D$ 지출에 의한 이윤 증가를 그림으로 나타내시오. 독점자는 어떤 경우에 $R\&D$ 지출을 할 의사가 있겠는가?

04 수요곡선과 한계비용곡선이 만나는 점이 나타내는 한계비용만큼을 최고 가격으로 설정한다면 독점자의 한계수입곡선의 형태는 어떠한가? 이 경우의 효율성 상실은 얼마인가?

05 어떤 독점자가 생산하는 제품은 현재의 생산량에서 수요의 가격탄력성이 -0.5이다. 이 독점자는 현재 이윤극대화를 이루지 못하고 있다. 그 이유는 무엇인가?

06 어떤 저자가 출판사와 독점출판 계약을 맺었다. 저자의 수입은 출판사 총수입의 15%이며, 출판사는 독점이윤의 극대화를 원한다. 저자와 출판사가 원하는 발행부수가 얼마인가를 그림을 이용해 나타내시오.

07 이 장의 본문에서는 2급 가격차별을 하는 독점자가 2개의 다른 가격을 부과하는 경우가 고려되었다. 3개의 다른 가격을 부과하는 경우를 그림으로 나타내면 어떻게 되는가? n개의 다른 가격을 부과할 때, n이 무한대가 되는 경우는 어떠한가?

08 어느 독점자가 당면하는 역수요함수가 $P=120-X$, 장기한계비용이 $LMC=2X$로 각각 주어졌다. 이 독점자가 1급 가격차별을 하는 경우에 산출량은 얼마로 결정할 것인가? 또한 이 경우의 생산자잉여는 얼마가 될 것인가?

09 X재에 대한 역수요함수가 $P_X = 44 - (1/3)X$로 주어졌다. 장기 총비용곡선이 $LTC = -4 + (2/3)X^2$인 기업이 X재를 독점공급하며 완전한 정보를 갖고 있을 때, 이 독점자가 2급 가격차별을 하면 그렇지 않은 경우에 비해 이윤이 얼마나 증가하는가?

10 국내 시장에서 독점적 지위를 확보하고 있는 자동차 회사가 있다. 이 기업은 동일한 품질의 자동차를 국내에서보다 해외에서 더 싼 가격으로 판매하고 있다. 이 기업의 행위를 어떻게 이해해야 할 것인가?

11 1급 가격차별을 하는 독점자의 경우에 $D = MR$이 성립하는 이유를 설명하시오.

12 독점적 경쟁

- 12-1 독점적 경쟁의 의미
- 12-2 단기균형
- 12-3 장기균형
- 12-4 독점적 경쟁의 후생경제학적 의미

12-1 독점적 경쟁의 의미

우리는 앞에서 양 극단의 시장 형태인 완전경쟁과 독점에 대해 살펴보았다. 완전경쟁은 다수의 기업이 동질적인 상품을 공급하는 시장 형태이며, 독점은 어떤 상품을 공급하는 기업이 하나밖에 없고 그 상품을 대체할 만한 상품이 존재하지 않는 시장 형태이다. 이제 완전경쟁의 특징 중 일부와 독점의 특징 중 일부를 동시에 갖는 중간적인 시장형태인 독점적 경쟁 monopolistic competition 을 생각해보기로 하자.

독점적 경쟁 상황에서는 다수의 기업이 차별화된 제품을 공급한다. 차별화된 제품이란 같은 종류이기는 하지만 특성이 다른 제품을 의미한다. 독점적 경쟁의 예로서 이발소, 음식점, 세탁소 및 양복점 등을 들 수 있다. 음식점을 예로 들면, 설렁탕이라는 음식을 제공하는 음식점은 많지만, 각 음식점마다 설렁탕의 맛이 다를 뿐만 아니라 음식점의 내부 장식, 종업원의 친절한 정도 및 청결도 등도 모두 다르다. 이런 경우라면 한 음식점에서 설렁탕의 가격을 올리더라도 그 음식점이 제공하는 설렁탕이 입맛에 맞는다고 생각하거나 그 음식점의 분위기에 만족하는 고객이 있는 한, 모든 고객이 다른 음식점으로 가는 경우는 발생하지 않을 것이다.[1]

완전경쟁의 경우, 다수의 기업들이 생산하는 제품의 품질이 동일하므로 한 기업이 시장가격보다 높은 가격을 부과하면 제품을 판매할 수 없다. 따라서 완전경쟁 상황에서 개별 기업이 당면하는 수요곡선은 수평선이며, 개별 기업은 가격순응자가 된다. 그러나 독점적 경쟁의 경우 생산자 수가 다수인 점에서는 완전경쟁과 유사하나, 각 기업들의 제품이 차별화되어 있으므로 개별 기업이 당면하는 수요곡선은 자신이 생산하는 고유한 특성을 갖는 재화에 대한 수요곡선이 된다. 이에 따라 개별 기업이 당면하는 수요곡선은 우하향하는 형태이며, 개별 기업은 가격설정자가 될 수 있다.

1 즉 완전한 독점력을 발휘하지는 못하더라도 어느 정도 독점력이 존재하는 것은 분명하다.

독점자와 독점적 경쟁 상황에서 개별 기업은 모두 가격설정자이지만, 양자의 행동은 다음과 같은 두 가지 차이가 있다.

첫째, 독점자는 자신이 생산하는 제품의 대체재가 존재하지 않으므로 가격을 설정할 때 아무런 제약 없이 독점력을 발휘할 수 있다.[2] 그러나 독점적 경쟁 상황에서는 품질이 다른 유사제품을 생산하는 기업들이 다수 있으며, 다른 기업들이 생산하는 제품들과 자신이 생산하는 제품 사이의 대체성이 매우 크다. 따라서 독점적 경쟁 상황에서 개별 기업은 자신이 생산해 내는 특정한 특성을 갖는 제품에 대해서는 독점력이 있으므로 가격설정자로 행동할 수 있으나, 대체품이 다수 존재하므로 독점자에 비해 독점력이 많이 떨어진다.

둘째, 독점의 경우는 독점의 정의에 의해 장기에도 새로운 기업의 진입이 없으므로, 독점자는 장기에도 초과이윤을 얻을 수 있다. 그러나 독점적 경쟁 상황에서는 유사제품을 생산하는 기업들이 장기에 자유로이 진입할 수 있으며, 기존의 기업이 이탈할 수도 있다. 이러한 진입과 이탈의 자유에 의해 독점적 경쟁 상황에서 개별 기업은 장기적으로 초과이윤을 얻을 수 없다.

독점적 경쟁 상황에서의 개별 기업의 행위를 분석하기 위해서는, 개별 기업이 당면하는 수요곡선을 다른 기업들의 반응이 있는 경우의 수요곡선 D와 다른 기업들의 반응이 없는 경우의 수요곡선 d로 나누어 생각할 필요가 있다. 다른 기업들이 부과하는 평균적인 가격을 Π라 하자. 다른 기업들의 반응이 있다는 것은, 어떤 개별 기업이 P를 변화시킬 때 다른 기업들도 가격을 변화시키는 것을 의미하므로 $\Pi=\Pi(P)$로 나타낼 수 있다. 또한 다른 기업들의 반응이 있는 경우의 수요함수는 $D(P,\Pi(P))=D(P)$로 나타낼 수 있다. 이때 한 기업이 가격을 내리면, 다른 기업들도 가격을 내리는 것으로 가정한다($\Delta\Pi/\Delta P>0$).

다른 기업들의 반응이 없다는 것은 어떤 기업이 가격을 변화시켜도 다른 기업들이 가격을 변화시키지 않는다는 것, 예를 들어 Π를 Π_0에 고정시킨 채 움직이지 않음을 의미한다. 따라서 다른 기업들의 반응이 없는 경우의 수요함수는 $d(P,\Pi_0)$로 나타낼 수 있다. 이때 다른 기업들이 반응을 보여 Π_0를 Π_1으로 변화시키면 수요함수가 $d(P,\Pi_0)$에서 $d(P,\Pi_1)$으로 변화하는데, 이는 수요곡선 d가 이동한다는 것을 의미한다.

그림 12-1에서 개별 기업이 가격을 P_0에서 P_1으로 인하할 때 다른 기업들이

2 물론 시장제약으로부터 벗어날 수는 없다.

그림 12-1

독점적 경쟁의 수요곡선들

어떤 기업이 가격을 P_0에서 P_1으로 하락시킬 때 다른 기업들이 부과하는 가격이 Π_0로 고정되어 반응을 보이지 않는다면, 수요량이 X_1까지 증가할 수 있다. 그러나 다른 기업들도 따라서 가격을 Π_1으로 내린다면 수요량은 X_2까지밖에 증가하지 않는다.

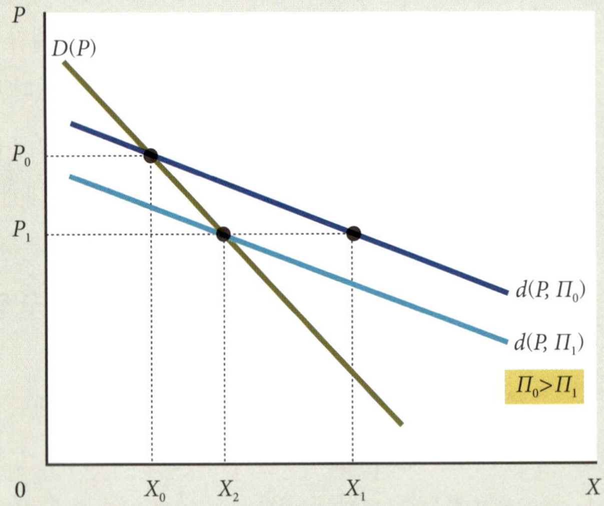

가격을 인하하지 않는다면, 수요량은 X_0에서 X_1으로 늘어날 수 있다. 그러나 대체성이 큰 유사제품을 생산하는 다른 기업들도 가격을 인하한다면, 수요량은 X_0에서 X_2 정도까지만 늘어날 수 있다.

따라서 가격이 P_1이라면, 다른 기업들의 반응이 있는 경우의 수요곡선 $D(P)$가 나타내는 수요량과 다른 기업들의 반응이 없는 경우의 수요곡선 $d(P, \Pi_0)$가 나타내는 수요량 사이에 $X_1 - X_2$의 차이가 존재한다. 이러한 차이는, 다른 기업들이 반응을 보여 가격을 Π_0에서 Π_1으로 인하함에 따라 수요곡선 $d(P, \Pi_0)$가 $d(P, \Pi_1)$으로 이동해 제거된다.

독점적 경쟁 상황에서는 유사 제품을 생산하는 기업들의 수가 매우 많다. 따라서 개별 기업은 가격을 변화시킨 후 다른 기업들이 반응을 보인 결과로 자신의 수요량이 어떻게 변화할 것인지를 사전에 예측하는 것이 불가능하다. 독점적 경쟁 상황에서 개별 기업들은 $D(P)$의 형태를 사전에 알 수 없으므로, 사전적으로 인식이 가능한 $d(P, \Pi)$를 의사결정의 대상으로 삼는다.[3] 즉 $d(P, \Pi)$의 역수요함수를 $P(X)$라 하면 $P(X)X$가 개별 기업이 생각하는 총수입이다.

3 이는 독점적 경쟁 시장에서 특정한 기업의 행동은 다른 기업들의 반응을 유발하지 않는다고 가정하겠다는 의미이기도 하다.

그림 12-2

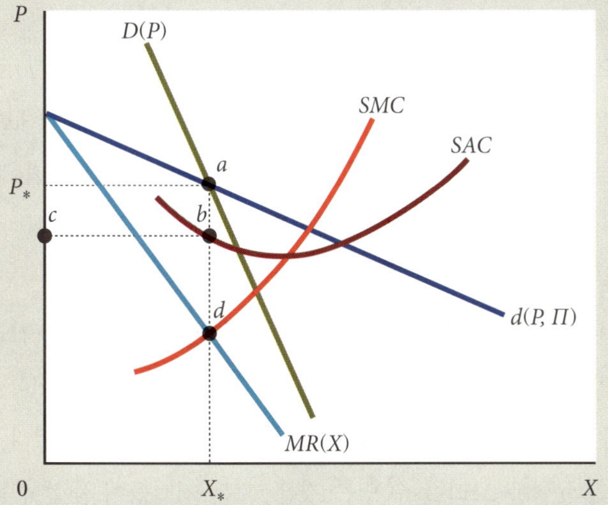

독점적 경쟁의 단기균형

독점적 경쟁 상황에서 균형은 실제 관찰 가능한 d에서 $MR=SMC$가 성립하여 이윤극대화를 달성하고, $d=D$가 성립하여 더이상 d가 움직이지 않는 상태에서 얻어진다.

12-2 단기균형

독점적 경쟁 상황에서 개별 기업이 이윤극대화를 이루는 조건은, $P(X)X$로부터 도출된 한계수입 $MR(X)$와 단기 한계비용 $SMC(X)$가 일치하도록 산출량을 결정하고, $d(P, \Pi)$가 나타내는 바에 따라 가격을 설정하는 것이다. 그러나 이윤극대화에 의해서만 단기균형이 이루어지는 것은 아니다.

그림 12-1에서 보는 바와 같이 가격이 P_1일 때 $D(P_1)$과 $d(P_1, \Pi_0)$가 일치하지 않는다는 것은 다른 기업들이 반응을 보여 Π_0가 변화함을 의미한다. 그런데 Π_0가 Π_1으로 변화하면, 개별 기업이 의사결정의 대상으로 삼는 수요곡선이 이동하며, 이에 따라 한계수입곡선도 이동한다. 따라서 한계수입과 단기 한계비용을 일치시켜 이윤극대화를 이루게 하는 산출량의 수준도 변화한다. 한편 균형이 이루어지기 위해서는 한계수입곡선이 고정되어 있어야 하는데, 이는 곧 $D(P)$와 $d(P, \Pi)$가 서로 만나야 한다는 것을 나타낸다. 따라서 독점적 경쟁 상황에서 개별 기업이 이윤극대화를 이루는 산출량 및 가격이 각각 X_* 및 P_*인 경우의 단기균형 조건은 다음과 같이 나타낼 수 있다.

$$MR(X_*) = SMC(X_*)$$
$$D(P_*) = d(P_*, \Pi)$$

위의 조건을 그림으로 나타내면 그림 12-2와 같다. 개별 기업은 $d(P, \Pi)$로부터 도출된 한계수입곡선과 단기 한계비용곡선이 만나는 d를 선택해 이윤극대화를 이룰 수 있으며, 이 경우의 산출량은 X_*, 가격은 P_*로 결정된다. 한편 가격이 P_*인 경우, $D(P)$와 $d(P, \Pi)$는 a에서 만나며, 이때부터 더 이상 다른 기업의 반응이 없으므로 $d(P, \Pi)$는 그 위치가 고정된다. 따라서 이윤극대화를 이루는 X_*와 P_*가 변화하지 않아 단기균형이 달성된다. 그림 12-2와 같은 경우에 개별 기업은 P_*abc의 초과이윤을 얻는다.

완전경쟁 상황에서는 개별 기업의 균형과 함께 산업의 균형이 고려되었다. 완전경쟁 시장에서 산업의 균형을 고려할 수 있는 것은, 모든 기업들이 품질이 동일한 제품을 생산하므로 개별 기업들의 공급곡선을 수평으로 합하면 산업의 공급곡선을 얻을 수 있으며, 시장의 수요곡선도 하나로 주어지기 때문이다.

독점적 경쟁의 경우, 각 개별 기업들이 생산하는 제품들은 유사하며 대체성이 매우 큰 제품이지만 동일한 제품은 아니다. 따라서 개별 기업들의 공급곡선을 수평으로 합할 수 없다. 또한 개별 기업이 당면하는 수요곡선도 그 기업이 생산하는 고유한 품질을 갖는 제품에 대한 수요곡선이므로, 다른 기업들의 제품에 대한 수요곡선과 수평으로 합해 하나의 수요곡선을 만들 수 없다. 따라서 독점적 경쟁의 경우는 산업을 대상으로 분석할 수 없다.

단기의 조정 과정

여기서는 단기에 균형의 교란이 발생했을 때, 어떠한 과정을 거쳐 다시 균형으로 돌아가는지 살펴보자.

최초의 균형이 그림 12-3의 a에서 얻어졌다고 하자. a에서는 $MR_0(X_0) = SMC_0(X_0)$가 성립해 이윤극대화가 이루어질 뿐만 아니라, $D(P_0) = d(P_0, \Pi_0)$가 성립해 $d(P_0, \Pi_0)$가 움직이지 않으므로 균형이 이루어진다.

이 기업이 개술개발을 이루어 한계비용곡선이 $SMC_0(X)$에서 $SMC_1(X)$로 이동했다고 하자. 이 경우에 기업이 인식하는 수요곡선은 여전히 $d(P, \Pi_0)$이므로 이윤극대화를 이루는 산출량은 $MR_0(X_1) = SMC_1(X_1)$을 만족시키는 X_1에서 결정되며, 가격은 수요곡선 위의 b가 나타내는 P_1에서 결정된다.

그림 12-3

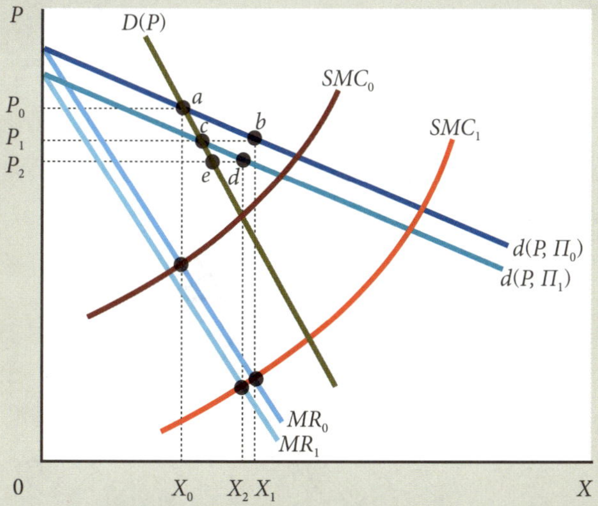

단기균형의 조정 과정

SMC_0가 SMC_1으로 이동하면 $MR_0=SMC_1$을 만족시키도록 산출량을 X_1으로 결정하고 가격을 P_1으로 설정한다. 그런데 이 경우에는 $D(P)$와 $d(P, \Pi_0)$가 일치하지 않는다. 이는 곧 d가 이동함을 의미한다. d가 이동하면 MR_0도 MR_1으로 변화하여 이윤극대화를 이루는 산출량은 X_2로 바뀐다. 이러한 조정은 새로운 균형이 달성될 때까지 계속된다.

그러나 P_1에서는 $D(P_1)$이 $d(P_1, \Pi_0)$보다 작다. 이는 이 기업이 설정하는 가격이 P_0에서 P_1으로 하락함에 따라 다른 기업들도 가격을 Π_0에서 Π_1으로 하락시킴을 의미하며, 이에 따라 $d(P, \Pi_0)$는 $d(P, \Pi_1)$으로 이동한다. 수요곡선이 이동함에 따라 한계수입곡선도 MR_0에서 MR_1으로 이동하므로, X_1은 더 이상 이윤극대화를 이루는 산출량이 아니다.

MR_1에서 이윤극대화를 이루는 산출량은 $MR_1(X_2)=SMC_1(X_2)$를 만족시키는 X_2이며, 가격은 수요곡선 위의 d가 나타내는 P_2가 된다. 그러나 P_2에서도 $D(P_2)$가 $d(P_2, \Pi_1)$보다 작으므로 다른 기업들이 가격을 변화시키고, 이에 따라 수요곡선도 이동하게 된다. 그러나 그림 12-3에서 보는 바와 같이 조정이 지속됨에 따라 수요곡선이 이동하는 정도는 bc, de와 같이 점차 줄어든다. 이는 곧 조정이 계속 이루어짐에 따라 그림 12-2와 같이 균형이 회복된다는 것을 나타낸다.

12-3 장기균형

독점적 경쟁 상황에서 개별 기업은 단기에 초과이윤을 얻을 수 있다. 그러나 초과이윤이 존재하는 경우라면 장기에는 유사 제품을 생산하는 새로운 기업이 진

그림 12-4

장기에서의 수요곡선의 이동

E_s는 단기균형은 될 수 있으나 초과이윤이 존재하므로 장기균형은 아니다. 새로운 기업의 진입에 의해 D 및 d가 모두 좌하향으로 이동하여 E_L과 같은 새로운 균형이 얻어진다. d_1을 LAC와 접하도록 이동시키면 d_1으로부터 도출되는 MR_1곡선은 반드시 'a'를 지나게 된다(각주 1 참조).

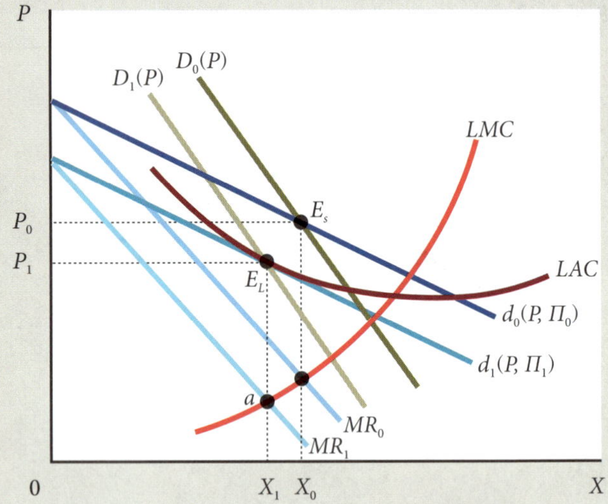

입하며, 이에 따라 개별 기업의 제품에 대한 수요가 줄어들어 이윤이 하락한다. 새로운 기업의 진입은 초과이윤이 존재하는 한 계속되므로, 결국 개별 기업의 이윤은 0이 된다. 따라서 장기균형의 조건은 다음과 같다.

$$MR(X_*) = LMC(X_*)$$
$$D(P_*) = d(P_*, \Pi)$$
$$\text{이윤} = 0$$

장기의 조정 과정을 그림 12-4에서 알아보자. E_s에서는 $MR_0(X_0) = LMC(X_0)$ 및 $D_0(P_0) = d_0(P_0, \Pi_0)$가 성립하지만, 개별 기업이 초과이윤을 얻고 있으므로 장기균형이 아니다. 장기에 초과이윤이 존재하면 초과이윤이 없어질 때까지 새로운 기업이 진입한다. 새로운 기업의 진입은 개별 기업에 어떠한 영향을 미칠 것인가?

이 기업이 생산하는 제품과 유사한 제품을 생산하는 새로운 기업이 진입하면 이 기업의 제품에 대한 수요는 줄어든다. 이는 곧 $D(P)$곡선과 $d(P, \Pi)$곡선이 모두 왼쪽으로 이동함을 의미한다.

새로운 기업의 진입은 초과이윤이 0이 될 때까지 일어나므로 장기균형은 $D_1(P_1) = d_1(P_1, \Pi_1)$인 상태에서 성립하며, E_L에서 $d_1(P_1, \Pi_1)$과 장기 평균비용곡선 LAC가 접할 때 이루어질 수 있다. 이 경우에 남은 문제는 E_L이 이윤극대화를 보장하는가이다. E_L이 이윤극대화를 이루기 위해서는 $d_1(P, \Pi_1)$으로부터 도출되는

그림 12-5

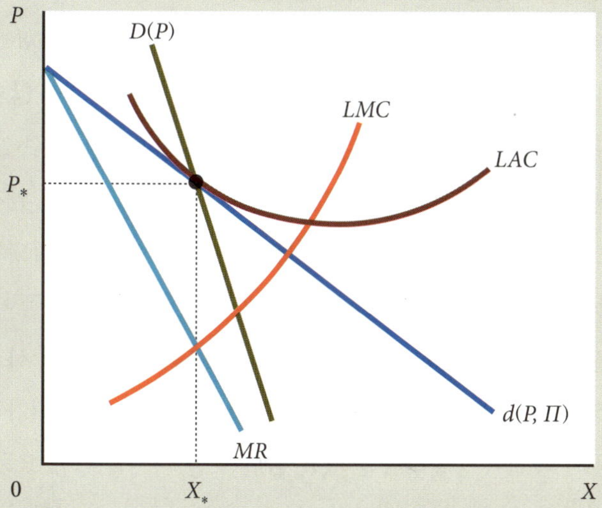

독점적 경쟁의 장기균형

독점적 경쟁에서 장기균형은 이윤극대화를 이루고, $d(P, \Pi)$가 더이상 움직이지 않으며, 초과이윤이 존재하지 않는 경우에 얻어진다.

한계수입곡선 MR_1이 그림 12-4의 a를 통과한다는 것이 보장되어야 한다. E_L에서 $d_1(P_1, \Pi_1)$과 LAC가 접한다는 사실이 이를 보장한다.[4]

12-4 독점적 경쟁의 후생경제학적 의미

독점적 경쟁의 효율성

독점적 경쟁 상황에서 개별 기업의 장기균형을 다시 그림으로 그리면 그림 12-5와 같다. 장기에

4 이를 수식으로 엄밀히 나타내면 다음과 같다. 지금 $d_1(P, \Pi_1)$에 해당하는 역수요함수를 $P_1(X)$라 하면 E_L에서 $d_1(P, \Pi_1)$과 LAC가 접한다는 것은 산출량이 X_1일 때 수요곡선과 장기 평균비용곡선의 기울기가 같다는 것, 즉 $dP_1(X_1)/dX = dLAC(X_1)/dX$이 성립함을 의미한다. 한편 산출량이 X_1일 때 이윤이 0이므로 $P_1(X_1) = LAC(X_1)$이 성립한다. 산출량이 X_1인 경우의 한계수입 $MR_1(X_1)$은 다음과 같다. $MR_1(X_1) = d\{P_1(X_1)X\}/dX = P_1(X_1) + X_1 \cdot \{dP_1(X_1)/dX\}$. 또한 장기 총비용 $LTC(X)$와 장기 평균비용 $LAC(X)$ 사이에 $LTC(X) = LAC(X)X$의 관계가 성립하며, 장기 한계비용 $LMC(X)$는 $LMC(X) = dLTC(X)/dX$에 의해 구해지므로 $LMC(X_1) = d[LAC(X)X]/dX = LAC(X_1) + X_1 \cdot \{dLAC(X_1)/dX\}$이 성립한다. 그런데 $dP_1(X_1)/dX = dLAC(X_1)/dX$이며 $P_1(X_1) = LAC(X_1)$이 성립하므로 $MR_1(X) = LMC(X_1)$이 성립한다. 이는 곧 $MR_1(X_1)$이 반드시 a를 통과함을 의미한다.

개별 기업이 초과이윤을 얻지 못하는 것은 완전경쟁의 경우와 동일하나, 평균비용이 극소인 점에서 생산을 하지 않는다는 것 등은 완전경쟁과 차이가 있다. 즉 산출량이 평균비용을 극소로 하는 산출량보다 작아 초과설비excess capacity가 존재하며, 산출량을 더 늘려 단가를 낮출 수 있지만 이윤극대화를 위해 그렇게 하지 않으므로 독점적 경쟁은 완전경쟁에 비해 비효율적 자원배분이 이뤄진다고 말할 수 있다.

독점적 경쟁이 효율성의 측면에서 완전경쟁보다 못한 것은 사실이지만 완전경쟁에 비해 우월한 점도 존재한다. 완전경쟁 상황에서는 동질의 제품만 공급되지만 독점적 경쟁의 경우 제품차별product differentiation에 의해 다양한 특성의 제품이 공급된다. 예를 들어 독점적 경쟁 상황에서는 다양한 특성과 디자인의 옷이 시장에 공급될 수 있다. 완전경쟁의 가정에 의한다면, 옷의 공급은 어떻게 될 것인가? 완전경쟁의 가정에서 제품의 품질이 동일하다는 것은 국민복 한 가지를 정해 모든 기업들이 국민복만 공급한다는 것을 의미한다. 여러분은 어느 경우가 더 바람직하다고 생각하는가?

독점적 경쟁 하의 최적 기업의 수

독점적 경쟁의 경우, 장기균형에서 개별 기업들은 평균비용이 극소인 점에서 생산하지 않으므로 개별 기업의 산출량은 평균비용을 극소로 만드는 산출량보다 작다. 완전경쟁의 경우, 옷의 수요가 일정한 경우에 개별 기업들이 평균비용이 극소인 점에서 산출량을 결정함으로써 개별 기업의 산출량은 증가하지만, 이에 따라 옷을 생산하는 기업의 수는 감소하게 된다. 이러한 사실에 기초해 독점적 경쟁의 경우, 장기균형에서 옷을 생산하는 기업의 수가 너무 많다고 이야기할 수 있는가? 이에 대한 답변은 '아니오'이다. 그 이유는 품질의 다양성이 소비자들의 만족을 증가시키기 때문이다.

독점적 경쟁 상황에서 개별 기업이 당면하는 수요곡선은 자신이 생산하는 고유한 품질을 갖는 제품에 대한 수요곡선이며, 각 기업들이 생산하는 제품의 품질은 모두 다르다. 그러나 여기서는 논의를 단순화시키기 위해 모든 기업들의 수요곡선의 위치와 비용 조건이 동일하다고 가정하자.

n을 독점적 경쟁 시장에서 생산활동을 하는 기업의 수라 하고, $\pi_i(n)$을 기업의 수가 n일 때 i번째 기업의 이윤이라 하자.

이때 생산자잉여 $PS(n)$은 모든 기업들의 이윤의 합, 즉 $PS(n)=\Sigma\pi_i(n)$으로

EXAMPLE 12-1

브랜드 네임 brand name

독점적 경쟁에서 존재하는 초과설비의 정당성을 설명하는 한 가지 방법은 본문에서 설명한 바와 같이 차별화된 제품이 소비자들의 만족을 증가시키는 사회적 이득이 초과설비가 초래하는 낭비를 능가할 수 있다는 것이다. 이 설명은 기업이 같은 브랜드 네임으로 여러 가지 상품을 생산해 내는 경우에 나타나는 초과설비에 대한 다른 해석을 제공한다.

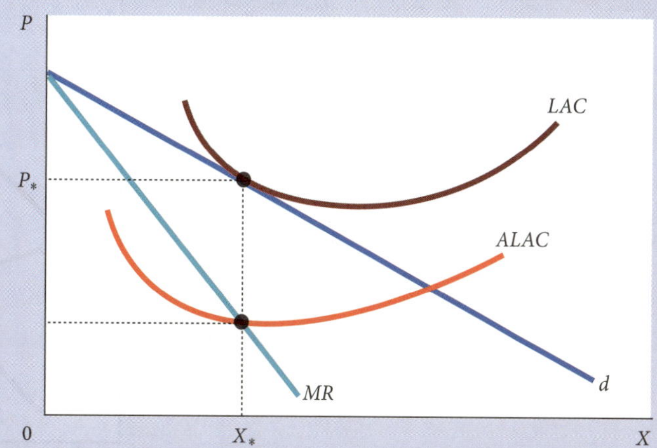

예를 들어 △△전자가 △△ 컴퓨터, △△ 냉장고, △△ 카메라 등을 생산해 내는 경우와 같이 같은 브랜드 네임으로 여러 종류의 상품을 생산해 내는 예를 현실에서 흔하게 볼 수 있다.

어느 기업이 두 가지 차별화된 제품 X와 Y를 같은 브랜드 네임으로 생산해 낸다고 하자. X재 시장이 독점적 경쟁인 경우 장기균형은 위의 그림과 같이 결정된다.

이 경우에 LAC의 극소점에서 생산이 이루어지지 않아 초과설비가 존재한다. 그런데 X재를 소량 생산하면서 권위와 신뢰를 지키는 것이 이 기업의 브랜드 가치를 증가시켜 Y재에 대한 수요를 늘리고 결국 이 기업의 수입증가로 이어질 수 있다. 이런 점을 감안하면 X재를 생산할 때 나타나는 조정된 장기평균비용 ALAC는 LAC에서 Y재 생산으로부터 발생하는 추가 수입을 차감하여 얻을 수 있다.

ALAC의 형태가 위의 그림과 같다면 사회적 관점에서 볼 때 독점적 경쟁 하에서 X재를 생산할 때 초과설비는 존재하지 않는다.

자료: Margolis, S.E., monopolistic competititon and multiproduct brand names, *journal of business*, 1989.

얻어진다.[5] 독점적 경쟁의 경우, 장기균형에서 개별 기업들의 이윤은 0이므로 생산자잉여도 0이 된다. 즉 n_0가 독점적 경쟁 상황의 장기균형에서의 기업의 수라면 $PS(n_0)=0$이 성립한다. n이 증가할수록 경쟁이 치열해져 $\pi_i(n)$이 감소하므로 $PS(n)$도 감소한다.

독점적 경쟁 상황에서 생산활동을 하는 기업의 수가 증가한다는 것은 제품의 다양성이 증가한다는 것이다. 제품이 다양해진다는 것은 소비자들이 교환을 통해 얻는 만족인 소비자잉여가 증가한다는 것을 의미한다. 독점적 경쟁 상황에서 생산활동을 하는 기업의 수가 n인 경우의 소비자잉여를 $CS(n)$이라 하면, n이 증가할

5 장기에는 이윤과 생산자잉여의 크기가 같다는 점을 기억하자.

그림 12-6

기업의 수가 최적수보다 적은 경우

독점적 경쟁 상황에서 기업들이 평균비용의 극소점에서 생산량을 결정하지 않는다고 해서 기업의 수가 과다하다고 말할 수는 없다. 이 그림은 독점적 경쟁 상황에서 기업 수가 적정한 수보다 적은 경우를 나타내고 있다.

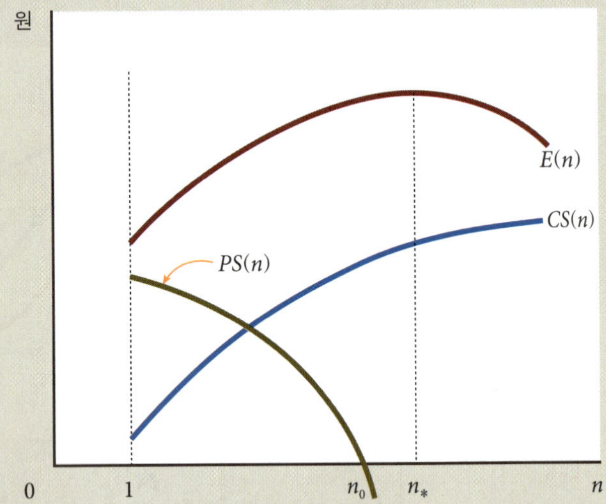

때 $CS(n)$도 증가한다.

독점적 경쟁 상황에서의 최적 기업의 수는 $PS(n)$과 $CS(n)$의 합인 경제적 효율성 $E(n)$을 극대화하는 수이다. n이 증가함에 따라 $PS(n)$은 감소하지만, $CS(n)$은 증가하므로, $E(n)$을 극대로 하는 n의 수준인 n_*가 n_0보다 작을지 클지는 확실하지 않다. 그림 12-6은 n의 증가에 따라 $CS(n)$이 더욱 증가하며, n_*가 n_0보다 큰 경우이다.

요 약

- 다수의 기업이 차별화된 품질로 같은 종류의 제품을 생산하며, 각 기업은 자신이 생산하는 고유한 품질의 제품에 대해 독점력을 행사할 수 있는 시장 형태가 독점적 경쟁이다. 이 경우에 개별 기업은 가격설정자이나, 대체품이 다수 존재하므로 독점력은 독점의 경우보다 약하다. 한편 독점적 경쟁의 경우에는 장기에 진입과 이탈의 자유가 있으므로, 초과이윤이 존재하지 않는다.
- 독점적 경쟁 상황에서 개별 기업의 단기균형은, 다른 기업의 반응이 없는 경우의 수요곡선으로부터 도출된 한계수입과 한계비용이 일치하며, 다른 기업들의 반응이 더 이상 없는 경우에 이루어진다. 장기균형은 단기균형의 조건을 만족시키면서 이윤이 0인 경우에 이루어진다.
- 독점적 경쟁 상황에서는 초과설비가 존재하므로 효율성 상실이 있다. 그러나 다양한 품질의 제품이 생산되므로 완전경쟁의 경우보다 더 우월하다. 독점적 경쟁 상황에서 초과설비가 존재한다는 것이 독점적 경쟁 상황에서의 기업의 수가 최적보다 많다는 것을 의미하는 것은 아니다.

연 습 문 제

01 독점적 경쟁 상황에서 생산활동을 하는 개별 기업이 당면하는 수요곡선의 형태는 제품의 차별성이 줄어들수록 어떻게 변화하는가?

02 소비자들의 기호가 다양해질수록 독점적 경쟁 상황에서의 최적 기업 수와 장기균형 상태에서의 기업 수 사이의 관계는 어떻게 될 것인가?

03 X재를 생산하는($X>0$) 기업이 독점적 경쟁 상황에서 장기균형을 이루기 위해서는 항상 수익체감이 전제되어야 하는가?

04 독점적 경쟁 상황에서 소비자들의 소득이 M_0에서 M_1으로 증가할 경우, 개별 기업의 단기 조정 과정을 그림으로 설명하시오.

05 독점적 경쟁 시장에서 생산활동을 하는 어떤 기업에 대해 다음과 같은 사실들이

알려졌다.

(i) 수요함수 1 : $X = k + 50 - 5P$

(ii) 수요함수 2 : $X = 35 - 2P$

(iii) 비용함수 : $C = 30 - 2X + 0.3X^2$

(1) 위의 두 개의 수요곡선 중 다른 기업의 반응이 있는 경우의 수요곡선은 어느 것인가? 또한 k는 무엇을 의미하는가?

(2) 이 기업이 단기균형을 이룬 경우에 k의 값은 얼마인가?

06 독점적 경쟁 하의 어떤 기업에 대해 다음의 사실들이 알려졌다.

(i) 수요함수 1 : $X = 100 - 2P$

(ii) 수요함수 2 : $X = a - 4P$

(iii) 장기 한계비용함수 : $LMC = 0.5X$

이 기업이 장기균형을 이룬 경우 a, X, P 및 LAC는 각각 얼마인가?

07 독점적 경쟁시장에서 생산활동을 하는 기업에 대해 다음과 같은 사실들이 알려졌다.

(i) 다른 기업들의 반응이 없는 경우의 역수요함수 : $P = 12 - (1/2)X$

(ii) 다른 기업들의 반응이 있는 경우의 역수요함수 : $P = a - 2X$

(iii) 단기 한계비용곡선 : $SMC = 2X$

단기균형 하에서의 최적 산출량 및 a의 값은 각각 얼마인가?

13

과 점

13-1 과점의 의미

두 개 이상인 소수의 기업이 제품을 생산해 내는 시장 형태를 과점oligopoly이라 한다. 기업 수가 적기 때문에 모든 기업의 행동은 충분히 중요한 것으로 인식하여, 한 기업이 어떤 행동을 취할 때 다른 기업들의 반응에 따라 자신의 이윤이 달라진다는 것을 충분히 고려하며 의사결정을 하게 된다.

과점의 특별한 형태로 오직 두 개의 기업만이 생산활동을 하는 경우를 복점duopoly이라 한다. 과점 시장에서 생산되는 제품은 동질적일 수도 있으며, 이질적일 수도 있다. 기업들이 동질적인 제품을 생산하는 과점을 순수과점pure oligopoly이라 하고, 같은 종류이긴 하나 특성이 다른 이질적인 제품을 생산하는 과점을 차별과점differentiated oligopoly이라 한다. 여기서는 특별한 언급이 없는 한 순수복점의 경우를 가정하기로 한다.

게임이론적 상황

과점이 다른 시장 형태와 구별되는 가장 큰 특징은 기업들의 의사결정이 상호 의존적이라는 것이다. 즉 한 기업이 어떤 행동을 취할 때 그 기업의 이윤이 어떻게 될 것인지는 자신의 행동에도 의존하지만, 다른 기업들이 어떤 행동을 취할 것인지에도 의존한다.

규모가 비슷한 3개의 기업이 가전제품을 생산한다고 하자. 한 기업이 판매량을 증가시키기 위해 광고비를 지출하기로 하는 경우, 이 기업이 광고비 지출에 의해 얼마만큼의 이득을 얻을 것인지는 다른 기업들의 반응에 달려 있다. 다른 두 기업이 광고비를 별로 증가시키지 않는다면, 이 기업의 판매량은 대폭 증가할 수 있다. 그러나 다른 두 기업이 이 기업보다 더 많은 광고비를 지출하여 광고경쟁이 시작된다면, 이 기업의 판매량은 거의 증가하지 못할 수도 있다. 이때 어떤 기업이 광고비를 얼마로 책정할 것인지는 이 기업이 광고비를 증가시켰을 때 다른 기업들

EXAMPLE 13-1

우리나라의 시장구조

우리나라는 1999년 '시장구조 조사·공표제도'를 도입한 이래 공정거래위원회에서 매년 시장집중도를 조사하여 발표하고 있다. 시장집중도를 파악하기 위해 사용하고 있는 지표는 *CR* concetration ratio 및 *HHI* Herfindahl-Hirschman index 등이다.

*CRi*는 산업 전체의 출하액에서 상위 *i*개 기업의 출하액이 차지하는 비율을 나타낸다. 우리나라의 '독점규제 및 공정거래에 관한 법률' 제4조에는, *CR*1이 0.5 이상이거나 *CR*3가 0.75 이상인 경우가 시장지배적 사업자라고 정의되어 있다. 이 정의에 의하면, 시장지배적 사업자가 존재하는 시장은 독과점 시장이다.

한편 *HHI*는 각 기업의 시장점유율을 제곱해 합한 값이다. 즉 100개 기업의 시장점유율이 모두 0.01인 경우의 *HHI*는 $0.0001 \times 100 = 0.01$, 1개 기업의 시장점유율이 0.9이고 99개 기업이 나머지 0.1을 균등하게 나누어 가지는 경우의 *HHI*는 $\{(0.81 \times 1) + \{(0.1/99)^2 \times 99)\} = 0.8101$이다.

이론적으로 *HHI*는 0과 1 사이의 값을 가질 수 있는데 *HHI*가 클수록 집중도가 크다는 의미이다.

일반적으로 *HHI* 0.1 이하를 약한 집중도, 0.1 초과 0.18 이하를 중간 정도 집중도, 0.18 초과를 고도 집중도라고 정의한다.

우리나라의 2006년 평균규모 출하액 기준 상위 20대 산업의 집중도 자료는 위의 표와 같다.

위 표에 의하면, 20대 산업 중 17개의 *CR*3가 0.75를 넘어 독과점 구조가 폭넓게 형성되어 있음을 알 수 있다.

품목명	*CR*3	*HHI*
원유 정제 처리업	0.795	0.241
승용차 및 기타 여객용 자동차 제조업	0.903	0.312
강선 건조업	0.726	0.220
화물자동차 및 기타 특수목적용 자동차 제조업	1.000	0.652
항공기, 우주선 및 보조 장치 제조업	1.000	1.000
석유 화학계 기초화합물 제조업	0.588	0.150
담배제품 제조업	0.999	0.678
맥주 제조업	1.000	0.519
동제련, 정련 및 합금 제조업	0.957	0.798
설탕 제조업	0.999	0.338
자동차용 엔진 제조업	1.000	0.734
신문용지 제조업	0.877	0.399
담배 재건조업	1.000	0.955
전자 집적회로 제조업	0.833	0.362
열간 압연 및 압출 제품 제조업	0.789	0.269
기관차 및 기타 철도차량 제조업	0.994	0.888
원유 및 천연가스 채굴업	1.000	1.000
액정 표시 장치 제조업	0.700	0.191
냉간 압연 및 압출 제품 제조업	0.833	0.553
타이어 및 튜브 제조업	0.912	0.335

자료: 공정거래위원회, 2006년 시장구조 조사·분석 결과, 2008.

이 어떠한 반응을 보일 것으로 예측하느냐에 따라 달라진다. 과점에서 발생하는 이러한 상황을 **게임이론적 상황** game theoretic situaton 또는 전략적 상황 strategic situation 이라 한다.

다른 기업들의 반응을 어떻게 예측하는가에 따라 과점 시장의 모형은 달라지게 된다. 한편 과점 시장에서 상호 의존적인 기업들은 이윤극대화를 달성하기 위해 서로 협조할 수도 있고, 그렇지 않을 수도 있다. 기업들의 협조 여부에 따라 과점 시장에 관한 모형을

> **게임이론적 상황**
>
> 자신이 취하는 행동에 따라 다른 기업들의 행동이 어떻게 변화할 것이라고 예측하는지에 따라 기업의 의사결정이 달라진다면, 이 기업은 게임이론적 상황에 처해 있다.

비협조적 과점시장 모형과 협조적 과점시장 모형으로 나눌 수 있다.

13-2 비협조적 과점시장

비협조적 과점시장의 균형

비협조적 과점시장에서는 기업들이 이윤극대화를 위해 행동할 때 서로 협조하지 않는다고 가정한다. 그러나 한 기업의 이윤이 자신의 행동뿐만 아니라 다른 기업들의 행동에도 영향을 받으므로, 다른 기업들의 반응을 고려하며 의사결정을 해야 한다.

> **추측변이**
>
> 어떤 기업의 행동이 변화할 때 다른 기업들이 어떠한 행동 변화를 보일 것으로 예상하는지를 나타내는 것이 추측변이 CV이다. 의사결정의 대상이 산출량인 경우에는 산출량에 관한 추측변이(CV in output) CV_X를 도입하고, 의사결정의 대상이 가격인 경우에는 가격에 관한 추측변이(CV in price) CV_P를 도입한다.

과점 시장에서 기업의 전략변수로 사용되는 것으로 산출량 X와 가격 P를 들 수 있다. 한 기업이 자신의 산출량 또는 가격을 변화시킬 때 다른 기업들이 어떠한 반응을 보일 것으로 예상하는지는 **추측변이**conjectural variation라는 개념으로 나타낸다. 자신의 산출량 및 자신이 설정하는 가격을 각각 X_i 및 P_i, 다른 기업의 산출량 및 다른 기업이 설정하는 가격을 각각 X_j 및 P_j라 하면, 산출량에 관한 추측변이 CV_X와 가격에 관한 추측변이 CV_P는 다음과 같이 나타낼 수 있다.

$$CV_X = \frac{\Delta X_j}{\Delta X_i}$$

$$CV_P = \frac{\Delta P_j}{\Delta P_i}$$

여기서 CV_X는 자신의 산출량을 1단위 증가시킬 때, 이 기업이 예상하는 다른 기업의 산출량의 변화가 얼마인지 나타낸다. 한편 CV_P는 자신이 생산한 제품의 가격을 1원 인상했을 때, 이 기업이 예상하는 다른 기업이 생산한 제품의 가격 변화가 얼마인지 나타낸다.

과점 시장에 대한 모형은 가격 및 산출량에 관한 추측변이를 어떻게 가정하느냐에 따라 달라진다. 과점 시장의 모든 기업들이 주어진 추측변이에 의해 다른 기업들의 반응을 고려하며 이윤극대화를 이루려고 한다면, 어떠한 상황이 균형이 될

> **내쉬 균형**
>
> 다른 기업들의 최적 행동이 주어진 상황에서 자신의 이윤극대화를 이루기 위한 행동으로 선택한 것이 최적 행동이라는 사실이 모든 기업에 대해 성립할 때 내쉬 균형이 달성된다.

것인가? 과점 시장의 균형의 개념으로 널리 사용되는 것 중 하나가 **내쉬 균형** Nash equilibrium 이다.

내쉬 균형의 의미를 좀더 자세히 알아보기 위해 다음과 같은 복점의 경우를 생각해 보자.

기업 1과 2가 선택할 수 있는 행동들의 모임을 A_1 및 A_2, A_1 및 A_2에 포함되는 특정한 행동을 각각 a_1 및 a_2라고 하자. 각 기업이 처하는 게임이론적 상황은 기업의 이윤이 자신의 행동뿐만 아니라 상대방의 행동에도 의존하는 것으로 나타난다. 즉 기업 1 및 2의 이윤 Π_1 및 Π_2는 각각 $\Pi_1=\Pi_1(a_1, a_2)$와 $\Pi_2=\Pi_2(a_1, a_2)$로 나타난다.

기업 1이 예측하는 기업 2의 행동이 a_2^*이며, a_2^*가 일정하게 주어진 상황에서 $\Pi_1(a_1, a_2^*)$를 극대로 하는 기업 1의 최적 행동이 a_1^*라 하자. 또한 기업 2가 예측하는 기업 1의 행동이 a_1^*이며, a_1^*가 일정하게 주어진 상황에서 $\Pi_2(a_1^*, a_2)$를 극대로 하는 기업 2의 최적 행동이 a_2^*라면, 기업 1과 2는 행동을 바꿀 이유가 없다. 왜냐하면 기업 1은 a_2^*가 변화하지 않는 한 자신의 이윤을 극대로 하는 행동이 a_1^*이므로 이를 변화시킬 이유가 없는데, 이 a_1^*에서 기업 2가 이윤극대화를 이루는 행동이 a_2^*이므로 기업 2 역시 a_2^*를 변화시킬 이유가 없기 때문이다. 따라서 이 경우에서는 기업 1이 a_1^*를 택하고 기업 2가 a_2^*를 택하는 것이 내쉬 균형이다.[1]

꾸르노 모형

여기서는 순수복점인 경우를 대상으로 하여 꾸르노 Cournot 모형을 살펴보기로 한다. 두 기업 1 및 2가 동질의 제품을 생산하고 있다면, 두 기업은 동일한 시장수요곡선에 직면하게 된다. 기업 1 및 2의 공급량을 각각 X_1 및 X_2라 하면, 시장공급량 X는 X_1+X_2가 되므로 역수요함수는 $P(X)=P(X_1+X_2)$로 나타난다. 기업 1 및 2의 비용함수가 각각 $C_1(X_1)$ 및 $C_2(X_2)$로 주어졌다면, 기업 i의 이윤 Π_i는 다음과 같이 나타낼 수 있다 ($i=1, 2$).

$$\Pi_i=P(X_1+X_2)X_i-C_i(X_i)$$

1 비협조적 과점시장에서 사용되는 균형의 개념이 모두 내쉬 균형인 것은 아니다. 스타켈버그 모형에서 사용되는 균형의 개념은 부속게임 완전균형(subgame perfect equilibrium)인데, 이 균형의 개념을 명시적으로 설명하지 않아도 스타켈버그 모형을 이해할 수 있으므로 여기서는 설명을 생략하기로 한다. 이에 대해 관심이 있는 독자는 **14장**(게임이론의 기초)을 참고하기 바란다.

그림 13-1

꾸르노 모형에서의 반응곡선 유도

X_2가 변화하면 기업 1이 당면하는 수요곡선인 $D(P)-X_2$의 위치가 달라진다. 이에 따라 기업 1이 이윤극대화를 달성하는 산출량의 수준도 달라진다.

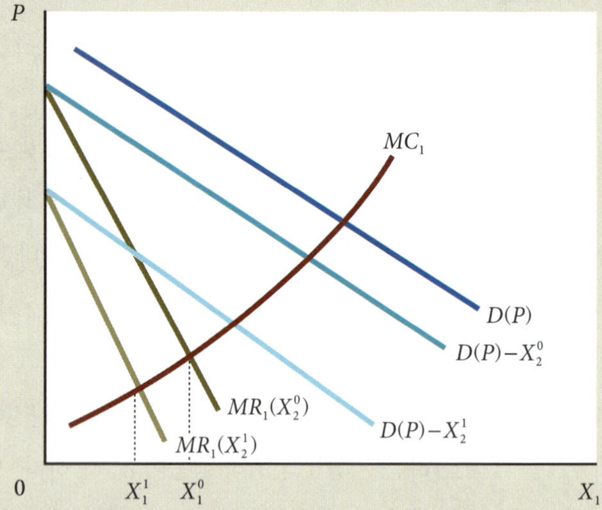

꾸르노 모형에서는 산출량 변화에 대한 추측변이가 0인 것으로 가정한다. 즉 각 기업은 자신의 산출량을 변화시켜도 상대방은 산출량의 수준을 변화시키지 않는다는 가정 아래 이윤극대화를 이루도록 행동한다. 기업 1의 경우는 X_2가 일정하게 주어진 상수인 것으로 생각하면서 이윤극대화를 이룰 수 있는 산출량인 X_1^*를 결정한다. X_1^*는 한계수입과 한계비용을 일치시키도록 다음과 같이 결정된다.

$$MR_1(X_1^*, X_2) = MC_1(X_1^*) \tag{13-1}$$

위에서 살펴본 바와 같이 X_2가 달라지면 한계수입이 달라져 이윤극대화를 이루는 산출량의 수준도 달라진다. 이러한 점을 그림 13-1을 통해 알아보자.

그림 13-1에서 $D(P)$는 시장수요곡선이다. 기업 2의 산출량이 X_2^0로 주어졌을 때 이 기업이 당면하는 수요곡선은 $D(P)-X_2^0$와 같이 $D(P)$에서 기업 2의 공급량을 차감한 것이다. 이 수요곡선에서 한계수입과 한계비용이 일치하도록 만드는 산출량의 수준은 X_1^0이다. 기업 2의 산출량이 X_2^0보다 높은 X_2^1으로 주어졌다면, 기업 1이 당면하는 수요곡선은 $D(P)-X_2^1$으로, $D(P)-X_2^0$보다 밑에 위치하므로 이윤극대화를 이루는 산출량의 수준도 X_1^1으로 감소하게 된다.

그림 13-1을 통해 X_2가 증가할수록 기업 1이 이윤극대화를 이루는 산출량 X_1^*는 감소함을 알았다. 따라서 X_1^*는 다음과 같이 X_2의 함수로 표시할 수 있다.

그림 13-2

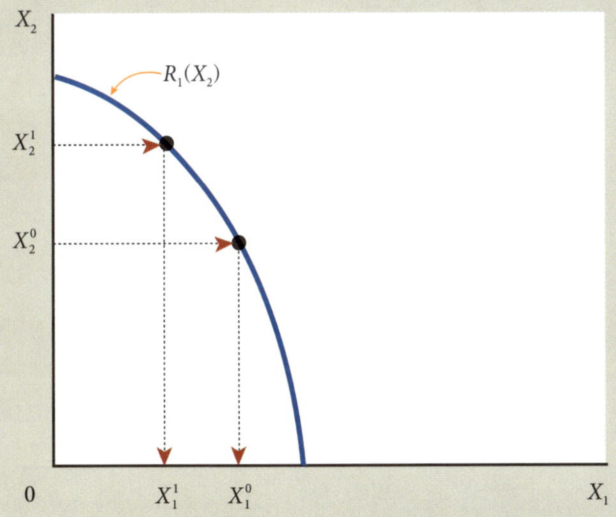

반응곡선의 형태와 의미

X_2가 주어진 경우에 기업 1이 이윤극대화를 달성하는 산출량 X_1과 X_2 사이의 관계를 나타내는 것이 기업 1의 반응곡선 $X_1^* = R_1(X_2)$이다.

이를 최적 반응함수best response function 혹은 반응함수라 하며, 반응함수를 그림으로 그린 것이 반응곡선response curve이다.

$$X_1^* = R_1(X_2)$$

기업 2의 산출량이 X_2로 주어졌을 때, 기업 1은 반응함수가 나타내는 바에 따라 $R_1(X_2)$로 산출량을 결정해야 이윤극대화를 이룰 수 있다. 즉 반응곡선이 그림 13-2와 같다는 것은 기업 2의 산출량이 X_2^0로 주어진 경우에는 X_1^0가 이윤극대화를 이루는 산출량이 되며, 기업 2의 산출량이 X_2^1으로 주어진 경우에는 X_1^1이 이윤극대화를 이루는 산출량이 됨을 나타낸다.

기업 2의 의사결정도 기업 1의 경우와 마찬가지이다. 즉 기업 2는 X_1을 일정하게 주어진 상수로 생각하면서 이윤극대화를 이루는 산출량 X_2^*를 결정하는데, X_1이 달라지면 X_2^*의 값이 달라지게 된다. 따라서 기업 2의 반응함수를 다음과 같이 쓸 수 있다.

$$X_2^* = R_2(X_1)$$

꾸르노 모형의 가정에 의하면, 각 기업의 행위는 반응함수에 의해 나타난다. 이 경우의 내쉬 균형은 앞에서 정의된 바와 같이 다음을 만족시킬 때 얻어진다.

그림 13-3

꾸르노 모형의 내쉬 균형

두 기업 모두에게 다른 기업의 산출량이 주어져 있지만 자신의 산출량을 바꿀 의사가 없을 때, 꾸르노 모형에서 내쉬 균형이 얻어진다. 이는 곧 두 기업의 반응곡선이 만나는 점에서 내쉬 균형이 얻어짐을 의미한다.

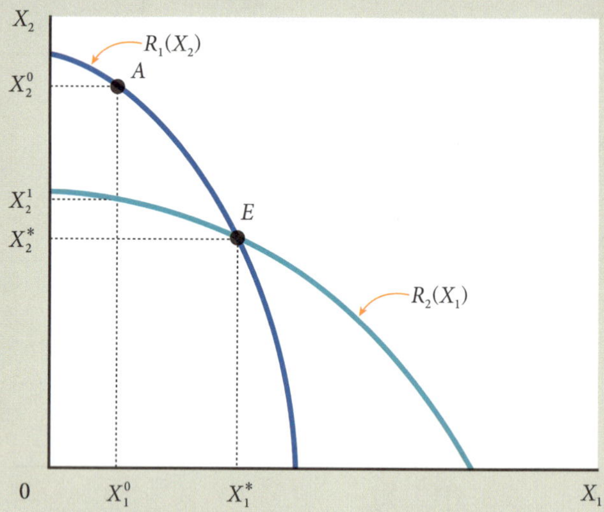

$$X_1^* = R_1(X_2^*)$$
$$X_2^* = R_2(X_1^*)$$

위의 조건을 그림으로 나타내면, 두 기업의 반응곡선이 만나는 점에서 내쉬 균형이 성립한다. 기업 1 및 2의 반응곡선을 동시에 그린 그림 13-3을 이용해 이를 알아보자.

먼저 점 A가 내쉬 균형이 될 수 있는지 살펴보자. 기업 2의 산출량이 X_2^0로 주어졌을 때 기업 1이 이윤극대화를 이룰 수 있는 산출량은 X_1^0이다. 그런데 기업 1의 산출량이 X_1^0으로 주어졌을 때 기업 2가 이윤극대화를 이루는 산출량은 X_2^0가 아니고 X_2^1이다. 따라서 점 A가 유지될 수 없으므로 내쉬 균형이 될 수 없다.

두 기업의 반응곡선이 만나는 E가 내쉬 균형인지 알아보자. 기업 2의 산출량이 X_2^*로 주어졌을 때 기업 1이 이윤극대화를 이루는 산출량은 X_1^*이고, 기업 1의 산출량이 X_1^*로 주어졌을 때 기업 2가 이윤극대화를 이루는 산출량은 X_2^*이다. 따라서 두 기업 모두 산출량을 변화시킬 이유가 없으므로, (X_1^*, X_2^*)가 계속 유지된다. 즉 기업 1이 X_1^*를 생산하고 기업 2가 X_2^*를 생산하는 상황이 변화하지 않으므로 내쉬 균형이 되는 것이다. 내쉬 균형이 달성된 경우 각 기업의 이윤은 **등이윤곡선** iso-profit curve 을 이용해 나타낼 수 있다.

등이윤곡선

기업이 동일한 이윤을 얻을 수 있도록 해 주는 X_1과 X_2의 관계를 그림으로 나타낸 것이 등이윤곡선이다.

기업 1의 이윤이 Π_1^0가 되게 하는 등이윤곡선은 $\Pi_1^0 = P(X_1 + X_2)X_1 - C_1(X_1)$을 그림으로 그린 것이다. 이러한 등이윤곡선은 그림 13-4 (a)와 같은 역U자형이 되는데, 그 이유는 다음과 같다.[2]

먼저 그림 13-4 (b)를 통해 아래쪽에 위치한 등이윤곡선이 더 높은 이윤을 나타내는 이유를 살펴보자.

기업 1의 산출량이 X_1^0으로 일정한 경우에 이윤이 Π_1^0인 등이윤곡선이 나타내는 기업 2의 산출량은 X_2^0, 이윤이 Π_1^1인 등이윤곡선이 나타내는 기업 2의 산출량은 X_2^1이고 X_2^0가 X_2^1보다 크다. 기업 1의 산출량이 일정할 때 기업 2의 산출량이 증가하면, 총비용은 일정하지만 $P(X_1 + X_2)$가 하락해 총수입이 감소하므로 기업 1의 이윤은 감소한다. 따라서 아래쪽에 위치한 등이윤곡선이 나타내는 이윤인 Π_1^1이 Π_1^0보다 큼을 알 수 있다.

그림 13-4 (c)에서 기업 2의 산출량이 X_2^0로 일정하게 주어진 경우에 E가 나타내는 기업 1의 산출량인 X_1^*는 어떤 의미를 갖는가?

X_2^0가 주어졌을 때 기업 1이 산출량을 X_1^0으로 결정했다면, 기업 1의 이윤은 A를 지나는 등이윤곡선에 의해 나타난다. 그러나 A가 나타내는 기업 1의 산출량은 X_2^0가 주어졌을 때 이윤극대화를 이루는 산출량이 아니다. 왜냐하면 주어진 X_2^0에서 산출량을 X_1^0보다 크게 하면 등이윤곡선이 아래쪽으로 이동하는데, 이는 기업 1의 이윤이 증가한다는 것을 의미하기 때문이다.

기업 1의 이윤은 산출량을 X_1^*로 늘릴 때까지는 계속 증가한다. 그러나 주어진 X_2^0에서 산출량을 X_1^*보다 더 많은 수준인 X_1^1과 같이 결정한다면, 기업 1의 이윤은 오히려 감소한다. 따라서 E가 나타내는 바는 기업 2의 산출량이 X_2^0로 주어졌을 때 기업 1이 이윤극대화를 이루는 산출량의 수준이 E가 나타내는 산출량인 X_1^*라는 것이다. 즉 E는 기업 1의 반응곡선 위의 한 점이다.

그림 13-4 (d)와 같이 등이윤곡선이 U자형이라면 다음과 같은 모순이 발생한다. 기업 2의 산출량이 X_2^0로 주어졌을 때 E가 나타내는 산출량인 X_1^*는 기업 1의 반응곡선 위의 한 점이다. 그런데 이 경우는 산출량을 X_1^*보다 작은 수준인 X_1^0로 하거나 큰 수준인 X_1^1으로 하면 등이윤곡선이 아래쪽으로 이동해 오히려 이윤이 증가한다. 이는 곧 반응곡선이 다른 기업의 산출량이 주어진 경우에 이윤극대화가 아니라 이윤극소화를 이루는 산출량을 나타낸다는 것을 의미하므로 모순이

2 이는 간단한 선형함수를 설정하여 증명할 수 있다. 독자 여러분이 직접 확인해 보기 바란다.

그림 13-4

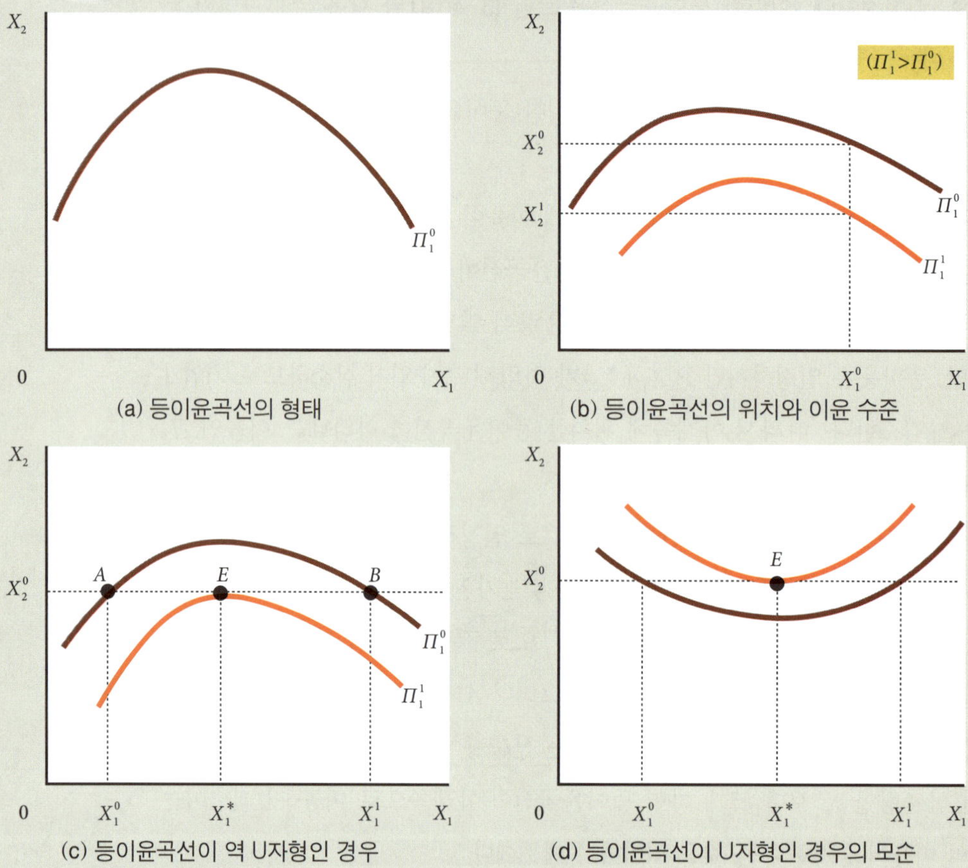

등이윤곡선

X_1의 양이 일정할 때 X_2의 양이 감소하면 가격이 상승하는 반면, 기업 1의 비용은 일정하므로 기업 1의 이윤이 증가한다. 따라서 (b)와 같이 아래쪽에 있는 등이윤곡선이 더 높은 이윤을 나타낸다. 등이윤곡선이 역 U자형이라면 (c)에서 X_2^0가 주어진 경우에 X_1^*는 이윤극대화를 이루는 기업 1의 반응곡선 위의 한 점을 나타낸다. (d)와 같이 등이윤곡선이 U자형이라면, X_1^*는 이윤극소화를 이루는 산출량이므로 모순이 발생한다.

다. 따라서 등이윤곡선은 역U자형이 되어야 한다. 내쉬 균형을 이룰 때 각 기업이 얻는 이윤을 그림으로 나타내면 그림 13-5와 같다.

여러 기업이 존재하는 경우의 꾸르노 모형 앞에서는 기업이 두 개만 있는 복점인 경우의 꾸르노 모형에 대해 살펴보았다. 여기서는 기업이 대여섯 개가 있는 과점의 경우를 살펴보기로 하자. 기업의 수가 n개이며 i번째 기업의 산출량이

그림 13-5

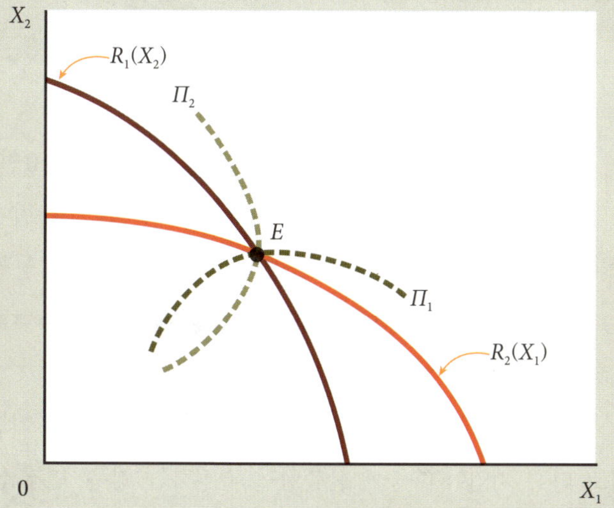

꾸르노 모형의 내쉬 균형과 이윤

꾸르노 모형에서 내쉬 균형을 이루는 E에서 각 기업이 얻는 이윤을 등이윤곡선을 이용해 나타낼 수 있다.

X_i라 하면, 시장공급량 X는 $X=X_1+\cdots+X_n$을 만족시킨다.

i번째 기업의 이윤 Π_i는 $\Pi_i=P(X)X_i-C_i(X_i)$로 나타낸다. 산출량에 관한 추측변이가 0이므로 i번째 기업이 이윤극대화를 이루는 산출량을 결정하는 과정에서 다른 기업들의 산출량은 일정한 것으로 간주한다. 이에 따라 i번째 기업이 이윤극대화를 이루는 조건은 다음과 같다.

$$MR_i(X_1,\ldots,X_n)=MC_i(X_i)$$

여기서 $MR_i(X_1,\cdots,X_n)=P(X)+X_i\cdot\{\Delta P(X)/\Delta X_i\}$가 된다. η는 수요의 가격탄력성이고 S_i는 i번째 기업의 시장점유율로 $S_i=X_i/X$를 만족시킨다고 하자. 이를 이용해 위의 조건을 다시 쓰면 다음과 같다.

$$P(X)\left\{1-\frac{S_i}{\eta}\right\}=MC_iX_i$$

만약 i번째 기업의 시장점유율이 1이라면 이는 곧 i번째 기업이 독점자라는 것을 의미한다. 위 식에 $S_i=1$을 대입하면, 앞의 11-2 독점자의 이윤극대화에서 살펴본 독점자의 이윤극대화 조건과 동일함을 알 수 있다.

다수의 소규모 기업들이 생산활동을 하는 완전경쟁의 경우라면 i번째 기업의 시장점유율은 거의 0에 가깝다. 위의 식에 $S_i=0$을 대입하면, 위의 식이 완전경쟁 상황에서 i번째 개별 기업이 이윤극대화를 이루는 조건과 같아짐을 알 수 있다.

스탁켈버그 모형

꾸르노 모형에서는 산출량에 관한 추측변이가 0인 것으로 가정되었다. 꾸르노 모형에서 이러한 추측변이가 가정된 이유는 두 기업이 한 번만 만나 동시에 산출량의 수준을 결정하는 상황을 전제로 하기 때문이다. 게임이론에서는 이러한 상황을 동시적 게임 simultaneous game 또는 정태적 게임 static game 이라고 부른다.

두 기업의 행동에 시차가 존재한다면 추측변이가 달라질 수 있다. 한 기업이 먼저 산출량을 결정하고 다른 기업이 나중에 산출량을 결정하는 경우, 먼저 산출량을 결정하는 기업을 선도자 leader, 나중에 산출량을 결정하는 기업을 추종자 follower 라 부른다.[3]

선도자가 먼저 산출량을 결정하면 추종자는 선도자가 결정한 산출량을 주어진 것으로 간주해 의사결정을 한다고 가정하는 것이 스탁켈버그 Stackelberg 모형이다.[4] 이러한 상황을 게임이론에서는 순차적 게임 sequential game 또는 동태적 게임 dynamic game 이라고 부른다.

순수복점인 경우에 스탁켈버그 모형의 균형이 어떻게 달성되는지 알아보자. 스탁켈버그 모형에서의 추종자는 선도자의 산출량이 주어진 것으로 가정하여 이윤극대화를 이루는 산출량을 결정하므로, 산출량에 관한 추측변이는 꾸르노 모형에서와 마찬가지로 0이 된다.[5] 지금 기업 1이 선도자이고 기업 2가 추종자라면, 기업 2는 앞의 꾸르노 모형에서와 같이 반응곡선을 $X_2^*=R_2(X_1)$으로 결정한다.

선도자인 기업 1이 어떻게 산출량을 결정해야 이윤극대화를 이룰 수 있을 것인가? 기업 1은 자신이 산출량 X_1을 결정하면, 기업 2가 주어진 X_1에서의 반응곡선이 나타내는 대로 산출량을 결정한다는 사실을 안다. 따라서 기업 1은 기업 2의 반응을 미리 고려해 산출량을 결정함으로써 이윤극대화를 이룰 수 있다. 즉 기

---

3 특정 기업이 먼저 나서서 산출량을 결정하는 것은, 그렇게 했을 때 이윤의 증가가 생기기 때문이다.

4 이러한 관점에서 본다면, 꾸르노 모형에서는 두 기업 모두 추종자로서 행동한 것이라고 해석할 수도 있다.

5 추종자의 의사결정을 먼저 살펴보는 이유는 쿤(kuhn)의 알고리즘에 의해 부속게임 완전균형을 구하기 위해서이다. 이에 대한 자세한 설명은 **14장**(게임이론의 기초)를 참고하기 바란다.

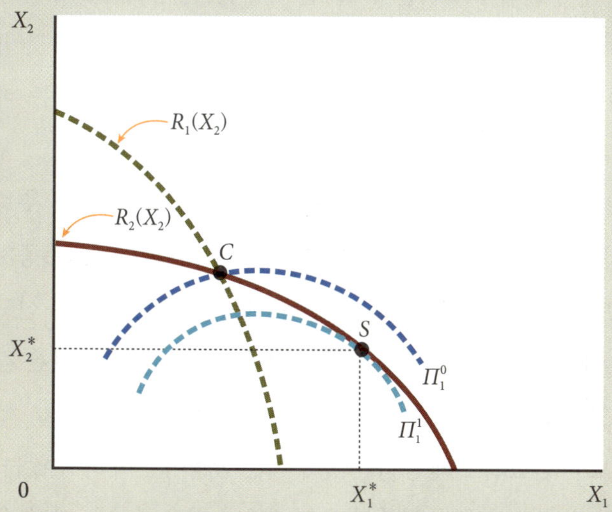

그림 13-6

꾸르노 모형의 내쉬 균형과 스탁켈버그 모형의 균형

기업 1이 선도자인 경우에 기업 1은 이윤극대화를 이루기 위해 기업 2의 반응곡선이 주어진 상태에서 자신의 등이윤곡선을 가능한 한 아래쪽으로 이동시키려 한다. 따라서 S에서 스탁켈버그 모형의 균형이 얻어진다(스탁켈버그 모형의 균형을 설명할 때 $R_1(X_2)$는 필요없지만 꾸르노 모형의 균형과 비교하기 위해 점선으로 표시하였다).

업 1의 산출량에 관한 추측변이는 자신이 산출량을 변화시킬 때 기업 2가 반응곡선을 따라 산출량을 변화시킨다는 것이므로, $CV_X = \Delta R_2(X_1)/\Delta X_1$ 이 된다.

기업 1의 산출량에 관한 추측변이가 이와 같다는 것은 기업 1이 생각하는 기업 2의 산출량이 기업 2의 반응곡선이 나타내는 산출량의 수준과 같다는 의미이다. 따라서 선도자인 기업 1의 이윤은 다음과 같이 나타난다.

$$\Pi_1 = P\{X_1 + R_2(X_1)\}X_1 - C_1(X_1)$$

Π_1이 X_1만의 함수이므로 이윤극대화를 이루는 X_1^*를 구하면, X_1^*는 X_2에 의존하지 않는다. X_1^*는 한계수입과 한계비용이 일치하도록 다음과 같이 결정된다.

$$MR_1\{X_1^*, R_2(X_1^*)\} = MC_1(X_1^*) \qquad (13-2)$$

이 경우에 기업 2의 생산량 X_2^*는 $X_2^* = R_2(X_1^*)$를 만족시키도록 결정된다. 선도자가 **식** (13-2)를 만족시키도록 X_1^*를 결정하고, 추종자가 $X_2^* = R_2(X_1^*)$를 결정하는 것이 스탁켈버그 모형의 균형이다. 스탁켈버그 모형의 균형을 그림으로 나타내면 그림 13-6과 같다.

선도자인 기업 1은 이윤극대화를 이루기 위해 등이윤곡선을 되도록 아래쪽으로 이동시키려 한다. 그러나 이 경우에 기업 1이 당면하는 제약은, 자신이 산출량을 변화시킬 때 추종자인 기업 2가 기업 2의 반응곡선을 따라 X_2를 변화시킨다는 것이다. 이러한 제약 하에서 기업 1이 이윤극대화를 이루는 길은 기업 2의 반응곡선과 자신의 등이윤곡선이 접하는 S를 선택해 산출량을 X_1^*로 결정하는 것이다. 기업 1이 X_1^*를 결정하면, 추종자인 기업 2는 자신의 반응곡선이 나타내는 바에 따라 산출량을 X_2^*로 결정한다.

꾸르노 모형의 균형인 C와 비교해 보면, 선도자의 이윤은 증가하지만 추종자의 이윤은 감소하는 것을 알 수 있다. 즉 꾸르노 모형은 두 기업이 모두 추종자로 행동하는 스탁켈버그 모형의 특별한 경우인데, 이 상태에서 어느 한 기업이 선도자로 행동하면 선도자의 이윤은 증가하지만 추종자로 남아 있는 기업의 이윤은 감소한다. 따라서 두 기업 모두 선도자로 행동하기를 원하게 된다.

그런데 두 기업이 모두 선도자로 행동하는 경우에는 균형이 존재하지 않는다. 왜냐하면 두 기업 모두 자신이 산출량을 정하면 상대방이 반응곡선을 따라 움직일 것으로 예상하나, 실제로는 아무도 반응곡선을 따라 움직이지 않기 때문이다. 이러한 상황을 스탁켈버그 전쟁상태 Stackelberg warfare라 한다.

스탁켈버그 모형에서 균형이 존재하기 위해서는 한 기업이 선도자로 행동할 때 다른 기업은 이윤이 감소함에도 불구하고 추종자로 남아 있어야 한다. 그렇다면 누가 선도자가 될 수 있을 것인가?

일반적으로 규모가 큰 기업이나 다른 기업보다 낮은 비용으로 생산할 수 있는 생산효율이 높은 기업이 선도자가 될 수 있다. 두 기업이 모두 선도자로 행동하기를 원해 스탁켈버그 전쟁상태에 돌입하면, 각 기업은 상대방에게 타격을 가해 시장에서 이탈하거나 혹은 추종자로 입장을 바꾸도록 만들기 위해 노력할 것이다. 이 경우에 가격경쟁을 하면, 생산효율이 낮은 기업은 생산효율이 높은 기업을 당할 수 없다. 또한 두 기업의 생산효율이 같더라도 출혈경쟁을 하면, 규모가 작은 기업이 규모가 큰 기업을 당할 수 없다. 따라서 대기업 또는 생산효율이 높은 기업이 선도자가 된다. 이러한 점에 비추어 보았을 때 스탁켈버그 모형에서 한 기업이 선도자이고 다른 기업이 추종자인 균형이 성립했다면, 두 기업 간에 묵시적인 담합이 있다고 생각할 수도 있다.

베르뜨랑 모형

꾸르노 모형과 스탁켈버그 모형에서는 각 기업들이 산출량을 결정하며, 가격은 수요곡선에 의해 결정하도록 했다.

이와 반대로, 각 기업들은 가격만 설정하며 산출량의 결정은 시장에 맡긴다고 가정하는 것이 베르뜨랑 Bertrand 모형이다. 베르뜨랑 모형에서는 가격에 관한 추측변이가 0인 것으로 가정한다. 즉 한 기업이 가격을 설정할 때 다른 기업이 가격을 변화시키지 않는다고 가정하여 가격을 설정한다.[6]

순수복점인 경우에 베르뜨랑 모형의 내쉬 균형이 어떻게 결정되는지 알아보기로 하자. 두 기업이 동질의 제품을 생산해 내므로 자신이 상대방보다 높은 가격을 설정하면 한 단위도 판매할 수 없으며, 상대방보다 낮은 가격을 설정하면 시장을 독차지할 수 있다. 한편 자신과 상대방이 설정한 가격이 동일하면 두 기업이 시장을 양분한다. 이러한 상황에서 기업 1이 당면하는 수요곡선이 어떠한지 알아보기로 하자.

지금 P_1 및 P_2가 기업 1 및 2가 설정하는 가격이라 하고, $D(P)$를 시장수요함수라 하자. 한편 기업 1이 당면하는 수요곡선은 자신이 설정하는 가격과 기업 2가 설정하는 가격에 모두 의존하므로 $d_1(P_1, P_2)$로 쓸 수 있다. 이의 구체적인 형태는 다음과 같다.

$$d_1(P_1,\ P_2) = \begin{cases} D(P_1) & (P_1 < P_2) \\ \dfrac{D(P_1)}{2} & (P_1 = P_2) \\ 0 & (P_1 > P_2) \end{cases}$$

기업 2도 이와 유사한 수요곡선에 직면한다. 이 경우에 내쉬 균형이 어떻게 결정될 것인가는 기업 1과 2의 비용조건에 의존한다. 한계비용은 일정하며, 기업 1 및 2의 한계비용이 각각 c_1 및 c_2로 주어졌다고 하자. 한편 한계비용이 상수이면 한계비용과 평균비용은 서로 같고, 장기이므로 고정비용은 없는 것으로 가정한다.

$c_1 = c_2 = c$인 경우, 가격경쟁을 하는 두 기업이 가격을 어떻게 설정해야 내쉬 균형이 달성될 것인가? 이 경우의 내쉬 균형은 $P_1 = P_2 = c$일 때 달성된다. 이때 각 기업의 이윤은 $(1/2)\cdot\{P_iD(P_i) - cD(P_i)\}$인데, $P_i = c$이므로 0이 된다. 이 상태가 내쉬 균형인 이유는 다음과 같다. 각 기업이 c보다 높은 가격을 설정하면, 자신이 당면하

6 이를 정리하면 다음과 같다. 꾸르노 모형에서는 산출량이 각 기업의 전략변수로 사용되지만, 베르뜨랑 모형에서는 가격이 전략변수로 사용된다. 그리고 두 모형 모두 각 기업이 내쉬 전략을 사용한다고 가정한다.

는 시장수요가 0이 되어 생산량 및 이윤이 0이 되므로 이렇게 할 이유가 없다.[7] 한편 가격을 c보다 낮게, 예를 들어 b로 설정하면 시장은 독차지할 수 있으나, 이윤이 $D(b)\{b-c\}<0$, 즉 음(−)이 되므로 이렇게 할 의사도 없다. 따라서 $P_1=P_2=c$이면 이 상태가 계속 유지되므로 내쉬 균형이 된다.[8]

$c_2>c_1$인 경우의 내쉬 균형은 $P_1=c_2-a$, $P_2=c_2>P_1$, $d_1(P_1, P_2)=D(P_1)$, $d_2(P_1, P_2)=0$인 상태에서 얻어진다. 여기서 a는 0보다 큰 임의의 상수이다. 이 경우가 균형이 되는 이유는 다음과 같다. 기업 2는 가격을 c_2보다 낮게 설정하면 이윤이 음(−)이므로 가격을 c_2로 설정한다. 그러나 c_2가 P_1보다 높아 제품을 한 단위도 판매할 수 없으므로 기업 2의 이윤은 결국 0이 된다. 기업 1이 가격을 c_2보다 낮게 설정하면 시장을 독차지하게 되어, $D(P_1)$이 자신이 당면하는 시장수요가 된다. 이때 a는 기업 1의 이윤인 $(c_2-a)D(c_2-a)-c_1D(c_2-a)$가 $c_2\geq c_2-a\geq c_1$의 조건에서 극대화되도록 결정된다. $c_1>c_2$인 경우의 내쉬 균형도 이와 유사하게 얻을 수 있다.

굴절수요곡선이론

과점 시장이 갖는 특징 중 하나는 가격이 경직적이라는 것이다. 즉 과점 시장에서는 한 기업이 가격설정을 할 때 다른 기업들의 존재를 인식하므로, 생산비 조건이 다소 변화해도 자신이 설정한 가격을 변화시킬 수 없다는 것이다. 과점 시장의 가격경직성을 설명하는 이론으로 스위지Sweezy의 굴절수요곡선kinked demand curve이론을 들 수 있다.

차별과점의 경우, 개별 기업이 당면하는 수요곡선을 다른 기업들의 반응이 있는 경우의 수요곡선 D와 다른 기업들의 반응이 없는 경우의 수요곡선 d로 나누어 생각할 수 있다. 독점적 경쟁시장에서 이미 살펴본 바와 같이 D와 d의 형태는 그림 13-7과 같다. 독점적 경쟁의 경우는 기업의 수가 많으므로, 개별 기업이 d를 사전에 인식할 수 있으나 D는 인식하지 못하는 것으로 가정했다. 그러나 과점의 경우는 기업의 수가 얼마 되지 않으므로 개별 기업이 사전에 D와 d를 모두 인식할 수 있다고 가정할 수 있다.

---

7 생산량이 0인 경우도 이윤이 0이지만 이 경우에는 경영자의 보수도 없다. 비용에는 당연히 경영자의 보수가 포함되므로 경영자는 기업을 운영하고 이윤이 0인 상황을 더 선호한다.

8 신규 기업의 진입 위협도 없고 시장에 두 개의 기업만이 존재하는 상황에서, 두 과점 기업이 가격 인하 경쟁을 벌여 모두의 이윤이 0이 되는 결과를 초래할 것이라고 보기는 어렵다. 따라서 본문과 같은 예측은 현실성이 상당히 취약하다고 볼 수 있다. 이러한 점을 가리켜 베르뜨랑의 역설(Bertrand's paradox)이라고도 한다.

그림 13-7

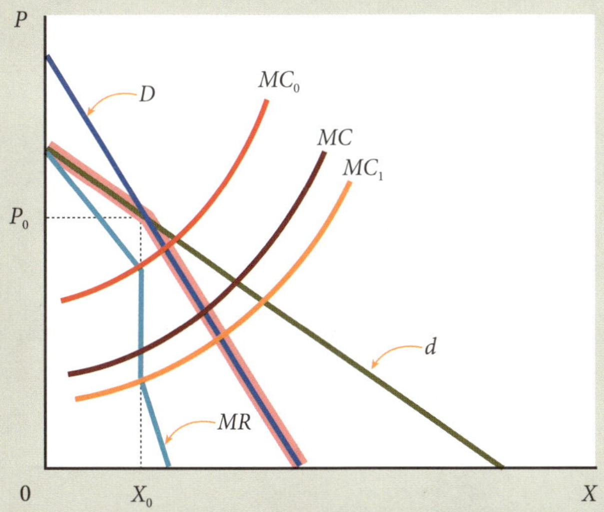

굴절수요곡선이론의 가격경직성
수요곡선이 그림과 같이 굴절된 형태가 되면 MR곡선에 수직인 부분이 포함된다. 따라서 MC곡선이 MC_0와 MC_1 사이에서 변화해도 이윤극대화를 이루는 산출량은 변화하지 않는다.

굴절수요곡선이론에서는 한 기업이 가격을 인하하면 다른 기업들도 따라서 가격을 인하하나, 가격을 인상하면 다른 기업들이 반응을 보이지 않는 것으로 가정한다. 이러한 가정에 의해 개별 기업이 당면하는 수요곡선은 그림 13-7과 같이 될 것이며, 이에 해당하는 한계수입곡선은 불연속적이 될 것이다.

만약 한계비용곡선 MC가 그림 13-7과 같이 주어지는 경우라면, 한계수입과 한계비용을 일치시켜 이윤극대화를 이루는 산출량은 X_0, 가격은 P_0로 설정된다. 이 경우에 한계비용곡선이 MC_0와 MC_1 사이에서 위아래로 다소 움직여도 X_0와 P_0는 변화하지 않는다. 이것이 곧 과점 시장에서 나타나는 가격경직성이다.

13-3 협조적 과점시장

앞에서 살펴본 과점시장 이론의 공통점은 기업들이 다른 기업들의 존재를 인식하며 이윤극대화를 이루기 위해 산출량 또는 가격을 결정할 때 서로 협조하지 않는다는 것이었다. 그러나 과점시장에서의 기업의 행동이 항상 비협조적인 것만

그림 13-8

꾸르노 모형의 내쉬 균형과 담합

점 A가 노랑색 부분으로 이동되는 경우 모든 기업의 이윤이 증가한다. 이는 담합이 가능함을 의미한다.

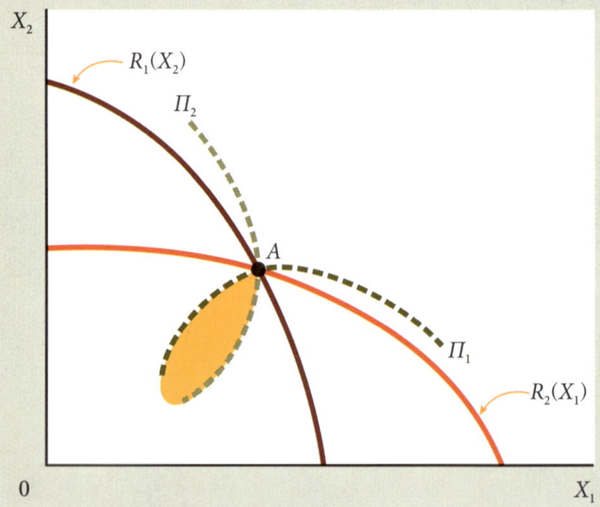

은 아니다. 여기서는 기업들이 협조하는 경우에 과점 시장의 균형이 어떻게 달라질 수 있는지 알아보기로 한다.

담 합 순수복점의 경우 기업들이 협조를 하지 않으며 추측변이가 0인 것으로 가정하면, 꾸르노 모형에서의 내쉬 균형을 얻을 수 있다. 꾸르노 모형이 나타내는 내쉬 균형은 두 기업이 서로 협조를 하지 않는다고 가정한다면 그럴듯한 결과로 여겨질 수 있다. 그러나 두 기업이 서로 담합collusion해 협조하기로 하는 경우에는 상황이 달라진다.

그림 13-8의 A는 꾸르노 모형에서의 내쉬 균형이다. 꾸르노 모형의 가정과 같이 두 기업이 서로 협조하지 않는다면, 노랑색 부분으로 이동했을 때 두 기업의 이윤이 모두 증가할 수 있음에도 불구하고 노랑색 부분으로 이동할 수 없다. 그러나 두 기업이 담합해 두 기업 모두의 산출량을 A가 나타내는 것보다 감소시키기로 합의하면, 노랑색 부분으로 이동해 두 기업의 이윤을 모두 증가시킬 수 있다. 이것이 바로 담합의 유인이다.

두 기업이 담합해 기업연합의 한 종류인 카르텔cartel을 만든 경우, 기업들은 독점자로서의 카르텔의 이윤인 결합이윤joint profit을 극대화하도록 행동한다. 기업 1 및 2의 산출량이 X_1 및 X_2인 경우에 카르텔의 산출량 X는 $X=X_1+X_2$를 만족하므로, 카르텔의 이윤 Π는 다음과 같이 구할 수 있다.

$$\Pi = P(X)X - C_1(X_1) - C_2(X_2)$$

이 경우의 균형은 결합이윤을 극대화시키는 산출량과 가격을 결정한 후, 각 기업의 한계비용에 따라 각 기업에게 산출량을 할당함으로써 얻어진다.

카르텔의 산출량 X가 한 단위 증가함에 따라 카르텔의 총수입인 $P(X)X$가 얼마나 증가하는지를 나타내는 한계수입 $MR(X)$는 $\Delta\{P(X)X\}/\Delta X$이다. 한편 X_1 및 X_2를 한 단위 증가시키는 경우에 총비용이 얼마나 증가하는지는 각 기업의 한계비용인 $MC_1(X_1)$ 및 $MC_2(X_2)$에 의해 구할 수 있다. 카르텔이 산출량을 X_1^*, X_2^* 및 $X^* = X_1^* + X_2^*$로 결정했을 때 이윤극대화를 이룰 수 있다면, 이들은 다음을 만족시킨다.[9]

$$MR(X^*) = MC_1(X_1^*) = MC_2(X_2^*) \qquad (13-3)$$

식 (13-3)을 만족시킬 때 이윤극대화가 이루어지는 이유를 알아보자. 한계수입과 한계비용이 일치해야 이윤극대화가 된다는 것은 앞에서 살펴본 바와 같다. 여기서는 $MC_1(X_1) = MC_2(X_2)$가 성립해야 이윤극대화가 이루어지는 이유를 알아보자.

지금 $MC_1(X_1) = 5 > 3 = MC_2(X_2)$가 성립한다고 하자. 이 경우에 기업 1의 산출량을 한 단위 줄이고 기업 2의 산출량을 한 단위 늘리면 총산출량에는 변화가 없다. 따라서 카르텔의 총수입은 변화하지 않는다. 그러나 기업 1의 산출량을 한 단위 줄이면 총비용이 5만큼 감소하며 기업 2의 산출량을 한 단위 증가시키면 총비용이 3만큼 증가하므로, 카르텔의 총비용은 2만큼 감소한다. 즉 $MC_1(X_1) > MC_2(X_2)$이면, X_1을 줄이고 X_2를 늘려 이윤을 증가시킬 수 있다. 마찬가지로 $MC_1(X_1) < MC_2(X_2)$이면, X_2를 줄이고 X_1을 늘려 이윤을 증가시킬 수 있다. 따라서 이윤극대화를 위해서는 $MC_1(X_1) = MC_2(X_2)$가 성립해야 함을 알 수 있다.

이러한 카르텔의 이윤극대화를 그림으로 나타내면 그림 13-9와 같다.

---

9 카르텔의 이윤극대화 조건은, 독점자가 여러 개의 공장을 갖고 있으며 공장마다 비용 조건이 다른 경우의 이윤극대화 조건과 동일하다.

그림 13-9

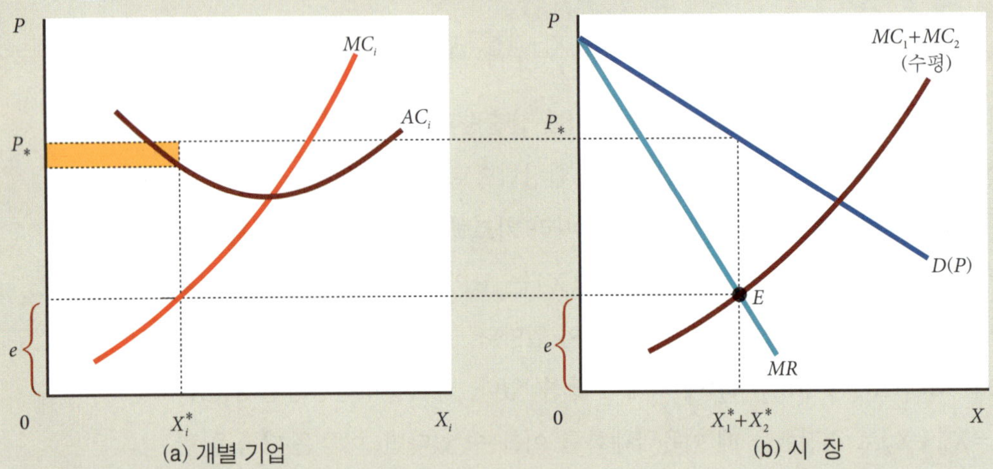

카르텔의 균형

카르텔의 균형은 $MC_1=MC_2=MR$일 때 이뤄진다. MC_1+MC_2(수평) 위의 한 점은 산출량을 $MC_1=MC_2$가 성립하도록 쪼갤 수 있다는 의미를 갖는다.

그림 13-9 (a)는 i번째 기업의 상황을 나타내며, (b)는 시장의 상황을 나타낸다. (b)의 MC_1+MC_2(수평)는 기업 1과 2의 한계비용곡선을 수평으로 합한 것인데, 앞의 11-3 가격차별에서 설명한 바와 같은 이유로 MC_1+MC_2(수평) 위의 한 점은 $MC_1=MC_2$가 되도록 카르텔의 산출량을 배분할 수 있음을 나타낸다. 따라서 카르텔의 이윤을 극대화하기 위해서는 MR과 MC_1+MC_2(수평)가 만나는 E를 선택해 산출량을 $X_1^*+X_2^*$로 결정하고, 가격을 P_*로 설정해야 한다.

$X_1^*+X_2^*$를 각 기업에 배분하는 것은 각 기업의 한계비용곡선에 의한다. 즉 (a)에서 MC_i의 크기가 e가 되도록 하는 산출량의 수준이 X_i^*이다. 이렇게 결정된 각 기업의 산출량 X_1^*와 X_2^*를 더하면, MC_1+MC_2(수평)의 정의에 의해 (b)의 $X_1^*+X_2^*$와 일치함을 알 수 있다. 이 경우에 개별 기업은 (a)의 노랑색 부분의 면적에 해당하는 초과이윤을 얻는다.

두 기업이 카르텔을 형성하면 두 기업 모두 이윤이 증가하므로, 카르텔이 없는 상태에서는 카르텔을 만들 유인이 있다. 그러나 일단 카르텔이 만들어지면 카르텔을 붕괴시킬 유인이 발생한다. 그 이유를 그림 13-10을 통해 알아보자. 카르텔의 이윤극대화는 식 (13-3)을 만족시키는 c에서 이루어지고, 기업 1이 산출량을 자신의 한계비용에 따라 할당받는 상황은 a에 의해 나타난다.

그림 13-10

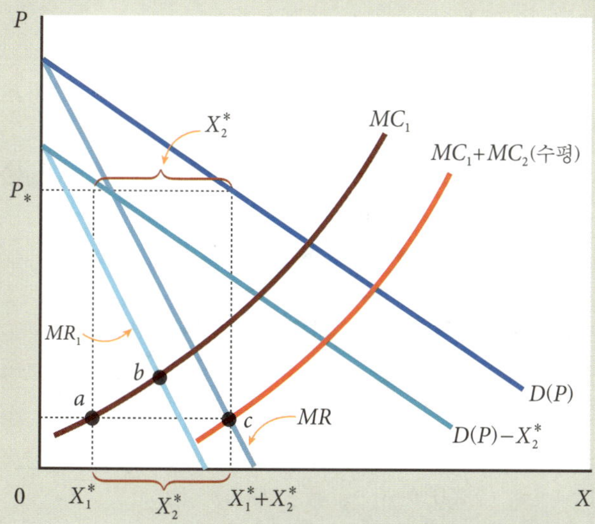

카르텔 붕괴의 이유

X_2^*가 주어졌다고 생각하면, 기업 1은 MR_1과 MC_1이 만나는 b에서 산출량을 결정하기 원하는데, 이는 X_1^*보다 많다. 카르텔이 할당한 양보다 더 많은 양을 생산하는 경우에는 카르텔이 유지될 수 없다.

카르텔이 만들어진 후, 기업 2의 산출량이 X_2^*에서 고정될 것으로 기업 1이 믿는다면, a는 더이상 기업 1이 이윤극대화를 이루는 점이 아니다. 기업 2의 생산량인 X_2^*를 기업 1이 주어진 것으로 받아들인다면 기업 1이 당면하는 수요곡선은 $D(P)-X_2^*$가 되며, 이윤극대화를 이루는 점은 이 수요곡선으로부터 도출된 한계수입곡선 MR_1과 MC_1이 만나는 b이다. 따라서 일단 카르텔이 만들어지면, 각 기업은 카르텔이 할당한 산출량보다 더 많이 생산해 이윤을 증가시킬 유인이 있다. 그런데 모든 기업들이 카르텔이 할당한 산출량보다 더 많이 생산하면 결합이윤의 극대화는 달성될 수 없으므로, 결국 카르텔은 붕괴된다.

가격선도 모형

과점 시장에서 기업들의 가격 설정에 관한 묵시적 합의를 고려하는 모형으로 가격선도price leadership 모형이 있다. 가격선도 모형에서는 가격선도자가 가격을 설정하면, 다른 기업들은 가격선도자가 설정한 가격을 일정한 것으로 간주하고 의사결정을 한다. 앞의 스탁켈버그 모형에서 설명한 바와 같은 이유로 비용 조건이 유리한 기업이나 대기업이 가격선도자로 행동할 수 있다.

1 대기업에 의한 가격선도 과점 시장에서 대기업이 가격선도를 하는 경우에 균

그림 **13-11**

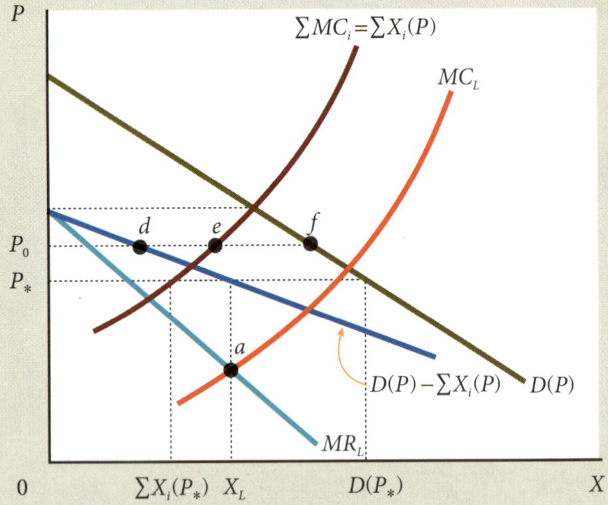

대기업에 의한 가격선도

대기업이 가격선도를 하면 $\sum MC_i$가 다른 기업들의 반응곡선이 되며, $D(P)-\sum MC_i$가 다른 기업의 반응을 고려한 대기업의 수요곡선이 된다. 이로부터 도출되는 MR과 MC_L이 일치하도록 대기업이 산출량을 결정하고 가격을 P_*에 설정하면, 다른 기업들은 반응곡선이 나타내는 바에 따라 산출량을 $\sum X_i(P_*)$로 결정한다.

형이 어떻게 이루어지는지 살펴보기로 하자. 그림 13-11에서 $\sum MC_i$는 대기업을 제외한 기업들의 한계비용곡선을 수평으로 합한 것이며, MC_L은 대기업의 한계비용곡선이다. 한 기업의 한계비용곡선 MC_L과 다른 기업들의 한계비용곡선들을 수평으로 합한 것을 같은 그림에 그릴 수 있다는 것 자체가 이 기업이 대기업임을 나타낸다.

대기업이 가격을 설정하면, 다른 기업들은 이 가격이 일정하게 주어진 것으로 간주하며 이를 바탕으로 이윤극대화를 이루도록 산출량을 결정한다. 즉 대기업을 제외한 다른 기업들은 가격순응자로 행동하며, 이윤극대화를 이루는 위해 주어진 가격과 한계비용이 일치하도록 산출량을 결정한다. 따라서 대기업이 설정하는 가격이 변화함에 따라 다른 기업들이 이윤극대화를 이루는 산출량은 $\sum MC_i$ 곡선을 따라 변화하므로, 이것이 곧 다른 기업들의 반응곡선이 된다. 다른 기업들의 반응곡선을 $\sum X_i(P)$로 나타내면, 이는 대기업이 설정한 가격이 일정하다는 가정 아래 다른 기업들이 이윤극대화를 이루도록 결정한 산출량 수준이라는 의미를 갖는다.

이 경우에 대기업이 이윤극대화를 이루는 산출량과 대기업이 설정하는 가격은 어떻게 결정될 것인가? 대기업은 다른 기업들의 반응을 염두에 두고 이윤극대화를 이룬다. 여기서 대기업이 다른 기업들의 반응을 염두에 둔다는 것은

그림 13-12

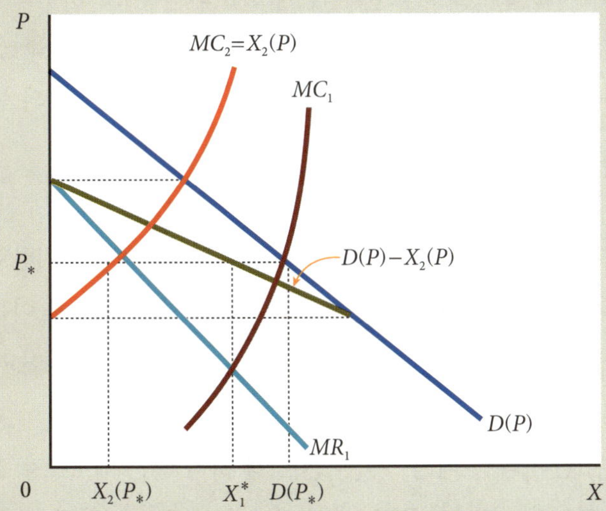

비용 조건이 유리한 기업에 의한 가격선도

비용 조건이 유리한 기업 1이 가격을 선도하는 경우, MC_2가 기업 2의 반응곡선이 되며 $D(P)-MC_2$가 기업 2의 반응을 고려한 수요곡선이 된다. 이로부터 도출되는 MR_1과 MC_1이 일치하도록 기업 1이 산출량을 결정하고 가격을 P_*로 설정하면, 기업 2는 반응곡선이 나타내는 바에 따라 산출량을 $X_2(P_*)$로 결정한다.

자신이 가격을 P로 설정하면 다른 기업들의 산출량이 $\sum X_i(P)$이므로, 자신이 당면하는 수요곡선이 $D(P)-\sum X_i(P)$가 된다는 것을 인식한다는 것이다.

$D(P)-\sum X_i(P)$의 형태는 그림 13-11에 나타난 바와 같다. 즉 대기업이 설정하는 가격이 P_0인 경우에 다른 기업들이 이윤극대화를 이루는 산출량의 수준은 P_0e인데, df를 P_0e와 같게 잡아 주면 P_0에서 대기업이 당면하는 수요량은 P_0d가 된다.

대기업은 $D(P)-\sum X_i(P)$로부터 도출되는 한계수입과 한계비용을 일치시키는 a를 선택해 이윤극대화를 이룰 수 있으므로, 대기업의 산출량은 X_L에서 결정되며 가격은 자신이 당면하는 수요곡선이 나타내는 바에 따라 P_*로 설정한다. 이 경우에 다른 기업들이 이윤극대화를 이루는 산출량은 $\sum X_i(P_*)$로 결정된다. 한편 $D(P)-\sum X_i(P)$의 정의에 의해 $X_L+\sum X_i(P_*)=D(P_*)$가 된다는 것을 알 수 있다.

2 비용 조건이 유리한 기업에 의한 가격선도 순수복점인 경우에 비용 조건이 유리한 기업에 의한 가격선도가 어떻게 이루어지는지 살펴보자. 비용 조건이 유리한 기업이 가격선도를 할 때의 균형은 대기업이 가격선도를 할 때의 균형과 동일하게 결정된다. 그림 13-12에서 기업 1이 기업 2보다 비용 조건이 유리한 기업인데, 기업 1이 가격선도자로 행동하기로 묵시적 합의가 이루어졌다고 하자.

기업 1이 가격을 설정하면, 기업 2는 이 가격이 일정하게 주어진 것으로 간주하여 이윤극대화를 이룰 산출량을 결정한다. 즉 기업 2는 가격순응자로 행동하며, 기업 1이 설정한 가격이 변화함에 따라 기업 2가 이윤극대화를 이루는 산출량은 MC_2곡선을 따라 움직인다. 따라서 MC_2곡선이 나타내는 기업 2의 산출량을 $X_2(P)$로 쓰면, 이것이 곧 기업 2의 반응곡선이 된다.

이 경우에 기업 1이 기업 2의 반응을 염두에 두고 이윤극대화를 이루기 위해서는 $D(P)-X_2(P)$로부터 도출된 한계수입과 자신의 한계비용이 일치하도록 산출량을 X_1^*에서 결정하며, 가격은 P_*로 설정한다. 이 경우에 기업 2가 이윤극대화를 이루는 산출량은 $X_2(P_*)$로 결정되며, $X_1^*+X_2(P_*)=D(P_*)$가 되어 시장 균형이 성립한다.

두 기업의 비용 조건이 다를 때 두 기업이 협조를 하지 않는 베르뜨랑 모형에서는 비용 조건이 불리한 기업은 생산을 하지 못하며, 비용 조건이 유리한 기업이 시장을 독차지하여 내쉬 균형을 이룬다. 한편 두 기업이 묵시적 합의를 하면 두 기업 모두 시장에서 일정량을 생산하므로, 비용 조건이 유리한 기업은 독점자로 행동하는 경우보다 더 낮은 수준의 이윤을 얻는다.

어떤 기업이 비용 조건이 유리함에도 불구하고 비용 조건이 불리한 기업과 묵시적 합의를 하는 이유는 무엇인가? 가능한 이유의 하나로 '독점금지법'과 같은 법적인 제약 등을 들 수 있다. 어느 산업이 독점화되면 법률에 의해 막대한 비용을 지불해야 하는데, 이 비용이 복점에서 독점으로 이행해 얻는 이윤의 증가보다 크다면 비용 조건이 유리한 기업은 가격선도자로서의 역할에 만족할 수밖에 없다.

협조와 징계

협조적 과점시장에서는 기업들이 명시적 혹은 묵시적으로 담합해 이윤극대화를 이룬다. 이 경우에 담합에 의해 달성된 이윤이 실제로 실현될 것인가는 담합이 제대로 지켜지는가에 달려 있다. 어느 한 기업이 담합의 내용을 지키지 않는 것을 '기만cheating한다'라고 하는데, 담합이 제대로 지켜지기 위해서는 기만을 징계punishment할 수 있는 방법이 있어야 한다. 이러한 상황을 분석하기 위해서는 과점 시장의 모형을 다소 수정할 필요가 있다.

스탁켈버그 모형을 제외하면, 지금까지 우리가 살펴본 과점 시장에 관한 모형들은 기업들이 한자리에 모여 동시에 의사결정을 하는 동시적 게임simultaneous game

그림 13-13

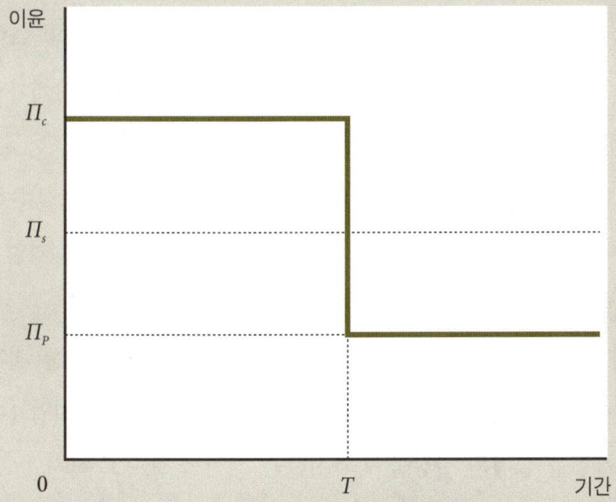

기만을 하는 경우의 이윤의 흐름

기업이 기만을 하면 발각 시점인 T 이전에는 Π_c의 이윤을 얻지만 발각 후에는 Π_p의 이윤을 얻게 된다. 기만을 하는 경우의 이윤의 현재가치가 기만을 하지 않는 경우의 이윤인 Π_s의 현재가치보다 큰 경우에 기만을 하게 된다.

혹은 정태적 게임 static game 의 상황이었다. 그러나 여기서는 다음과 같은 상황을 생각하기로 하자.

두 기업이 일단 담합의 내용을 결정한 후 각자 매기마다 의사결정을 다시 하는데, 각 기업은 담합한 내용대로 행동할 수도 있지만 상대방을 기만할 수도 있다. 기만당한 기업은 일정한 기간이 경과하면 자신이 기만당했다는 사실을 알게 된다. 이 경우는 의사결정이 여러 기간에 걸쳐 반복적으로 일어나므로, 이러한 과점 시장을 반복과점시장 repeated oligopoly 이라 부른다.

두 기업 1 및 2가 담합한 대로 의사결정을 하는 경우에 기업 1의 이윤은 Π_s이다. 기업 1이 기만을 했으나 기업 2가 기만당한 사실을 모른다면, 기업 1은 Π_s보다 높은 Π_c의 이윤을 얻을 수 있다. T기 후에 기업 2가 기만당했다는 사실을 알게 되면, 기업 2는 자신의 이윤 감소를 감수하면서 기업 1의 이윤을 낮출 수 있는 모든 징계적 조처를 취한다. 이러한 기업 2의 징계에 의해 기업 1이 얻는 이윤은 Π_p인데, Π_p는 물론 Π_s보다 낮다.

이 경우에 기업 1의 이윤의 흐름은 그림 13-13의 굵은 선으로 나타난다. 즉 기업 1이 기만을 하면 T기까지는 매기 $\Pi_c - \Pi_s$의 이득을 얻지만 $T+1$기 이후부터는 매기 $\Pi_s - \Pi_p$만큼의 손실을 본다. 보통 이득의 현재가치가 손실의 현재가치보다 크면 기업 1은 기만을 하게 되며, 이에 따라 담합은 깨지게 된다.

그림 13-13의 결과에 의하면, 담합이 유지될 것인가라는 문제에 대해 다음과 같은 점들이 지적될 수 있다.

첫째, 기업 2가 기만당했다는 사실을 알 때까지 걸리는 시간이 짧을수록 담합이 유지될 가능성이 높다. T가 짧을수록 기업 1이 기만해 얻는 이득의 현재가치가 낮아지므로 기업 1이 기만할 가능성은 낮아지기 때문이다.

둘째, 징계가 강력할수록 담합이 유지될 가능성이 높다. 징계가 강력할수록 Π_p는 낮아지고, 이에 따라 기업 1이 기만하는 경우의 비용이 증가하므로 기업 1이 기만할 가능성은 낮아지기 때문이다.

기업 2가 기업 1의 이윤을 직접 결정할 수는 없으므로, 기업 2가 Π_p를 결정하는 데에는 한계가 있다. 두 기업이 담합을 해 가격을 높게 설정했으나, 기업 1이 담합된 가격보다 낮은 가격을 설정해 시장을 독차지하는 기만을 했다고 하자.

이 경우에 기업 2가 할 수 있는 징계는 자신도 가격을 낮추어, 기업 1이 생산활동을 계속하려면 기업 2가 설정한 낮은 가격으로 판매할 수밖에 없게 함으로써 기업 1의 이윤을 낮추는 것이다. 그런데 기업 2가 가격을 낮추면, 기업 1의 이윤이 감소하기는 하지만 자신의 이윤도 감소한다. 즉 기업 2는 기업 1이 기만하였다고 하여 가격을 자신의 한계비용보다 낮게 설정할 수는 없다.

만약 기업 2가 묵시적으로 '기업 1이 기만을 하면 가격을 0으로 설정하겠다'고 위협threat한다면, 기업 1은 이를 믿지 않고 기만을 하게 될 것이다. 이러한 경우의 위협을 믿지 못할 위협non-credible threat이라 한다.

신뢰성 조건

담합 상황에서 모든 위협은 믿을 만한 위협이어야 한다. 즉 기업 2의 위협은 기업 1이 기만하는 경우에 기업 2가 취할 수 있는 최선의 행동이어야 한다.

위협이 믿을 만하기 위해서는, 기업 2의 위협이 기업 2의 입장에서 보아 최선의 행동이므로 기업 1이 기만을 할 때 실제로 기업 2가 그 위협을 실천에 옮길 것이라고 기업 1이 믿을 만해야 한다. 위의 예에서 기업 2가 '기업 1이 기만을 하면 가격을 한계비용과 같은 수준으로 설정하겠다'라고 했다면 믿을 만한 위협이 된다.

○ **반복가격설정의 예** 한계비용이 c로 동일한 두 기업이 앞에서 설명한 베르뜨랑 모형의 균형을 이루고 있다고 하자. 지금 두 기업이 담합을 해 c보다 높은 P_s로 가격을 설정하기로 합의했다면, 각 기업의 이윤 Π_s는 다음과 같이 결정된다.

$$\Pi_s = \frac{1}{2}D(P_s)[P_s - c]$$

이때 기업 1이 기만을 해 가격을 $P_s-\varepsilon$으로 설정하면, 시장을 독차지하게 되어 Π_c의 이윤을 얻는다. 여기서 ε은 매우 작은 양(+)의 수인데, 설명의 편의를 위해 ε을 무시하고 Π_c를 쓰면 다음과 같다.

$$\Pi_c = D(P_s)[P_s - c]$$

여기서 기업 1이 기만을 하면, 기업 1의 이윤은 2배가 된다. 즉 $\Pi_c = 2\Pi_s$가 성립한다.

기업 2가 기만당한 사실을 알면 더 이상 기업 1과 협조하지 않게 되므로, 두 기업의 게임은 비협조적 게임이 된다. 이 경우에 기업 2의 최선의 전략은 비협조적 과점시장에 관한 베르뜨랑 모형의 내쉬 균형에서 살펴본 바와 같이 가격을 c로 설정하는 것이다. 기업 2가 가격을 c로 설정하면, 기업 1도 가격을 c로 설정할 수밖에 없다. 따라서 기업 2의 징계가 실행되면 기업 1의 이윤 Π_p는 0이 된다.

기업 1이 기만하는 경우의 이득과 비용의 현재가치는 기업 2가 기만을 당했다는 사실을 알 때까지 걸리는 시간에 따라 달라진다.

먼저 기업 2가 기만을 당했다는 사실을 알 때까지 1기가 걸리는 경우를 알아보자. 1기에 기업 1이 기만을 했다면, 기업 1은 1기에 한해 $\Pi_c - \Pi_s = \Pi_s$만큼의 이득을 본다. 2기 후부터 발생하는 비용은 담합에서의 이윤인 Π_s가 $\Pi_p = 0$으로 떨어지는 것이다. 즉 2기부터 매기 Π_s의 비용이 발생한다. 이자율이 r인 경우에 이를 현재가치로 환산하면 $\Pi_s/(1+r) + \Pi_s/(1+r)^2 + \cdots = \Pi_s/r$가 된다. 따라서 기업 1이 기만할 조건은 $\Pi_s \geq (\Pi_s/r)$, 즉 이자율이 100% 이상일 때이다.

이번에는 1기에 기업 1이 기만했을 때 기업 2가 자신이 기만당했다는 사실을 알기까지 2기가 걸리는 경우를 살펴보자.

이때 기업 1의 이득의 현재가치는 $\Pi_s + \{\Pi_s/(1+r)\} = \Pi_s \cdot \{(2+r)/(1+r)\}$이 되며, 비용의 현재가치는 $\Pi_s/(1+r)^2 + \Pi_s/(1+r)^3 + \cdots = \Pi_s/r(1+r)$가 된다. 따라서 기업 1이 기만할 조건은 $\Pi_s \cdot \{(2+r)/(1+r)\} > \Pi_s/\{r(1+r)\}$ 가 된다. 이를 풀면, 이자율이 약 41% 이상일 때 기업 1이 기만하게 된다는 것을 알 수 있다. 이상의 예를 통해 기업 2가 기만당했다는 사실을 알 때까지 걸리는 시간이 길수록 기업 1이 기만할 가능성이 높아진다는 것을 알 수 있다.

13-4 과점의 후생경제학적 의미

과점 시장의 모형은 매우 다양하므로 과점 시장의 후생경제학적 의미를 일률적으로 평가하기는 어렵다. 그러나 대부분의 과점 시장에 공통되는 요인들을 살펴볼 수는 있다. 정태적static인 측면에서 보면, 과점 시장에서는 장기에도 기업들이 초과이윤을 얻을 수 있으므로, 다른 형태의 불완전경쟁시장의 경우와 마찬가지로 과소생산에 의한 경제적 효율성의 상실이 있을 수 있다. 또한 차별과점인 경우는 독점적 경쟁의 경우보다 훨씬 더 심한 정도로 광고경쟁 등이 발생할 가능성이 높으며, 소비자에게 상품에 대한 정보를 제공하기보다 광고에 치중해 막대한 광고비를 지출하면 사회적인 낭비가 초래될 수도 있다.

그러나 동태적dynamic인 측면에서 보면 과점 시장에서는 완전경쟁이나 독점의 경우보다 연구개발이 더 활발하게 이루어질 가능성이 많다. 연구개발에 의한 생산성의 증가가 장기적인 경제 성장의 주요 요인임을 감안할 때, 과점시장이 갖는 이러한 측면은 매우 중요하다 할 수 있다.

요 약

- 두 개 이상인 소수의 기업이 제품을 생산해 내는 시장 형태가 과점이다. 과점의 특별한 형태로 오직 두 개의 기업만이 있는 경우를 복점이라 한다. 과점이 다른 형태의 시장과 구별되는 가장 큰 특징은 개별 기업이 게임이론적 상황에 직면한다는 것이다. 한 기업의 의사결정이 자신이 취하는 행동에 따라 다른 기업들이 어떻게 행동할 것으로 예측하는가에 따라 달라진다면, 이 기업은 게임이론적 상황에 처해 있다.

- 비협조적 과점시장에서는 기업들이 이윤극대화를 이루기 위해 다른 기업들과 협조하지 않는다. 이 경우에 이윤극대화를 이루기 위한 기업의 행동은 자신의 행동에 대해 다른 기업이 어떠한 반응을 보일 것으로 예상하는가를 나타내는 추측변이의 형태에 따라 달라진다. 과점 시장의 균형의 개념으로 널리 사용되는 것은 내쉬Nash 균형이다. 모든 기업들이 다른 기업들의 최적 행동이 주어진 상황에서 자신의 이윤극대화를 이루기 위해 선택한 행동이 최적 행동이라면, 내쉬 균형이 성립한다.

- 꾸르노Cournot 모형에서는 산출량에 대한 추측변이가 0인 것으로 가정된다. 꾸르노 모형에서의 내쉬 균형은 각 기업의 반응곡선이 만나는 점에서 이루어진다. 꾸르노 모형이 동시적 게임인 반면, 스탁켈버그Stackelberg 모형은 순차적 게임이다. 즉 추종자는 산출량에 대한 추측변이가 0인 상황에서 반응함수를 결정하지만, 선도자는 추종자의 반응함수를 고려해 이윤극대화를 이루는 산출량을 결정한다. 꾸르노 모형과 비교했을 때, 선도자의 이윤은 증가하지만 추종자의 이윤은 감소한다. 보통 대기업이나 비용조건이 유리한 기업이 선도자로 행동한다.

- 베르뜨랑Bertrand 모형에서는 가격에 관한 추측변이가 0인 것으로 가정된다. 이 경우에 내쉬 균형이 어떻게 될 것인가는 두 기업의 한계비용에 의존한다. 두 기업의 한계비용이 같다면, 가격과 한계비용이 동일한 상태가 내쉬 균형이 된다. 두 기업의 한계비용이 다르다면, 한계비용이 낮은 기업이 시장을 독차지한다. 과점시장의 가격경직성을 설명하는 것은 굴절수요곡선이론이다. 이 이론은 수요곡선이 꺾여 한계비용곡선이 불연속적이 되는 점을 들어 가격경직성을 설명한다.

- 꾸르노 모형에서 내쉬 균형을 이룰 때 두 기업이 서로 담합해 협조하면, 두 기업의 이윤이 모두 증가할 수 있다. 카르텔이 형성되면, '한계수입 = 기업 1의 한계비용 = 기업 2의 한계비용'이 성립하도록 생산량을 결정하여 각 기업의 한계비용곡선

에 따라 할당한다. 두 기업이 카르텔을 형성하면 두 기업 모두 이윤을 증가시킬 수 있으므로, 카르텔이 없는 상태에서는 카르텔을 만들 유인이 있다. 그러나 일단 카르텔이 만들어지면 카르텔을 붕괴시킬 유인이 발생한다. 가격선도 모형은 과점 시장에서 기업들의 가격 설정에 관한 묵시적 합의를 고려한다. 즉 대기업이나 비용조건이 유리한 기업이 가격을 설정하면 다른 기업들은 선도자가 설정한 가격이 일정하게 주어진 것으로 간주해 이윤극대화를 이룰 수 있는 산출량을 결정하는 것이다.

➲ 협조적 과점시장에서 담합에 의한 이윤의 실현 여부는 담합이 제대로 지켜지는가에 달려 있다. 어떤 기업이 담합의 내용을 지키지 않는 것을 '기만한다' 라고 하는데, 담합이 제대로 지켜지려면 기만을 징계할 수 있는 방법이 있어야 한다. 한 기업이 기만할 때 다른 기업이 취하겠다고 공언하는 위협이 믿을 만해야 담합이 유지된다.

➲ 과점 상태에서는 개별 기업들이 장기에도 초과이윤을 얻을 수 있으므로 완전경쟁에 비해 경제적 효율성이 떨어진다. 차별과점인 경우는 지나친 광고비 지출 등에 의해 사회적 낭비를 초래할 수도 있다. 그러나 과점 시장에서는 완전경쟁이나 독점에 비해 연구개발이 더 활발하게 이루어질 수도 있다.

연 습 문 제

01 과점 시장에서 기업들은 게임이론적 상황에 직면하지만, 독점적 경쟁 시장에서는 그렇지 않다. 근본적인 이유는 무엇인가?

02 꾸르노 모형에서 기업이 세 개 있는 경우의 내쉬 균형은 어떻게 얻어지는가?

03 순수과점의 경우, 기업이 당면하는 굴절수요곡선의 형태는 어떠하겠는가?

04 스타켈버그 모형에서 선도자의 이윤극대화 조건인 **식 (13-2)**를 CV_X가 명시적으로 도입되게 바꾸면 $P(X)+X_1\cdot(\Delta P/\Delta X)\cdot(1+CV_X)=MC_1(X_1)$이 된다. 이는 어떻게 도출되는가?

05 꾸르노 모형과 베르뜨랑 모형에 의해 설명될 수 있는 과점 시장의 예를 각각 제시하시오. 현실적으로 더 많은 과점 시장을 설명할 수 있는 모형은 어느 것인가?

06 *OPEC* 회의에서 산유국들이 석유 생산을 줄일 것을 호소하는 결의문이 채택되었다. 이러한 결의문을 채택하는 이유는 무엇인가?

07 과점 시장에서의 균형이 나타내는 자원배분은 효율적인가?

08 순수복점에서의 시장수요함수가 다음 상황에 의존한다고 하자.

상황 I : $P_X = 100 - X$

상황 II : $P_X = 120 - 2X$

상황 I 및 II가 발생할 확률은 각각 0.5이며, 각 기업의 의사결정은 꾸르노 모형의 가정을 따른다. 한편, 각 기업의 비용은 모두 0인 것으로 가정한다.

(1) 기업 A 및 B가 기대이윤을 극대화하도록 행동할 때 A와 B의 반응곡선을 각각 구하시오. 이때 X_A와 X_B의 값은 각각 얼마인가?

(2) 기업 A만 어떤 상황이 발생할지 사전에 아는 경우의 균형은 어떻게 정의될 수 있는가? 이때 A 및 B의 이윤이 (1)에 비해 어떻게 달라지게 되는지 직관적으로 설명하시오.

09 순수복점 상황에서 시장수요함수가 $X = 120 - P$로 주어졌으며, 기업 1 및 2의 한계비용은 모두 10으로 동일하다.

(1) 두 기업이 베르뜨랑 모형의 가정에 따라 행동하여 내쉬 균형을 이루었을 때, 각 기업이 설정하는 가격과 이윤 수준은 각각 얼마인가?

(2) 두 기업이 담합을 할 때 설정되는 가격과 각 기업의 이윤은 각각 얼마인가?

10 두 기업이 품질이 동일한 제품을 생산하고 있다. 시장수요함수는 $P = 100 - 2.5X$로 주어졌으며, 기업 1 및 기업 2의 비용함수는 각기 $C_1(X_1) = 10X_1$, $C_2(X_2) = 40X_2$로 주어졌다.

(1) 꾸르노 모형의 내쉬 균형이 달성된 경우 X_1 및 X_2는 각기 얼마인가?

(2) 기업 1이 선도자인 경우 균형에서 $X_1 = 24$, $X_2 = 0$이며 기업 1의 이윤은 720이다. 만약 이 시장이 기업 1만 있는 독점시장이었다면 $X_1 = 18$이고 기업 1의 이윤은 810이다. 기업 1만 생산활동을 함에도 불구하고 각 경우의 X_1 생산량에 차이가 나는 것을 어떻게 설명할 수 있는가?

11 순수복점의 경우 수요함수 $P = t - X_1 - X_2$로 주어졌으며 기업 1 및 2의 비용함수는 각기 $C_1(X_1) = 3X_1$, $C_2(X_2) = 6X_2$로 주어졌다.

(1) $t = 15$일 때 꾸르노Cournot 모형의 내쉬Nash균형을 만족하는 X_1 및 X_2를 구하시오.

(2) t의 값은 H 혹은 L일 수 있다. 기업 2는 t 값을 정확하게 알고 있으나 기업 1은 t가 H일 확률이 α, L일 확률이 $1 - \alpha$이며, 기업 2가 t에 대해 완전정보라는 사실을 알고 있다. 기업 2의 두 개의 반응함수를 구하고, 이를 이용하여 기업 1이 선도자인 경우 기업 1의 목적함수를 X_1만의 함수로 나타내시오.

12 X재의 가격이 P_0일 때 시장수요의 가격탄력성은 무한대이다. 순수복점에서 두 기업의 비용함수는 $C_1(X_1) = a_1 X_1^2 + a_2 X_1 X_2$, $C_2(X_2) = b_1 X_2^2 + b_2 X_1 X_2$로 각각 주어졌다.

(1) 비용함수의 의미를 설명하고 각 기업의 반응함수를 구하시오.

(2) 내쉬Nash균형에서 기업 2만 생산하는 조건을 구하시오.

14 게임이론의 기초

14-1 게임이론의 인식

게임의 구성요소

우리는 과점 시장에 관한 이론에서 상호 의존적인 기업들의 행위가 어떠한가를 살펴보았다. 상호 의존적인 경제주체들의 행위를 체계적으로 설명하려는 것이 게임이론이다. 게임을 구성하려면 게임참가자 players, 게임참가자의 전략 strategy, 게임의 결과로 얻는 이득 pay-off 및 게임참가자의 행동에 관한 정보 등이 필요하다.

게임참가자는 그 수가 얼마가 되더라도 무한대가 아닌 한 분석의 방법이 동일하다. 따라서 여기서는 특별한 경우를 제외하고는 게임참가자가 두 명인 2인 게임 two person game 을 생각하기로 한다. 게임참가자가 취할 수 있는 행동들을 모아놓은 것을 전략집합이라 하는데, i번째 게임참가자의 전략집합을 A_i로 나타내기로 한다 $(i=1, 2)$. 게임참가자는 여러 개의 전략을 가질 수 있는데, A_i에 포함되는 j번째 전략을 a_{ij}라 하기로 한다$(j=1, 2, \cdots, n)$.

예를 들어 게임참가자 1이 광고를 하는 것 A와 광고를 하지 않는 것 NA라는 두 가지 전략을 취할 수 있다면 $a_{11}=A$, $a_{12}=NA$가 되며, $A_1=\{A, NA\}$로 나타낼 수 있다. 한편 표기의 편의를 위해 A_i에 포함되는 임의의 전략은 a_i로 나타낸다.

게임참가자들이 상호 의존적이라는 것은, 게임의 결과로 자신이 얻는 이득이 자신의 행동에도 의존하지만 남의 행동이 어떠한지에도 달려 있다는 것이다. 따라서 게임참가자 i의 이득을 Π_i라 하면, $\Pi_i=\Pi_i(a_1, a_2)$로 나타낼 수 있다. 이는 게임참가자 1이 a_1을 택했을 때 얻는 이득이 자신이 택한 전략 a_1뿐만 아니라, 상대방이 택한 전략 a_2에도 의존한다는 것을 나타낸다.

> **공유지식**
>
> 게임참가자가 모두 알고 있는 것을 공유지식(common knowledge)이라고 한다. 게임참가자들은 상대방도 공유지식을 갖고 있음을 염두에 두고 행동한다.

각 경기자의 전략집합과 게임의 결과로서 각 경기자가 얻는 이득은 **공유지식**이다. 게임참가자들은 자신이 선택할 수 있는 전

표 14-1
정규형태로 나타낸 게임

(a) 동시적 게임의 경우

1 \ 2	A	NA
A	(10, 4)	(13, 0)
NA	(7, 5)	(16, 9)

(b) 순차적 게임의 경우

1 \ 2	$a_{21}=(A, A)$	$a_{22}=(NA, NA)$	$a_{23}=(A, NA)$	$a_{24}=(NA, A)$
$a_{11}=A$	(10, 4)	(13, 0)	(10, 4)	(13, 0)
$a_{12}=NA$	(7, 5)	(16, 9)	(16, 9)	(7, 5)

략들이 무엇인지뿐만 아니라 상대방이 택할 수 있는 전략이 무엇인지도 알고 있다. 또한 자신과 상대방이 특정한 전략들을 택했을 때 자신과 상대방이 게임을 통해 얻는 이득이 얼마가 될 것인지도 알고 있다. 마지막으로 상대방이 자신과 똑같은 정보를 갖고 있다는 것도 알고 있다.

게임의 묘사

게임은 정규형태 normal form 와 전개형태 extensive form 로 나타낼 수 있다. 정규형태는 게임의 결과로 얻는 이득을 보수행렬 pay-off matrix 로, 전개형태는 게임을 게임나무 game tree 를 이용해 각각 나타낸다. 실제로 게임을 묘사하는 방법은 게임의 종류에 따라 다르다.

게임참가자가 서로 상대방이 어떤 전략을 택했는지 모르는 상태에서 자신의 전략을 선택하는 게임을 동시적 게임 simultaneous game 또는 정태적 게임 static game 이라 한다. 예를 들어 두 기업이 공사를 발주받기 위해 공개입찰에 응하는 경우가 여기에 해당한다.

반면에 게임참가자들의 행동에 시차가 존재하는 게임도 있다. 게임참가자 1이 먼저 행동을 하고 게임참가자 2는 게임참가자 1의 행동을 관찰한 후 자신의 전략을 선택하는 게임을 순차적 게임 sequential game 또는 동태적 게임 dynamic game 이라 한다. 예를 들어 복점에서 어떤 기업이 다른 기업이 실행한 신규설비 투자의 규모를 보고 자신의 설비투자 규모를 결정하는 경우가 여기에 해당한다.

두 개의 기업 1 및 2가 선택할 수 있는 전략이 광고비를 지출하는 것인 A와 광고비를 지출하지 않는 것인 NA 두 가지가 있다고 하자. 두 기업이 동시적 게임을 하는 경우를 정규형태로 나타내면 표 14-1 (a)와 같다.

(a)에서 예를 들어 (13, 0)은 기업 1이 A를 택하고 기업 2가 NA를 택한다면, 기업 1 및 2의 이득이 각각 13 및 0이 된다는 것을 나타낸다. 이 경우, 이 보수행렬은 공유지식이다.

이번에는 이 게임을, 기업 1이 먼저 행동을 취하면 기업 2가 이를 관찰한 후에 행동을 취하는 순차적 게임으로 바꾸어 생각해 보기로 하자. 기업 1이 먼저 행동을 취하므로, 기업 1이 선택할 수 있는 전략은 $a_{11}=A$와 $a_{12}=NA$ 두 가지이다. 기업 2는 기업 1의 행동을 관찰한 후, 관찰 결과에 기초해 행동을 취한다. 즉 기업 1이 A를 선택한 것을 관찰했을 때 기업 2가 선택할 수 있는 전략은 A와 NA 두 가지이며, 기업 1이 NA를 선택한 것이 관찰했을 때 기업 2가 선택할 수 있는 전략도 A와 NA 두 가지이다. 따라서 기업 2의 전략은 모두 4가지가 된다.

표 14-1 (b)에서 $a_{21}=(A, A)$는 기업 1이 어떠한 전략을 선택해도 기업 2가 항상 A를 선택하는 전략이며, $a_{22}=(NA, NA)$는 기업 1이 어떠한 전략을 선택해도 기업 2가 항상 NA를 선택하는 전략이다. $a_{23}=(A, NA)$는 기업 1이 A를 선택하면 기업 2도 A, 기업 1이 NA를 선택하면 기업 2도 NA를 선택하는 전략이다. 마지막으로 $a_{24}=(NA, A)$는 기업 1이 A를 선택하면 기업 2는 NA, 기업 1이 NA를 선택하면 기업 2는 A를 선택하는 전략이다.

위와 같이 정규형태로 표현된 게임을 게임나무 game tree를 이용해 전개형태로 나타내면 그림 14-1과 같다. 이를 이해하기 위해서는 먼저 게임나무를 구성하는 요인들이 무엇인가를 알아 둘 필요가 있다. 게임나무는 마디 node와 마디들의 순서를 결정하는 이항관계 binary relation로 구성되어 있다. 그림 14-1에서 점으로 나타낸 것들이 마디이며, 이항관계 $>$는 마디들 사이의 순서를 결정한다. 그림 14-1 (a)에서 마디 a는 마디 b보다 앞에 있는데, 이를 $a>b$로 나타낸다.

게임나무에 포함된 임의의 마디 t보다 앞에 위치한 마디들의 모임을 t의 선행마디 predecessors $P(t)$라 하며, 뒤에 위치한 마디들의 모임을 t의 후행마디 successors $S(t)$라 한다. 그림 14-1 (a)에서 e의 선행마디 $P(e)=\{a, b\}$이며, c의 후행마디 $S(c)=\{f, g\}$이다.

선행마디를 갖지 않는 마디를 시작마디 initial node, 후행마디를 갖지 않는 마디를 끝마디 terminal node라 한다. 그림 14-1 (a)에서는 a가 시작마디이고 d, e, f, g는 끝마디이다. 끝마디에는 게임참가자들이 게임을 실행하여 얻는 이득이 나타나 있다.[1] 게임나무에 포함된 마디들 중 끝마디를 뺀 나머지 마디들은 게임참가자들이 전략을 결정하는 마디라는 의미에서 결정마디 decision node라 한다. 따라서 결정마디에는 어떤 참가자가 의사결정을 하는지를 표시한다.

1 그림 14-1의 게임나무에서 a, b, c 등은 설명의 편의를 위해 붙인 것으로서 게임나무를 그릴 때 각 마디마다 a, b, c 등과 같은 이름을 붙일 필요는 없다.

그림 14-1

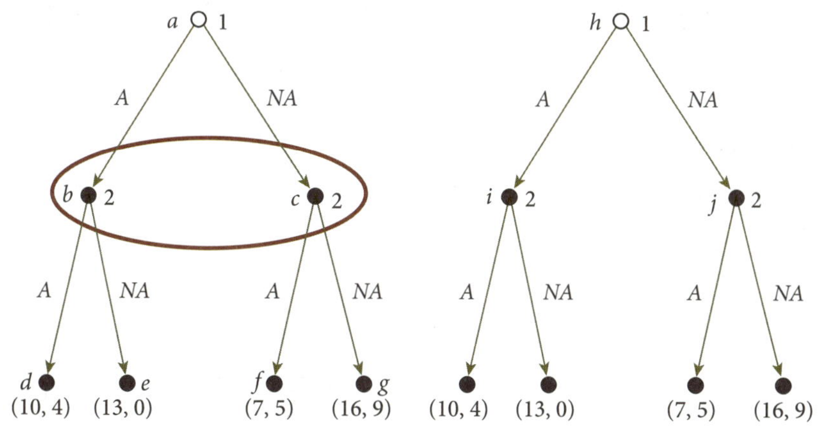

(a) 동시적 게임의 경우 (b) 순차적 게임의 경우

전개형태로 나타낸 게임

게임나무는 게임참가자, 전략 및 게임의 결과로 얻는 이득 등을 모두 포함한다. (a)에서 a는 시작마디, d, e, f, g는 끝마디, a, b, c는 결정마디이다. (a)에서 타원의 의미는 기업 2가 자신이 b에 있는지 c에 있는지 모르는 정태적 게임의 상황을 나타낸다. (b)는 기업 1이 먼저 한 행동을 기업 2가 관찰한 후에 행동하는 순차적 게임의 상황을 나타낸다.

그림 14-1 (a)의 결정마디 a에서는 기업 1이 의사결정을 하며, 결정마디 b와 c에서는 기업 2가 의사결정을 하는 것으로 되어 있다. 각각의 결정마디에서 게임참가자가 특정한 전략을 결정하면, 오직 한 개의 후행마디로 이동한다. 즉 그림 14-1 (a)의 결정마디 b에서 기업 2가 A를 선택하면 d로 이동하며, NA를 선택하면 e로 이동한다.

동시적 게임의 경우, 게임참가자들은 상대방이 어떤 전략을 선택했는지 모르는 상황에서 자신의 전략을 선택해야 한다. 그림 14-1 (a)에서 타원으로 나타난 부분은 기업 2가 자신이 결정마디 b에 있는지 혹은 c에 있는지 알지 못한다는 것, 즉 기업 1이 A를 선택했는지 혹은 NA를 선택했는지 알지 못한다는 것을 나타낸다. 따라서 (a)는 동시적 게임의 상황을 나타낸다.

순차적 게임의 경우, 기업 1이 먼저 전략을 선택하면 기업 2는 이를 관찰한 후 자신의 전략을 선택한다. 그림 14-1 (b)에서 기업 2는 자신이 i에 있는지 혹은 j에 있는지 알고 있는데, 이는 곧 기업 2가 기업 1이 선택한 전략이 A인지 혹은 NA인지 알고 있다는 의미이기도 하다. 따라서 (b)는 순차적 게임의 상황을 나타낸다.

게임나무에 포함된 행동마디들은 정보집합 information set 으로 나눌 수 있다. 정보집합은 1개의 마디만 포함할 수도 있고 여러 개의 마디들을 포함할 수도 있다.[2] 마디 t와 t'가 같은 정보집합에 포함된다면, 다음을 만족시켜야 한다.

1. t는 t'의 선행마디에 포함되지 않으며, t'도 t의 선행마디에 포함되지 않는다.
2. t와 t'에서 행동을 취하는 게임참가자가 동일하다.
3. t와 t'에서 취할 수 있는 전략이 동일하다.

그림 14-1에서 동시적 게임은 a와 $\{b, c\}$라는 2개의 정보집합을 갖고 있으며, 순차적 게임은 h, i, j라는 3개의 정보집합을 갖고 있다. $\{b, c\}$가 위에서 이야기한 세 가지 조건을 모두 만족시킨다는 것은 각자 확인해 보기 바란다.

14-2 내쉬 균형

내쉬 균형의 개념

게임을 묘사한 뒤에 해야 할 일은 균형을 찾아내는 일이다. 여기서는 게임이론에서 가장 널리 이용되는 균형의 개념인 **내쉬 균형** Nash equilibrium 에 대해 알아보기로 하자. 내쉬 균형에서 가정되는 추측변이는 0이다. 즉 각 게임참가자들이 자신의 이득을 극대로 하는 전략을 선택할 때 다른 게임참가자들의 전략은 주어진 것으로 가정한다. 앞의 13-1 과점의 의미에서 살펴본 바와 같이 내쉬 균형은 다음과 같이 정의된다. 즉 모든 게임참가자들이 다른 게임참가자들의 최적 행동이 주어진 상황에서 자신의 이득을 극대화시키기 위해 선택한 행동이 최적 행동이라면 내쉬 균형이 성립한다.

> **내쉬 균형(1)**
>
> 모든 게임참가자들이 다른 게임참가자들의 최적 행동이 주어진 상황에서 자신의 이득을 극대화시키기 위해 선택한 행동이 최적 행동이라면 내쉬 균형이 성립한다.

게임참가자가 n명인 경우에 게임참가자 i의 전략집합이 A_i이고, A_i에 속해 있

2 하나의 정보집합 안에 복수의 결정마디가 포함되어 있으면, 이는 게임참가자가 그 결정마디들 중에서 어디에 위치하고 있는지 모른다는 것을 의미한다.

ECONOMIST

John F. Nash 1928~

내쉬 균형의 개념을 만들어 게임이론에 크게 기여한 수학자이며 경제학자인 내쉬는 1928년 미국 웨스트 버지니아에서 태어났다.

내쉬가 프린스턴 대학교에서 터커A.W. Tucker의 지도로 1950년 작성한 '비협조적 게임'에 관한 28쪽짜리 논문에서 내쉬 균형의 개념이 소개되었다. 이 균형의 개념은 게임이론 전반에 지대한 영향을 주었으며 이 공로로 내쉬는 1994년에 셀턴R. Selten, 하산이J. Harsanyi와 함께 노벨 경제학상을 수상하였다.

내쉬는 1950년대 초반 게임이론, 대수기하학 algebraic geometry 등에서 활발한 활동을 보였지만 그 이후에는 긴 공백기를 갖게 된다. 내쉬의 공백기는 1959년 이래 앓았던 편집증적 정신분열증에 기인한다. 1959년 이후 약 10년간 입원과 퇴원을 반복했다. 1970년대 이후 더 이상 입원을 하지 않았고 모든 정신병 치료약을 끊었지만 증상은 여전하였으며 서서히 호전되기 시작한 것은 1980년대 말 이후로 알려져 있다.

오랜 치료 기간에도 불구하고 내쉬의 학문에 대한 열정은 끊임없이 이어져 왔던 것으로 보인다. 터커가 노환으로 거동을 할 수 없어 집에서만 지낼 때 내쉬는 그의 절친한 친구이며 프린스턴 대학교 수학과 교수인 쿤H. Kuhn과 함께 문병을 간 적이 있었다—비선형 제약하의 최적화문제의 해를 구할 때 필요한 조건인 쿤-터커 조건Kuhn-Tucker condition의 바로 그 터커와 쿤이다. 두 시간 동안 문병을 하면서 세 사람은 주로 정수론에 대해 진지한 토론을 한 것으로 전해지고 있다.

는 임의의 전략을 a_i라고 하자($i=1, 2, \cdots, n$). 그리고 a_i^*는 다른 게임참가자들의 전략이 일정하게 주어진 상황에서 게임참가자 i가 자신의 이득을 극대화시키기 위해 선택한 최적 전략이며, $a_{-i}=\{a_1, \cdots, a_{i-1}, a_{i+1}, \cdots, a_n\}$은 게임참가자 i의 전략을 제외한 나머지 게임참가자들의 전략의 모임이라고 정의하자.

위의 정의에 의해 a_{-i}^*는 게임참가자 i를 제외한 다른 게임참가자들이 추측변이가 0인 상황에서 자신들의 이득을 극대화시키기 위해 선택한 최적 전략의 모임이 된다. 이 경우에 모든 i에 대해 a_i^*가 $\Pi_i(a_i, a_{-i}^*)$를 극대화하는 전략이면, 내쉬 균형이 성립한다($i=1, 2, \cdots, n$).

> **내쉬 균형(2)**
>
> 모든 i에 대해 a_i^*가 $\Pi_i(a_i, a_{-i}^*)$를 극대화하는 전략이면, 내쉬 균형이 성립한다($i=1, 2, \cdots, n$).

다른 게임참가자들의 최적 전략 a_{-i}^*가 주어졌을 때 게임참가자 i가 자신의 이득을 극대화시키기 위한 전략을 선택하는 경우라면 a_i^*를 선택하며, 모든 게임참가자들이 이와 같다면 게임참가자들이 '*' 표시를 한 전략을 바꿀 이유가 없다. 즉 $(a_1^*, \cdots, a_n^*)$는 외부적인 충격이 없는 한 계속 유지되므로 균형이다.

신경 경제학 neuro-economics

EXAMPLE 14-1

다음의 최후통첩 게임ultimatum game을 생각해 보자.

일정 금액의 현찰을 갑에게 주면 갑은 을에게 자신이 얼마를 갖고 을에게 얼마를 줄지 통보한다. 을은 갑의 제안을 받아들일 것인가, 거절할 것인를 선택하며, 만약 을이 거절하면 갑과 을은 모두 한 푼도 받을 수 없다.

갑과 을이 모두 합리적이라고 할 때 이 게임의 해는 어떻게 될 것인가? 갑이 얼마의 금액을 제시하든 을이 갑의 제안을 받아들여야 할 것이라고 생각하는 사람이 많을 것이다. 왜냐하면 한푼도 받지 못하는 것보다는 소액이나마 받는 편이 더 낫기 때문이다. 만약 이 게임을 정제한다면 게임의 해는 갑이 을에게 1원만 주는 제안을 하는 것이 될 것이다.

그런데 이 게임을 실제로 실행해 보면 갑이 을에게 제시하는 금액이 일정 수준 이하이면 을이 갑의 제안을 거절하는 경우가 자주 관찰된다. 이때 을의 행동은 갑의 상식 이하의 제안에 대한 분노에서 비롯된 갑에 대한 응징이라고 해석할 수 있다.

그런데 을이 분노 때문에 손해를 보면서까지 갑을 응징하는 행위는 소위 경제인homo economicus에게 전제하는 합리성, 이기성 및 효용극대화 등의 품성에 어긋난다. 이러한 행위를 사람의 뇌 활동을 통해 이해하려고 하는 사람들이 바로 신경 경제학자들이다.

최후통첩 게임의 여러 가지 제안을 하면서 MRI 촬영을 하면, 일정 금액 이하로 제안할 때 뇌의 특정 부분—포상과 징벌에 대한 판단을 관장하는 부분이라고 한다—의 혈류량이 급격히 증가하는 것을 관찰할 수 있다.

이를 연장하면 다음과 같은 추론이 가능하다. 즉 다른 사람에 대한 신뢰, 단기 및 장기의 비용-편익에 대한 비합리적인 상대적 평가, 자선행위 등이 도파민—뇌가 배출하는 쾌락을 주는 화학물질—을 배출케 하여 사람들의 효용을 증가시킬 수 있다.

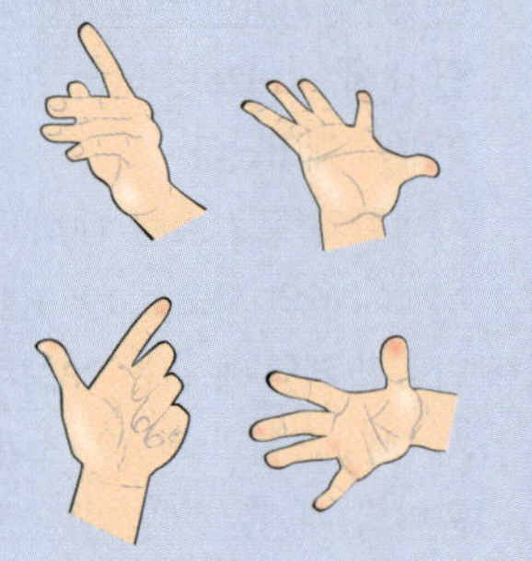

신경 경제학은 최후통첩 게임에서 나타나는 인간의 비합리적인 행위를 설득력 있게 해명해 준다.

이 추론이 옳다면 앞의 행위들은 경제인이 아닌 자연인homo sapience이 당연히 할 수 있는 행위이며, 결코 비합리적인 행위가 아니라고 할 수 있을 것이다.

게임참가자가 두 명인 경우의 내쉬 균형은 다음과 같이 확인할 수도 있다. 즉 a_2^*가 주어졌을 때 게임참가자 1의 이득을 극대화시키기 위한 전략이 a_1^*이며, a_1^*가 주어졌을 때 게임참가자 2의 이득이 극대화시키기 위한 전략이 a_2^*라면 (a_1^*, a_2^*)는 내쉬 균형을 이룬다.

표 14-1 (a)에서는 (A, A)와 (NA, NA)에서 내쉬 균형을 이룬다. (A, A)가 내쉬 균형인 이유는 게임참가자 2의 전략이 A로 주어졌을 때 게임참가자 1의 이득을 극대화시키는 전략이 A이며, 게임참가자 1의 전략이 A로 주어졌을 때 게임참가자 2의 이득을 극대화시키는 전략이 A이기 때문이다. (NA, NA)도 같은 이유로 내쉬 균형이다. 그러나 (A, NA)는 내쉬 균형이 아니다. 즉 게임참가자 2의 전략이 NA

로 주어졌을 때 게임참가자 1의 이득을 극대화시키는 전략이 NA이므로, 게임참가자 1이 전략을 A에서 NA로 바꿀 이유가 있기 때문이다.

표 14-1 (b)에서는 (a_{11}, a_{21}), (a_{12}, a_{22}) 및 (a_{12}, a_{23})에서 내쉬 균형을 이룬다. 이들이 내쉬 균형을 이루는 이유는 각자 확인해보기 바란다.

앞의 꾸르노 모형이나 베르뜨랑 모형에서 살펴본 바와 같이 게임참가자들이 선택하는 전략이 산출량이나 가격과 같이 연속적으로 변할 수 있는 경우라면 내쉬 균형은 다른 방법에 의해 나타낼 수 있다. 즉 $\Delta\Pi_i(a_i, a_{-i})/\Delta a_i = 0$인 n개의 방정식을 동시에 만족시키는 해를 구한 결과가 $(a_1^*, \cdots, a_n^*)$라면, 이것이 곧 내쉬 균형이다$(i=1, \cdots, n)$.

> **내쉬 균형(3)**
>
> $\Delta\Pi_i(a_i, a_{-i})/\Delta a_i = 0$인 n개의 방정식을 동시에 만족시키는 해를 구한 결과가 $(a_1^*, \cdots, a_n^*)$라면, 이것이 곧 내쉬 균형이다$(i=1, \cdots, n)$.

추측변이는 0이므로, $\Delta\Pi_i(a_i, a_{-i})/\Delta a_i = 0$을 구할 때 a_{-i}는 일정한 상수로 간주된다. 앞에서 살펴본 꾸르노 모형에서는 $\Delta\Pi_i(a_i, a_{-i})/\Delta a_i = 0$이 곧 i번째 기업의 반응함수이며, $\Delta\Pi_i(a_i, a_{-i})/\Delta a_i = 0$인 n개의 방정식을 동시에 만족시키는 해를 구한다는 것은 곧 반응곡선들이 만난다는 것을 의미하므로 꾸르노 모형의 균형이 위에서 정의된 내쉬 균형의 개념에 적합함을 알 수 있다.

최소극대화의 원리

앞에서 살펴본 게임들은 게임참가자들의 이득의 합이 경우에 따라 다르게 나타난다. 이를 합이 일정하지 않은 게임 non-constant sum game이라 한다. 그러나 반대의 경우도 생각해 볼 수 있다.

예를 들어 두 기업이 서로 시장점유율을 많이 얻기 위한 게임을 하는 경우 두 기업이 어떠한 전략을 사용하더라도 두 기업의 시장점유율의 합은 100%로 일정하다. 이와 같은 게임을 합이 일정한 게임 constant sum game이라 한다.

합이 일정한 게임의 내쉬 균형은 **최소극대화 원리** minimax principle에 의해 찾을 수 있다. 최소극대화 원리란 각 경기자에게 돌아가는 이득의 합이 일정한 게임에서, 각 경기자가 자신이 얻을 수 있는 최소이득 가운데 가장 큰 이득을 주는 전략을 선택할 때 내쉬 균형이 달성된다는 원리이다.[3]

> **최소극대화 원리**
>
> 각 경기자에게 돌아가는 이득의 합이 일정한 게임에서, 각 경기자가 자신의 각 전략들이 가져올 수 있는 최소의 이득을 계산하여 그 중 가장 큰 이득을 가져오는 전략을 선택할 때 내쉬 균형이 달성된다는 것이 최소극대화 원리이다.

3 최소극대화 원리는 각 경기자가 경기 상대방의 합리성에 대해 의구심을 가질 때에도 사용될 수 있다. 즉 경기 상대방이 자신의 보수를 극대화하기보다 다른 상대방인 나의 보수를 감소시키는 데 관

표 14-2

최소극대화 원리

1 \ 2	a_{21}	a_{22}
a_{11}	(10, 10)	(9, 11)
a_{12}	(11, 9)	(8, 12)

합이 일정한 게임에서 자신이 어떤 전략을 선택했을 때 예상되는 최소 이득을 생각한다는 것은, 자신이 선택한 전략이 일정하게 주어졌을 때 상대방은 자신의 이득을 극대화시키는 전략을 선택할 것으로 예상한다는 것을 의미한다. 따라서 최소 이득을 극대화한다는 것은 상대방의 최적 전략이 주어졌을 때 자신의 이득을 극대화시키는 전략을 찾는다는 것이며, 이것이 곧 내쉬 균형이다. 최소극대화 원리에 의해 게임의 해를 찾는 것을 그림으로 나타내면, 마치 말안장처럼 생긴 장소에서 균형이 찾아지게 된다. 이를 가리켜 안장점saddle point에서의 균형이라고 부른다.

표 14-2의 게임은 어떤 경우에도 게임참가자들의 이득이 20으로 일정하므로, 합이 일정한 게임이다. 이 게임의 내쉬 균형은 (a_{11}, a_{22})이다. 이제 이 게임의 균형을 최소극대화 원리에 의해 찾아보자.

게임참가자 1이 a_{11}을 택하는 경우에 자신의 이득이 얼마인가는 게임참가자 2가 선택하는 전략에 의존하는데, 최악의 경우에는 9의 이득을 얻을 수 있다. 즉 9라는 이득이 게임참가자 1이 a_{11}을 선택하는 경우의 최소 이득이다. 한편 게임참가자 1이 a_{12}를 선택하는 경우의 최소 이득은 8이다. 최소극대화 원리에 의하면, 게임참가자 1은 최소 이득 9와 8 중 큰 것을 선택하므로 게임참가자 1은 결국 a_{11}을 선택한다. 마찬가지 이유로 게임참가자 2는 최소극대화 원리에 의해 a_{22}를 선택한다. 따라서 최소극대화 원리에 의해 찾은 게임의 해solution가 내쉬 균형과 같음을 알 수 있다.

혼합전략 내쉬 균형

내쉬 균형이 갖는 문제점은 게임에 따라 내쉬 균형이 존재하지 않거나 또는 내쉬 균형이 너무 많이 존재하기 때문에 이들 중 일부는 비합리적일 수 있다는 것이다. 여기서는 내쉬 균형이 존재하지 않는 경우에 이 문제를 어떻게 해결할 수 있는지 알아보기로 한다.

심을 더 가지고 있다고 판단될 때 최소극대화 원리에 의해 행동하는 것이 오히려 바람직할 수 있다.

표 14-3

혼합전략 내쉬 균형

1 \ 2	a_{21}	a_{22}
a_{11}	(1, −1)	(−1, 1)
a_{12}	(−1, 1)	(1, −1)

게임참가자가 여러 개의 전략 중 특정한 전략만을 선택하는 경우의 내쉬 균형을 순수전략 pure strategy 내쉬 균형이라 한다. 앞에서 정의한 내쉬 균형이 바로 순수전략 내쉬 균형이다.

표 14-3의 게임은 순수전략 내쉬 균형을 갖지 않지만, 이 경우에도 **혼합전략** mixed strategy **내쉬 균형**은 존재할 수 있다. 즉 게임참가자가 각각의 전략을 선택할 확률을 설정하는 경우, 각 순수전략의 기대이득이 동일할 때 혼합전략 내쉬 균형이 성립한다. 게임참가자가 각각의 순수전략을 선택할 확률을 부여하는 것을 게임참가자가 혼합전략을 사용한다고 한다. 순수전략의 수가 몇 개 안 되는 경우에도 혼합전략은 무한히 많다.

> **혼합전략 내쉬 균형**
>
> 게임참가자가 각각의 전략을 선택할 확률을 설정하는 경우, 각 순수전략의 기대이득이 동일할 때 혼합전략 내쉬 균형이 성립한다.

예를 들어 게임참가자 1의 순수전략이 a_{11}과 a_{12}의 두 개가 있는 경우의 혼합전략은 'a_{11}을 선택할 확률이 p이고 a_{12}를 선택할 확률이 $1-p$이다'가 되는데, 확률 p는 0과 1 사이의 임의의 값을 가질 수 있으므로 혼합전략의 수는 무한히 많다. 여기서 p의 값이 특별히 1이 되는 경우는 순수전략 a_{11}을 선택하는 경우가 되므로, 순수전략은 혼합전략 중 특별한 경우라고 할 수 있다.

혼합전략 내쉬 균형에서도 추측변이는 0인 것으로 가정된다. 즉 게임참가자는 상대방의 혼합전략이 일정하게 주어졌다는 가정 아래 자신의 이득이 극대화되도록 자신의 혼합전략을 결정한다. 각 순수전략의 기대이득이 동일할 때 혼합전략 내쉬 균형이 성립하는 이유를 표 14-3을 이용해 알아보기로 하자.

게임참가자 1이 a_{11} 및 a_{12}를 사용할 확률은 모두 1/2로 동일하며, 게임참가자 2가 a_{21} 및 a_{22}를 사용할 확률은 각각 1/3 및 2/3로 주어졌다고 하자. 이때 게임참가자 1의 순수전략 a_{11}이 나타내는 기대이득은 $(1/3)\times1+(2/3)\times(-1)=-(1/3)$이며, a_{12}가 나타내는 기대이득은 $(1/3)\times(-1)+(2/3)\times1=(1/3)$로, 각 순수전략이 나타내는 기대이득은 서로 다르다.

여기서 게임참가자 1이 a_{11} 및 a_{12}를 사용할 확률이 모두 1/2로 동일하므로, 게임참가자 1의 기대이득은 $(1/2)\times(-1/3)+(1/2)\times(1/3)=0$이 된다. 이는 게임참가자 2의 혼합전략이 주어진 상태에서 게임참가자 1이 기대이득을 극대로 한 결과는 아니다. 왜냐하면 게임참가자 1이 a_{12}를 사용할 확률을 높이고 a_{11}을 사용할 확률을 낮추면, 기대이득을 높일 수 있기 때문이다. 따라서 처음에 주어진 각 게임참가자의 혼합전략이 유지될 수 없으므로 균형이 아니다.

각 순수전략의 기대이득이 다르면, 기대이득이 큰 순수전략을 사용할 확률을 높여 게임참가자의 기대이득을 증가시킬 수 있다. 위의 예에서는 순수전략 a_{12}의 기대이득인 1/3이 순수전략 a_{11}의 기대이득인 −(1/3)보다 높으므로, a_{12}를 사용할 확률을 높이면 게임참가자 1의 기대이득이 증가한다. 그러나 각 순수전략의 기대이득이 동일하면 각 순수전략을 사용할 확률을 변화시켜 게임참가자의 기대이득을 증가시키는 것이 불가능하므로, 현재 사용하는 혼합전략을 바꿀 이유가 없다. 따라서 각 순수전략의 기대이득이 동일한 경우가 혼합전략 내쉬 균형이다.

표 14-3의 게임에서는 게임참가자 1이 a_{11} 및 a_{12}를 사용할 확률이 1/2로 동일하고, 게임참가자 2가 a_{21} 및 a_{22}를 사용할 확률도 1/2로 동일한 경우가 혼합전략 내쉬 균형이다.[4] 순수전략 내쉬 균형이 존재하지 않는 경우라도 혼합전략 내쉬 균형은 항상 존재함을 증명할 수 있다. 이를 내쉬 정리Nash's theorem라고도 한다. 따라서 혼합전략을 고려하는 경우라면 내쉬 균형은 항상 존재한다고 말할 수 있다.

그러나 이 경우에도 게임참가자들이 혼합전략을 사용한다는 것이 무슨 의미가 있는가라는 문제가 있을 수 있다. 즉 게임참가자 1의 실제 행동은 순수전략 a_{11}이나 a_{12} 중 하나를 사용하는 것일 터인데, 각 전략을 사용할 확률을 고려한다는 것의 의미가 무엇이냐는 것이다. 이러한 점은 다음의 두 가지 측면에서 설명될 수 있다. 첫째는 반복게임repeated game을 이용해 설명하는 것이다. 반복게임이란 동일한 게임이 여러 번에 걸쳐 이루어진다는 것을 의미한다.

표 14-3의 게임이 100회 반복되는 경우를 생각해 보자. 이 경우에는 게임참가자 1이 임의로 a_{11}을 50회 사용하고 a_{12}를 50회 사용하는 경우를 1회 게임에서 게임참가자 1이 a_{11} 및 a_{12}를 사용할 확률이 각각 1/2인 혼합전략을 사용하는 경우와 같은 것으로 생각할 수 있다. 둘째는 게임참가자의 이득에 아주 사소한 불확

4 게임참가자 1이 a_{11}을 사용할 확률이 P_1이고, 게임참가자 2가 a_{21}을 사용할 확률이 P_2인 경우를 생각해 보자. 게임참가자 1의 각 순수전략의 기대이득이 동일하다는 조건은 $P_2-(1-P_2)=-P_2+(1-P_2)$이므로 $P_2=1/2$이 되며, 게임참가자 2의 순수전략의 기대이득이 동일하다는 조건은 $P_1-(1-P_1)=-P_1+(1-P_1)$이므로 $P_1=1/2$이다. 따라서 $P_1=P_2=1/2$인 것이 혼합전략 내쉬 균형이다.

실성이라도 개재되면, 불확실성이 존재하는 게임의 해가 불확실성이 없는 게임의 혼합전략 내쉬 균형과 같아질 수 있다.

다수의 균형과 비합리적 균형

여기서는 다수의 내쉬 균형 하에서의 우월전략 dominant strategy 의 역할과 용의자의 딜레마 게임에 대해 알아보기로 한다.

1 우월전략 균형 우월전략이란 상대방이 어떤 전략을 택해도 자신이 특정한 전략을 택했을 때 다른 전략을 택하는 경우보다 이득이 더 높은 경우의 전략을 말한다. 따라서 우월전략이 있는 게임참가자는 항상 우월전략을 선택하게 되는데, 이런 경우의 균형을 우월전략 균형이라 한다.

내쉬 균형이 다수 존재하는 표 14-1 (b)의 경우를 생각해 보자. 표 14-1 (b) 게임의 경우 (a_{11}, a_{21}), (a_{12}, a_{22}) 및 (a_{12}, a_{23})의 세 개의 내쉬 균형이 존재한다. 그러나 게임참가자 2의 이득을 자세히 살펴보면, 다음과 같은 사실을 관찰할 수 있다.

게임참가자 1이 a_{11}을 선택한다면, 게임참가자 2는 a_{22}나 a_{24}를 선택하는 경우의 이득보다 a_{23}나 a_{21}을 선택하는 경우의 이득이 더 높다. 한편 게임참가자 1이 a_{12}를 선택한다면, 게임참가자 2는 a_{21}이나 a_{24}를 선택하는 경우의 이득보다 a_{23}나 a_{22}를 선택하는 경우의 이득이 더 높다. 즉 게임참가자 1이 어떠한 전략을 선택하더라도 게임참가자 2가 a_{23}를 선택하면 이득을 극대화할 수 있다. 따라서 게임참가자 2는 항상 a_{23}를 선택하게 되는데, 이 경우의 a_{23}를 우월전략이라 한다.

보수행렬은 공유지식이므로 게임참가자 1도 게임참가자 2가 우월전략인 a_{23}를 선택할 것임을 안다. 따라서 게임참가자 1은 a_{23}가 주어진 상황에서 자신의 이득을 극대화할 수 있는 a_{12}를 선택하므로, 이 경우에는 (a_{12}, a_{23})가 우월전략 균형이 된다. 표 14-1 (b)의 게임과 같이 다수의 내쉬 균형이 존재할 때 만약 우월전략이 존재한다면, 의미 있는 유일한 균형은 우월전략 균형이 되므로 다수 균형은 모두 사라진다.

그러나 모든 게임에 우월전략이 존재하는 것은 아니다. 예를 들어 표 14-1 (a)의 게임에는 우월전략이 존재하지 않는다. 이에 대해서는 각자 확인해 보기

표 14-4

용의자의 딜레마 게임

1 \ 2	고 백	침 묵
고 백	(−2, −2)	(3, −3)
침 묵	(−3, 3)	(2, 2)

바란다. 균형이 다수 존재하지만 우월전략은 존재하지 않는 경우에는 다른 기준에 의해 균형의 수를 줄일 수 있는데, 이를 가리켜 게임의 정제refinement라 한다.[5]

2 용의자의 딜레마 게임 내쉬 균형은 경우에 따라 비합리적일 수도 있다. 이의 예로서 표 14-4와 같은 용의자의 딜레마prisoner's dilemma 게임을 생각해 보자. 두 명의 용의자를 서로 격리해 취조할 때 각자가 선택할 수 있는 전략은 죄를 고백하는 것과 침묵을 지키는 것이다. 각각의 경우에 대한 용의자들의 이득은 표 14-4와 같이 주어졌다. 즉 두 용의자가 모두 고백하면 징역형에 처해지므로 두 용의자의 이득이 모두 −2이며, 두 용의자가 모두 침묵을 지키면 죄가 입증되지 않아 일정 기간의 조사를 거쳐 석방되므로 두 용의자의 이득이 모두 2가 된다. 한편 한 용의자는 고백하였으나 다른 용의자는 침묵을 지키는 경우, 고백한 용의자는 즉시 석방되어 3의 이득을 얻으나 죄가 입증되었는데도 끝까지 침묵을 지킨 용의자는 중형에 처해져 −3의 이득을 얻는다.

표 14-4 게임의 내쉬 균형은 두 용의자가 모두 고백하는 것이다. 고백을 하는 것이 두 용의자 모두에게 우월전략이므로, 이 경우의 내쉬 균형은 곧 우월전략 균형이다. 그런데 두 용의자가 모두 침묵을 지킨다면 두 용의자의 이득이 모두 증가하므로, 이 경우의 내쉬 균형은 모두 침묵을 지키는 것만 못하다. 이러한 균형을 내쉬 열등균형Nash inferior equilibrium이라 한다.

두 용의자가 표 14-4와 같은 게임을 반복하는 경우의 균형은 반복횟수가 유한하냐 혹은 무한하냐에 따라 달라진다. 표 14-4의 게임이 T회 반복되며 T가 유한한 경우를 생각해 보자. 마지막 T회의 경우는 위에서 설명한 바와 같은 이유에 의해 (고백, 고백)이 내쉬 균형이다. $T-1$회의 경우에도 T회의 내쉬 균형이 주어진 상황이므로, (고백, 고백)이 내쉬 균형이다. 따라서 T가 유한한 반복게임인 경우, (고백, 고백)이 T회 반복되는 것이 내쉬 균형임을 알 수 있다.

표 14-4의 게임이 무한히 반복되는 경우에도 (고백, 고백)이 무한히 반복

---

5 여기서 다른 기준이란 신뢰성(credibility) 조건을 가리킨다.

되는 것이 내쉬 균형이다. 그러나 (침묵, 침묵)도 내쉬 균형이 될 수 있다. 임의의 시점 t까지 (침묵, 침묵)이 계속되어 왔다고 하자. 이 시점에서 한 용의자가 고백으로 전략을 바꾸면, t기에는 (침묵, 침묵)에서의 이득인 2보다 큰 3의 이득을 얻을 수 있다.

그러나 $t+1$기부터는 상대방도 이득을 극대화하기 위해 고백으로 전략을 바꿀 것이므로, 2보다 훨씬 작은 −2의 이득을 영구히 얻게 될 것이다. 이와 같이 고백으로 전략을 바꾸는 경우에 얻는 이득의 현재가치가 계속 침묵을 지키는 경우에 얻는 이득의 현재가치보다 작다면 전략을 바꿀 이유가 없으므로, (침묵, 침묵)이 내쉬 균형이 된다.[6] 게임이 무한히 반복되는 경우에 (침묵, 침묵)이 내쉬 균형이 될 수 있는 이유는 T와 같은 마지막 기라는 것이 없기 때문인데, 이를 무한에서의 불연속성 discontinuity at infinity이라 한다.

용의자의 딜레마 게임을 이용하면 과점시장에서 발생하는 다양한 현상을 설명할 수 있다. 이를 위해 표 14-4의 내용을 다른 방식으로 설명해 보기로 한다. 먼저 과점시장에서 흔히 발생하는 지나친 광고비 경쟁을 살펴보자. 표 14-4에서 1 및 2를 각각 기업 1 및 기업 2로 하고, '고백'을 '지나친 광고비 지출', '침묵'을 '최소한의 광고비 지출'로 바꾸기로 한다. 이때 두 기업이 모두 지나친 광고비를 지출하는 것이 우월전략 균형으로 성립하게 된다. 최소한의 광고비만 지출하는 것이 두 기업에게 모두 이득이 되지만 서로 믿지 못하므로 모두에게 불리한 상황을 감수하는 것이다.

이번에는 카르텔의 붕괴에 관해 살펴보자. 표 14-4에서 1 및 2를 각각 기업 1 및 기업 2로 하고, '고백'을 '기만'으로, 침묵을 '약속 준수'로 바꾸기로 한다. 두 기업이 카르텔을 만들어 카르텔의 이윤을 극대화 하기 위한 산출량을 결정한 후 각 기업의 한계비용에 따라 산출량을 할당하여 할당된 산출량만을 생산하는 '약속 준수'의 경우 두 기업 모두 경쟁의 경우보다 더 큰 이윤을 얻을 수 있다. 그러나 다른 기업은 약속을 준수하고 자신만 '기만'을 할 수 있다면 그렇게 하는 것이 이득이므로 카르텔을 형성한 모든 기업들은 '기만'을 할 의사를 갖게 될 뿐만 아니라 '기만'이 우월전략이 되므로 결국 카르텔은 깨질 수밖에 없다.

6 (침묵, 침묵)이 내쉬 균형이 될 수 있는지는 할인율(discount rate) δ의 크기에 의존한다$(0<\delta<1)$. 침묵을 계속 유지하는 경우의 이득의 현재가치는 $2(1+\delta+\delta^2+\cdots)=2/(1-\delta)$이며, 침묵에서 고백으로 전략을 바꾸는 경우의 이득의 현재가치는 $3-2(\delta+\delta^2+\delta^3+\cdots)=3-2\delta/(1-\delta)$이다. δ가 1/5보다 크다면 계속 침묵을 지키는 것이 내쉬 균형이다

14-3 완전균형

표 14-1 (b)의 순차게임에는 (a_{11}, a_{21}), (a_{12}, a_{22}) 및 (a_{12}, a_{23})이라는 세 가지 내쉬 균형이 존재했다. 이 중 (a_{11}, a_{21})이 내쉬 균형이 될 수 있는 이유는 게임참가자 2의 전략이 a_{21}으로 주어진 경우, 게임참가자 1이 a_{11}을 선택하지 않고 a_{12}를 선택하면 이득이 10에서 7로 떨어진다는 게임참가자 2의 전략 a_{21}이 갖는 위협 때문이다. 그러나 게임참가자 1이 실제로 a_{12}를 선택하면, 게임참가자 2는 a_{22}나 a_{23}를 선택하는 경우의 이득이 a_{21}을 선택하는 경우의 이득보다 크므로 a_{21}을 선택하지 않는다. 이러한 경우의 위협을 믿지 못할 위협 noncredible threat 이라 한다.[7]

순차적 게임의 내쉬 균형에서 믿지 못할 위협이 존재하는 이유는 먼저 행동하는 게임참가자가 전략을 바꾸면 나중에 행동하는 게임참가자도 전략을 바꿀 수 있음을 간과하기 때문이다. 순차적 게임에 존재하는 비합리적인 내쉬 균형을 제거하기 위해 부속게임 완전균형 subgame perfect equilibrium 을 고려할 수 있다. 부속게임은 게임나무의 일부분으로서 다음을 만족시키는 게임이다.

1. 하나의 마디로부터 시작된다.
2. 시작하는 마디보다 후행하는 모든 마디를 포함해야 한다.
3. 부속게임에서 정보집합인 것은 전체 게임에서도 정보집합이다.

그림 14-1 (b)의 순차적 게임의 경우는 게임나무, 마디 i와 i의 후행마디들, 마디 j와 j의 후행마디들이라는 세 개의 부속게임을 갖는데, 이를 다시 그림으로 그리면 그림 14-2와 같다.

> **부속게임 완전균형**
>
> 각 게임참가자의 전략 가운데 주어진 부속게임에서 내쉬 균형이 될 수 있는 전략들로서 모든 부속게임에 공통되는 전략의 모임을 부속게임 완전균형 혹은 완전균형이라 한다.

그림 14-2의 부속게임들이 위의 조건들을 모두 만족시킨다는 것은 쉽게 확인할 수 있다. 부속게임을 이용해 부속게임 완전균형을 다음과 같이 정의할 수 있다. 즉 게임참가자의 전략 가운데 주어진 부속게임에서 내쉬 균형이 될 수 있는 전략들로서 모든

7 자신이 위협한 대로 행동하면 자신에게도 이득이 될 때의 위협을 '신뢰할 수 있는 위협'이라고 부른다.

그림 14-2

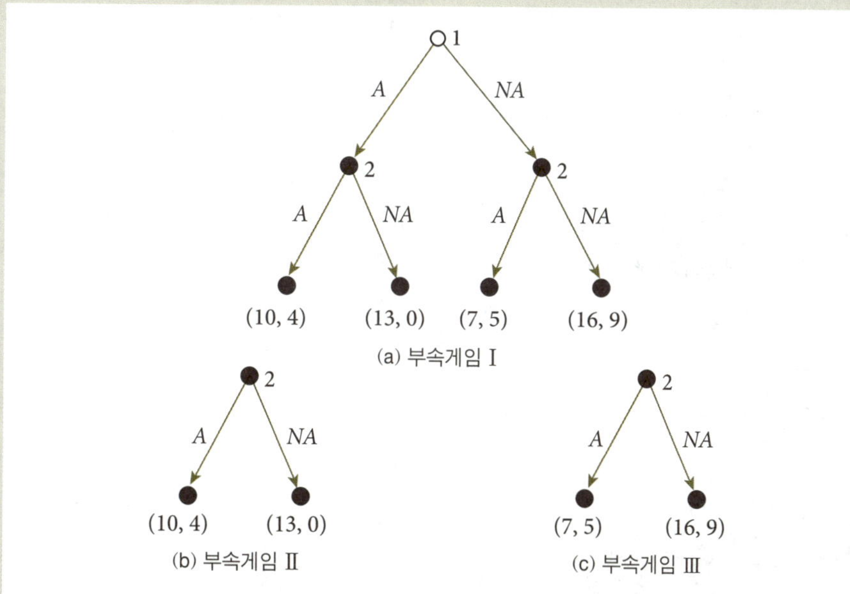

➔ 부속게임

(a)의 순차적 게임은 자신과 (b) 및 (c)로 나타나는 총 3개의 부속게임을 갖는다.

부속게임에 공통되는 전략의 모임을 **부속게임 완전균형** 혹은 **완전균형**이라 한다.

그림 14-2의 부속게임 I은 전체 게임과 같으므로, 부속게임 I의 내쉬 균형은 (a_{11}, a_{21}), (a_{12}, a_{22}) 및 (a_{12}, a_{23}) 세 가지이다. 따라서 부속게임 I에서 내쉬 균형이 될 수 있는 게임참가자 2의 전략은 a_{21}, a_{22} 및 a_{23}가 된다.

부속게임 II와 같이 게임참가자 1이 $a_{11}=A$를 선택한다면 게임참가자 2가 (10, 4)의 끝마디로 갈 수 있는 방법은 $a_{21}=(A, A)$ 혹은 $a_{23}=(A, NA)$를 선택하는 것이며, (13, 0)의 끝마디로 갈 수 있는 방법은 $a_{22}=(NA, NA)$ 혹은 $a_{24}=(NA, A)$를 선택하는 것이다. 부속게임 II에서는 게임참가자 2가 끝마디 (10, 4)로 가도록 해 주는 전략이 우월전략이므로, 부속게임 II에서 내쉬 균형이 될 수 있는 게임참가자 2의 전략은 a_{21}과 a_{23}이다.

마찬가지 방법으로 부속게임 III에서 내쉬 균형이 될 수 있는 게임참가자 2의 전략은 $a_{23}=(A, NA)$와 $a_{22}=(NA, NA)$이다.

게임참가자 2의 전략 중 모든 부속게임에서 내쉬 균형이 될 수 있는 전략은 a_{23} 하나밖에 없다. 따라서 게임참가자 2가 a_{23}를 택하는 것이 부속게임 완전균형을 얻

그림 14-3

쿤의 알고리즘

기업 1이 *A*를 택한 것을 관찰한 기업 2는 A를 택해 (10, 4)의 이득을 얻으며, 기업 1이 *NA*를 택한 것을 관찰한 기업 2는 *NA*를 택해 (16, 9)의 이득을 얻는다. 기업 2가 택하지 않는 열등전략을 제거하면 그림과 같은 게임나무를 얻을 수 있다.

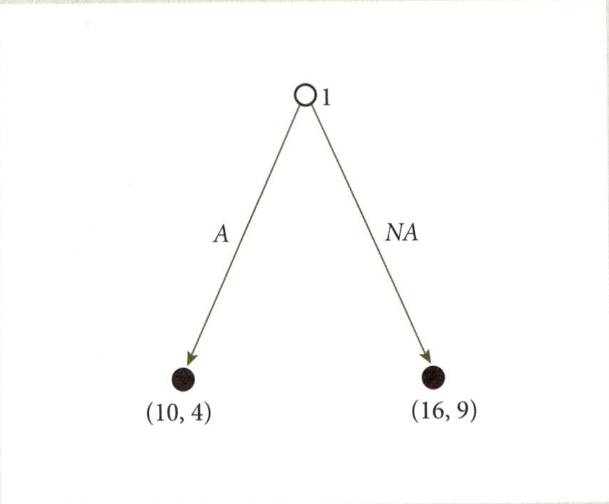

는 길이다.

a_{23}가 주어진 경우에 게임참가자 1이 이득을 극대로 하기 위해서는 a_{12}를 선택하므로, 부속게임 완전균형은 (a_{12}, a_{23}) 하나만 존재한다.

순차적 게임에서의 부속게임 완전균형을 찾는 방법 중 하나는 게임나무를 거슬러 올라가면서 열등전략 dominated strategy 을 제거하는 방법인데, 이를 뒤쪽으로부터의 추론 backward induction 또는 쿤의 알고리즘 Kuhn's algorithm 이라 한다. 여기서 게임나무를 거슬러 올라간다는 것은 순차적 게임에서 나중에 행동하는 게임참가자의 선택부터 먼저 살펴본다는 의미이다.

그림 14-1 (b)의 행동마디 *i*에서는 게임참가자 2가 행동을 하는데, *NA*가 열등전략이므로 *NA*를 택해 이동할 수 있는 게임나무의 가지를 잘라낸다. 한편 행동마디 *j*에서는 *A*가 열등전략이므로, *A*를 선택해 이동할 수 있는 게임나무의 가지를 잘라낸다. 이러한 과정을 거쳐 얻은 게임나무는 그림 14-3과 같은데, 이 게임에서는 게임참가자 1이 *NA*를 우월전략으로 선택한다. 따라서 부속게임 완전균형은 앞에서와 마찬가지로 (a_{12}, a_{23})가 된다.

순차적 게임인 스타켈버그 모형에서 나중에 행동하는 추종자는 선도자의 산출량이 일정한 상황에서 이윤극대화를 이루는 산출량을 결정하는데, 그 결과로 얻는 것이 추종자의 반응곡선이다. 추종자의 반응곡선을 구했다는 것은 선도자의 산출량에 따라 다르게 주어지는 추종자의 각 행동마디에서 열등전략을 제거해 게임을 그림 14-3과 같이 만들었음을 의미한다.

선도자는 추종자의 반응곡선이 주어진 상황에서 자신의 이윤극대화를 이루는 산출량을 구하는데, 이는 곧 그림 14-3과 같은 게임에서 우월전략을 선택함을 의미한다. 따라서 스탁켈버그 모형의 균형이 부속게임 완전균형임을 알 수 있다.

14-4 전략적 움직임

내쉬균형이나 부속게임 완전균형 등의 개념이 사람들의 전략적 행위의 결과가 어떻게 되는지 설명하는 유용한 도구인 것은 분명하다. 그러나 현실에서 사람들의 전략적 행위가 이와 같이 순진하게만 이루어지는 것은 물론 아니다. 카드 게임을 할 때 패가 나쁜데도 불구하고 허세bluffing를 부려 게임에 이기기도 하고, 게임을 규칙을 자신에게 유리하게 바꾸려고 시도하는 경우도 있다. 이러한 행위들을 모두 전략적 움직임strategic move라고 부른다. 전략적 움직임이 있는 경우 게임의 결과는 달라질 수 있다.

명성 쌓기 두 기업 1 및 2는 A와 NA를 선택할 수 있는데 보수행렬은 표 14-5와 같이 주어졌다. 기업 1의 경우 A를 선택하는 것이 우월전략이므로 A를 선택하게 된다. 기업 1이 A를 선택하는 경우 기업 2는 NA를 선택하게 된다. 따라서 이 게임의 내쉬 균형은 (A, NA)가 된다. 이러한 결과에 대해 기업 2는 가능한 모든 경우에 대해 자신이 얻을 수 있는 최대 이득을 얻은 결과이므로 아무런 불만이 없다.

그러나 기업 1의 입장은 기업 2와 다르다. 만약 기업 1이 A를 선택한 상황에서 기업 2가 A를 선택한다면 자신의 이득은 4에서 7로 크게 증가할 수 있다. 그런데 기업 2는 현재의 NA를 A로 바꾸면 이득이 6에서 4로 떨어지므로 자발적으로 그렇게 할 의사가 없다. 따라서 기업 1은 기업 2를 위협할 방법을 찾게 되는데 그 방법은 기업 1도 NA를 선택하겠다고 위협하는 것이다.

표 14-5

명성 쌓기 게임

1 \ 2	*A*	*NA*
A	(7, 4)	(4, 6)
NA	(3, 1)	(2, 2)

그런데 기업 1이 *A*를 *NA*로 바꾸는 경우 기업 1의 이득이 4에서 2로 떨어지기 때문에 이러한 위협은 믿지 못할 위협이 되는 것이며 이런 이유로 (*A*, *NA*)가 내쉬균형이 되는 것이다.

만약 표 14-5와 같은 게임이 여러 번 반복되면 결과가 달라질 수 있다. 기업 1이 기업 2에게 기업 2가 *A*를 선택하지 않으면 자신은 *NA*를 선택하겠다고 위협한 후 손해를 감수하면서 그 위협을 실천에 옮길 수 있다. 이런 일이 반복되면 기업 1은 어느 정도의 손해는 감수해야 하지만 만약 '한다면 하는' 기업이라는 명성reputation을 쌓고 있다면 기업 1이 *NA*를 선택하겠다는 위협은 신뢰성 있는 위협이 되고 상황이 달라질 수 있다.

즉 기업 2의 입장에서 보면 기업 1의 말을 듣고 *A*를 선택하여 균형이 (*A*, *A*)가 되면 내쉬 균형에서 얻을 수 있었던 이득인 6이 4로 감소하지만, 기업 1의 위협을 무시한 결과로 그 위협이 현실화되어 (*NA*, *NA*)인 상황이 발생하게 되면 이득이 2로 더욱 감소한다. 따라서 기업 1의 명성을 전제로 할 때 (*A*, *A*)가 다른 형태의 균형이 될 수 있다.

진입저지

현재 기업 1만 제품을 생산하고 있는 어떤 시장에서 기업 2는 조건만 맞으면 언제든 진입하려고 준비하고 있다. 따라서 기업 2의 전략은 진입 *E* 및 비진입 *NE*의 두 가지가 있다.

기업 1은 *A*와 *NA*의 두 가지 전략을 사용할 수 있으며 기업 2의 진입 여부에 따라 이득이 달라지는데 그 상황은 표 14-6 (a)와 같다고 하자. 기업 1의 경우 *A*가 우월전략이므로 이를 선택하며 기업 2는 *E*를 선택하게 되는데 이때 (*A*, *E*)가 곧 내쉬 균형이다. 기업 2는 자신이 얻을 수 있는 최대 이득을 얻었기 때문에 게임의 결과에 대해 아무런 불만이 없다.

그런데 기업 1은 기업 2가 *NE*를 선택했다면 8의 이득을 얻을 수 있었는데 기업 2가 *E*를 선택하여 5의 이득밖에 얻지 못하게 되었으므로 불만이다. 기업 2에

표 11-6

진입방해 게임

(a) 설비증설 이전

1 \ 2	***E***	***NE***
A	(5, 2)	(8, 0)
NA	(2, −2)	(4, 0)

(b) 설비증설 이후

1 \ 2	***E***	***NE***
A	(3, 2)	(7, 0)
NA	(2, −2)	(4, 0)

게 만약 기업 2가 E를 선택하면 자신은 NA를 선택하겠다고 위협을 해도 믿지 못할 위협에 불과하므로 기업 2는 이 위협에 넘어가지 않는다. 앞에서와 같이 명성을 쌓는 방법도 있겠지만 여기서는 이와 다른 방법으로 기업 1이 설비투자를 대폭 늘려 보수행렬 자체를 바꾸는 경우를 생각해볼 수 있다. 이때 기업 1이 설비투자를 대폭 늘렸음에도 불구하고 A를 선택하는 경우 유휴시설 때문에 이득이 감소하는 것으로 가정한다. 이러한 가정 하에서 표 14-6 (b)와 같은 보수행렬을 얻을 수 있다.

이 경우에는 기업 1이 '기업 2가 E를 선택하면 나는 영원히 NA를 선택하겠다'라고 위협한다면 이는 믿을 만한 위협이 된다. 왜냐하면 (A, E)의 경우의 이득 3보다 (NA, NE)의 이득 4가 더 크기 때문이다. 따라서 기업 2가 진입하기 전 상태에서 기업 1이 A를 선택하고 있더라도 기업 2가 NE를 선택하는 경우가 발생할 수 있으며 이 (A, NE)가 균형이 될 수도 있다.

요 약

- 상호 의존적인 경제주체들의 행위를 체계적으로 설명하려는 것이 게임이론이다. 게임이론을 구성하려면 게임참가자, 게임참가자의 전략, 게임의 결과로 얻는 이득 및 게임참가자의 행동에 관한 정보 등이 필요하다. 게임은 정규형태와 전개형태로 나타낼 수 있는데, 정규형태는 게임의 결과로 얻는 이득을 보수행렬로 나타내며 전개형태는 게임나무로 나타낸다. 게임나무는 마디와 마디들의 순서를 결정하는 이항관계로 구성되어 있다. 보수행렬이나 게임나무는 공유지식이다.

- 게임참가자가 서로 상대방이 어떠한 전략을 사용하고 있는지 모르는 상태에서 자신의 전략을 선택하는 게임을 동시적 게임 또는 정태적 게임이라 한다. 게임참가자의 행동에 시차가 존재하는 게임을 순차적 게임 또는 동태적 게임이라 한다.

- 게임이론에서 널리 사용되는 균형의 개념으로 내쉬Nash 균형을 들 수 있다. 내쉬 균형은 다음과 같은 방법으로 나타낼 수 있다. ① 모든 게임참가자들이 다른 게임참가자들의 최적 행동이 주어진 상황에서 자신의 이득을 극대화시키기 위해 선택한 행동이 최적 행동이라면, 내쉬 균형이 성립한다. ② 모든 i에 대해 a_i^*가 $\Pi_i(a_i, a_{-i}^*)$를 극대화시키는 전략이면, 내쉬 균형이다. ③ $\Delta\Pi_i(a_i, a_{-i})/\Delta a_i=0$인 n개의 방정식을 동시에 만족시키는 해를 구한 결과가 $(a_1^*, \cdots, a_n^*)$라면, 이것이 곧 내쉬 균형이다($i=1, \cdots, n$).

- 합이 일정한 게임의 내쉬 균형은 최소극대화 원리에 의해 찾을 수 있다. 게임참가자들이 각각의 경우에 자신이 얻을 수 있는 최소 이득을 극대화시키는 전략을 선택할 때 내쉬 균형이 달성된다는 것이 최소극대화 원리이다.

- 내쉬 균형이 갖는 문제점으로는 순수전략 내쉬 균형이 존재하지 않는 경우가 있다는 것, 그리고 내쉬 균형이 비합리적인 균형이 될 수 있다는 것이다. 그러나 혼합전략 내쉬 균형은 항상 성립한다. 즉 게임참가자가 각각의 전략을 선택할 확률을 설정하는 경우에 각 순수전략의 기대이익이 동일하면, 혼합전략 내쉬 균형이 성립한다. 비합리적인 내쉬 균형의 예로 용의자의 딜레마 게임을 들 수 있다. 그러나 용의자의 딜레마 게임을 무한히 반복하면 합리적인 균형을 찾을 수 있다.

- 내쉬 균형이 다수 존재하는 경우에는 믿지 못할 위협을 제거해 균형의 수를 줄이는 방법으로 부속게임 완전균형을 생각해 볼 수 있다. 각 게임참가자의 전략 중 주어진 부속게임에서 내쉬 균형이 될 수 있는 전략들로서, 모든 부속게임에 공통되는 전략의 모임을 부속게임 완전균형 혹은 완전균형이라 한다. 부속게임 완전균형을

찾는 방법 중 하나로 게임나무를 거슬러 올라가며 열등전략을 제거하는 방법이 있는데, 이를 쿤Kuhn의 알고리즘이라 한다. 스탁켈버그 모형의 균형은 부속게임 완전균형이다.

➲ 전략적 움직임을 통해 내쉬 균형과 다른 형태의 균형을 얻는 것이 가능하다. 이의 예로 신뢰성 있는 위협을 하는 경우와 과도한 시설투자를 통해 진입저지를 하는 것 등을 들 수 있다.

연 습 문 제

01 우월전략 균형은 항상 내쉬 균형이 되는가? 그 역도 성립하는가?

02 베르뜨랑 모형의 해는 내쉬 균형이 되는가?

03 보수행렬이 다음과 같이 주어진 게임의 내쉬 균형을 찾으시오.

1 \ 2	a_{21}	a_{22}
a_{11}	(2, 1)	(0, 1)
a_{12}	(0, 0)	(1, 2)

04 위의 게임을 전개형으로 나타내시오.

05 이 다음과 같이 주어진 게임에 순수전략 내쉬 균형이 존재하는가? 만약 존재하지 않는다면, 혼합전략 내쉬 균형을 구하시오.

1 \ 2	a_{21}	a_{22}
a_{11}	(2, 2)	(2, 1)
a_{12}	(3, 2)	(1, 4)

06 경쟁관계에 있는 두 기업이 광고비지출 경쟁을 하면 용의자의 딜레마가 발생할 수 있는가? 이를 설명할 수 있는 보수행렬을 작성하시오.

07 **그림 14-1** (a)의 게임은 몇 개의 부속게임을 갖고 있는가?

IV

분배이론

15 완전경쟁 요소시장

여기서는 생산물시장과 생산요소시장이 모두 완전경쟁인 경우에 이윤극대화를 추구하는 기업의 생산요소에 대한 수요가 어떻게 이루어지는지 알아보기로 한다. 생산물시장과 생산요소시장이 완전경쟁이라는 것은 개별 기업이 가격순응자 price taker로 행동한다는 것을 의미한다. 즉 개별 기업은 이윤극대화를 이루도록 생산요소에 대한 수요를 결정하는 과정에서 산출물의 가격과 생산요소의 가격을 일정하게 주어진 것으로 간주한다.

이윤극대화를 위해 행동하는 기업은 일차적으로 산출량의 수준을 결정하며, 그 뒤에는 이를 생산하기 위해 필요한 생산요소의 고용량을 결정한다. 이러한 점 때문에 생산요소에 대한 수요를 파생수요 derived demand라 부르기도 한다. 즉 생산요소에 대한 수요가 어떻게 이루어지는지는 생산요소시장의 상황뿐만 아니라 산출물시장의 상황에도 의존한다.

15-1 단기의 생산요소에 대한 수요

개별 기업의 노동에 대한 수요

노동 L과 자본 K를 투입해 X재를 생산해 내는 기업의 의사결정 목표가 이윤극대화라 하자. 생산물시장과 생산요소시장은 모두 완전경쟁이므로 이 기업은 의사결정을 할 때 산출물의 가격 P, 임금 W 및 자본임료 R이 일정하게 주어진 것으로 간주한다. 한편 단기에는 자본이 고정생산요소이므로 자본의 투입량은 K_0로 고정되어 있다. 따라서 이 기업이 단기에 결정해야 할 것은 이윤극대화를 이루는 노동의 투입량이다.

생산함수가 $X=f(L,K)$로 주어졌을 때 이 기업의 이윤(Π)은 $\Pi=PX-WL-$

그림 15-1

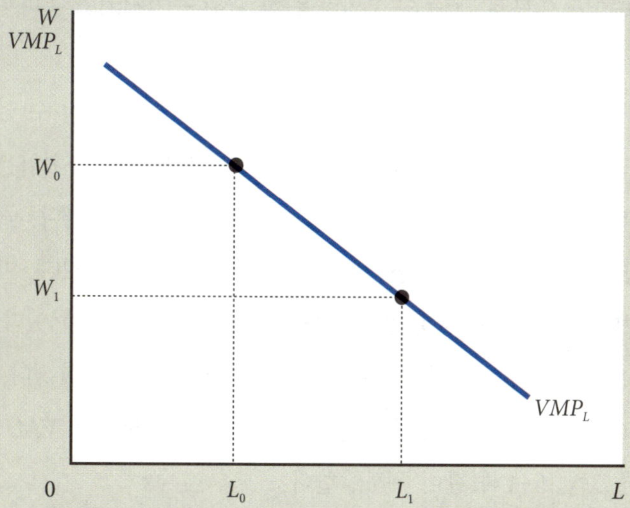

개별 기업의 노동에 대한 수요

개별 기업이 이윤극대화를 달성하기 위해서는 $VMP_L = W$를 만족시키도록 L의 투입량을 결정해야 한다. 이는 곧 W가 변화하면 노동에 대한 수요량이 VMP_L곡선을 따라 변화함을 의미하므로 VMP_L곡선이 노동에 대한 수요곡선이 된다.

$RK_0 = Pf(L, K_0) - WL - RK_0$ 이다.

앞의 6-2 생산비 제약 하의 산출량 극대화에서 살펴본 바와 같이 단기에 자본의 양이 K_0로 주어진 경우에 K_0를 모두 생산에 투입하는 것이 개별 기업이 단기에 적정화를 이루는 방법이다. 따라서 여기서 결정해야 할 것은 이윤극대화를 이룰 수 있는 노동의 투입량을 결정하는 것이다.

노동의 한계생산성을 MP_L이라 하고, $P \times MP_L$을 노동의 한계생산물가치 value of marginal product of labour VMP_L이라 하는 경우에 다음의 조건을 만족시키도록 노동의 투입량을 결정하면 이윤극대화가 달성된다.[1]

$$VMP_L = W \tag{15-1}$$

식 (15-1)의 조건이 왜 이윤극대화를 이루도록 노동의 투입량을 결정하는 조건인지 이해하려면 먼저 VMP_L의 의미를 알아보아야 한다. 노동의 투입량을 한 단위 증가시킬 때($\Delta L = 1$) 산출량이 얼마나 증가할 것인지(ΔX)는 MP_L로 파악한다. 즉 $MP_L = \Delta X / \Delta L$에서 $\Delta L = 1$을 대입하면 $\Delta X = MP_L$이 된다.

증가된 산출량을 시장에서 판매하면 X재 한 단위당 P원을 받으므로, 총수입은 $P \times MP_L = VMP_L$만큼 증가한다. 즉 VMP_L의 값은 노동의 투입량을 한 단위 증

1 이 조건은 위에서 언급한 이윤함수(Π)를 L에 대해 편미분하여 얻을 수도 있다.

가시킬 때 총수입이 얼마나 증가하는지를 나타낸다.

한편 임금은 W로 주어졌으므로, 노동의 투입량을 한 단위 증가시키면 총비용은 W만큼 증가한다.

VMP_L의 값과 W가 다르면 노동의 투입량을 변화시켜 이윤을 증가시킬 수 있다. $VMP_L = 5 > 3 = W$인 경우에 노동의 투입량을 한 단위 증가시키면 총수입은 5만큼 늘어나며 총비용은 3만큼 늘어나므로, 결국 이윤이 2만큼 증가한다. 즉 VMP_L이 W보다 크다면 노동의 투입량을 증가시켜 이윤을 증가시킬 수 있다. 마찬가지로 VMP_L이 W보다 작으면 노동의 투입량을 줄여 이윤을 증가시킬 수 있다. 따라서 VMP_L과 W가 일치하도록 노동의 투입량을 결정해야 이윤이 극대화된다.

노동의 한계생산성이 체감한다면 L이 증가할수록 MP_L은 감소하므로 VMP_L 곡선을 그림으로 그리면 그림 15-1과 같이 우하향한다.

임금이 W_0로 주어진 경우에는 $VMP_L(L_0)$와 W_0가 일치하도록 노동의 투입량을 L_0로 결정해야 이윤극대화를 이룰 수 있다. 임금이 W_1으로 하락하면, 이윤극대화를 이루는 노동의 투입량은 L_1으로 증가한다. 임금이 변화함에 따라 개별 기업이 이윤극대화를 이루는 노동의 투입량이 VMP_L곡선을 따라 움직이므로, VMP_L곡선이 개별 기업의 노동에 대한 수요곡선이 된다.

산업의 노동에 대한 수요

산업의 노동에 대한 수요곡선의 형태는 산출물에 대한 시장수요곡선의 형태에 의존한다. 그림 15-2 (a)와 같이 산출물의 시장수요곡선이 우하향인 경우를 먼저 살펴보자.

임금이 W_0, X재의 가격이 P_0일 때 X재 시장의 균형이 이루어졌다. 즉 W_0와 P_0가 주어진 상황에서 i번째 개별 기업은 $P_0 \times MP_L^i(L_0^i) = W_0$를 만족시키도록 L_0^i를 결정해 이윤극대화를 이루고 있으며, 산출량은 $f_i(L_0^i, K_0^i)$로 결정된다. 이때 산업 전체의 노동에 대한 수요량은 $L_0 = \sum L_0^i$가 되며, X재 산업의 공급량은 $X_0 = \sum f_i(L_0^i, K_0^i)$가 된다. 그런데 임금이 W_0일 때 산업의 공급곡선 $S(W_0)$와 시장수요곡선이 만나서 결정되는 균형가격과 균형수급량이 P_0 및 X_0이므로, X재 시장은 균형을 이룬다.

노동시장에서 노동을 수요하는 산업은 X재 산업 이외에도 무수히 많이 존재할 수 있으므로, X재 산업은 노동시장에서 완전경쟁에 직면할 수 있다. 따라서 X재 산업이 임금을 결정할 능력이 없으므로, X재 산업에 주어진 임금이 외생적으로

그림 15-2

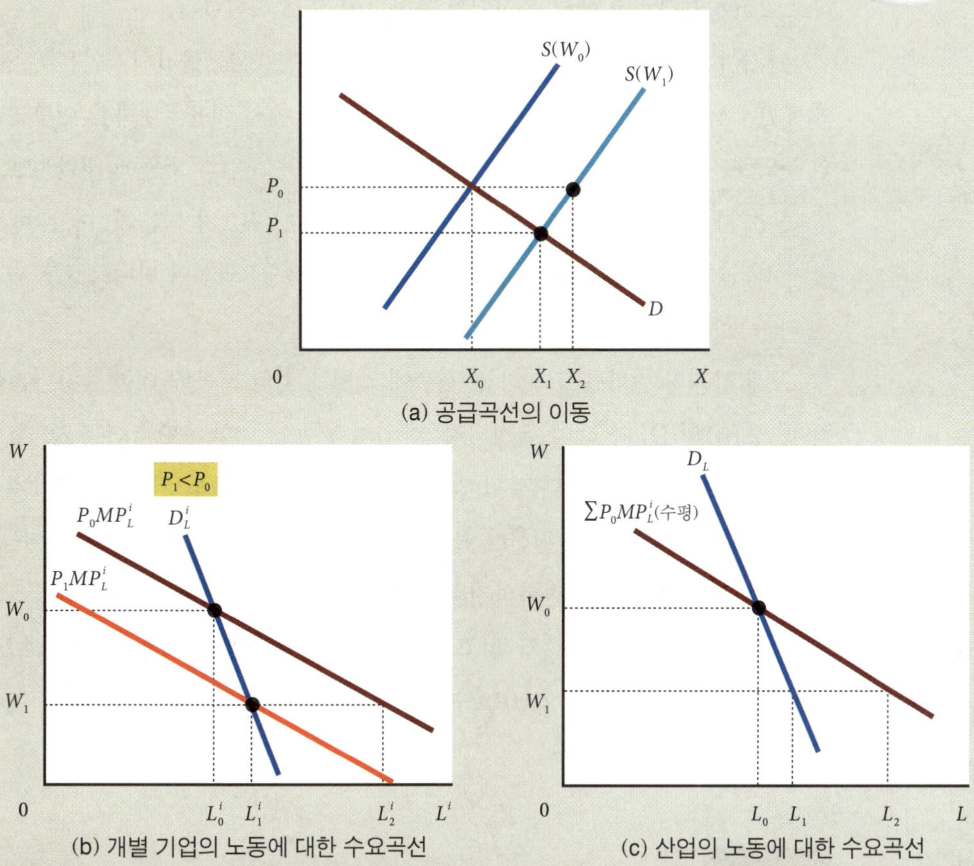

➔ 개별 기업과 산업의 노동에 대한 수요

(b)에서 임금이 W_0에서 W_1으로 하락하는 경우에 P_0가 일정하다면 개별 기업의 노동에 대한 수요는 L_2^i로 증가할 수 있다. 그러나 임금 하락으로 모든 기업의 고용량 및 산출량이 증가한다는 것은 (a)에서와 같이 공급곡선이 우하향으로 이동함을 의미하므로, 가격은 P_1으로 하락하게 된다. 이에 따라 (b)에서 개별 기업의 고용량은 L_1^i까지만 증가하고 산업의 노동에 대한 수요곡선은 (c)에서와 같이 개별 기업의 VMP_L곡선을 수평으로 합한 것보다 더 급한 기울기를 갖게 된다.

W_0에서 W_1으로 하락하는 상황을 생각할 수 있다. 임금이 W_1으로 하락할 때 X재의 가격이 P_0에서 유지될 수 있다면, i번째 개별 기업의 노동에 대한 수요량은 L_2^i로 증가할 수 있다. 따라서 산업 전체의 노동에 대한 수요량은 $L_2=\sum L_2^i$가 되며, X재 산업의 공급량은 $X_2=\sum f_i(L_2^i, K_0^i)$가 된다.

모든 기업들이 임금의 하락에 의해 노동에 대한 수요량을 증가시킨다는 것은 곧 산출량을 증가시킨다는 것을 의미한다. 따라서 임금이 W_0에서 W_1으로 하락하면 산업의 공급곡선이 $S(W_0)$에서 $S(W_1)$으로 이동하며, 시장수요곡선이 우하향하므로 균형가격은 P_0에서 유지되지 못하고 P_1으로 하락한다.

가격이 P_1으로 하락하면 i번째 개별 기업의 한계생산물가치곡선은 $P_0 \times MP_L^i$에서 $P_1 \times MP_L^i$로 하락 이동하며, 개별 기업이 W_1에서 이윤극대화를 이루는 노동의 투입량은 L_2^i가 아니라 L_1^i로 감소한다. 이에 따라 산업의 노동에 대한 수요량은 $L_1 = \sum L_1^i$가 되며, X재 산업의 공급량은 $X_1 = \sum f_i(L_1^i, K_0^i)$가 되는데, P_1, X_1에서 임금이 W_1인 경우의 산업의 공급곡선 $S(W_1)$과 시장수요곡선이 만나므로 X재 시장은 다시 균형을 이룬다.

X재 가격의 변화를 고려하는 경우에 개별 기업의 노동에 대한 수요곡선은 그림 15-2 (b)의 D_L^i와 같이 결정되며, 산업의 노동에 대한 수요곡선은 D_L^i를 수평으로 합해 그림 15-2 (c)와 같이 얻어진다. 만약 시장수요의 가격탄력성이 무한대이어서 시장수요곡선이 수평선이라면, 임금이 변화해 산업의 공급곡선이 이동해도 X재 시장의 균형가격은 변화하지 않는다. 따라서 이 경우에 개별 기업의 노동에 대한 수요곡선은 $P_0 \times MP_L^i$가 되고, 산업의 노동에 대한 수요곡선은 $P_0 \times MP_L^i$를 수평으로 합해 (c)의 $\sum P_0 \times MP_L^i$(수평)으로 얻을 수 있다.

15-2 장기의 생산요소에 대한 수요

장기에는 자본도 가변생산요소이므로 이윤극대화를 이루기 위해서는 노동과 자본의 투입량을 동시에 결정해야 한다. MP_K가 자본의 한계생산성이며 $P \times MP_K$를 자본의 한계생산물가치 value of marginal product of capital VMP_K라 하면, 단기에서와 마찬가지 이유로 이윤극대화를 이루도록 노동과 자본을 투입하는 조건은 다음과 같다.

$$VMP_L = W$$
$$VMP_K = R$$

앞의 6-1 생산함수와 등량곡선에서 살펴본 바와 같이 MP_L의 크기는 노동의 투입량 L뿐만 아니라 자본의 투입량 K에도 의존하며, L이 일정해도 K가 증가하면 MP_L

그림 **15-3**

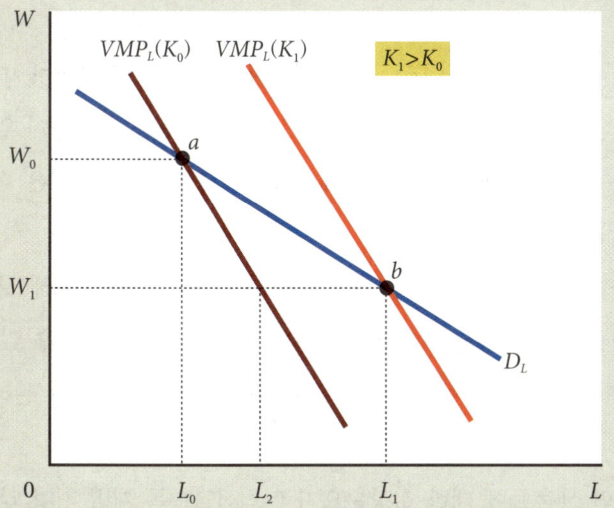

개별 기업의 노동에 대한 수요: 장기

임금이 W_0에서 W_1으로 하락하여 고용량이 L_2로 증가하는 경우에 VMP_K가 증가하여 자본의 고용량이 K_0에서 K_1으로 증가한다. 이에 따라 VPM_L곡선도 우상향으로 이동하여 고용량은 L_1까지 증가하게 되며, 장기에 개별 기업의 노동에 대한 수요곡선은 VMP_L곡선보다 완만해지게 된다.

이 증가한다. MP_K의 크기도 L과 K에 모두 의존하며, K가 일정해도 L이 증가하면 MP_K가 증가한다. 이러한 사실을 이용하여 장기에 개별 기업의 노동에 대한 수요곡선의 형태가 어떠한지 알아보기로 하자.

임금과 자본임료가 W_0 및 R_0로 주어졌을 때 개별 기업이 장기에 이윤극대화를 이루는 노동 및 자본의 투입량이 L_0 및 K_0라면, L_0와 K_0는 $VMP_L(L_0, K_0) = W_0$와 $VMP_K(L_0, K_0) = R_0$를 만족시킨다. 임금이 W_0에서 W_1으로 하락할 때 자본의 투입량이 K_0로 고정된다면, 이윤극대화를 이루는 노동의 투입량은 $VMP_L(L_2, K_0) = W_1$을 만족시키도록 그림 15-3의 L_2로 결정된다.

그러나 임금의 하락에 의해 노동의 투입량이 L_2로 증가하면 $VMP_K(L_2, K_0) > R_0$가 되므로, 자본의 투입량을 K_0보다 큰 K_1으로 결정하면 이윤을 증가시킬 수 있다. 그런데 자본의 투입량이 K_1으로 증가하면 노동의 투입량이 일정해도 MP_L이 증가하므로, 노동의 한계생산물가치곡선이 $VMP_L(K_0)$에서 $VMP_L(K_1)$으로 이동한다. 이에 따라 W_1에서 이윤극대화를 이루는 노동의 투입량은 L_1으로 더욱 늘어난다.[2]

임금이 W_0인 경우에 이윤극대화를 이루는 노동의 투입량은 a가 나타내는 L_0이고, 임금이 W_1인 경우는 b가 나타내는 L_1이므로 장기의 노동에 대한 수요곡선은 a

2 노동의 투입량이 L_1으로 늘어나면 자본의 한계생산성이 증가해 자본의 투입량이 증가하고, 이는 다시 VMP_L곡선을 이동시키게 된다. 그러나 이러한 조정 과정이 계속 진행되면 결국 일정한 수준으로 수렴하게 되므로, 여기에서는 더 이상의 조정은 고려하지 않기로 한다.

와 b를 연결해 그림 15-3의 D_L과 같이 얻는다.

생산요소에 대한 수요의 가격탄력성 | 생산요소 가격이 변화함에 따라 생산요소에 대한 수요량이 얼마나 민감하게 변화하는지를 나타내는 생산요소에 대한 수요의 가격탄력성은 여러 가지 요인의 영향을 받는다.

먼저 생각해 볼 수 있는 것은 시간이다. 그림 15-2와 그림 15-3을 비교해 보면, 장기가 단기에 비해 생산요소에 대한 수요의 가격탄력성이 더 큰 것을 알 수 있다. 이는 앞의 10-3 개별 기업의 장기 공급곡선에서 살펴본 르 샤틀리에Le Châtelier의 원리와 같은 것이다.

그림 15-2에서 보면 산출물에 대한 시장수요가 탄력적일수록 개별 기업 및 산업의 생산요소에 대한 수요의 가격탄력성이 큰 것을 알 수 있다. 이는 생산요소에 대한 수요가 파생수요이므로, 생산물시장과 밀접하게 연관되어 있다는 사실을 다시 확인시켜 준다. 그 밖에 두 생산요소의 대체가능성이 크면 클수록 생산요소에 대한 수요의 가격탄력성이 클 것으로 짐작할 수 있다.

15-3 노동시장의 균형

여기서는 노동시장의 균형에 대해 살펴보기로 한다. 노동시장의 균형은 노동에 대한 시장수요곡선과 노동에 대한 시장공급곡선이 만나는 곳에서 이루어진다. X재 산업의 노동에 대한 수요곡선은 모든 개별 기업들의 노동에 대한 수요곡선을 수평으로 합해 얻었다. 그런데 X재 산업만이 노동을 수요하는 것이 아니므로, 노동에 대한 시장수요곡선은 노동시장에서 노동을 수요하는 모든 산업들의 노동에 대한 수요곡선을 수평으로 합해 얻어야 한다.

노동의 공급곡선 | 지금 C를 소비자의 소비액이라 하자. 소비자의 소득은 두 부분으로 이루어져 있다.

그림 15-4

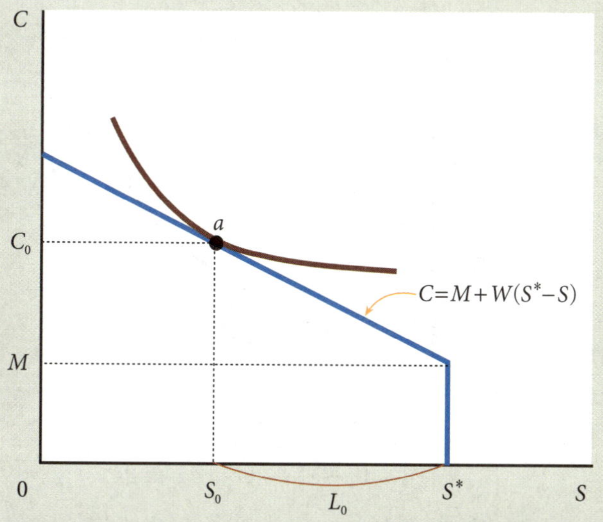

최적 노동공급

예산제약 하의 효용극대화를 달성할 수 있도록 C_0 및 S_0가 결정되면, 노동의 공급은 $L_0=S^*-S_0$에 의해 결정된다.

첫째는 재산소득 M이다. M은 일정하게 주어져 있다고 가정한다. 둘째는 노동소득이다. 노동자가 1시간 일했을 때 얼마를 벌어들이는지를 나타내는 임금이 W라고 하면, 노동시간이 L인 경우의 노동소득은 WL이 된다.

소비자는 소득만큼만 소비를 위한 지출을 할 수 있으므로 예산선을 다음과 같이 쓸 수 있다.

$$C=M+WL$$

이 식은 소비자의 소비지출액이 재산소득과 노동소득의 합과 같다는 것을 나타낸다. M은 소비자의 의사결정과 상관없이 일정하게 주어졌으나 L은 소비자가 결정할 수 있다. 이 소비자가 이용할 수 있는 총 여가시간은 S^*로 주어졌다. 이 소비자의 여가 소비 규모를 S라고 하면, $L=S^*-S$가 된다. 따라서 위 식을 정리하면 $C=M+W(S^*-S)$가 되며, 이 소비자의 예산선은 최종적으로 다음과 같다.

$$C=M+W(S^*-S) \tag{15-2}$$

이 소비자는 부존량으로 M과 S^*를 갖고 있으며, 식 (15-2)가 나타내는 예산제약 하의 효용극대화를 이루기 위한 C와 S를 선택한다. 따라서 이때 소비자의 효용함수는 $U(S, C)$가 된다. S와 C의 한계효용은 0보다 크며, 한계효용은 체감하는

그림 15-5

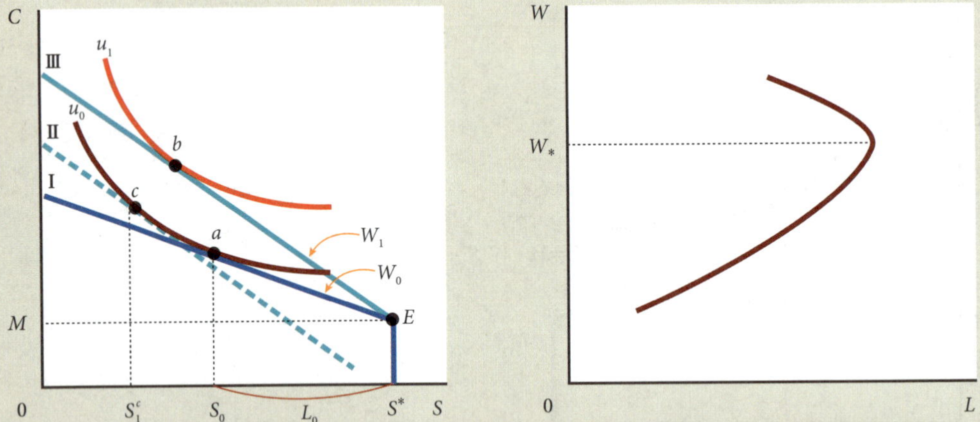

(a) 임금 상승의 효과 (b) 후방굴절형 노동공급곡선

임금 상승과 최적 노동공급

임금이 상승하는 경우에 (a)에 나타난 바와 같이 노동의 공급은 대체효과에 의해서는 증가하는 반면 소득효과에 의해서는 감소하므로 가격효과의 방향은 불분명하다. 임금이 W_0 이하인 경우는 대체효과가 소득효과를 능가하며 임금이 W_0를 초과하는 경우는 소득효과가 대체효과를 능가한다면, 노동의 공급곡선은 (b)와 같이 후방굴절형이 된다.

것으로 가정된다.

식 (15-2)를 다시 쓰면 $C=M+WS^*-WS$가 된다. 즉 예산선의 절편은 $M+WS^*$이며, 기울기는 $-W$, 즉 임금과 같다. 이 예산선을 그림으로 그릴 때 유의할 점은 S^* 이상의 S를 선택하는 것이 불가능하므로 그림 15-4에서 보는 바와 같이 예산선이 S^*에서 끊긴다는 것이다. 소비자가 예산제약 하의 효용극대화를 이루려 한다면 그림 15-4의 a를 선택해 소비량은 C_0, 여가는 S_0로 결정한다. 따라서 노동의 공급량 L_0는 S^*-S_0가 된다.

개인의 노동 공급곡선은 임금이 변화할 때 예산제약 하의 효용극대화를 이루는 노동의 공급이 어떻게 변화하는지 관찰해 얻을 수 있다. M이 일정하게 주어진 상황에서 W만 상승했을 때, 노동의 공급이 어떻게 변화하는지 알아보기로 하자. 임금이 W_0인 경우에 예산제약 하의 효용극대화를 원하는 소비자는 그림 15-5 (a)의 a를 선택해 여가에 대한 수요를 S_0로 결정했으며, 이에 따라 노동의 공급은 $S^*-S_0=L_0$로 결정되었다.

임금만 W_0에서 W_1으로 상승하면 예산선의 기울기는 W_0에서 W_1으로 급해지며, 절편은 $M+W_0S^*$에서 $M+W_1S^*$로 증가한다. 재산소득 M에는 변화가 없으므로, 예산선은 항상 부존점을 통과한다. 따라서 새로운 예산선은 그림 15-5 (a)와 같이 부존점 E를 중심으로 시계 방향으로 회전해 결정된다.

새로운 예산선에 의해 소비자가 b를 선택했다면, b가 나타내는 여가에 대한 수요량과 S_0 사이에는 어떠한 관계가 성립하는가? 이를 확실히 하기 위해 W의 상승으로 생긴 가격효과를 대체효과와 소득효과로 분리할 필요가 있다.

W가 상승하면 일하지 않고 여가를 즐기기 위해 포기해야 하는 금액, 즉 여가의 기회비용 opportunity cost 이 증가한다. 따라서 소비자의 효용수준을 임금 상승 이전의 수준으로 고정시킨다면, 임금 상승에 따라 여가에 대한 수요는 감소한다. 이것이 곧 대체효과로, S_0와 그림 15-5 (a)의 c가 나타내는 여가에 대한 수요량인 S_1^c와의 차이이다.

소득효과는 임금 상승에 따른 실질소득의 증가가 여가에 대한 수요에 미치는 효과이다. 실질소득인 효용수준이 u_0에서 u_1으로 상승할 때 여가에 대한 수요가 어떻게 변화하는지는, 예산선이 예산선 Ⅱ에서 예산선 Ⅲ으로 변화할 때 여가에 대한 수요가 어떻게 변화하는지와 동일하다. 여가는 정상재이므로, 예산선이 예산선 Ⅱ에서 예산선 Ⅲ으로 변화하면 여가에 대한 수요는 증가한다.

여가가 정상재인 경우, 임금이 상승하면 대체효과에 의해 노동의 공급이 증가하나 소득효과에 의해서는 노동의 공급이 감소한다. 따라서 임금 상승이 노동의 공급에 미치는 효과는 대체효과와 소득효과의 크기에 의존하므로, 노동의 공급이 어떻게 변화할 것인지는 불분명하다.

대체효과와 소득효과의 크기 관계는 임금의 절대 수준에 달려 있다. 임금이 낮으면 노동자들은 생계에 대한 걱정을 덜기 위해 노동소득을 더 벌어들이길 원하며, 여가에는 큰 가치를 두지 않을 것이다. 따라서 임금의 절대 수준이 낮은 상태에서는 대체효과가 소득효과보다 커서, 임금 상승은 노동 공급의 증가를 초래한다.

임금이 어느 수준 이상으로 올라가면 노동자들의 관심은 보다 인간답고 질 높은 생활에 두어지게 되고, 이에 따라 여가에 좀더 많은 가치를 부여하게 될 것이다. 따라서 임금이 일정 수준을 넘어선 상태에서 임금이 상승하면, 소득효과가 대체효과를 능가해 노동의 공급이 감소한다. 그림 15-5 (b)는 임금이 W^*보다 낮으면 대체효과가 소득효과보다 크며, W^*보다 높으면 소득효과가 대체효과보다 큰 경우를 나타낸다. 임금이 W^*에 도달하기까지는 임금이 상승함에 따라 노동의 공급

EXAMPLE 15-1 후방굴절형 노동 공급곡선

현실적으로 후방굴절형 노동의 공급곡선이 나타날 수 있는지 알아보기 위해 노동연구원이 발표한 노동 패널panel 자료를 살펴보기로 한다.

이 자료에는 성별 임금 및 주당 근로시간에 관한 자료가 포함되어 있는데 여성의 자료만 따로 정리하여 그림을 그리면 오른쪽 그림과 같이 나타난다.

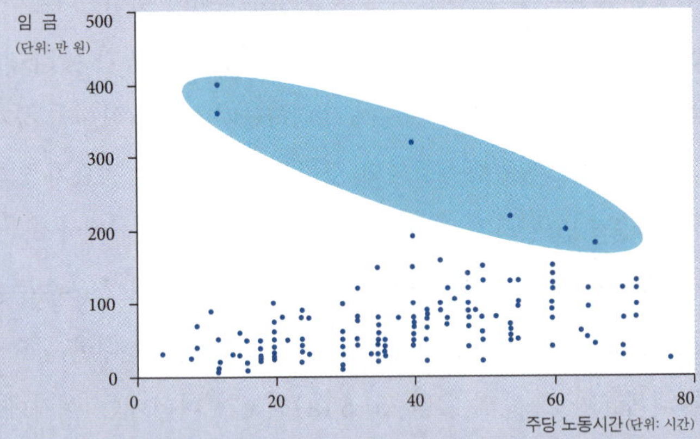

후방굴절형 노동 공급곡선의 이론적인 모형이 나타내는 바와 같이 명백하게 보여주지는 않지만 대개 임금이 200만 원 이상일 때 후방굴절하는 경향이 일부 나타나고 있다고 말할 수 있다.

이 증가하지만, 임금이 W^*를 넘어서면 임금의 상승에 따라 노동의 공급은 오히려 줄어든다. 이런 형태의 노동의 공급곡선을 후방굴절형backward bending 노동 공급곡선이라 한다.[3]

임금이 어느 수준에 주어지더라도 예산제약 하의 효용극대화를 이루도록 노동을 공급하는 노동 공급자는 예산선과 무차별곡선이 접하는 점에서 노동의 공급량을 결정한다. 즉 $W=MRS_{SC}=MU_S/MU_C$를 항상 만족시키므로, W가 변화하면 예산제약 하의 효용극대화를 이루는 노동 공급은 MRS_{SC}곡선을 따라 움직인다. 이는 곧 MRS_{SC}곡선이 개인의 노동 공급곡선이 됨을 의미한다.

대체효과가 소득효과보다 클 때 W가 상승하면 S가 감소하고 C는 증가하므로, 한계효용이 체감한다면 MU_S는 증가하고 MU_C는 감소해 MRS_{SC}가 증가한다. 즉 대체효과가 소득효과보다 크면, (L, W) 평면에 그린 MRS_{SC}곡선의 기울기는 양(+)이다. 이는 곧 노동의 공급곡선의 기울기가 양이라는 것을 의미한다.[4]

노동의 시장공급곡선은 개인들의 노동 공급곡선을 수평으로 합해 얻을 수 있다. 개인들의 노동 공급곡선이 후방굴절형이더라도 이를 수평으로 합한 시장공급곡선이 후방굴절형일 가능성은 별로 없다. 따라서 노동의 시장공급곡선의 기울기

3 만약 여가가 열등재라면 노동 공급곡선은 후방굴절할 수 없다.

4 이 경우 후방굴절되는 부분은 없는 것으로 가정된다.

그림 15-6

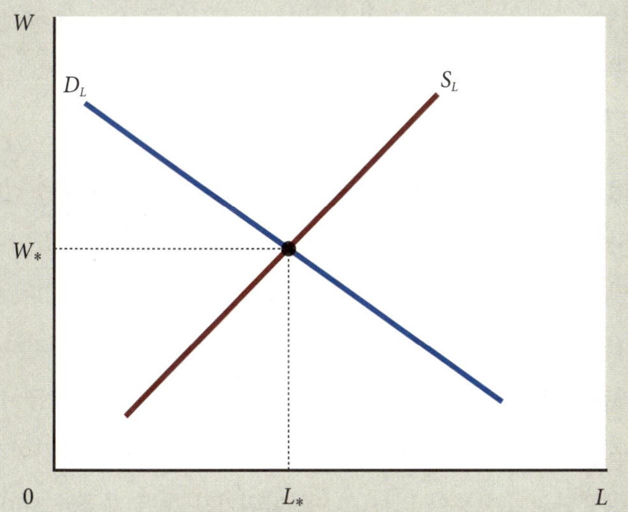

노동시장의 균형

노동시장의 균형은 노동의 공급곡선과 노동에 대한 수요곡선이 만나는 점에서 얻어지며 이에 따라 소득의 기능적 분배의 문제가 해결된다.

가 항상 양(+)이라고 생각해도 무방하다.

노동시장의 균형 | 노동시장의 균형은 그림 15-6과 같이 노동의 시장공급곡선 S_L과 노동에 대한 시장수요곡선 D_L이 만나는 점에서 이루어진다. 이 경우의 균형임금은 W_*이며 균형수급량은 L_*이므로, 노동공급자들이 노동을 제공해 얻는 요소소득은 W_*L_*가 된다.

국민소득 중에서 임금이 차지하는 비중이 얼마인지는 결국 노동시장에서의 수요와 공급에 의해 결정된다. 그런데 노동의 수요는 결국 노동의 한계생산성에 의해 결정되므로, 노동의 분배 몫은 노동의 한계생산성이 얼마인지에 따라 결정된다. 이러한 점에서 여기서 설명된 균형 요소가격 결정이론을 신고전학파의 한계생산성에 의한 분배이론, 또는 한계생산력설이라고 부르기도 한다.

15-4 자본 및 토지시장의 균형

앞에서 설명한 노동시장의 균형의 개념, 즉 균형가격과 균형수급량이 시장수요곡선과 시장공급곡선이 만나는 점에서 결정된다는 사실은 모든 생산요소에 적용될 수 있다. 그러나 생산요소마다 다른 특징이 있으므로 여기서는 자본과 토지의 경우에 노동과 다른 점이 무엇인지 살펴보기로 한다.

재정방정식

경제량은 저량stock과 유량flow으로 나눌 수 있다. 저량은 인구, 자본스톡 및 토지 등과 같이 특정 시점에서 파악된 양이며, 유량은 소득, 수요량 및 공급량 등과 같이 일정 기간을 전제로 파악된 양이다. 예를 들어 '2010년 1월 1일 0시 현재 우리나라의 인구가 몇 명이다'라고 이야기하는 점에 비추어 인구는 저량이며, '나의 월급은 얼마이다'라고 이야기할 때 월급이라는 것은 한 달의 기간을 전제로 하는 것이므로 유량이다. 따라서 소득은 유량이다.

임금은 어떤 노동자가 단위기간 동안 일한 것, 즉 단위기간 동안 제공한 서비스service에 대한 대가로 지불하는 금액이지, 노동자 한 명을 구입하기 위해 지불하는 금액이 아니다. 그리고 임금 결정에서 고려되는 것은 일정 기간이 전제되는 노동자의 노동시간man-hour이므로, 노동자들이 일정 기간 동안 노동을 제공한 대가로 받는 임금 WL은 유량이다. 따라서 단위기간 동안 자본 및 토지 한 단위를 사용한 데 대한 대가로 지불하는 자본임료rental rate of capital R과 지대rent r은 저량인 자본 및 토지 한 단위를 구매하기 위해 지불해야 하는 금액인 자본재 가격 P_K, 또는 지가 P_L과 구별되어야 한다. 즉 자본임료와 지대는 자본재 및 토지 한 단위가 단위기간 동안 제공하는 서비스에 대한 대가로 지불하는 금액이므로, 유량으로 파악되어야 한다.

저량인 자본재 한 단위를 구입하기 위해 지불하는 금액인 자본재 가격 P_K와 유량인 자본재 한 단위가 단위기간 동안 제공한 서비스에 대한 대가로 지불하는 금액인 자본임료 R 사이의 관계는 재정방정식arbitrage equation을 이용해 나타낼 수 있다. 재정방정식을 이해하기 위해 먼저 현재가치present value를 알아보기로 하자.

기간당 은행 이자율이 i인 경우에 어떤 사람이 현재 a원을 예금하면 1기 후에는 원금과 이자를 합해 $a(1+i)$원을 받을 수 있으며, 2기 후에는 이자가 복리로 계산되어 $a(1+i)^2$원을 받을 수 있다. 어떤 사람이 a원을 1기 동안 은행에 예금하기로 했다면, 그 이유는 이 사람이 현재의 a원과 1기 후의 $a(1+i)$원의 가치를 동일하게 평가하기 때문이다. 마찬가지로 현재의 a원과 2기 후의 $a(1+i)^2$원, 또는 n기 후의 $a(1+i)^n$원도 가치가 같은 것으로 평가된다.

현재의 a원과 1기 후의 $a(1+i)$원의 가치가 동일하다면, 1기 후의 a원은 현재의 $a/(1+i)$원과 가치가 동일하다. 일반적으로 n기 후의 a원은 현재의 $a/(1+i)^n$원과 가치가 동일하다. 이와 같이 미래에 발생하는 금액의 가치를 현재의 입장에서 평가한 것을 현재가치라 한다.

n기 후의 a원의 현재가치를 구하기 위해 a를 $(1+i)^n$으로 나누는 것을 '미래의 가치를 할인한다'라고 한다. 그리고 할인에 이용되는 이자율 i를 할인율discount rate이라 한다. 물론 할인을 하기 위해 반드시 이자율만 사용할 필요는 없는데, 이론적으로는 한계시간선호율을 사용하는 것이 더 적절하다.

자본재 한 단위의 가격이 P_K원이며, 자본재를 한 단위 구입하면 1기 후부터 매기에 이득이 발생하는데, 자본임료는 R로 주어졌다고 하자. 이 경우에 자본재 한 단위를 추가로 구입해 얻는 이득은 얼마인가?

앞에서 살펴보았듯이 기업이 이윤극대화를 이루려면 $VMP_K=R$이 성립하도록 자본을 고용해야 하는데, 자본의 한계생산물가치 VMP_K는 곧 자본을 한 단위 더 고용할 때 이 기업의 이득인 총수입이 얼마나 증가하는가를 나타낸다. 따라서 이 기업이 자본재를 한 단위 더 구입할 때 얻는 이득은 자본임료 R로 나타낼 수 있다.

자본재 한 단위를 추가로 구입하면 1기 후부터 매기 R원의 이득이 영구히 발생한다고 하자. 이때 할인율로 이자율을 사용해 자본재 구입으로부터 얻는 이득을 현재가치로 환산해 모두 합하면 $R/(1+i)+R/(1+i)^2+\cdots=R/i$이 된다. 이 경우, 자본시장이 균형이 되기 위해서는 P_K와 R/i의 관계가 어떠해야 할 것인가?

만약 P_K가 R/i보다 크다면, 자본재 구입 비용이 자본재 구입으로부터 얻는 이득보다 크다. 이런 상황에서는 자본재를 구입할 이유가 없어 자본에 대한 수요가 감소하므로, P_K는 하락하게 된다. 따라서 P_K가 R/i보다 큰 상태는 균형이 아니다. 마찬가지 이유로 P_K가 R/i보다 작은 상태에서는 P_K가 상승하므로, 균형이 아니다. 따라서 자본시장이 균형을 이루기 위해서는 P_K와 R/i이 같아야 하는데, 이 관계가 곧 단순한 경우의 재정방정식이다. 토지의 재정방정식도 동일한 방법에 의해 얻을 수 있다.

$$R=iP_K$$
$$r=iP_L$$

재정방정식의 의미를 자본의 재정방정식을 이용해 다른 각도에서 생각해 보기

EXAMPLE 15-2

시장 기본가치와 거품

앞의 본문에서 살펴본 바와 같이 어느 자산의 가격이 그 자산의 미래수익의 현재가치에 의해서만 결정되는 경우는 시장 기본가치market fundamental에 의해 자산의 가격이 결정되는 경우이다. 이렇게 결정된 자산의 가격을 정상가격이라 부를 수 있다.

그러나 경우에 따라서는 자산의 실제 가격이 정상가격을 훨씬 초과할 수도 있는데 이런 경우에 '거품bubble이 있다'라고 한다.

역사적으로 유명한 거품의 예로 1633~37년 네덜란드에서 발생한 튤립열풍tulip mania을 들 수 있다. 당시 네덜란드에서는 다른 품종의 튤립을 접붙여서 얻은 새로운 색깔의 튤립이 인기를 모았다. 그 당시의 기술로는 서로 다른 색깔의 튤립을 접붙였을 때 어떤 색깔의 튤립을 얻을 수 있을지 짐작하기 어려워, 접붙인 결과로 얻을 튤립을 사전에 일정 가격을 주고 구입하는 것이 관례였다. 이것이 돈벌이가 된다는 소문이 퍼지면서 거의 전 네덜란드 국민이 이 사업에 참여하게 되었고 접붙이기용 튤립 뿌리의 가격이 폭등하였다.

그 결과, 1637년에는 튤립 뿌리 1개의 가격이 네 필의 말이 끄는 마차의 가격, 요즘으로 치면 최고급 승용차 한 대의 가격과 비슷한 수준으로 치솟았다. 심지어 전설적인 튤립구근인 '셈페르아우구스투스'는 1633년에 500길더였으나 1637년에는 10,000길더에 거래되기도 하였다.

그러다 1637년 어느 날 갑자기

튤립열풍에서 볼 수 있듯이 거품이 발생하면 자산의 실제 가격이 정상가격을 훨씬 초과한다.

1/100 수준으로 가격이 폭락하게 되는데, 이를 '거품이 붕괴되었다'라고 한다.

정도의 차이가 있지만 거품의 존재 및 붕괴는 지금도 계속 나타난다. 최근의 유명한 예로는 1980년대 일본의 부동산 및 주식시장에서 발생한 거품을 들 수 있다. 이후에 거품이 붕괴되면서 초래된, 소위 복합불황이 이어졌다.

로 하자. 여기서 R은 자본재를 한 단위 더 구입하는 경우에 1기 동안에 얻는 이득이다. 자본재 한 단위를 더 구입하기 위해 P_K원을 지불했는데, 만약 P_K원으로 자본재를 구입하지 않고 은행에 예금했다면, 1기 동안에 올리는 이자소득은 iP_K가 된다. 따라서 iP_K는 자본재를 구입하는 데 따르는 기회비용이 된다. 즉 재정방정식은 균형에서 이득과 기회비용이 같음을 나타낸다.

위의 재정방정식에서는 이자비용만을 기회비용으로 고려했다. 그러나 다른 요인들을 추가로 고려하면 재정방정식의 형태가 달라지는데, 여기서는 감가상각과 투자에 관한 조세감면investment tax credit만을 고려하기로 한다. 자본재를 사용하면 마모되어 가치가 떨어지는데, 이를 감가상각이라 한다.

지금 감가상각률을 d라 하면 1기 동안 감가상각되는 금액은 dP_K원이 되는데, 이는 자본재 구입에 따르는 기회비용으로 계산된다. 기업의 법인세율이 t이고 자본재를 구입하면 구입한 금액만큼을 과세대상 소득에서 공제해 준다면, 기업이 자본재를 한 단위 구입해 1기 동안에 얻는 이득은 tP_K가 되며, 이는 곧 자본재 구입에 따른 음(−)의 기회비용이다. 이상의 요인들을 고려하면 자본의 재정방정식은 $R=(i+d-t)P_K$가 되는데, 여기서의 $(i+d-t)$를 자본의 사용자비용 user cost of capital 이라 한다.

자본을 사용하여 발생하는 생산비를 계산할 때 자본임료를 고려해야 한다는 사실이 자본의 소유권과 무관하게 항상 성립한다는 점에 유의할 필요가 있다. 어떤 기업이 K만큼의 자본을 생산에 이용했다고 하자. 이 자본을 다른 사람에게 빌렸다면, 자본 소유주는 자본 한 단위당 임대료로 자본임료 R만큼을 요구할 것이다. 자본임료는 자본 소유자가 자본을 보유하는 데 따르는 기회비용이기 때문이다. 자본이 이 기업의 소유인 경우에도 자본 한 단위당 기회비용이 R이므로, 자본 한 단위를 사용한 비용은 R이 된다. 따라서 자본 소유권이 누구에게 있든지 간에 K만큼의 자본을 이용한 경우의 생산비는 RK가 된다.

자본시장의 균형

자본시장의 균형도 자본의 시장공급곡선과 자본에 대한 시장수요곡선이 만나는 점에서 이루어진다. 자본에 대한 시장수요곡선은 노동시장의 경우와 마찬가지 방법으로 얻어진다. 즉 VMP_K^i 곡선을 이용해 개별 기업의 자본에 대한 수요곡선을 구한 후 이를 수평으로 합해, 각 산업의 자본에 대한 수요곡선을 구한다. 그리고 모든 산업들의 자본에 대한 수요곡선을 수평으로 합해 시장수요곡선을 구한다. 한편 자본의 시장공급곡선은 자본재를 만들어 내는 개별 기업들의 공급곡선을 수평으로 합해 구할 수 있다.

이러한 자본시장의 균형은 자본의 소유권과 무관하게 결정된다. 즉 기업이 자본을 임대해 쓰느냐, 혹은 자본을 소유하고 있느냐는 균형에 영향을 미치지 않는다. 노동과 자본에 대한 수요 모두 노동과 자본이 제공하는 서비스에 대한 수요라는 점에서는 동일하다. 그러나 기업은 노동자를 소유할 수 없지만 자본은 소유할 수 있으므로, 자본시장에서 자본이 제공하는 서비스에 대한 수요와 전혀 다른 행위인 자본을 소유하기 위한 구매행위를 알아볼 필요가 있다.[5]

기업이 자본을 소유하기 위해 자본재를 구입하는 행위를 투자investment라 한다.

---

5 기업이 노동자를 구입해 소유권을 갖는다는 것은 곧 노예를 보유한다는 것을 의미하므로 현대 경제학에서는 고려할 필요가 없다.

기업이 어떤 기준에 의해 투자하는지를 파악하는 방법으로 현재가치법 present value criterion 과 자본의 한계효율법 marginal efficiency of capital criterion 을 들 수 있다.

지금 C원을 주고 자본재를 구입하면, 1기 후에는 Y_1, 2기 후에는 Y_2, …, t기 후에는 Y_t의 수익을 n기 동안 얻는다고 하자.[6]

앞의 재정방정식의 경우에서와 마찬가지로 이자율 i를 할인율로 사용한다면, 수익들의 현재가치의 합은 $PV=Y_1/(1+i)+Y_2/(1+i)^2+\cdots+Y_n/(1+i)^n$이 된다. 현재가치법에서는 PV와 C를 비교한다. 즉 $PV>C$이면 자본재를 구입하는 경우의 이득이 자본재의 구입 비용보다 크므로 투자가 이루어지며, 반대의 경우라면 투자가 이루어지지 않는다. 이 경우에 이자율이 상승하면 $PV>C$를 만족시키는 자본재가 줄며, 이에 따라 투자가 감소하게 된다.

자본재가 낳는 수익의 현재가치의 합과 자본재의 구입비용을 일치시키는 할인율을 자본의 한계효율 marginal, efficiency of capital MEC라 한다. MEC의 정의에 따라 할인율로서 MEC를 사용하면, 수익들의 현재가치의 합과 자본재의 구입 비용이 일치한다.

$$C=\sum_{t=1}^{n}\frac{Y_t}{(1+MEC)^t}$$

모든 기의 수익이 Y로 일정하고 감가상각은 없으며, 수익이 영구히 발생하는 것으로 가정한다면 위의 식은 다음과 같이 단순화된다.

$$C=\frac{Y}{MEC}$$

MEC의 크기는 자본의 양 K에 의존한다. 자본의 한계생산성이 체감한다면 K가 증가함에 따라 자본재로부터 얻는 수익 Y는 감소하게 되며, 이에 따라 위의 조건을 만족시키는 MEC도 하락한다. 따라서 MEC곡선을 그리면 그림 15-7과 같이 우하향한다.

어떤 기업이 C원을 갖고 있는데, 이 기업은 이 돈을 예금할 수도 있고 자본재를 구입할 수도 있다고 하자. 이자율이 i인 경우, 이 기업이 C원을 예금하면 1기 후에 iC원의 이자소득을 올릴 수 있다. 이 기업이 C원으로 자본재를 구입하면, 1

6 앞의 재정방정식의 경우와 달리 자본재의 구입량이 반드시 한 단위일 필요는 없다.

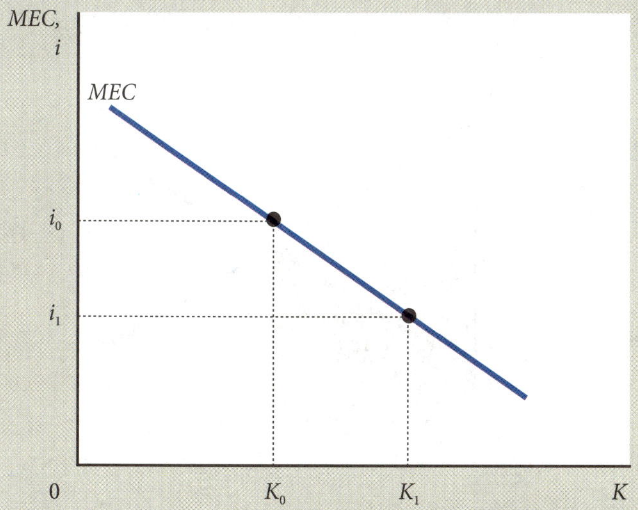

그림 15-7

자본재를 구매하는 경우의 자본에 대한 수요곡선

자본에 대한 수요량은 이자율과 *MEC*가 일치하도록 결정된다. 따라서 이자율이 변하면, 자본에 대한 수요량은 *MEC* 곡선을 따라 변화하게 되므로 *MEC*곡선이 자본에 대한 수요곡선이 된다.

기 후에 $Y=MEC\times C$원의 수익을 올릴 수 있다. 따라서 이 기업은 $MEC>i$이면 투자를 하고, $MEC<i$이면 투자를 하지 않는다.

그림 15-7에서 이자율이 i_0인 경우에 기업이 원하는 자본의 양은 얼마가 될 것인가? *MEC*가 i_0보다 크면 자본재를 구입하는 것이 이득이므로 자본재의 양을 늘리기를 원하며, 반대의 경우라면 자본재를 줄이기를 원한다. 따라서 이자율이 i_0인 경우에 이 기업이 원하는 자본의 양은 i_0와 $MEC(K_0)$가 일치하는 K_0가 된다. 이자율이 i_0에서 i_1으로 하락하면, 이 기업이 원하는 자본의 양은 *MEC*곡선을 따라 K_0에서 K_1으로 늘어난다. 따라서 *MEC*곡선이 기업이 자본을 구입하는 경우의 자본에 대한 수요곡선임을 알 수 있다.

토지시장의 균형

기업이 생산요소로서 토지를 이용하는 경우, 완전경쟁 상황에서 개별 기업이 토지를 적정하게 투입하는 조건은 토지의 한계생산물가치와 지대가 같아야 한다는 것으로 다른 생산요소와 다를 바 없다. 이에 따라 개별 기업의 토지의 한계생산물가치곡선을 이용해 개별 기업의 토지에 대한 수요곡선을 구하고, 이를 수평으로 합해 한 산업의 토지에 대한 수요곡선을 구한다. 그리고 모든 산업의 토지에 대한 수요곡선을 수평으로 합해 토지에 대한 시장수요곡선을 구할 수 있다.

그림 15-8

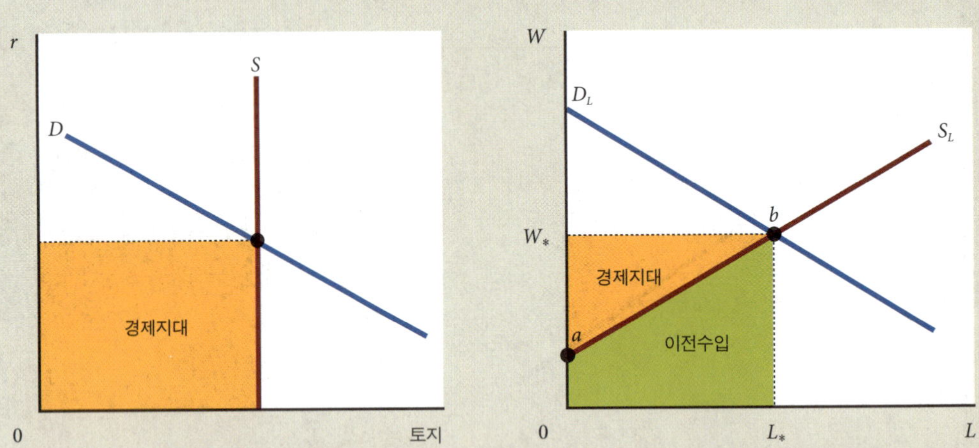

(a) 토지의 경우 (b) 노동의 경우

이전수입과 경제지대

토지와 같이 공급의 가격탄력성이 0이면 모든 요소수입은 모두 경제지대가 된다. 반면에 노동과 같이 공급의 가격탄력성이 0이 아닌 경우의 요소수입은 경제지대와 이전수입을 모두 포함한다.

토지시장의 균형은 토지에 대한 시장수요곡선과 시장공급곡선이 만나는 점에서 얻어진다. 토지시장의 균형이 다른 생산요소시장의 균형과 구별되는 점은, 토지의 공급량은 일정하므로 토지의 시장공급곡선이 그림 15-8 (a)에서 보는 바와 같이 수직선이라는 것이다.

앞의 10-3 개별 기업의 장기 공급곡선에서 경제지대는 어떤 생산요소의 공급에 필요한 최소 금액을 초과해 그 생산요소에 지불된 금액이라고 정의되었다. 한편 이전수입 transfer earnings 을 어떤 생산요소의 공급에 필요한 최소한의 지출액이라고 정의하면, 요소 공급자의 수익은 요소소득 = 이전수입 + 경제지대가 된다.

노동의 경우는 그림 15-8 (b)와 같이 공급곡선이 우상향한다. 이 경우에 L_* 만큼의 노동을 고용하기 위해 지불할 수 있는 최소 금액은 각 단위의 노동에 대해 노동의 공급곡선이 나타내는 대로 임금을 지불할 때 얻어진다. 따라서 이전수입은 $0abL_*$가 되며, 요소소득 W_*bL_*0에서 이전수입을 뺀 경제지대의 크기는 W_*ba가 된다. 생산요소 공급의 가격탄력성이 작아질수록 경제지대는 점점 커지고 이전수입은 점점 작아진다. 그림 15-8 (a)의 토지의 경우와 같이 공급의 가격탄력성이 0이 되면, 요소소득이 모두 경제지대가 된다.

15-5 불확실성 하의 선택

완전경쟁 시장에서 불확실성이 없는 경우에 이윤극대화를 이룰 수 있도록 노동을 투입하는 조건은, 노동의 한계생산물가치 VMP_L과 임금 W가 일치하도록 하는 것이다. 이 조건은 산출물의 가격 P나 임금 W에 불확실성이 존재하는 경우에 어떻게 바뀔 것인가?

P가 P_H일 확률이 π_1이고 P_L일 확률이 $(1-\pi_1)$이며, W가 W_H일 확률이 π_2이고 W_L일 확률이 $(1-\pi_2)$라 하자. 이때 기업은 산출물의 가격이 P_H가 될 것인지, 혹은 P_L이 될 것인지 사전에 알 수 없으므로, 산출물의 기대가격 expected price EP을 의사결정에 이용하게 된다. 여기서 $EP=\pi_1 P_H+(1-\pi_1)P_L$로 정의되며, 이 경우의 $EP\times MP_L \equiv EVMP_L$을 노동의 기대한계생산물가치 expected value of marginal product of labour 라 부른다.

산출물의 가격과 마찬가지로 기업은 임금이 W_H가 될지, 혹은 W_L이 될지 사전에 알 수 없다. 따라서 기업은 기대임금 expected wage EW를 의사결정에 이용하는데, $EW=\pi_2 W_H+(1-\pi_2)W_L$로 정의된다. 불확실성이 있는 경우의 기대이윤 극대화를 이루도록 노동을 투입하는 조건은 다음과 같다.

$$EVMP_L=EW$$

어떤 기업이 불확실성에 직면하면, 정보 information 를 이용해 불확실성의 정도를 줄일 수 있다. 예를 들어 옥수수를 생산하는 어떤 농부는 날씨가 좋을 것인지 (G), 혹은 가뭄이 들 것인지(B) 미리 알지 못하므로, 날씨의 불확실성에 직면한다. 날씨가 어떠할 것인지 미리 알기 위해, 농부가 장기 일기예보를 구매하기로 했다면 이는 곧 정보를 구매한다는 것을 의미한다. 이 경우의 정보는 생산요소의 역할을 한다. 이 농부는 정보의 가치 value of information 가 정보의 구입 비용보다 크면 정보를 구입하려 할 것이다. 여기서 정보의 가치란 정보를 구입함으로써 증가시킬 수 있는 이윤이 얼마이냐에 따라 결정된다. 정보의 가치가 어떻게 계산되는지 다음의 예를 통해 알아보자.

이 농부는 옥수수 경작(C)과 휴경(NC) 둘 중의 하나를 선택할 수 있는데, NC를 선택한 경우의 이윤은 0이다. C의 경우는 좀더 복잡하다. 먼저 일반 옥수수 경작(C_1)과 가뭄에 강한 옥수수 경작(C_2) 중 하나를 선택할 수 있다. C_1의 경우에 날씨가 G이면 1,000만 원의 이윤을 얻으며, 날씨가 B이면 200만 원의 이윤을 얻는다. 한편 C_2의 경우는 날씨가 G이면 600만 원의 이윤을 얻으며, 날씨가 B이면 400만 원의 이윤을 얻는다. 날씨가 G일 확률과 B일 확률은 모두 1/2이며, 장기 일기예보를 구매하는 경우에는 장래의 날씨가 G일 것인지 혹은 B일 것인지 정확히 알 수 있다고 가정하자.

먼저 이 농부가 장기 일기예보를 구입하지 않는 경우의 의사결정이 어떻게 되는지 살펴보자. 이 농부가 C_1을 택하는 경우의 기대이윤은 $(1/2)\times 1{,}000$만 원$+(1/2)\times 200$만 원$=600$만 원이며, C_2를 택하는 경우의 기대이윤은 $(1/2)\times 600$만 원$+(1/2)\times 400$만 원$=500$만 원이다. NC를 택하는 경우의 이윤은 0이므로, 이 농부는 C_1을 택해 600만 원의 이윤을 얻기를 기대한다.

이번에는 이 농부가 장기 일기예보를 구입하는 경우의 기대이윤이 어떻게 되는지 살펴보자. 이 경우에 기상대는 일기예보를 할 뿐, 날씨를 바꿀 수 있는 것은 아니다. 따라서 날씨가 G일 확률과 B일 확률 모두 1/2이므로, 기상대가 G라고 예측할 확률과 B라고 예측할 확률도 모두 1/2이다. 그러나 이 경우에는 기상대가 G라고 예측하면 반드시 G가 실현되고, B라고 예측하면 반드시 B가 실현된다. 따라서 이 농부의 최적행동은 기상대가 1/2의 확률로 G라고 예측하면 C_1을 택하고, 1/2의 확률로 B라고 예측하면 C_2를 택하는 것이다. 이때의 기대이윤은 $(1/2)\times 1{,}000$만 원$+(1/2)\times 400$만 원$=700$만 원이 된다.

한편 농부가 장기 일기예보를 구입하면 기대이윤이 100만 원 증가하므로, 정보의 가치는 100만 원이 된다. 따라서 장기 일기예보의 구입 비용이 100만 원 이하이면, 이 농부는 장기 일기예보를 구입하려 할 것이다.

요 약

- 요소시장이 완전경쟁인 경우에 개별 기업이 $VMP_L = W$를 만족시키도록 노동의 투입량을 결정하면, 단기의 이윤극대화를 이룰 수 있다. 이 경우에 VMP_L곡선이 개별 기업의 노동에 대한 수요곡선이 된다.
- 장기에는 $VMP_L = W$ 및 $VMP_K = R$이 성립하도록 노동과 자본의 투입량을 결정하면, 이윤극대화를 이룰 수 있다. 장기의 노동 및 자본에 대한 수요곡선의 기울기는 VMP_L 및 VMP_K곡선보다 완만하다. 이는 장기의 생산요소에 대한 수요의 가격탄력성이 단기의 경우보다 크다는 르 샤틀리에Le Châtelier의 원리를 나타낸다.
- 산업의 노동에 대한 수요곡선은 개별 기업의 노동에 대한 수요곡선을 수평으로 합해 얻을 수 있다. 개인의 노동 공급곡선을 수평으로 합해 구한 노동의 시장공급곡선과 산업의 노동에 대한 수요곡선이 만나는 점에서 노동시장의 균형이 이루어진다.
- 저량인 자본재토지를 한 단위 구입하는 비용인 자본재 가격지가과 자본재토지 한 단위가 단위기간 동안 제공한 서비스에 대한 대가로 지불되는 자본임료지대 사이의 관계는 재정방정식에 의해 나타낼 수 있다. 기업의 자본에 대한 수요는 자본이 제공하는 서비스에 대한 수요라고 볼 수 있다.
- 기업이 자본재 소유를 위해 자본재를 구입하는 행위가 투자이다. 투자결정방법으로는 현재가치법과 자본의 한계효율법이 있다. 현재가치법에 의하면, 자본재가 낳는 수익의 현재가치의 합과 자본재 구입비용이 같아지도록 투자가 이루어진다. 자본의 한계효율법에 의하면, 자본의 한계효율과 이자율이 같아지도록 투자가 결정된다. 자본의 한계효율은 자본재가 낳는 수익의 현재가치의 합과 자본재 구입비용을 일치시키는 할인율이다.
- 불확실성이 존재하는 경우에 기대이윤을 극대화시키기 위해서는 노동의 기대한계생산물가치와 기대임금이 일치하도록 노동의 투입량이 결정되어야 한다.

연 습 문 제

01 X재에 대한 시장 수요의 가격탄력성과 X재 산업의 노동에 대한 수요의 임금탄력성 사이에는 어떤 관계가 있는가?

02 X재를 생산하는 기업의 생산함수가 $X=aL^{\alpha}+bK^{\beta}$로 주어졌다$(0<\alpha<1,\ 0<\beta<1)$. 이 기업의 단기와 장기의 노동에 대한 수요곡선을 같은 그림에 나타내시오.

03 임금이 1원 상승한 결과, 대체효과에 의해 여가에 대한 수요가 5만큼 감소했다. 노동의 공급이 변화하는 범위는 어떠하겠는가?

04 단기에 자본임료가 하락하면, 노동에 대한 수요와 이윤은 각각 어떻게 변화하겠는가? 장기의 경우에는 답변이 어떻게 달라질 것인가?

05 어떤 지역에서 땅 한 평의 가격이 500만 원이다. 이자율이 10%이고 예상지가상승률이 5%인 경우에 지대는 얼마가 되는가?

06 어떤 생산요소의 공급이 완전탄력적이라면, 경제지대는 얼마가 될 것인가?

07 어떤 기업의 MP_L곡선이 $MP_L=10-0.1L$을 만족시킨다. 임금은 18로 주어졌으며, 산출물의 가격이 15일 확률은 1/4, 7일 확률은 3/4이다. 이 기업이 기대이윤을 극대화시키기 위해서는 L을 얼마나 투입해야 하는가?

08 생산물시장과 생산요소시장에서 모두 완전경쟁에 직면하고 있는 어떤 개별 기업의 생산함수가 $X=\min\{L^{\alpha}, K^{\alpha}\}$로 주어졌다. 단기에 이 기업의 자본은 K_0로 주어졌으며, X의 가격은 P이다$(0<\alpha<1)$.

(1) 임금 W의 변화에 따른 이 기업의 노동에 대한 수요곡선을 그림으로 나타내시오.

(2) X재에 대한 시장수요가 완전탄력적이며, 단기에 개별 기업이 보유하는 자본의 양이 모두 다른 경우, 산업의 노동에 대한 수요곡선이 우하향할 수 있는지를 그림에 의해 설명하시오.

09 다음과 같은 생산함수를 생각해 보자.

(i) $X=AL^{\alpha}K^{\beta}$

(ii) $X=AL^{\alpha}+BK^{\beta}$

위의 두 가지 경우 중 노동에 대한 수요의 임금탄력성이 더 큰 것은 어느 경우인가?

10 자본재 K에 대해 다음과 같은 사실들이 알려졌다.

(i) K의 수명은 무한대이다.

(ii) K를 사용하면 매년 R의 수익을 얻는데, $R=200-8K$이다.

(iii) 자본재의 가격(P_K)은 $P_K=100+20K$이다.

(1) R과 P_K에 관한 함수를 설명하시오.

(2) MEC 스케줄을 구하시오.

(3) 이자율이 10%인 경우에 균형자본재의 양은 얼마인가?

11 노동시장이 완전경쟁이라 가정하고 주6일제 근무가 주5일제 근무로 바뀐 경우에 임금 및 고용량이 어떻게 변화할 것인지 그림을 이용해 설명하시오.

12 그린벨트로 묶인 지역의 지가는 다른 용도지역의 지가에 비해 매우 낮다. 그 이유를 재정방정식 및 그림을 이용해 설명하시오.

13 어느 소비자의 효용함수가 $u=\min\{C, S\}$로 주어졌다. 완전경쟁 요소시장을 전제로 하는 경우에 이 노동자의 노동의 공급곡선을 그림을 이용하여 도출하시오.

16 불완전경쟁 요소시장

앞에서는 생산물시장과 생산요소시장이 모두 완전경쟁일 때 개별 기업과 산업의 생산요소에 대한 수요와 요소시장의 균형이 어떻게 이루어지는가를 살펴보았다. 여기서는 불완전경쟁 상황에서 생산요소에 대한 수요, 생산요소의 공급 및 요소시장의 균형이 어떻게 이루어지는지를 살펴보기로 한다.

불완전경쟁은 생산물시장과 생산요소시장에 모두 존재할 수 있다. 예를 들어 생산물시장은 독점monopoly이지만, 생산요소시장은 완전경쟁에 직면할 수 있다. X재의 공급독점자monopolist가 있다면 X재를 공급하는 기업은 하나이지만, 노동시장에서 노동을 수요하는 산업은 그 기업 이외에도 매우 많을 수 있기 때문이다. 생산물시장의 독점자가 특정한 생산요소를 자신만이 수요하는 경우도 생각할 수 있는데, 이를 수요독점monopsony이라 한다. 생산요소를 공급하는 사람이 혼자이거나 혹은 집단을 형성해 집단의 이익을 극대화하기 위해 행동한다면 생산요소의 공급은 독점이 된다. 생산요소에 대한 수요자가 수요독점자monopsonist이고, 생산요소의 공급자가 공급독점자인 경우를 쌍방독점bilateral monopoly이라 한다.

16-1 생산물시장의 독점

단기의 노동에 대한 수요

여기서는 생산물시장에서 독점이며, 생산요소시장에서는 완전경쟁에 직면해 있는 기업이 단기에 이윤극대화를 이루기 위해 노동에 대한 수요를 어떻게 결정하는지 살펴보기로 한다. 이 기업은 노동 L과 자본 K를 투입해 X재를 생산하는데, 임금과 자본임료는 각각 W와 R로 주어졌다. 생산요소시장은 완전경쟁이므로, 이 기업이 의사결정을 할 때 W와 R은 일정하게 주어진 상수인 것으로 간주한다. 한편 단기에는 자본의 양이 K_0로 일정하게 주어져 있으므로, 자본의 투입량은 K_0로 일정하다.

이 기업은 생산물시장에서 공급독점자이므로, X재에 대한 시장수요곡선에 직면한다. 즉 앞의 11-1 독점의 의미에서 살펴본 바와 같이 산출량을 변화시키면 가격이 시장수요곡선을 따라 움직인다는 것을 염두에 두고 이윤극대화를 이루어야 한다. X재에 대한 역수요함수를 $P(X)$, 생산함수를 $X=f(L, K)$라 하면, 이 기업의 이윤 (Π)은 $\Pi=P(X)X-WL-RK_0=P\{f(L, K_0)\}f(L, K_0)-WL-RK_0$가 된다.[1]

한편 이 기업이 풀어야 할 문제는 이윤을 극대화하기 위한 노동의 투입량을 결정하는 것이다. 한계수입을 $MR(X)$, 노동의 한계생산성을 $MP_L(L, K_0)$라 하자. $MR \times MP_L$을 노동의 한계수입생산 marginal revenue product of labour MRP_L이라 하면, 다음의 조건을 만족시키도록 노동의 투입량을 결정할 때 이윤이 극대화된다.

$$MRP_L = W$$

위의 조건이 충족되도록 노동을 투입해야 이윤극대화가 이루어지는 이유를 알아보기 위해, 먼저 MRP_L의 의미를 살펴보자. 노동의 투입량을 한 단위 증가시킬 때$(\Delta L=1)$ 증가하는 산출량(ΔX)은 $MP_L=\Delta X/\Delta L$에 $\Delta L=1$을 대입하면, $\Delta X=MP_L$이 된다. 공급독점자가 산출량을 한 단위 증가시킬 때 총수입이 얼마나 늘어나는지는 MR에 의해 나타난다. 즉 노동의 투입량을 한 단위 증가시켜 산출량을 MP_L만큼 증가시키면 총수입은 $MR \times MP_L$만큼 늘어난다. 그러므로 MRP_L은 노동의 투입량을 한 단위 증가시킬 때 총수입이 얼마나 늘어나는지를 나타낸다. 한편 W는 일정하게 주어진 상수이므로, 노동의 투입량을 한 단위 증가시키면 총비용은 W만큼 늘어난다.

MRP_L과 W가 일치하지 않으면 노동의 투입량을 변화시켜 이윤을 증가시킬 수 있다. $MRP_L=5>3=W$인 경우에 노동의 투입량을 한 단위 증가시키면 총수입은 5만큼 증가하는 반면, 총비용은 3만큼만 증가하므로 이윤은 2만큼 증가한다. 즉 MRP_L이 W보다 큰 경우에는 노동의 투입량을 늘려 이윤을 증가시킬 수 있으므로, 이윤극대화를 이룬 상황이 아니다. 같은 이유로 MRP_L이 W보다 작은 상황은 노동의 투입량을 줄여 이윤을 증가시킬 수 있으므로, 역시 이윤극대화를 이룬 상황이 아니다. 따라서 이윤극대화를 이루기 위해서는 MRP_L과 W가 일치하도록 노동의

1 생산물시장이 완전경쟁인 경우에는 가격 P가 상수였으나 이 경우에는 P가 생산량의 함수가 된다는 점이 다르다.

그림 16-1

개별 기업의 노동에 대한 수요: 단기
개별 기업이 이윤극대화를 달성하기 위해서는 $MRP_L=W$가 만족되도록 L의 투입량을 결정해야 한다. 이는 곧 W가 변화하면 노동에 대한 수요량이 MRP_L곡선을 따라 변화한다는 것을 의미하므로, MRP_L곡선은 노동에 대한 수요곡선이 된다.

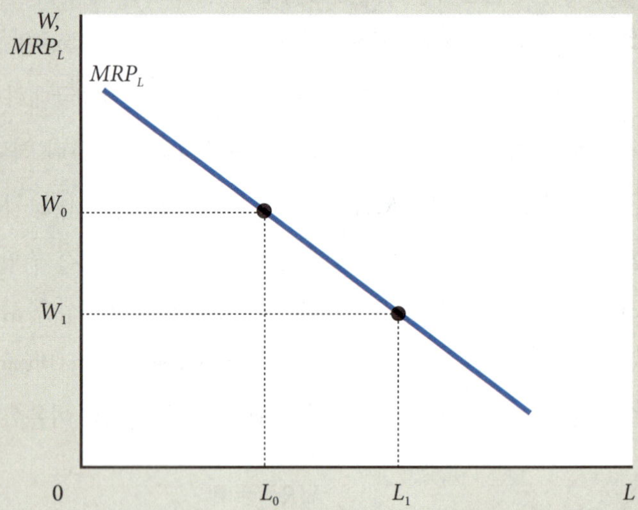

투입량을 결정해야 한다.

노동의 한계생산성이 체감한다고 가정하면, 노동의 투입량이 증가할 때 MP_L은 감소한다. 노동의 투입량이 증가한다는 것은 곧 산출량이 증가함을 의미하는데, 산출량이 증가하면 X재에 대한 시장수요곡선이 우하향하는 한 한계수입은 체감한다. 따라서 노동의 투입량이 증가하면 MRP_L은 감소하며, 이를 그림으로 나타낸 MRP_L곡선은 그림 16-1과 같이 우하향하는 형태가 된다.

그림 16-1에서 임금이 W_0일 때, 이윤극대화를 이루는 노동의 투입량은 MRP_L과 W_0를 일치시키는 L_0이다. 반면에 임금이 W_1으로 하락하면, 이윤극대화를 이루는 노동의 투입량이 MRP_L곡선을 따라 L_1으로 증가한다. 임금이 변화함에 따라 기업이 이윤극대화를 이루는 노동의 투입량이 MRP_L곡선을 따라 움직이므로, MRP_L곡선이 이 기업의 노동에 대한 수요곡선임을 알 수 있다.

장기의 노동 및 자본에 대한 수요

장기에는 자본도 가변생산요소이므로, 이윤극대화를 이루기 위한 노동과 자본의 투입량을 동시에 결정해야 한다. MP_K를 자본의 한계생산성, 자본의 한계수입생산 MRP_K를 $MRP_K=MR\times MP_K$라 하면, 단기와 마찬가지 이유로 이윤극대화를 이루도록 노동과 자본을 투입하는 조건은 다음과 같다.

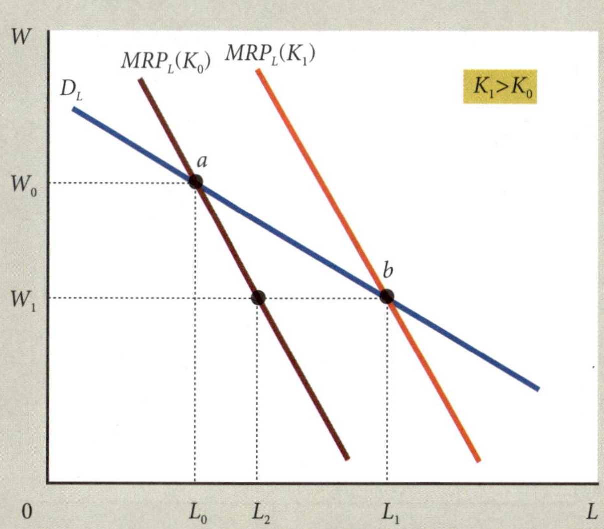

그림 16-2

개별 기업의 노동에 대한 수요: 장기

임금이 W_0에서 W_1으로 하락하여 고용량이 L_2로 증가하는 경우, MRP_K가 증가하여 자본의 고용량이 K_0에서 K_1으로 증가한다. 이에 따라 MRP_L곡선도 우상향으로 이동하여 고용량은 L_1까지 증가하게 되며 개별 기업의 장기의 노동에 대한 수요곡선은 MRP_L곡선보다 완만해지게 된다.

$$MRP_L = W$$
$$MRP_K = R$$

앞의 6-1 생산함수와 등량곡선에서 살펴본 바와 같이 MP_L의 크기는 노동의 투입량 L뿐만 아니라 자본의 투입량 K에도 의존하며, L이 일정해도 K가 증가하면 MP_L이 증가한다. MP_K의 크기도 L과 K에 모두 의존하며, K가 일정해도 L이 증가하면 MP_K가 증가한다. 이러한 사실들을 이용하여 장기에 생산물시장 독점자의 노동에 대한 수요곡선의 형태가 어떠한지 알아보기로 하자.

임금과 자본임료가 W_0 및 R_0로 주어졌을 때 이 기업이 장기에 이윤극대화를 이루는 노동 및 자본의 투입량이 L_0 및 K_0라면, L_0와 K_0는 $MRP_L(L_0, K_0) = W_0$와 $MRP_K(L_0, K_0) = R_0$를 만족시킨다. 임금이 W_0에서 W_1으로 하락할 때 자본의 투입량이 K_0로 고정된다면, 이윤극대화를 이루는 노동의 투입량은 $MRP_L(L_2, K_0) = W_1$을 만족시키도록 그림 16-2의 L_2로 결정된다.

그러나 임금 하락으로 노동의 투입량이 L_2로 증가하면 $MRP_K(L_2, K_0) > R_0$가 되므로, 자본의 투입량을 K_0보다 큰 K_1으로 결정하면 이윤을 늘릴 수 있다. 그런데 자본의 투입량이 K_1으로 증가하면 노동의 투입량이 일정해도 MP_L이 증가하므로, 노동의 한계수입생산곡선이 $MRP_L(K_0)$에서 $MRP_L(K_1)$으로 이동한다. 이에 따라 W_1에서 이윤극대화를 이룰 수 있도록 노동의 투입량은 L_1으로 더욱 늘어난다.

그림 16-3

MRP_L과 VMP_L 사이의 관계

생산물시장이 독점인 경우에는 $P(X)$가 $MR(X)$보다 크므로 $P(X) \times MP_L \equiv VMP_L$이 MRP_L보다 크다.

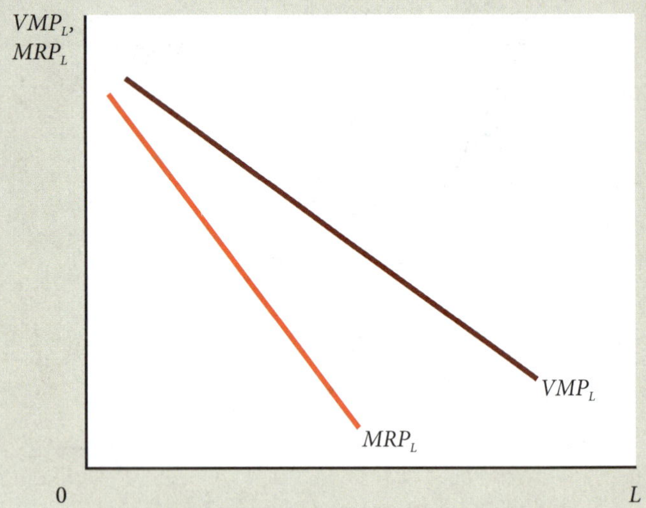

임금이 W_0일 때 이윤극대화를 이루는 노동의 투입량은 a가 나타내는 L_0이고, 임금이 W_1인 경우는 b가 나타내는 L_1이다. 따라서 장기의 노동에 대한 수요곡선은 a와 b를 연결한 그림 16-2의 D_L과 같이 MRP_L곡선보다 완만해진다.

효율성 상실

생산물시장이 독점인 경우가 완전경쟁인 경우에 비해 효율성 상실의 정도가 얼마만큼 되는지 생산물시장에서 나타내는 방법은 이미 앞의 11-5 독점의 경제적 효과에서 살펴본 바 있다. 여기서는 이러한 효율성 상실을 생산요소시장에서 어떻게 나타낼 수 있는지 살펴보기로 한다. 두 경우 모두 생산요소시장은 완전경쟁인 것으로 가정한다.

생산물시장이 독점인 경우의 노동의 한계생산물가치(VMP_L)를 $VMP_L = P(X) \times MP_L$이라고 정의하기로 하자. 노동의 투입량이 증가하면 MP_L은 하락하고, 노동 투입량의 증가에 의해 산출량이 증가하므로 가격 $P(X)$도 하락한다. 따라서 VMP_L도 L이 증가함에 따라 감소한다. 한편 X재에 대한 수요곡선이 우하향하는 경우에는 모든 산출량의 수준에 대해 $P(X)$가 $MR(X)$보다 크므로, 그림 16-3과 같이 VMP_L곡선이 MRP_L곡선의 위에 위치하게 된다.[2]

2 생산물시장이 완전경쟁인 경우에는 $P(X) = MR(X)$이므로 $VMP_L = MRP_L$이 된다.

그림 16-4

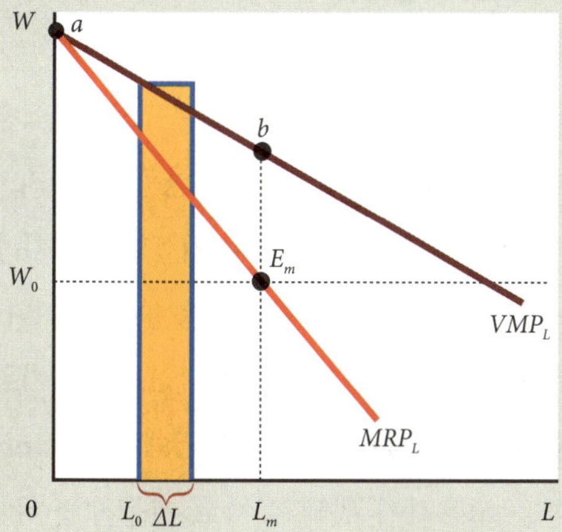

(a) 지불할 용의가 있는 최대 금액

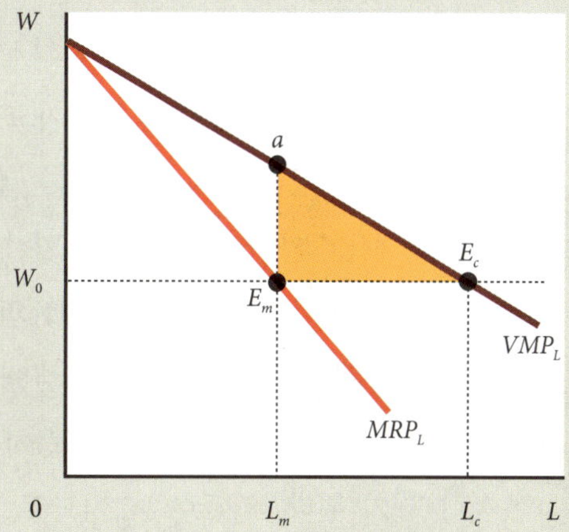

(b) 효율성 상실

생산물시장이 독점일 때 발생하는 효율성 상실

(a)에서 고용량을 ΔL만큼 증가시킬 때 산출량이 $MP_L \times \Delta L$만큼 증가하며, 이를 판매하면 수익이 $P(X_0)MP_L \times \Delta L = VMP_L \times \Delta L$만큼 증가한다. 이것이 바로 고용량을 ΔL만큼 증가시키기 위해 지불할 의사가 있는 최대 금액이다. 따라서 소비자잉여는 abE_mW_0의 면적이 되는데, 생산요소시장이 완전경쟁이기 때문에 요소 공급자에게 지불되는 금액은 모두 이전수입이 되어 생산자잉여는 0이다. 이는 소비자잉여가 곧 경제적 효율성이 된다는 의미이다. 생산물시장이 완전경쟁인 경우와 비교하면 (b)의 노랑색 부분만큼의 효율성 상실이 있다.

생산요소시장은 완전경쟁이므로 기업은 W를 일정하게 주어진 상수인 것으로 생각하는데, 이는 곧 이 기업이 당면하는 노동의 공급곡선이 수평선임을 나타낸다. 임금이 W_0로 주어졌을 때 생산물시장의 독점자가 이윤극대화를 이루는 점은 그림 16-4 (a)의 E_m이다. 이 경우에 소비자잉여와 생산자잉여의 합으로 정의되는 경제적 효율성은 얼마가 될 것인가?

여기서 소비자잉여는 생산요소의 수요자인 기업의 잉여이며, 생산자잉여는 생산요소의 공급자인 노동자의 잉여이다. 앞의 4-2 소비자잉여에서 소비자잉여는 지불할 의사가 있는 최대 금액에서 실제 지불한 금액을 차감한 것으로 정의되었다. 그림 16-4 (a)에서 현재의 고용량이 L_0이며, 이 경우의 산출량이 X_0라 하자. 고용량을 L_0에서 ΔL만큼 더 늘리려 한다면, 이 기업이 추가고용에 대하여 지불할 의사가 있는 최대 금액은 얼마인가?

노동의 투입량을 ΔL만큼 증가시키면, 산출량은 $MP_L \times \Delta L$만큼 증가한다. 이를 시장에서 판매하면 X재 한 단위당 $P(X_0)$원을 받을 수 있으므로, 이 기업의 총수입은 $P(X_0)MP_L \times \Delta L = VMP_L(L_0) \times \Delta L$만큼 증가한다.[3] 이 금액을 그림 16-4 (a)에 나타내면 노랑색 부분의 면적과 같다.

기업은 ΔL만큼을 추가고용할 때 추가고용에 의해 벌어들일 수 있는 금액을 초과해 임금을 지불할 의사는 없다. 따라서 고용량을 L_0에서 ΔL만큼 더 늘리려 할 때, 위의 노랑색 부분의 면적이 이 기업이 추가고용에 대하여 지불할 의사가 있는 최대 금액이다. 임금이 W_0인 경우에 생산물시장 독점자의 고용량은 L_m이다. 고용량을 0에서부터 ΔL만큼씩 계속 증가시켜 나간다고 생각하고 ΔL의 크기를 점차 작게 한다면, L_m을 고용하기 위해 지불할 의사가 있는 최대 금액은 결국 abL_m0가 된다. 임금이 W_0이므로, L_m만큼을 고용하기 위해 실제로 지불하는 금액은 $W_0E_mL_m0$이다. 따라서 생산요소 수요자의 잉여는 abE_mW_0가 된다. 이 경우에 생산요소 공급자인 노동자의 수입은 노동의 공급곡선이 수평선이므로, 모두 이전수입이다. 따라서 생산요소 공급자의 잉여는 0이므로, 경제적 효율성은 생산요소 수요자의 잉여인 abE_mW_0와 같다.

그림 16-4 (b)에서 생산물시장의 독점자가 적정을 이루는 상황은 E_m에 의해 나타난다. 그림에서 생산물시장이 완전경쟁인 경우의 균형을 어떻게 나타낼 수 있을까? 생산물시장이 완전경쟁인 경우를 독점인 경우와 비교하기 위해서는 완전경쟁 산업을 고려해야 한다. 그림 16-4 (b)의 VMP_L곡선을 생산물시장이 완전경쟁일 때 개별 기업들의 노동의 한계생산물가치곡선을 수평으로 합한 것으로 가정해 보자. X재에 대한 시장수요곡선이 수평선이므로 임금 변화에 따라 산업의 공급곡선이 이동해도 X재의 가격이 변화하지 않는다면, VMP_L곡선은 산업의 노동에 대한 수요곡선이 된다. 따라서 생산물시장이 완전경쟁일 때 노동시장의 균형은 수요와 공급이 일치하는 E_c에서 얻어진다.

E_c에서의 경제적 효율성은 E_m의 경우에서처럼, VMP_L곡선과 노동의 공급곡선 사이의 면적이 된다. 따라서 생산물시장이 독점인 경우는 생산물시장이 완전경쟁인 경우보다 그림 16-4 (b)의 aE_cE_m만큼의 효율성 상실을 낳는다.

---

3 여기서는 총수입이 증가할 때 $P(X)$가 산출량의 변화에 따라 변화하는 것으로 가정했다. 이는 노동을 고용할 때 지불할 의사가 있는 최대 금액을 결정하는 과정에서 각 재화마다 다른 가격을 부과할 수 있다는 1급 가격차별이 전제되고 있음을 의미한다. 소비자잉여를 계산하는 과정을 이해하면 1급 가격차별의 실행 여부와 상관없이 1급 가격차별을 전제하는 것이 당연함을 알 수 있다.

그림 16-5

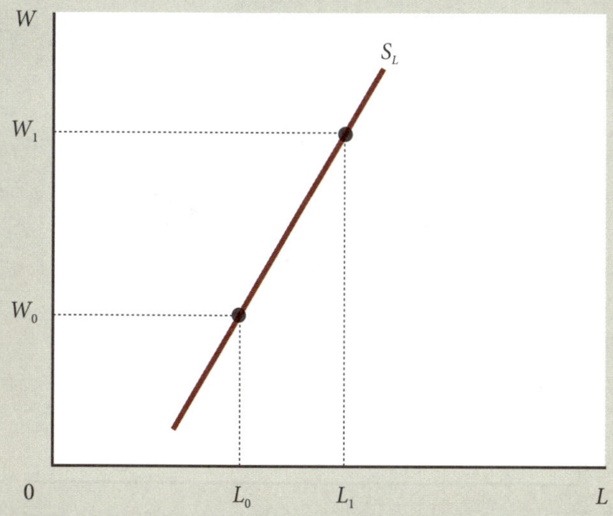

우상향하는 노동의 공급에 직면하고 있다는 말의 의미

노동시장에서 수요독점인 경우에 우상향하는 노동의 공급곡선에 직면하게 되는데 이는 곧 고용을 L_0에서 L_1으로 늘리기 위해서는 임금을 W_0에서 W_1으로 올려주어야 함을 의미한다.

16-2 수요독점

여기서는 생산물시장에서 독점자이며 생산요소시장에서는 수요독점자인 기업이 단기에 생산요소를 어떻게 투입해야 이윤극대화를 이룰 수 있는지에 대해 알아보기로 한다. 생산물시장에서 독점자인 기업의 총수입은 앞에서처럼 $P(X)X=P\{f(L,K_0)\}f(L,K_0)$로 주어지며, 노동의 투입량을 한 단위 증가시킬 때 총수입이 얼마나 증가할지는 노동의 한계수입생산 MRP_L에 의해 결정된다.

기업이 노동에 대한 수요독점자일 때 노동시장에서 노동을 수요하는 기업이 자신뿐이므로 이 기업은 임금을 설정할 능력이 있고, 또한 노동의 시장공급곡선에 직면한다. 즉 이 기업이 그림 16-5의 L_0만큼만 고용하기를 원한다면 임금을 노동의 시장공급곡선이 나타내는 대로 W_0에 설정해야 하며, 고용량을 L_1으로 증가시키려면 임금을 W_1으로 높여야 한다. 따라서 수요독점자가 고용량을 변화시키려면 임금도 노동의 시장공급곡선을 따라 변화시켜야 한다.

노동의 공급함수를 역함수로 나타낸 것을 $W^s(L)$이라 하자. $W^s(L)$은 고용량이 변화하면, 임금이 노동의 시장공급곡선을 따라 변화한다는 것을 나타낸다. 고

그림 16-6

➔ MFC_L과 AFC_L의 관계

MFC_L곡선은 AFC_L곡선보다 위에 위치하게 된다. 그 이유는 고용량을 한 단위 증가시키기 위해서는 임금을 올려주어야 하는데, 이러한 임금인상이 추가로 고용되는 노동자에게만 적용되는 것이 아니라, 이미 고용된 모든 노동자들에게도 적용되기 때문이다.

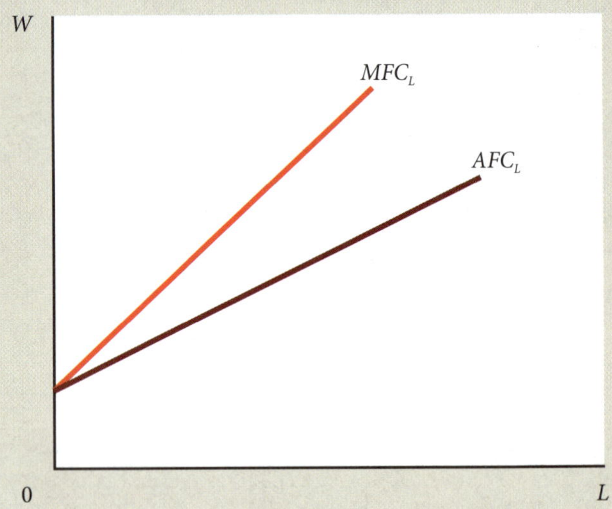

용량이 L일 때 노동에 지불해야 하는 금액은 $W^s(L)L$이 되는데, 이를 노동의 총요소비용 total factor cost of labour TFC_L 이라 한다. 노동 한 단위당 지불하는 비용은 노동의 평균요소비용 average factor cost of labour AFC_L 인데, $AFC_L = TFC_L / L = W^s(L)$이 된다.

그런데 $W^s(L)$이 노동의 시장공급함수를 역함수로 나타낸 것이므로, AFC_L을 그릴 때 $AFC_L = S_L$로 나타내기로 한다. 이때 S_L은 물론 노동의 시장공급곡선이다. 노동의 투입량을 한 단위 더 증가시킬 때 TFC_L이 얼마나 증가하는지를 나타내는 것은 노동의 한계요소비용 marginal factor cost of labour MFC_L 이다.

$$MFC_L = \frac{\Delta TFC_L}{\Delta L}$$
$$= W^s(L) + L\frac{\Delta W^s(L)}{\Delta L}$$ [4]

노동의 시장공급곡선이 우상향이면 $\Delta W^s(L)/\Delta L$은 양(+)이다. 위 식의 의미를 직관적으로 설명하면 다음과 같다. 노동을 한 단위 추가로 고용할 때 비용이 얼마나 더 들지는 두 부분으로 나누어 살펴보아야 한다. 추가로 고용된 사람에게 지불하는 임금은 $W^s(L)$로 나타낸다.

4 노동공급의 임금탄력성이 $\eta = (\Delta L/\Delta W^s)\cdot(W^s/L)$라고 한다면 $MFC_L = W^s\{1+(1/\eta)\}$이 된다. 따라서 기업이 직면하는 노동공급의 임금탄력성이 $\eta = \infty$라면 $MFC_L = W^s = AFC_L$이 된다.

그림 16-7

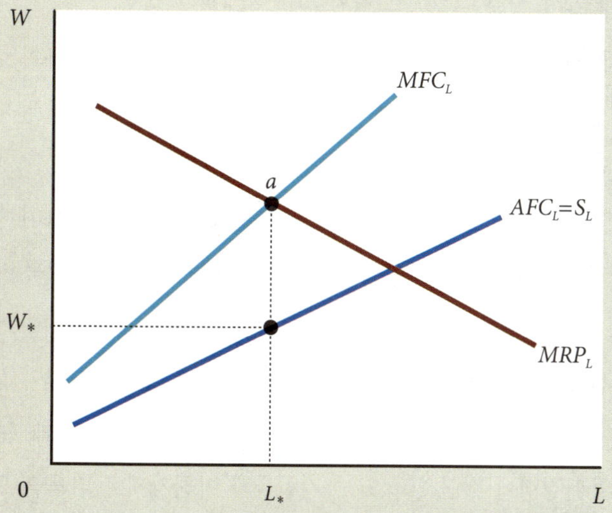

➔ 생산물시장이 독점이고 생산요소시장이 수요독점인 경우의 고용량과 임금의 결정

생산물시장이 독점이고 생산요소시장이 수요독점인 경우 $MRP_L = MFC_L$이 성립하는 점 a가 나타내는 L_*를 고용량으로 결정하며 그만큼의 공급이 이루어질 수 있도록 임금을 W_*에 설정한다.

노동의 시장공급곡선이 우상향이면 추가고용을 위해 임금을 상승시켜야 하는데, 상승된 임금은 추가로 고용된 사람뿐만 아니라 이미 고용된 사람들에게도 적용된다. 따라서 임금 상승에 의해 이미 고용된 사람들에게 더 지급해야 할 금액은 $L \cdot \{\Delta W^s(L)/\Delta L\}$이 된다. 따라서 MFC_L은 이 두 부분을 합한 금액으로 나타나게 된다.

노동의 시장공급곡선이 우상향하면 $\Delta W^s(L)/\Delta L$은 양(+)이며 $W^s(L) = AFC_L$이므로, MFC_L은 AFC_L보다 항상 크거나 같다. 한편 위 식에 의하면, MFC_L과 AFC_L은 L이 0인 경우에만 같다. 따라서 MFC_L과 AFC_L을 그림으로 그리면, 그림 16-6과 같이 MFC_L이 AFC_L의 위에 있게 된다. 그리고 노동을 한 단위 추가로 고용하면 총수입은 MRP_L만큼 늘어나고 총비용은 MFC_L만큼 늘어나므로, 이윤극대화를 이루도록 노동을 고용하기 위해서는 다음 조건을 만족시켜야 한다.

$$MRP_L = MFC_L$$ [5]

그림 16-7에서 MRP_L곡선과 MFC_L곡선이 만나는 점이 a이므로, 고용량을 L_*로 결정해야 이윤극대화를 이룰 수 있다. 이 경우의 기업은 수요독점자이므로, 임

5 사실 이 조건은 어떤 기업에 대해서도 적용되는 원리이다. 즉 시장의 형태와 관계없이 최적 노동 투입 규모는 MRP_L과 MFC_L이 일치하는 수준에서 결정된다.

금을 설정할 능력이 있다. 따라서 L_* 만큼 고용하기 위해서는 노동의 공급곡선인 AFC_L이 나타내는 바에 따라 임금을 W_*로 설정하면 된다.[6]

생산물시장이 독점이고 생산요소시장이 수요독점인 경우의 수요독점자의 행위는 완전경쟁의 경우와 다르다. 이에 따라 형평성과 효율성 측면에서 여러 문제가 야기된다. 먼저 형평성에 관해 살펴보기로 하자.

시장 형태가 완전경쟁에서 수요독점으로 바뀌게 되면 고용량은 감소하며 임금도 하락하기 때문에 노동 공급자는 손해를 보며, 수요독점자인 기업의 이득은 증가한다. 그러나 수요독점의 효과는 여기서 그치지 않는다. 과소고용이 이루어진다는 것은 곧 산출량이 감소한다는 것을 의미한다. 산출량이 감소하면 가격이 상승하므로, 이에 따라 소비자들도 가격 상승으로 인한 수요독점의 피해를 보게 된다.

수요독점자의 경우도 완전경쟁에 직면하고 있는 기업들과 마찬가지로 다음의 조건을 만족시키록 노동과 자본을 투입한다.

$$MRTS_{LK} = \frac{MP_L}{MP_K} = \frac{MFC_L}{MFC_K}$$

만약 노동과 자본시장이 완전경쟁이라면 $MFC_L / MFC_K = W/R$가 되지만, 자본시장은 완전경쟁이지만 노동시장은 수요독점이라면 MFC_L이 W보다 크다. 이는 곧 생산요소의 투입이 효율적으로 이루어지지 못하고 있음을 나타낸다.

최저임금제 노동시장에서 결정된 균형임금이 너무 낮다고 생각하는 경우에는 균형임금보다 높은 수준에서 최저임금을 설정한다. 일단 최저임금이 설정되면 최저임금보다 낮은 임금을 주는 것은 불법이므로, 고용을 위해서는 최소한 최저임금만큼의 임금은 지불해야 한다.

최저임금제의 도입이 고용에 어떠한 영향을 미치는지는 시장 형태에 따라 다르다. 노동시장이 완전경쟁일 때 그림 16-8 (a)에서 최저임금이 균형임금 W_*보다 높은 수준인 W_0에서 설정되면 고용량은 L_*에서 L_0로 감소한다. 즉 노동시장이

6 수요독점적 기업은 근로자들에게 최소한의 임금만 지급하려고 할 것이기 때문이다. S_L이 나타내는 임금 수준은 근로자들이 받고자 하는 최소 수준이다. 현재의 고용 수준에서 근로자가 가져다주는 추가적 수입은 a의 높이인데, 그에 못 미치는 W_*의 임금만 지급하고 있으므로 격차가 생긴다. a와 W_*의 격차를 수요독점적 착취라고도 한다.

그림 16-8

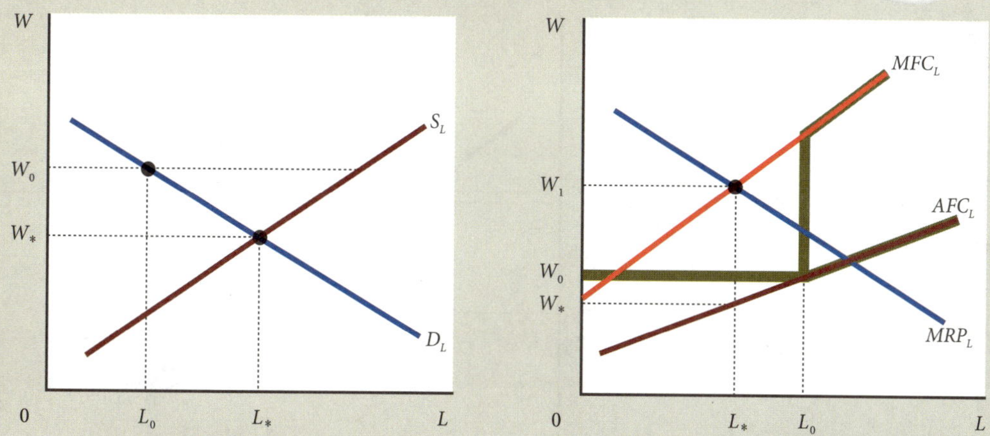

(a) 완전경쟁인 경우 (b) 수요독점인 경우

최저임금제의 효과

(a)와 같이 완전경쟁인 경우에 최저임금을 설정하면 고용이 감소한다. 그러나 (b)와 같이 수요독점인 경우에는 최저임금을 W_1보다 낮게 설정하면 고용이 증가할 수 있다.

완전경쟁인 경우에는 최저임금제가 도입되면 항상 고용이 감소한다.

생산물시장이 독점이고 생산요소시장이 수요독점인 그림 16-8 (b)의 경우, 최저임금을 W_0에 설정하면 고용량이 L_0에 이를 때까지는 임금이 W_0로 고정돼 $MFC_L = AFC_L = W_0$가 된다. 따라서 이윤극대화를 이루는 고용량은 L_0로 늘어난다. 즉 이때는 최저임금을 W_1보다 낮게 설정하면, 고용이 증가할 수 있다.

16-3 쌍방독점

어떤 기업이 X재 시장에서 독점이며, 노동시장에서는 수요독점이다. 이때 노동의 공급자가 한 명밖에 없어 노동의 공급이 독점적으로 이루어진다면, 이러한 경우를 쌍방독점이라 한다. 현실적으로 쌍방독점이 노동시장 전체에서 성립할 가능성은 거의 없다. 그러나 노동시장을 매우 세분한다면 쌍방독점이 가능한 경우를 생각해 볼 수도 있다. 즉 매우 특별한 기술을 이용해 제품을 생산하는 기업이 단

그림 16-9

노동에 대한 수요곡선에 직면한다는 말의 의미

노동의 공급자가 수요곡선에 직면한다는 것은 노동의 공급량을 L_0에서 L_1으로 증가시키기 위해서는 임금을 W_0에서 W_1으로 낮추어야 한다는 것을 의미한다.

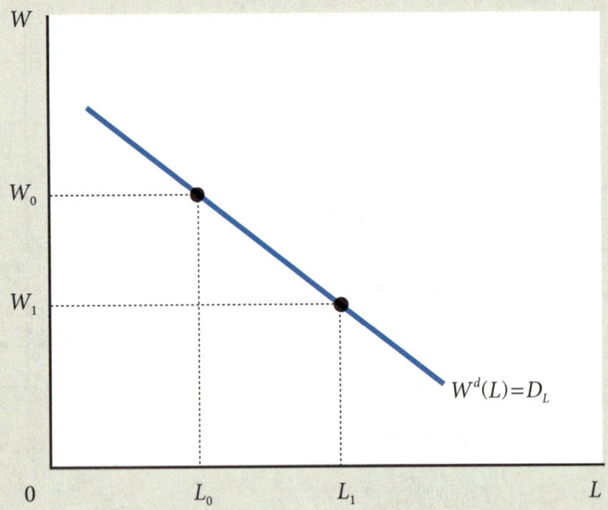

하나만 있는데, 이 특별한 기술을 갖고 있는 노동자 또한 한 사람밖에 없다면 쌍방독점이 성립할 수 있다.

노동 공급독점자의 의사결정

노동에 대한 수요독점자의 의사결정은 앞에서 살펴본 바와 동일하므로 여기서는 공급독점자의 의사결정만 살펴보기로 한다. 노동의 공급독점자는 노동시장에서 시장수요곡선에 직면하며, 임금을 설정할 능력이 있다.

그림 16-9에서 노동의 공급량을 L_0로 결정하면 임금을 W_0로 설정할 수 있으나, 노동의 공급량을 L_1으로 증가시키려면 임금을 W_1으로 낮춰야 한다. 따라서 노동의 공급독점자는 노동의 공급량이 변화함에 따라 임금이 노동에 대한 시장수요곡선을 따라 변화함을 염두에 두고 의사결정을 해야 한다.

노동에 대한 시장수요함수를 역함수로 나타낸 것을 $W^d(L)$이라 하자. 이 경우에 노동의 공급량이 L이면 노동자가 얻는 임금소득은 $W^d(L)L$이 되는데, 이를 노동의 총요소소득 total factor income of labour TFI_L이라 한다. 노동 한 단위당 요소소득인 노동의 평균요소소득 average factor income of labour AFI_L은 $AFI_L=TFI_L/L=W^d(L)$이 된다. 즉 AFI_L곡선은 곧 노동에 대한 시장수요곡선이 된다. 노동의 공급독점자가 노동의 공급량을 한 단위 증가시킬 때 총요소소득이 얼마나 증가하는지는 노

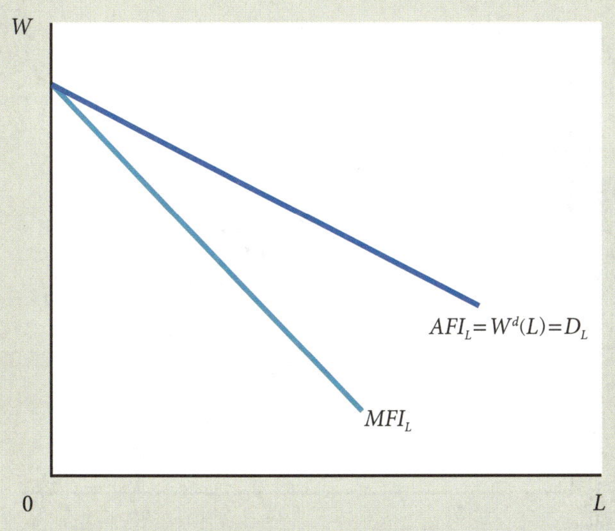

그림 16-10

MFI_L과 AFI_L의 관계

MFI_L곡선은 AFI_L곡선보다 아래에 위치하게 된다. 그 이유는 노동의 공급을 한 단위 증가시키기 위해서는 임금을 내려주어야 하는데, 이는 임금 인하가 추가로 공급되는 노동에만 적용되는 것이 아니라, 이미 공급된 노동에도 적용되기 때문이다.

동의 한계요소소득 marginal factor income of labour MFI_L에 의해 나타난다.

$$MFI_L = \frac{\Delta TFI_L}{\Delta L} = W^d(L) + L\frac{\Delta W^d(L)}{\Delta L}$$

노동에 대한 수요곡선이 우하향하면 $\Delta W^d(L)/\Delta L$이 음(−)이므로, MFI_L은 AFI_L보다 작거나 같다. MFI_L과 AFI_L은 그림 16-10과 같이 나타낼 수 있다.

C를 노동의 공급독점자의 소비액이라 하자. 재산소득은 M으로 주어졌으며, L만큼의 노동을 공급할 때 얻는 노동소득은 $W^d(L)L$이 된다. 이용 가능한 총 여가를 S^*라 하고, 여가의 소비량을 S라 하면, $L = S^* - S$의 관계가 성립한다. 이 경우의 예산제약은 다음과 같이 주어진다.

$$C = M + W^d(L)(S^* - S)$$

노동 공급이 완전경쟁인 경우는 노동의 공급량과 무관하게 임금이 W로 일정한 반면, 노동 공급이 독점자인 경우는 $W^d(L)$이 나타내는 바와 같이 노동의 공급량이 변화함에 따라 임금이 변화한다. 이러한 예산제약을 그림으로 그리면 그림 16-11과 같은 곡선의 형태가 된다.

예산제약선이 곡선 형태가 되는 것은 노동의 공급량이 변화함에 따라 임금이

그림 16-11

노동 공급독점자의 최적화

노동의 공급독점자의 경우, 노동의 공급량이 변화하면 받을 수 있는 임금 수준도 $W^d(L)$에 의해 변화하게 된다. 따라서 예산선은 곡선이 되며, 그 기울기는 MFI_L이 된다.

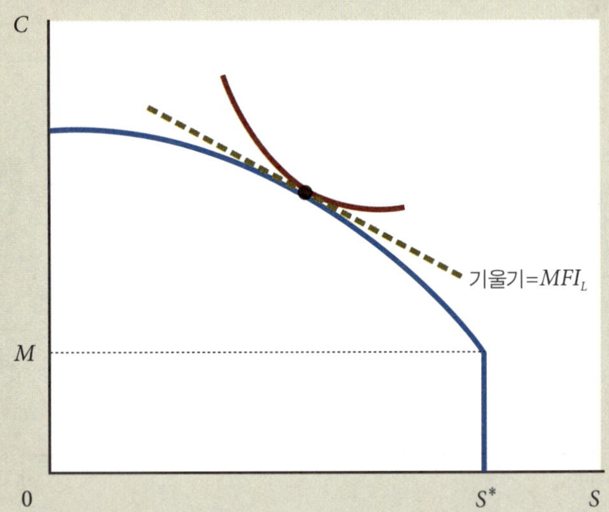

변화하기 때문이다. 예산선 위의 어느 한 점에서의 기울기는, S가 한 단위 증가할 때 근로소득이 얼마나 변화하는지 나타낸다. S^*가 일정하게 주어졌을 때 S가 한 단위 증가한다는 것은, L이 한 단위 감소한다는 것을 의미한다.

L이 한 단위 증가할 때 근로소득 $W^d(L)L$이 얼마나 변화하는지는 MFI_L에 의해 나타나므로, 예산선의 기울기가 $-MFI_L$과 같음을 알 수 있다. 그림 16-11에서

그림 16-12

노동 공급독점자의 노동 공급량과 임금 설정

노동의 공급독점자는 예산제약 하의 효용극대화를 달성하기 위해 MRS_{SC}와 MFI_L이 만나는 a가 나타내는 L_*를 공급하며, 임금은 수요가 따라줄 수 있도록 W_*에 설정한다.

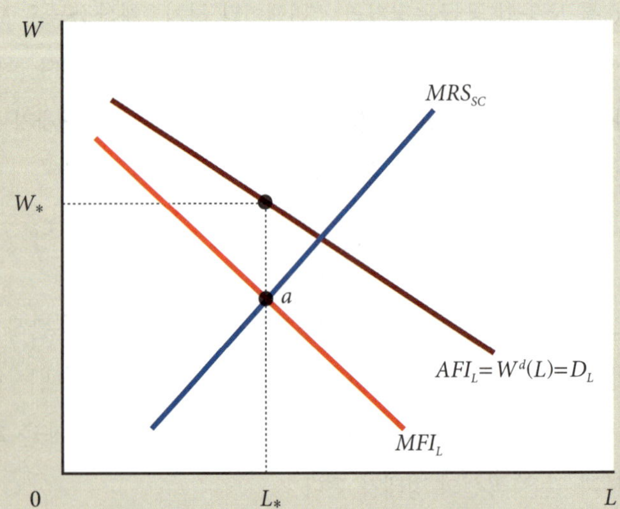

그림 16-13

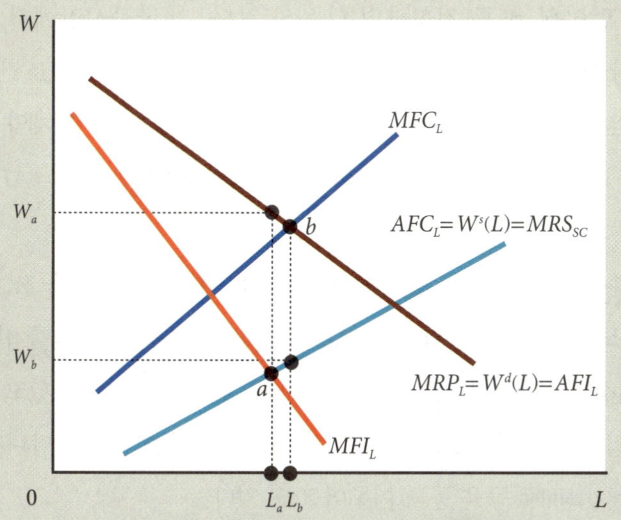

쌍방독점 하의 균형

쌍방독점인 경우에 노동에 대한 수요독점자인 기업은 b를 택하여 임금을 W_b에 설정하기를 원하며, 노동의 공급독점자는 a를 택하여 임금을 W_a로 설정하기를 원한다. 독점력을 가진 양자가 원하는 바가 다르므로 균형은 협상 등의 방법을 통해 얻어지게 된다.

S^*에서 원점 쪽으로 이동한다는 것은 L이 증가한다는 것이다. L이 증가하면 MFI_L이 감소하므로, 예산선의 기울기가 점차 완만해진다.

노동의 공급독점자의 효용함수가 $U(S, C)$인 경우, 예산제약 하의 효용극대화를 이루는 조건은 무차별곡선과 예산선이 서로 접하는 것이다. 무차별곡선의 기울기가 $-MRS_{SC}$, 예산선의 기울기가 $-MFI_L$이므로, 예산제약 하의 효용극대화를 이루도록 노동을 공급하는 조건은 다음과 같다.

$$MRS_{SC} = MFI_L$$

그림 16-11을 달리 표현하면 그림 16-12와 같다. L이 증가하면 S가 감소하고 C는 증가하므로, 한계효용이 체감한다면 $MRS_{SC} = MU_S / MU_C$는 증가한다.

따라서 MRS_{SC} 곡선의 기울기는 양(+)이다. 노동의 공급독점자가 예산제약 하의 효용극대화를 이루는 점은 MRS_{SC}와 MFI_L이 만나는 a이므로, 노동의 공급량을 L_*로 결정한다. 노동의 공급독점자는 임금을 설정할 능력이 있는데, 임금은 노동에 대한 시장수요가 L_*에서 이루어지도록 W_*로 설정한다.

쌍방독점 하의 균형

쌍방독점 하의 균형이 어떻게 이루어지는지 알아보기 위해서는 기업과 노동자의 상황을 함께 생각할 필요가 있다.

지금까지 우리가 알아본 바를 정리하면 다음과 같다. 생산물시장에서 독점이고 생산요소시장에서 수요독점인 기업이 이윤극대화를 이루는 조건은 $MRP_L = MFC_L$인데, $MRP_L = W^d(L) = D_L = AFI_L$이 된다. 한편 노동자가 예산제약 하의 효용극대화를 이루는 조건은 $MRS_{SC} = MFI_L$인데, $MRS_{SC} = W^s(L) = S_L = AFC_L$이 된다.

기업은 이윤극대화를 이루기 위해 그림 16-13의 b를 선택하며, 임금을 W_b로 설정하기를 원하지만, 노동자는 예산제약 하의 효용극대화를 이루기 위해 a를 선택하며, 임금은 W_a로 설정하기를 원한다. 이때 기업과 노동자 모두 독점력이 있고 서로 설정하고자 하는 임금 수준이 다르므로 그림 16-13의 상태는 균형이 아니다. 이 경우의 균형은 협상bargaining 등을 통해 이루어질 수 있다.

요 약

- 생산물시장이 독점인 경우, 단기에 생산물시장의 독점자는 $MRP_L = W$가 성립하도록 노동의 투입량을 결정해야 이윤극대화를 이룰 수 있다. 이 경우에는 MRP_L 곡선이 생산물시장 독점자의 노동에 대한 수요곡선이 된다. 장기에는 $MRP_L = W$ 및 $MRP_K = R$이 성립하도록 노동 및 자본에 대한 수요를 결정해야 이윤극대화를 이룰 수 있다. 장기의 노동에 대한 수요곡선의 기울기는 MRP_L 곡선의 기울기보다 완만하다. 생산물시장이 독점이면, 노동시장에서의 과소 고용으로 인해 경제적 효율성이 상실된다.

- 생산물시장에서 독점이고 노동시장에서 수요독점인 기업이 이윤극대화를 이루려면, $MRP_L = MFC_L$이 성립하도록 노동의 투입량을 결정해야 한다. 노동시장이 완전경쟁인 경우에 최저임금제가 도입되면 항상 고용이 감소하지만, 생산물시장이 독점이고 생산요소시장이 수요독점인 경우에 최저임금제가 도입되면 고용이 증가할 수도 있다.

- 노동의 공급이 독점인 경우, 노동의 공급자는 $MRS_{SC} = MFI_L$이 성립하도록 노동의 공급량을 결정해야 예산제약 하의 효용극대화를 이룰 수 있다. 기업이 생산물시장에서 독점, 생산요소시장에서 수요독점이고, 노동시장에서는 노동의 공급이 독점인 경우를 쌍방독점이라 한다. 쌍방독점에서는 기업과 노동자가 원하는 임금과 노동량이 서로 다르다. 따라서 이 경우의 균형은 양자의 협상 등에 의해 이루어질 수 있다.

연 습 문 제

01 생산물시장에서 독점이고 생산요소시장에서 완전경쟁인 어떤 기업이 $MRP_L = 10$이 되도록 노동을 투입했다. 임금이 15일 때 이 기업이 이윤극대화를 이루기 위해서는 노동의 투입량을 어떻게 변화시켜야 하는가? 현재와 이윤극대화를 이루는 경우 중 어느 경우가 효율성 상실의 정도가 더 큰가?

02 생산물시장에서 독점이고 생산요소시장에서 완전경쟁인 기업을 생각해 보자. 장기에 자본임료가 상승하는 경우, 노동에 대한 수요량이 어떻게 변화할 것인가를

그림을 이용해 설명하시오.

03 생산물시장에서 독점이고 노동시장에서 수요독점인 기업을 생각해 보자. 외국인 근로자가 다수 입국한 경우에 이 기업이 이윤극대화를 이루는 고용량이 어떻게 변화할 것인가를 그림을 이용해 설명하시오.

04 생산물시장에서 독점이고, 노동시장에서 수요독점인 기업이 있다. 이 기업은 노동에 대한 수요곡선이 존재하는가?

05 최저임금제의 도입에 의해, 생산물시장에서 독점이고 노동시장에서 수요독점인 경우의 고용량을 생산물시장과 생산요소시장이 모두 완전경쟁인 경우의 고용량과 같게 만들 수 있는지 그림을 이용해 설명하시오.

06 생산물시장에서 독점이고 생산요소시장에서 수요독점인 경우에 정부가 개입해 사회효율의 상실을 제거할 수 있는 방법이 있는가?

07 생산물(X)시장에서 독점이고 노동(L)시장에서 수요독점인 어떤 기업에 대해 다음과 같은 사실들이 알려졌다.

(i) X에 대한 수요함수 : $P=100-0.5X$
(ii) X의 생산함수 : $X=2L$
(iii) L의 공급함수 : $W=60+3L$

(1) 이 기업이 이윤극대화를 이루기 위해서는 L과 P를 어떻게 결정해야 하는가?
(2) 정부가 최저임금을 설정하는 경우, 고용량을 최대로 늘릴 수 있는 최저임금의 수준은 얼마인가?

08 생산물(X)시장에서 독점이고 노동(L)시장에서 수요독점인 어떤 기업에 대해 다음과 같은 사실들이 알려졌다.

(i) 단기 총비용함수 : $C=10+3X^2$
(ii) X의 역수요함수 : $P=250-2X$
(iii) 생산함수 : $X=L^{1/2}K^{1/2}$

단기에 자본이 25로 주어졌다면 이윤극대화를 이루기 위해서는 노동의 투입량을 얼마로 결정해야 하는가?

09 X재 시장에 대하여 다음과 같은 사실들이 알려졌다.

(i) X재는 기업 A 및 B가 공급하며, 기업 A 및 B는 의사결정할 때 꾸르노 Cournot 모형을 따른다.

(ii) X재의 시장수요함수 : $P=60-X$

(iii) A 및 B의 생산함수 : $X_A=2L_A$, $X_B=L_B$

(iv) X재 생산에 투입되는 노동은 특별한 기술을 요하며, 이 특별한 기술을 지닌 노동자들에 대한 수요는 A 및 B에 의하여만 이루어졌다.

(v) 노동의 공급곡선 : $W=-10+L$ (단, X_i: i의 생산량, L_i: i의 고용량, $i=A, B$)

(1) 각 기업의 의사결정 목표를 쓰고, 균형에서의 X 및 P의 값을 계산하시오.

(2) 정부가 최저임금을 $W=W^*+\Delta W$로 설정하였다. 여기서 W^*는 (1)에서의 균형임금이며 $\Delta W>0$은 너무 크지 않은 상수이다. ΔW가 '너무 크지 않다'는 말의 의미는 무엇이며, 최저임금제 도입에 의한 효율성의 증가를 그림으로 나타내면, 어떻게 될 것인가?

17 소득분배

17-1 소득의 기능적 분배

17-2 소득의 계층별 분배

17-1 소득의 기능적 분배

생산활동에 참여한 각 생산요소의 요소소득이 어떻게 결정되는지 나타내는 것이 소득의 기능적 분배 functional distribution of income 이다. 어떤 생산요소시장이 균형을 이루면 균형요소가격과 균형요소수급량이 결정되며, 이들을 곱한 금액이 생산요소가 생산활동에 참여한 대가로 얻는 요소소득이 된다. 앞에서 살펴본 바와 같이 생산요소에 대한 수요는 한계생산성으로 결정되므로, 소득의 기능적 분배이론을 신고전학파의 한계생산성이론이라고 부르기도 한다.

오일러 정리

앞의 6-3 규모에 대한 수익 정도에서 살펴본 오일러 Euler 정리는 생산요소의 투입량, 한계생산성 및 산출량 사이의 관계를 나타낸다. 노동 및 자본의 투입량을 각각 L 및 K라 하고, MP_L 및 MP_K를 각각 노동 및 자본의 한계생산성이라 하자. X재를 생산할 때 생산함수가 1차 동차 함수 homogeneous of degree 1 인 경우의 오일러 정리는 다음과 같다.

$$MP_L L + MP_K K = X$$

오일러 정리가 소득의 기능적 분배에 대해 어떠한 시사점을 갖는지 알아보기로 하자. 위 식의 양변에 X재의 가격 P를 곱하면, $P \times MP_L L + P \times MP_K K = PX$가 된다. 여기서 PX는 기업의 총산출액이다. 그리고 장기에 모든 생산요소시장이 완전경쟁이며 기업이 이윤을 극대화하도록 생산요소를 투입한다면, $P \times MP_L = W$ 및 $P \times MP_K = R$이 성립한다. 여기서 W는 임금이며, R은 자본임료이다. 이를 이용해 위의 오일러 정리를 다시 쓰면 다음과 같다.

$$WL + RK = PX$$

여기서 WL은 노동에 대해 지불한 금액이며, RK는 자본에 대해 지불한 금액이다. 따라서 오일러 정리는 산출액 전액이 생산활동에 참여한 노동과 자본에 분배된다는 것을 나타낸다.[1]

총산출액 중 노동과 자본에 분배되는 비율인 WL/PX과 RK/PX를 각각 노동과 자본의 분배 몫이라 한다. 콥-더글라스Cobb-Douglas 생산함수를 이용해 노동과 자본의 분배 몫이 어떻게 결정되는지 알아보자. 생산함수가 $X=AL^{\alpha}K^{1-\alpha}$인 경우에는 $WL/PX=\alpha$ 및 $RK/PX=1-\alpha$가 성립한다. 콥-더글라스 생산함수는 노동 및 자본의 분배 몫이 각각 α 및 $1-\alpha$이므로, α를 분배 파라미터distribution parameter라 부르기도 한다.

기회비용 재론

앞의 7-1 비용의 개념에서 경제학에서 고려하는 비용은 모두 기회비용의 개념임을 언급한 바 있다. 여기서는 W와 R이 왜 기회비용의 개념이 되는지 다시 살펴보기로 하자.

어떤 경제에서 노동과 자본을 이용해 X재와 Y재를 생산해 내는데, 생산요소시장과 생산물시장은 모두 완전경쟁이라고 하자. 그리고 X재 및 Y재 산업에 투입된 노동의 한계생산성을 각각 MP_L^X 및 MP_L^Y라 하고, 자본의 한계생산성을 각각 MP_K^X 및 MP_K^Y라 하자. 한편 P_X 및 P_Y를 각각 X재 및 Y재의 가격이라 하자.

X재 산업과 Y재 산업 모두 이윤극대화를 이루도록 노동과 자본의 투입량이 결정되었으며, 노동 및 자본시장이 완전경쟁이어서 W와 R이 일정하게 주어지므로 다음의 관계가 성립한다.

$$P_X \times MP_L^X = P_Y \times MP_L^Y = W$$
$$P_X \times MP_K^X = P_Y \times MP_K^Y = R$$

어떤 생산요소를 한 가지 목적에 사용함으로써 생기는 기회비용은 이를 위해 포기해야 하는 차선의 목적의 가치에 의해 결정된다. 그렇다면 X재 생산에 노동을 한 단위 더 투입할 때 생기는 기회비용은 얼마인가?

---

1 이러한 결과는 생산함수를 1차 동차 함수인 것으로 가정했기 때문에 얻은 것이다. 생산함수가 규모에 대한 수확체증인 경우에 오일러 정리는 $MP_L L+MP_K K>X$가 된다. 따라서 위와 같은 방법에 의해 $WL+RK>PX$가 성립함을 알 수 있다. 한편 규모에 대한 수확체감의 경우에는 $WL+RK<PX$가 성립한다.

국민경제 전체의 노동의 양이 일정하다면, X재 생산에 노동을 한 단위 더 투입하기 위해서는 Y재 생산에 투입했던 노동을 한 단위 줄여야 한다. 따라서 이 경우의 기회비용은 X재 생산에 노동을 한 단위 더 투입하기 때문에 감소되는 차선의 가치인 Y재의 가치가 되는데, 이는 곧 Y재 생산에 투입된 노동의 한계생산물가치와 같다. 그런데 위의 식에 의하면 Y재 생산에 투입된 노동의 한계생산물가치는 W와 같으므로, 결국 임금이 X재 생산에 노동을 한 단위 더 투입하는 경우에 발생하는 기회비용이 된다. 같은 이유로 X재 생산에 자본을 한 단위 더 투입하는 경우에 발생하는 기회비용은 R이다.

요소 가격의 변화와 분배 몫

요소 가격이 변화해도 생산량의 수준은 변화시키지 않는 경우라면, 노동과 자본의 분배 몫은 어떻게 변화할 것인가? 여기서 생산량의 수준이 일정하다는 것은 PX가 일정하다는 것을 의미한다.

임금이 상승하는 경우에 노동의 분배 몫 WL/PX이 어떻게 변화할 것인지 예측하기가 어렵다. 임금 W가 상승하면 노동이 자본에 비해 상대적으로 비싸지므로 기업은 노동의 일부를 값싼 자본으로 대체시키려 하는데, 이는 곧 L의 감소를 의미한다. 따라서 임금 상승에 의해 노동의 분배 몫이 어떻게 변화할 것인지는 W의 상승과 L의 감소 중 어느 것이 더 큰가에 달려 있음을 알 수 있다. 예를 들어 W가 10% 상승했을 때 L이 10% 미만으로 감소한다면 WL은 증가하나, L이 10%보다 많이 감소하면 WL이 감소할 것임을 짐작할 수 있다.

이의 엄밀한 분석을 위해 요소의 대체탄력성elasticity of factor substitution을 고려하기로 한다. 앞의 6-4 요소의 대체탄력성과 요소집약도에서 살펴본 바와 같이 산출량의 수준이 일정하다는 전제 아래 한계기술대체율 $MRTS_{LK}$가 1% 변화할 때 요소결합비율 K/L가 몇 % 변화하는지 나타내는 것이 요소의 대체탄력성이다. 그런데 기업이 비용 극소화를 이루면 $MRTS_{LK}=(W/R)$가 성립하므로, 요소의 대체탄력성 σ는 다음과 같이 나타낼 수 있다.

$$\sigma=\frac{\Delta\left(\frac{K}{L}\right)/\left(\frac{K}{L}\right)}{\Delta\left(\frac{W}{R}\right)/\left(\frac{W}{R}\right)}$$

이제 임금이 상승하는 경우에 노동의 분배 몫과 자본의 분배 몫의 비율 $d=(WL/RK)$의 변화가 요소의 대체탄력성과 어떻게 연관되는지 살펴보자.

먼저 $d=(WL/RK)$를 $d=(W/R)/(K/L)$로 쓸 수 있다. 이때 분자에 해당하는 W/R가 10% 증가하고 분모에 해당하는 K/L가 8% 증가하면, d는 어떻게 될 것인가? W/R의 증가율이 K/L의 증가율보다 크므로 d가 증가하는데, d의 증가율은 W/R의 증가율과 K/L의 증가율의 차이인 2%가 될 것이다. 따라서 d의 % 변화 $\Delta d/d$는 W/R 및 K/L의 % 변화에 의해 다음과 같이 나타낼 수 있다.[2]

$$\frac{\Delta d}{d}=\frac{\Delta(W/R)}{(W/R)}-\frac{\Delta(K/L)}{(K/L)} \qquad (17\text{-}1)$$

식 (17-1)의 오른쪽을 요소의 대체탄력성을 이용해 정리하면 다음과 같다.

$$\frac{\Delta d}{d}=\frac{\Delta(W/R)}{(W/R)}(1-\sigma) \qquad (17\text{-}2)$$

식 (17-2)가 나타내는 바는 다음과 같다. R은 일정하며 W가 상승하는 경우, $\Delta(W/R)>0$이고, Δd의 부호는 요소의 대체탄력성 σ에 달려 있다. 즉 σ가 1보다 작아 요소의 대체탄력성이 비탄력적이면 $\Delta d>0$, 즉 노동의 분배 몫은 증가한다. 예를 들어 W가 상승할 때 자본과 노동의 대체 가능성이 적어 노동 투입량이 감소가 적다면 WL이 증가하므로, 노동의 분배 몫이 증가한다.

기술진보와 분배 몫

기술진보가 일어나는 경우에 노동과 자본의 분배 몫은 어떻게 변화할 것인가? 여기서는 논의를 단순화시키기 위해 요소결합 비율이 일정하면 한계대체율도 일정한 동조 생산함수 homothetic production function를 전제로 하여, W/R와 K/L 중 어느 하나를 고정시키는 경우에 노동과 자본의 분배 몫이 기술진보에 따라 어떻게 변화하는지 살펴보기로 한다.

2 이 식은 다음과 같이 수학적으로 도출할 수 있다. $d=(W/R)/(K/L)$의 양변에 로그(log)를 취하면 $\log d=\log(W/R)-\log(K/L)$가 된다. 임의의 함수 $f(x)$에 관해 $\log f(x)$를 미분하면 $\Delta \log f(x)=f'(x)/f(x)$가 되므로, 이를 이용해 $\log d=\log(W/R)-\log(K/L)$의 양변을 전미분하면 **식** (17-1)을 얻을 수 있다.

그림 17-1

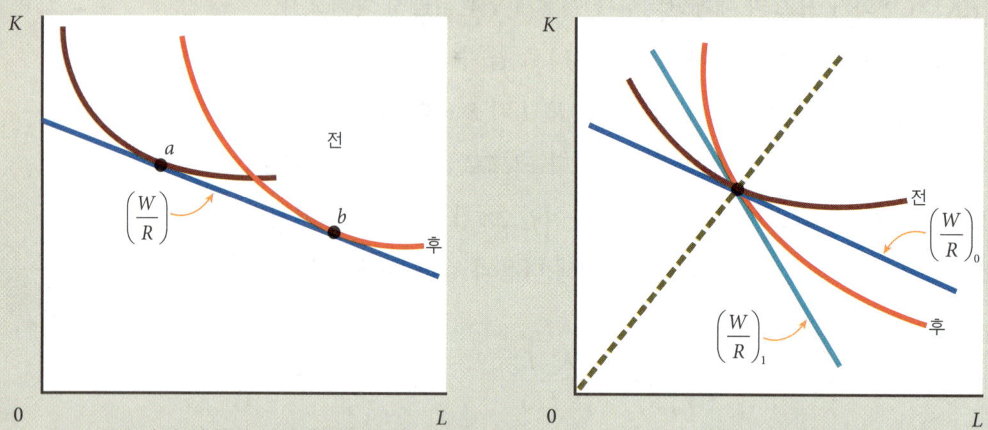

(a) 요소가격 비율이 일정한 경우

(b) 요소결합 비율이 일정한 경우

노동집약적 기술진보와 분배 몫의 변화

노동집약적 기술진보가 일어난 경우에 (a)와 같이 W/R가 일정하면 L의 고용량이 증가하여 노동의 분배 몫이 증가하게 되며, (b)와 같이 K/L가 일정하면 W/R가 상승하여 노동의 분배 몫이 증가하게 된다.

먼저 노동과 자본의 한계생산성이 같은 정도로 증가하는 중립적 기술진보를 생각해 보자. 이 경우에 기술진보 후에도 W/R가 일정하다면 최적 요소결합 K/L는 변화하지 않으므로, 노동과 자본의 분배 몫의 비율 $d=(W/R)/(K/L)$는 변화하지 않는다.

한편 기술진보 후에도 K/L가 일정하다면 한계생산성이 같은 정도로 증가하는 중립적 기술진보의 경우에는 한계기술대체율이 일정하며, 이것이 최적을 이루기 위해서는 W/R도 변화하지 않아야 한다. 따라서 이 경우에도 노동과 자본의 분배 몫의 비율은 변화하지 않는다.

노동생산성의 증가율이 자본생산성의 증가율보다 큰 노동집약적 기술진보의 경우, 기술진보 후에도 W/R가 일정하다면 그림 17-1 (a)의 a에서 보는 바와 같이 $(W/R) < MRTS_{LK}$가 성립하게 된다. 따라서 기술진보 후에 기업이 최적을 이루기 위해 노동 투입량을 증가시켜 (a)의 b로 이동하게 되므로 K/L가 하락하며, 이에 따라 노동과 자본의 분배 몫의 비율이 증가하게 된다.

기술진보 후에도 K/L가 일정하다면 그림 17-1 (b)의 a에서 보는 바와 같이 기술진보 전에는 요소가격 비율이 $(W/R)_0$일 때 최적을 이루지만, 기술진보 후에

그림 17-2

소득의 계층별 분포

소득의 계층별 분포는 정규분포와 같이 평균을 중심으로 한 좌우대칭이 아니라 소득이 많은 쪽으로 꼬리가 긴 형태가 된다.

는 이보다 높은 $(W/R)_1$일 때 최적을 이룰 수 있다. 즉 K/L가 일정한 경우에는 W/R가 증가하므로, 노동의 분배 몫도 증가한다. 비슷한 이유로 자본집약적 기술진보의 경우에는 노동과 자본의 분배 몫의 비율이 감소하게 된다.

지금까지의 논의에서는 기술진보 후에 W/R나 K/L가 고정된 경우에 노동과 자본의 분배 몫의 비율이 어떻게 변화하는지 살펴보았다. 이제 기술 진보 후에 W/R와 K/L가 모두 변화하는 경우를 살펴보자.

기술진보 후 W/R와 K/L가 모두 변화할 때 노동과 자본의 분배 몫 비율이 어떻게 변화할 것인지는 요소의 대체탄력성에 달려 있다. 예를 들어 노동(자본)집약적 기술진보가 일어났을 때 요소의 대체탄력성이 비탄력적이면, 노동과 자본의 분배 몫 비율이 증가(감소)할 것으로 짐작할 수 있다.

17-2 소득의 계층별 분배

경제에는 소득이 큰 가계household도 있고 작은 가계도 있다. 소득 계층별로 소득이 어떻게 분포되어 있는지를 분석하는 것이 소득의 계층별 분배size distribution of

표 17-1

소득 10분위별 소득분포
(2007년)

분 위	소득 비율(%)	누적 소득 비율(%)
1	2.7	2.7
2	4.6	7.3
3	5.8	13.1
4	7.0	20.1
5	8.2	28.3
6	9.3	37.6
7	10.7	48.3
8	12.4	60.7
9	15.2	75.9
10	24.1	100.0

자료: **한국의 사회지표**, 통계청, 2007.

income이다. 소득 I와 그 소득을 갖는 가계 수 N 사이의 관계를 그림으로 그리면 그림 17-2와 같이 오른쪽 꼬리가 매우 긴 비대칭적 형태로 나타난다. 즉 소득이 아주 낮은 계층은 소득이 증가할수록 가계 수가 증가하나, 일정한 수준을 넘어서면 소득이 증가할수록 가계 수가 줄어든다. 그렇지만 오른쪽 꼬리는 매우 길어 최상위 계층의 가계 중에는 저소득 가계 소득의 수천, 수만 배에 달하는 소득을 갖는 가계도 있다.

어떤 경제의 계층별 소득 분배 상황을 표로 정리할 때는 대개 소득계층을 10개의 계층으로 나누는데, 이렇게 정리된 표를 '소득 10분위별 소득분포 표'라 한다. 즉 저소득 가계에서 고소득 가계의 순으로 가계들을 소득의 크기에 따라 늘어놓는 다음 최하위 10%에 속하는 가계들을 1분위, 그 다음 10%에 속하는 가계들을 2분위, … 하는 식으로 전체 가계를 10개의 분위로 나누는 것이다. 우리나라의 2007년 '소득 10분위별 소득분포 표'는 표 17-1과 같다.

표 17-1에서 1분위 및 10분위의 소득비율은 각각 2.7% 및 24.1%로 나타나고 있는데, 이의 의미는 최하위 10%의 가계들이 전체 소득의 2.7%, 최상위 10%의 가계들이 전체 소득의 24.1%를 각각 갖고 있다는 것이다. 한편 4분위에 해당하는 누적 소득 비율은 20.1%인데, 이의 의미는 하위 40%의 가계들이 전체 소득의 20.1%를 갖고 있다는 것이다.

어떤 경제의 계층별 소득분배가 표 17-1과 같이 정리된 경우에는 이를 이용해 그 경제의 소득분배 불평등 income inequality의 정도를 지수화해 나타낼 수 있다.

그림 17-3

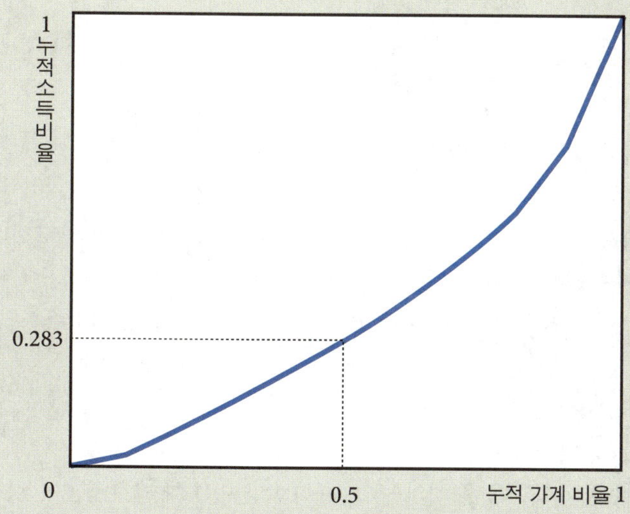

로렌츠곡선

누적 가계 비율과 누적 소득 비율 사이의 관계를 그림으로 나타낸 것이 로렌츠 곡선이다. 이 곡선이 대각선으로부터 멀수록 소득분배가 불공평하다는 것을 나타낸다.

이때 흔히 사용되는 지수들은 10분위 분배율deciles distribution ratio, 지니 계수Gini coefficient 및 앳킨슨 지수Atkinson index 등이다.

10분위 분배율

소득 10분위별 소득 분포에 관한 자료를 이용해 10분위 분배율을 다음과 같이 구할 수 있다.

$$10\text{분위 분배율} = \frac{\text{하위 40\% 가계들의 누적 소득 비율}}{\text{상위 20\% 가계들의 누적 소득 비율}}$$

일반적으로 소득재분배 정책의 대상이 되는 계층은 하위 40%에 속하는 가계들이다. 이들의 소득을 상위 20%인 고소득계층의 소득과 비교할 수 있기 때문에 10분위 분배율은 매우 널리 사용되고 있다. 10분위 분배율은 0과 2 사이의 값을 갖는데, 그 값이 2에 가까울수록 소득분배가 공평함을 나타낸다. 표 17-1에 의하면, 2007년에 우리나라의 10분위 분배율은 약 0.51이다.

지니계수

표 17-1을 그림으로 그리면 소득분배 불평등의 정도를 파악할 수 있다. 저소득계층으로부터의 누적 가계 비율과 누적 소득 비

지니계수의 크기

EXAMPLE 17-1

지니계수가 클수록 소득분배가 불균등한 것으로 해석할 수 있지만 이러한 해석에는 많은 한계가 있다.

일반적으로 고소득 자영업자들의 소득은 봉급생활자의 소득보다 파악하기 어렵다. 따라서 고소득 자영업자들의 소득을 정확하게 파악할 수 있는 제도가 잘 갖추어져 있는 경우 지니계수가 더 크게 나타날 수 있다.

지니계수는 소득만 대상으로 하여 계산되기 때문에 주식, 부동산 같은 자산소유의 불균등을 감안하지 못하는 단점도 있다. 실제로 스웨덴의 경우와 같이 지니계수가 0.25에 불과하지만 0.1%의 주주가 전체 주식의 25%를 보유하고 있는 경우도 발견될 수 있다. 이러한 약점이 존재함에도 불구하고 지니계수가 소득분배의 불균등 정도를 파악하는 유용한 지표임에는 틀림없다.

(a)는 1990년 이후 우리나라의 지니계수의 변화추이를 보여준다. 현재 우리나라의 지니계수는 0.32 정도로, 다른 나라들과 비교할 때 높은 수준은 아니지만 지니계수가 증가하는 추세를 보이고 있는 점은 문제로 인식될 수 있다.

(b)는 유엔 개발계획United Nations Development Programme, *UNDP*이 발표하는 인간개발지수Human Development Indicators에 수록된 나라별 지니계수의 분포를 나타내고 있다. 각국의 자료는 1990~2002년 자료이다. 세계 평균은 0.40, 최대치는 0.71나미비아이고 최소치는 0.24헝가리이다.

(a) 우리나라 지니계수의 변화 추이

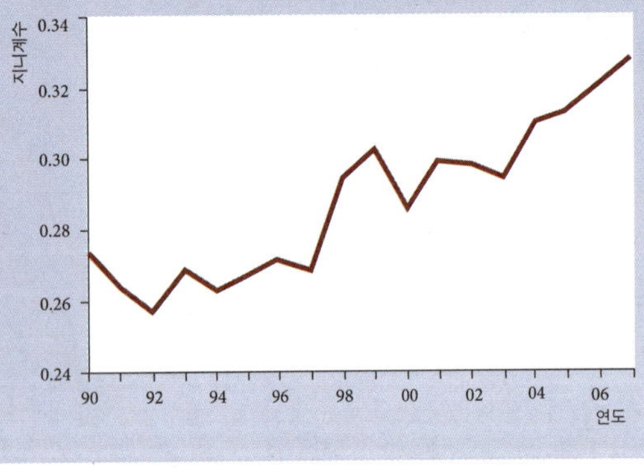

(b) 세계 각국의 지니계수의 분포

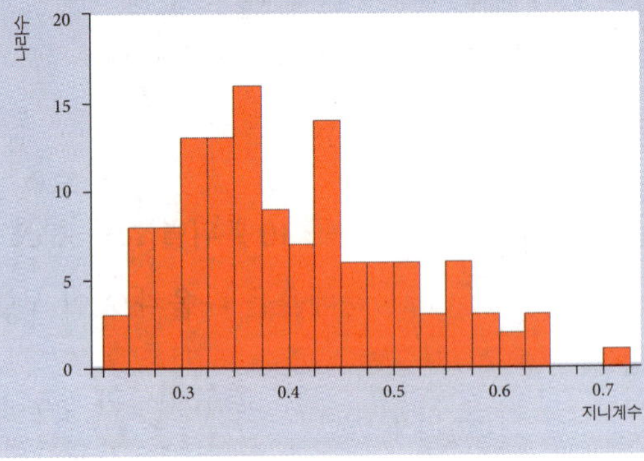

율을 그림으로 그리면 그림 17-3과 같이 되는데, 이를 로렌츠곡선Lorenz curve이라 한다. 이 로렌츠곡선을 이용한 소득분배 불평등의 정도는 다음과 같이 파악된다.

모든 가계의 소득이 다 동일한 경우를 완전평등한 경우라고 가정한다면, 이 경우의 로렌츠곡선의 형태는 어떠할 것인가?[3] 모든 가계의 소득이 다 동일하면 10%의 가계들은 전체 소득의 10%, 20%의 가계들은 전체 소득의 20%에 해당하는 소득을 점유할 것이다. 따라서 이 경우의 로렌츠곡선은 그림 17-4 (a)와 같은 대각선이 된다.

3 능력, 교육 정도, 성실성, 노력 등의 모든 요인과 무관하게 모든 사람의 소득이 다 동일한 것이 과연 '완전한 평등인가'에 대해서는 이론의 여지가 충분히 있다. 그러나 여기서는 분석의 편의를 위해 이 가정을 사용하기로 한다.

그림 17-4

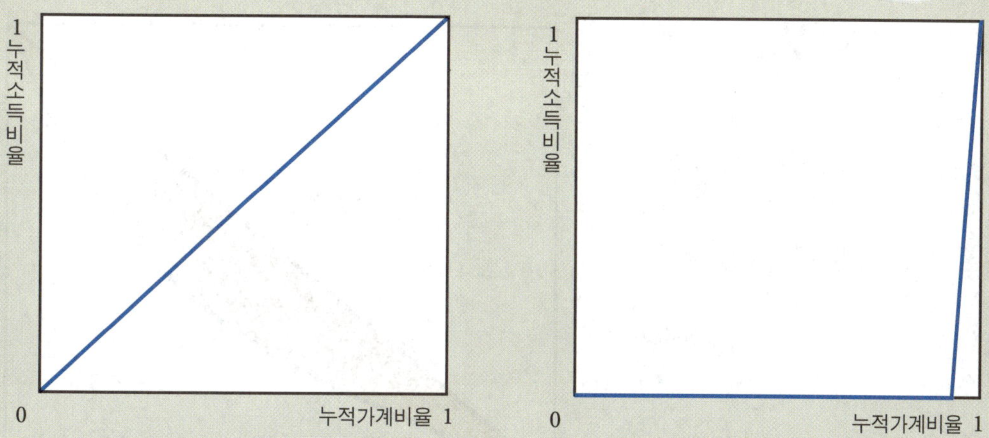

(a) 모든 가계의 소득이 동일한 경우 (b) 한 가계만 소득을 갖는 경우

극단적인 경우의 로렌츠곡선

모든 사람의 소득이 동일한 경우의 로렌츠곡선은 (a)와 같이 대각선이 되며, 경제의 모든 소득을 한 사람만이 갖고 있는 경우의 로렌츠곡선은 (b)와 같이 대각선에서 가장 멀리 떨어진 형태를 취한다.

이번에는 다른 극단의 경우로서 어떤 경제에 1,000의 가계가 있는데, 한 가계가 소득 전부를 갖고 나머지 가계의 소득은 0이라고 하자.

이 경우에 하위 99.9%의 가계들의 누적 소득 비율은 0%이므로, 로렌츠곡선은 그림 17-4 (b)와 같은 형태가 된다. 이상의 두 극단적인 경우에 비추어 보면 로렌츠곡선이 대각선에서 멀리 떨어져 있을수록 소득분배가 불공평한 것으로 생각할 수 있다.

로렌츠곡선이 나타내는 소득분배 불공평의 정도를 지수화한 것이 지니G. Gini가 고안한 지니 계수이다. 대각선에서 멀리 떨어진 로렌츠곡선일수록 불공평한 소득분배를 나타낸다는 점에 기초해, 그림 17-5에서의 지니 계수 G는 다음과 같이 정의된다.

$$G = \frac{\text{면적 } \alpha}{\text{면적 } \alpha + \beta}$$

G는 0과 1 사이의 값을 갖는데, G의 값이 클수록 소득분배가 불공평하다는 것을 나타낸다. 표 17-1에 의해 우리나라의 2007년 지니 계수를 계산하면, 0.313이 된다.

그림 17-5

지니 계수

로렌츠곡선이 대각선으로부터 떨어진 정도를 지표화한 것이 지니 계수이다. 소득분배가 완전히 공평한 경우의 지니 계수는 0이며, 완전히 불공평한 경우의 지니 계수는 1이 된다.

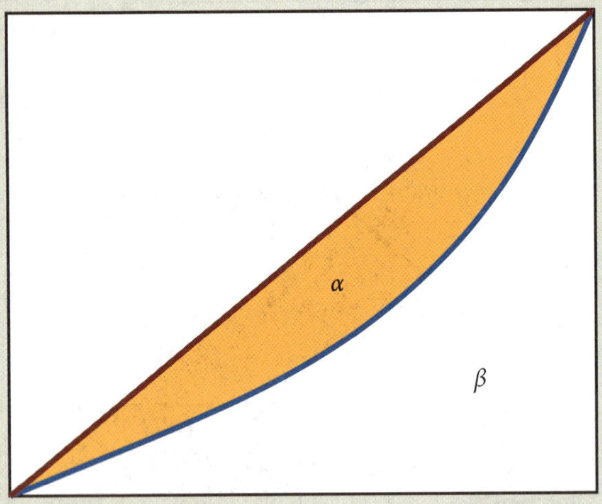

한 경제를 두 개의 다른 시점에서 파악하거나 각각의 로렌츠곡선 혹은 지니 계수를 지닌 두 개의 국가들을 비교해 소득분배 불평등의 정도를 비교할 수 있는 경우도 있지만, 그렇지 못한 경우도 있다.

그림 17-6 (a)의 로렌츠곡선은 B가 A보다 대각선에서 더 멀리 떨어져 있으므로 B의 지니 계수가 A보다 더 크다. 따라서 B의 경우가 A의 경우에 비해 소득분배가 더 불공평하다고 할 수 있다.

그림 17-6 (b)의 a 이하에서는 B, a 이상에서는 A가 대각선에서 더 멀리 떨어져 있다. 그러나 a와 같이 두 개의 로렌츠곡선이 교차하는 경우에는 비교가 불가능할 수 있다. 이때는 면적의 개념을 사용하는 지니 계수를 도출할 수 있으므로 지니 계수에 의해 판단해야 하지만 우연히 A와 B가 결정하는 면적이 같은 경우에는 지니 계수에 의한 판단이 불가능해진다.

앳킨슨 지수

사실 공평한 소득분배란 구성원에게 분배되고 있는 소득이 구성원의 불만을 유발하지 않을 때 달성된다고 할 수 있다. 따라서 두 국가가 동일한 소득분배 구조를 보이고 있다고 해도 각 국의 국민들이 현재의 분배구조에 만족하고 있는 정도에 따라 분배의 공평성에 대한 판단도 달라질 것이다.

그림 17-6

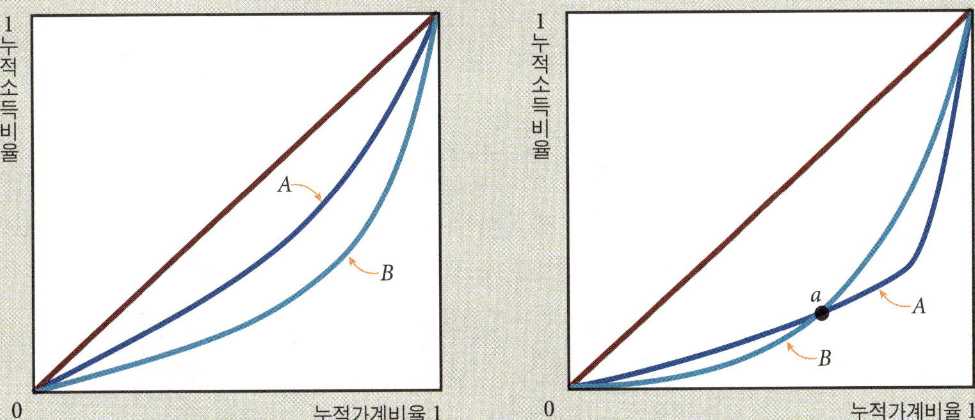

(a) 비교가 가능한 경우 (b) 비교가 불가능한 경우

소득분배의 불평등도 비교

(a)와 같이 로렌츠곡선이 교차하지 않는 경우는 A와 B의 소득분배의 공평성의 정도를 비교할 수 있으나 (b)와 같이 로렌츠곡선이 교차하며 지니 계수의 값이 동일한 경우는 A와 B의 소득분배의 상태를 비교할 수 없다.

이러한 점을 반영한 개념으로 앳킨슨A.B. Atkinson이 제안한 앳킨슨 지수를 생각할 수 있다. 앳킨슨 지수는 사회가 상대적으로 소득분배의 불평등을 얼마나 회피하는가를 나타내는 상대적 불평등 기피도relative inequality aversion가 명시적으로 불평등지수에 도입된다.

그림 17-6 (b)의 경우, 상대적 불평등기피도가 크면 B의 소득분배가 더 불평등하고, 상대적 불평등기피도가 작으면 A의 소득분배가 더 불평등하다는 결과를 얻을 수 있다.

요 약

- 생산활동에 참여한 각 생산요소별로 요소소득이 어떻게 결정되는지 나타내는 것이 소득의 기능적 분배이다. 소득의 기능적 분배는 생산요소시장에서 생산요소에 대한 공급과 수요에 의하여 이루어진다.
- 요소 가격이 상승할 때 분배 몫이 어떻게 변화할 것인지는 요소의 대체탄력성에 달려 있다. 임금이 상승할 때 요소의 대체탄력성이 비탄력적이면, 노동의 분배 몫이 증가한다. 기술진보가 분배 몫에 미치는 효과는 기술진보의 유형과 요소의 대체탄력성에 의존한다. 노동자본집약적 기술진보가 이루어졌을 때 요소집약도나 요소가격 비율 중 어느 하나가 고정돼 있으면, 노동자본의 분배 몫이 증가한다. 요소집약도와 요소가격 비율이 모두 변화할 때, 노동자본집약적 기술진보는 요소의 대체탄력성이 비탄력적이어야 노동자본의 분배 몫을 증가시킨다.
- 소득 계층별로 소득이 어떻게 분포되어 있는지를 분석하는 것은 소득의 계층별 분배이다. 10분위 분배율은 하위 40% 가계들의 누적 소득 비율이 상위 20% 가계들의 누적 소득 비율에서 차지하는 비중이다. 지니Gini 계수는 로렌츠곡선을 이용해 계산되는데, 지니 계수가 높을수록 소득불평등도 높다. 상대적 불평등기피도를 고려한 것으로 앳킨슨Atkinson 지수를 들 수 있다.

연 습 문 제

01 오일러Euler 정리에 의하면, 규모에 대한 수확체증인 경우에 기업의 이윤은 어떻게 변한다고 말할 수 있는가?

02 어떤 기업의 생산함수는 콥-더글라스Cobb-Douglas 생산함수이다. 임금이 10% 상승하는 경우에 노동과 자본의 분배 몫의 비율은 어떻게 변화할 것인가?

03 10분위 분배율이 0과 2 사이의 값을 갖는 이유는 무엇인가?

04 본문의 **표 17-1**을 이용해 로렌츠곡선을 그리고, 지니 계수를 계산하시오.

05 생산함수가 $X=aL+K$로 주어졌다. 노동집약적 기술진보가 이루어졌다면, 이는

생산함수에 어떻게 반영되는가? 노동집약적 기술진보 이후의 상황을 그림으로 나타내면 어떻게 되는가?

06 X의 생산함수가 $X=\min\{L/a, K/b_0\}$로 주어졌다.

(1) b_0가 b_1으로 감소하는 경우는 어떠한 기술진보에 해당하는가? 그 이유를 그림으로 설명하시오.

(2) $R=W=1$인 경우에 위와 같은 기술진보를 이루었다면, 생산비가 일정한 경우의 산출량은 얼마나 증가하는가?

(3) $R=W=1$인 경우에 위와 같은 기술진보를 이루었다면, 이때 (노동의 분배 몫/자본의 분배 몫)의 비율은 어떻게 변화하는가?

(4) 위의 (2)와 (3)의 결과가 17-1 소득의 기능적 분배의 결과와 상치되는 점이 있는가?

V

일반균형 및 후생경제학

18 일반균형이론

18-1 일반균형의 의미

지금까지의 분석은 하나의 시장만을 대상으로 했다. X재 시장을 분석하는 경우를 생각해 보자. 소비자들은 예산제약 하의 효용극대화를 이루도록 수요량을 결정하고, 기업들은 이윤극대화를 이루도록 공급량을 결정한다. 이때 X재 시장의 균형가격과 균형수급량이 어떻게 결정되는지 분석하면서 다른 시장의 상황은 일정하게 주어진 것으로 가정했다. 즉 다른 재화의 가격이나 소비자들이 노동을 제공해 얻은 소득 등이 일정하다고 가정한 것이다. 이러한 가정을 '다른 조건이 일정하다면 ceteris paribus 의 가정'이라 하며, 이러한 가정 하의 분석 방법을 부분균형 분석 partial equilibrium analysis 이라 한다.

일반균형 분석 general equilibrium analysis 은 '다른 조건이 일정하다면의 가정'을 포기하고 모든 시장의 균형을 동시에 분석하는 방법이다. 부분균형 분석 방법과 일반균형 분석 방법의 차이를 X재에 대한 수요함수 $X(P_X, P_Y, I)$을 이용해 살펴보기로 하자. 부분균형 분석에서는 X재 시장에 관한 변수인 X재의 가격 P_X 이외의 다른 요인들은 X재 시장에 어떠한 상황이 발생해도 일정하다고 가정한다. 따라서 이 경우에 Y재의 가격 P_Y 및 화폐소득 I는 실질적으로 일정하게 주어진 상수이므로, 수요함수를 $X(P_X)$로 써도 무방하다.

일반균형 분석에서는 모든 시장의 균형이 동시에 고려되므로, 일정하게 주어진 변수가 없다. 다양한 시장의 상황들을 살펴보자.

만약 X재 시장에 초과수요가 존재해 P_X가 상승하는데, X재와 Y재가 조대체재라면 Y재에 대한 수요가 증가해 P_Y도 상승한다. 소비자의 화폐소득이 근로소득으로만 이루어져 $I=WL$이라고 하자. X재 시장에 초과수요가 존재해 P_X가 상승함에 따라 X재의 공급량이 증가하면, X재 산업의 노동에 대한 수요가 증가하므로 임금 W가 상승하고, 이에 따라 노동의 공급량 L과 화폐소득 I도 변화하게 된다. 따라서 일반균형 분석에서는 X재에 대한 수요함수를 $X(P_X, P_Y, I)$로 써야 하는데, P_X, P_Y 및 I는 모두 시장 상황에 따라 변화할 수 있다. 일반균형을 분석하기 위해서는 모든 시장이 완전경쟁인 것으로 가정한다. 이러한 가정 아래 다음의 조건들을 만족시키면, 완전경쟁 하의 일반균형general competitive equilibrium인 **왈라스 균형** Walras equilibrium이 달성된다.

> **왈라스 균형**
>
> 모든 개별 경제주체가 적정화를 이룬 상황에서 모든 시장이 균형을 이룬 상태를 왈라스 균형이라고 부른다.

1. 소비자들은 예산제약 하의 효용극대화를 이루도록 재화에 대한 수요량과 생산요소의 공급량을 결정하고 있다.
2. 기업들은 이윤극대화를 이룰 수 있도록 재화의 공급량과 생산요소에 대한 수요량을 결정하고 있다.
3. 모든 재화 및 생산요소시장에서 수요와 공급이 일치해 균형을 이루고 있다.

결국 일반균형 분석에서는 위의 조건들을 만족시키는 모든 재화 및 모든 생산요소의 가격과 균형수급량이 어떻게 결정되는지를 분석하는 셈이다. 일반균형 분석에서는 모든 시장의 균형을 동시에 고려하므로, 모든 시장들이 서로 연관된다. 이에 따라 일반균형 체계는 연립방정식의 체계를 갖게 된다.

한편 위의 1 및 2의 가정을 생각하면, 모든 경제주체들이 자신의 이득이 극대화되도록 행동할 때 달성되는 균형이 왈라스 균형임을 알 수 있다. 이러한 점 때문에 일반균형 분석은 스미스A. Smith가 이야기한 '보이지 않는 손invisible hand'을 보이게 하는 작업이라고 이해할 수 있다.

18-2 2인-2재화 순수교환 하의 일반균형

일반균형 분석에서는 모든 시장의 균형이 동시에 고려되므로, 그 분석이 매우 복잡할 것임을 쉽게 짐작할 수 있다. 따라서 여기서는 일반균형의 개념을 알아볼 수 있는 가장 단순한 경우인 2인-2재화 순수교환을 생각해 보기로 하자. 순수교환pure exchange은 생산과 화폐가 없다는 것을 의미한다.

그림 18-1

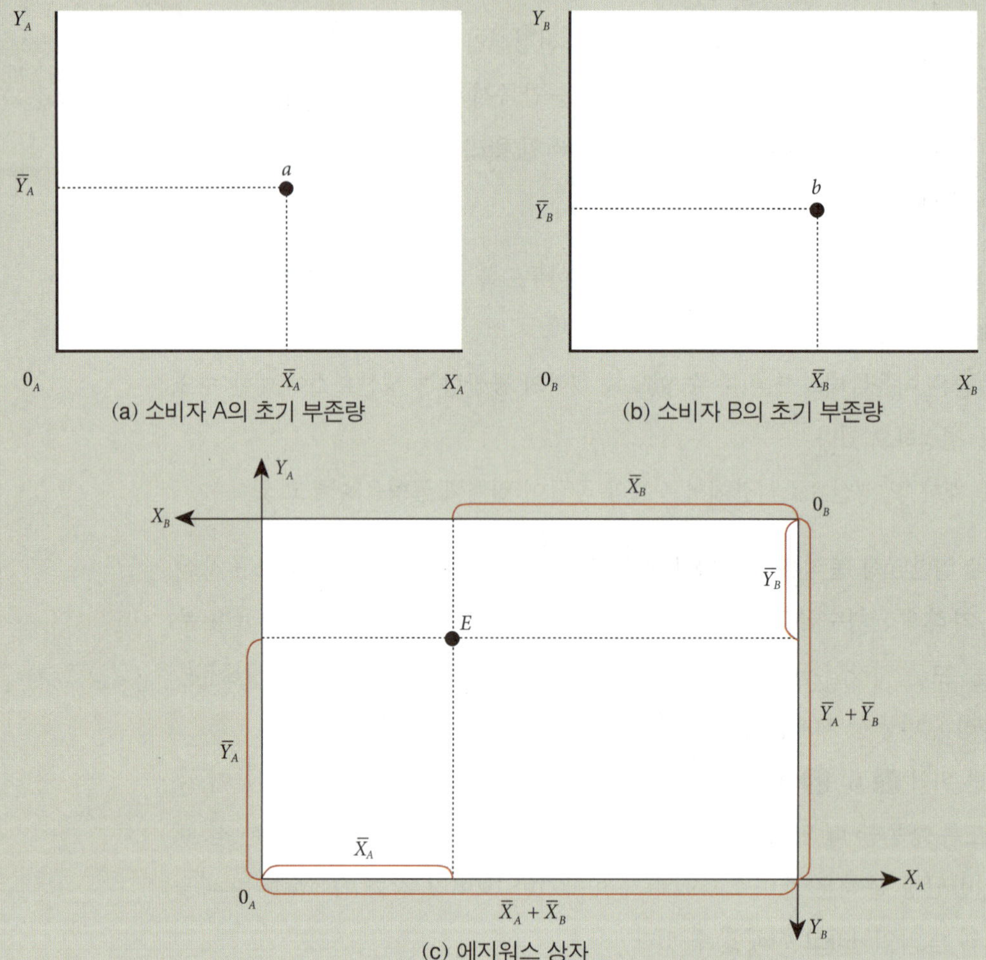

에지워스 상자

A의 (X_A, Y_A) 평면과 B의 (X_B, Y_B) 평면을 점대칭 이동시켜 (c)와 같이 겹쳐 그린 것이 에지워스 상자이다 에지워스 상자의 크기는 A 및 B의 X재 및 Y재 부존량의 합으로 나타나며 부존점은 E와 같이 표시된다.

두 명의 소비자 A 및 B가 X재와 Y재를 소비한다고 하자. 생산이 없으므로 소비자들은 최초에 일정량의 X재와 Y재를 갖고 있는 것으로 가정한다. 이를 초기 부존량initial endowment 혹은 부존량이라 한다. 소비자 A의 X재 및 Y재의 부존량을 $\bar{X}_A$ 및 $\bar{Y}_A$라 하고, 소비자 B의 X재 및 Y재의 부존량을 $\bar{X}_B$ 및 $\bar{Y}_B$라 하자. 한편 소비자 A의 X재 및 Y재의 소비량을 X_A 및 Y_A라 하고, 소비자 B의 X재 및 Y재의 소비량을 X_B 및 Y_B라 하기로 한다.

그림 18-2

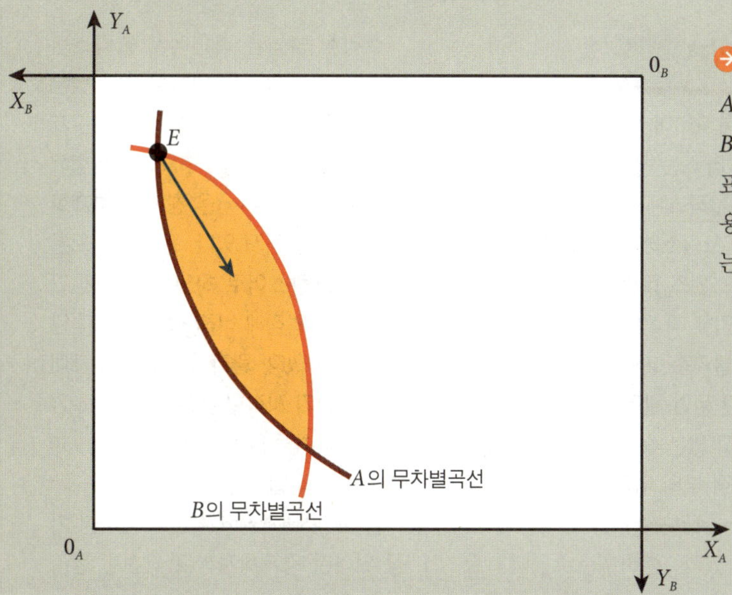

교환이 발생하는 이유

A와 B가 모두 부존점에 있는 경우, A가 B에서 Y재를 주고 X재를 받은 후 화살표 방향으로 이동하면 A 및 B 모두 효용수준이 증가한다. 따라서 부존점에서는 자발적 교환을 할 이유가 충분하다.

소비자들은 자신들의 부존량을 그대로 소비할 수도 있다. 그러나 주어진 교환비율 또는 가격비율로 서로 재화를 교환할 때 모두의 만족이 증가할 수 있다면, 소비자들은 기꺼이 그렇게 할 것이다. 에지워스 상자Edgeworth box를 이용해 일정한 부존량을 가진 소비자들이 교환의사를 가지고 있는지 알아보자.

교환의 발생

일정한 부존량을 가진 상태로부터 교환이 발생할 것이냐는 질문에 대해서는 에지워스 상자를 이용해 답할 수 있다. 소비자 A 및 B의 부존량은 각각 그림 18-1 (a) 및 (b)의 a 및 b에 의해 나타낼 수 있다. 여기서 0_A 및 0_B는 각각 A 및 B의 원점을 나타낸다. (a)와 (b)를 그림 18-1 (c)와 같이 하나의 그림으로 나타낸 것을 에지워스 상자라 한다. 한편 (a)의 위치는 그대로이나 (b)는 뒤집어서 그린 것임에 유의할 필요가 있다.

에지워스 상자의 크기는 부존량으로 결정된다. 즉 에지워스 상자의 가로 길이는 $\bar{X}_A+\bar{X}_B$이며, 세로 길이는 $\bar{Y}_A+\bar{Y}_B$이다. 이에 따라 소비자 A와 B의 부존점을 그림 18-1 (c) E로 나타낼 수 있다. E가 나타내는 A의 X재 부존량은 $\bar{X}_A$이다. 그런데 에지워스 상자의 가로 길이가 $\bar{X}_A+\bar{X}_B$이므로, E가 나타내는 B의 X재 부존량은 $\bar{X}_B$가 된다. Y재의 경우도 X재의 경우와 같음을 쉽게 확인할 수 있다.

ECONOMIST

Leon Wallas 1834~1910

수리경제학자이며 일반균형이론의 창시자인 왈라스는 역시 경제학자였던 오귀스트 왈라스Auguste Walras의 아들로 1834년 프랑스에서 태어났다.

1870년 스위스 로잔느 대학의 경제학 교수로 부임해 파레토Vilfredo Pareto에게 교수직을 물려준 1893년까지 근무하였다. 이 기간 동안 왈라스는 주요 업적으로 평가받고 있는 《순수정치경제학요론 혹은 사회적 부의 이론element d'economie politique pure, ou theorie de la richesse sociale》을 발표하였다. 흔히 《순수경제학요론》이라고 줄여서 부르는 두 권 분량의 이 저술에서 왈라스는 정밀한 수학적 방법론을 사용하여 일반균형이론을 전개하였다.

수리적 방법론 측면에서 왈라스는 꾸르노A.A. Cournot의 영향을 많이 받은 것으로 알려져 있다. 또한 왈라스는 제본스W.S. Jevons 및 멩거C. Menger와 함께 한계주의marginalism을 창시한 경제학자로도 잘 알려져 있다. 욀라스는 모든 저술을 프랑스어로 하였기 때문에 그가 이룩한 업적에 비해 잘 알려지지 않은 측면이 있다. 왈라스의 업적이 제대로 평가받기 시작한 것은 쟈페W. Jaffe가 왈라스의 책들을 영어로 번역한 1950년대 이후의 일이다.

슘페터J. Schumpeter가 인류 역사상 가장 위대한 경제학자라고 극찬한 왈라스의 일반균형이론은 아담 스미스A. Smith의 "보이지 않는 손"을 보이게 만든 업적으로서 경제학설사에 영원히 기록될 위대한 업적 가운데 하나이다.

A와 B가 부존량을 소비한 경우의 효용수준은 부존점을 지나는 A와 B의 무차별곡선에 의해 나타난다. 그림 18-2의 경우와 같이 부존점을 지나는 A와 B의 무차별곡선은 서로 접하지 않는 것이 일반적이다. 이 경우에 A와 B가 교환을 통해 화살표 방향으로 이동하면 모두의 효용이 증가하므로, A와 B는 부존량을 서로 교환할 의사가 있다. A가 B에게 Y재를 제공하고 그 대신 X재를 받는다면, 화살표 방향으로 이동하는 것이 가능하다.

왈라스 균형

두 소비자가 자발적으로 재화를 교환할 의사가 있는 경우에는 교환비율을 결정해야 하는 문제가 생긴다. 지금 두 재화 X, Y가 있고 화폐가 있다면 $P_X=30$원, $P_Y=10$원과 같이 나타낼 수 있는데, 이렇게 나타낸 가격을 절대가격이라 한다. 그러나 화폐가 없다면 X재와 Y재의 가격을 화폐단위인 '원'으로 나타낼 수 없다. 순수교환의 경우는 화폐가 존재하지 않으므로, 재화의 절대가격은 결정할 수 없고 교환비율 혹은 상대가격만 결정할 수 있다.

$P_X=30$원, $P_Y=10$원이라면 X재 한 단위는 Y재 3단위와 교환되므로, X재와 Y재의 교환비율은 3이다. 여기서의 교환비율 3은 X재 한 단위의 시장가치가 Y재 3단위의 시장가치와 같다는 것, 즉 Y재의 양으로 평가한 X재의 객관적 가치가 Y재 3단위라는 것을 나타낸다. 이는 또한 X재의 절대가격을 Y재의 절대가격으로 나눈 상대가격 $P_X/P_Y \equiv \Pi=3$으로 나타낼 수도 있다.

어떤 재화의 가치를 특정한 기준으로 나타낼 때 기준으로 쓰는 재화를 가치척도의 기준 numéraire이라 한다. 화폐가 있다면, 가치척도의 기준은 화폐이다. 즉 $P_X=30$원이라는 것은 X재 1단위가 '원' 단위로 측정되는 화폐 30단위와 객관적 가치가 같다는 것이다. X재의 상대가격이 $\Pi=3$이라는 것은 X재 1단위가 Y재 3단위와 객관적 가치가 같다는 것이며, 이때의 가치척도의 기준은 Y재이다. Y재가 가치척도의 기준이므로, Y재의 상대가격은 항상 $P_Y/P_Y=1$이 된다.

왈라스 균형은 두 소비자가 모두 예산제약 하의 효용극대화를 이루도록 재화에 대한 수요량을 결정한다는 것을 전제로 하고 있다. X재의 상대가격만 알고 있을 때 예산선은 어떠한 형태를 취할 것인가? X재의 상대가격은 Π이고 Y재의 상대가격은 1이므로, Y재를 기준으로 나타낸 소비자 A의 소득은 $\Pi\bar{X}_A+\bar{Y}_A$가 된다. 따라서 소비자 A의 소비지출이 소득을 초과할 수 없다는 예산제약은 $\Pi X_A+Y_A \le \Pi\bar{X}_A+\bar{Y}_A$에 의해 나타낼 수 있다.[1] 예산제약에서 '='를 만족시키는 경우를 나타낸 예산선은 기울기가 $-\Pi$이며, 항상 부존점을 통과한다.

앞의 3-3 가격 변화와 소비자의 최적 선택에서 살펴본 바와 같이 상대가격이 변화함에 따라 소비자가 예산제약 하의 효용극대화를 이루는 최적 소비계획이 어떻게 변화하는지는 제시곡선 offer curve에 의해 나타낼 수 있다. 임의의 상대가격 하의 예산선은 제시곡선과 두 점에서 만나는데, 한 점은 부존점이며 다른 한 점은 예산선과 무차별곡선이 접해 최적을 이루는 점이다.

그림 18-3에서 상대가격이 Π_0인 경우에 소비자 A가 a를 선택하면, 최적을 이룬다. 이는 곧 Π_0일 때 소비자 A는 X재를 ΔX_0만큼 주고 Y재를 ΔY_0만큼 받는 교환을 원한다는 것이다. 상대가격이 Π_1인 경우의 최적점은 b인데, 이는 소비자 A가 Y재를 ΔY_1만큼 주고 X재를 ΔX_1만큼 받기를 원한다는 것을 나타낸다.

1 앞의 **4-3**(부존재화의 교환)에서 보았듯이 화폐가 있는 경우의 예산제약은 $P_XX_A+P_YY_A \le P_X\bar{X}_A+P_Y\bar{Y}_A$이다. 이 식의 양변을 P_Y로 나눈 것이 상대가격 하의 예산제약에 해당하므로 상대가격 하의 예산선은 절대가격 하의 예산선과 동일한 형태를 갖는다. 따라서 예산제약 하의 효용극대화 문제를 그래프에 의해 설명할 때 절대가격의 경우와 상대가격의 경우는 완전히 동일하다.

그림 18-3

제시곡선

상대가격 Π가 변화하면 예산제약 하의 효용극대화를 달성할 수 있는 최적 소비계획도 변화한다. 이를 모두 연결한 선이 제시곡선이다. 임의의 예산선은 제시곡선 위의 두 점을 통과하는데, 한 점은 부존점이며 다른 한 점은 예산선과 무차별곡선이 서로 접하는 점이다.

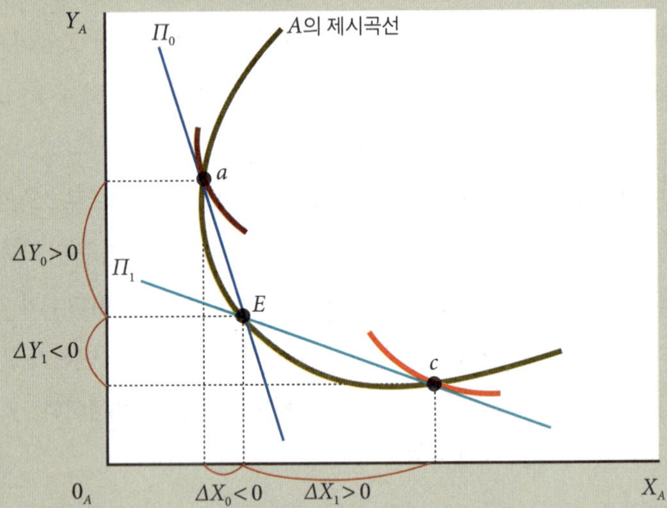

주어진 상대가격 아래에서 소비자들이 예산제약 하의 효용극대화를 이루도록 수요량을 결정할 때, 상대가격이 어떠한 수준에서 주어져야 X재 시장과 Y재 시장이 모두 균형을 이루는 왈라스 균형이 달성될 것인가?

주어진 상대가격 아래에서 소비자 A가 최적을 이루는 X재와 Y재의 수요량을 X_A 및 Y_A라 하고 $Z_X^A=X_A-\bar{X}_A$, $Z_Y^A=Y_A-\bar{Y}_A$라 정의하면, 이 경우에 Z_X^A 및 Z_Y^A는 소비자 A의 X재 및 Y재에 대한 초과수요가 된다. 즉 $Z_X^A>0$이고 $Z_Y^A<0$이라는 것은 주어진 상대가격 아래에서 소비자 A가 효용극대화를 이루기 위해 Y재를 Z_Y^A만큼 주고, X재를 Z_X^A만큼 받기를 원한다는 것이다.

소비자 B에 대해 Z_X^B와 Z_Y^B를 마찬가지 방법으로 정의해 보자. 두 소비자가 주어진 상대가격 아래에서 서로 교환하기를 원할 때, X재 및 Y재 시장에서 발생하는 초과수요는 각각 $Z_X=Z_X^A+Z_X^B$ 및 $Z_Y=Z_Y^A+Z_Y^B$가 된다. 교환이 발생하는 경우에 두 소비자의 입장은 서로 반대가 되어야 한다. 만약 소비자 A가 Y재를 주고 X재를 받기를 원한다면, 소비자 B는 X재를 주고 Y재를 받기를 원해야 교환이 발생할 수 있다는 것이다. 따라서 교환이 발생하는 경우에 Z_X^A와 Z_X^B, Z_Y^A와 Z_Y^B의 부호는 서로 반대가 되어야 한다.

상대가격이 그림 18-4에서와 같이 Π_0로 주어졌다고 하자. 이때 예산제약 하의 효용극대화를 이루기 위해 소비자 A는 a를 선택하기를 원하고, 소비자 B는 b

그림 18-4

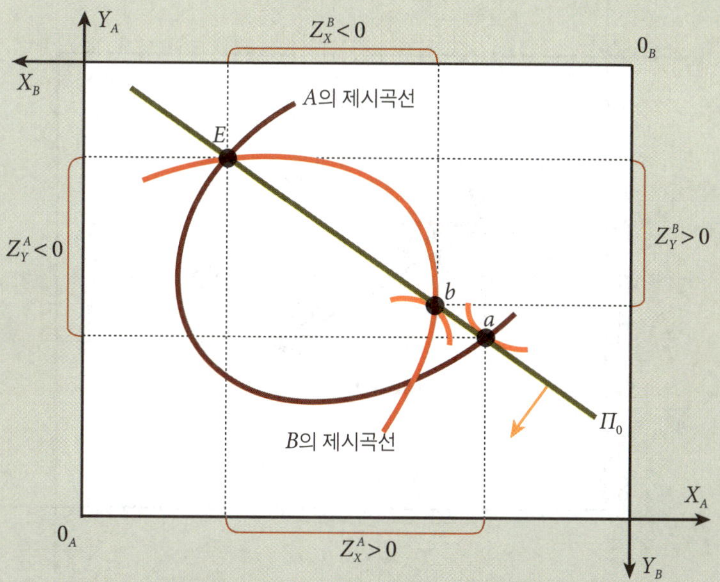

모색과정

상대가격이 Π_0로 주어진 경우, A와 B는 예산제약 하의 효용극대화를 달성할 수 있도록 행동하게 된다. 그 결과로 X재 시장에서는 초과수요, Y재 시장에서는 초과공급이 존재하게 된다. 따라서 예산선은 화살표 방향으로 이동하게 되는데, 이러한 일련의 과정을 모색과정이라 한다.

를 선택하기를 원한다. 즉 소비자 A는 Y재를 주고 X재를 받기를 원하며, 소비자 B는 X재를 주고 Y재를 받기를 원한다. 그런데 Π_0에서 $Z_X>0$이고 $Z_Y<0$이므로, X재 시장에서는 초과수요가 존재하고 Y재 시장에서는 초과공급이 존재한다. 따라서 Π_0는 왈라스 균형을 만족시키는 상대가격이 아니다.

어떤 재화 시장에 초과수요가 존재하면 그 재화의 가격은 상승하며, 초과공급이 존재하면 가격이 하락한다. 따라서 $\Pi=P_X/P_Y$는 상승하게 되는데, 이는 곧 예산선이 그림 18-4의 화살표 방향으로 이동한다는 것을 나타낸다. 이러한 상대가격의 조정을 엄밀히 이해하기 위해서는 경매자auctioneer가 있는 것으로 가정해야 한다. 경매자는 상대가격을 제시한 후 그 상대가격에서 소비자 A 및 B가 원하는 X재 및 Y재의 수요량이 얼마인지 파악한다. 이 경우에 X재 및 Y재 시장의 균형이 달성되지 않으면 실제 교환에 이르지 못하며, 초과수요가 있는 시장의 가격은 상승시키고 초과공급이 있는 시장의 가격은 하락시키는 방법으로 상대가격만 변화시킨다.

이러한 상대가격의 변화는 X재 및 Y재 시장의 균형이 모두 달성될 때까지 계속되며, 경매자가 제시한 상대가격에서 X재 및 Y재 시장의 균형이 달성될 때 비로소 실제 교환이 이루어진다. 이러한 균형의 조정 과정을 모색과정tâtonnement process

그림 18-5

순수교환과 왈라스 균형

모색과정의 결과, A와 B의 제시곡선이 만나는 점을 통과하도록 예산선의 기울기가 Π_*로 주어지면 X재 및 Y재 시장 모두 초과수요가 0이 되어 왈라스 균형이 이루어진다.

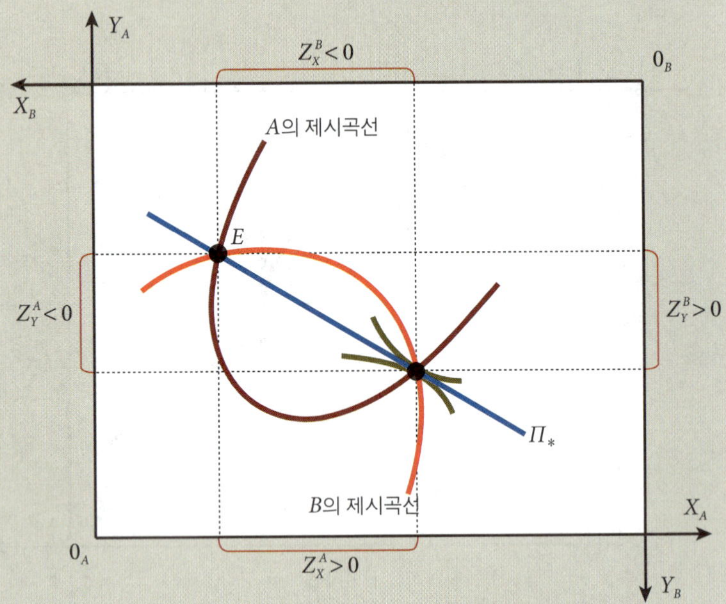

이라 한다.[2]

모색과정을 거쳐 상대가격이 그림 18-5의 Π_*로 주어지는 경우에 왈라스 균형이 달성된다. 즉 Π_*에서 두 소비자가 예산제약 하의 효용극대화를 이룰 수 있도록 교환을 하는 경우에 X재 시장과 Y재 시장 모두 균형이 이루어진다.

왈라스 균형의 정식화

여기서는 앞에서 그림을 이용해 설명한 왈라스 균형을 수식을 통해 엄밀하게 살펴보기로 한다. 소비자들은 모두 예산제약 하의 효용극대화를 이루는 것으로 전제되고 있는데, 이는 예산선 위의 소비계획으로서 무차별곡선과 예산선이 접하는 소비계획을 선택할 때 달성된다. 따라서 소비자 A는 임의의 상대가격 Π에서 항상 다음을 만족시키도록 행동한다.

$$MRS_{XY}^A=\Pi \tag{18-1}$$

$$\Pi X_A+Y_A=\Pi\bar{X}_A+\bar{Y}_A \tag{18-2}$$

2 균형을 달성시키지 못하는 상대가격에서도 교환이 이루어질 수 있다고 가정했을 때 균형의 조정과정을 비모색과정(non-tâtonnement process)이라 한다. 이 경우에는 상대가격의 조정이 이미 교환된 양을 제외한 부분에 대해서만 이루어지므로, 모색과정의 경우보다 훨씬 복잡하며 조정의 결과도 아주 다르게 된다.

식 (18-1)에서 MRS^A_{XY}는 소비자 A의 X재와 Y재 소비의 한계대체율이다. 따라서 **식** (18-1)은 무차별곡선과 예산선이 접하도록 소비계획을 선택했다는 것을 나타낸다. **식** (18-2)는 예산선 위의 소비계획을 선택함을 나타낸다. 소비자가 어떠한 소비계획을 선택할 것인지는 상대가격에 의해 결정된다. 따라서 $X_A=X_A(\Pi)$ 및 $Y_A=Y_A(\Pi)$라 쓸 수 있다. 소비자 A의 X재에 대한 초과수요는 $Z^A_X=X_A(\Pi)-\bar{X}_A$로 정의되며, Y재에 대한 초과수요는 $Z^A_Y=Y_A(\Pi)-\bar{Y}_A$로 정의된다. 이때 X_A와 Y_A의 값이 Π에 의존하므로, Z^A_X와 Z^A_Y의 값도 Π에 의존한다. 따라서 $Z^A_X(\Pi)$ 및 $Z^A_Y(\Pi)$로 쓸 수 있다. **식** (18-2)를 Z^A_X 및 Z^A_Y를 이용해 다시 쓰면 다음과 같다.

$$\Pi Z^A_X(\Pi)+Z^A_Y(\Pi)=0 \tag{18-3}$$

이 식은 어떤 소비자가 예산제약 하의 효용극대화를 이루도록 소비계획을 선택한다면, 소비자의 초과수요가치의 합이 0이 된다는 것을 나타낸다. 이를 세이의 법칙 Say's law 이라 한다. X재 및 Y재 시장의 초과수요는 각각 $Z_X(\Pi)=Z^A_X(\Pi)+Z^B_X(\Pi)$ 및 $Z_Y(\Pi)=Z^A_Y(\Pi)+Z^B_Y(\Pi)$로 정의된다. 각 소비자들의 X재 및 Y재에 대한 초과수요함수를 구하는 과정에서 이미 소비자들이 예산제약 하의 효용극대화를 이룬다는 것이 고려되었으므로, 왈라스 균형은 균형상대가격 Π_*에서 X재 시장과 Y재 시장에 초과수요가 존재하지 않으면 달성된다.

$$Z_X(\Pi_*)=0$$
$$Z_Y(\Pi_*)=0$$

이상의 논의에서 왈라스 균형을 찾는 문제는 $Z_X(\Pi_*)=0$과 $Z_Y(\Pi_*)=0$을 동시에 만족시키는 Π_*를 찾는 문제로 귀착되었다. 이 상황을 수학적으로 보면 X재 및 Y재 시장의 초과수요가 0이 되어야 한다는 두 개의 방정식을 동시에 만족시키는 하나의 미지수인 상대가격을 찾는 문제가 된다. 일반적으로 방정식의 수가 미지수보다 많으면 해가 존재하지 않는다. 그렇다면 우리는 지금까지 왈라스 균형은 존재할 수 없다는 것을 밝히려고 한 것인가? 그렇지는 않다. 그 이유는 **왈라스 법칙** Walras Law 에 의해 찾을 수 있다. **식** (18-3)의 세이의 법칙은 소비자 A와 B 모두에 대해 성립하므로, $\Pi Z^A_X+Z^A_Y=0$과 $\Pi Z^B_X+Z^B_Y=0$를 더한 후 Z_X와 Z_Y의 정의를 이용해 정리하면 다음의 식을 얻을 수 있다.

> **왈라스 법칙**
>
> 시장의 초과수요 가치의 합이 0이라는 것이다. 이는 시장이 M개 있을 때 $M-1$개의 시장에서 균형이면 M번째 시장의 균형은 자동적으로 보장된다는 의미를 갖는다.

$$\Pi Z_X(\Pi)+Z_Y(\Pi)=0 \tag{18-4}$$

식 (18-4)는 시장에서의 초과수요가치의 합이 항상 0이라는 사실을 나타내는데, 이를 왈라스 법칙이라 한다.

여기서 유의할 점은 왈라스 법칙이 모든 상대가격에 대해 그것이 균형상대가격인지에 상관없이 항상 성립한다는 것이다. Π_*일 때 X재 시장이 균형이라면, $Z_X(\Pi_*)=0$이 된다. 왈라스 법칙은 Π_*에서도 성립하므로, **식** (18-4)는 $Z_X(\Pi_*)=0$이 성립한다면 $Z_Y(\Pi_*)=0$은 항상 성립한다는 사실을 나타낸다. 즉 두 개의 재화시장이 존재하는 경우에 한 재화시장이 균형이면, 다른 재화시장의 균형은 자동적으로 보장된다. 이는 곧 방정식이 두 개 있으나 독립적인 방정식은 한 개뿐이므로, 독립적인 방정식의 수와 미지수의 수가 일치해 왈라스 균형이 성립할 수 있음을 나타낸다.

일반균형의 연장 | 앞에서 살펴본 2인-2재화 순수교환의 경우는 다수의 소비자와 다수의 재화가 존재하는 순수교환의 경우로 쉽게 연장될 수 있다.

지금 소비자가 N명 존재하며, 재화가 M개 존재한다고 하자. 화폐가 있는 경우라면 $P_1, P_2, \cdots, P_M$이라는 M개의 절대가격이 존재하지만, 화폐가 없는 순수교환의 경우이므로 $M-1$개의 상대가격만 존재할 수 있다. 이때 M번째 재화를 가치척도의 기준으로 사용한다면, 상대가격들은 $\Pi_1=P_1/P_M, \Pi_2=P_2/P_M, \cdots, \Pi_{M-1}=P_{M-1}/P_M$으로 나타낼 수 있다. 한편 기호를 간단히 하기 위해 상대가격 벡터 vector Π를 $\Pi=(\Pi_1, \Pi_2, \cdots, \Pi_{M-1})$로 나타내기로 한다.

i번째 소비자가 예산제약 하의 효용극대화를 달성할 수 있도록 최적 소비계획을 결정하는 경우의 j번째 재화에 대한 초과수요를 Z_j^i라 하면, $Z_j^i=Z_j^i(\Pi)$가 된다 ($i=1, \cdots, N, j=1, \cdots, M$). 이 경우에도 세이의 법칙이 성립하는데, i번째 소비자는 다음 식을 만족시킨다.

$$\Pi_1 Z_1^i+\cdots+\Pi_{M-1}Z_{M-1}^i+Z_M^i=0 \tag{18-5}$$

식 (18-5)는 i번째 소비자의 모든 재화의 초과수요가치의 합이 0임을 나타낸다. j번째 재화시장의 초과수요 Z_j는 $Z_j=Z_j^1+Z_j^2+\cdots+Z_j^N$으로 나타난다. 모든 소비자들의 j번째 재화에 대한 초과수요가 Π의 값에 의존하므로, Z_j도 Π에 의존한다.

따라서 $Z_j = Z_j(\Pi)$로 쓸 수 있다. **식** (18-5)를 모든 소비자들의 경우에 적용해 모두 더하면, 다음 식을 얻을 수 있다.

$$\Pi_1 Z_1 + \cdots + \Pi_{M-1} Z_{M-1} + Z_M = 0 \tag{18-6}$$

식 (18-6)은 시장에서의 초과수요가치의 합이 항상 0이라는 왈라스 법칙이 성립함을 나타낸다. 주어진 Π_*에서 $1 \sim (M-1)$번째 시장이 균형을 이룬다면, $Z_1(\Pi_*) = \cdots = Z_{M-1}(\Pi_*) = 0$이 성립한다.

그런데 **식** (18-6)은 항상 성립하므로 $Z_M(\Pi_*) = 0$도 항상 성립한다. 즉 재화가 M개 존재하는 경우에 $M-1$개의 시장이 균형이면, 나머지 한 개의 시장도 균형이라는 것이 항상 보장된다.

개별 소비자의 초과수요함수에서 각 소비자들이 예산제약 하에서 효용극대화를 이룬다는 것이 이미 고려되었으므로, 왈라스 균형을 찾는 문제는 $Z_1(\Pi_*) = \cdots = Z_M(\Pi_*) = 0$을 만족시키는 $\Pi_* = (\Pi_1^*, \Pi_2^*, \cdots, \Pi_{M-1}^*)$를 찾는 문제로 귀착된다. 이 경우도 왈라스 법칙에 의해 독립적인 방정식의 수는 $M-1$개이며, 미지수도 $M-1$개이므로 왈라스 균형이 성립할 수 있음을 알 수 있다.

왈라스 균형이 존재하기 위한 전제조건

왈라스 균형이 존재하기 위해서는 여러 가지 조건을 만족시켜야 한다. 이 조건들 중 가장 중요한 것은 볼록성의 공리이다. 그 이유를 2인-2재화 순수교환의 경우를 대상으로 하여 살펴보기로 하자.

앞의 **그림 18-5**에서 우리는 소비자들의 무차별곡선이 모두 원점에 대해 볼록하므로, 볼록성의 공리를 만족시킨다는 것을 암묵적으로 전제했다. 그러나 **그림 18-6**과 같이 볼록성의 공리를 만족시키지 못하면, 왈라스 균형이 성립하지 않을 수 있다.

그림 18-6 (a)는 소비자 A의 무차별곡선이 원점에 대해 볼록하지 않아 볼록성의 공리를 만족시키지 못한다. 이 때 상대가격 Π_0에서 소비자 A는 예산제약 하의 효용극대화를 이루는 소비계획으로 a와 b 중 어느 것을 선택해도 무방하다. 그러나 소비자 A가 a와 b 중 어느 소비계획을 선택해도 왈라스 균형은 이루어지지 않는다. **그림 18-6 (b)**를 보면, 소비자 B의 X재 공급곡선과 소비자 A의 X재에 대한 수요곡선이 만나지 않으므로 왈라스 균형이 존재할 수 없음을 알 수 있다.

그림 18-6

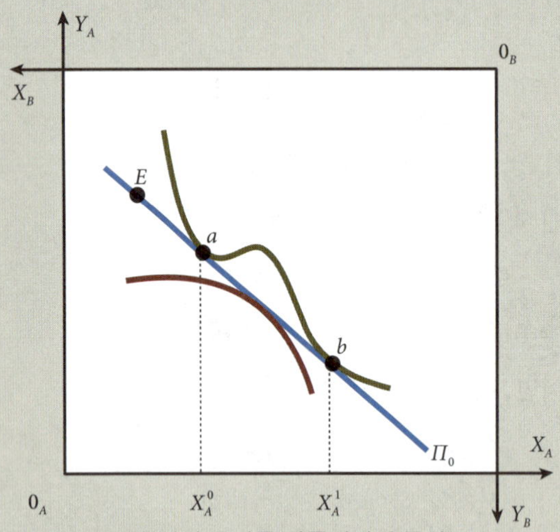

(a) 볼록성의 공리를 만족시키지 못하는 경우의 선택

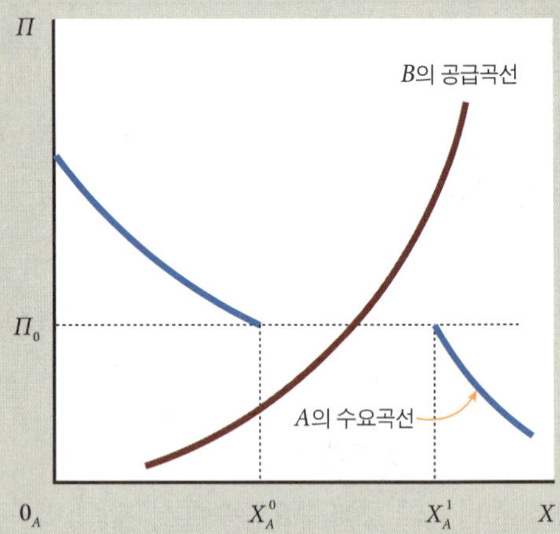

(b) 왈라스 균형이 존재하지 않는 이유

➔ 볼록성 공리의 역할

왈라스 균형이 성립하기 위해서는 볼록성의 공리가 전제되어야 한다. A의 무차별곡선이 원점에 대해 볼록하지 않다면 (a)와 같이 예산선이 기울기가 Π_0로 주어진 경우에 예산제약 하의 효용극대화를 달성하는 점이 a 및 b 두 개 존재한다. 이는 (b)와 같이 A의 수요곡선이 연속적이지 못해 왈라스 균형이 성립할 수 없다는 것을 의미한다.

지금까지 왈라스 균형의 존재 여부를 파악하는 방법은, 각 시장에서의 초과수요가 0이 되어야 한다는 방정식 중 독립적인 방정식의 수와 상대가격의 수인 미지수의 수가 동일하므로 왈라스 균형이 존재할 수 있다는 것이었다. 수학적으로는 독립적인 방정식과 미지수의 수가 동일해 유일한 해를 구할 수 있으므로 아무런 문제가 없다. 그러나 여기서의 미지수는 상대가격이기 때문에 음(−) 또는 허수 imaginary number 등이 될 수 없다는 문제가 생긴다. 앞의 왈라스 균형에 관한 논의에서도 이런 문제가 생길 가능성을 배제할 수 없다.

따라서 왈라스 균형의 존재를 엄밀하게 증명하기 위해서는, 상대가격들이 최소한 양(+)의 실수 real number가 되어야 한다는 조건을 만족시켜야 한다. 정점 정리 fixed point theorem를 이용하면, 어떤 가정들 하에서 상대가격들이 0보다 커야 한다는 조건을 만족시키면서 왈라스 균형이 존재하는 것을 보일 수 있다. 그러나 이에 대한 자세한 설명은 이 책의 수준을 훨씬 넘어서므로 생략하기로 한다.

18-3 일반균형의 유일성과 안정성

일정한 가정들이 충족되면 왈라스 균형이 존재할 수 있다는 것은, 완전경쟁 상황에서 경제주체들이 자신들의 이득을 극대화하도록 행동하면 조정과정을 거쳐 모든 시장의 균형을 달성할 수 있다는 의미이다. 그런데 왈라스 균형이 달성될 수 있다는 것이 곧 왈라스 균형이 유일하며, 또한 안정적이라는 사실을 보장하지는 못한다. 만약 왈라스 균형이 존재하나 그 수가 무한히 많다면, 즉 왈라스 균형을 성립시키는 상대가격 벡터가 무한히 많다면 왈라스 균형이 달성될 때 생산 및 고용 등이 어떻게 될 것인지 전혀 짐작할 수 없게 된다.

한편 왈라스 균형이 존재하나 그 균형이 불안정적이라면 요행히 균형을 달성할 수는 있지만, 현재의 상태가 균형상태가 아닌 경우에는 영원히 균형을 달성할 수 없으므로 왈라스 균형의 의미가 상실된다.

왈라스 균형의 유일성

왈라스 균형의 유일성이 보장되려면 어떤 조건을 만족시켜야 하는지, 2인-2재화 순수교환의 경우를 대상으로 알아보자. 이 경우에는 왈라스 법칙에 의해 X재 시장이 균형이면 Y재 시장의 균형은 항상 보장되므로, X재 시장만 알아보면 된다. 왈라스 균형이 유일한지 그렇지 않은지는 X재에 대한 시장초과수요함수 $Z_X(\Pi)$의 형태가 어떠하냐에 의존한다.

$Z_X(\Pi)$의 형태가 그림 18-7 (a)와 같은 형태라면, $Z_X = 0$을 만족시키는 상대가격은 Π_0, Π_1 및 Π_2의 세 가지가 존재하므로 왈라스 균형이 여러 개 존재하게 된다. 그러나 $Z_X(\Pi)$의 형태가 그림 18-7 (b)와 같다면, $Z_X = 0$을 만족시키는 상대가격이 Π_* 하나만 존재한다. 이 경우에 '왈라스 균형이 유일unique하다'라고 한다.

(a)와 (b)를 비교해 보자. (a)의 경우는 상대가격의 변화에 따르는 초과수요의 변화 방향이 일정하지 않지만, (b)의 경우는 상대가격이 상승하면 초과수요가 항상 감소한다. 따라서 재화가 두 개만 있는 경우에 왈라스 균형이 유일할 조건은,

그림 18-7

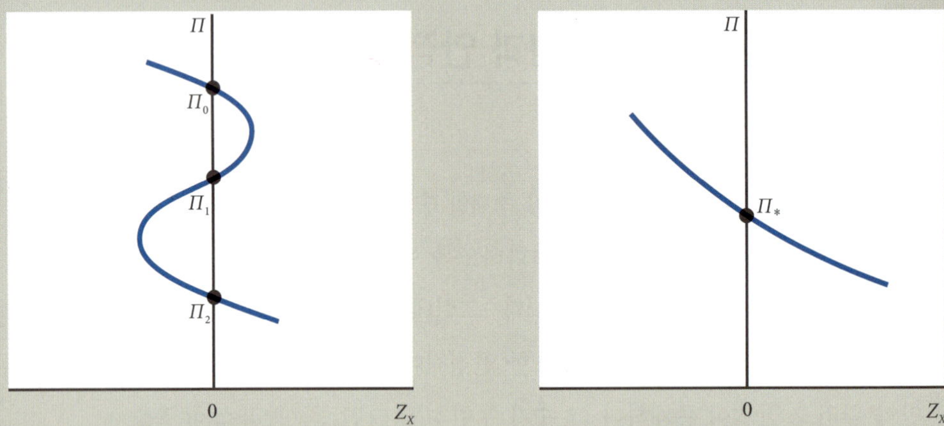

(a) 균형이 다수 존재하는 경우 (b) 균형이 유일한 경우

왈라스 균형의 유일성

초과수요곡선의 형태가 (a)와 같은 경우에 왈라스 균형이 3개 존재한다. 초과수요곡선의 기울기가 항상 음(−)인 (b)와 같은 경우에는 왈라스 균형이 하나만 존재한다.

$\Delta Z_X/\Delta\Pi<0$이 항상 성립해야 하는 것임을 알 수 있다.

재화가 다수 존재하는 순수교환인 경우에 왈라스 균형이 유일하기 위한 조건은, 모든 소비자들에 대해 임의의 두 재화가 항상 조대체재gross substitute 관계여야 한다는 것이다. 모든 소비자에 대해 한 재화의 가격이 상승할 때 다른 모든 재화에 대한 수요가 증가하면, 조대체재의 가정이 충족된다. 조대체재의 가정이 충족될 때 왈라스 균형이 유일하다는 증명은 이 책의 수준을 넘어서므로 생략하기로 한다.[3]

왈라스 균형의 안정성

한 재화 시장의 균형의 안정성 문제는 앞의 9-4 시장균형의 안정성에서 살펴본 바 있다. 2인-2재화 순수교환의 경우, 왈라스 법칙에 의해 한 시장의 균형만 살펴보면 되므로, 왈라스 균형의 안정성 문제는 절대가격 대신 상대가격을 고려한다는 점을 제외하면 앞의 9-4에서 살펴본 것과 동일하다. 다수의 재화가 존재하는 순수교환의 경우에 왈라스 균형의 국지적 안정성local stability은 조대체재의 가정을 만족시키면 보장된다.

3 이 점에 관해 관심이 있는 독자는 Arrow, K.A. and F. Hahn, *General Competitive Analysis*, North-Holland, 1971 등을 참고하기 바란다.

18-4 코어(core)

왈라스 균형은 암묵적으로 모든 경제주체들이 가격순응자로서 시장의 거래에 참가한다는 것을 전제로 하고 있다. 소비자들 중 일부가 그룹group을 형성한 후 자신들끼리만 교환하기로 한다면 어떤 문제가 발생할 수 있는가? 소비자들 중 일부가 그룹을 형성하는 것을 제휴coalition라 하는데, 제휴에 의해 얻는 이득이 시장에서 거래해 얻는 이득보다 크다면, 제휴하기를 원하는 소비자들은 자신들끼리만 교환을 하며 시장에서의 교환에는 참여하지 않게 된다. 이에 따라 모든 소비자들이 참여하는 시장이 성립할 수 없으므로, 왈라스 균형도 그 의미를 상실하게 된다.

왈라스 균형이 의미를 가지려면, 소비자들 중 일부라도 제휴할 가능성이 없어야 한다. 소비자들 중 일부가 제휴할 가능성이 있느냐 없느냐는 장애제휴blocking coalition의 개념을 이용해 알아볼 수 있다. 장애제휴의 의미를 순수교환의 경우를 대상으로 하여 알아보기로 하자.

N명의 소비자와 $X_1, \cdots, X_M$이라는 M개의 재화가 존재하는 순수교환의 경우, 각 소비자들은 모든 재화들을 초기 부존량으로 보유하고 있다. i번째 소비자가 보유하는 초기 부존량을 $E_i=(E_1^i, E_2^i, \cdots, E_M^i)$라 하고, i번째 소비자가 교환을 통해 결정한 임의의 소비계획을 $X_i=(X_1^i, X_2^i, \cdots, X_M^i)$라 하자. 모든 소비자들의 소비계획들의 모임을 $X=(X_1, X_2, \cdots, X_N)$이라 하는 경우에 X를 자원배분resource allocation이라 하며, 모든 소비자들이 각자의 소비계획을 실제로 소비할 수 있는 경우에 '자원배분이 실현 가능feasible하다'라고 한다. 자원배분이 실현 가능하려면, 모든 재화에 대해 소비자들의 소비량의 합이 부존량의 합과 같아야 한다.

지금 $X=(X_1, X_2, \cdots, X_N)$과 $X'=(X_1', X_2', \cdots, X_N')$이라는 두 개의 자원배분이 있다고 하자. 모든 소비자들이 X_i를 X_i'보다 더 선호하거나 최소한 무차별하다고 생각하며($X_i \succsim X_i'$) 최소한 한 명의 소비자, 즉 k번째 소비자가 X_k를 X_k'보다 명백하게 더 선호한다면($X_k > X_k'$), '자원배분 X는 X'에 비해 파레토 개선Pareto improvement이 이루어졌다'라고 한다.

N명의 소비자가 모두 시장에서 교환에 참가해 이룬 자원배분을 $X=(X_1, \cdots,$

$X_m, \cdots, X_N$), 전체 N명의 소비자 중 일부, 예를 들어 $1 \sim m$번째 소비자가 그룹을 형성한 후 자신들끼리만 교환을 해 달성한 자원배분이 $X' = (X_1', \cdots, X_m')$라고 하자. 이 경우에 X'가 실현 가능한 자원배분이며 $(X_1, \cdots, X_m)$에 대해 파레토 개선을 이뤘다면, m명의 소비자들이 형성한 그룹을 자원배분 X에 대한 장애제휴라 한다.

소비자들이 그룹을 형성할 수 있는 방법은 매우 많으며, 그룹의 규모도 1명에서 $N-1$명까지 다양하다. 모든 소비자들이 거래에 참여해 얻은 자원배분이 X이며, 소비자들이 어떻게 그룹을 형성해도 X에 대한 장애제휴가 되지 못하는 경우에 '자원배분 X는 **코어** core 에 포함된다'고 말한다. 어떤 자원배분 X가 코어에 포함된다는 것은, 소비자들의 일부가 어떤 형태로 그룹을 형성해도 그룹 형성으로 얻는 이득보다 모두가 시장에서 교환에 참여해 얻는 이득이 더 크다는 의미이다. 따라서 이 경우는 항상 모든 소비자가 시장에서의 교환에 참가한다는 것을 보장할 수 있다.

> **코어(core)**
>
> 소비자들이 어떻게 제휴하든 장애제휴가 될 수 없어 항상 모든 소비자가 시장에서의 거래에 참가하는 경우의 자원배분은 코어에 속하게 된다.

왈라스 균형인 자원배분은 반드시 코어에 포함되는 자원배분이어야 하는데, 그 이유는 다음과 같다. 지금 $X = (X_1, \cdots, X_m, \cdots, X_N)$이 왈라스 균형인 자원배분이나 코어에 속하지 않는다면, $1 \sim m$번째 사람으로 이루어지는 장애제휴가 존재할 수 있다. 장애제휴 상황에서의 자원배분이 $X' = (X_1', \cdots, X_m')$이라면, X'는 다음의 두 가지 조건을 만족시켜야 한다.

첫째, X'가 $(X_1, \cdots, X_m)$에 비해 파레토 개선이 되기 위해서는 X'에서의 소비자들의 소비지출액의 합이 $(X_1, \cdots, X_m)$에서의 소비자들의 소비지출액의 합보다 커야 한다. 그런데 왈라스 균형 상황에서의 소비자들은 예산선 위의 소비계획을 소비하므로, $(X_1, \cdots, X_m)$에서의 소비자들의 소비지출액의 합은 소비자들의 소득의 합과 같다.[4] 따라서 첫 번째 조건은 곧 X'에서의 소비자들의 소비지출액의 합이 소득의 합보다 커야 한다는 것을 의미한다.

둘째, X'가 실현 가능해야 한다. 즉 각 재화의 소비량 합과 부존량 합이 같아야 하는데, 이는 소비자들의 소비지출액의 합과 소득의 합이 같아야 한다는 것이다.

따라서 장애제휴가 성립하기 위한 두 가지 조건이 동시에 충족될 수 없으므로, 왈라스 균형인 자원배분은 코어에 속하는 자원배분이라 할 수 있다.

4 여기서 소비지출액은 상대가격과 소비량을 곱한 값의 합이며, 소득은 상대가격과 부존량을 곱한 값의 합이다.

요 약

- 일반균형 분석에서는 완전경쟁을 전제로 모든 시장의 균형이 동시에 분석된다. 다음의 조건을 만족시키면 완전경쟁하의 일반균형인 왈라스Walras 균형이 달성되었다고 한다. ① 소비자들은 예산제약 하의 효용극대화를 이루도록 재화에 대한 수요량과 생산요소의 공급량을 결정한다. ② 기업들은 이윤극대화를 이룰 수 있도록 재화의 공급량과 생산요소에 대한 수요량을 결정한다. ③ 모든 재화 및 생산요소시장에서 시장수요와 시장공급이 일치해 균형을 이룬다.

- 일반균형의 분석 중 가장 단순한 경우는 2인-2재화 순수교환의 경우이다. 이 경우의 왈라스 균형은 두 소비자의 제시곡선이 만나도록 상대가격이 결정되어 달성되는데, 상대가격의 조정과정에서는 모색과정이 전제된다. 재화가 N개 있는 경우에 결정해야 할 미지수는 $N-1$개의 상대가격이며, 만족시켜야 할 방정식은 각 재화시장에서의 초과수요가 0이라는 N개의 방정식이다. 그러나 이 경우에 모든 시장의 초과수요가치의 합은 0이라는 왈라스 법칙에 의해 독립적인 방정식의 수가 $N-1$개가 되므로, 왈라스 균형이 유일하게 존재한다.

- 왈라스 균형이 성립하기 위해 만족시켜야 할 조건은 여러 가지가 있으나 가장 중요한 것 가운데 하나가 볼록성의 공리이다. 볼록성의 공리를 만족시키지 못하면, 왈라스 균형은 성립하지 않는다. 독립적인 방정식의 수와 미지수의 수가 같다는 사실은, 왈라스 균형을 만족시키는 상대가격들이 0보다 큰 실수라는 것을 보장하지는 못한다. 이러한 문제점은 정점 정리를 이용해 해결할 수 있다.

- 임의의 두 재화가 조대체재 관계이면, 일반균형은 유일하다. 또한 왈라스 균형의 국지적 안정성도 조대체재의 가정을 만족시키면 보장된다.

- 왈라스 균형이 의미를 갖기 위해서는 먼저 소비자들 중 일부가 제휴해 자기들만이 교환을 할 가능성이 배제되어야 한다. 일부의 소비자들이 제휴해 교환을 하는 경우, 시장에서의 거래에 참여하는 것과 비교해 파레토 개선을 이룰 수 있다면 이 제휴는 장애제휴가 된다. 어떤 장애제휴도 존재하지 않는 경우라면 자원배분이 코어에 속해 있다고 한다. 왈라스 균형을 만족시키는 자원배분은 코어에 속해 있다.

연습문제

01 일반균형 분석이 '보이지 않는 손'을 보이게 한다는 말의 구체적인 의미는 무엇인지 밝히시오.

02 2인-2재화 순수교환의 경우를 생각해 보자. $\Pi=2$에서 왈라스 균형이 이루어졌으며 이 경우에 $Z_X^A=3$이다. 왈라스 균형에서 Z_Y^B는 얼마인가?

03 부존점에서 두 소비자의 무차별곡선이 서로 접하는 경우에 왈라스 균형을 이루는 상대가격은 어떻게 결정되는가? 그림을 이용해 나타내시오.

04 2인-2재화 순수교환의 경우를 생각해 보자. 왈라스 균형이 여러 개 존재하는 경우를 에지워스 상자와 제시곡선을 이용해 나타내시오.

05 소비자는 A 및 B 2인, 재화는 X재 및 Y재 두 가지, 생산요소는 노동 L만 존재한다. X재 시장의 초과수요함수는 $Z_X=-10+2(P_Y/P_X)$로 주어졌다.

(1) Y재 시장의 초과수요함수를 구하시오.

(2) 왈라스 균형에서 A가 Y재로부터 얻는 한계효용이 2라면, A가 X재로부터 얻는 한계효용은 얼마인가?

(3) 왈라스 균형에서 X재 생산에 투입된 노동의 한계생산성이 4라면 임금은 얼마인가?

06 생산요소 가운데 노동(L)만 보유하고 있는 로빈슨 크루소는 생선(F) 및 코코넛(C)를 소비한다. F 및 C의 생산함수는 각각 $F=6L$ 및 $C=5L^{0.5}$으로 주어졌다. F 및 C를 수집하기 위해 하루에 6시간을 소모하므로 L의 부존량은 6으로 주어졌으며, 로빈슨 크루소의 효용함수는 $U=F^2C$로 주어졌다.

(1) 생산가능함수를 도출하고 이를 그림으로 나타내시오.

(2) 효용극대화를 달성하기 위한 F 및 C의 값은 각각 얼마인가?

(3) 효용극대화를 달성할 때 한계대체율과 한계전환율이 같아짐을 보이시오.

(4) 만약 F와 C가 시장에서 교환된다면, 교환비율은 얼마이겠는가?

07 2인-2재화-2생산요소가 존재하는 경제가 현재 왈라스 균형을 달성하고 있다. 다음과 같은 일이 발생하는 경우에 왈라스 균형이 어떻게 변화할 것인지를 설명하시오.

(1) 인구가 증가해 임금이 하락했다.

(2) 지진이 나서 자본재의 양이 반으로 줄었다.

(3) 소비자들이 자본집약적 산업에서 생산된 제품을 더 선호하게 되었다.

08 2인-2재화 순수교환의 경우를 생각해 보자. 먼저 A 및 B의 효용함수는 각각 $U_A=\min\{X_A, Y_A\}$, $U_B=\min\{X_B, Y_B\}$로 주어졌다. A는 X재만 X_A^0만큼, B는 Y재만 Y_B^0만큼 가지고 있다. Y재를 가치척도의 기준으로 하는 경우의 교환비율은 Π로 주어졌다.

(1) 교환비율이 Π_0에서 Π_1으로 상승하는 경우에 A 및 B가 예산제약 하의 효용극대화를 이루는 상황이 어떻게 변화하는지 그림으로 나타내시오. 최적소비계획은 어떤 선을 따라 움직이는가.

(2) 에지워스 상자를 이용해 초기부존점을 나타내시오. $X_A^0=Y_B^0$인 경우에는 왈라스 균형이 무한히 많이 존재하고 $X_A^0 \neq Y_B^0$인 경우에는 왈라스 균형이 존재하지 않음을 그림을 이용하여 보이시오.

09 A 및 B의 효용함수가 각각 $U_A=X_A+Y_A$ 및 $U_B=2X_B+Y_B$로 주어졌다. A 및 B의 X재 부존량은 각각 5이며, Y재 부존량은 각각 10다. 한편 Π는 Y재를 가치척도의 기준으로 하는 경우의 교환비율이다.

(1) 제시곡선offer curve을 정의하고 A 및 B의 제시곡선을 그림을 이용하여 도출하시오

(2) 왈라스 균형을 만족시키는 Π는 얼마인가?

부록 4 생산이 있는 경우의 일반균형

본문에서는 교환만 행해지는 경제를 대상으로 왈라스균형이 성립할 수 있는지를 살펴보았다. 이러한 분석은 생산이 있는 경제로 쉽게 연장될 수 있다. 재화와 생산요소가 모두 M개 있으며, 소비자는 N_1명, 생산자는 N_2명 있는 경제를 가정해 보자. 이때 i번째 재화 혹은 생산요소의 절대가격을 P_i라 하고 M번째 재화 혹은 생산요소를 가치척도의 기준으로 사용한다면, 상대가격들은 $\Pi_1=P_1/P_M$, $\Pi_2=P_2/P_M$, $\cdots$, $\Pi_{M-1}=P_{M-1}/P_M$로 나타낼 수 있다. 한편 앞에서와 마찬가지로 기호를 간단히 하기 위하여 상대가격 벡터 vector Π를 $\Pi=(\Pi_1, \Pi_2, \cdots, \Pi_{M-1})$로 나타내기로 한다.

i번째 소비자가 갖는 초기 부존량을 $E_i=(E_1^i, E_2^i, \cdots, E_M^i)$, i번째 소비자가 예산제약하의 효용극대화를 이루는 최적소비계획을 $X_i=(X_1^i, X_2^i, \cdots, X_M^i)$라 하자 $(i=1, \cdots, N_1)$. 여기서 X_m^i는 m번째 것이 재화라면, i번째 소비자의 m번째 재화에 대한 수요량이다.

m번째 것이 생산요소라면 소비자가 제공하는 생산요소인 노동 등을 예로 들 수 있는데, 노동은 다음과 같이 처리된다. 즉 E_m^i는 소비자가 이용 가능한 여가의 총량이며, X_m^i는 소비자가 예산제약 하의 효용극대화를 이루는 여가에 대한 수요량이다. 따라서 이 경우에 노동의 공급량은 $E_m^i-X_m^i$가 되며, 노동을 공급하여 얻는 소득은 $\Pi_m(E_m^i-X_m^i)$가 된다. 소비자가 예산제약 하의 효용극대화를 이루도록 행동하는 경우에 재화나 여가에 대한 수요는 모든 상대가격에 의존하므로, $X_m^i=X_m^i(\Pi)$로 쓸 수 있다 $(m=1, \cdots, M)$.

j번째 기업이 완전경쟁 상황에서 이윤극대화를 이루는 경우의 최적 공급계획을 $Y_j=(Y_1^j, Y_2^j, \cdots, Y_m^j)$로 나타내기로 한다. 여기서 Y_m^j는 m번째 것이 재화라면 j번째 기업이 공급하는 m번째 재화의 양으로서 양(+)의 값을 가지며, 만약 m번째 것이 생산요소라면 Y_m^j는 j번째 기업의 m번째 생산요소에 대한 수요량으로서 음(−)의 값을 갖는 것으로 가정된다. 이 경우에 j번째 기업이 m번째 재화 혹은 생산요소를 공급 혹은 수요하지 않는다면, $Y_m^j=0$이 된다.

기업이 이윤극대화를 이루도록 행동한다면 재화의 공급이나 생산요소의 수요는 모든 상대가격에 의존하므로 $Y_m^j = Y_m^j(\Pi)$로 쓸 수 있으며, j번째 기업의 이윤은 $\Pi Y_j = \Pi_1 Y_1^j + \cdots + \Pi_{M-1} Y_{M-1}^j + Y_M^j$로 쓸 수 있다. 만약 m번째 것이 생산요소라면 Y_m^j는 음(−)이므로 ΠY_j가 총수입에서 총비용을 차감한 것임을 알 수 있다.

모든 기업들의 이윤은 결국 소비자들에게 분배된다. T_{ij}를 기업 j의 이윤 중 i번째 소비자에게 분배되는 비율이라 정의한다. j번째 기업의 이윤은 전액이 소비자들에게 분배되므로, $\sum_{i=1}^{N_1} T_{ij} = 1$이 된다. 한편 i번째 소비자는 모든 기업들로부터 이윤을 분배받을 수 있으므로, i번째 소비자가 분배받은 이윤의 합은 $\sum_{j=1}^{N_2} T_{ij} \Pi Y_j$가 된다.

이때 i번째 소비자의 소득은 초기 부존량, 생산요소를 제공하여 얻은 소득 및 각 기업들로부터 분배받은 이윤에 의하여 결정된다. 한편 i번째 소비자가 예산제약 하의 효용극대화를 이루기 위해서는 예산선 위의 소비계획을 선택하므로, 다음과 같이 세이의 법칙이 성립한다.

$$\sum_{m=1}^{M} \Pi_m X_m^i = \sum_{j=1}^{N_2} T_{ij} \Pi Y_j + \sum_{m=1}^{M} \Pi_m E_m^i \quad \cdots\cdots\cdots\cdots \text{(1)}$$

만약 m번째 것이 여가 혹은 노동이라면, X_m^i를 **식** (1)의 등호 오른쪽으로 옮겨 정리한 $\Pi_m(E_m^i - X_m^i)$가 요소소득이 된다. 모든 소비자들의 m번째 재화 혹은 여가에 대한 수요의 합을 $X_m = \sum_i X_m^i$라 하고, 부존량의 합을 $E_m = \sum_i E_m^i$라 하자. 그리고 모든 기업들의 m번째 재화의 공급 혹은 생산요소에 대한 수요를 $Y_m = \sum_j Y_m^j$라 하기로 한다. X_m^i와 Y_m^j가 모두 Π에 의존하므로, $X_m(\Pi)$ 및 $Y_m(\Pi)$가 됨을 알 수 있다.

m번째 시장에서의 초과수요 Z_m은 $Z_m = X_m - Y_m - E_m$이 된다. 만약 m번째 것이 재화라면, 모든 소비자의 m번째 재화에 대한 수요량에서 모든 기업의 m번째 재화의 공급량과 모든 소비자의 m번째 재화의 부존량을 뺀 것이 m번째 재화에 대한 초과수요가 된다. 만약 m번째 것이 노동이라면, 모든 기업의 노동에 대한 수요 $-Y_m(-Y_m > 0)$에서 모든 소비자들의 노동의 공급량 $E_m - X_m$을 뺀 것이 노동에 대한 초과수요가 된다. X_m과 Y_m이 Π에 의존하므로 Z_m도 Π에 의존함을 알 수 있다.

$Z_m(\Pi)$를 도출할 때 소비자가 예산제약 하의 효용극대화를 이루도록 행동하며 기업이 이윤극대화를 이루도록 행동한다는 것이 이미 고려되었으므로, 왈라스균형을 찾는 문제는 $Z_1(\Pi^*) = Z_2(\Pi^*) = \cdots = Z_M(\Pi^*)$를 만족시키는 Π^*를 찾

는 문제로 귀착된다. 이때에도 만족시켜야 할 방정식의 수는 M개이며 미지수의 수는 $M-1$개이나, 왈라스법칙이 성립하면 독립적인 방정식의 수와 미지수가 일치하여 왈라스균형이 성립할 수 있다. 시장에서 초과수요가치의 합은 $\sum_m \Pi_m Z_m = \sum_m \Pi_m X_m - \sum_m \Pi_m Y_m - \sum_m \Pi_m E_m$ 인데, 이를 **식** (1)을 이용하여 정리하면 다음과 같이 왈라스법칙이 성립함을 알 수 있다.

$$\begin{aligned}
\sum_m \Pi_m Z_m &= \sum_m \Pi_m X_m - \sum_m \Pi_m Y_m - \sum_m \Pi_m E_m \\
&= \sum_m \Pi_m E_m + \sum_i \sum_j T_{ij} \Pi Y_j - \sum_m \Pi_m Y_m - \sum_m \Pi_m E_m \\
&= \sum_i \sum_j T_{ij} \Pi Y_j - \sum_m \Pi_m Y_m \\
&= \sum_i T_{ij} \sum_m \Pi_m Y_m - \sum_m \Pi_m Y_m \\
&= \sum_m \Pi_m Y_m - \sum_m \Pi_m Y_m \\
&= 0 \qquad \cdots\cdots (2)
\end{aligned}$$

여기서 i는 $1 \sim N_1$, j는 $1 \sim N_2$, 그리고 m은 $1 \sim M$까지의 합이라는 것이 전제되고 있다. **식** (2)에 의하여 생산이 있는 경우도 왈라스법칙이 성립한다. 따라서 독립적인 방정식의 수와 미지수의 수가 $M-1$개로 동일하므로, 왈라스균형이 성립함을 알 수 있다.

19 후생경제학

19-1 자원배분의 효율성

앞에서 살펴본 왈라스 균형, 혹은 일반균형은 모든 시장이 완전경쟁일 때 시장기구에 의해 시장의 균형을 보장하는 자원배분을 이룰 수 있는지에 관한 논의였다. 후생경제학 welfare economics 에서는 더 나아가 이러한 자원배분 상태 중에서 어떠한 자원배분 상태가 바람직한 것인지 분석한다. 어떤 자원배분이 바람직한지 그렇지 않은지는 **파레토 개선** Pareto improvement 이 가능하냐 불가능하냐에 달려 있다. 한 자원배분에서 다른 자원배분으로 이동할 때 모든 소비자산업의 만족산출량이 감소하지 않으면서 최소한 한 소비자산업의 만족산출량이 증가할 수 있다면, 파레토 개선이 가능하다.

> **파레토 개선**
>
> 한 자원배분에서 다른 자원배분으로 이동할 때 모든 소비자(산업)의 만족(산출량)이 감소하지 않으면서 최소한 한 소비자(산업)의 만족(산출량)이 증가할 수 있다면, 파레토 개선이 가능하다.

앞의 18장일반균형이론에서 살펴본 바와 같이 교환의 경우에는 한 자원배분소비자들의 소비계획의 모임에서 다른 자원배분으로 이동할 때 모든 사람의 만족이 종전에 비해 감소하지 않으며, 최소한 한 사람의 만족이 증가하면 '파레토 개선이 있다' 라고 한다.

이와 유사하게 생산의 경우는 한 자원배분산업별 요소결합의 모임에서 다른 자원배분으로 이동할 때 모든 산업의 산출량이 감소하지 않으면서 최소한 한 산업의 산출량이 증가할 때 파레토 개선이 있다고 할 수 있다.

파레토 개선에 기초해 바람직한 자원배분의 상태를 정의하는 기준으로 가장 널리 쓰이는 것이 **파레토 효율성** Pareto efficiency 의 개념이다. 현재의 자원배분에서 더 이상의 파레토 개선이 불가능할 때 현재의 자원배분을 파레토 효율적이라 한다.

> **파레토 효율성**
>
> 현재의 자원배분에서 더 이상의 파레토 개선이 불가능할 때 현재의 자원배분을 파레토 효율적이라 한다.

따라서 파레토 효율적인 자원배분은 현재의 자원배분에서 다른 자원배분으로 이동하는 경우에 최소한 한 사람의 만족이 감소하거나, 또는 최소한 한 산업의 산출량이 줄어드는 경우를 의미하는 것으로도 이해할 수 있다.

이제 가장 단순한 경우인 2인-2재화-2생산요소가 존재하는 경제를 대상으로 생산, 교환 및 산출물 구성에서 파레토 효율성을 달성하기 위한 조건이 무엇인지 알아보자.

어떤 경제에 두 생산요소 노동 L 및 자본 K, 두 가지 재화 X재 및 Y재, 그리고 두 명의 소비자 A 및 B가 존재한다고 하자. L_X 및 L_Y는 각각 X재 및 Y재 산업에 배분된 노동의 양이며, K_X 및 K_Y는 X재 및 Y재 산업에 배분된 자본의 양이다. 이 경제에 존재하는 노동 및 자본의 총량은 각각 $\bar{L}$ 및 $\bar{K}$ 이므로 $L_X+L_Y=\bar{L}$ 및 $K_X+K_Y=\bar{K}$가 성립한다.

생산의 파레토 효율성

노동 및 자본의 양이 L 및 K로 일정하게 주어졌을 때 X재와 Y재 산업에 노동과 자본을 얼마씩 배분하는 것이 가장 바람직할 것인지에 관한 기준을 제시해 주는 것은 생산의 파레토 효율성이다. 즉 각 산업들에 생산요소를 배분할 때 한 산업의 산출량을 감소시키지 않고는 다른 산업의 산출량을 증가시키는 것이 불가능하다면, **생산의 파레토 효율성**이 달성된다.

> **생산의 파레토 효율성**
>
> 각 산업들에 생산요소를 배분할 때 한 산업의 산출량을 감소시키지 않고는 다른 산업의 산출량을 증가시키는 것이 불가능하다면, 생산의 파레토 효율성이 달성된다.

이 정의에 의해, 어떤 자원배분에서 생산요소를 재배분해 X재 및 Y재의 산출량을 모두 증가시킬 수 있다면, 즉 파레토 개선을 이룰 수 있다면 이 자원배분은 파레토 효율적이지 못함을 알 수 있다.

앞의 19-2 2인-2재화 순수교환 하의 일반균형와 마찬가지로 에지워스 상자Edgeworth box를 그리면 그림 19-1 (a)와 같다. (a)에서 0_X 및 0_Y는 각각 X재 및 Y재 산업의 원점이다. 한편 상자의 크기는 노동 및 자본의 총 부존량에 의해 결정되며, Y재 산업의 경우에는 그림을 뒤집어 그린 것이라는 점에 유의할 필요가 있다.

먼저 그림 19-1 (a)의 임의의 자원배분 E가 파레토 효율적인지 아닌지 알아보기로 하자. E에서는 생산요소를 재배분해 a, b, c 및 d의 방향으로 이동하는 것이 가능하다. 만약 a 방향으로 이동한다면 두 산업의 산출량이 모두 감소하며, b 및 c 방향으로 이동하면 한 산업의 산출량은 증가하지만 다른 산업의 산출량은 감소한다. 그러나 d 방향으로 이동하면 두 산업의 산출량이 모두 증가한다. 즉 E에서는 생산요소를 재배분해 X재 및 Y재의 산출량을 모두 증가시키는 것이 가능하

그림 19-1

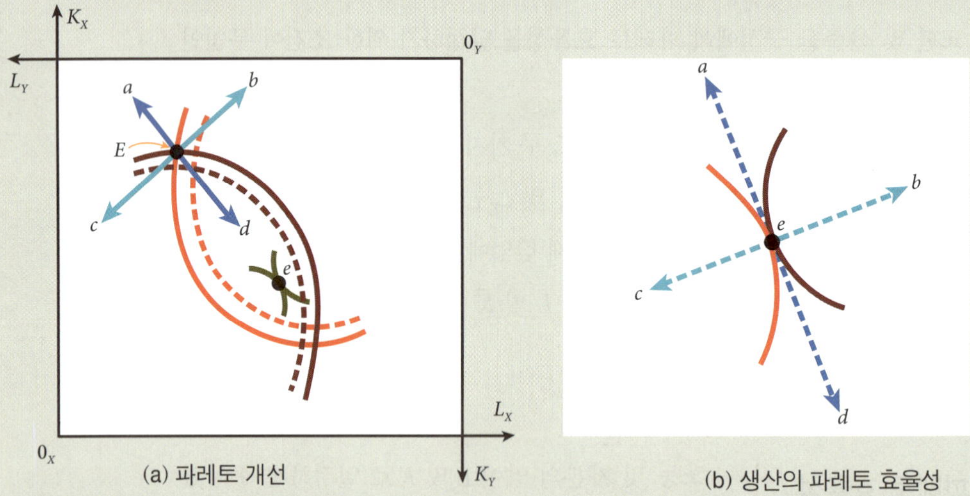

(a) 파레토 개선 (b) 생산의 파레토 효율성

생산의 파레토 효율성

(a)의 E에서 이동할 수 있는 a, b, c, d 네 방향 중 어느 한 재화의 생산을 감소시키지 않는 경우는 d 방향으로 이동하는 경우뿐이다. 그러므로 d 방향으로 이동하는 것이 파레토 개선이다. (b)의 e와 같은 경우는 어느 방향으로 이동하든 최소한 한 재화의 생산량은 감소하게 된다. 즉 더 이상의 파레토 개선이 불가능하므로 e는 생산의 파레토 효율성의 조건을 만족시키는 상황이다.

다. 따라서 E가 나타내는 자원배분은 생산의 파레토 효율성을 만족시키지 못한다.

임의의 자원배분 E에서 파레토 개선을 이루어 나가면, e가 나타내는 자원배분과 같이 두 산업의 등량곡선이 서로 접하는 상황이 발생한다. 그림 19-1 (b)의 e가 나타내는 자원배분에서는 더 이상의 파레토 개선이 불가능하다.

즉 생산요소의 재배분을 통해 a 및 d 방향으로 이동하면 두 산업의 산출량이 모두 감소하며, b 및 c 방향으로 이동하면 한 산업의 산출량은 증가하나 다른 산업의 산출량은 감소한다. 따라서 e가 나타내는 자원배분은 파레토 효율적이며, 생산의 파레토 효율성의 조건은 다음과 같음을 알 수 있다.

$$MRTS_{LK}^{X} = MRTS_{LK}^{Y} \tag{19-1}$$

여기서 $MRTS_{LK}^{X}$ 및 $MRTS_{LK}^{Y}$는 각각 X재 및 Y재 산업의 한계기술대체율이며, 식 (19-1)은 두 산업의 등량곡선이 서로 접할 때 생산의 파레토 효율성이 달성됨을 나타낸다. 그림 19-2에서 보는 바와 같이 생산요소 배분에 의해 무한히 많은

그림 19-2

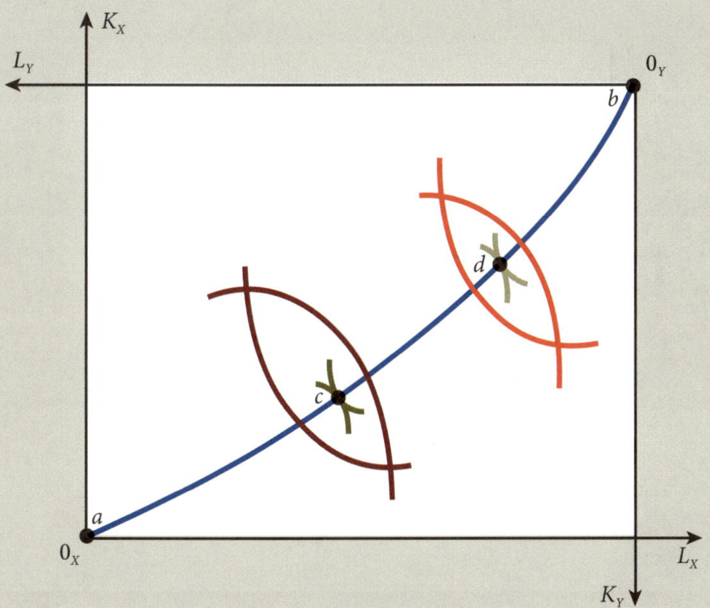

계약곡선

생산의 파레토 효율성의 조건을 만족시키는 자원배분을 모두 연결한 선을 계약곡선이라 한다.

파레토 효율적인 자원배분을 얻을 수 있다.

그림 19-2와 같이 주어진 에지워스 상자 안에서 실행 가능한 모든 파레토 효율적인 자원배분들을 연결한 선을 계약곡선contract curve이라 한다. 계약곡선 위의 점들은 모두 생산요소를 가장 효율적으로 이용하는 경우에 얻을 수 있는 X재 및

그림 19-3

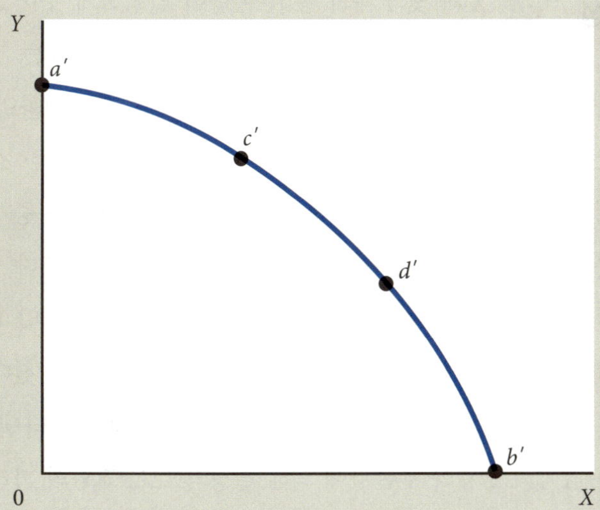

생산가능곡선

생산요소를 가장 효율적으로 이용할 때 얻을 수 있는 X와 Y의 결합이 생산가능곡선이다. 생산가능 곡선 위의 한 점과 계약곡선 위의 한 점은 일대일로 대응한다.

그림 **19-4**

교환의 파레토 효율성

생산가능곡선 위의 한 점이 나타내는 X와 Y 생산량을 A 및 B에게 파레토 효율성의 조건을 만족시키며 배분하기 위해서는, 두 소비자의 무차별 곡선이 서로 접하도록 해야 한다. 교환의 파레토 효율성의 조건을 만족시키는 자원배분을 연결한 선이 계약곡선이다.

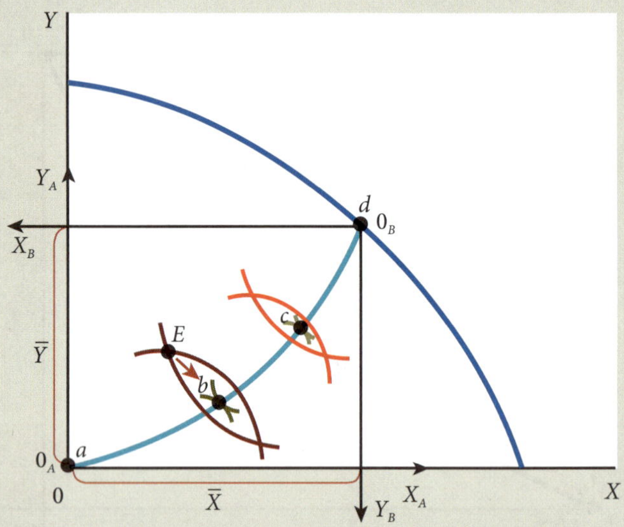

Y재의 산출량이 각각 얼마인지를 나타낸다. 이러한 X재와 Y재의 결합을 (X, Y) 평면에 나타낸 것이 곧 생산가능곡선production possibility curve이다.

즉 그림 19-3의 a', b', c' 및 d'는 각각 그림 19-2의 a, b, c 및 d에 대응된다. 생산가능곡선의 정의에 의해, 생산가능곡선 위의 모든 X재와 Y재의 결합이 생산의 파레토 효율성을 만족시키고 있음을 알 수 있다.

교환의 파레토 효율성

> **교환의 파레토 효율성**
>
> 두 소비자들에게 재화를 배분할 때 한 소비자의 만족을 감소시키지 않고는 다른 소비자의 만족을 증가시키는 것이 불가능하다면, 교환의 파레토 효율성이 달성된다.

X재 및 Y재의 총 부존량이 일정하게 주어졌을 때, 이들을 소비자들에게 어떻게 분배하는 것이 가장 바람직한지 판단하는 기준을 제시해 주는 것은 **교환의 파레토 효율성**이다. 즉 두 소비자에게 재화를 배분할 때 한 소비자의 만족을 감소시키지 않고는 다른 소비자의 만족을 증가시키는 것이 불가능하다면 교환의 파레토 효율성이 달성된다.

생산가능곡선 위의 임의의 한 점을 생각해 보자. X재 및 Y재의 산출량 수준이 생산가능곡선 위의 한 점으로 주어졌다면 이는 곧 경제에 존재하는 X재 및 Y재의 양이 각각 $\bar{X}$ 및 $\bar{Y}$라는 것을 나타낸다. 에지워스 상자의 크기는 X재와 Y재의 부존량에 의해 결정되므로, 교환의 파레토 효율성을 분석하기 위한 에지워스 상자는 그림 19-4와 같이 나타난다. 한편 X_A

그림 19-5

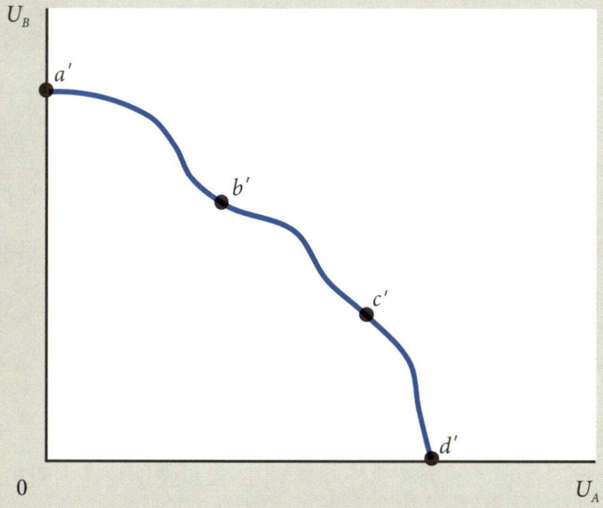

효용가능곡선

계약곡선을 따라 0_A에서 0_B로 움직이면 U_A는 증가하며 U_B는 감소한다. 이를 (U_A, U_B) 평면에 그린 것이 효용가능곡선이다. 효용가능곡선 위의 한 점은 계약곡선 위의 한 점과 일대일로 대응한다.

및 X_B를 소비자 A 및 B에게 배분된 X재의 양, Y_A 및 Y_B를 소비자 A 및 B에 배분된 Y재의 양이라 하면, $X_A+X_B=\bar{X}$ 및 $Y_A+Y_B=\bar{Y}$가 성립한다.

교환의 파레토 효율성은 어떤 경우에 달성될 수 있는가? 그림 19-4의 임의의 자원배분 E에서는 두 소비자의 무차별곡선이 서로 접하지 않는다. 이 경우에는 화살표 방향으로 이동하면 파레토 개선을 이룰 수 있으므로 교환의 파레토 효율성을 만족시키지 못한다. 이와 같이 파레토 개선을 계속 이루어 나가면, 교환의 파레토 효율성은 결국 두 소비자의 무차별곡선이 서로 접하는 b와 같은 곳에서 이루어진다. 따라서 교환의 파레토 효율성의 조건은 다음과 같다.

$$MRS_{XY}^{A}=MRS_{XY}^{B} \tag{19-2}$$

여기서 MRS_{XY}^{A} 및 MRS_{XY}^{B}는 각각 A 및 B의 한계대체율이며, 식 (19-2)는 두 소비자의 무차별곡선이 접할 때 교환의 파레토 효율성이 달성됨을 나타낸다. 생산의 경우와 마찬가지로 두 소비자의 무차별곡선이 서로 접해 교환의 파레토 효율성을 달성하는 자원배분은 무한히 많다. 이들을 연결한 선은 계약곡선이라 한다.

한편 앞의 18장 일반균형이론에서 장애제휴 blocking coalition가 존재하지 않는 자원배분을 코어 core에 속하는 자원배분이라 정의하였는데, 임의의 자원배분 E를 초기 부존점으로 생각하는 경우에 코어에 속하는 자원배분들은 E를 지나는 두 소비자의 무차별곡선으로 둘러싸인 계약곡선이 된다.

계약곡선 위의 점들은 모두 X재와 Y재를 가장 효율적으로 소비자들에게 배분할 때 소비자들이 얻는 효용수준이 얼마가 되는지 나타낸다. U_A 및 U_B를 소비자 A 및 B의 효용수준이라 하면, 계약곡선 위의 점들이 나타내는 U_A와 U_B를 (U_A, U_B) 평면에 그려 **그림 19-5**와 같은 효용가능곡선 utility possibility curve을 얻을 수 있다. 여기서 계약곡선 위의 a, b, c 및 d는 효용가능곡선 위의 a', b', c' 및 d'에 대응된다. 효용가능곡선의 정의에 의해, 효용가능곡선 위의 모든 점들은 교환의 파레토 효율성을 만족시킨다.

산출물 구성의 파레토 효율성

> **산출물 구성의 파레토 효율성**
>
> 생산의 파레토 효율성을 만족시키는 임의의 X재와 Y재의 산출량이 주어졌을 때 교환의 파레토 효율성을 만족시킨다는 전제 아래 X재와 Y재의 산출량 수준을 바꿔도 소비자들의 만족을 증가시킬 수 없다면, 산출물 구성의 파레토 효율성이 충족된다.

그림 19-2의 계약곡선 위의 모든 점들은 생산의 파레토 효율성을 만족시키므로, 생산의 파레토 효율성을 만족시키는 자원배분은 무한히 많다. 그리고 **그림 19-4**의 계약곡선 위의 모든 점들도 교환의 파레토 효율성을 만족시키므로, 교환의 파레토 효율성을 만족시키는 자원배분도 무한히 많다. 생산과 교환에 존재하는 무한히 많은 파레토 효율적 자원배분 중 교환의 파레토 효율적 자원배분을 유일하게 만들 수 있는 것이 **산출물 구성의 파레토 효율성**이다. 즉 생산의 파레토 효율성을 만족시키는 임의의 X재와 Y재의 산출량이 주어졌을 때 교환의 파레토 효율성을 만족시킨다는 전제 아래 X재와 Y재의 산출량 수준을 바꿔도 소비자들의 만족을 증가시킬 수 없다면, 산출물 구성의 파레토 효율성이 충족된다.

생산의 파레토 효율성을 만족시키는 임의의 X재와 Y재의 결합은 생산가능곡선 위의 임의의 한 점으로 나타나므로, **그림 19-6**과 같이 생산가능곡선 위의 임의의 점 a를 생각해 보자. 이 경우에 주어진 X재와 Y재의 초기 부존량 $\bar{X}$ 및 $\bar{Y}$에서 계약곡선 위의 모든 점들은 교환의 파레토 효율성을 만족시키는 자원배분이 된다. 그러나 이들 중 오직 하나만이 산출물 구성의 파레토 효율성을 만족시키는 자원배분이다. 교환의 파레토 효율성이 충족되면, 두 소비자의 무차별곡선이 서로 접하므로 $MRS_{XY}^A = MRS_{XY}^B$가 성립한다. 따라서 그 값이 같은 두 소비자의 한계대체율을 MRS_{XY}로 나타내기로 한다.

생산가능곡선 위의 어느 한 점에서의 접선의 기울기는 앞의 **6-6** 결합생산에서 정

그림 19-6

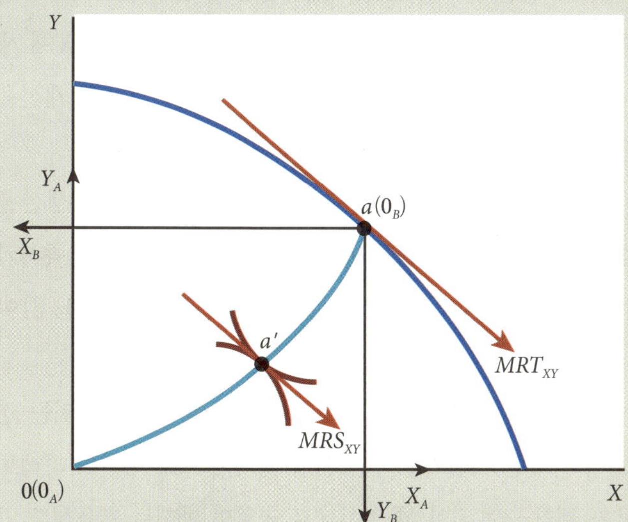

산출물 구성의 파레토 효율성

산출물 구성의 파레토 효율성을 만족시키기 위해서는 계약곡선에서 접하고 있는 A, B 두 소비자의 무차별곡선의 접선의 기울기, 즉 한계대체율과 한계전환율이 같아야 한다. 이를 만족시키는 계약곡선 위의 점은 오직 하나만 존재한다.

의된 바와 같이 한계전환율 marginal rate of transformation MRT_{XY}이며, MRT_{XY}는 주어진 생산요소를 가장 효율적으로 이용할 때 X재의 산출량을 한 단위 증가시키기 위해 감소시켜야 하는 Y재의 양을 나타낸다. 이 경우에 산출물 구성의 파레토 효율성을 이루는 조건은 다음과 같다.

$$MRT_{XY} = MRS_{XY} \qquad (19-3)$$

식 (19-3)이 산출물 구성의 파레토 효율성의 조건임을 이해하기 위해, 등호가 성립하지 않는 경우인 $MRT_{XY}=1>1/2=MRS_{XY}$를 생각해 보자. $MRS_{XY}=MU_X/MU_Y=1/2$이라는 것은 소비자 A 및 B가 X재의 소비를 한 단위 줄이는 대신 Y재의 소비를 1/2단위 늘리면, 효용수준이 변화하지 않는다는 것이다. 그런데 $MRT_{XY}=1$이므로 X재의 생산을 한 단위 줄이면, Y재의 산출량을 1단위 증가시킬 수 있다. 이 경우에는 X재 생산을 한 단위 줄이고 Y재 생산을 한 단위 늘리는 식으로 산출물 구성을 조정하면, 파레토 개선을 이룰 수 있다. 그 이유는 다음과 같다.

X재의 생산을 한 단위 줄여 소비자 A에게 배분하는 X재의 양을 한 단위 줄여도, 소비자 A에게 Y재를 1/2단위만 더 배분해 주면 소비자 A의 효용수준은 변화하지 않는다. 이때 소비자 B에게는 아무런 조처를 취하지 않았으므로, 소비자 B의 만족 역시 변화하지 않는다. 그런데 X재 생산을 한 단위 줄이면 Y재 생산

을 한 단위 늘릴 수 있으므로, 소비자 A 및 B의 만족을 종전과 동일하게 해 주었을 때 여분의 Y재 1/2단위가 생긴다. 이를 소비자 A 및 B에게 추가로 배분하면 두 소비자의 만족이 모두 증가한다. 따라서 $MRT_{XY} > MRS_{XY}$인 경우에는 X재 생산을 줄이고 Y재 생산을 늘리는 방향으로 산출물 구성을 바꾸어 파레토 개선을 이룰 수 있으므로, 산출물 구성의 파레토 효율성이 이뤄진 경우가 아니다.

$MRT_{XY} < MRS_{XY}$인 경우도 마찬가지 이유로 X재 생산을 늘리고 Y재 생산을 줄여 파레토 개선을 이룰 수 있으므로, 산출물 구성의 파레토 효율성을 만족시키지 못한다. 따라서 산출물 구성의 파레토 효율성을 이루기 위해서는 **식 (19-3)**이 성립해야 한다.

그림 19-6에서 보는 바와 같이 산출물 구성의 파레토 효율성을 만족시키는 경우는 계약곡선 위의 a'뿐이다. a는 생산가능곡선 위의 한 점이므로 생산의 파레토 효율성을 만족시키며, a'가 계약곡선 위의 한 점이므로 교환의 파레토 효율성도 만족시킨다. 따라서 a 및 a'에 의해 나타나는 자원배분은 생산, 교환 및 산출물 구성의 파레토 효율성을 모두 만족시키는 자원배분임을 알 수 있다.

계약곡선이 나타내는 소비자 A 및 B의 효용수준 U_A 및 U_B를 (U_A, U_B) 평면에 그린 것이 그림 19-5와 같은 효용가능곡선이다. 효용가능곡선 위의 모든 점이 생산 및 교환의 파레토 효율성을 만족시키지만, 생산, 교환 및 산출물 구성의 파레토 효율성을 모두 만족시키는 점은 그림 19-6의 a'에 대응하는 점 하나만 존재한다.

파레토 효율적 자원배분의 유일성 | 생산가능곡선 위의 임의의 점에 대해 생산, 교환 및 산출물 구성의 파레토 효율성을 만족시키는 자원배분을 생각해 볼 수 있다. 그런데 생산가능곡선 위의 점들은 무한히 많다. 이는 곧 주어진 생산요소의 초기 부존량으로 달성할 수 있는 파레토 효율적 자원배분이 무한히 많음을 의미한다. 이 문제를 해결하기 위해 효용가능경계 utility possibility frontier와 사회후생함수 social welfare function를 생각해 보자.

그림 19-7 (a)에서 보는 바와 같이 에지워스 상자의 크기와 형태는 생산가능곡선 위의 어느 점을 잡는가에 따라 달라지며, 이에 따라 계약곡선의 형태도 달라진다. 계약곡선의 형태가 달라지면, 이에 기초해 얻는 효용가능곡선의 형태도 (b)와 같이 달라진다. 즉 생산가능곡선 위의 한 점과 하나의 효용가능곡선은 일대일로 대응된다. 그런데 각각의 효용가능곡선에서 생산, 교환 및 산출물 구성의 파레

그림 19-7

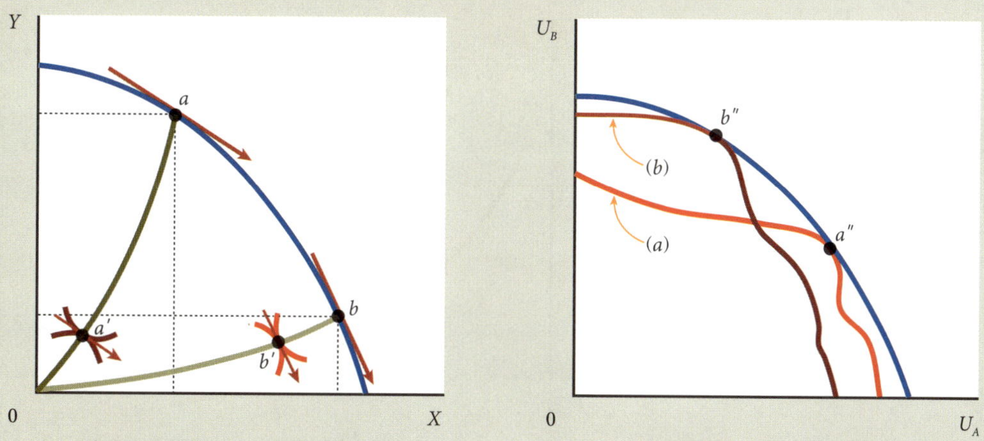

(a) 생산가능곡선 위의 점들과 계약곡선들

(b) 효용가능경계

효용가능경계

(a)와 같이 생산가능곡선 위의 각 점에 대해 생산, 교환 및 산출물 구성의 파레토 효율성을 만족시키는 자원배분이 한 개씩 존재한다. 생산가능곡선 위의 각 점(그림 (a)의 a 및 b)에 대해 교환의 파레토 효율성을 만족시키는 계약곡선과 연관된 효용가능곡선을 그릴 수 있다(그림 (b)의 (a) 및 (b)로 나타낸 곡선). 각각의 효용가능곡선 중 (a)의 산출물구성의 파레토 효율성을 만족시키는 점과 대응되는 점들인 (b)의 a'' 및 b''를 연결하여 얻은 것이 효용가능경계이다. 효용가능경계 위의 점들은 생산, 교환 및 산출물 구성의 파레토 효율성의 조건을 모두 만족시킨다.

토 효율성을 만족시키는 자원배분은 그림 19-7 (a)의 a' 및 b'에 대응하는 점들인 a''와 b''의 경우와 같이 한 점씩만 존재한다.

이 점들을 연결한 선을 효용가능경계 utility possibility frontier 혹은 대효용가능곡선 grand utility possibility curve이라 한다. 효용가능경계는 효용가능곡선의 포락선 envelope curve이며, 효용가능경계 위의 모든 점은 생산, 교환 및 산출물 구성의 파레토 효율성을 만족시킨다. 즉 앞에서 이야기한 생산가능곡선 위의 점이 무한히 많다는 사실은 효용가능경계 위의 점이 무한히 많이 존재한다는 것으로 나타낼 수 있다.

효용가능경계 위의 한 점을 결정하기 위해 사회후생함수를 생각해 보자. 사회후생 SW는 사회 전체의 만족수준을 나타내는데, 사회후생은 결국 사회구성원인 개인들의 만족수준에 의해 결정된다. 따라서 사회후생과 개인들의 효용수준 사이의 관계를 결정짓는 사회후생함수 $SW(\cdot)$는 $SW=SW(U_A, U_B)$로 쓸 수 있다. 사회후생함수에 관한 자세한 논의는 뒤의 19-3 사회후생함수에서 하기로 하고, 여기서는 사회후생함수가 개인들의 효용함수와 동일한 성격을 갖는다고 가정하기로 한다.

그림 19-8

사회무차별곡선

사회무차별곡선은 원점에 대해 볼록하며 원점에서 멀수록 더 높은 사회후생 수준을 나타낸다.

동일한 사회후생을 낳는 U_A와 U_B의 결합을 사회무차별곡선social indifference curve이라 한다. U_A 혹은 U_B가 증가하면 사회후생이 증가하므로 사회무차별곡선의 기울기는 그림 19-8과 같이 음(−)이며, 원점에서 멀리 떨어진 사회무차별곡선일수록 사회후생이 높다. 한편 사회무차별곡선은 원점에 대해 볼록한 것으로 가정된다.

효용가능경계 위의 한 점을 선택할 때는 그림 19-9의 a처럼 사회후생을 극대

그림 19-9

파레토 효율적 자원배분의 유일성

생산, 교환 및 산출물 구성의 파레토 효율성의 조건을 모두 만족시키며 사회후생을 극대화하는 자원배분은 하나만 존재한다.

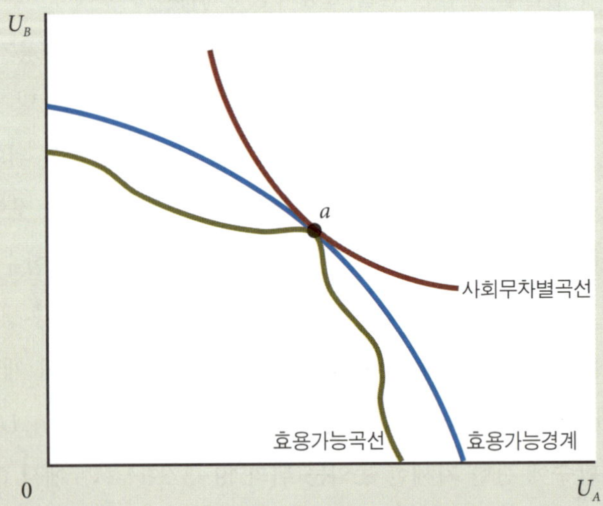

그림 19-10

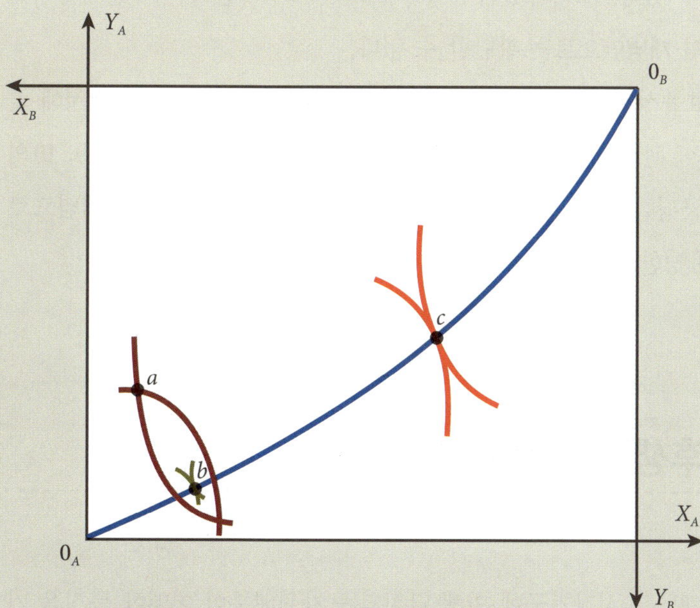

파레토 효율성 기준의 한계

파레토 효율성의 기준에 의해 계약곡선 밖의 자원배분인 a보다 계약곡선 위의 점인 b가 더 바람직하다고 말할 수 있다. 그러나 계약곡선 위의 자원배분인 b와 c 중 어느 것이 더 바람직한 것인지에 대해서는 판단할 수 없다.

화할 수 있는 점을 선택하는 것이 바람직하다. 이런 점은 a가 유일하며, a에 대응하는 효용가능곡선도 유일하다. 그런데 하나의 효용가능곡선은 생산가능곡선 위의 한 점과 일대일로 대응하므로, 이에 의해 생산가능곡선 위의 한 점이 결정된다. 이 점도 효용가능곡선처럼 유일하다. 따라서 앞에서 살펴본 바와 같이 생산, 교환 및 산출물 구성의 파레토 효율성을 만족시키는 자원배분도 유일하게 존재함을 알 수 있다. 이렇게 사회후생함수를 도입하면, 가장 바람직한 파레토 효율적 자원배분을 발견할 수 있다.

파레토 효율성 기준의 한계

파레토 효율성의 기준은 사회적으로 바람직한 자원배분은 어떠해야 하는지에 대한 하나의 판단기준을 제시하지만, 파레토 효율성 개념은 여러 가지 문제점을 안고 있다. 여기서는 교환의 파레토 효율성을 대상으로 두 가지 문제만 생각해 보자.

먼저 지적할 수 있는 것은 파레토 효율성에 의해 계약곡선 위의 자원배분이 계약곡선 밖의 자원배분보다 더 바람직하다고 말할 수 있으나 계약곡선 위의 자원배분들은 어느 것이 더 바람직하다고 말할 수 없다는 문제이다. 즉 그림 19-10에서 b는 a로부터 파레토 개선을 거쳐 달성한 자원배분이므로, a보다 바람직한 자원배분이라고 할 수 있다. 그러나 b와 c 중 어느 것이 더 바람직한 자원배분이냐는 파레토 효율성의 개념만으로는 판단할 수 없다.

또한 파레토 효율성은 말 그대로 효율적인 자원배분에 대한 기준만 제시해 줄 뿐이며, 형평 equity 에 관해서는 어떠한 기준도 제시하여 주지 못한다. 그림 19-10의 b와 c 중 c가 더 공평한 자원배분인 것처럼 보이지만, 파레토 효율성의 개념으로는 어느 것이 더 공평한지 판단할 수 없다.

19-2 후생경제학의 정리

왈라스 균형 개념은 시장기구에 의해 달성되는 자원배분이 어떠한 특징을 가지는지를 설명해 주며, 파레토 효율성 개념은 특정한 자원배분이 사회적으로 바람직한 자원배분이 되기 위한 최소한의 필요조건을 나타낸다. 왈라스 균형과 파레토 효율성의 관계는 두 후생경제학의 정리 welfare theorem 를 이용해 알아볼 수 있다.

후생경제학의 제1정리

> **후생경제학의 제1정리**
>
> 왈라스 균형인 자원배분은 파레토 효율적이다.

모든 시장이 완전경쟁일 때, 시장기구에 의해 달성된 자원배분이 사회적으로 바람직한 자원배분인가, 즉 왈라스 균형인 자원배분이 파레토효율적인가라는 물음에 답할 수 있는 것이 **후생경제학의 제1정리** first welfare theorem 이다. 후생경제학의 제1정리는 "왈라스 균형인 자원배분은 파레토 효율적이다"라는 것이다.

후생경제학의 제1정리가 성립하는 이유를 2인-2재화 순수교환의 경우를 통해 알아보자. 앞의 18-2 2인-2재화 순수교환 하의 일반균형에서 살펴본 바와 같이 2인-2재화 순수교환의 왈라스 균형은 에지워스 상자 안에서 두 소비자의 제시곡선이 서로 만나는 점에서 이루어진다. 이때 균형상대가격은 부존점과 두 소비자의 제시곡선이 만나는 점을 연결한 직선의 기울기로 나타나며, 두 소비자의 무차별곡선은 이 직선 위에서 접한다. 왈라스 균형인 자원배분에서 두 소비자의 무차별곡선이 접해 한계대체율이 같으므로, 곧 후생경제학의 제1정리가 성립한다.

ECONOMIST

Vilfredo Pareto 1848~1923

로잔느Lausanne 학파의 주요 리더 가운데 한 사람이며 신고전 혁명neoclassical revolution의 2세대 주자로 잘 알려진 파레토는 1848년 프랑스에서 태어났는데 그의 아버지는 이탈리아의 망명귀족이었다. 수학과 공학을 전공한 공학박사 출신으로 공학관련 일에 종사하던 파레토가 경제학에 관심을 갖기 시작한 것은 그의 나이 40세를 넘긴 1890년 이후의 일인 것으로 알려져 있다. 반정부적 강연과 집필로 이탈리아에서 교수직을 얻지 못한 파레토는 당시 이탈리아의 저명한 신고전학파 경제학자였던 판탈레오니M. Pantaleoni의 추천으로 로잔느 대학 왈라스L. Walras의 교수직을 이어받는다.

파레토는 1896년 발간된 첫 저서인 《경제학강의course of political economy》에서 소득분배는 꼬리가 긴 비대칭적 형태를 취한다는 파레토 법칙Pareto law를 설명하였다. 파레토의 주요 업적은 1906년에 발간된 《경제학개요manual of political economy》이다. 이 책에서 파레토는 에지워스F.Y. Edgeworth가 처음 고안한 무차별곡선을 예산선과 결합시켜 소비자의 예산제약하의 효용극대화 문제를 분석하였으며 에지워스-상자를 분석에 처음 사용하였다. 다만 파레토는 효용이라는 용어를 사용하지 않고 효용과 거의 같은 개념인 오펠리미티ophelimity라는 용어를 사용하였다. 파레토 최적Pareto optimum, 즉 파레토 효율성의 개념을 처음 설명한 것도 이 책에서였다.

후생경제학의 제1정리가 성립한다는 사실을 생산, 교환 및 산출물 구성의 파레토 효율성으로 나누어 알아보자. 왈라스 균형은 완전경쟁과 모든 경제주체들이 최적화를 이룸을 전제로 하고 있다. 따라서 재화의 균형상대가격이 P_X/P_Y인 경우에 소비자 A 및 B는 $MRS_{XY}^{A}=P_X/P_Y$ 및 $MRS_{XY}^{B}=P_X/P_Y$를 만족시키도록 최적 소비계획을 결정한다. 따라서 왈라스 균형에서는 $MRS_{XY}^{A}=MRS_{XY}^{B}$가 성립하는데, 이는 곧 교환의 파레토 효율성의 조건과 같다.

임금과 자본임료를 각각 W와 R로 나타내기로 하자. 균형상대요소가격이 W/R로 주어진 경우에 X재 및 Y재를 생산하는 기업은 $MRTS_{LK}^{X}=W/R$ 및 $MRTS_{LK}^{Y}=W/R$를 만족시키도록 최적 요소투입량을 결정한다. 따라서 왈라스 균형에서는 $MRTS_{LK}^{X}=MRTS_{LK}^{Y}$가 성립하는데, 이것이 곧 생산의 파레토 효율성의 조건이다.

생산가능곡선 위의 한 점에서의 접선의 기울기인 한계전환율 MRT_{XY}는 X재 및 Y재 생산에 소요되는 한계비용의 비율, 즉 $MRT_{XY}=MC_X/MC_Y$로 나타낼 수 있다. 생산물 및 생산요소시장이 모두 완전경쟁인 경우에 기업들은 이윤극대화를 이루기 위해 가격과 한계비용이 일치하는 점에서 생산량을 결정하므로 왈라스 균형에서는

$MRT_{XY}=MC_X/MC_Y=P_X/P_Y$가, 소비자들은 최적 소비계획을 결정하여 $P_X/P_Y=MRS_{XY}^A=MRS_{XY}^B$가 각각 성립하므로, 왈라스 균형에서는 결국 $MRT_{XY}=MRS_{XY}^A=MRS_{XY}^B$가 성립한다. 이것이 곧 산출물 구성의 파레토 효율성의 조건이다.

후생경제학의 제2정리

> **후생경제학의 제2정리**
>
> 볼록성의 공리를 만족시키면, 파레토 효율적 자원배분은 왈라스 균형이 된다.

후생경제학의 제1정리의 역이 성립할 것인가, 즉 파레토 효율적 자원배분이 왈라스 균형인가라는 물음에 답해 주는 것이 **후생경제학의 제2정리** second welfare theorem이다. 후생경제학의 제2정리에 의하면, 파레토 효율적 자원배분을 시장기구에 의해 달성할 수 있다. 즉 달성하고자 하는 파레토 효율적 자원배분이 주어진 경우에 초기 부존량을 적절히 조정하여 목표하고 있는[1] 파레토 효율적 자원배분 상태를 지나는 상대가격체계로 옮겨놓은 뒤, 이 상대가격에서 왈라스 균형을 이루는 자원배분을 통해 주어진 파레토 효율적 자원배분을 실현할 수 있다는 것이다.

여기서 '볼록성의 공리를 만족시키면'이라는 전제가 들어가는 이유는 파레토 효율적 자원배분은 볼록성의 공리가 없어도 달성할 수 있으나, 왈라스 균형은 볼록성의 공리 없이는 달성할 수 없기 때문이다.

2인-2재화 순수교환의 경우를 나타내는 그림 19-11 (a)의 a에서는 두 소비자의 무차별곡선이 서로 접하므로, 교환의 파레토 효율성을 만족시키고 있다. 또한 두 소비자의 무차별곡선은 모두 원점에 대해 볼록하므로, 볼록성의 공리도 만족시키고 있다. 여기서 후생경제학의 제2정리가 성립한다는 것은, 초기 부존점이 E로 적절하게 주어진 경우에 상대가격을 $(P_X/P_Y)_*$로 결정하면 이 상대가격에서 왈라스 균형을 이루는 자원배분이 a로 결정되는데, 이것이 곧 파레토 효율성을 만족시키는 자원배분이 된다는 것이다.

그림 19-11 (b)는 소비자 A의 선호관계가 볼록성의 공리를 만족시키지 않아 무차별곡선이 원점에 대해 볼록하지 않은 경우이다. 이 경우에도 a에서는 두 소비자의 무차별곡선이 서로 접하므로, 파레토 효율적 자원배분을 이룰 수 있다.

그러나 a가 왈라스 균형을 만족시키도록 하는 상대가격은 결정할 수 없다. 적절하게 주어진 초기 부존점 E에서 상대가격을 $(P_X/P_Y)_0$로 결정하면 소비자 B는

1 아마도 '목표하고 있는' 파레토 효율적 자원배분은 수많은 파레토 효율적 자원배분 중에서 분배적 측면도 고려된 자원배분일 것이다.

그림 19-11

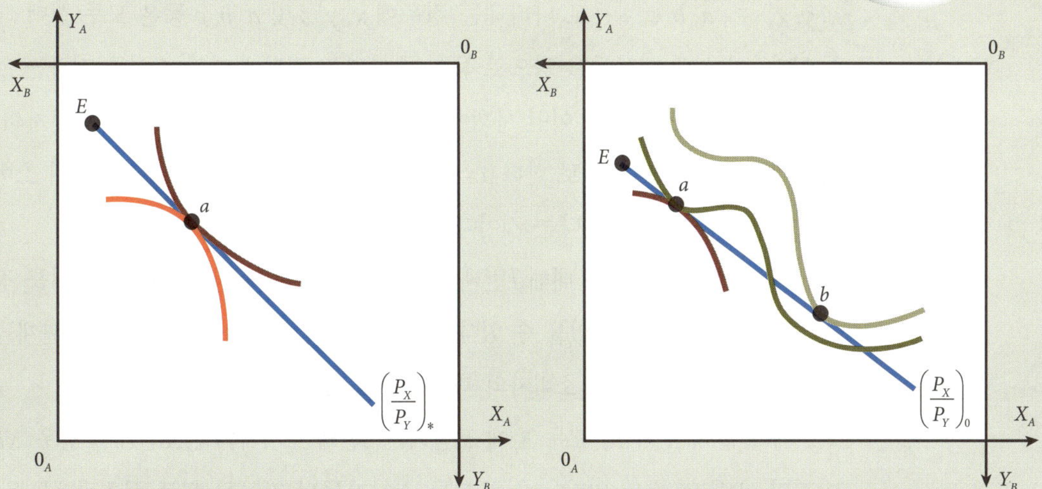

(a) 볼록성의 공리를 만족시키는 경우 (b) 볼록성의 공리를 만족시키지 않는 경우

➔ 후생경제학의 제2정리

볼록성의 공리가 전제되는 (a)의 경우에 교환의 파레토 효율성의 조건을 만족시키는 자원배분 a는 부존점 및 상대가격이 각각 E 및 $(P_X/P_Y)_*$로 주어진 경우의 왈라스 균형과 같아진다. 그러나 소비자 A의 무차별곡선이 볼록성의 공리를 만족시키지 못하는 비정형인 (b)의 경우에 a는 교환의 파레토 효율성의 조건은 만족시키지만 왈라스 균형은 되지 못한다.

예산제약 하의 효용극대화를 이루기 위해 a를 선택하지만, 소비자 A는 b를 최적 소비계획으로 결정한다. 따라서 $(P_X/P_Y)_0$에서는 a가 왈라스 균형을 만족시키는 자원배분이 될 수 없다. 마찬가지 이유로 상대가격을 어떻게 결정해도 a가 왈라스 균형을 만족시킬 수 없음을 쉽게 알 수 있다. 따라서 볼록성의 공리를 만족시키지 못하면, 후생경제학의 제2정리는 성립하지 않는다.

19-3 사회후생함수

일반적으로 사회를 구성하는 구성원들의 선호관계는 모두 다르다. 개인들의 선호관계에 기초해 합리적이며 민주적인 방법으로 사회 전체의 선호관계를 나타내는 것이 가능하냐는 물음에 답해 주는 것이 사회선택이론theory of social choice이다.

지금 고려하고 있는 모든 선택 대상을 모아놓은 집합을 A라 하자. 즉 $A=\{\cdots, x, y, z, \cdots, a, b, c, \cdots\}$로 나타내는 경우에 x, y, z 및 a, b, c 등은 모두 선택 대상들이다. 이 선택 대상들을 쌍으로 묶어 좋아하는 정도에 따라 순서를 정하는 것이 개인들의 선호관계이다. 어떤 사회에 N명의 소비자가 있는데, i번째 소비자의 선호관계를 R_i로 나타내기로 한다$(i=1, 2, \cdots, N)$. 예를 들어 xR_iy는 i번째 소비자가 x를 y보다 더 좋아한다는 것이다.

모든 선택 대상들에 대해 i번째 소비자가 좋아하는 정도에 따라 순서를 정하는 방법은 여러 가지가 있을 수 있다. i번째 소비자에게 가능한 모든 선호관계들을 $\mathbb{R}_i$, $\mathbb{R}_i$에 포함되는 i번째 소비자의 특정한 선호관계를 R_i라 하자.

예를 들어 R_i와 R_i' 모두 $\mathbb{R}_i$에 포함되는 i번째 소비자의 선호관계인 경우, xR_iy이지만 $yR_i'x$일 수도 있다. $\mathbb{R}^N$을 모든 소비자들의 가능한 모든 선호관계들을 모아 놓은 것이라 하면 $\mathbb{R}^N=\{\mathbb{R}_1, \mathbb{R}_2, \cdots, \mathbb{R}_N\}$이 되는데, 이 경우의 $\mathbb{R}^N$을 선호프로필 preference profile이라 한다. 선호프로필의 정의에 의해, 선호프로필을 고려한다는 것은 모든 소비자들에게 가능한 모든 선호관계를 다 고려한다는 것이다.

모든 소비자들에게 가능한 모든 선호관계를 고려하여 사회 전체를 대표하는 선호관계를 고려할 수 있게 해 주는 것이 사회후생함수 social welfare function이다. 사회 전체를 대표하는 가능한 모든 선호관계들의 모임을 $\mathbb{R}$이라 하고, $\mathbb{R}$에 포함되는 특정한 선호관계를 R이라 하자. 이 경우에 사회후생함수를 F라 하면, $R=F(R_1, R_2, \cdots, R_N)$의 관계가 성립한다.

이 사회후생함수의 정의는 소비자들의 선호관계가 특정하게 $(R_1, R_2, \cdots, R_N)$으로 주어지면, 사회후생함수에 의해 특정한 사회선호관계 R이 결정될 수 있다는 것이다. 물론 주어진 소비자들의 선호관계가 $(R_1', R_2', \cdots, R_N')$으로 달리 주어지면 사회후생함수가 나타내는 사회선호관계도 R'로 다르게 결정된다.

사회후생함수의 의미를 그림 19-12를 통해 알아보자. 3명의 소비자와 3개의 선택 대상이 있을 때, 첫 번째 소비자는 x를 y보다 더 좋아하고 y를 z보다 더 좋아한다는 선호관계 R_1을, 두 번째 소비자는 y를 x 혹은 z보다 더 좋아하며 x와 z는 무차별하게 생각한다는 선호관계 R_2를, 세 번째 소비자는 z를 x보다 더 좋아하며 x를 y보다 더 좋아한다는 선호관계 R_3를 각각 갖고 있다. 이 선호관계에 기초해 결정된 사회선호관계 R은 x와 y가 서로 무차별하며, x 혹은 y를 z보다 더 좋아한다는 것이다. 사회후생함수가 의미 있는 것이 되려면, 모든 소비자들의 선호관계를 합리

그림 19-12

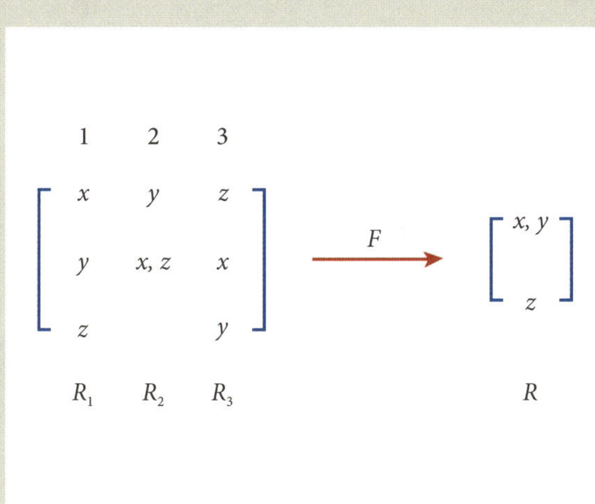

사회후생함수의 의미

사회후생함수 F는 세 소비자의 선호관계를 모두 고려하여 하나의 사회선호관계를 만들어 낸다.

적이며 민주적인 방법으로 종합해 사회 전체의 선호관계를 나타낼 수 있어야 한다.

사회후생함수가 합리적이며 민주적이기 위해 만족시켜야 할 조건들은 무제한적 정의역unrestricted domain, 비독재성non-dictatorship, 만장일치unanimity 및 타당하지 않은 대안에 대한 독립성independence of irrelevant alternatives 등이 있다.[2]

무제한적 정의역이라는 것은 모든 가능한 선호프로필에 대해 사회후생함수가 존재해야 한다는 것이다. 즉 구성원들의 선호프로필에 일정한 제약을 가해 사회후생함수를 얻는 것으로는 불충분하다는 것이다. 실제로 선호프로필에 대해 모든 소비자들의 선호관계는 동일하다는 제약을 가하면, 사회선호관계는 항상 개인의 선호관계와 동일하게 결정된다.

사회의 선택이 항상 특정한 개인의 선택과 같은 경우에 이 개인을 독재자dictator라 한다. 독재자가 존재하지 않아야 하는 것이 사회후생함수가 만족시켜야 하는 비독재성이라는 조건이다. 만장일치란 모든 소비자들이 x를 y보다 더 좋아한다면 사회선호도 'x를 y보다 더 좋아한다'가 되어, x와 y 둘 중 하나를 선택하는 경우에는 사회적으로 x가 선택되어야 한다는 조건이다.

타당하지 않은 대안에 대한 독립성의 조건을 그림 19-13에서 알아보자. 세 명의 소비자와 세 개의 대안이 있을 때 x와 y에 관한 사회 선택을 결정하려고 한다.

2 그 밖에도 개인의 선호관계와 마찬가지로 사회의 선호관계도 완비성과 이행성을 충족시켜야 한다.

그림 19-13

타당하지 않은 대안에 대한 독립성

(a)와 (b)의 세 소비자 1, 2, 3의 x, y, z에 대한 전반적인 선호관계는 서로 다르지만 x 및 y에 관한 선호관계는 동일하다. 이 경우에 (a)및 (b)는 x와 y에 대해서는 동일한 사회적 선택이 이루어져야 하는데, 이것이 곧 타당하지 않은 대안으로부터의 독립성이다.

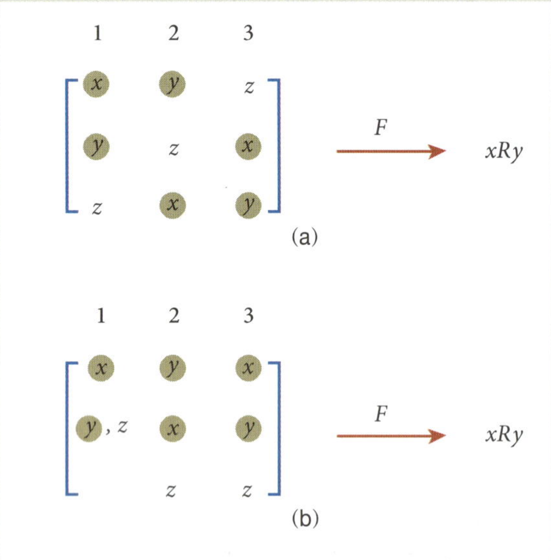

그림 19-13 (a)와 같이 개인들의 선호관계가 주어졌을 때 사회 선택이 xRy로 결정되었다면, 현재 결정하려는 사회 선택의 대상인 x 및 y 이외의 대안인 z는 x와 y에 대한 선택에서 '타당하지 않은 대안'이라고 부른다. 이 타당하지 않은 대안과 x 혹은 y에 관한 개인의 선호관계가 어떻게 바뀌더라도, x와 y에 대한 사회선호관계는 바뀌지 말아야 한다는 것이 타당하지 않은 대안에 대한 독립성 조건이다.

그림 19-13 (a)와 (b)를 비교해 보면 모든 소비자들의 x와 y에 관한 선호관계는 동일하며, x와 z 혹은 y와 z에 관한 선호관계는 서로 다르다. 여기서 타당하지 않은 대안에 대한 독립성이 나타내는 것은 (a)의 경우에 xRy가 성립했다면, (b)의 경우도 xRy의 관계가 성립해야 한다는 것이다.

타당하지 않은 대안에 대한 독립성을 달리 설명해 보자. 고속전철과 고속도로 중 사회적으로 어느 것을 선택할 것이냐는 문제를 해결하는 과정에서, 타당성이 없는 대안의 예인 달구지는 그것이 있든 없든 사회적 선택에 영향을 미치지 않는다.

사회후생함수가 갖추어야 할 위의 네 가지의 바람직한 조건을 모두 만족시키는 사회후생함수가 존재할 것인가? 이 질문에 답해 주는 것이 애로우 K.A. Arrow 의 **불가능성 정리** impossibility theorem 이다. 불가능성 정리의 주요 내용은 무제한적 정의역, 비독재성, 만장일치 및 타당

> **불가능성 정리**
>
> 무제한적 정의역, 비독재성, 만장일치 및 타당하지 않은 대안으로부터의 독립성을 모두 만족시키는 사회후생함수는 존재하지 않는다.

하지 않은 대안으로부터의 독립성을 모두 만족시키는 사회후생함수는 존재하지 않는다는 것이다.

불가능성 정리는 개인들의 선호관계에 기초해 합리적이며 민주적인 방법으로 사회선호관계를 구축하는 것이 불가능함을 나타낸다.[3] 그러나 앞의 19-1 자원배분의 효율성에서와 같이 후생경제학에서는 사회후생함수를 빈번하게 사용하고 있다. 그렇다면 무슨 근거로 사회후생함수를 사용할 수 있는가? 그 근거는 위의 네 가지 조건을 있는 그대로 모두 만족시키는 사회후생함수는 존재하지 않으나, 위의 조건들 중 어느 하나라도 다소 완화시키면 사회후생함수가 존재할 수 있다는 데 있다.

여기서는 비독재성을 완화시켜 나가면, 어떠한 형태의 사회후생함수를 얻을 수 있는지 살펴보기로 한다. 설명을 단순화시키기 위해 2인의 소비자 A 및 B만 존재한다고 하자. 각 소비자의 선호관계는 결국 각 소비자의 효용함수에 의해 나타나므로, 사회후생함수를 소비자 A 및 B의 효용수준 U_A 및 U_B와 사회 전체의 만족 SW 사이의 관계를 결정하는 함수로 생각하기로 한다.

$$SW = SW(U_A, U_B)$$

비독재성이란 사회의 선호관계와 어떤 한 소비자, 예를 들어 소비자 A의 선호관계가 동일하면 소비자 A가 독재자가 되기 때문에, 이런 상황이 배제되어야 한다는 것이다.

위의 사회후생함수에서 U_A가 사회후생에 미치는 효과가 U_B가 사회후생에 미치는 효과보다 압도적으로 크다면, 소비자 A의 선택대로 사회선택을 하는 것이 바람직할 것이다. 왜냐하면 소비자 A와 B가 상반된 견해를 가지고 있을 때 B의 선택대로 사회선택이 결정되면, B가 얻는 이득이 사회후생을 증가시키는 정도보다 A의 손실이 사회후생을 감소시키는 정도가 훨씬 더 크기 때문이다. 따라서 이 경우에 소비자 A는 독재자가 되는데, 이러한 상황을 배제하기 위해서는 효용수준이 사회후생에 미치는 효과를 임의로 바꿀 수 있어야 한다. 즉 U_B가 사회후생에 미치

3 위의 네 가지 조건을 모두 만족시키면 어느 한 개인은 사회 선택에 직접 영향을 미치는 결정집단(decisive group)이 될 수 없으며, 개인들이 모여 연합해도 결정집단이 될 수 없다. 이때 사회 전체는 항상 결정집단이 되어야 하는데, 모든 개인들을 연합시킨 결과가 사회 전체라는 점 때문에 사회 전체가 결정집단이 되어서는 안 된다는 모순이 발생한다. 그렇기 때문에 네 가지 조건을 모두 만족시키는 것이 불가능해진다는 것이다. 이 점에 관한 자세한 논의는 이 책의 수준을 훨씬 넘어서므로 생략하기로 한다.

는 효과를 증가시켜 U_A가 사회후생에 미치는 효과와 비슷하게 한다면, 소비자 A가 독재자가 될 수 없다.

이는 비독재성이 U_A와 U_B를 임의의 단조증가함수 monotone increasing function 에 의해 변환시키는 것이 항상 허용되어야 함을 의미한다.[4] 임의의 단조증가함수에 의해 변환시킨다는 것은 U_A를 $F_A(U_A)$로, U_B를 $F_B(U_B)$로 변환시킨다는 것이다. 여기서 $F_A(\cdot)$와 $F_B(\cdot)$는 임의의 단조증가함수이다. 한편 비독재성의 조건을 완화한다는 것은 단조변환에 제약을 가한다는 것인데, 단조변환에 가하는 제약의 정도에 따라 여러 형태의 사회후생함수를 얻을 수 있다.

롤스적 사회후생함수

단조변환에 가하는 제약이 가장 약한 경우, 즉 비독재성의 제약을 가장 작게 완화하는 경우에 얻을 수 있는 사회후생함수가 롤스 Rawls 적 사회후생함수이다.

이 경우에 U_A와 U_B를 임의의 단조증가함수에 의해 변화시킬 수 있으나, 두 소비자에게 동일한 함수를 적용해야 한다. 즉 U_A를 $F(U_A)$로, U_B를 $F(U_B)$로 변환시키는 것이 가능하다. 여기서는 $F(\cdot)$는 임의의 단조증가함수이다. 롤스적 사회후생함수에서는 사회 전체의 만족이 그 사회구성원 중 가장 불만이 많은 소비자의 효용수준에 의해 결정된다.

$$SW = \min\{U_A, U_B\}$$

만약 $U_A > U_B$이면 $SW = U_B$가 되어, 사회 전체의 만족이 사회후생에 대한 만족이 더 적은 소비자 B의 효용수준에 의해 결정된다. 이 경우에 $F(\cdot)$가 임의의 단조증가함수이면 $F(U_A) > F(U_B)$가 되어, 단조변환 이후에도 사회후생이 소비자 B의 효용수준에 의해 결정된다는 점에는 변화가 없다. 그러므로 U_A와 U_B를 임의의 단조증가함수 $F(\cdot)$에 의해 변환하는 것이 가능하다. 롤스적 사회후생함수를 (U_A, U_B) 평면에 그려 사회무차별곡선으로 나타내면 그림 19-14 (a)의 형태와 같다.

공리주의적 사회후생함수

단조변환에 좀 더 강한 제약을 가하여 U_i를 $F_i(U_i) = a_i + bU_i$로 변환시키는 것이 가능하

4 단조증가함수나 단조변환 등의 개념에 관해서는 앞의 2-5(한계효용과 한계대체율)를 참고하기 바란다.

그림 19-14

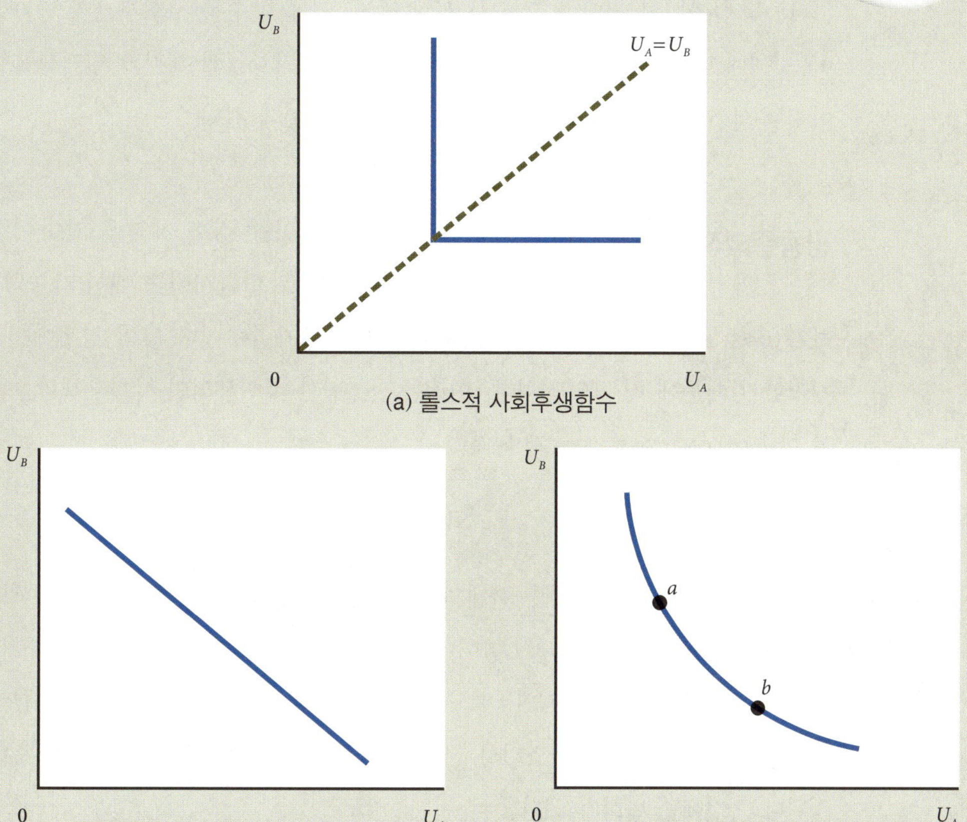

여러 형태의 사회무차별곡선

비독재성을 완화시키는 정도에 따라 다양한 사회후생함수를 얻을 수 있다. U_A 및 U_B를 동일한 단조증가함수 $F(\cdot)$에 의해 단조변환할 수 있는 경우에는 (a)와 같은 롤스적 사회후생함수를 얻는다. $F_i(U_i) = a_i + bU_i$로 변환할 수 있는 경우에는 (b)와 같은 공리주의적 사회후생함수를 얻으며 $F_i(U_i) = bU_i$로 단조변환할 수 있는 경우에는 (c)와 같은 평등주의적 사회후생함수를 얻는다.

다고 하자 $(i = A, B)$. 여기서 $b > 0$이므로 $F_i(\cdot)$는 단조증가함수이기는 하지만 임의의 함수 형태는 아니고, 특수한 선형류의 형태를 갖는다. 이러한 단조변환을 허용하는 것이 공리주의적utilitarian 사회후생함수이다. 이에 의하면, 사회후생은 사회구성원들의 효용수준의 합에 의해 결정된다.

$$SW = U_A + U_B$$

U_A와 U_B를 앞의 단조증가함수를 이용해 단조변환하면 사회후생은 $(a_A + a_B) +$

$b(U_A+U_B)$가 되어, 사회후생이 U_A와 U_B의 합에 의해 결정된다는 점에는 변화가 없다. 즉 단조변환 전이나 후 모두 U_A+U_B를 크게 할수록 사회후생이 증가한다. 이는 '최대 다수의 최대 행복'을 주장하는 공리주의자들의 생각과 일맥상통한다. 이 경우의 사회무차별곡선을 그리면 그림 19-14 (b)와 같다.

평등주의적 사회후생함수 단조변환에 아주 강한 제약을 가하여 U_i를 $F_i(U_i)=bU_i$로 변환시키는 것이 가능하다고 하자 $(i=A, B)$. 여기서 $b>0$이므로 $F(\cdot)$는 단조증가함수이나 앞의 경우에서 a_i를 제거했기 때문에 더 제약적이다. 이러한 단조변환이 허용되면 사회후생함수는 동차 함수 homogeneous function 가 된다.

$$SW=SW(U_A, U_B)$$

$SW(\cdot)$가 동차 함수이면, 한계대체율 MRS_{AB}의 값은 U_A와 U_B의 비율에만 의존한다. 즉 $MRS_{AB}=k\cdot(U_B/U_A)$이며, k는 일정한 상수이다. 사회후생함수가 $SW(bU_A, bU_B)$인 경우라도 MRS_{AB}를 구하면, 분자와 분모의 b가 상쇄되어 $MRS_{AB}=k\cdot(U_B/U_A)$가 된다. 즉 단조변환 전이나 후 모두 한계대체율이 U_B/U_A에 의해 결정된다는 점에는 변화가 없다.

사회후생함수가 동차 함수인 경우의 사회무차별곡선은 그림 19-14 (c)와 같이 원점에 대해 볼록한 형태가 된다. 이때 사회후생 수준을 일정하게 하며 U_A가 증가하고 U_B가 감소하면, 즉 (c)의 a에서 b로 이동하면 MRS_{AB}가 감소한다. 이는 U_A의 증가가 SW에 미치는 효과인 $\Delta SW(\cdot)/\Delta U_A$는 감소하고 U_B의 증가가 SW에 미치는 효과인 $\Delta SW(\cdot)/\Delta U_B$는 증가한다는 것을 의미한다. 즉 효용의 절대 수준이 높은 소비자는 사회후생을 산정할 때 낮은 가중치를 부여하며, 효용의 절대수준이 낮은 소비자는 높은 가중치를 부과한다는 평등주의적 egalitarian 사상을 나타낸다.

평등주의적 사회후생함수를 전제하는 경우 소비자들의 효용수준이 소득 수준에 의존한다면, 소득 재분배를 통해 사회후생을 증가시킬 수 있다. 소비자 A 및 B의 소득이 각각 I_A 및 I_B이며, $U_A=I_A$ 및 $U_B=I_B$가 성립한다고 하자. 평등주의적 사회후생함수에서 $I_A>I_B$이면 $\Delta SW(\cdot)/\Delta I_A<\Delta SW(\cdot)/\Delta I_B$가 성립한다.[5]

예를 들어 $\Delta SW(\cdot)/\Delta I_A=5<10=\Delta SW(\cdot)/\Delta I_B$가 성립하는 경우에 고소득자

5 즉 소득이 적은 구성원에게 상대적으로 더 큰 사회적 갖우치를 부여한다는 의미이다.

인 A의 소득 1원을 저소득자인 B에게 이전시키면 소비자 A의 소득이 1원 감소함에 따라 사회후생은 5만큼 감소하지만, 소비자 B의 소득이 1원 증가함에 따라 사회후생은 10만큼 증가한다. 따라서 소득재분배에 의해 사회후생은 5만큼 증가한다.

19-4 차선의 이론

파레토 효율적이지 못한 자원배분은 파레토 개선이 가능하므로 모든 부문에서 파레토 효율성의 한계조건을 만족시키는 것이 바람직하다. 그러나 현실적으로는 제도적인 제약 등에 의해 몇 개의 부문에서 파레토 효율성의 한계조건을 만족시키지 못하는 경우가 발생할 수 있다. 이 경우에 질문할 수 있는 것은, 파레토 효율성의 한계조건을 만족시킬 수 없는 부문을 제외한 나머지 부문에서라도 파레토 효율성의 한계조건을 만족시키도록 하면 최선은 아니지만 차선second best의 결과는 얻을 수 있는가 하는 것이다.

립시와 랭커스터K.Lipsey & K.Lancaster의 차선의 이론theory of second best에 의하면, 그 대답은 '아니오'이다. 즉 경제의 한 부문에서 파레토 효율성의 한계조건을 만족시키지 못하는 경우에 나머지 부문에서라도 파레토 효율성의 한계조건을 만족시키도록 하는 것이 차선이라는 보장도 없으며, 경우에 따라서는 오히려 바람직하지 않은 결과를 낳을 수 있다는 것이다. 그 이유를 그림 19-15에서 살펴보기로 하자.

그림 19-15의 a, a' 및 a''는 사회후생을 극대화하면서 생산, 교환 및 산출물 구성의 파레토 효율성을 만족시키고 있다. 어떤 이유에 의해 X재의 산출량이 X_0를 초과할 수 없어, X재의 생산량을 X_0에서 결정하기로 했다고 가정해 보자. 이 경우에 생산, 교환 및 산출물 구성의 파레토 효율성을 모두 만족시키는 자원배분은 b, b' 및 b''에 의해 나타난다.

그러나 생산가능곡선 위의 점 b가 주어지면 교환의 효율성을 만족시키는 계약곡선은 그림 19-15 (a)의 계약곡선 I과 같으며, 이로부터 도출되는 효용가능곡선은 (b)의 효용가능곡선 I과 같아진다. 즉 생산가능곡선 위의 한 점 b가 주어졌다는 것은 효용가능곡선 I이 주어졌음을 의미한다.

그림 19-15

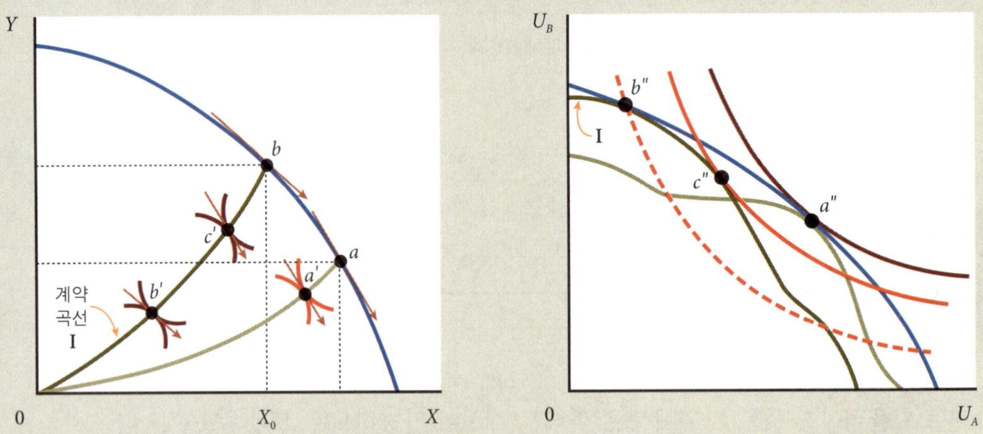

(a) 생산가능곡선 위의 점들과 계약곡선들　　(b) 제약 하의 사회후생 극대화

차선의 이론

(a)의 b 및 b'는 생산, 교환 및 산출물 구성의 파레토 효율성의 조건을 모두 만족시키지만 (b)의 b'' 및 c''가 나타내는 사회후생 수준을 비교하면 c''의 경우가 사회후생 수준이 더 높다. 즉 a, a' 및 a''가 나타내는 바와 같이 최선이 아닌 경우에 b, b', 및 b''와 같이 파레토 효율성의 조건을 모두 만족시키는 경우보다 b, c' 및 c''와 같이 산출물 구성의 파레토 효율성의 조건을 만족시키지 못하는 경우가 더 바람직할 수 있다는 것이 차선의 이론이다.

효용가능곡선 I 위의 점 b''는 효용가능경계 위의 한 점이므로 생산, 교환 및 산출물 구성의 파레토 효율성을 모두 만족시킨다. 그런데 (b)에서 효용가능곡선 I 위의 점으로서 사회후생을 극대화하는 점은 c''이다. c''는 효용가능곡선 I 위의 한 점이므로, 이에 대응하는 점은 계약곡선 I 위의 c'이다. 그러나 c''가 효용가능경계 위의 한 점은 아니므로 산출물 구성의 파레토 효율성을 만족시키지 못한다. 즉 (a)의 b와 c'에서의 접선의 기울기가 서로 다름을 확인할 수 있다. 이상에서 경제의 한 부문에 제약이 있는 경우에 다른 부문에서 파레토 효율성의 조건을 모두 만족시키는 것이 반드시 사회후생을 극대화하는 길이 아닐 수 있음을 알 수 있다.

이러한 차선의 이론은 경제에 여러 가지 바람직하지 않은 제약이 있는 경우에 각 부문의 제약을 서서히 완화시켜 나가는 점진적 접근법piecemeal approach이 반드시 사회후생의 증가를 초래할 것이라는 보장이 없다는 점을 시사한다. 그러나 제약이 발생하는 부문이 다른 부문과 독립적이거나 다른 부문에 영향을 주는 정도가 매우 작다면, 제약이 없는 부문들만을 대상으로 파레토 효율성의 한계조건을 만족시키도록 하는 것이 바람직할 수도 있다.

19-5 복수 기간 선택과 불확실성

앞의 19-2 후생경제학의 정리에서 알아본 후생경제학의 제1정리에 의하면, 완전경쟁 상황에서 시장기구에 의해 달성한 자원배분은 곧 파레토 효율적 자원배분이 된다. 여기서는 이러한 사실이 복수 기간 선택과 불확실성이 존재하는 상황에서도 성립할 수 있는지 알아보기로 한다.

복수 기간 선택

자원을 이용해 0기와 1기에 X재를 생산해 내는 기업이 있다. 총 자원량이 $\bar{Q}$로 일정하게 주어진 경우에 0기 및 1기의 자원 사용량이 Q_0 및 Q_1이면, $Q_0+Q_1=\bar{Q}$가 성립한다. X재의 생산량은 자원 투입량에 의존하므로, 0기 및 1기의 X재 생산량 X_0 및 X_1은 $X_0=f(Q_0)$ 및 $X_1=f(Q_1)$에 의해 결정된다. 0기와 1기의 자원의 한계생산성 MP_0와 MP_1은 각각 $MP_0=\Delta X_0/\Delta Q_0$ 및 $MP_1=\Delta X_1/\Delta Q_1$으로 정의된다.

일반적인 경우와 마찬가지로 자원의 한계생산성은 체감하는 것으로 가정된다. 예를 들어 Q_1이 증가하면 MP_1은 감소한다. $\bar{Q}$의 자원을 가장 효율적으로 이용할 때 생산해 낼 수 있는 X_0와 X_1의 결합은, 그림 19-16 (a)의 복수 기간 생산가능곡선 intertemporal production possibility curve에 의해 나타난다.

복수 기간 생산가능곡선 위의 A에서 B로 이동한다는 것은, 0기의 생산량을 ΔX_0만큼 감소시켜 자원을 비축하면 1기의 생산량을 ΔX_1만큼 증가시킬 수 있다는 것을 나타낸다. 복수 기간 생산가능곡선 위의 한 점에서의 접선의 기울기를 구해 그 부호를 양(+)으로 만들어준 값은 한계전환율 marginal rate of transformation MRT_{01}이라 한다.

$$MRT_{01}=\frac{\Delta X_1/\Delta Q_1}{\Delta X_0/\Delta Q_0}=\frac{MP_1}{MP_0}$$

복수 기간 생산가능곡선 위의 A에서 B로 이동한다는 것은, X_0를 감소시키고 X_1을 증가시킨다는 것이다. 이는 자원의 총량이 일정하게 주어진 상황에서 Q_0를 감소시키고 Q_1을 증가시킨다는 것을 의미한다. 여기서 자원의 한계생산성이 체감하므로, MP_1은 감소하고 MP_0는 증가해 MRT_{01}은 감소한다. 이는 복수 기간 생산가능곡선이 원점에 대해 오목한다는 것을 나타낸다.

0기 및 1기의 자원 가격을 각각 Π_0 및 Π_1이라 하자. 논의를 단순화하기 위하여 이자율이 i인 경우에 $\Pi_1=(1+i)\Pi_0$가 성립하는 것으로 가정한다. 생산비를 현재가치로 나타내면 $\Pi_0Q_0+\{\Pi_1/(1+i)\}\cdot Q_1=\Pi_0\bar{Q}$가 되는데, Π_0와 $\bar{Q}$는 일정하게 주어진 값이므로 생산비의 현재가치는 일정하게 주어져 있다.

0기 및 1기의 X재의 가격이 P_0 및 P_1으로 주어진 경우에 이 기업의 총수입을 현재가치로 나타내면, $P_0X_0+\{P_1/(1+i)\}\cdot X_1$이 된다. 이 기업의 의사결정 목표는 이윤극대화이다. 그런데 생산비의 현재가치가 일정하므로, 총수입의 현재가치를 극대화하도록 X_0와 X_1을 결정해야 이윤극대화가 이루어진다.

총수입의 현재가치를 일정하게 하는 X_0와 X_1의 결합을 등이윤선iso-profit line이라 한다. 즉 등이윤선은 $P_0X_0+\{P_1/(1+i)\}\cdot X_1=$상수인 선이며 기울기는 $-P_0/\{P_1/(1+i)\}$이며, 원점에서 멀리 떨어진 등이윤선일수록 총수입의 현재가치가 더 높다는 것을 나타낸다.

이윤극대화를 위해서는 그림 19-16 (b)의 A를 선택해야 하는데, A에서는 복수 기간 생산가능곡선과 등이윤선이 서로 접한다.

$$MRT_{01}=\frac{P_0}{P_1/(1+i)}$$

이번에는 소비자의 의사결정을 알아보자. 소비자의 소득이 I이고, 0기 및 1기의 X재 소비량이 X_0 및 X_1인 경우에 소비자의 예산선은 $P_0X_0+\{P_1/(1+i)\}\cdot X_1=I$이며, 그 기울기는 $-P_0/\{P_1/(1+i)\}$가 된다. 이 소비자가 예산제약 하의 효용극대화를 이루기 위해서는 앞의 4-4 복수기간선택이론에서 살펴본 바와 같이 복수 기간 무차별곡선과 예산선이 서로 접해야 한다.

$$MRS_{01}=\frac{P_0}{P_1/(1+i)}$$

그림 19-16

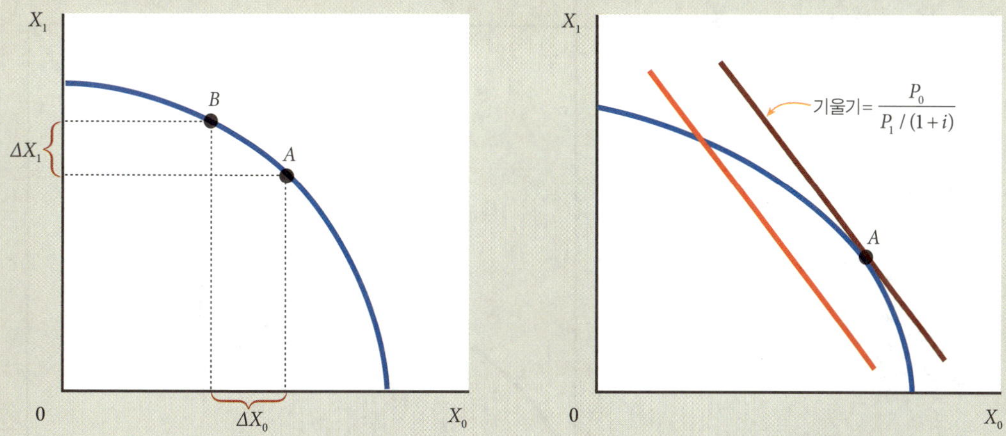

(a) 복수 기간 생산가능곡선 (b) 이윤극대화

복수 기간 선택과 후생경제학의 제1정리

복수 기간 생산가능곡선에서의 한계전환율은 $MRT_{01} = MP_1 / MP_0$이므로, 한계생산성이 체감하면 생산가능곡선은 (a)와 같이 원점에 대해 오목한 형태가 된다. 자원의 총량이 주어진 경우에는 총비용이 일정하므로 이윤극대화는 곧 수입극대화가 되는데, 이는 (b)에서와 같이 등수입선과 생산가능곡선이 접하는 A에서 얻어진다. 등수입선의 기울기와 예산선의 기울기가 서로 같으며, 예산제약 하의 효용극대화를 이루는 소비자의 경우에는 MRS_{01}과 예산선의 기울기도 같다. 따라서 $MRT_{01} = MRS_{01}$이 성립하는데, 이는 복수 기간 선택에서도 후생경제학의 제1정리가 성립함을 의미한다.

여기서 MRS_{01}은 0기와 1기 소비의 한계대체율이다. 완전경쟁 상황에서 소비자와 기업의 의사결정을 동시에 고려하면, $MRT_{01} = MRS_{01}$이 성립한다. 이는 곧 파레토 효율성의 조건과 같으므로, 복수 기간 선택의 경우에도 후생경제학의 제1정리가 성립함을 알 수 있다.

불확실성

후생경제학의 제1정리가 불확실성이 있는 경우에도 성립할 것인지 다음의 예를 통해 알아보자.

A와 B가 우물을 갖고 있는데, 우물에서 얻을 수 있는 물의 양은 비가 많이 오는 경우(상황 0)와 날씨가 가문 경우(상황 1)에 따라 각기 다르다. W_0^i 및 W_1^i를 각각 상황 0 및 상황 1인 경우에 i번째 소비자가 얻는 물의 양이라 하자($i = A, B$).

이 경우의 부존점이 그림 19-17의 a로 주어졌다. 부존점이 나타내는 상황의 존적 소비계획을 실행했을 때 각 소비자가 얻는 만족은 부존점을 지나는 무차별곡

그림 19-17

불확실성과 파레토 효율적 자원배분

불확실성이 존재하는 경우에는 상황의존적 청구권의 거래에 의해 파레토 효율적 자원배분을 달성할 수 있다.

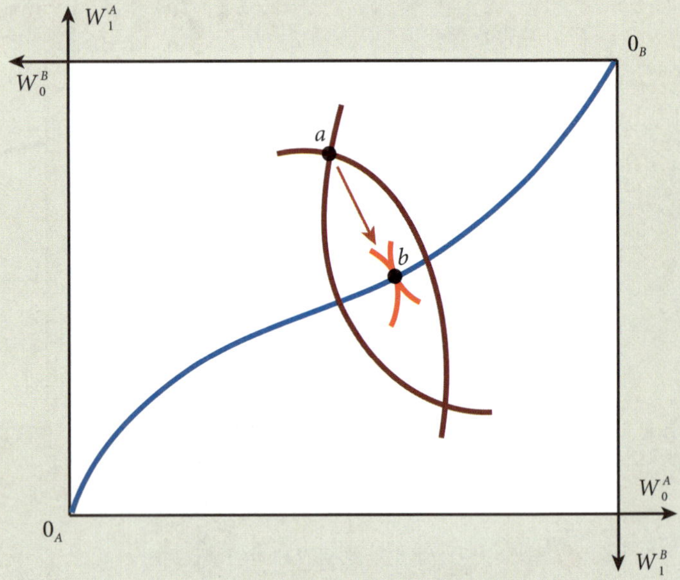

선에 의해 나타난다. 한편 두 소비자가 모두 위험기피적인 경우라면, 두 소비자의 무차별곡선은 모두 원점에 대하여 볼록하다.

A와 B가 상황의존적 청구권을 거래한다면, A와 B의 만족이 모두 증가할 수 있다. 즉 A는 B에게 날씨가 가물면 일정량의 물을 주겠다는 상황의존적 청구권을 판매하고, B는 A에게 비가 많이 오면 일정량의 물을 주겠다는 상황의존적 청구권을 판매하면 그림 19-17의 화살표 방향으로 이동하는 파레토 개선을 이룰 수 있다. 이때 파레토 효율적 자원배분은 두 소비자의 복수 기간 무차별곡선이 서로 접하는 b에서 얻어진다.

상황의존적 청구권의 매매는 곧 A와 B가 서로에게 보험을 판매했다는 것과 같은 의미이다. 따라서 불확실성이 존재하는 상황에서 후생경제학의 제1정리는 완전경쟁 보험시장이 있으면 개인들이 파레토 효율적인 방법으로 위험을 분산시키는 경우 등에서 확인할 수 있다.

요 약

- 어떤 자원배분에서 다른 자원배분으로 이동할 때 모든 소비자산업의 만족산출량이 감소하지 않으면서 최소한 한 소비자산업의 만족산출량을 증가시킬 수 있다면, 파레토 개선이 가능하다. 현재의 자원배분에서 더 이상의 파레토 개선이 불가능하다면 현재의 자원배분을 파레토 효율적이라 한다.

- 각 산업들에 생산요소를 배분하는 경우에 한 산업의 산출량을 감소시키지 않고는 다른 산업의 산출량을 증가시키는 것이 불가능하다면, 생산의 파레토 효율성이 달성된다. 생산의 파레토 효율성을 이루기 위한 조건은 $MRTS_{LK}^{X}=MRTS_{LK}^{Y}$이다. 생산가능곡선 위의 모든 점은 생산의 파레토 효율성을 만족시킨다. 두 소비자들에게 재화를 배분하는 경우에 한 소비자의 만족을 감소시키지 않고는 다른 소비자의 만족을 증가시키는 것이 불가능하다면, 교환의 파레토 효율성이 달성된다. 교환의 파레토 효율성을 이루기 위한 조건은 $MRS_{XY}^{A}=MRS_{XY}^{B}$이다. 효용가능곡선 위의 모든 점은 교환의 파레토 효율성을 만족시킨다.

- 계약곡선 위의 모든 자원배분은 파레토 효율적이므로, 생산 및 교환의 파레토 효율성을 만족시키는 자원배분은 무한히 많다. 이 중 교환의 파레토 효율적 자원배분이 유일하도록 만들어 주는 것이 산출물 구성의 파레토 효율성이다. 생산의 파레토 효율성을 만족시키는 임의의 X재와 Y재의 산출량이 주어진 경우에 교환의 파레토 효율성을 만족시킨다는 전제 아래 X재와 Y재의 산출량 수준을 바꾸어도 소비자들의 만족을 증가시킬 수 없다면, 산출물 구성의 파레토 효율성이 충족된 것이다. 산출물 구성의 파레토 효율성을 만족시키기 위한 조건은 $MRT_{XY}=MRS_{XY}^{A}=MRS_{XY}^{B}$이다. 사회후생을 극대화할 수 있는 파레토 효율적 자원배분은 유일하다.

- 파레토 효율성의 기준에 의하면, 계약곡선 밖의 자원배분보다 계약곡선 위의 자원배분이 사회적으로 더 바람직하다고 할 수 있다. 그러나 계약곡선 위에 있는 자원배분들을 서로 비교하는 것은 불가능하다. 한편 파레토 효율성의 개념은 효율성의 판단기준으로 형평과는 무관하다.

- 왈라스 균형인 자원배분이 파레토 효율적이라는 것이 후생경제학의 제1정리이다. 볼록성의 공리를 만족시키면, 파레토 효율적인 자원배분을 시장기구에 의해 달성할 수 있다는 것이 후생경제학의 제2정리이다.

- 개인들의 선호관계에 기초해 합리적이며 민주적인 방법으로 사회 전체의 선호관계

를 나타내는 것이 가능한가라는 물음에 대해 답해 주는 것이 사회선택이론이다. 무제한적 정의역, 비독재성, 만장일치 및 타당하지 않은 대안에 대한 독립성을 모두 만족시키는 사회후생함수는 존재하지 않는다는 것은 애로우Arrow의 불가능성 정리이다. 비독재성의 조건을 완화시키면, 롤스Rawls적, 공리주의적, 평등주의적 사회후생함수를 얻을 수 있다.

- 경제의 일부에서 파레토 효율성의 한계조건을 만족시키지 못할 때 나머지 부문에서 파레토 효율성의 한계조건을 만족시키도록 하는 것이 차선이라는 보장은 없으며, 경우에 따라서는 바람직하지도 않다는 것이 차선의 이론이다.
- 복수 기간 선택에서도 후생경제학의 제1정리는 성립한다. 불확실성이 존재하는 상황에서 후생경제학의 제1정리는 완전경쟁 보험 시장이 있으면, 개인들이 파레토 효율적인 방법으로 위험을 분산시킴을 나타낸다.

연습문제

01 교환의 파레토 효율성을 만족시키는 자원배분에서 이탈하면, 모든 소비자들의 만족이 감소하는가?

02 어떤 시장이 불완전경쟁이면 시장균형이 이루어져도 파레토 효율성을 달성할 수 없다. 교환의 파레토 효율성을 대상으로 하여 이를 설명하시오.

03 항등함수identity function I가 $I(U_i)=U_i$를 만족시킨다고 정의하자. U_A와 U_B를 항등함수에 의해 변환하는 것만이 허용된다면, 사회후생함수의 형태는 어떠하겠는가? 이 경우에 개인 간 후생의 비교가 가능한가?

04 복수 기간 선택에서 한계생산성이 일정한 경우에 후생경제학의 제1정리가 항상 성립한다고 말할 수 있는가?

05 불확실성이 존재하는 경우, 모든 상황에 대한 상황의존적 청구권 시장이 존재한다는 것이 파레토 효율적 자원배분을 이루기 위한 전제가 되는가? 본문의 **그림 19-17**에서 상황 1에 대한 상황의존적 청구권이 존재하지 않는다면 어떻게 될 것인지 설명하시오.

06 2인-1재화 순수교환의 경우는 모든 자원배분이 파레토 효율적이다. 그 이유를 그림을 이용해 설명하시오.

07 롤스적 사회후생함수와 정반대의 경우로서 니체적Nietzschian 사회후생함수를 생각할 수 있다. 이 경우의 사회후생은 사회구성원 중 가장 만족이 높은 사람의 만족수준에 의해 결정된다.

(1) 두 명이 있는 경제가 있다면 니체적 사회후생함수는 어떻게 나타낼 수 있는가? 이를 그림으로 그리면 어떻게 되는가?

(2) 효용가능경계가 원점에 대해 오목한 경우에 사회적인 선택은 어떻게 이루어질 것인가?

08 두 재화만 생산하는 경제가 있다. 이 경제에서는 노동의 대가로 임금을 지불하는 대신, 모든 사람에게 동일한 양의 상품구입권을 제공하고 있다. 현재 상황이 파레토 효율적이지 못한 이유를 설명하고, 파레토 개선을 달성할 수 있는 방안을 제시하시오.

09 어떤 경제의 효용가능경계는 원점에 대해 오목하다. 사회후생함수가 롤스적인 경우와 공리주의적인 경우에 사회후생 극대화를 이루는 자원배분은 각각 어떻게 달라지는가?

10 2명의 소비자 (A, B) 및 2개의 재화 (X, Y)가 존재하는 순수교환 경제에 대하여 다음의 사실들이 알려졌다.

(i) $\bar{X}_A = 3,\ \bar{X}_B = 7,\ \bar{Y}_A = 10,\ \bar{Y}_B = 10$

(ii) A 및 B 의 효용함수: $U_A = \min\{X_A, (1/2)\cdot Y_A\},\ U_B = \min\{X_B, (1/2)\cdot Y_B\}$

(1) 부존점(E) 및 교환을 통해 달성할 수 있는 파레토 효율적 자원배분(E_*)을 에지워스 상자에 표시하시오.

(2) 일반균형이 성립하는 경우, 일반균형가격이 무수히 많이 존재할 수 있음을 보이고, 이 경우에도 후생경제학의 제2정리가 성립할 수 있는지 판별하시오.

Ⅵ

시장결여와 시장실패

20

시장실패

20-1 시장실패와 자원배분

일반균형과 후생경제학에 관한 논의에서 모든 시장이 완전경쟁인 경우에 시장기구에 의해 달성된 왈라스 균형을 만족시키는 자원배분이 파레토 효율적 자원배분이 됨을 알았다. 또한 왈라스 균형을 만족시키는 자원배분은 코어에 속하므로, 시장 구성원의 일부가 장애연합을 형성해 시장에서의 거래에 참가하지 않을 가능성도 없다. 즉 시장기구에 의해 자원배분의 문제를 해결하면, 형평의 문제는 해결할 수 없다고 해도 효율성 측면에서는 가장 바람직한 자원배분을 이룰 수 있게 된다.

이러한 시장기구에 대한 신뢰에 기초해 정부 등이 경제에 간섭하는 것을 배제하는 것이 더 바람직하다는 자유방임laissez faire적인 생각이 발생하게 된다. 이러한 생각은 후생경제학의 정리들이 모든 경우에 성립한다면 옳은 생각일 것이다. 그러나 후생경제학의 정리들이 성립하려면, 일정한 가정들을 만족시켜야 한다. 이러한 가정들을 만족시키지 못한다면 후생경제학의 정리들이 성립하지 않게 되며, 이는 곧 시장기구에 의해 파레토 효율적 자원배분을 이룰 수 없음을 의미한다. 시장기구에 의해 효율적 자원배분을 이룰 수 없는 경우를 시장실패market failure라고 한다.[1]

시장실패를 초래하는 요인들이 무엇인지 알아보기 위해 후생경제학의 정리들이 성립하기 위한 전제로서 지금까지 명시적 혹은 묵시적으로 전제하였던 가정들 중 그 가정을 만족시키지 못하면 시장실패가 초래되는 가정들이 무엇인지 생각해 보기로 하자.

1 모든 생산물시장과 생산요소시장은 완전경쟁이다.

2 소비자들의 효용수준은 자신이 비용을 지불해 구입한 재화의 양에만 의존하며,

1 시장실패가 시장에 대한 정부개입의 근거를 제공하기도 하지만, 그렇다고 해서 시장실패가 정부개입의 충분조건이 되는 것은 아니다. 시장실패의 치유를 위해 정부가 개입한 결과로 오히려 바람직하지 않는 결과가 나타날 수도 있기 때문이다. 이를 정부실패(government failure)라고 한다.

생산자들의 산출량은 자신이 비용을 지불하고 구입한 생산요소의 투입량에만 의존한다.

3 모든 재화에 대한 시장이 존재한다.

4 완전한 정보가 주어졌다.

1의 조건은 왈라스 균형에 관한 논의에서 명시적으로 고려되었다. 또한 생산물 혹은 생산요소시장에 불완전경쟁이 존재하는 경우에 완전경쟁인 경우에 비해 자원배분의 효율성이 떨어진다는 사실은 이미 앞에서 살펴본 바 있다. 따라서 이 조건을 만족시키지 못하면, 시장실패가 초래된다는 것을 쉽게 이해할 수 있다.

2의 조건은 소비자선택이론에서부터 암묵적으로 사용되어 왔다. 즉 예산제약 하의 효용극대화를 이루기 원하는 소비자는 주어진 화폐소득을 재화의 구입에 적절히 배분해 재화를 구입한 후 이를 소비해 만족을 얻는다. 이 조건을 만족시키지 못한 경우로 외부성externality과 공공재public goods라는 두 가지 경우를 생각할 수 있다. 공해pollution 등과 같이 다른 사람의 행위가 대가를 동반하지 않고 자신에게 영향을 주는 경우에 '외부성이 존재한다'라고 한다. 외부성은 생산과정 또는 소비과정에서 모두 발생할 수 있다. 다른 사람의 행위는 자신에게 이득을 줄 수도 있고 손해를 줄 수도 있다.

어떤 형태로든 외부성이 존재하면 소비자의 효용수준은 자신이 비용을 지불하고 구입한 재화의 양뿐만 아니라 다른 소비자의 행위에도 의존하며, 기업의 산출량은 자신이 비용을 지불해 구입한 생산요소의 투입량 이외에 다른 기업들의 행위에도 영향을 받는다. 따라서 **2**의 조건을 만족시키지 못한다. 외부성이 어떻게 시장실패를 초래하는가는 20-3 외부성에서 자세히 논의될 것이다. 여기서는 외부성이 존재하는 경우에 **2**의 조건을 만족시키지 못한다는 점만 명확히 하기로 한다.

대기오염과 같은 공해가 시장실패를 초래하는 이유는 결국 '공기 시장'이 없어 공해에 대한 대가가 오가지 않기 때문이다. 따라서 외부성이 시장실패를 초래하는 근본적인 이유를 시장결여missing market에서 찾을 수 있다. 공공재의 예로서 흔히 드는 것이 국방이다. 정부가 국방을 강화하기 위해서는 재원이 필요하며, 이 재원은 조세에 의해 충당된다. 이 경우에 세금을 많이 낸 사람, 적게 낸 사람, 심지어 세금을 전혀 내지 않은 사람도 동일하게 국방의 혜택을 받는다.

따라서 공공재가 존재하는 경우에 한 소비자의 효용이 자신이 비용을 지불하지 않은 재화, 예를 들어 국방 서비스의 영향도 받는다는 점 때문에 **2**의 조건을 만족시키지 못한다. 공공재가 존재하는 경우에 시장실패가 일어나는 원인에 대한 자세한 논의는 20-2 공공재에서 하기로 한다.

불확실성uncertainty이 존재하지 않는 경우에 3의 조건은 너무나 당연히 충족된다고 생각할 수 있는 조건이다. 그러나 불확실성이 존재하는 경우라면 문제가 달라진다. 불확실성이 존재한다는 것은, 장차 여러 가지 상황이 발생할 수 있는데, 그중 어떠한 상황이 발생할지 사전적으로 알 수 없다는 것이다. 이 경우에 각 상황이 실제로 발생하는 경우의 재화를 각각 다른 재화로 보아 모든 재화에 대한 시장이 존재한다고 가정해야 한다. 이는 모든 경우에 대한 상황의존적 청구권contingent claim이 존재해야 한다는 것을 의미한다.[2]

이를 다른 각도에서 보면, 모든 가능한 경우에 완벽히 대비할 수 있는 보험이 존재해야 한다는 것을 의미한다. 만약 이것이 불가능하다면, 시장결여에 의한 시장실패가 발생한다. 만약 모든 경우에 완벽히 대비할 수 있는 보험이 존재할 수 있다면 실질적으로는 불확실성은 사라지게 되며, 시장기구에 의해 효율적 자원배분을 이룰 수 있다. 그러나 현실적으로는 사람들마다 가지고 있는 정보의 양이 서로 다른 비대칭적 정보asymmetric information 때문에 정보가 불완전한 상황이 일반적이므로 모든 경우를 완벽히 대비할 수 있는 보험이 존재할 가능성은 거의 없으며, 이에 따라 시장실패가 발생하는 것은 필연적이다.

불확실성이 존재하는 상황에서 3과 4의 조건이 충족되지 못하는 경우에 자원배분이 어떻게 영향을 받을 것인가는 21장 정보의 경제학economics of information에서 자세히 살펴보기로 한다.

20-2 공공재

공공재의 특징 | 일반적으로 재화는 구두, 옷, 밥과 같은 사적 재화private good와 국방, 도로, TV 방송 등과 같은 공공재public good로 나눌 수 있다. 공공재가 사적 재화에 대해 갖는 특징으로는 결합소비joint con-

2 상황의존적 청구권 등에 관한 자세한 논의는 5-1(불확실성의 개념)을 참고하라.

sumption와 배제불가능성non-exclusion을 들 수 있다.[3]

> **공공재**
> 결합소비 혹은 비경합성과 배제불가능성의 특징을 지닌 재화가 공공재이다. 공공재의 이러한 특성으로 인해 시장실패가 초래된다.

결합소비는 비경합성non-rivalry이라고도 하는데, 일정량의 공공재가 생산되면 누구나 생산된 양만큼의 공공재를 소비할 수 있다는 것이다. 사적 재화의 예로 신발이 10켤레 있는 경우를 생각해 보자. 다른 사람들이 6켤레의 신발을 소비하면 자신은 남은 4켤레만을 소비할 수 있는데, 이것이 곧 경합성이다. 그러나 공공재의 예로 TV 방송을 생각해 보면, 옆집에서 자신과 같은 방송을 시청해도 자신이 TV를 시청하는 데 아무런 지장이 없다. 이것이 곧 비경합성이다.

배제불가능성이란, 공공재는 일단 생산이 되면 공공재의 생산비용을 부담하지 않은 소비자라 하더라도 그 공공재의 혜택을 보는 것을 막기 힘들다는 것이다. 어떤 마을의 주민들이 돈을 모아 가로등을 설치했다고 하자. 이때 가로등을 세우는 비용을 부담하지 않은 다른 마을 사람들이 이 마을의 길을 지나갈 때 가로등의 혜택을 보게 되는데, 이를 막기 위해서는 감시원을 요소요소에 배치해 가로등 설치 비용을 부담했는지 일일이 확인해야 할 것이다. 그러나 이렇게 하는 데에는 비용이 너무 많이 들 뿐만 아니라 실익도 없어 실제로 그렇게 하기가 어렵다.

공공재의 최적 공급조건

공공재는 사적 재화와 달리 비경합성이라는 특징이 있으므로, 최적 공급 조건도 사적 재화와 다르다. 논의를 단순화하기 위해 어떤 경제에 두 명의 소비자 1 및 2와 두 가지 재화, 즉 공공재인 X재와 사적 재화인 Y재가 있다고 하자. Y_i가 i번째 소비자의 사적 재화 소비량이라면, 사회 전체의 Y재 소비량은 $Y_1+Y_2=Y$가 된다. 공공재의 생산량이 X라면, 공공재가 갖는 결합소비의 특징에 의해 모든 소비자들은 X만큼의 공공재를 소비할 수 있다. 따라서 X_i를 i번째 소비자의 공공재 소비량이라 하면 $X_1=X_2=X$가 성립하므로, 모든 소비자들의 효용함수에 공공재의 생산량인 X가 공통적으로 들어가게 된다.

어떤 경제의 생산요소가 일정하게 주어졌다면, 이 생산요소를 가장 효율적으로 이용해 생산할 수 있는 X재와 Y재의 결합은 생산가능곡선에 의해 나타난다. 이 경우에 생산가능곡선 위의 한 점을 어떻게 결정할 것인지는 어느 점을 선택해야 사회후생을 극대화할 수 있느냐에 의존한다. 사회후생 SW가 두 소비자의 효용의

3 즉 공공재는 구성원 전체가 함께 소비할 목적으로 생산되는 재화이다.

합으로 나타난다고 가정하면, $SW = U_1(X, Y_1) + U_2(X, Y_2)$가 된다.[4]

공공재가 갖는 결합소비의 특징에 의해 X재를 한 단위 더 생산하면 모든 소비자들이 X재의 소비량을 한 단위 더 증가시킬 수 있다. 이에 따라 사회후생은 소비자 1 및 2가 X재 소비를 한 단위 더 증가시켜 얻는 효용 증가의 합인 $MU_X^1 + MU_X^2$만큼 증가한다. 여기서 MU_X^i는 i번째 소비자의 X재 소비에 대한 한계효용이다($i=1, 2$). 생산가능곡선이 주어진 경우에 X재 생산을 늘리기 위해서는 Y재 생산을 줄여야 한다. 사회적인 관점에서 보면, X재 소비를 한 단위 증가시키기 위해 Y재를 몇 단위까지 포기해야 사회후생이 변화하지 않을 것인가?

i번째 소비자가 효용수준을 감소시키지 않고 X재 한 단위를 더 소비하기 위해 포기할 의사가 있는 Y재의 최대량은 i번째 소비자의 한계대체율 MRS_{XY}^i에 의해 나타난다. 만약 $MRS_{XY}^i = 5$라면, i번째 소비자에게 X재 1단위의 가치와 Y재 5단위의 가치가 같다는 것이다. 따라서 X재를 한 단위 더 소비하기 위해 Y재를 5단위까지 포기해도 i번째 소비자의 효용수준은 변화하지 않는다($i=1, 2$). 그런데 X재의 양이 한 단위 증가하면 소비자 1 및 2의 효용수준이 모두 증가하므로, 소비자 1 및 2가 효용수준을 감소시키지 않고 X재 한 단위를 더 소비하기 위해 포기할 의사가 있는 최대량만큼의 Y재의 양이 줄어도 사회후생에는 변화가 없다. 즉 X재 소비를 한 단위 증가시키기 위해 Y재의 양을 $MRS_{XY}^1 + MRS_{XY}^2$만큼 포기해도 사회후생에는 변화가 없다.

이 경제에서 X재를 한 단위 더 생산하기 위해 기술적으로 Y재 생산을 몇 단위 포기해야만 하는지는 한계전환율 MRT_{XY}에 의해 나타난다. 예를 들어 MRT_{XY}가 3이라는 것은 X재 생산량을 한 단위 증가시키기 위해서는 Y재 생산량을 3단위 감소시켜야 함을 나타낸다. 이러한 점에 기초해 공공재의 최적 공급조건이 다음과 같음을 알 수 있다.

$$MRS_{XY}^1 + MRS_{XY}^2 = MRT_{XY} \tag{20-1}$$

만약 $MRS_{XY}^1 + MRS_{XY}^2 = 5 > 3 = MRT_{XY}$라면 생산량을 조정해 사회후생을 증가시킬 수 있다. 이 경우에 X재 소비를 한 단위 증가시키기 위해 소비자 1 및 2의 Y재 소비량을 합쳐 5단위까지 줄여도 사회후생에는 변화가 없다. 그런데

4 각 소비자의 효용함수에서 Y와 달리 X에는 첨자가 붙어 있지 않음에 주의하라.

$MRT_{XY}=3$이므로, X재 생산량을 한 단위 증가시키기 위해서는 Y재 생산량을 3 단위만 감소시켜도 된다. 따라서 X재 생산량을 늘리고 Y재 생산량을 줄이면 사회후생이 증가하므로, $MRS_{XY}^1+MRS_{XY}^2>MRT_{XY}$인 상황은 공공재가 최적으로 공급되는 상황이 아니다.

마찬가지 이유로 $MRS_{XY}^1+MRS_{XY}^2<MRT_{XY}$가 성립하는 상황도 X재 생산량을 줄이고 Y재 생산량을 늘려 사회후생을 증가시킬 수 있으므로, 역시 공공재가 최적으로 공급되는 상황이 아니다. 따라서 공공재의 최적 공급조건이 **식** (20-1)과 같아야 함을 알 수 있다.[5] 동일한 방법에 의해 경제에 소비자가 N명 있는 경우에 공공재의 최적 공급 조건은 다음과 같아야 함을 알 수 있다.

$$\sum_{i=1}^{N} MRS_{XY}^i = MRT_{XY} \tag{20-2}$$

시장기구에 의해 **식** (20-1) 또는 **식** (20-2)의 조건을 만족시키도록 공공재를 공급할 수 있다면 시장실패는 없을 것이다. 그러나 시장기구에 의해 공공재를 공급하면 위의 조건을 결코 만족시킬 수 없는데, 그 이유는 다음에서 알아보자.

시장기구에 의한 공공재 공급

공공재의 공급을 시장기구에 맡기는 경우, 즉 개인들이 공공재를 공급하는 경우를 생각하기로 하자. 이러한 경우의 예로 어떤 사람이 자기 소유의 정원을 만들어 이를 모두에게 개방하는 경우를 들 수 있다. 개인이 공공재를 공급하는 경우에 **식** (20-2)를 만족시킬 수 있도록 공공재가 공급될 수 있을 것인가? 대답은 '아니오'이다. 이는 공공재가 갖는 비경합성의 특징 때문이다. 논의를 단순화하기 위해, N명이 존재하는 경제에서 i번째 개인의 효용함수가 다음과 같은 준선형함수quasi-linear function인 경우를 가정하자.

$$u_i = V_i(X) + Y_i$$

5 X재가 사적 재화일 때 파레토 효율적 자원배분을 이루기 위한 조건은 앞의 19-1(자원배분의 효율성)에서 살펴본 바와 같이 $MRS_{XY}^1=MRS_{XY}^2=MRT_{XY}$이지만, X재가 공공재인 경우에 최적 공급조건은 **식** (20-1)과 같이 한계대체율의 합이 MRT_{XY}와 같아지는 것이다. 이러한 차이는 전적으로 공공재가 갖는 비경합성의 특징 때문에 나타난다. 즉 공공재 생산량이 증가하면 모든 소비자의 공공재 소비량이 동시에 증가할 수 있다는 데 기인한다.

여기서 $V_i' \equiv \Delta V_i(X)/\Delta X$는 공공재 소비에 대한 한계효용인데, 공공재의 소비량이 증가할수록 한계효용은 체감하는 것으로 가정하자. 한편 사적 재화의 소비에 대한 한계효용은 1이 되므로, $MRS_{XY}^{i} = V_i'$가 된다. P_X 및 P_Y를 X재 및 Y재의 가격이라 하며, $P_X = P_Y = 1$로 가정한다. 앞에서 이미 살펴본 바와 같이 $MRT_{XY} = P_X / P_Y$이므로, 이 가정에 의해 $MRT_{XY} = 1$이 된다. 따라서 **식** (20-2)의 최적 공공재 공급 조건을 다음과 같이 나타낼 수 있다.

$$\sum V_i' = 1 \tag{20-3}$$

식 (20-3)은 $\sum V_i(X) - X$를 극대화하는 일계 조건이다. 그런데 $\sum V_i(X)$는 공공재로부터 얻는 사회후생이며 $P_X = 1$로 가정되었으므로, X는 공공재 공급을 위해 지불한 비용이 된다. 따라서 $\sum V_i(X) - X$는 공공재의 공급으로부터 얻는 순사회편익net social benefit이며, **식** (20-3)의 조건을 만족시키도록 공공재를 공급한다는 것은 순사회편익을 극대화하도록 공공재를 공급한다는 것이다. 한편 이 경우 i번째 개인의 초기 부존량을 E_i라 하면, 자원배분이 실현 가능한 조건은 $X + \sum Y_i = \sum E_i$가 된다.

만약 공공재 공급을 i번째 개인에게 맡기면, 이 개인은 예산제약 하의 효용극대화를 이룰 수 있도록 공공재를 공급하기 원한다. 이 개인이 극대화시키기 원하는 것은 $V_i(X) + Y_i$이며, 예산제약은 $X + Y_i = E_i$이다. $Y_i = E_i - X$이므로 이를 대입하면, 이 개인이 극대화시키기 원하는 것은 $V_i(X) - X + E_i$가 된다. 이 개인의 초기 부존량 E_i는 일정하게 주어진 상수이므로, 이 개인은 결국 $V_i(X) - X$를 극대화시키기 원하는데, 이의 일계 조건은 다음과 같다.

$$V_i' = 1 \tag{20-4}$$

식 (20-4)가 나타내는 조건을 그림으로 나타내면 **그림 20-1 (a)**와 같다. i번째 개인이 위의 조건이 충족되도록 공공재를 X_i^*만큼 공급한다면, 공공재가 갖는 결합소비의 특징 때문에 다른 개인들도 X_i^*만큼의 공공재를 무료로 이용하는 것이 가능하다. 여기서 '무료'의 의미는 공공재의 생산비용을 부담하지 않았다는 것이다.

이러한 상황에서 다른 개인들이 생각할 수 있는 행동은 다음 두 가지 중 하나가 된다.

그림 20-1

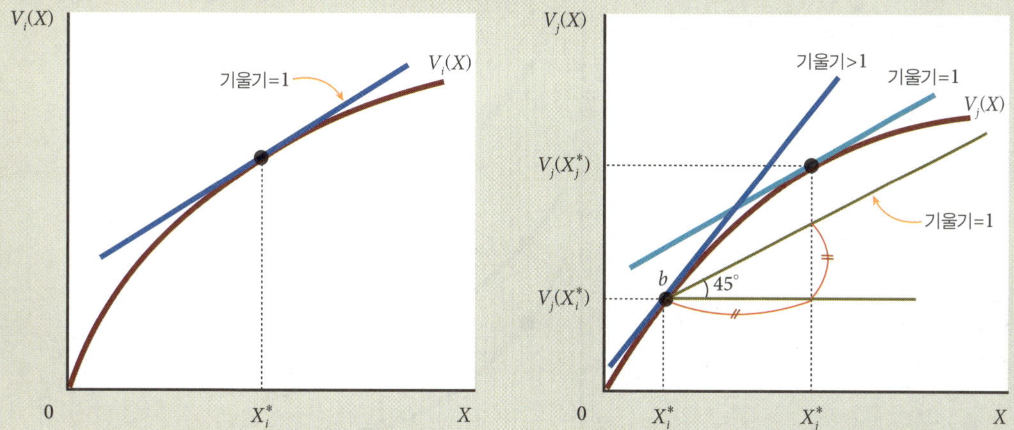

(a) *i*번째 개인이 원하는 공공재의 양

(b) *j*번째 개인이 공공재를 추가로 공급하기 원하는 경우

개인에 의한 공공재 공급

i번째 개인이 원하는 공공재의 양은 (a)에서와 같이 $V_i'(X_i^*)=1$을 만족시키는 X_i^*로 얻어진다. i번째 개인보다 공공재를 더 좋아하는 j번째 개인은 (b)와 같이 $X_j^*-X_i^*$를 자신이 비용을 지불하여 추가로 공급하는 경우에 효용의 순증가가 있으므로 그렇게 할 의사가 있다. 이러한 과정을 거쳐 개인이 공공재를 공급하는 경우에 공공재의 공급량은 그 사회에서 공공재를 가장 좋아하는 사람이 원하는 양만큼으로 결정된다.

첫째는 i번째 개인이 공급한 공공재를 무료로 이용하는 경우인데, 이를 가리켜 '무임승차 free ride 한다'라고 한다.

둘째는 i번째 개인이 공급한 것보다 많은 양의 공공재를 원해 추가로 공공재를 공급하기 원하는 경우이다.

다른 개인들이 이 두 가지 행동 중 어느 것을 선택할 것인지는 i번째 개인에 비해 공공재를 더 좋아하느냐 혹은 덜 좋아하느냐에 달려 있다.

j번째 개인이 i번째 개인보다 공공재를 덜 선호하는 경우, 이 개인이 예산제약하의 효용극대화를 이루도록 공공재를 공급한다면 그 공급량은 X_i^*보다 작을 것이다. 현재 공급되고 있는 공공재 양이 자신이 비용을 들여 공급하기 원하는 양보다 많으므로 이 개인은 무임승차자 free rider 로 행동하기를 원한다.

j번째 개인이 i번째 개인보다 공공재를 더 선호하는 경우라면 이 개인이 공공재를 공급하는 경우의 최적 조건인 $V_j'(X_j^*)=1$을 만족시키는 X_j^*는 X_i^*보다 크다. 현재 X_i^*의 공공재가 공급되고 있으므로 이 개인이 X_j^*만큼의 공공재를 원한다면,

그림 20-2

공공재의 과소 공급

개인이 공공재를 공급하는 경우에 X_1^*만큼의 공공재가 공급되는데, 이는 최적 공급량인 X_*보다 작다.

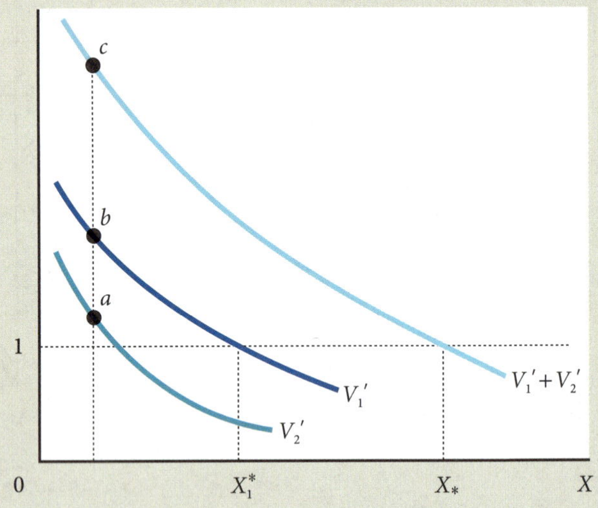

$X_j^*-X_i^*$만큼의 비용을 추가로 지불해야 한다. 이 개인이 추가비용을 지불해 얻는 추가이득은 $V_j(X_j^*)-V_j(X_i^*)$이므로, $V_j(X_j^*)-V_j(X_i^*)>X_j^*-X_i^*$가 충족되면 j번째 개인은 추가비용을 부담할 의사가 있다.

그런데 그림 20-1 (b)에서 보는 바와 같이 공공재 소비의 한계효용이 체감해 b에서의 기울기가 1보다 크므로, $V_j(X_j^*)-V_j(X_i^*)>X_j^*-X_i^*$의 조건은 항상 충족된다. 즉 어떤 개인이 공공재를 공급하는 경우에 그 개인보다 공공재를 더 선호하는 개인은 항상 공공재를 더 공급하기를 원한다.

이러한 과정이 계속되면 공공재의 양은 결국 공공재를 가장 선호하는 개인이 원하는 만큼으로 결정된다. 만약 j번째 개인이 공공재를 가장 선호한다면 공공재의 양은 $V_j'(X_j^*)=1$을 만족시키는 X_j^*로 결정되며, 나머지 개인들은 무임승차자가 된다. 무임승차자들의 공공재에 대한 선호는 j번째 개인보다 덜하며 공공재 소비의 한계효용은 체감하므로, i번째 무임승차자의 경우, $0<V_i'(X_j^*)<1$이 성립한다. 따라서 개인이 공공재를 공급하면 다음 식이 성립한다.

$$\sum V_i'(X_j^*)>1 \qquad (20\text{-}5)$$

식 (20-5)가 나타내는 것은 현재보다 공공재의 공급을 한 단위 증가시킬 때 사회후생이 증가하는 정도인 $\sum V_i'(X_j^*)$가 공공재 한 단위를 추가로 공급하는 데 드는 비용인 1보다 크므로, 공공재의 공급량을 현재보다 늘리면 순사회편익이 증가한다는 것이다. 따라서 개인이 공공재를 공급하는 경우에는 사회적인 최적보다 과소하게 공공재의 공급이 이루어져 시장실패가 발생하게 됨을 알 수 있다. 공공재의 공급을 개인에게 맡기는 경우에 공공재의 과소 공급이 이루어지는 이유를 2인의 소비자가 존재하는 경우를 대상으로 하여 그림으로 나타내면 그림 20-2와 같다.

그림 20-2에서 소비자 1의 $V_1'(X)$가 소비자 2의 $V_2'(X)$보다 위에 위치하고 있으므로, 소비자 1이 공공재를 더 선호한다. 따라서 이 경우 공공재의 공급은 공공재를 더 선호하는 소비자 1에 의해 $V_1'(X_1^*)=1$을 만족시키는 X_1^*로 결정되며, 소비자 2는 무임승차한다. 그러나 최적 공공재의 양은 $V_1'(X_*)+V_2'(X_*)=1$을 만족하는 X_*이므로, 공공재의 공급을 개인에게 맡기면 과소 공급이 이루어짐을 알 수 있다. 여기서 $V_1'(\cdot)+V_2'(\cdot)$은 V_1'와 V_2'를 수직으로 합한 것이므로, 그림 20-2에서는 $a+b=c$가 성립한다.

정부에 의한 공공재 공급

공공재의 공급을 개인에게 맡기면 과소 공급이 이루어진다.[6] 그렇다면 정부가 공공재를 공급하면, 적정한 양을 공급할 수 있을 것인가? 정부가 모든 개인들의 공공재에 대한 선호를 알고 있다면 대답은 '그렇다'이다.

정부가 X만큼의 공공재를 공급할 때 $P_X=1$이므로 X원의 비용이 필요한데, 그 재원을 조세로 충당한다고 하자. t_i가 i번째 개인에게 부과되는 조세율이라면, 공공재의 공급량이 X인 경우에 i번째 개인이 부담하는 조세액은 t_iX가 된다. 한편 조세징수액은 공공재를 공급하는 비용과 같아야 하므로 $\sum t_iX=X$가 되어야 하는데, 이는 곧 $\sum t_i=1$이 되어야 함을 의미한다.

i번째 개인의 세율이 t_i로 주어졌다면, 이 개인은 자신이 예산제약 하에서 효용극대화를 이룰 수 있도록 공공재가 공급되기를 원한다. 이 개인이 극대화시키기 원하는 것은 $V_i(X)+Y_i$이며, 예산제약은 $t_iX+Y_i=E_i$이다. $Y_i=E_i-t_iX$이므로 이를 대입하면, 이 개인이 극대화시키기 원하는 것은 $V_i(X)-t_iX+E_i$이다. 이 개인

6 이는 곧 공공재의 공급을 시장에 맡기면 과소 공급으로 인한 비효율적 자원배분이 나타날 수 있다는 것을 의미한다.

의 초기 부존량 E_i는 일정하게 주어진 상수이므로, 결국 $V_i(X)-t_iX$를 극대화시키기 원하는데, 이의 일계 조건은 다음과 같다.

$$V_1'(X)=t_i\ (i=1, 2, \cdots, N) \tag{20-6}$$

이 경우에 정부가 결정해야 하는 것은 공공재의 최적 공급량과 각 개인들의 조세율이다. 한편 공공재가 갖는 비경합성의 특징에 의하여 모든 개인들은 같은 양의 공공재를 소비하게 된다. 정부가 만족시켜야 할 방정식의 수는 **식** (20-6)이 나타내는 N개에 $\sum t_i=1$을 합한 $N+1$개가 된다. 이때 정부가 결정하여야 할 미지수도 X와 $t_1, t_2, \cdots, t_N$의 N개를 합한 $N+1$개이다. 방정식의 수와 미지수의 수가 일치하므로, 정부는 공공재의 공급량과 모든 개인들의 조세율을 유일하게 결정할 수 있다.

정부가 이와 같이 공공재의 공급량과 조세율을 결정하면, 공공재를 최적으로 공급할 수 있다. 모든 개인들에 대해 **식** (20-6)의 조건을 합하면 $\sum V_i'(X)=\sum t_i$가 된다. $\sum t_i=1$이므로 $\sum V_i'(X)=1$이 성립되는데, 이것은 공공재의 최적 공급 조건인 **식** (20-3)과 일치한다. 이와 같이 정부가 최적 공공재의 공급을 달성할 수 있도록 조세율을 결정하는 것을 린달의 조세체계 Lindahl's tax scheme 라 한다.[7]

린달의 조세체계가 가능하기 위해서는 정부가 모든 개인들의 공공재에 대한 선호, 즉 $V_i(X)$를 알아야 한다. 그러나 현실적으로 정부가 모든 개인들의 효용함수를 다 안다는 것은 불가능하다. 정부가 개인들의 공공재에 대한 선호가 어떠한지 물어보면 개인들은 공공재에 대한 진정한 선호 true preference 를 이야기하지 않을 이유가 있는데, 이를 선호시현의 문제 preference revelation problem 라 한다.

공공재 공급 과정에서 선호시현의 문제가 존재하는 이유는 다음과 같다. 공공재에 대한 선호가 강하다는 것은, 같은 양의 공공재를 소비해도 공공재의 소비로부터 얻는 한계효용이 크다는 의미이다.

그런데 **식** (20-6)에 의하면, 공공재를 좋아한다고 말하면 할수록 조세율은 상승한다. 게다가 공공재가 갖는 결합소비의 특징에 의하면, 일단 공공재가 생산되면 자신이 공공재의 공급비용을 얼마나 부담했는가에 상관없이 누구나 생산된

7 린달의 조세체계란 **식** (20-6)과 같이 각 개인이 공공재 소비로부터 느끼는 한계효용에 비례하여 그 개인의 세율을 설정해야 한다는 것을 의미하기도 한다. 그러나 이는 개인들로 하여금 공공재에 대한 선호를 과소표출하거나 아예 표출하지 않도록 만들 수 있다는 치명적 문제를 안고 있다.

표 20-1
무임승차와 용의자의 딜레마

		집주인 B	
		Y	N
집주인 A	Y	(140, 140)	(80, 200)
	N	(200, 80)	(100, 100)

공공재의 양에 해당하는 만족을 얻는다. 이러한 이유 때문에 개인들은 '공공재를 얼마나 좋아하는가?'라는 정부의 물음에 대해 자신의 진정한 선호보다 훨씬 축소해 대답할 이유가 있다. 이러한 경우가 극단적으로 진행되면, 모든 개인들이 공공재를 원하지만 '공공재가 필요한가?'라는 정부의 질문에는 모두 무임승차하기를 원해 '필요없다'고 대답함으로써 공공재 공급이 이루어지지 않을 수도 있다.

무임승차가 용의자의 딜레마 prisoner's dilemma를 초래해 모두 공공재를 원하면서도 공공재가 공급되지 않는 경우의 예를 생각해 보자. 어떤 지역에 두 명의 집주인이 있는데, 이들은 모두 세를 주어 각자 100의 임대소득을 올리고 있다. 정부가 집주인들의 부담으로 인접한 두 집 앞에 외등을 설치하기로 하여 그 필요성을 물어보기로 했다. 외등이 설치되면 주변환경의 개선에 의해 각자 200의 임대소득을 올릴 수 있다.

정부가 '외등이 필요한가?'라고 물어보면 집주인들은 그렇다(Y) 혹은 아니다(N)라고 대답한다. 한편 외등을 설치하는 비용은 120인데, 비용부담은 다음과 같이 한다. 두 집주인 모두 Y라고 대답하면 각자 60씩 공평하게 부담하며, 한 사람은 Y, 다른 사람은 N이라고 대답하면 Y라고 대답한 사람이 120을 모두 부담한다. 이 경우에 N이라고 대답한 사람은 외등이 설치되면 비용 부담 없이 200의 임대수입을 올릴 수 있으므로 무임승차자가 된다. 물론 두 사람 모두 N이라고 대답하면 외등은 설치되지 않는다. 이 경우의 집주인 A 및 B의 기대수익은 표 20-1과 같이 나타난다.

표 20-1에서 보는 바와 같이 집주인 A와 B는 상대방이 Y와 N 중 어느 대답을 하더라도 N이라고 대답할 때 더 높은 이득을 얻을 수 있다. 즉 두 사람 모두에게 N이 우월전략 dominant strategy이 되어 (N, N)의 내쉬 균형이 성립한다. 따라서 두 사람 모두 공공재를 원함에도 불구하고 무임승차하기를 바라므로 공공재가 공급되지 못한다.

투표에 의한 공공재 공급

린달의 조세체계는 선호시현 문제가 발생하므로 실제로 적용하기가 매우 어렵다. 이를 해결하기 위해 개인들의 조세율을 공공재에 대한 선호와 상관없이 객관적인 기준에 의해 결정하고, 공공재의 공급량을 투표로 결정한다면 어떤 문제가 발생할 것인가? 이때 조세율을 결정하는 방법으로는 $t_i = 1/N$로 하여 모든 개인들에게 동일한 조세율을 적용하는 경우와 $t_i = E_i/\sum E_j$로 하여 초기 부존량이 많은 개인에게 높은 조세율을 적용하는 경우 등을 생각할 수 있다. 어느 경우라도 조세율은 개인의 공공재에 대한 선호와 상관없이 결정된다.

조세율이 결정되면, i번째 개인은 **식** (20-6)이 충족되도록 공공재가 공급되기를 원한다. 주어진 조세율에서 **식** (20-6)이 충족되도록 i번째 개인이 원하는 공공재의 양을 $X_i(t_i)$라 하자. 개인마다 공공재에 대한 선호가 다르므로, 주어진 조세율에서 원하는 공공재의 양도 모두 다를 것이다.

각 개인들이 원하는 공공재 양을 재배열해, $X_1(t_1) < \cdots < X_m(t_m) < \cdots < X_N(t_N)$으로 나타내기로 하자. 여기서 m번째 개인은 원하는 공공재의 양에 관해 중위수 median에 해당하는 개인이다. 즉 $X_m(t_m)$보다 적은 양의 공공재를 원하는 개인의 수와 $X_m(t_m)$보다 많은 양의 공공재를 원하는 개인의 수는 $(N-1)/2$로 동일하다.[8]

임의의 두 공공재의 양을 놓고 투표해 다수결에 의해 공공재의 양을 결정하는 경우에 항상 중위수에 해당하는 개인이 원하는 공공재의 양인 $X_m(t_m)$이 다수결로 결정되는데, 이를 중위투표자의 정리 median voter theorem 라 한다. 먼저 $X_m(t_m)$보다 작은 $X_i(t_i)$와 $X_m(t_m)$을 투표에 부치는 경우에 투표 결과가 어떻게 나올 것인지 알아보기로 하자. 이를 위해 $X_m(t_m)$보다 더 많은 공공재를 원하는 임의의 j번째 개인이 $X_i(t_i)$와 $X_m(t_m)$ 중 어느 것에 투표할 것인지 살펴보기로 하자.

그림 20-3 (a)에서 보는 바와 같이 j번째 개인이 $X_m(t_m)$에 투표하는 경우의 순이득은 b, $X_i(t_i)$에 투표하는 경우의 순이득은 a에 의해 각각 나타나는데, b가 a보다 크므로 이 개인은 $X_m(t_m)$에 투표한다. 중위수에 해당하는 개인도 $X_m(t_m)$에 투표하므로, $X_m(t_m)$에 투표하는 투표자의 수가 최소한 $(N-1)/2+1$이 되어 과반수를 넘어선다. 즉 $X_m(t_m)$보다 작은 공공재의 양과 $X_m(t_m)$을 투표에 부치면, $X_m(t_m)$이 다수결로 결정된다.

8 사람 수는 정수가 돼야 한다는 정수의 문제(integer problem)를 없애기 위해 N을 홀수인 것으로 생각한다. 그러나 사람 수가 매우 많으면 정수의 문제는 심각하지 않다.

그림 20-3

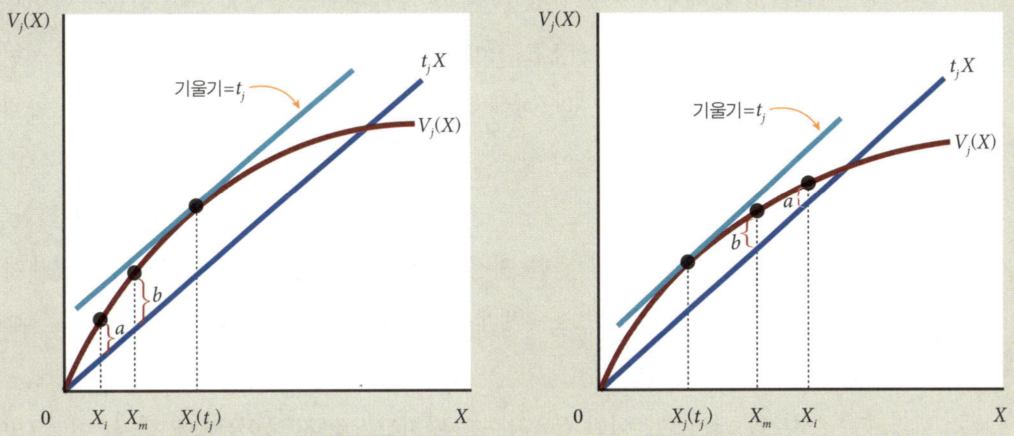

(a) X_m과 $X_i(t_i)$의 투표($X_m > X_i(t_i)$)

(b) X_m과 $X_i(t_i)$의 투표($X_m < X_i(t_i)$)

투표에 의한 공공재 공급

(a)와 같이 X_m과 X_m보다 작은 $X_i(t_i)$를 투표에 붙이면, 중위투표자보다 공공재를 더 선호하는 사람들은 모두 X_m에 투표하여 X_m이 과반수로 결정된다. 반면에 (b)와 같이 X_m과 X_m보다 큰 $X_i(t_i)$를 투표에 붙이면 중위투표자보다 공공재를 덜 선호하는 사람들은 모두 X_m에 투표하여 X_m이 과반수로 결정된다. 따라서 투표에 의하는 경우, 항상 중위투표자가 원하는 양만큼의 공공재가 공급된다.

$X_m(t_m)$보다 큰 $X_i(t_i)$와 $X_m(t_m)$을 투표에 부치는 경우에 투표 결과는 어떻게 될 것인가? 이 경우는 그림 20-1 (b)에 나타난 바와 같이 $X_m(t_m)$보다 적은 양을 원하는 개인들이 $X_m(t_m)$에 투표해 $X_m(t_m)$이 다수결로 결정된다.

이상에서 살펴본 바와 같이 투표에 의해 공공재의 공급량을 결정하면, 항상 중위수에 해당하는 개인이 원하는 양이 다수결로 결정된다. 따라서 $V_m'(X_m) = t_m$이지만 나머지 개인들의 경우는 $V_i'(X_m) \neq t_i$이므로 $\sum t_i = 1$이어도 $\sum V'(X_m) \neq 1$이 된다. 즉 투표에 의해 공공재의 공급량을 결정하면 최적으로 공급할 수 없다.

최적 공공재 공급의 실현 가능성

공공재의 공급을 개인에게 맡기면 과소공급이 되며, 투표에 의해 공급량을 결정하면 중위투표자가 원하는 양으로 결정되어 역시 최적 공급을 이룰 수 없다. 정부가 개인들의 공공재에 대한 선호를 알고 있다면 린달의 조세체계대로 조세율과 공공재의 공급량을 결정하여 최적을 이룰 수 있으나, 정부가 개인들의 공공재에 대한 선호를 모두 아는 것은 현실적으로 불가능하다. 그렇다면 공공재를 최적으로 공급한다는 것은 현실적으로 불가능한 것인가?

린달의 조세체계의 문제점은 정부가 개인에게 공공재에 관한 선호를 물어보는 경우에 개인들이 진정한 선호를 이야기하지 않는다는 데 있다. 이러한 선호시현의 문제가 존재하는 이유는, 공공재에 관한 선호가 조세율에 직접 연관되어 공공재를 좋아한다고 말하면 조세율이 상승하기 때문이다.

이러한 문제를 해결하는 가장 좋은 방법은 정부가 개인에게 공공재에 관한 선호를 물어볼 때 공공재에 관한 진정한 선호를 이야기할 수밖에 없는 조세체계를 구축하는 것인데, 이러한 조세체계를 수요시현 조세체계 demand revealing tax scheme 라 한다.

정부가 개인에게 어떤 효용함수를 가지고 있는지 물어본다고 하자. 이때 i번째 개인은 정부에게 $V_i(X)$를 알려주는데, 이를 허위로 알려줄 수도 있다고 하자. 한편 정부는 개인들이 알려준 효용함수의 진위에 상관없이 $\sum V_i'(X_*)=1$이 충족되도록 공공재의 공급량을 결정한다. 즉 정부는 개인들이 알려준 효용함수에 기초해 순사회편익 $\sum V_i(X)-X$를 극대화하도록 공공재의 공급량을 결정하므로, 정부가 극대화시키기 원하는 목적함수 objective function 는 $\sum V_i(X)-X$다.

지금 T_i를 i번째 개인에게 부과되는 조세액이라 하면, 가능한 수요시현 조세체계는 다음과 같다.

$$T_i = X - \sum_{j \neq i} V_j(X) \qquad (20\text{-}7)$$

i번째 개인에게 부과되는 조세액은 공공재의 공급비용에서 i번째 개인을 제외한 다른 개인들이 공공재로부터 얻는 이득을 차감한 금액으로 결정된다. 이러한 조세체계에서 i번째 개인이 자신의 진정한 효용함수 $V_i(X)$를 정부에게 알려줄 수밖에 없는 이유를 살펴보기로 하자.

i번째 개인의 조세액이 T_i로 주어졌을 때 이 개인은 자신이 예산제약 하에서 효용극대화를 이룰 수 있도록 공공재가 공급되기를 원한다. 이 개인이 극대화시키기 원하는 것은 $V_i(X)+Y_i$이며, 예산제약은 $T_i+Y_i=E_i$이다. $Y_i=E_i-T_i$이므로 이를 대입하면, 이 개인이 극대화시키기 원하는 것은 $V_i(X)-T_i+E_i$이다. i번째 개인의 초기 부존량 E_i는 일정하게 주어진 상수이므로 이 개인은 결국 $V_i(X)-T_i$를 극대화시키기 원하는데, **식** (20-7)의 T_i를 대입해 정리하면 i번째 개인이 극대화

EXAMPLE 20-1

공유재 the commons

공공재와 유사한 성격을 갖는 재화로서 공유재를 생각할 수 있다. 하딘G. Hardin이 말한 '공유재의 비극the tragedy of the commons'의 내용은 다음과 같다.

모두에게 사용이 무료로 개방된 목초지가 있다고 하자. 이 목초지에 가축을 방목하던 목축업자는 가축 수를 늘릴수록 이득이라고 생각을 하게 되어 추가로 가축 한 마리를 더 키울 때 생기는 한계편익이 0이 될 때까지 가축 수를 늘리려 할 것이다. 모든 가축업자들이 이렇게 행동한다면 결국 목초지는 황폐화돼 모두가 손해보는 비극적인 결과가 초래된다는 것이다.

공유재는 사적 재화와 공공재의 성격을 모두 갖고 있는데, 더 많은 사람이 연관된 공유재일수록 그 공유재를 공짜로 쓰는 것을 막는 데 막대한 비용이 든다는 점에서 공공재처럼 배제불가능성의 특징을 갖고 있다. 그러나 공유재의 분량이 한정되어 있는 한 누군가 공유재를 많이 사용하면 다른 사람이 사용할 수 있는 공유재의 양은 결국 감소할 수밖에 없다는 점에서 사적 재화와 같은 경합성의 특징을 갖고 있다.

공유재가 비극적인 결과만 초래하는 것은 아니다. 스위스 알프스산맥의 목초지, 스페인과 필리핀의 관개시설 등은 수세기 동안 잘 보존되고 있다. 이들이 잘 보존되고 있는 것은 적절히 관리되고 있기 때문이다. 《공유재를 관리하다 governing the commons》를 저술한 오스트롬E. Ostrom에 의하면, 잘 유지되는 공유지들은 누가 언제 공유재를 쓸 수 있는지에 대한 정교한 관례가 정립돼 있으며 사람들은 법적인 강제 제재와 징벌보다 남용을 감시하고 이해상충을 조정하는 데 더 관심이 있다고 한다.

공공재와 비슷한 성격을 지닌 공유재의 경우 비극적인 결과를 초래할 가능성이 크지만 몇몇 사례들에서는 긍정적인 결과를 낳기도 한다.

시키기 원하는 목적함수는 $\sum V_i(X)-X$가 됨을 알 수 있다. 즉 **식** (20-7)의 조세체계에서는 개인과 정부가 극대화시키기 원하는 목적함수가 동일하다.

이러한 상황에서 정부가 i번째 개인에게 어떤 효용함수를 가지고 있는지 물어보았을 때, 진정한 효용함수가 $V_i(X)$임에도 불구하고 $W_i(X)$라고 허위로 알려주면 어떻게 될 것인가? 정부는 허위로 알려준 효용함수에 기초해 $\sum_{j\neq i} V_j(X)+W_i(X)-X$를 극대화하도록 공공재의 공급량을 X_*로 결정할 것이다. 그러나 이 X_*는 i번째 소비자가 실제로 얻는 순편익인 $\sum V_i(X)-X$를 극대화하는 공공재의 양이 아니다. 즉 i번째 개인이 허위로 효용함수를 알려주면, 자신의 순편익이 극대화되도록 공공재가 공급되지 않으므로 손해이다. 따라서 **식** (20-7)의 조세체계에서는 모든 개인들이 항상 공공재에 관한 진정한 선호를 밝히므로, 선호시현의 문제가 사라진다.

그러나 **식** (20-7)의 조세체계가 완벽한 것은 아니다. 왜냐하면 이 체계에 의해 조세를 징수하면, 조세징수액이 공공재 공급비용에 미달하는 경우가 있을 수 있기 때문이다. 예를 들어 $X_* = 1000$, $V_1(X_*) = 0$, $V_2(X_*) = 500$, $V_3(X_*) = 100$, $V_4(X_*) = 200$, $V_5(X_*) = 300$인 경우를 생각해 보자.

이 경우에 **식 (20-7)**에 기초해 각 개인의 조세액을 계산하면, $T_1 = -100$, $T_2 = 400$, $T_3 = 0$, $T_4 = 100$, $T_5 = 200$이 된다. 여기서 조세액이 음(−)인 것은 보조금을 지급한다는 의미이다. 개인별 조세액이 위와 같을 때 총 조세징수액은 600이 되어 공공재 공급비용 1,000에 미달하므로 공공재를 공급할 수 없다.

이러한 문제는 개인의 의사결정은 물론 공공재 공급량의 결정과도 무관하게 개인별로 부차적 지출액 side-payment을 부과해 해결할 수 있다. i번째 개인의 부차적 지출액이 S_i라면, 이 개인의 조세액은 $T_i + S_i$가 된다. S_i는 $\sum(T_i + S_i) \geq X$를 만족시키도록, 즉 조세징수에 의해 공공재를 공급하는 것이 가능하도록 결정된다. 부차적 지출액을 부과하기로 결정하면, 공공재 공급비용을 초과하는 조세징수가 가능해진다는 문제가 생긴다.

만약 초과징수액을 돌려주지 않는다면 경제 전체로 보아 초과징수액에 해당하는 금액만큼의 사적 재화의 소비량이 감소하므로, 파레토 효율적 자원배분을 달성할 수 없다. 초과징수액을 돌려준다면 이를 돌려주는 기제mechanism가 필요한데, 각 개인들은 의사결정에서 이를 고려하게 되므로 개인의 목적함수에 이 기제가 포함된다. 따라서 개인과 정부의 목적함수는 서로 달라져 선호시현의 문제가 다시 발생한다.

이상적인 상황은 공공재가 최적으로 공급되고, 주어진 조세체계에서 개인들은 진정한 선호를 밝힐 수밖에 없으며, 공공재 공급비용과 조세징수액이 일치해 균형재정이 달성되는 것이다. 정부가 개인들에게 원하는 공공재의 양 대신 기존의 공공재의 양을 얼마나 증가 혹은 감소시키기 원하는지 물어보는 경우에 이러한 세 가지 조건들을 모두 충족시킬 수 있는 조세체계를 만들 수 있다. 이를 그로브스-레드야드 조세체계 Groves-Ledyard tax scheme라 한다.[9]

9 그로브스-레드야드 조세체계에 관한 자세한 논의는 이 책의 수준을 훨씬 넘어서므로 생략한다. 여기에 관심이 있는 독자는 Groves, Ledyard, "Public Goods and Preference Revelation", *Econometrica*, May 1977을 참고하기 바란다.

20-3 외부성

외부성의 의미

다른 사람의 행위가 시장기구를 통하지 않고 자신에게 영향을 주는 경우에 '**외부성** externality 이 있다'라고 한다. 이때 시장기구를 통하지 않는다는 것은 외부성을 야기하는 행위에 연관된 시장이 존재하지 않아 외부성에 대한 어떠한 대가도 동반하지 않음을 의미한다.

> **외부성**
>
> 다른 사람의 행위가 시장기구를 통하지 않고 자신에게 영향을 주는 경우 외부성이 있다고 말한다. 외부성은 대가를 동반하지 않으므로 시장실패를 초래한다.

외부성은 소비와 생산에서 모두 발생할 수 있는데, 소비에서 발생하는 외부성을 소비외부성 consumption externality, 그리고 생산에서 발생하는 외부성을 생산외부성 production externality 이라 한다. 한편 다른 사람의 행위가 자신에게 이득이 되는 경우에는 '외부경제 external economy 가 있다'라고 하며, 자신에게 해가 되는 경우에는 '외부비경제 external diseconomy 가 있다'라고 한다.

흡연자와 비흡연자가 한 방에서 사는 경우를 생각해 보자. 흡연자는 담배 연기에 개의치 않으나 비흡연자는 담배 연기를 혐오한다면, 흡연자가 담배를 피우는 행위는 비흡연자에게 피해를 주어 비흡연자의 효용수준을 낮춘다. 그러나 '공기 시장'은 존재하지 않으므로, 흡연자가 담배를 피워 담배 연기가 공기를 오염시킴에도 불구하고 흡연자는 비흡연자에게 어떠한 보상도 하지 않는다. 이 경우에 흡연자의 흡연행위는 시장기구를 통하지 않고 비흡연자에게 피해를 주므로, 소비의 외부비경제가 존재한다고 할 수 있다.

이와 유사한 예로 대로변의 아파트 단지의 경우를 들 수 있다. 아파트 주민들은 소음공해에 시달리지만 대로를 운행하는 자동차 운전자들이 그 피해를 보상해 주지 않는다. 즉 이 경우는 소음공해가 소비의 외부비경제를 초래하는 경우이다.

소비의 외부경제가 존재하는 경우는 흔치 않으나 다음과 같은 경우를 생각해 볼 수 있다. 어떤 음악 애호가가 매일 저녁 식후에 한 시간씩 음악감상을 한다. 어느날 이웃집에 세계적으로 유명한 피아노 연주가가 이사를 와서 매일 저녁 한 시간씩 연습을 하게 되었다. 이 경우에 음악 애호가는 저명한 피아노 연주가의 연주를 매일 듣게 되어 만족이 증가하지만, 피아노 연주가에게 어떠한 보상도 하지 않

꿀벌의 경제적 효과

EXAMPLE 20-2

생산의 외부경제가 초래하는 경제적 효과는 생각보다 클 수 있다. 2008년 프랑스 국립농업연구소INRA에 의하면, 벌 등 꽃가루를 운반하는 곤충이 과일, 야채 등 작물의 성장에 기여하는 효과가 연간 약 250조 원에 달하는 것으로 나타났다. 이는 전 세계 농업 생산액의 약 9.5%에 달하는 금액이다.

현재 세계 각국에서는 꿀벌의 개체수가 급격히 감소하는 현상이 나타나고 있다. 2006년 가을 미국 펜실베니아 주에서 처음 보고된 이후 미국에서는 24개 주에서 평균 25%의 꿀벌이 사라진 것으로 보고되었다. 일본의 경우는 2008년 한 해 동안 나가노長野현에서만 230만 마리의 꿀벌이 떼죽음을 당하는 일이 벌어지기도 했다.

전 세계적으로 꿀벌 수의 감소 추세가 계속돼 꿀벌이 멸종할 경우 관련 작물의 생산성이 크게 떨어져 가격이 상승하게 된다. 이에 따라 소비자들이 입을 피해액은 약 200조~500조 원에 달할 것으로 예측되고 있다. 이러한 금액은 꿀벌이 멸종되었을 때 환경에 미칠 영향을 포함하지 않은 금액이다.

환경재앙은 소비자들에게 막대한 피해를 끼칠 수 있다.

으므로 소비의 외부경제가 존재한다.

어느 강의 상류에 염색공장이 자리 잡고 있으며, 하구에는 양식업자들이 있다고 하자. 공해에 대한 규제가 전혀 없다면, 염색공장은 마음대로 폐수를 강에 방출해 양식업자들에게 피해를 주지만 그 피해를 보상하지 않는다. 따라서 수질오염이라는 공해는 생산의 외부비경제를 초래한다.

생산의 외부경제에 관한 고전적인 예로서 과수원과 과수원 근방의 양봉업자의 경우가 자주 거론된다. 양봉업자는 근처에 과수원이 없다면 꿀을 생산하는 데 지장이 있을 것이며, 과수원 주인은 벌들이 꽃가루받이를 하지 않는다면 일일이 붓으로 꽃가루받이를 해야 하는 어려움을 겪을 것이다. 이 경우에 쌍방 간에 어떠한 보상도 이루어지지 않으므로, 생산의 외부경제가 존재한다.

외부성이 존재하는 이유는 다른 사람의 행동이 시장기구를 통하지 않고 자신에게 직접 영향을 미치기 때문이다. 그런데 시장기구를 통하지 않는 이유는 '공기 시장'이나 '하천 시장' 등이 존재하지 않기 때문이다. 왈라스 균형에 의해 달성된 자원배분이 파레토 효율적이기 위해서는 거래되는 모든 재화에 관한 시장이 존재해야 한다. 외부성이 존재하는 것은 시장이 완비돼 있지 못한 것이 원인이므로, 이 경우에 시장기구에 의해 자원배분을 하게 되면 파레토 효율적 자원배분을 이룰 수 없을 것임을 쉽게 짐작할 수 있다.

그림 20-4

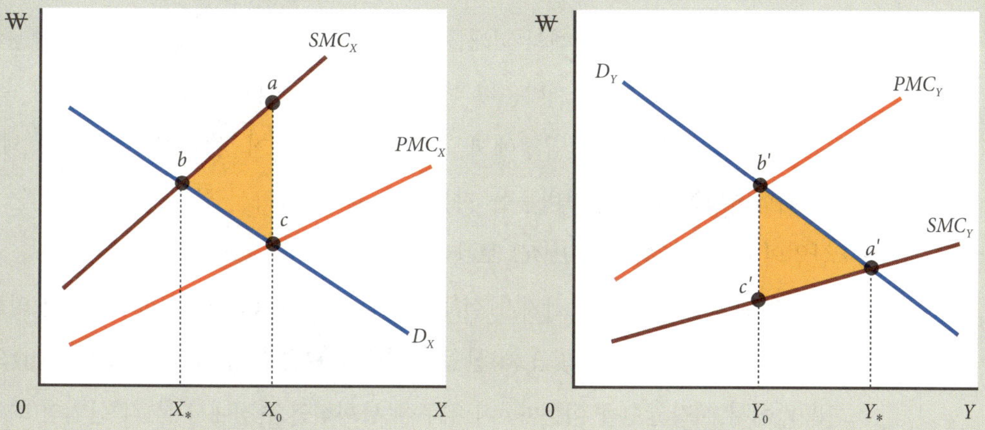

(a) 공해산업 (b) 공해의 피해를 입는 산업

생산의 외부비경제와 시장의 실패

(a)와 같이 외부비경제를 발생시키는 산업은 과잉생산을 하여 *abc* 면적만큼의 효율성 상실이 생기며 (b)와 같이 외부비경제의 피해를 입는 산업은 과소생산을 하여 *a'b'c'* 면적만큼의 효율성 상실이 생긴다.

외부성과 자원배분의 비효율성

생산의 외부비경제가 존재하는 경우에 시장기구에 의한 자원배분이 비효율적이 되는 이유를 살펴보기로 하자.[10] 어느 지역에 연탄공장(X재 산업)과 세탁소(Y재 산업)가 함께 자리 잡고 있다고 하자. 두 산업이 모두 완전경쟁에 직면하고 있다고 가정하면, 수요곡선과 개별 기업들의 한계비용곡선을 수평으로 합한 시장공급곡선이 만나는 점에서 균형이 이루어진다.

외부성이 존재하는 경우에 각 산업의 한계비용을 사적 한계비용 private marginal cost PMC와 사회한계비용 social marginal cost SMC로 구별할 필요가 있다. 사적 한계비용은 산출량이 한 단위 증가할 때 각 산업이 실제 지불하는 생산비가 얼마나 증가하는지를 나타내며, 사회한계비용은 산출량이 한 단위 증가할 때 사회적인 관점에서 평가한 비용이 얼마나 증가하는지를 나타낸다. X재 산업은 공해를 발생시키는 산업이므로, SMC_X는 X재 생산을 위해 기업들이 실제 지불하는 생산비인

10 생산의 외부경제가 존재하는 경우와 소비의 외부성이 존재하는 경우에 자원배분이 비효율적으로 이루어지는 원인에 대해서는 생산의 외부비경제가 존재하는 경우와 같은 방법으로 분석할 수 있으므로 생략하기로 한다.

PMC_X에 공해의 사회비용을 합해 구할 수 있다. 따라서 공해산업인 X재 산업은 SMC_X가 PMC_X보다 크다.

한편 Y재 산업은 공해의 피해를 입는 산업이므로, SMC_Y는 Y재 산업 주변에 X재 산업이 없었다면 한계비용이 어떻게 될 것인지에 의해 파악될 수 있다. 즉 세탁소는 주변에 있는 연탄공장에서 나온 탄가루가 공기 중에 떠돌아다니다 세탁물을 더럽히지 않도록 추가비용을 지불해야 한다. 따라서 공해의 피해를 입는 Y재 산업의 경우는 SMC_Y가 PMC_Y보다 작다.

각 산업의 산출량은 각자가 실제로 지불하는 비용인 사적 한계비용에 의해 결정된다. 이에 따라 X재 및 Y재 산업의 산출량 수준은 그림 20-4 (a) 및 (b)의 X_0 및 Y_0에서 시장균형을 이룬다. 이 경우에 사회적인 관점에서 본 각 산업의 최적 산출량 수준은 사회한계비용과 수요곡선이 만나는 X_* 및 Y_*에서 결정된다. 따라서 공해산업인 X재 산업의 산출량은 적정 수준보다 많으며, 공해의 피해를 보는 Y재 산업의 산출량은 적정 수준보다 작아 각각 abc 및 $a'b'c'$의 사회효율의 손실dead-weight loss이 초래된다는 것을 알 수 있다.

적정 공해 수준

공해와 같은 외부비경제가 존재하는 경우에 비효율적 자원배분이 이루어진다면, 공해의 수준을 0으로 만드는 것이 사회적으로 바람직한 것인가? 그 대답은 '아니오'이다. 왜냐하면 공해는 생산과정에서 필연적으로 발생하며, 공해를 줄이는 데 비용이 들어가기 때문이다.

적정 공해 수준의 개념을 이해하기 위해 먼저 물질균형방정식material balance equation의 의미를 살펴보기로 하자. M_t를 t기 말에 경제에 존재하는 자원의 양이라 하고, m_t를 t기 중에 자연으로부터 새로이 채취한 자원의 양이라 하자. $t-1$기 말에 경제에 존재한 자원의 양은 100이었으며, t기 중에 30의 자원을 새로이 자연으로부터 채취했다($M_{t-1}=100$, $m_t=30$). 그런데 t기 말에 경제에 남아 있는 자원 M_t가 110이라면, 130과 110의 차이인 20은 곧 경제에 남아 있지 않고 폐기된 자원의 양을 나타낸다. 따라서 t기 중에 발생된 폐기물의 양을 R_t라 하면, 다음과 같은 물질균형방정식을 얻을 수 있다.

$$M_{t-1}+m_t=M_t+R_t \quad (20\text{-}8)$$

$\Delta M_t = M_t - M_{t-1}$ 이라 하면 ΔM_t는 국민경제의 고정자본 형성과 연관된다. 자연으로부터 새로이 채취된 자원은 생산에 투입될 것이므로, m_t는 국민소득과 연관되는 것으로 생각할 수 있다. 한편 생산이 많을수록 방출되는 폐기물의 양도 증가하므로, R_t도 함께 증가한다. 이러한 점을 염두에 두고 **식** (20-8)을 다시 쓰면 다음과 같다.

$$m_t = \Delta M_t + R_t$$

어떤 국민경제의 고정자본 형성률, 즉 투자율이 35%라면, 위 식은 국민소득의 65%는 결국 폐기물화할 수밖에 없음을 나타낸다. 한편 m_t와 R_t 사이의 비례관계를 생각하면 R_t를 0으로 하는 상황은 자연으로부터 새로이 자원을 채취하지 않고 생산도 하지 않는 상황, 즉 $\Delta M_t = 0$ 및 $m_t = 0$인 경우에만 가능하다는 것을 알 수 있다. 즉 공해의 수준을 0으로 하는 상황은 생산을 포기하는 상황을 의미하므로, 현실적으로 불가능할 뿐만 아니라 바람직하지도 않다.

그렇다면 적정 공해 수준은 어떻게 결정될 것인가? 지금 E를 환경의 질 environmental quality을 나타내는 지수 index라 하고, E가 높을수록 환경의 질도 높다고 하자. 환경의 질은 폐기물의 양이 많을수록 떨어지게 되므로 E와 폐기물의 양 R 사이에 역관계가 성립할 것으로 생각할 수 있는데, 이들 사이의 관계는 다음과 같은 피해함수 damage function에 의해 나타낸다.

$$E = D(R) \tag{20-9}$$

식 (20-9)에서 $\Delta D(R)/\Delta R$은 음(-)인데, 이는 폐기물이 증가할수록 환경의 질이 떨어진다는 것을 의미한다. E가 증가할수록 소비자들의 만족은 증가하므로, 사회후생도 증가한다. 여기서는 논의를 단순화하기 위해 사회후생이 화폐단위로 측정되었다고 가정하자.

E가 한 단위 증가할 때 사회후생 SW가 얼마나 증가하는지를 나타내는 한계편익 marginal benefit은 $MB = \Delta SW/\Delta E$이다. 소비자들의 한계효용이 체감한다고 가정하면, E가 증가함에 따라 MB는 **그림 20-5**와 같이 감소한다. 즉 E가 증가함에 따라 사회후생은 감소율도 증가한다.

환경의 질은 공짜로 개선시킬 수 있는 것이 아니다. 환경의 질을 개선시키려면 일정한 비용을 지불해야 하는데, 환경의 질을 한 단위 증가시키기 위해 비용이 얼

그림 20-5

적정 공해 수준의 결정

*MB*와 *MC*가 일치하는 지점에서 적정 공해 수준을 얻는다.

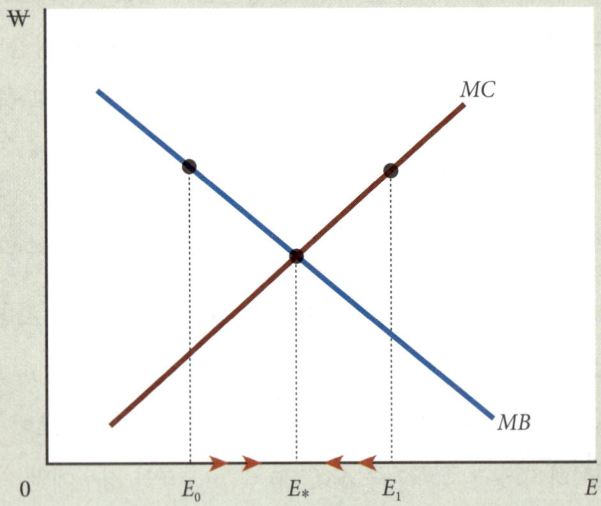

마나 들 것인가는 한계비용 marginal cost *MC*에 의해 나타난다. 그림 20-5에서와 같이 *E*가 증가함에 따라 *MC*가 증가하는 것이 일반적이다.

이 경우에 최적 환경의 질은 그림 20-5의 E_*에서 얻어지는데, 그 이유는 다음과 같다. 환경의 질이 E_*보다 작은 E_0라면, *MB*가 *MC*보다 더 크다.

예를 들어 $MB = 5 > 3 = MC$라면, E_0에서 환경의 질을 한 단위 증가시킬 때 사회후생은 5만큼 증가하는 반면, 비용은 3만큼만 증가하므로 $5 - 3 = 2$만큼의 순사회편익이 발생한다. 따라서 E_0일 때에는 환경의 질을 개선시키는 것이 바람직하다.

E_1과 같은 경우에도 비슷한 이유로 환경의 질을 감소시키는 것이 바람직하므로 최적 환경의 질은 *MB*와 *MC*를 일치시키는 E_*에서 얻어진다. 한편 E_*가 주어지면, 식 (20-9)로부터 적정 폐기물의 양 R_*가 $E_* = D(R_*)$를 만족시키도록 결정된다. 이것이 곧 적정 공해수준이다.

적정 공해수준의 달성

적정 공해수준이 결정됐다면, 이를 달성하는 방법은 직접규제와 간접규제 두 가지가 있다. 직접규제의 예로 배출량 규제를 들 수 있는데, 이는 폐기물의 허용기준치를 정하고 이를 초과하는 기업에 대해서는 벌금, 시정명령, 이전명령 및 조업중지 등의 조치를 취하는 방식이다. 한편 간접규제는 배출부과금 effluent charge 또는 오염배출세 emission tax를 부과하거나 폐기물을 줄이는 기업에 대해 보조금을 지불하는 등 금전적 유인에 의해 폐기물의 양을 줄이는 방식이다.

1 직접규제 직접규제의 경우에는 폐기물의 허용기준치만큼만 폐기물을 배출하는 것이 허용된다. 이 경우에 폐기물의 허용기준치는 앞에서 살펴본 방법으로 결정된 적정 폐기물의 양으로 정할 수 있다. 어떤 지역에 두 기업 1 및 2가 있는 경우에 직접규제 하에서 각 기업별 폐기물 배출량을 어떻게 결정하는 것이 적정한지 살펴보자.

규제가 없는 경우에 기업 1 및 2는 각각 아무 비용도 지불하지 않고 동일하게 R_0만큼씩의 폐기물을 배출해, 총폐기물의 양이 $2R_0$였다. 이 폐기물의 양이 적정 폐기물의 양인 R_*보다 커서 R_*를 직접규제에 의해 달성하려는 경우, 정부는 각 기업의 허용기준치를 R_1 및 R_2로 결정한다. R_1과 R_2는 $R_1+R_2=R_*$를 만족시킨다.

그리고 각 기업의 허용기준치 R_1과 R_2의 결정은 각 기업의 공해처리 비용에 의존한다. 기업 i의 공해배출량이 R_i인 경우에 공해처리 비용 C_i는 다음과 같이 나타낼 수 있다($i=1, 2$).

$$C_i = C_i(R_0 - R_i) \tag{20-10}$$

여기서 R_0는 규제가 없는 경우의 폐기물 배출량이며, R_i는 직접규제 하에서 허용된 폐기물 배출량이므로, R_0-R_i가 직접규제 하에서 기업 i가 감소시켜야 하는 폐기물의 양이 된다. 기업 i가 폐기물의 배출량을 많이 줄이면 줄일수록 비용은 증가하므로, R_0-R_i의 증가는 C_i의 증가를 초래한다. 폐기물 배출량을 한 단위 줄이는 경우에 비용이 얼마나 증가하는가는 기업 i의 한계비용 MC_i에 의해 나타낸다.

$$MC_i = \frac{\Delta C_i}{\Delta(R_0 - R_i)} \tag{20-11}$$

여기서 R_0는 일정하게 주어진 값이므로, R_i가 한 단위 증가한다는 것은 기업 i가 줄여야 하는 폐기물 배출량이 한 단위 감소함을 의미한다. 기업 1이 기업 2에 비해 공해처리가 효율적이라는 것은, 같은 정도로 폐기물 배출량을 줄

그림 20-6

직접규제 하의 적정 배출량 결정

직접규제에 의해 폐기물 허용배출량을 할당하는 경우에는 $MC_1 = MC_2$가 되도록 할당해야 최소비용을 달성할 수 있다.

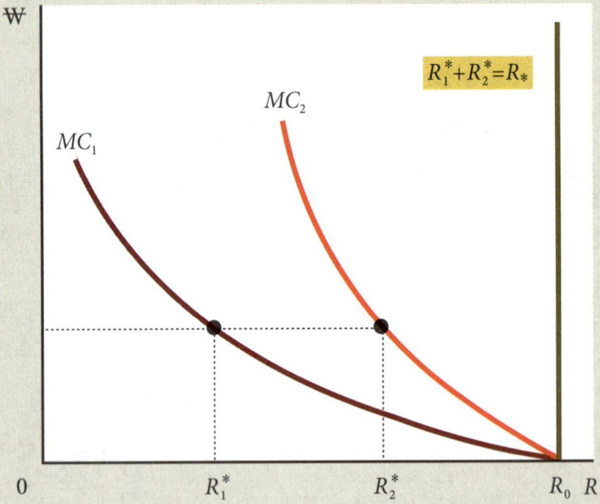

일 때 기업 1이 지불하는 비용이 기업 2가 지불하는 비용보다 작다는 뜻이다. 이는 그림 20-5와 같이 MC_1이 MC_2보다 밑에 위치하는 것으로 나타낼 수 있다. 두 기업의 공해처리 비용이 다른 경우에 R_*를 최소비용으로 달성하는 방법은 두 기업의 한계비용이 동일하도록 그림 20-6과 같이 R_1^*와 R_2^*를 할당하는 것이다.

만약 각 기업에게 R_1 및 R_2를 할당했는데, $MC_1 = 5 > 3 = MC_2$가 성립했다고 하자. 이 경우에 직접규제의 정의에 의해 $R_1 + R_2 = R_*$가 성립하므로, R_1을 한 단위 증가시키고 R_2를 한 단위 감소시켜도 R_*는 변화하지 않는다. 각 기업에게 할당된 허용기준치를 이와 같이 변화시키면, 각 기업이 허용기준치를 달성하기 위해 지불해야 하는 비용의 합은 어떻게 변화할 것인가?

$MC_1 = \Delta C_1 / \Delta(R_0 - R_1)$이므로 R_1을 한 단위 증가시키면, 즉 $(R_0 - R_1)$을 한 단위 감소시키면 C_1이 5만큼 감소한다. 마찬가지 이유로 MC_2가 3이므로, R_2를 한 단위 감소시키면 C_2가 3만큼 증가한다. 따라서 R_*를 달성하기 위해 각 기업이 지불해야 하는 비용의 합은 2만큼 감소한다.

반대로 $MC_1 < MC_2$가 성립하는 경우는 R_1을 감소시키고 R_2를 증가시켜, R_*를 달성하기 위해 각 기업이 지불해야 하는 비용의 합을 감소시킬 수 있다. 따라서 $MC_1 = MC_2$가 성립하도록 R_1^*와 R_2^*를 결정하는 것이 R_*를 최소비용으

ECONOMIST

Arthur C. Pigou 1834~1910

마샬Marshall이 창시한 캠브리지 학파를 계승 발전시킨 학자이며 후생경제학을 경제학의 범주에 포함시킨 공로를 인정받고 있는 피구는 1877년 영국에서 태어났다. 켐브리지 대학에서 수학한 피구는 마샬의 가장 탁월한 제자였으며 마샬은 피구의 박사학위 논문의 지도교수이기도 하였다. 1908년 피구는 그 당시로서는 최연소인 31세의 나이로 그의 스승인 마샬의 경제학 교수직을 이어받아 1943년에 은퇴할 때까지 그 직을 유지하였다.

피구의 주요 업적은 1912년에 발간한 《부와 후생wealth and welfare》과 1920년 발간한 《후생경제학the economy of welfare》를 들 수 있다. 이 책에서 피구는 외부성에 의해 사적 생산성과 사회적 생산성의 차이, 사적 생산비와 사회적 생산비의 차이가 발생한다고 언급하였다. 또한 이러한 외부성을 내생화시켜 시장실패를 극복하기 위한 방법으로 정부가 개입하여 피구의 조세를 사용할 것을 제안하기도 하였다.

피구의 연구결과들은 1930년대 이후 발전되기 시작한 신후생경제학의 기초가 되었다.

로 달성하는 방법이 된다.

2 간접규제 배출부과금이나 보조금의 지급에 의해 적정 공해수준을 어떻게 달성할 수 있는지 앞의 그림 20-4를 이용해, 살펴보기로 하자. 여기서는 문제를 단순화하기 위해, X재를 한 단위 생산하면 폐기물 R이 a만큼 발생한다고 가정하자.

공해산업인 X재 산업에 대해 폐기물 한 단위당 t원의 배출부과금을 부과하기로 했다면, 이때 $R=aX$이므로 생산된 X재 한 단위당 at원의 간접세를 부과했을 때와 같은 효과가 생긴다.

배출부과금을 생산된 X재 한 단위당 at원씩 부과한다면, 사적 한계생산비는 배출금 부과 이전의 PMC_X에서 PMC_X+at로 증가한다. 이때 사적 한계비용곡선이 위로 at만큼 이동하므로, t를 적정하게 t_*로 주면 그림 20-7 (a)와 같이 PMC_X+at_*가 a를 통과하게 만들 수 있다. 따라서 시장균형은 X재 산업이 실제 지불하는 한계비용으로서 X재 산업의 공급곡선인 PMC_X+at_*와 수요곡선이 만나는 a에서 이루어지며, 사회적 최적이 달성된다. 이와 같이 사회적 최적을 달성할 수 있게 하는 조세를 후생경제학의 태두인 피구A.C. Pigou의 이름을 따서 피구의 조세Pigovian tax라고 부른다.

공해의 피해를 입는 Y재 산업에는 생산된 Y재 한 단위당 s원의 보조금을

그림 20-7

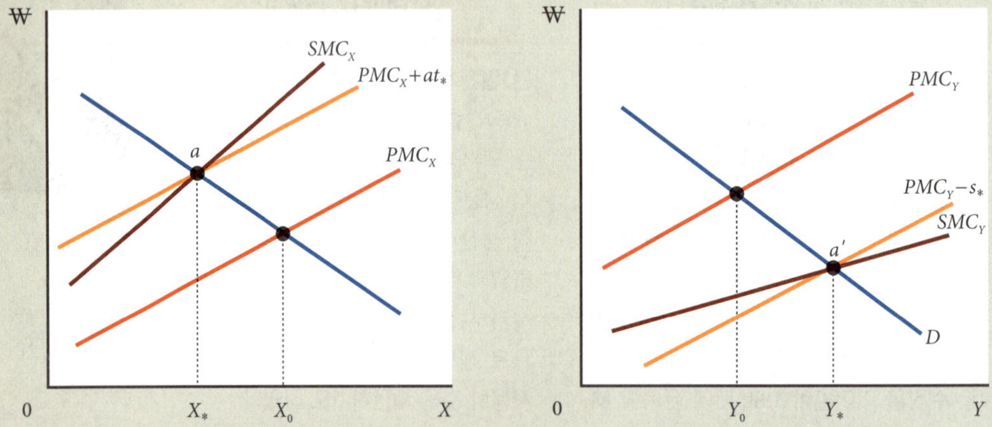

(a) 공해산업 (b) 공해의 피해를 입는 산업

간접규제의 효과

(a)와 같은 공해산업은 t_*의 간접세를 부과하면 사적 한계비용곡선을 위로 이동시켜 사회적으로 적정한 수준인 X_*를 생산하게 할 수 있다. 이런 경우의 간접세를 피구의 조세라 부른다. (b)와 같은 공해의 피해를 입는 산업은 s_*의 보조금을 지급하여 동일한 결과를 얻을 수 있다.

지급하면, Y재 산업의 사적 한계비용은 PMC_Y에서 $PMC_Y - s$로 하락한다. 따라서 s를 적정 수준인 s_*로 결정하면 그림 20-7 (b)와 같이 사회적 적정을 달성할 수 있다.

이상에서 살펴본 바와 같이 직접규제와 간접규제는 모두 적정 공해수준을 달성할 수 있다는 점에서는 동일하다. 그러나 직접규제의 경우에는 할당된 배출허용치를 달성하면 더 이상 공해를 줄일 유인이 없는 데 반해, 간접규제의 경우는 배출되는 폐기물의 양에 따라 배출부과금이 결정되므로 기업들이 공해를 더 줄일 유인을 갖게 된다. 따라서 장기적으로는 간접규제 하에서의 공해수준이 직접규제 하에서의 공해수준보다 낮을 수 있다.

3 공해배출권 거래제도 간접규제 하에서 적정 공해수준을 달성하기 위해 배출부과금을 얼마로 정할 것인가는 공해를 야기하는 기업들의 사적 한계비용곡선에 의존한다. 정부가 기업들의 사적 한계비용곡선을 모두 알 수는 없으므로 현실적으로 배출부과금은 여러 번의 시행착오를 통해 결정될 수밖에 없다. 또한 시간이 지나 기업들의 사적 한계비용곡선이 이동하면 이에 따라 적정 공해수준을 달성할 수 있게 해 주는 배출부과금도 달라져야 한다.

혼잡통행료

EXAMPLE 20-3

교통혼잡으로 발생한 외부비경제 문제 해결을 위해 등장한 혼잡통행료도 피구의 조세를 응용한 사례이다.

교통 혼잡은 소비 외부비경제의 전형적인 예이다. 2002년 우리나라에서 발생한 교통혼잡 비용은 약 22조 원 정도로 추정되었는데, 이는 국내총생산의 약 3.7%에 달하는 엄청난 금액이다. 경부고속철도의 건설에 약 18조 원이 든 것을 생각한다면 교통 혼잡에 의해 매년 경부고속철 1개 이상이 허공으로 사라지는 결과와 같다.

교통혼잡이 왜 외부비경제인가? 왕복 4차선, 전장 50km의 도로를 생각해 보자. 이 도로를 이용하는 차량의 수가 시간당 1대이든 2대이든 어떤 차가 이 도로를 이용하는 데 드는 시간은 혼잡이 없는 경우에 30분으로 동일하다.

그러나 이 도로를 이용하는 차량의 수가 일정 수준을 넘어서게 되면 길이 막히고 이용 시간이 증가하게 된다. 예를 들어 시간당 3,000대의 차량이 이 도로를 이용할 때 30분이 걸렸는데, 3,001대가 이 도로를 이용할 때는 30분 5초로 늘어난다면 이는 혼잡이 생기기 시작했기 때문이다.

한 대의 차량이 추가됨으로써 기존의 3,000대의 차량 모두 이용 시간이 5초씩 늘어났음에도 불구하고 아무런 보상을 받지 못하는 경우에 외부비경제 문제가 발생한다. 산업에서 외부비경제를 일으키는 과잉생산의 문제가 이 경우에는 너무 많은 차량이 도로를 이용하는 형태로 나타난 셈이다.

이 문제는 피구의 조세로 해결할 수 있는데, 혼잡의 경우에 도입되는 피구의 조세가 바로 혼잡통행료이다. 혼잡통행료의 수준을 잘 결정하면, 사회적으로 적정한 수의 차량들이 이 도로를 이용하게 만들 수 있다.

이러한 문제점을 해결할 수 있는 방법 중 하나가 공해배출권 거래제도 emission trading program 이다. 먼저 어떤 지역의 적정 폐기물의 양이 결정되면 감독기관은 그 양만큼의 공해배출권을 발행한다. 발행된 공해배출권은 각 기업들에게 할당되는데, 일단 공해배출권의 할당이 이루어진 이후에는 이의 자유로운 거래가 허용된다. 한편 각 기업들은 자신이 보유하는 공해배출권만큼의 폐기물만을 배출할 수 있다.

이제 공해배출권 거래제도가 어떻게 작동하는지 그림 20-8을 통해 알아보자. 폐기물 배출에 대한 규제가 없는 경우에 기업 1 및 2가 배출하는 폐기물의 양은 각각 R_1 및 R_2이다. 각 기업의 한계비용은 식 (20-11)과 같은 방법으로 정의되는데, 기업 1이 기업 2보다 공해를 더 효율적으로 감소시킬 수 있다. 분석을 단순화하기 위해 공해배출권 한 장당 한 단위의 폐기물을 배출할 수 있는 권리가 주어지는 것으로 가정해 보자.

공해배출권 거래제도 하에서 기업 i가 공해배출권을 R만큼 갖고 있다면 R

그림 20-8

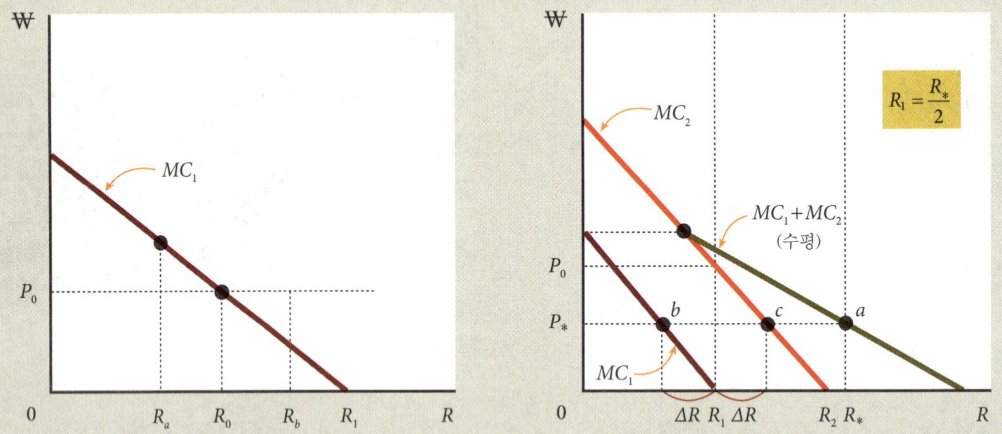

(a) 한계비용곡선의 의미　　(b) 공해배출권 거래 하의 균형

➔ 공해배출권 거래제도의 효과

(a)에서와 같이 공해배출권이 P_0원에 거래되며 기업 1이 폐기물을 처리하는 데 드는 한계비용곡선이 MC_1인 경우, 직접 폐기물을 처리하는 것보다 공해배출권을 구입하는 것이 더 저렴하다면 공해배출권을 구입하게 된다. 이때 MC_1곡선이 공해배출권에 대한 수요곡선이 된다. 공해배출권의 가격은 (b)와 같이 각 기업의 공해배출권에 대한 수요의 합이 공해배출권의 공급량 R_*와 같아지는 수준에서 결정된다.

만큼의 폐기물만 배출할 수 있으므로, $(R_i - R)$에 해당하는 폐기물의 양만큼은 자신이 비용을 들여 감소시켜야 한다 $(i=1, 2)$.

공해배출권 거래제도 하에서 한계비용이 어떤 의미를 갖는지 그림 20-8 (a)를 통해 알아보자. 기업 1은 현재 공해배출권을 하나도 갖고 있지 않으며, 공해배출권은 시장에서 P_0원에 거래되고 있다. 공해배출권 한 장당 한 단위의 폐기물을 배출할 수 있는 권리가 주어진다면, 기업 1이 구입하기 원하는 공해배출권의 양은 MC_1이 나타내는 R_0가 된다.

만약 기업 1이 구입한 공해배출권이 R_0보다 작은 R_a라면 공해배출권의 구입을 늘리는 것이 이득이다. R_a에서 공해배출권의 구입을 한 단위 늘리면 P_0원의 비용이 든다. 공해배출권의 구입을 한 단위 증가시키면 이 기업이 감소시켜야 하는 공해배출량도 한 단위 줄어들어, 이 기업의 공해처리 비용이 앞에서 살펴본 바와 같이 $MC_1(R_a)$만큼 줄어든다. 그런데 $MC_1(R_a)$가 P_0보다 크므로 공해배출권을 한 단위 더 구입하는 것이 이득이다.

EXAMPLE 20-4

공해배출권 거래제도

공해배출권 거래제도는 이미 오래전부터 전 세계적으로 시행되고 있는 제도이다. 미국의 경우 환경처Environment Protection-Agency주관으로 1977년부터 이 제도를 시행하고 있다.

공해배출권 매매 광고(미국)

오른쪽 그림은 미국 뉴저지의 한 기업이 쓰고 남은 배출권을 매각하기 위해 신문에 게재한 광고이다, 배출권을 구입하는 기업은 뉴저지 어디에서나 구입한 배출권의 양만큼 탄화수소를 방출할 수 있다. 공해배출권 거래가 선진국에만 이뤄지는 것은 아니다. 중국의 경우는 아황산 가스의 배출권 거래제도를 상해, 천진 등 7개 도시에서 시범적으로 실시하고 있다.

우리나라의 경우에는 수도권에 있는 사업장별로 대기오염물질 배출허용총량을 규제하고 남는 배출허용량을 서로 교환할 수 있게 하는 배출권 거래제도가 실시될 예정이다. 이러한 정책의 도입에 의해 원하는 정도의 공해수준을 가장 저렴한 비용으로 달성할 수 있게 된다.

마찬가지로 기업 1이 구입한 공해배출권이 R_0보다 큰 R_b라면 공해배출권의 구입을 줄이는 것이 이득이다. 따라서 공해배출권의 가격이 P_0일 때 R_0만큼의 공해배출권을 구입하는 것이 최적이므로, 이 기업은 R_0만큼의 공해배출권을 구입하기 원한다. 한편 공해배출권의 가격이 변화하면 기업이 구입하기를 원하는 공해배출권의 양은 한계비용곡선을 따라 변화하므로, 한계비용곡선은 곧 기업의 공해배출권에 대한 수요곡선이 된다는 것을 알 수 있다.

그림 20-8 (b)에서 기업 1 및 2의 공해배출권에 대한 수요곡선이 각각 MC_1 및 MC_2이므로, 공해배출권에 대한 시장수요곡선은 MC_1과 MC_2를 수평으로 합하여 얻을 수 있다. 공해배출권 거래제도가 없고 두 기업이 배출하길 원하는 폐기물의 양은 R_1+R_2, 적정 폐기물의 양이 R_*일 때 R_*만큼의 공해배출권을 발행해 각 기업에게 $R_*/2$씩 균등하게 할당했다고 하자.[11]

할당된 공해배출권이 $R_*/2$일 때 기업 2는 수요곡선이 나타내는 가격인 P_0

11 여기서는 분석의 편의를 위해 $R_*/2=R_1$을 만족시키도록 그림을 그렸으나 이 조건이 반드시 필요한 것은 아니다.

원을 지불하여 공해배출권을 구입할 의사가 있다. 한편 기업 1은 공해배출권을 한 단위 판매한 다음, 자신이 배출하는 폐기물의 양도 한 단위 줄여야 하므로 이를 처리하기 위한 비용을 부담해야 하는데, 이는 기업 1의 한계비용에 의해 나타난다.

만약 공해배출권을 한 단위 판매해 얻는 수익이 처리 비용보다 크면, 기업 1은 공해배출권을 판매할 의사가 있다. 이때 기업 1은 공해배출권을 한 단위 판매하면 기업 2가 지불할 의사가 있는 최대 가격인 P_0원의 수익을 얻을 수 있는데, P_0는 $MC_1(R_*/2)$보다 크므로 기업 1은 공해배출권을 판매할 의사가 있다.

기업 2도 P_0의 가격으로 공해배출권을 구입할 의사가 있으므로, 공해배출권의 거래가 이루어진다. 이 경우에 공해배출권 시장의 균형은 시장수요곡선과 공급곡선이 만나는 a에서 이루어지며, 공해배출권의 균형가격은 P_*에서 결정된다. 공해배출권의 자유거래가 이루어진 후 기업 1은 $(R_*/2)-\Delta R$의 공해를 배출하며, 기업 2는 $(R_*/2)+\Delta R$만큼의 공해를 배출해 전체 공해배출량은 정부의 의도대로 R_*가 된다.[12]

한편 시간이 지나면서 기업들의 한계비용곡선이 이동하면 공해에 대한 시장수요곡선이 이동해 새로운 균형가격이 결정되지만 R_*는 여전히 달성되므로, 배출금 부과의 경우처럼 정부의 추가개입은 필요하지 않다.

코스의 정리

외부성이 자원배분의 비효율성을 초래하는 기본적인 이유는 외부성에 연관되는 시장이 존재하지 않기 때문이다. 즉 매연 등과 같은 대기오염의 경우에는 '공기 시장'이, 그리고 폐수 등과 같은 하천오염의 경우에는 '하천 시장'이 존재하지 않기 때문이다.

그런데 보다 근본적으로 '공기 시장'이나 '하천 시장'이 존재하지 않는 이유는 공기나 하천의 소유권을 갖고 이를 행사하는 사람이 없기 때문이다. 따라서 소유권을 인정해 주면 외부성이 초래하는 자원배분의 비효율성 문제를 해결할 수 있을 것으로 짐작할 수 있다.

> **코스의 정리**
>
> 소유권을 인정하면 외부성이 존재해도 파레토 효율적 자원배분을 이룰 수 있다는 것이 코스(Coase)의 정리이다.

소유권을 인정하면 외부성이 존재해도 파레토 효율적 자원배분을 이룰 수 있다는 것이 **코스**Coase**의 정리**이다. 먼저 외부성이

12 이때 MC_1+MC_2(수평)의 정의에 의해 P_*b와 ca의 길이는 같고 $R_1=(R_*/2)$이므로, **그림 20-8 (b)**에 나타난 두 개의 ΔR의 길이는 서로 같음을 알 수 있다.

그림 20-9

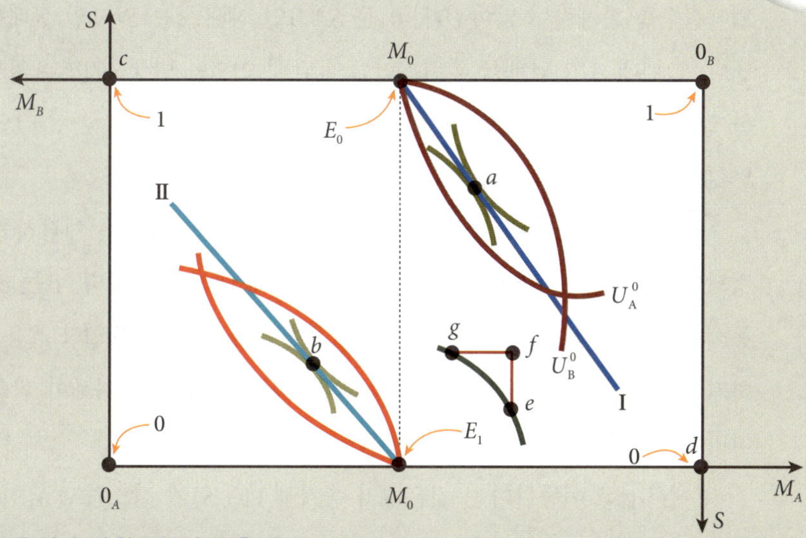

소유권과 자원배분의 효율성

공기의 소유권을 흡연자인 *A*에게 주면 최초의 상태는 E_0가 된다, 이 경우에 비흡연자 *B*가 *A*에게 담배 피우는 양을 줄여 주면 현금으로 보장하겠다는 제안을 하여 파레토 개선을 이룬다면 *a*와 같이 파레토 효율적 자원배분을 달성할 수 있다. 반면에 공기의 소유권을 *B*에게 주면 최초의 상태 M_0에서 파레토 개선을 이루어 *b*와 같이 파레토 효율적 자원배분을 달성할 수 있다. 공기의 소유권을 인정해 주면 자발적 거래에 의해 파레토 효율적 자원배분을 달성한다는 것이 코스의 정리이다.

존재할 때 소유권을 인정하면 파레토 효율적인 자원배분을 이룰 수 있음을, 소비의 외부비경제가 존재하는 경우를 대상으로 알아보자. 어느 방에 두 사람 *A* 및 *B*가 함께 거주하는데, *A*는 흡연자이며 *B*는 비흡연자이다. 두 사람은 모두 M_0원을 갖고 있다. *S*가 방안에 있는 담배 연기의 양이라 할 때, 이를 0과 1 사이의 값으로 파악하기로 한다. 즉 *S*가 0인 상태는 *A*가 담배를 하나도 피우지 않은 상태이며, *S*가 1인 상태는 *A*가 자기 마음껏 담배를 피운 상태를 나타낸다.

이 경우에 *A*는 흡연자이므로 담배를 피울수록 높은 만족을 얻는다. 따라서 *A*의 효용함수는 $U_A(M, S)$로 나타낼 수 있는데, *S*가 증가할수록 *A*의 만족은 증가한다. 즉 $\Delta U_A(M, S)/\Delta S > 0$이 성립한다. 한편 *B*는 비흡연자이므로 *S*가 증가할수록 만족이 감소한다. 따라서 *B*의 효용함수는 $U_B(M, 1-S)$로 나타낼 수 있는데, $\Delta U_B(M, 1-S)/\Delta(1-S) > 0$이 성립한다. 이는 곧 *S*가 증가하면, $(1-S)$가 감소하므로 *B*의 효용이 감소함을 나타낸다.

이 경우의 자원배분의 상황을 그림으로 나타낸 것이 그림 20-9이다. 화폐 *M*

은 수평축에 표시되고 있는데, 통상적인 경우와 같이 $A(B)$의 원점인 $0_A(0_B)$로부터 멀어질수록 화폐량이 많아진다. 0_A는 $S=0$인 상태, c는 $S=1$인 상태를 각각 나타낸다. 그런데 A가 담배를 피워 S만큼의 담배 연기를 발생시키면 A와 B 모두 동일한 양의 담배 연기의 영향을 받는다. 따라서 B의 경우에 0_B는 $S=1$인 상태, d는 $S=0$인 상태를 각각 나타낸다.

A는 M 및 S의 한계효용이 모두 0보다 크며 한계효용은 체감하는 것으로 가정되므로, A의 무차별곡선은 A의 원점인 0_A에 대해 볼록하다. B는 e에서 f로 이동해 S가 증가하면 $(1-S)$가 감소해 효용이 감소하므로, 동일한 효용수준을 유지하기 위해서는 f에서 g로 이동해야 한다. 이는 곧 M이 증가해야 함을 나타낸다. 따라서 B의 무차별곡선은 우하향한다.

e에서 g로 이동한다는 것은 S가 증가해 $(1-S)$가 감소하고 M이 증가한다는 것이다. 그러므로 $(1-S)$의 한계효용이 체감한다면 e에서 g로 이동함에 따라 한계대체율 $MRS_{M(1-S)}=MU_M/MU_{(1-S)}$은 하락한다. 즉 B의 무차별곡선은 B의 원점인 0_B에 대해 볼록하다.

먼저 공기의 소유권이 누구에게도 주어지지 않는 경우의 자원배분이 어떻게 이루어지는지 살펴보자. A는 마음껏 담배를 피워 $S=1$로 만들 것이므로 두 사람은 모두 E_0의 소비계획을 소비해 각각 U_A^0 및 U_B^0의 효용수준을 얻는다. 그러나 E_0에서 두 사람의 무차별곡선이 서로 접한다는 보장이 없으므로 이 경우에 달성된 자원배분은 파레토 효율적이지 못하다. 이것이 곧 외부성이 야기하는 자원배분의 비효율성이다.

공기의 소유권을 A에게 주면 어떤 자원배분이 가능한가? 공기의 소유권이 A에게 있다면 A는 마음대로 공기를 오염시킬 수 있으므로 $S=1$이 되기를 원한다. 그러나 공기의 소유권이 A에게 있으므로 B는 A에게 현금을 지급하고 그 대신 S를 줄여줄 것을 제안할 수 있다. A가 S를 한 단위 줄이는 경우에 B가 직선 I의 기울기가 나타내는 바대로 보상해 주기로 하면 A와 B는 모두 a를 선택해 최적을 이룰 수 있다. 이 경우에는 A 및 B 모두 종전보다 높은 효용수준을 달성할 수 있으며, 두 사람의 무차별곡선이 a에서 서로 접하므로 파레토 효율적 자원배분이 달성된다.

공기의 소유권이 B에게 있고 양자 사이에 거래가 없다면 A와 B 모두 $S=0$인 E_1을 소비하게 된다. 이 경우에 A는 담배를 피워 S를 증가시키기 위해 S 한 단위

엑슨 발데즈 Exxon Valdez 사건

EXAMPLE 20-5

1989년 3월, 125만 배럴의 원유를 수송 중이던 엑슨 발데즈 호가 알래스카 근해에서 좌초하면서 대량의 기름을 유출했다. 사고 후 기름덩어리가 알래스카 해안을 1,000마일 이상이나 뒤덮어 수십만 마리의 물고기, 수만 마리의 바다오리와 점박이 해조 등의 조류, 수천 마리의 바다수달 등이 희생되었다. 이러한 환경 피해와 더불어 기름의 유출로 오염된 토지의 소유자, 물고기를 잡지 못하게 된 어민, 거주지를 잃어 버리게 된 원주민 등의 피해 또한 막대했다.

이러한 피해의 해결은 소송을 통해 시도될 수밖에 없었다. 소송 당사자는 피해 어민, 원주민, 오염 토지 소유자 등 32,000여 명에 달했다. 이들은 그 당시 엑슨의 연평균 이익의 3배에 해당하는 150억 달러를 배상금으로 청구했다.

그러나 재판이 지연돼 사고가 난 지 15년이 지난 2004년에 판결이 나오게 되었는데, 재판부는 배상금 45억 달러와 이자 22억 5,000만 달러 등 총 67억 5,000만 달러약 7조 2,000억 원를 32,000명에게 배상하라고 판결했다. 그러나 엑슨 측이 항소할 의사를 비쳐, 사건이 완전히 종결되지 못하고 있다.

시장이 존재하지 않으면 문제 해결이 쉽지 않은 경우가 많다. 사진은 기름 유출로 희생된 바다오리.

당 직선 II의 기울기가 나타내는 대로 보상하겠다고 제안할 수 있다. 이러한 제안으로 A와 B는 모두 b를 선택해 종전보다 높은 효용수준을 달성할 수 있으며, 두 사람의 무차별곡선이 b에서 서로 접하므로 파레토 효율적 자원배분이 달성된다.

코스의 정리는 소유권을 인정하면 외부성에 의한 시장실패를 극복할 수 있음을 가르쳐 준다. 그러나 현실적으로 코스의 정리를 적용하는 데에는 여러 가지 어려운 점이 있다. 공해를 발생시키는 사람과 공해의 피해를 입는 사람이 있다면 공해의 피해를 입는 사람에게 소유권을 주는 것이 공평할 것이다. 그러나 현실에서는 많은 경우에 누구를 공해의 피해를 입는 사람으로 볼 것인가를 결정하기가 어렵다.

인구가 1,000만 명인 어느 도시 한가운데에 위치한 공항에서 소음공해가 발생한다면 그 도시의 거주민 전부를 소음공해의 피해자로 볼 것인가 아니면 공항으로부터 일정한 거리 이내에 거주하는 사람들만을 소음공해의 피해자로 볼 것인가? 후자를 소음공해의 피해자로 보는 경우에도 몇 km 이내에 거주하는 사람들을 피해자로 볼 것인가, 혹은 이 지역을 출근 등의 목적으로 매일 통과하는 사람들도 소음공해의 피해자로 볼 것인가와 같은 허다한 문제가 발생할 수 있다.

일반적으로 공해의 피해자는 다수인 경우가 많은데, 이때는 거래비용transaction cost이 문제가 될 수 있다. 공해의 피해자에게 소유권을 주어도 공해 발생자로부터 보상을 받기 위해서는 피해자들의 여론을 수렴해야 하며 때로는 소송을 제기해야 하는 경우도 발생할 것인데, 이러한 모든 경우에 비용이 수반된다.

이러한 절차를 거쳐 막대한 보상금을 받아냈다 해도 피해 당사자가 워낙 많은 경우라면 보상금에서 각종 비용을 차감한 금액을 피해 당사자의 수로 나눈 일인당 보상금은 그리 많지 않을 수 있다. 또한 보상금을 받기 위해서는 모든 피해 당사자의 서명을 받아야 하는데, 어떤 사람이 일정한 장소에 가서 서명을 하는 데 드는 시간비용과 여타 비용의 합이 일인당 보상금보다 크다면 서명할 사람이 없어 보상이 이루어지지 않을 수도 있다.

요 약

- 시장기구에 의해 효율적 자원배분을 이룰 수 없다면 시장실패가 있다고 한다. 시장실패가 발생하지 않으려면 다음의 조건들을 만족시켜야 한다. ① 모든 생산물시장과 생산요소시장은 완전경쟁이다. ② 소비자들의 효용수준은 자신이 비용을 지불하고 구입한 재화의 양에만 의존하며, 생산자들의 산출량은 자신이 비용을 지불하고 구입한 생산요소의 투입량에만 의존한다. ③ 모든 재화에 대한 시장이 존재한다. ④ 완전한 정보가 주어져 있다.

- 결합소비와 배제불가능성의 특징을 갖는 공공재는 위의 ②의 조건에 배치된다. 공공재를 최적으로 공급하는 조건은 $MRT_{XY} = \sum MRS^i_{XY}$이다. 공공재를 시장기구에 의해 공급하면 결합소비의 특징 때문에 과소공급이 이루어진다. 정부가 개인들의 공공재에 관한 선호를 안다면 공공재를 최적으로 공급할 수 있도록 조세체계를 결정할 수 있는데, 이를 린달 Lindahl 의 조세체계라고 한다. 그러나 정부가 개인의 공공재에 대한 선호를 정확히 알지 못해 이를 개인에게 물어보는 경우에는 선호시현의 문제가 발생한다.

- 공공재의 공급을 투표에 의해 결정하면 중위수에 해당하는 사람의 기호대로 공공재가 공급되는데, 이를 중위투표자의 정리라 한다. 이 경우에 공공재의 최적공급은 이루어지지 않는다.

- 공공재에 관한 선호를 개인에게 물었을 때 개인이 공공재에 관한 진정한 선호를 말하게 하는 조세체계를 선호시현 조세체계라 한다. 그러나 선호시현 조세체계도 균형재정이 달성된다는 보장이 없다는 문제점이 있다.

- 다른 사람의 행위가 시장기구를 통하지 않고 자신에게 영향을 준다면 '외부성이 있다'라고 한다. 외부성에는 소비외부성과 생산외부성이 있다. 자신에게 이득이 되는 외부성을 외부경제, 손해가 되는 외부성을 외부비경제라 한다.

- 외부성이 존재하는 경우에 사적 한계비용과 사회 한계비용은 일치하지 않으며, 이에 따라 자원배분이 비효율적으로 이루어진다. 외부비경제의 한 종류인 공해의 경우에 적정 공해수준을 달성하기 위한 방법은 직접규제, 간접규제 및 공해배출권 거래제도 등이 있다.

- 외부성이 자원배분의 비효율성을 초래하는 기본적인 이유는 외부성에 연관되는 시장이 존재하지 않는다는 것이다. 시장 부재는 소유권이 없기 때문에 발생한다. 소유권을 인정하면 외부성이 존재해도 파레토 효율적 자원배분을 이룰 수 있다는

것이 코스Coase의 정리이다. 그러나 거래비용 등의 문제 때문에 현실적으로 코스의 정리를 적용하는 데에는 어려움이 따른다.

연습문제

01 어떤 경제에 N명의 소비자가 있는데, 모든 소비자들의 효용함수는 동일하며 공공재 및 사적 재화의 가격은 모두 1이다. 공공재가 최적으로 공급된 경우에 한 소비자의 한계대체율은 얼마인가?

02 어느 초등학교에서 급식시설을 학부모의 부담으로 만들기로 했다. 급식시설의 규모를 투표에 의해 결정한다면 그 규모는 어떻게 결정될 것인가?

03 X는 공공재이며, Y는 사적 재화이다. A와 B의 효용함수가 $u_A=2X+Y_A$ 및 $u_B=X+Y_B$로 주어졌다. $P_X=3$ 및 $P_Y=1$이 성립하는 경우에 정부가 공공재를 최적으로 공급하기 위해 A와 B에게 부과하는 조세율은 각각 얼마인가? 단 선호시현의 문제는 없는 것으로 가정한다.

04 공해배출권 거래제도 하에서는 기업 1이 기업 2보다 공해를 효율적으로 처리할 수 있다. 기업 1이 공해를 보다 효율적으로 처리할 수 있는 기술을 개발한 경우에 두 기업의 공해배출량이 각각 어떻게 변화할 것인지 그림으로 설명하시오.

05 혼잡congestion도 외부비경제의 한 종류인 것으로 생각할 수 있다. 어떤 도로가 혼잡하다면 현재의 통행자 수가 사회적으로 적정한 통행자 수보다 어떠하다고 말할 수 있는가? 이 경우에 피구의 조세에 의해 문제를 해결하기로 했다면 어떤 것이 피구의 조세에 해당하겠는가?

06 소유권의 인정이 소득 분배와 무관하다는 말의 의미는 무엇이며, 어떠한 조건을 만족시켜야 이러한 일이 발생할 수 있는가?

07 건조한 초원지대에 연못이 하나 있는데, 이 연못을 중심으로 소를 키우는 목축업자 A와 클로버를 재배하는 농부 B가 있다. A와 B 모두 생산물을 완전경쟁 시장에서 판매하는데, 소의 가격은 20이며 클로버의 가격은 5로 주어졌다. A가 키우는 소가 증가하면 물이 부족해져 클로버의 수확량이 감소하는데, 소의 수와 클로

버 수확량 사이에는 다음의 관계가 성립한다.

소	0	1	2	3	4	5	6
클로버	25	24	22	19	15	10	4

(1) 연못의 소유권을 B가 갖고 A가 B의 수확량 감소를 보상해 주는 경우에 소와 클로버의 생산량은 각각 얼마인가?

(2) 연못의 소유권을 A가 갖고 B가 A에게 화폐를 제공하여 소의 수를 제한하는 경우에 소와 클로버의 생산량은 각각 얼마인가?

(3) 이상의 논의와 코스의 정리 사이에는 어떠한 관계가 있는가?

08 어떤 경제에 3인의 소비자가 있다고 한다. X는 공공재, Y_i는 i번째 소비자의 사적 재화의 소비량일 때 각 소비자의 효용함수는 $u_1=2X^{1/2}+Y_1$, $u_2=3X^{1/2}+Y_2$, $u_3=5X^{1/2}+Y_3$로 주어졌다. 한편 $P_X=P_Y=1$로 주어졌다.

(1) 최적 공공재의 공급량은 얼마인가?

(2) 개인에게 공공재의 공급을 맡기면 누가 얼마만큼의 공공재를 공급하겠는가?

(3) 모든 사람의 조세율이 1/3로 동일하며 투표에 의해 공공재의 공급량을 결정한다면, 공공재의 공급량은 얼마가 될 것인가?

(4) 선호시현의 문제가 없다고 하자. 공공재를 최적으로 공급하기 위해서는 각 개인의 조세율을 얼마로 결정해야 하는가?

(5) 선호시현의 문제 때문에 수요시현 조세체계를 구축하는 경우에 각 개인의 조세액은 얼마로 결정되는가? 이 경우에 공공재를 최적으로 공급할 수 있는가?

09 두 개의 기업 1 및 2의 폐기물 양이 각각 R_1 및 R_2이고 폐기물의 양을 줄이기 위해 치르는 한계비용은 각각 $MC_1=2(20-R_1)$ 및 $MC_2=3(30-R_2)$로 주어졌다.

(1) 공해에 대한 규제가 없는 경우에 R_1과 R_2는 어떻게 결정되는가?

(2) 최적 공해수준 40을 달성하기 위해 공해배출권을 발행하는 경우에 공해배출권의 가격과 각 기업의 공해배출량은 얼마인가?

10 공공재 공급이 $V_1'(X)=0.1X$, $V_2'(X)=0.15X$일 때, 공공재를 적정하게 공급하는 경우의 t_1은 얼마인가?

11 한 방에 거주하는 두 소비자의 효용함수가 다음과 같이 주어졌다.

흡연자 : $u=V(s)+M$

비흡연자 : $u=V(1-s)+M$

여기서 $s \in [0, 1]$은 담배연기, M은 화폐량인데 두 소비자의 화폐의 초기 부존량은 모두 M_0로 동일하다. 한편 $V' > 0$, $V'' < 0$이 성립한다.

(1) 소유권 부재인 경우의 상황을 에지워스 상자에 나타내고, 이 경우의 흡연자 및 비흡연자의 무차별곡선을 그림에 나타내시오

(2) 소유권을 누구에게 주어도 공해의 수준이 동일하게 됨을 보이시오.

12 어느 지역에 두 개의 어장 I 및 II가 있다. X_1 및 X_2가 각기 I 및 II에서 조업하는 어선의 수일 때, I 및 II의 톤ton단위로 측정된 총어획량 F_1 및 F_2는 다음과 같이 결정된다.

$$F_1 = 200X_1 - 2X_1^2,\ F_2 = 100X_2 - X_2^2$$

생선의 가격은 톤당 p원으로 주어졌으며 어선 1척당 조업에 따른 평균 및 한계비용은 일정한 상수 c로 주어졌다. 한편 조업허가를 받은 어선의 총수는 100이다.

(1) 정부가 어떠한 개입도 하지 않는 경우 X_1 및 X_2는 각각 얼마인가? 이 결과를 도출하기 위한 균형의 정의는 무엇인가?

(2) 정부가 어획량을 극대화하기 위한 개입을 하는 경우 목적함수는 어떻게 표현되는가? 이 경우 X_1 및 X_2는 각각 얼마로 결정될 것인가?

13 X는 공공재, Y는 사적재화이다. 소비자 1 및 2의 효용함수는 $U_1 = 2X^{1/2} + Y_1$, 그리고 $U_2 = 4X^{1/2} + Y_2$로 주어졌다. X 및 Y의 가격은 모두 1이다.

(1) 적정 공공재의 양은 얼마인가?

(2) 개인과 정부의 목적함수를 일치시키는 선호시현 조세체계를 구축한 경우 소비자 1 및 2에게 부과하는 조세액 T_1 및 T_2는 각각 얼마인가? 이 경우 원하는 양만큼의 공공재를 공급하는 것이 가능한가?

21 정보의 경제학

- 21-1 비대칭적 정보
- 21-2 역선택
- 21-3 역선택의 해결
- 21-4 도덕적 해이
- 21-5 도덕적 해이의 해결

21-1 비대칭적 정보

비대칭적 정보의 유형

우리가 지금까지 주로 살펴본 완전경쟁시장과 완전경쟁을 전제로 하는 자원배분 등의 분석에서는 완전한 정보가 가정되었다. 여기서의 완전한 정보란 모든 사람들이 거래에 필요한 모든 정보를 완벽하게 보유하고 있다는 것을 의미한다. 따라서 완전한 정보란 곧 모든 사람들이 경제 내에서 획득 가능한 모든 정보를 가지고 있어 모든 사람이 보유하는 정보의 양이 동일한 상황, 즉 대칭적 정보 symmetric information의 상황을 의미하는데, 이는 정보를 획득하는 비용이 따로 들지 않고 정보 획득에 어떠한 제약도 존재하지 않는 경우에 실현 가능한 상황이다.

정보 획득에 어떠한 제약도 존재하지 않으나 정보를 획득하기 위해서는 정보의 양에 따라 비용을 지불해야 한다면 정보도 일반 재화와 마찬가지로 최적화의 대상이 된다. 즉 소비자들은 예산제약 하의 효용극대화를 이룰 수 있도록, 그리고 기업들은 이윤극대화를 이룰 수 있도록 최적 정보량을 결정하게 된다. 그런데 소비자들의 기호와 기업들의 생산기술 및 비용 조건들이 모두 다른 것이 일반적이고, 소비자와 기업들이 원하는 최적 정보량 또한 다르므로, 각 경제주체들이 보유하는 정보의 양이 모두 다른 비대칭적 정보 asymmetric information의 상황이 발생한다.

비대칭적 정보의 상황은 정보 획득의 비용이 존재하며, 경제주체마다 정보의 초기 부존량이 다르기 때문에 발생할 수 있는데, 이를 '숨은 정보 hidden information'와 '숨은 행동 hidden action'의 두 가지 유형으로 나누어 생각할 수 있다. **숨은 행동**이란 어떤 사람의 행동을 관찰할 수 없거나 피상적으로 관찰해서는 정보를 획득할 수 없는 경우를 말한다. 예를 들어 어떤 공장의 노동자들이 똑같이 하루 8시간씩 일을 해도 얼마나 열심히 일하는가에 따라 생산량은 차이가 날 것이

> **숨은 행동**
> 다른 사람의 행동을 관찰할 수 없거나 피상적으로 관찰해서는 정보를 획득할 수 없는 경우 숨은 행동이 있다고 한다.

다. 이 경우에 노동시간만을 관찰해서는 노동자들이 얼마나 열심히 일했는지 파악할 수 없으므로, 노동자의 작업 태도는 고용주의 입장에서 보면 숨은 행동이 된다.

보험의 경우도 피보험자가 일단 보험에 가입하면 사고 회피의 노력을 감소시키므로 결과적으로 사고발생 확률이 높아져 보험회사가 피해를 입을 수 있는데, 피보험자의 사고 회피 노력은 보험회사 측에서 보면 숨은 행동이 된다. 즉 노동자는 자신이 얼마나 열심히 일했는지 알지만 기업은 이를 알지 못하며, 피보험자는 자신이 사고 회피를 위해 얼마나 노력했는지 알지만 보험회사는 이를 알지 못하는 상황이 곧 비대칭적 정보의 상황이다.

이와 같은 숨은 행동을 모두 파악하는 것은 비용 때문에 현실적으로 불가능하다. 공장 노동자의 경우는 노동자마다 감독자를 두면 얼마나 열심히 일하는지 파악할 수 있겠지만 감독자에게 지불하는 비용이나, 노동자와 감독자가 결탁할 가능성 등이 문제가 된다. 보험의 경우는 정도가 더 심해, 보험회사가 모든 보험 가입자들의 사고 회피 노력을 직접 관찰한다는 것은 원천적으로 불가능하다. 따라서 숨은 행동이 있다면 필연적으로 비대칭적 정보의 상황이 발생하게 된다.

숨은 정보는 **숨은 특성** hidden character 이라고도 하는데, 어떤 재화 혹은 사람의 특성을 피상적 관찰에 의해 알아낼 수 없는 경우를 말한다. 예를 들어 중고차를 거래할 때 구매자가 중고차의 겉모양만 봐서는 그 차가 쓸만한 차인지 파악하기 힘드나, 판매자는 그동안 그 차를 써 본 경험으로 이를 잘 알고 있다.

> **숨은 특성**
>
> 어떤 재화 혹은 사람의 특성을 피상적 관찰에 의해 알아낼 수 없을 때 숨은 특성이 있다고 말한다.

이 경우에는 자동차의 품질은 숨은 정보가 되어 구매자와 판매자가 보유하는 정보의 양을 각기 다르게 만든다. 질병보험의 경우, 보험회사는 발병 확률이 낮은 피보험자를 선호하지만 보험 가입을 원하는 사람의 나이나 건강진단서만으로는 건강 상태를 정확히 알 수 없다. 반면에 보험 가입을 원하는 사람은 자신의 건강 상태를 정확히 알고 있으므로 비대칭적 정보의 상황이 발생한다.

비대칭적 정보 하에서 사람들의 행동은 정보가 완전한 경우와 다를 수밖에 없다. 즉 비대칭적 정보 하에서 적은 양의 정보를 보유하는 사람은 상대방의 행동을 관찰해 상대방이 가진 정보를 추측하며, 이에 따라 최적행동을 결정하려 할 것이다. 예를 들어 중고차를 구매하려는 사람의 입장에서는 중고차의 가격에 의해 중고차의 품질을 추측하려고 노력할 것이다. 따라서 비대칭적 정보 하에서는 전략적 행위 strategic behavior 가 일반적으로 이루어질 것임을 짐작할 수 있다.

본인-대리인 문제

비대칭적 정보의 상황에서 보수를 주는 사람을 본인principal, 본인과 고용계약을 맺어 본인의 이익을 위해 일하지만 본인과는 다른 이해관계를 갖고 있는 사람을 대리인agent이라고 한다. 본인 및 대리인의 관계는 비대칭적 정보의 발생 원인이 무엇이든 상관없이 성립할 수 있다. 노동자들이 얼마나 열심히 일하는가 하는 것이 문제가 되는 숨은 행동의 예에서는 공장주가 본인, 노동자는 대리인이 된다. 숨은 특징의 경우에는 노동자들마다 생산성에 차이가 있는데 특정한 노동자의 생산성을 공장주가 알지 못하는 상황이 문제가 된다.

본인 및 대리인은 각각 자신들의 이득을 극대화하기를 원하기 때문에 입장이 상충되는 경우가 많다. 예를 들어 공장주가 이윤을 극대화하려면 임금을 가능한 한 적게 주어야 하지만, 노동자의 입장에서는 가능한 한 많은 임금을 받아야 이득을 증가시킬 수 있다. 임금을 결정할 수 있는 권한은 본인에게 있지만, 아무런 제약 없이 임금을 결정할 수 있는 있는 것은 아니다.

본인과 대리인의 관계는 계약관계이다. 따라서 대리인들은 조건이 맞지 않으면 항상 본인과의 계약관계를 청산하고 다른 곳에 가서 일할 권리가 있다. 대리인이 다른 곳으로 옮기는 경우에 얻을 수 있는 만족은 대리인이 항상 확보할 수 있는 최소한의 만족 수준으로 생각할 수 있는데, 이를 유보효용수준reservation level of utility이라 한다. 본인은 되도록 낮은 보수를 주기를 원하지만 대리인이 떠나지 않도록 유보효용수준 이상은 보장해 주어야 하는데, 이를 가리켜 '참여 제약participation constraint을 만족시킨다'라고 한다.

노동자들의 생산성을 직접 관찰할 수 없는 경우라면 공장주는 생산량 등과 같은 관찰 가능한 지표를 이용해 노동자들의 생산성을 짐작하려 할 것이다. 예를 들어 하루 생산량이 100단위이면 10만 원을 주고 생산량이 50단위이면 6만 원을 주는 식으로 보수체계를 결정했는데, 만약 생산성이 높은 노동자가 하루에 100단위를 생산하고 생산성이 낮은 노동자가 하루에 50단위를 생산하면 공장주의 이윤이 극대화될 수 있다고 하자.

이때 공장주의 예측이 적중하려면 생산성이 높은 노동자가 실제로 하루에 100단위를 생산할 의사가 있어야 한다. 생산성이 높은 노동자의 입장에서 볼 때 하루 생산량을 100단위에서 50단위로 줄였을 때 생기는 만족의 증가, 혹은 고통의 감소를 화폐가치로 환산한 금액이 4만 원보다 크다면, 100단위를 생산해 10만 원

메커니즘 설계 Mechanism Design

EXAMPLE 21-1

2007년 노벨경제학상은 메커니즘 설계에 공헌한 공로로 허위쯔L.Hurwicz, 마스킨E. Maskin 및 마이어슨R. Meyerson 세 사람이 공동으로 수상하였다.

메커니즘 설계에 관한 이론은 '보이지 않는 손'이 잘 작동되도록 어떻게 도와줄 것인지를 궁리하는 것인데, 그 초점은 비대칭적 정보가 초래하는 경제적 비용을 최소화하는 데 맞추어져 있다.

허위쯔는 시장기구가 중앙집권적 계획보다는 우월하지만 개인들이 갖고 있는 정보를 정직하게 정부에게 알려주지 않는 것이 문제라는 사실을 인식하였다.

이 문제를 해결하기 위한 방안의 하나로 허위쯔는 '유인양립'의 개념을 고안하였다. 마이어슨의 메커니즘 설계에 대한 공헌은 시현 원리revelation principle이다.

그는 개인들이 가지고 있는 정보를 정직하게 알릴 수밖에 없는 가장 효율적인 게임의 규칙을 수학적으로 정립하려고 했다. 마스킨은 이행 이론implementation theory를 고안하였는데 이는 정보 측면에서 효율적인 균형을 낳을 수 있는 메커니즘이 언제 구축될 수 있는지 명확하게 보여준다.

비대칭적 정보가 초래하는 경제적 비용을 최소화하는 방법을 연구하는 경제이론이 주목받고 있다.

을 받는 것보다 50단위를 생산해 6만 원을 받는 것을 더 선호할 수 있다. 이러한 경우라면 공장주의 예측은 적중할 수 없으며, 따라서 이윤극대화도 이룰 수 없다. 즉 주어진 보수체계 하에서 생산성이 높은 유형이 생산성이 낮은 유형인 것처럼 행동을 한다면 공장주의 이윤이 극대화될 수 없다.

따라서 본인은 보수를 결정할 때 각 대리인들이 다른 유형인 것처럼 행동할 수 없도록 보수체계를 결정해야 하는데, 이를 가리켜 '자기선택의 제약self-selection constraint을 만족시킨다'라고 한다. 위의 예에서는 생산성이 높은 노동자는 스스로 하루에 100단위 생산하기를 원하고, 생산성이 낮은 노동자는 스스로 하루에 50단위를 생산하기를 원할 수 있도록 임금 수준을 결정하는 것이 자기선택의 제약을 만족시키는 방법이다.

숨은 행동의 경우에도 마찬가지 원리가 적용된다. 즉 노동자가 열심히 일하기를 원한다면 주어진 임금체계 하에서 열심히 일했을 때 얻는 이득이 태업을 했을 때 얻는 이득보다 크도록 보수체계를 만들어야 한다. 이를 가리켜 '유인양립 제약incentive compatibility constraint을 만족시킨다'라고 한다.

비대칭적 정보의 원인이 무엇이든 간에 본인이 보수체계를 결정할 때 유의해야 할 점은 다음의 두 가지이다.

첫째, 대리인이 계속 본인을 위해 일하게 하고, 둘째, 본인의 의도대로 하는 것이 대리인의 입장에서도 더 유리해 대리인 스스로의 판단에 의해 본인의 의도대로 행동하게 만들어야 한다. 이러한 보수체계를 만드는 것을 가리켜 '유인보수계획incentive payment scheme을 설계한다'라고 한다. 즉 **유인보수계획의 설계**란 본인-대리인 문제에서 본인이 숨은 정보 하에서 참여 제약 및 자기선택 제약을 만족시키고 숨은 행동 하에서 참여 제약 및 유인양립 제약을 만족시키도록 보수를 결정하는 것을 말한다.

> **유인보수계획의 설계**
>
> 본인-대리인 문제에서 본인은 숨은 정보 하에서 참여 제약 및 자기선택 제약을 만족시키고 숨은 행동 하에서 참여 제약 및 유인양립 제약을 만족시키도록 보수를 결정해야 하는데, 이렇게 보수를 결정하는 것을 가리켜 '유인보수계획을 설계한다'라고 한다.

21-2 역선택

비대칭적 정보 하에서 적은 양의 정보를 가진 사람은 정보를 많이 가진 사람들이 보유하고 있는 정보를 추측할 수밖에 없다. 예를 들어 보험회사는 사람들이 질병에 걸릴 확률을 모두 알 수 없으나 보험에 가입하려는 사람들은 자신의 건강상태를 잘 알아 질병에 걸릴 정확히 확률을 알고 있다면, 숨은 정보가 존재하는 상황이 된다.

이 경우에 보험회사는 개개인이 질병에 걸릴 확률을 알아낼 수 없으므로, 사람들이 질병에 걸릴 평균 확률에 의해 보험료를 결정하려고 한다. 그러나 이런 경우에는 자신이 질병에 걸릴 확률이 평균 확률보다 높은 사람들만이 보험에 가입하기를 원하게 된다. 즉 보험회사는 질병에 걸릴 확률이 낮은 사람과 보험계약을 맺기를 원하지만, 실제로는 질병에 걸릴 확률이 가장 높은 사람부터 보험계약을 맺게 된다. 이를 가리켜 '**역선택** adverse selection[1]에 직면한다'라고 한다.

> **역선택**
>
> 숨은 정보가 야기하는 비대칭적 정보 하에서 적은 양의 정보를 가진 사람이 자신의 입장에서 보아 정보를 많이 가진 사람 중 바람직하지 않은 사람과 거래를 하게 되는 경우에 적은 양의 정보를 가진 사람이 '역선택에 직면한다'라고 한다.

역선택이 존재하는 경우에 적은 양의 정보를 가진 사람은 자신이 역선택에 직면할 수 있다는 사실을 알고 있다. 이에 따라 실제로 존재할 수 있는 시장이 존재

---

1 역선택의 문제는 정보를 적게 가진 사람뿐 아니라 정보를 많이 가진 사람에게 발생하기도 한다.

하지 않을 수도 있다. 역선택은 여러 가지 경우에 발생할 수 있는데, 여기서는 중고차 시장, 보험 시장 및 금융 시장에 존재하는 역선택에 관해 살펴보기로 하자.

중고차 시장의 역선택

중고차 시장에서 판매자들은 자동차를 직접 운전해 온 경험에 의해 자신이 판매하려는 자동차의 품질이 어떠한지 정확히 알고 있다. 그러나 구매자는 자동차의 겉모양만 보아서는 그 자동차의 품질이 어떠한지 정확히 알 수 없으므로, 겉보기에는 멀쩡하지만 속이 부실한 '레몬lemon'을 구입할 가능성이 있다. 따라서 중고차 시장에서는 자동차의 품질에 관한 비대칭적 정보가 존재하며, 이에 따라 구매자가 역선택에 직면할 수 있다.[2]

지금 자동차 시장이 새 차와 중고차 시장으로 나뉘어 있는데, 중고차는 물론 새 차에도 품질이 좋은 차와 레몬이 있을 수 있다고 하자. 만약 새 차와 중고차의 가격이 동일하다면 중고차 시장에는 어떠한 일이 발생할 것인가? 어떤 사람이 새 차를 사서 품질이 좋으면 그냥 타지만 레몬이면 그대로 중고차 시장에 내다 팔아 그 판매대금으로 다시 새 차를 살 수 있다 하자.

이 경우에 중고차 시장에는 레몬만이 존재하게 되는데, 이를 가리켜 '그래샴Grasham의 법칙[3]이 성립한다'라고 한다. 현실적으로는 중고차의 가격이 새 차보다 훨씬 낮으므로 중고차 시장에서 그래샴의 법칙이 성립할 가능성은 별로 없다. 그러나 출고된 지 한달 정도 된 중고차와 새 차의 가격 차이가 크지 않고 새 차에서 레몬이 발생할 확률이 있다고 하면 중고차 시장에서도 그래샴의 법칙이 성립할 수 있다.

구매자가 역선택에 직면하면 중고차 시장 자체가 존재하지 않을 수도 있다. 중고차의 품질을 Q라 할 때, 중고차 판매자들은 자신이 판매할 중고차의 품질 Q를 정확히 알고 있다. 그러나 구매자는 중고차시장에 나온 특정한 중고차의 품질이 어

2 여기서 중고차 시장을 고려하는 것은 중고차가 특별히 중요한 경제재이기 때문이 아니라 정보의 경제학에 관한 고전적 논문인 아컬로프(Akerlof, G.A.)의 논문이 중고차 시장을 분석 대상으로 삼았기 때문이다. 겉은 멀쩡하나 속이 부실한 중고 자동차를 영어로 '레몬(lemon)'이라 한다.

3 그래샴의 법칙은 금화가 통용되던 시절에 '악화(惡貨)가 양화(良貨)를 구축'하는 상황을 지칭하는 것이었다. 즉 100g으로 만든 금화의 액면가치가 금 100g의 가치로 표시되는 경우 시중에는 오래 유통되어 100g에 미달되는 금화만 통용되며, 정확히 100g인 새 금화는 사용되지 않고 개인 금고에 보관된다는 것이 그래샴의 법칙이다.

떠한지는 알지 못하며, 단지 중고차의 품질이 [0, 1]의 구간에서 균등분포 uniform ditribution하고 있다는 사실과 판매자는 자신이 판매하는 중고차의 품질이 어떠한지를 정확히 알고 있다는 사실만 알고 있다.

자동차의 품질이 0과 1 사이에서 균등분포한다는 것은 각각의 품질을 갖는 자동차의 수가 일정하다는 것이다. 이 경우에 품질이 b 이하인 중고차들의 평균 품질은 $b/2$가 되는데, 그 이유는 다음과 같다. 균등분포의 예로서 품질이 0, 0.25, 0.5, 0.75 및 1인 자동차가 각각 1대씩 있다고 하자. 이 경우에 품질이 0.25, 0.5 및 0.75 이하인 자동차들의 평균 품질은 각각 0.125, 0.25 및 0.375가 된다. 이를 일반적으로 나타내면 품질이 b 이하인 자동차의 평균 품질은 $b/2$가 된다는 것이다.[4]

판매자들은 품질이 Q인 중고차를 Q원 이상의 가격에 판매할 의사가 있고 구매자들은 $(3/2)Q$원 이하의 가격에 구매할 의사가 있다고 가정하자. 만약 중고차의 품질을 구매자도 정확하게 알 수 있는 대칭적 정보의 상황이라면, 품질이 Q인 중고차는 $(3/2)Q$와 Q 사이의 가격에서 거래될 수 있다. 그러나 이 경우의 구매자들은 중고차의 품질에 관한 정확한 정보를 갖고 있지 않으므로, 중고차 시장에 나온 중고차들의 평균 품질에 의해 구입 여부를 결정해야 한다.

중고차 시장에서 중고차의 가격이 P로 주어진 경우에 구매자들은 시장에 나온 중고차들의 평균 품질이 어떻다고 생각할 것인가? 구매자들은 판매자들이 자신이 판매하는 중고 자동차의 품질을 정확히 알고 있으며, 품질이 Q인 중고차를 갖고 있는 판매자는 가격이 Q원 이상인 경우에만 중고차를 판매하기 원한다는 사실도 알고 있다. 따라서 중고차의 시장가격이 P인 경우에 중고차들의 품질은 P 이하이며, 이에 따라 중고차 시장에 나온 중고차들의 평균 품질은 $P/2$인 것으로 생각한다.

구매자들은 품질이 Q인 중고차를 $(3/2)Q$ 이하에서 구매할 의사가 있으므로, 중고차의 평균 품질이 $P/2$인 경우에 구매자들이 지불할 의사가 있는 최대 가격은 $(3/2)(P/2)=(3/4)P$가 되어 P보다 낮다. 즉 중고차 가격이 어느 수준에서 주어지든지 구매자들이 지불할 의사가 있는 최대 가격은 주어진 가격 이하이다. 여기서 중고차 가격과 구매자들이 지불할 의사가 있는 최대 가격이 같아지는 유일한 경우는 $P=0$인 경우뿐인데, 이 경우에 중고차의 공급량은 0이 되므로 중고차시

4 이를 엄밀히 나타내면, 자동차의 품질이 [0, 1]에서 균등분포하는 경우에 품질이 b 이하인 것의 평균 품질은 $\int_0^b (1/b)QdQ = b/2$가 된다.

장은 존재하지 않는다.

보험 시장의 역선택

보험 가입을 원하는 사람들이 사고를 당할 확률이 모두 다르므로, 보험회사가 가입 신청을 한 특정한 개인이 사고를 당할 확률을 알지 못한다면 비대칭적 정보에 의한 역선택이 발생한다. 이 경우에도 보험 가입을 원하는 사람은 자신이 사고를 당할 확률을 아는 반면, 보험회사는 이를 알지 못하므로 비대칭적 정보가 존재한다.

비대칭 정보 상황에서 보험회사는 사람들이 사고를 당할 평균확률에 의해 보험료를 부과할 수밖에 없다. 따라서 보험은 사고를 당할 확률이 높을수록 유리해지므로 사고를 당할 확률이 더 높은 사람들이 주로 보험에 가입하게 된다. 따라서 보험 가입자들에 대한 정보가 부족한 보험회사는 과도한 보상금 때문에 이윤이 낮아지는 역선택에 직면하게 된다.

1 대칭적 정보의 경우 보험회사가 역선택에 직면하는 경우에 어떤 문제가 발생하는지 알아보기 위해 대칭적 정보의 경우를 먼저 알아보자. 어떤 경제에 1 및 2라는 두 가지 유형의 사람들이 있다고 하자. 두 유형의 사람들은 효용함수의 형태와 사고를 당할 확률을 제외하고는 모든 면에서 동일한 것으로 가정한다.

위험기피적인 어떤 사람의 소득이 M으로 주어졌다. 이 사람의 자동차는 사고가 나면 이를 처리하는 데 C원이 든다. 이 사람이 자동차보험에 가입하지 않은 경우, 자동차 사고가 났을 때 소득은 $M-C$가 되며, 자동차 사고가 나지 않았을 때 소득은 M이 된다. 유형 i인 사람이 사고를 당할 확률이 π_i라고 했을 때 $\pi_2>\pi_1$, 즉 유형 2인 사람이 사고를 당할 확률이 유형 1인 사람보다 더 높은 것으로 가정하자. 대칭적 정보의 상황이라면 보험회사는 보험 가입을 원하는 사람이 어떤 유형의 사람인지 알 수 있으므로 고객의 유형에 따라 다른 보험계약을 체결할 수 있다.

유형 i인 사람은 사고가 났을 때 K_i원을 보상해 주는 보험에 가입할 수 있는데, 이때의 보험료는 $\gamma_i K_i$원$(i=1, 2)$이라고 하자. 이 사람이 보험에 가입하면 사고가 나는 경우의 소득 C_{bi}은 $C_{bi}=M-C+(1-\gamma_i)K_i$가 되며, 사고가 나지 않는 경우의 소득 C_{gi}은 $C_{gi}=M-\gamma_i K_i$가 된다. 이 사람의 기대효용은 $\pi_i U_i(C_{bi})+(1\pi_i)U_i(C_{gi})$로 나타낼 수 있다.

그림 21-1

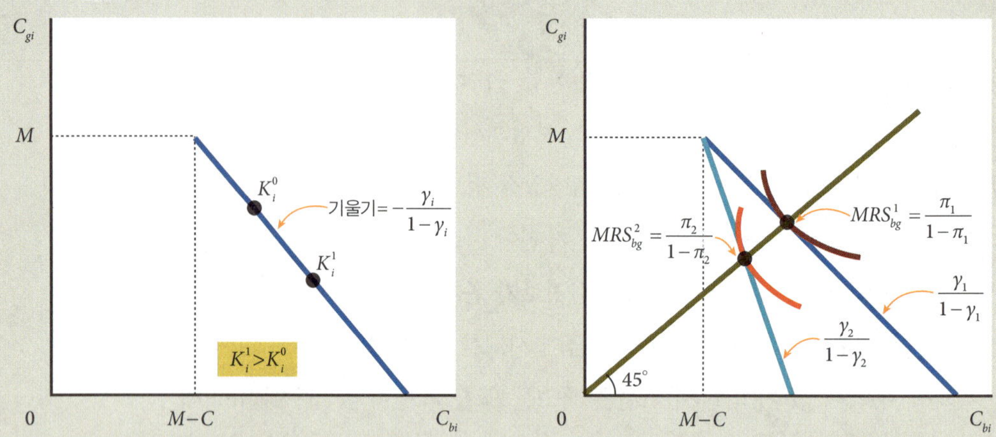

(a) 예산선 (b) 보험시장의 균형

완전한 정보 하의 보험 시장의 균형

대칭적 정보 상황일 때 보험회사는 각 유형마다 다른 보험을 제시할 수 있다. 이 경우에 유형 i인 소비자의 예산선은 (a)와 같이 얻어진다. 공정한 보험이라면 (b)와 같이 사고확률이 높은 2에게 높은 보험료율을 적용한다($\gamma_2>\gamma_1$). 그러나 공정한 보험이므로 모두 확실선 위의 점, 즉 사고가 발생했을 때 손실의 전액을 보상하는 보험에 가입한다.

여기서 이 사람의 문제는 0보다 크거나 같은 K_i를 어떻게 결정해야 기대효용을 극대화할 수 있는가 하는 것이다.

유형 i인 사람이 당면하는 예산선의 기울기는 $\Delta C_{gi}/\Delta C_{bi}=(\Delta C_{gi}/\Delta K_i)/(\Delta C_{bi}/\Delta K_i)=-\gamma_i/(1-\gamma_i)$가 된다. 이 사람이 보험에 가입하지 않은 경우는 $K_i=0$인 경우이므로, $C_{bi}=M-C$, $C_{gi}=M$이 성립한다. 반면에 보험에 가입해 K_i를 0보다 큰 값으로 결정하면 C_{gi}는 감소하고 C_{bi}는 증가하므로 유형 i인 소비자의 예산선은 그림 21-1 (a)와 같이 나타난다.

보험회사와 유형 i인 사람이 거래하는 경우를 생각해 보자. 보험회사의 수입은 사고 여부와 상관없이 $\gamma_i K_i$이다. 보험회사의 비용은 사고가 나면 K_i이고 사고가 나지 않으면 0이므로, 기대비용은 $\pi_i K_i$가 된다. 따라서 보험회사의 기대이윤은 $\gamma_i K_i-\pi_i K_i$가 되는데, 공정한 계약 fair contract의 기대이윤은 0이므로 공정한 계약의 경우 $\gamma_i=\pi_i$가 성립한다.

공정한 계약만 있는 상황이라면, 유형 i인 사람은 예산선과 무차별곡선이 접하는 상황의존적 소비계획을 선택해야 예산제약 하의 기대효용극대화를 이룰 수 있다. 유형 i인 사람의 한계대체율은 $MRS^i_{bg}=(C_{bi}$의 한계효용$/C_{gi}$의 한계효용)으로 나타나는데, C_{bi}의 한계효용은 $\pi_i U_i'(C_{bi})$이며 C_{gi}의 한계효용은 $(1-\pi_i)U_i'(C_{gi})$이다. 따라서 $MRS^i_{bg}=\{\pi_i/(1-\pi_i)\}\cdot\{U_i'(C_{bi})/U_i'(C_{gi})\}$가 되는데, 이 값과 예산선의 기울기의 절댓값인 $\gamma_i/(1-\gamma_i)$가 서로 같아야 한다. 그런데 공정한 계약이라면 $\gamma_i=\pi_i$가 성립하므로, 무차별곡선과 예산선이 서로 접한다는 것은 $U_i'(C_{bi})=U_i'(C_{gi})$, 즉 $C_{bi}=C_{gi}$가 성립해 예산선과 확실선certainty line이 만나는 점을 최적 상황의존적 소비계획으로 선택한다는 것을 의미한다.

유형 i인 사람이 확실선 위의 소비계획을 선택하면 $C_{bi}=M-C+(1-\gamma_i)K_i$ $=M-\gamma_i K_i=C_{gi}$가 성립한다. 이는 곧 $C=K_i$인 상황, 즉 손실의 전액을 보상해 주는 보험에 가입하는 상황을 나타낸다. 보험회사가 보험 가입자의 유형을 정확히 파악할 수 있는 대칭적 정보의 경우라면 모든 유형의 소비자들이 각 유형마다 달리 부과된 보험료율에 의해 손실을 전액 보상하는 보험에 가입하며, 공정한 계약이 달성되므로 보험회사의 기대이윤은 0이 된다. 이러한 상황을 그림으로 나타내면 그림 21-1 (b)와 같다.

2 비대칭적 정보의 경우 어떤 사람이 보험 가입을 원하지만 보험회사가 그 사람이 유형 1인지, 2인지 알지 못한다면 비대칭적 정보에 의한 역선택이 발생한다. 유형 1 및 2인 사람이 있을 때, 보험회사가 각 유형의 사람들이 사고를 당할 확률이 π_1 및 π_2로 서로 다르다는 사실만 알고 있다면, 보험료율을 사고를 당할 평균 확률로 결정할 수밖에 없다($\pi_2>\pi_1$). 만약 각 유형의 사람들이 같은 수만큼씩 있다면 사고를 당할 평균확률(π)은 $\pi=(\pi_2+\pi_1)/2$가 된다.

보험회사가 공정한 계약이 될 것으로 기대해 $\pi=\gamma$가 되도록 보험료율을 정해 모든 유형의 사람에게 적용한다면, 모든 유형의 사람들이 당면하는 예산선의 기울기는 $\gamma/(1-\gamma)$로 동일하다. 이 경우에 유형 1인 사람들은 그림 21-2의 a'와 같이 사고가 발생했을 때 손해의 일부만 보상하는 보험에 가입하며, 유형 2인 사람들은 b'와 같이 사고가 발생했을 때 손해보다 더 많은 보험금이 지급되는 보험에 가입한다.[5]

이런 상황이 발생하는 것은 유형 2인 사람들에게는 사고발생 확률보다 낮은

5 예산선과 확실선의 정의에 의해, 예산선과 확실선이 만나는 점은 사고가 발생했을 때 손해를 전액 보상하는 보험을 나타낸다. 확실선 위쪽의 예산선은 사고가 발생했을 때 손해의 일부만을 보상하는 보험을, 그리고 확실선 아래쪽의 예산선은 사고가 발생했을 때 손해보다 더 많은 보험금을 지불하는 보험을 각각 나타낸다.

그림 21-2

역선택 하의 보험료율 결정

보험회사는 비대칭적 정보에 직면하면 평균사고확률 $\pi=(\pi_1+\pi_2)/2$에 의해 보험료율을 $\gamma=(\gamma_1+\gamma_2)/2$로 결정한다. 이 경우에 유형 1에게는 불리한 보험이 되어 a'와 같은 부분보험에 가입하고, 유형 2에게는 유리한 보험이 되어 b'와 같은 과도한 보험에 가입하게 된다. 그 결과, 보험회사의 기대이윤은 음(-)이 된다.

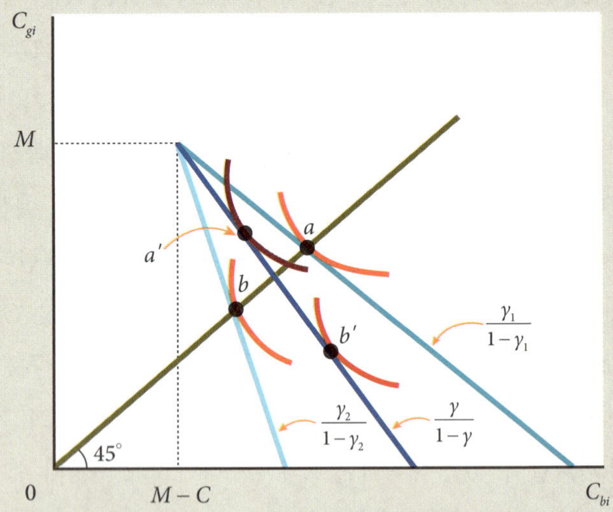

확률에 의거해 보험료율이 결정되므로 자신에게 유리한 보험이 된 반면, 유형 1인 사람들의 입장에서는 불리한 보험이 되었기 때문이다. 물론 보험회사의 입장에서는 사고발생 확률이 높은 유형 2의 사람들이 더 바람직하지 못한 고객이다. 그러나 비대칭적인 정보 하에서는 바람직하지 않은 유형 2의 사람들과 더 많은 계약을 하는 역선택이 발생한다.

이러한 역선택이 발생하는 경우에 보험회사의 이윤은 어떻게 될 것인가? 사고를 당할 확률이 높아 바람직하지 않은 고객과의 거래가 바람직한 고객과의 거래보다 많기 때문에 기대이윤이 음(−)이 될 것임을 쉽게 짐작할 수 있다. 이러한 짐작은 수식으로 간단히 확인할 수 있다.

보험료율이 $\gamma=\pi=(\pi_2+\pi_1)/2$라면, 유형이 1 및 2인 사람들이 실제로 선택하는 점은 그림 21-2의 a' 및 b'이다. 따라서 유형 1인 사람의 보험 K_1은 유형 2인 사람이 구입하는 보험 K_2보다 작다. 한편 이 경우에 보험회사의 기대이윤은 $\gamma(K_1+K_2)-(\pi_1K_1+\pi_2K_2)$가 되는데, $\gamma=(\pi_2+\pi_1)/2$를 이용해 이를 다시 정리하면 $\{(\pi_2+\pi_1)/2\}\cdot(K_1-K_2)$로 나타난다. 이 경우에 $K_2>K_1$이므로, 보험회사의 기대이윤은 음(−)이다.

역선택이 존재해 기대이윤이 음(−)이면 보험회사는 보험료율을 올리려 할 것이다. 이 경우의 γ는 $(\pi_2+\pi_1)/2$와 π_2 사이의 값을 가질 수 있다. 보험료율 γ

그림 21-3

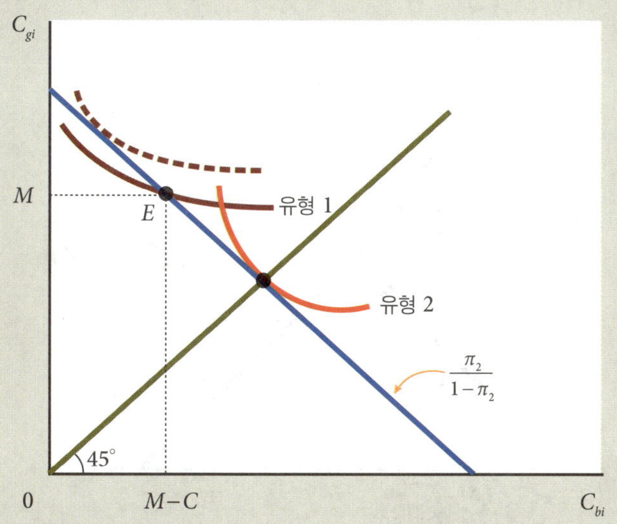

역선택 하에서 한 유형만 보험에 가입하는 경우의 균형

$\gamma=\pi_2$이며 E에서 유형 1의 한계대체율이 예산선의 기울기보다 작으면, 유형 2만 사고가 발생했을 때 전액을 보상하는 보험에 가입하므로 보험회사의 기대이윤은 0이 된다.

가 증가할수록 모든 유형의 사람들에게 더욱 불리한 보험이 되므로, K_1 및 K_2 모두 감소하게 된다. 이때 보험회사의 기대이윤이 0이 되는 경우는 유형 2인 사람만 보험에 가입하는 경우와 모든 유형의 사람들이 보험에 가입하는 경우 두 가지가 있다.

$\gamma=\pi_2$에서 보험회사의 기대이윤이 0이 되는 경우를 그림으로 나타내면 그림 21-3과 같다. 그림 21-3의 E는 유형 1인 사람이 보험에 가입하지 않는 경우를 나타내는데, E에서는 한계대체율이 예산선의 기울기보다 완만하므로 다음 관계가 성립한다.

$$\frac{\pi_1}{1-\pi_1}\frac{U_1'(M-C)}{U_1'(M)}<\frac{\pi_2}{1-\pi_2} \qquad (21\text{-}1)$$

정상적인 경우에 위의 관계가 성립한다면 K_1을 줄여 $C_{b1}=M-C+(1-\gamma)K_1$을 줄이고, $C_{g1}=M-\gamma_1 K_1$을 늘려 효용을 증가시킬 수 있다. 그러나 E에서 이미 K_1이 0이므로 K_1을 더 이상 줄일 수 없다. 따라서 유형 1인 사람은 모서리 해 corner solution로 E를 선택해 예산제약 하의 효용극대화를 이룰 수밖에 없다.

한편 $\gamma=\pi_2$이므로 유형 2인 사람은 사고가 발생했을 때 손해를 전액 보상하는 보험에 가입하며, 이 보험은 유형 2인 사람에게는 공정한 보험이므로 보험

그림 21-4

역선택 하에서 모든 유형이 보험에 가입하는 경우의 균형

모든 유형이 보험에 가입하는 경우의 균형은 $(\pi_1+\pi_2)/2<\gamma<\pi_2$이다. 보험회사의 기대이윤이 0일 때 균형이 얻어진다.

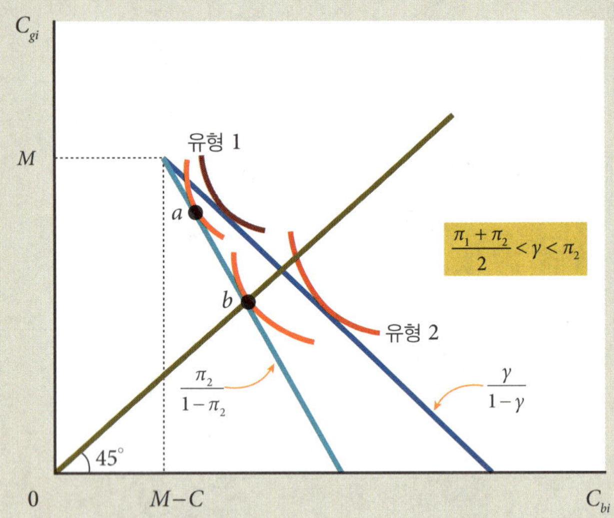

회사의 기대이윤은 0이 된다. 따라서 **식** (21-1)이 충족되면 유형 2인 사람만 보험에 가입하며, 보험회사는 0의 기대이윤을 달성할 수 있다.

$\gamma=\pi_2$인데 **식** (21-1)의 조건이 충족되지 않는 경우를 그림으로 나타내면 그림 21-4와 같다. 이 경우는 유형 1인 사람도 사고가 발생했을 때 손해의 일부를 보상받는 보험에 가입한다.

유형 1 및 2인 사람이 가입한 보험이 각각 K_1 및 K_2라면 보험료율은 $\gamma=\pi_2$로 모든 사람에게 공통적으로 적용되므로 보험회사의 수입은 $\pi_2(K_1+K_2)$가 되며, 기대비용은 $\pi_1K_1+\pi_2K_2$가 된다. 이에 따라 보험회사의 기대이윤은 $\pi_2(K_1+K_2)-(\pi_1K_1+\pi_2K_2)$가 되는데, 이는 다시 $(\pi_2-\pi_1)K_1$으로 쓸 수 있다. 그런데 $\pi_2>\pi_1$이므로 보험회사의 기대이윤은 양(+)이다. 이 경우에 기대이윤을 0으로 만들기 위해서는 보험료율 γ를 π_2보다 낮은 수준으로 만들어야 한다.

보험료율이 낮아지면 모든 유형의 사람들이 보험에 더 가입하기 원하므로 K_1과 K_2 모두 증가한다. 보험료율이 γ인 경우의 기대이윤은 $\gamma(K_1+K_2)-(\pi_1K_1+\pi_2K_2)$인데, 이를 다시 쓰면 $K_1(\gamma-\pi_1)-K_2(\pi_2-\gamma)$가 된다. 이 식으로부터 γ가 낮아지면 기대이윤이 낮아짐을 쉽게 확인할 수 있다.

$\gamma=\pi_2$인 경우의 기대이윤은 양(+)이고, $\gamma=(\pi_2+\pi_1)/2$인 경우의 기대이윤은 음(-)이며, γ가 낮아짐에 따라 기대이윤이 하락한다는 사실로부터 γ가

$(\pi_2+\pi_1)/2$와 π_2사이의 적당한 값을 가질 때 기대이윤이 0이 될 수 있음을 알 수 있다.[6]

비대칭적 정보 하의 균형과 대칭적 정보 하의 균형을 비교해 보면 비대칭적 정보 하의 균형에서 대칭적 정보 하의 균형으로 이동하는 것이 파레토 개선이라는 것을 알 수 있다. 그림 21-3과 그림 21-1 (b)를 비교해 보면 그림 21-3의 상태에서 그림 21-1 (b)의 상태로 이동하는 경우에 유형 2인 사람의 만족은 불변이나 유형 1인 사람의 만족은 증가해 파레토 개선을 이룰 수 있음을 알 수 있다.

금융 시장의 역선택

금융 시장에서 자금의 초과수요가 존재하면 은행이 금리를 인상시켜 수익을 증가시킬 것이라고 생각할 수 있다. 그러나 현실적으로 금융 시장에 자금의 초과수요가 존재함에도 불구하고 은행이 금리를 인상시키지 않고 신용할당credit rationing을 하는 경우를 관찰할 수 있다. 신용할당이 이루어지는 것도 비대칭적 정보 하에서 발생하는 역선택이 그 원인이다.

기업들이 투자 프로젝트project를 수행하기 위해 은행으로부터 자금을 빌리기 원한다고 하자. 각 기업이 수행하는 투자 프로젝트의 위험risk은 모두 다르지만, 각 기업들은 자신이 수행할 투자 프로젝트의 위험을 정확하게 알 수 있다. 그러나 은행은 대출을 받으러 온 특정한 기업이 투자할 프로젝트의 위험을 정확하게 알 수 없으므로 비대칭적 정보의 상황이 발생하며, 이에 따라 역선택이 일어날 수 있다.

기업은 위험애호가risk lover이므로, 투자의 위험이 클수록 더 높은 이윤을 얻을 것으로 기대한다.[7] 위험이 큰 투자 프로젝트란 성공하면 많은 이익을 남길 수 있지만 실패할 확률도 높은 프로젝트를 의미한다. 기업이 파산하면 은행은 원금과 이자를 회수하지 못하고 가치가 훨씬 낮은 담보만 확보하게 되므로 손해를 본다.

금리의 인상은 은행의 기대수익에 두 방향으로 영향을 준다. 금리가 인상되면

6 K_1과 K_2가 γ의 값에 따라 변화하므로, γ의 함수로서 $K_1(\gamma)$ 및 $K_2(\gamma)$라 쓸 수 있다. 기대이윤을 0으로 하는 γ는 $\gamma\{K_1(\gamma)+K_2(\gamma)\}=\pi_1K_1(\gamma)+\pi_2K_2(\gamma)$를 만족시키도록 결정된다.

7 신용할당모형에서 기업이 위험애호가라는 사실은 실제로 도출되었다. 이의 자세한 도출 과정은 이 책의 수준을 크게 넘어서므로 생략하기로 한다. 이에 관심이 있는 독자는 Stiglitz, J.E. and A.Weiss, "Credit Rationing in Markets with Imperfect Information", *American Economic Review*, 1981을 참고하기 바란다.

성공적으로 투자 프로젝트를 수행한 기업들로부터 받는 이자수익이 증가하며, 이에 따라 은행의 기대수익도 증가한다. 이것이 금리 인상이 은행의 기대수익에 대해 갖는 정(+)의 효과이다. 그러나 금리 인상은 파산 가능성이 높은 기업의 수를 늘리므로 은행의 기대수익에 부(−)의 효과를 가져올 수 있다.

기업이 수행하는 투자 프로젝트의 위험의 정도를 θ로 나타내고, θ값이 클수록 위험도 큰 것으로 가정하자. 이때 기업은 위험애호가이므로, θ가 클수록 더 높은 투자수익을 기대한다. 금리가 r_0일 때 위험이 θ_0인 투자 프로젝트를 수행하는 기업의 기대투자수익과 금융비용이 같아 기대이윤이 0이 된다고 하자.

이 경우에 위험이 θ_0보다 작은 투자 프로젝트를 수행하는 기업의 기대투자수익은 위험이 θ_0인 투자 프로젝트의 기대투자수익보다 작으므로, 기대이윤이 음(−)이 된다. 따라서 금리가 r_0라면 위험이 θ_0 이상인 투자 프로젝트를 수행하는 기업들만이 자금을 대출받기를 원한다.

금리가 r_0에서 r_1으로 인상되면 위험이 θ_1 이상인 투자 프로젝트를 수행하는 기업들만이 자금을 대출받기 원하는데($\theta_1 > \theta_0$), 금리가 인상될수록 자금을 대출받는 기업들의 위험이 증가하여 파산 확률도 높아진다. 파산확률이 높아지면 은행이 대출금과 이자를 회수하지 못하고 담보만 확보하는 경우가 많아지므로, 은행의 기대수익은 하락한다. 이것이 금리 인상이 은행의 기대수익에 대해 갖는 부(−)의 효과이다.

금리가 인상될 때 은행의 기대수익이 어떻게 변화할 것인가는 금리인상이 은행의 기대수익에 대하여 갖는 정(+)의 효과와 부(−)의 효과 중 어느 것이 더 큰가에 달려 있다. 일반적으로 금리가 낮은 경우는 정(+)의 효과가 압도하지만, 금리가 일정 수준을 넘어서면 부(−)의 효과가 압도한다. 이에 따라 금리와 은행의 기대수익과의 관계는 그림 21-5 (a)와 같이 나타난다.

금리가 r^*보다 낮은 경우에 금리를 인상하면 정(+)의 효과가 압도해 은행의 기대수익이 증가하지만, 금리가 r^*보다 높은 경우에 금리를 인상하면 부(−)의 효과가 압도해 은행의 기대수익은 감소한다. 이에 따라 은행이 금리를 r^*로 결정할 때 기대수익이 최대가 된다.

은행은 기대수익이 높을수록 더 많은 자금을 공급하기 원하므로 금리가 r^*보다 낮으면 금리가 상승함에 따라 자금 공급이 증가하며, 금리가 r^*보다 높으면 금리가 상승함에 따라 자금 공급이 감소해 자금 공급곡선 S는 그림 21-5 (b)와 같은 형태가 된다.

그림 21-5

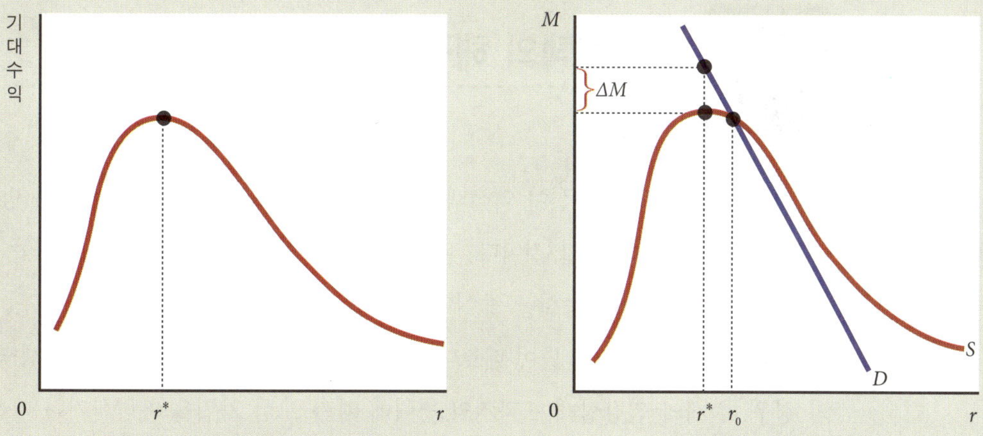

(a) 이자율의 변화에 의한 기대수익의 변화

(b) 자금 시장의 균형

역선택 하의 금융 시장의 균형

(a)에서 금리가 r^*보다 큰 경우에는 금리인상으로 인한 부(−)의 효과가 정(+)의 효과를 능가하여, 금리가 인상될수록 기대수익이 오히려 줄어들게 된다. (b)에서 보는 바와 같이 r^*에서 자금 시장에 초과수요가 존재해도, 금리를 r_0로 인상하면 기대수익이 줄어들기 때문에 금리를 r^*로 유지하고 신용할당을 하게 된다.

금리가 상승할수록 위험이 작은 투자 프로젝트를 수행하는 기업들은 수지타산이 맞지 않아 대출받기를 포기하므로, 자금 수요곡선 D는 그림 21-5 (b)와 같이 우하향하는 형태가 된다.

자금 시장을 균형으로 만드는 금리는 r_0이지만, 은행의 기대수익을 극대로 하는 금리는 r^*이다. r^*에서 ΔM만큼의 자금에 대한 초과수요가 존재하지만 금리를 인상하면 은행의 기대수익이 감소하므로 은행은 금리를 인상할 의사가 없으며, 이에 따라 신용할당credit rationing이 이루어지게 된다.

이러한 신용할당은, 개별 기업은 자신이 수행할 투자 프로젝트의 위험을 정확하게 아는 반면 은행은 개별 기업이 수행할 투자 프로젝트의 위험을 정확히 알지 못해 모든 기업들에게 공통적으로 적용되는 금리를 결정할 수밖에 없기 때문에 발생한다. 따라서 비대칭적 정보 하에서 발생하는 역선택이 신용할당의 원인인 것으로 생각할 수 있다.

21-3 역선택의 해결

어떤 경제주체가 자신이 역선택에 직면하고 있음을 알면 가능한 모든 방법을 동원해 이를 극복하려 할 것이다. 비대칭적 정보 하에서 역선택에 직면하는 보험회사도 역선택에 의한 손실을 줄이기 위한 노력을 한다. 자동차보험의 경우, 연령이나 직업에 따라 사고확률이 다르다고 보아 다른 보험료율을 적용한다. 생명보험의 경우, 현재의 건강상태나 과거의 병력에 따라 보험 가입을 제한하거나 다른 보험료율을 적용하는 사례들을 관찰할 수 있다. 이러한 사례들을 통해 모든 보험회사가 역선택을 회피하기 위한 노력을 한다고 생각할 수 있다.

의료보험 등과 같이 직장 등에서 모든 직원들이 집단적으로 보험에 가입하는 단체보험group insurance은 보험료가 더 싸게 책정되는 경우가 있다. 그 이유는 여러 측면에서 찾을 수 있다. 많은 사람들이 동시에 보험에 가입하므로 보험회사들 간의 유치경쟁에 의해 할인을 해 준다고 생각할 수도 있다. 그렇지만 가장 중요한 이유는 역선택과 연관되어 있다. 어떤 회사의 직원들이 모두 보험에 가입한다면 보험회사의 입장에서 보면 당연히 역선택의 문제가 없어진다. 따라서 보험회사가 정보비용을 부담할 필요가 없으므로 보험료를 싸게 해 주는 것이 가능한 것이다.

모든 사람이 강제로 가입하게 함으로써 역선택의 문제를 해결하려는 다른 시도로 각종 연금 같은 제도를 들 수 있다. 공무원 연금, 군인연금 등의 공통점은 모든 관련자가 강제로 연금에 가입해야 한다는 것이다. 강제 가입의 이유는 앞에서와 마찬가지로 역선택을 회피하기 위한 노력으로 생각할 수 있다.

유인보수계획의 설계

역선택에 직면한 본인은 적절한 유인보수계획을 설계해 이윤을 극대화하려 할 것이다. 지금 생산성이 높은 유형(I) 및 생산성이 낮은 유형(II)이라는 두 유형의 노동자가 있다고 하자. 화폐단위로 표시되는 각 노동자의 효용수준은 임금－고통에 의해 결정되는데, 생산량 5 및 10을 생산할 때 유형 I 및 II의 고통은 표 21-1과 같다고 하자. 여기서 고통은 화폐단위로 나타낸 것이다. 예를 들어 12는 유형 I인 노동자가 10단

표 21-1

각 유형의 생산량 변화에 따른 고통의 변화

	생산량=5	생산량=10
유형 I	5	12
유형 II	10	30

위를 생산하는 경우의 고통이 12라는 의미이다. 한편 각 노동자들의 유보효용수준은 0보다 약간 낮은 수준인 $-\varepsilon$인 것으로 가정하는데($\varepsilon > 0$), 이는 곧 각 노동자들이 효용수준 0 이상이면 일을 한다는 것을 의미한다. 그리고 제품의 가격은 3으로 주어졌다고 하자.

공장주가 각 노동자들의 얼굴만 보아도 어떤 유형인지 알 수 있는 완전정보의 상황을 먼저 생각하기로 하자. 각 유형의 구별이 가능하다면 공장주는 유형에 따라 다른 생산량을 할당하고 다른 임금을 제시할 수 있다. 각 노동자들에게 주는 임금이 낮을수록 공장주에게는 이득이므로, 이 경우에는 유보효용수준을 0으로 만드는 임금을 제시하게 된다. 즉 유형 I인 노동자에게는 10을 생산하게 하고 12를 임금으로 주며, 유형 II인 노동자에게는 5를 생산하게 하고 10을 임금으로 준다.

이 경우에 공장주의 총수입은 $3 \times 15 = 45$이며, 총비용은 각 유형의 노동자들에게 지급한 임금의 합인 22이므로 이윤은 23이 된다.[8] 한편 유형 I 및 II인 노동자들의 효용수준은 모두 유보효용수준과 같은 0이 된다.

이제 숨은 정보의 상황을 살펴보기로 하자. 숨은 정보의 상황이란 공장주가 각 노동자들이 어떤 유형인지 알 수 없는 상황이다. 따라서 완전정보의 경우와 같이 각 노동자별로 다른 생산량을 할당하는 것은 불가능하다. 하지만 완전정보의 상황과 유사하게 '누구든지 10단위를 생산하면 12를 임금으로 지급하고, 5단위를 생산하면 10을 임금으로 지급하겠다'라고 제안할 수는 있다. 반면에 비대칭적 정보 하에서는 이러한 보수체계로 이윤극대화를 이룰 수 없다.

공장주의 입장에서는 위와 같은 보수체계에 의해 유형 I인 노동자가 10단위를 생산하기를 기대하지만, 유형 I인 노동자의 입장은 다르다. 위와 같은 보수체계에서 유형 I인 노동자가 10단위를 생산하는 경우의 효용수준은 0이다. 그런데 유형 I인 노동자가 마치 유형 II인 노동자인 것처럼 행동해 5단위만을 생산하는 경우,

8 공장주의 입장에서는 노동자들이 일을 안 하면 이윤이 0이므로, 노동자들이 일을 하게 만드는 편이 낫다. 즉 참여 제약을 만족시켜야 한다. 참여 제약을 만족시킨다는 전제 아래 유형에 따라 다른 생산량을 할당하고 다른 임금을 제시할 수 있는 방법은 본문에 언급된 방법을 포함해 이론적으로 모두 네 가지가 있다. 그러나 본문의 이윤수준 23이 가장 높다.

임금으로 10을 받는 반면 고통은 5이므로 효용수준은 5가 된다. 따라서 공장주의 기대와는 달리 유형 I인 노동자도 5단위를 생산하게 되어 공장주의 이윤은 10으로 하락한다.

이와 같이 어떤 유형의 대리인이 마치 다른 유형인 것처럼 행동할 유인을 갖는 상황을 가리켜 '자기선택의 제약이 작동한다'라고 한다. 자기선택의 제약이 작동하는 경우라면 이 제약을 고려해 이윤극대화를 이룰 수 있는 보수체계를 만들어야 하는데, 이것이 바로 유인보수체계의 설계이다.

위와 같은 보수체계에서 유형 I인 노동자가 5단위만을 생산하는 이유는 그렇게 해야 유보효용수준보다 높은 5의 효용수준을 얻을 수 있기 때문이다. 따라서 10단위를 생산하는 경우에 $12+5=17$을 임금으로 지급하겠다고 제안하면 유형 I인 노동자는 10단위를 생산하게 된다.[9] 즉 '10단위를 생산하면 17을 임금으로 주고, 5단위를 생산하면 10을 임금으로 주겠다'라고 한 보수체계에 의해 유형 I인 노동자는 10단위를 생산해 5의 효용수준을 얻고, 유형 II인 노동자는 5단위를 생산해 0의 효용수준을 얻는다.

이 경우에 공장주의 이윤은 18로 증가한다. 그러나 이러한 이윤 수준은 완전정보 하의 이윤 수준인 23보다는 낮은데, 이는 본인인 공장주가 정보가 부족하기 때문에 지불해야 하는 비용으로 인식할 수 있다.

위와 같은 유인보수의 설계는 제품의 판매에도 그대로 적용될 수 있다. 비행기를 이용하는 승객 유형에 회사원과 휴가족이 있다고 하자. 회사원은 비행기표를 회사에서 대줄 것이므로, 지불할 의사가 있는 최대 금액이 휴가족보다 높을 것이다. 비행기 회사의 입장에서 보면 회사원과 휴가족 각각에 대해 지불할 의사가 있는 최대 금액을 비행기표 값으로 받을 수 있다면 가장 높은 이윤을 얻을 수 있다. 그렇지만 비행기표를 구입하러 온 사람이 회사원인지 휴가족인지 구별할 수 있는 방법이 없기 때문에 숨은 정보의 상황이 발생한다.

다만 회사원과 휴가족의 특징에 의해 어느 정도 차별화된 가격을 제시하는 것은 가능하다. 회사원은 주로 주중에 출장을 다니고 휴가족은 요일에 개의치 않는다면 주중에 출발해 주중에 돌아오는 비행기표 값을 주말을 넘기는 비행기표 값보다 더 비싸게 책정할 수 있다.

그렇지만 이 경우의 이윤도 정보가 완전해 회사원과 휴가족을 정확하게 구별

---

9 엄밀히 말하면 $17+\varepsilon$이고 $\varepsilon>0$이지만, ε을 무시하기로 하자.

할 수 있는 경우에 얻을 수 있는 이윤 수준보다는 낮다. 또한 조건에 따라 상이한 비행기표 값이 모든 이용자에게 동일하게 제시되지만, 각자의 사정에 따라 다른 선택이 이루어진다는 점에서 비대칭적 정보 상황의 위와 같은 가격정책은 2급 가격차별의 한 종류로 생각할 수도 있다.

신호와 선별

자신이 숨은 정보를 갖고 있을 때 그 정보를 상대방에게 알려 높은 이득을 얻을 수 있다면 누구나 그렇게 하려 할 것이다. 예를 들어 어떤 기업이 신제품을 개발했는데, 겉으로 보아서는 기존의 제품과 크게 구별되지 않지만 성능이 매우 우수하다면 막대한 광고비를 지불해서라도 이를 널리 알리려 할 것이다. 또한 신입사원을 채용할 때 임금을 한계생산성에 의해 결정한다면 취업하기를 원하는 사람은 자신의 한계생산성이 높다는 사실을 입증하기 위해 노력할 것이다. 여기서는 이러한 경우의 시장균형이 어떻게 이루어지는가를 노동시장을 대상으로 살펴보기로 하자.

숨은 정보를 추측할 수 있는 관찰 가능한 지표를 신호signal라 한다. 노동시장에서 신호의 역할을 할 만한 것으로 교육수준 e를 생각할 수 있다($e \geq 0$).

취업을 원하는 지원자가 두 가지 유형이 있는데, 유형 1인 지원자의 노동의 한계생산성은 1이고, 유형 2인 지원자의 노동의 한계생산성은 2라고 하자. 지원자들은 자신이 속한 유형을 정확히 알고 있지만 기업은 특정한 지원자가 어떤 유형인지 알지 못하므로 비대칭적 정보의 상황이 발생한다. 이 경우에 기업이 지원자들의 교육수준을 신호로 활용한다면 지원자들은 자신에게 가장 유리한 교육수준을 선택하려 할 것이다.

일정 수준까지의 교육을 받으려면 교육비가 필요하다. 능력이 뛰어난 사람은 장학금을 받거나 혹은 과외를 받지 않거나 하므로 같은 수준의 교육을 받는 데 필요한 비용이 능력이 부족한 사람보다 낮다. 능력이 뛰어난 사람이 노동의 한계생산성도 높다면 동일한 수준의 교육을 받는 데 필요한 교육비도 유형 2인 지원자가 유형 1인 지원자보다 낮다. 여기서는 교육수준 e가 되기 위해 유형 1인 지원자가 지불한 교육비는 e이며, 유형 2인 지원자가 지불한 교육비는 $e/2$인 것으로 가정한다.

기업은 임금을 노동의 한계생산성에 따라 지급하는데, 개별 지원자들의 노동의 한계생산성을 알지 못하므로 지원자들의 교육수준을 신호로 이용해 노동의 한계생산성을 예측한 후 이에 따라 임금을 결정한다. 이때 기업이 교육수준을 관찰해 노동의 한계생산성을 예측하는 방법은 여러 가지가 있을 수 있다.

신호균형

적은 양의 정보를 가진 사람이 많은 양의 정보를 가진 사람이 제공한 신호에 의해 상대방의 숨은 정보를 예측하는 경우에 예측이 사실로 판명되면 예측 방법을 바꿀 필요가 없는데, 이러한 상황을 신호균형이라 한다.

기업의 예측이 맞아 떨어지면, 즉 유형 2인 것으로 예측해 채용한 지원자가 실제로 유형이 2인 사람이고, 유형 1인 것으로 예측해 채용한 지원자가 실제로 유형이 1인 사람이라면 기업이 신호에 기초해 노동의 한계생산성을 예측하는 방법을 바꿀 필요가 없는데, 이러한 상황을 **신호균형** signaling equilibrium 이라 한다.

기업이 교육수준 e_*를 결정해 지원자의 교육수준이 e_* 미만이면 유형 1인 지원자로 예측해 임금을 노동의 한계생산성과 같은 1로 결정하고, 교육수준이 e_* 이상이면 유형 2인 지원자로 예측해 임금을 2로 결정하기로 했다. 이때 지원자들은 교육수준으로서 e_* 혹은 0 가운데 하나를 선택한다.

어떤 지원자의 교육수준이 e인데, e가 e_* 미만$(0 \le e < e_*)$이라면 유형 1인 지원자로 분류되어 1의 임금을 받게 되므로 이 지원자의 순수익은 1 − 교육비가 된다. 이 경우에 e가 증가할수록 교육비는 증가하지만, e가 e_* 미만인 한 임금은 1로 변함이 없다. 따라서 e_* 미만의 교육수준을 선택하고자 하는 지원자는 $e=0$을 선택해야 순수익을 극대화할 수 있다. 마찬가지 이유로 e_* 이상의 교육수준을 선택하기 원하는 지원자는 $e=e_*$를 선택해야 순수익을 극대화할 수 있다.

이러한 상황에서 기업의 예측이 실현되려면 e_*를 어떤 수준으로 설정해야 할 것인가? 여기서 기업의 예측이 실현된다는 것은 유형 1인 지원자가 $e=0$을 선택해 유형 1인 사람으로 간주되고 유형 2인 지원자가 $e=e_*$를 선택해 유형 2인 사람으로 간주되는 상황이 된다는 것이다.

유형 1인 지원자가 $e=0$을 선택하게 하려면 $e=0$을 선택하는 경우의 순수익이 $e=e_*$를 선택하는 경우의 순수익보다 더 크게 만들어 주어야 한다. 유형 1인 지원자가 $e=0$을 선택하면 임금으로 1을 지급받으며, 교육비는 0이므로 순수익이 1이 된다. 한편 유형 1인 지원자가 $e=e_*$를 선택하면 유형 2인 사람으로 간주되어 임금으로 2를 받지만, 교육비가 e_*만큼 들어 순수익이 $2-e_*$가 된다. 따라서 유형 1인 지원자가 $e=0$을 선택하도록 하는 조건은 $1>2-e_*$, 즉 $e_*>1$이 된다.

유형 2인 지원자가 $e=0$을 선택해 유형 1인 사람으로 간주되는 경우의 순수익은 1이며, $e=e_*$를 선택해 유형 2인 사람으로 간주되는 경우의 순수익은 $2-(e_*/2)$이다. 따라서 유형 2인 지원자가 $e=e_*$를 선택하도록 하는 조건은 $2-(e_*/2)>1$,

그림 21-6

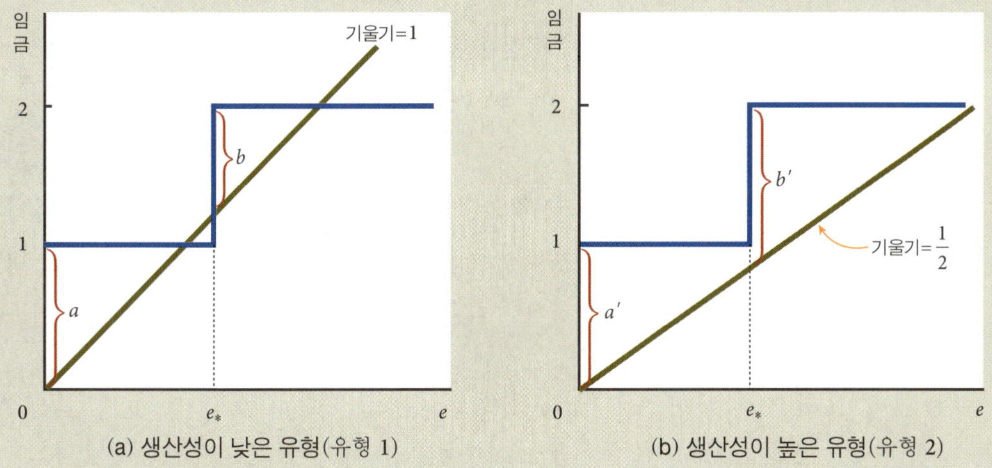

신호균형

$1<e^*<2$인 경우, (a)와 같이 유형 1인 지원자는 $a>b$이므로 $e=0$을 선택한다. (b)와 같이 유형이 2인 지원자는 $b'>a'$이므로, $e=e^*$를 선택한다.

즉 $e_*<2$가 된다. 이상의 결과를 종합하면 $1<e_*<2$이면 유형 1인 지원자가 $e=0$, 유형 2인 지원자가 $e=e_*$를 선택하여, 기업의 예측이 실현되므로 신호균형이 성립한다.

신호균형에서의 유형 1 및 2인 지원자의 상황을 그림으로 나타내면 그림 21-6과 같다. 그림 21-6에서 유형 1인 지원자가 $e=0$을 선택하는 경우의 순수익인 a가 $e=e_*$를 선택하는 경우의 순수익 b보다 크며, 유형 2인 지원자가 $e=e_*$를 선택하는 경우의 순수익인 b'가 $e=0$을 선택하는 경우의 순수익 a'보다 크다는 사실을 확인할 수 있다. 이 경우에 1과 2 사이의 모든 e_*에서 신호균형이 성립하므로 신호균형은 무한히 많이 존재한다.

만약 e_*의 설정을 지원자들에게 맡기면 어떻게 될 것인가? 유형 2인 지원자가 e_*를 설정한다면 유형 1인 지원자가 e_*를 선택하지 못하게 하고 자신의 순수익을 극대화할 수 있는 수준에서 e_*를 결정할 것이다.

유형 1인 지원자가 $e=e_*$를 선택하는 것이 $e=0$을 선택하는 것보다 손해가 되게 하기 위해서는 e_*는 1보다 커야 한다. 그런데 유형 2인 지원자가 유형 1인 지원자와 구별되는 상황에서 e_*가 증가하면 임금은 2로 고정되지만 교육비가 증가하므로 순수익은 감소한다. 따라서 유형 2인 지원자와 구별되어 임금으로 2를 받고 순수익을 극대화할 수 있는 경우는 $e_* = 1$이 되는 경우이다.[10] 즉 이 경우의 신호균형을 정제refinement하면 신호균형은 유일하게 존재하게 된다.

위와 같은 신호균형이 성립한다면, 기업은 교육수준만 보면 지원자의 유형을 정확하게 파악할 수 있다. 이 경우에 교육수준을 '자기선택장치self-selection device로 이용하고 있다'라고 한다. 정보를 부족한 사람이 자기선택장치를 이용하여 정보를 많이 가진 사람을 구별하는 것을 '선별screening한다'라고 한다. 앞의 비행기표 값을 결정하는 예에서도 주중에만 이용하는 비행기표 값과 주말을 포함하는 비행기표 값의 차이를 자기선택장치로 이용해 회사원과 휴가족에 대한 선별이 이루어지고 있다.

21-4 도덕적 해이

앞에서 살펴본 역선택은 숨은 정보가 비대칭적 정보의 상황을 야기해 발생했다. 숨은 행동도 비대칭적 정보를 야기하는데, 이 경우에 어떠한 문제가 있을 수 있는지 살펴보기로 하자.

어떤 지역에 거주하는 모든 사람들이 자전거를 도난당할 확률이 동일하다면 숨은 정보는 존재하지 않는다. 만약 보험회사가 모든 사람들에게 동일한 자전거 도난확률에 기초해 자전거를 도난당했을 때 손해를 전액 보상해 주는 공정한 보험을 만들면 역선택이 없기 때문에 아무런 문제도 발생하지 않을 것인가? 대답은 '아니오'이다. 왜냐하면 자전거 도난보험에 들기 이전과 이후에 사람들의 행동이 달라지기 때문이다.

보험에 가입하지 않은 사람은 자전거를 도난당하지 않기 위해 적절한 노력을 기울여 도난에 대비할 것이다. 그런데 자전거 도난방지를 위한 노력은 이 사람에게는 고통이므로 노력의 수준이 증가할수록 이 사람의 효용수준은 떨어진다. 이 사람이 보험에 가입하면 실제로 자전거를 도난당했을 때 손해액에 해당하는 보험금을 받는데, 이 보험금은 자전거 도난방지를 위해 해 온 노력과 상관없이 도난당한

10 엄밀히 말하면 $e_* = 1 + \varepsilon$이고 ε는 0보다 큰 매우 작은 수가 되어야 하나 ε을 무시하기로 하자.

자전거의 가치에 의해서만 결정된다. 이러한 상황에서 보험에 가입한 이후 이 사람이 효용극대화를 이룰 수 있는 방법은 자전거 도난방지에 들이는 노력을 전혀 하지 않음으로써 고통을 최소화하는 것이다.

보험에 가입한 사람들이 자전거 도난방지를 위한 노력을 하지 않으면 자전거 도난 확률은 더 높아진다. 이에 따라 무보험 상태에서 사람들이 도난방지를 위해 적절한 노력을 하는 경우의 도난 확률에 기초해 보험료를 산정한 보험회사는 손해를 보게 된다. 이러한 상황은 보험회사가 보험가입자의 노력을 일일이 관찰할 수 없기 때문에 노력이 숨은 행동이 됨으로써 비대칭적 정보의 상황을 야기하여 발생한다. 이러한 현상을 **도덕적 해이** moral hazard 라고 부른다.

> **도덕적 해이**
>
> 숨은 행동이 야기하는 비대칭적 정보 상황에서 정보를 갖고 있는 사람의 효용극대화 행위가 정보를 갖고 있지 않은 사람의 입장에서 볼 때 바람직하지 않은 행위가 되는 경우에 '도덕적 해이가 있다'라고 한다.

도덕적 해이를 이해할 때 주의할 점은 도덕적 해이가 비대칭적 정보 상황에서 보험가입자들이 효용극대화를 이루기 위해 발생하는 자연스러운 결과이며, 보험가입자들의 도덕성 morality 과는 전혀 관계가 없다는 것이다. 도덕적 해이가 발생하는 경우에도 역선택의 경우와 유사한 결과가 발생할 수 있다. 즉 시장이 성립하지 않을 수도 있으며, 비효율적인 자원배분을 야기할 수도 있다.

도덕적 해이가 존재하는 경우의 효과를 다음의 예를 통해 알아보기로 하자. 어떤 소비자가 주택을 소유하고 있다고 하자. 주택의 화폐가치 M은 10,000이며, 화재가 발생하는 경우에는 주택이 전소되어 주택의 화폐가치는 0이 된다고 하자.

화재가 발생할 확률 π가 얼마인지는 이 소비자의 화재방지를 위한 노력 e의 수준이 얼마인지에 달려 있다. 화재방지 노력을 전혀 하지 않는 $e=0$인 경우의 화재발생 확률은 0.05, 적절한 화재방지 노력을 하는 $e=1$인 경우의 화재발생 확률은 0.005, 위험기피자인 이 소비자의 효용함수는 $U(M)=M^{1/2}$인 것으로 가정하자. 화재방지를 위한 노력이 고통이라는 점을 감안해 이 소비자의 기대효용함수를 다음과 같이 나타내기로 한다.

$$u=(1-\pi)U(M)+\pi U(0)-e$$

이 소비자가 보험에 가입하지 않은 경우를 먼저 생각하기로 하자. $e=0$ 및 $e=1$인 경우의 u는 표 21-2에 나타난 바와 같이 $e=1$인 경우가 더 높다. 따라서 보험에 가입하지 않은 소비자는 적절한 화재방지 노력을 하며, 98.5의 기대효용을

표 21-2

도덕적 해이가 야기하는 문제

	$e=0$	$e=1$
보험 불가입	95	98.5
보험가입(보험료=50)	99.75	98.75
보험가입(보험료=500)	97.5	96.5

얻는다.[11] 즉 보험에 가입하지 않는 상황에서 이 소비자가 화재방지를 위한 적절한 노력을 하고 있어 화재 발생 확률은 0.005가 된다.

이러한 상황에서 보험회사가 화재가 발생했을 때 손실의 전액을 보상하는 화재보험을 만들려 한다. 보험회사는 기대이윤이 0인 공정한 계약 fair contract 을 만들려 하는데, 이때 화재 발생 확률을 0.005로 생각하게 된다. 따라서 보험회사의 기대비용이 $0.005\times10{,}000=50$이므로 보험료는 50으로 결정한다. 보험료가 50이며, 화재가 발생했을 때 전액을 보상하는 보험이 성립할 수 있겠는가?

그 대답은 '아니오'이다. 그 이유는 보험 가입 전후의 소비자의 행동이 달라지지만 보험회사가 이를 일일이 감시할 수 없기 때문이다. 즉 도덕적 해이 때문에 위와 같은 보험은 성립할 수 없다.

보험료가 50이며 화재가 발생했을 때 전액을 보상하는 보험에 가입하면, 화재 발생 여부에 상관없이 이 소비자는 항상 확실치 9,950을 확보할 수 있다. 따라서 화재발생 확률은 더 이상 소비자의 기대효용에 영향을 미치지 못하므로 $e=0$의 경우에서 99.75의 기대효용을 얻는 것이 최선이다.[12] 이때 보험에 가입하는 경우의 효용수준인 99.75가 보험에 가입하지 않는 경우의 기대효용수준인 98.5보다 높으므로 모든 소비자들은 보험에 가입하게 된다.

그런데 문제는 보험에 가입한 소비자가 화재방지 노력을 전혀 하지 않으므로 화재발생 확률이 0.05로 올라간다는 것이다. 보험가입자들의 화재발생 확률이 0.05인 경우에 보험회사의 기대비용은 $0.05\times10{,}000=500$이므로 50의 보험료로는 손실을 보게 된다.

그렇다면 보험회사가 공정한 계약을 만들기 위해 보험료를 500으로 인상하면 문제가 해결될 것인가? 이에 대한 대답 역시 '아니오'이다. 보험료가 너무 높기 때

11 $e=1$일 때 $u=0.995\times(10{,}000)^{1/2}+0.005\times(0)^{1/2}-1=98.5$로 얻어지며, $e=0$일 때에는 화재발생 확률을 0.05로 하여 동일한 방법으로 얻을 수 있다.

12 $e=0$일 때 $u=(9950)^{1/2}-0$으로 얻어진다.

EXAMPLE 21-2

가해자 미상의 사고와 보험료 할증

도덕적 해이에 의해 비효율적 자원배분이 이루어진 경우도 있다.

주차장에 차를 주차해 놓았는데, 아침에 출근하려고 보니 차가 찌그러져 있는 것을 보면 몹시 화가 날 것이다. 가해자가 누구인지 보지 못했으니 가해자에게 배상을 요구할 수도 없다. 주차장에 얌전하게 차를 세운 자신은 아무 잘못도 없는데 자기 돈으로 차를 고쳐야 한다면 무척 억울할 것이다. 이러한 이유 때문인지 얼마 전까지는 가해자가 누구인지 밝혀지지 않는 경우에는 보험금은 수령해도 보험료가 할증되지 않았다.

그런데 최근 들어 가해자를 알 수 없다고 보고되는 사고 건수가 급격히 증가했다. 이를 이상하게 여긴 보험회사가 조사를 해본 결과 3건 중 1건은 허위신고인 것으로 드러났다. 바로 도덕적 해이가 발생한 것이다. 차를 몰고 가던 중 가로수나 기둥을 들이받아 차가 찌그러졌다면 어떻게 할 것인가? 자기가 저지른 일이니 스스로 경비를 부담해 차를 고치거나 보험으로 해결할 수밖에 없다. 그런데 보험으로 해결하는 경우에는 다음 해에 보험료가 할증된다.

과거에는 보험회사가 운전자의 행동을 관찰하지 못한 상황이므로, '가해자를 알 수 없음'으로 신고를 하면 보험금은 수령하지만 보험료는 할증되지 않아 운전자에게 훨씬 더 유리했다.

그러나 그 결과로 도덕적 해이가 발생해 정보를 적게 가진 보험회사가 손해를 보았다. 이에 대한 보험회사의 조처는 가해자를 알 수 없는 사고의 경우도 보험금을 지급하는 경우에는 보험료를 할증한다는 것이었다.

도덕적 해이에 의해 비효율적 자원배분이 이루어진 셈인데, 이는 정보의 비대칭성으로 발생한 비용을 사회가 치르는 것이라고 이해할 수 있을 것이다.

문이다. 보험료가 500이라면 보험에 가입해 확실히 9,500을 확보할 수 있지만, 보험에 가입한 후 $e=0$을 택해도 달성할 수 있는 효용수준은 97.5에 불과하다. 이 수준은 보험에 가입하지 않고 적절한 화재방지 노력을 할 때 얻을 수 있는 기대효용수준보다 낮으므로 소비자들은 보험에 가입하지 않는다.

이 예에서는 다른 조처가 없는 한 공정한 계약이 달성되는 보험 시장은 존재하지 않게 된다. 보험료가 50인 경우에 보험에 가입한 소비자가 $e=1$을 택하면 보험에 가입하지 않고 $e=1$을 택하는 경우보다 0.25만큼 더 높은 효용수준을 얻을 수 있다.

그럼에도 불구하고 소비자는 효용극대화를 위해 보험가입 후 $e=0$을 택하려 하는데, 보험회사는 보험가입자의 행동을 관찰할 수 없으므로 $e=1$을 강제할 수 있는 방법이 없다. 즉 도덕적 해이가 1인당 0.25의 효용수준에 해당하는 비효율적 자원배분을 초래한 것으로 이해할 수 있다.

21-5 도덕적 해이의 해결

어떤 경제주체가 도덕적 해이에 직면하고 있다는 사실을 알고 있다면, 가능한 방법을 이용해 이를 해결하려 할 것이다. 보험의 경우에 현실적으로 가장 널리 쓰이고 있는 방법은 보험가입자에게 손실의 일부를 부담시키는 방법이다. 공동보험 co-insurance 은 사고가 발생했을 때 보험가입자도 피해금액의 일정 비율에 해당하는 손해를 감수하도록 하는 것이다. 앞의 화재보험의 예에서는 화재가 발생했을 때 손실의 40% 이상을 보험가입자에게 부담시키면 보험료가 50인 보험도 공정한 계약으로 성립할 수 있다.[13]

한편 일정 금액까지는 피해를 보상해 주지 않는 기초공제 initial deduction 의 경우도 같은 맥락으로 이해할 수 있다.

유인보수계획의 설계

도적적 해이에 직면하고 있는 본인은 유인보수계획을 설계해 이득을 극대화하려고 노력할 것이다. 이 경우의 문제는, 대리인의 행동이 본인의 이득에 영향을 주지만 본인은 대리인의 행동을 직접 관찰할 수 없다는 것이다. 이러한 경우의 유인보수계획의 설계를 다음의 예를 통해 알아보기로 하자.

어떤 자동차 판매상이 판매원을 고용해 자동차를 판매한다면 자동차 판매상이 본인이며, 판매원은 대리인이 된다. 대리인에게 고정급료를 주고 있는데, 소비자들의 기호 변화 등 파악할 수 없는 요인들에 의해 본인의 이윤은 1,000 혹은 500이 될 수 있다고 하자.

시장 여건이 주어졌을 때 본인의 이윤이 1000 혹은 500이 될 확률은 대리인의 노력 e에 달려 있다. 대리인이 열심히 일하는 $e=1$인 경우에 이윤이 1,000이

13 보험료가 50이며 화재가 발생하면 x원을 뺀 보험금을 지급하는 보험에서 소비자가 $e=1$을 택하는 것이 $e=0$을 택하는 것보다 더 나을 조건은 $0.995\times(9{,}950)^{1/2}+0.005\times(9{,}950-x)^{1/2}-1\geq 0.95\times(9{,}950)^{1/2}+0.05(9{,}950-x)^{1/2}$이 된다. 이를 풀면 $x\geq 3{,}940$, 즉 손실부담 비율이 약 40% 이상이면 보험에 가입한 후에도 적절한 사고방지 노력을 한다는 사실을 알 수 있다.

EXAMPLE 21-3

본인 부담금과 도덕적 해이

동일한 종류의 질병에 걸렸거나 부상을 당해 같은 병원에서 진료를 받더라도 그 사람이 국민건강보험, 자동차보험 중 어떤 보험에 가입했느냐에 따라 진료비의 차이가 최고 15배까지 나타나는 것으로 나타났다. 2007년도의 경우 뇌진탕 환자 1인당 평균진료비는 국민건강보험이 71만 원인 데 반해 자동차 보험은 1,045만 원으로 약 15배나 높은 것으로 나타났다. 뇌진탕 환자의 평균 입원일수는 국민건강보험이 8일에 불과한 반면 자동차 보험환자는 112일로 14배나 긴 것으로 나타났다.

이러한 차이가 발생하는 이유는 각 보험의 성격이 다르기 때문이다. 가장 두드러진 차이는 국민건강보험의 경우는 진료비의 30% 정도를 본인부담금으로 내야 하는 반면 자동차보험의 경우는 본인부담금이 거의 없다는 것이다. 일단 보험에 가입한 경우 자신이 부담하는 금액이 거의 없다면 되도록 많은 진료를 받는 것이 효용극대화 행위가 된다. 피보험자의 이러한 효용극대화 행위는 보험회사의 입장에서는 당연히 손해가 되는 도덕적 해이의 전형적인 형태라고 할 수 있다.

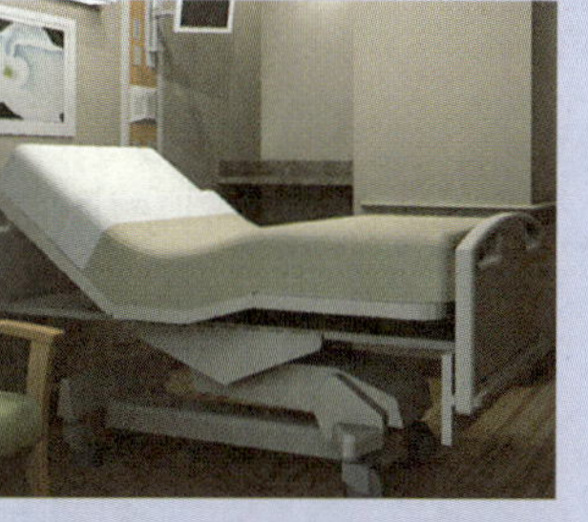
보험의 성격에 따라 평균 입원일수가 다른 것도 도덕적 해이의 한 형태라고 볼 수 있다.

될 확률은 0.9이며 대리인이 열심히 일하지 않는 $e=0$인 경우에 이윤이 1,000일 확률은 0.1이다. 따라서 본인의 기대이윤은 e가 얼마인지에 달려 있다. 즉 $e=1$인 경우의 기대이윤은 950이며 $e=0$인 경우의 기대이윤은 550이므로, 본인은 대리인이 열심히 일해 주기를 바란다. 그러나 문제는 대리인의 행동을 관찰할 수 없는데 고정급여 체계를 채택하고 있다면 대리인이 본인의 기대처럼 열심히 일할 의사가 없을 수 있다는 것이다.

대리인의 효용수준은 임금 $-100\times e$로 결정되며, 유보효용수준은 0보다 약간 작은 $-\varepsilon$라 하자($\varepsilon>0$). 고정급을 100으로 결정하면, $e=1$일 때 효용수준은 0이므로 참여 제약을 만족시킨다. 그러나 고정급이 100으로 결정된 상황에서 대리인이 $e=0$을 택하면 효용수준이 100이 되므로, 효용극대화를 원하는 대리인은 당연히 $e=0$을 택하게 되어 본인은 기대이윤을 극대화할 수 없다. 이때 본인이 기대이윤을 극대화하려면 유인보수계획을 어떻게 설계해야 할 것인가?

대리인의 행동을 관찰할 수는 없지만 본인의 이윤 수준은 관찰할 수 있으므로, 이윤 수준에 따라 다른 보수를 주는 경우를 생각할 수 있다. 즉 대리인이 열심히 일하면 이윤 1,000을 얻을 확률이 높아지므로, 이윤이 1,000인 경우의 보수를 이윤이 500인 경우의 보수보다 높게 책정해 대리인 스스로 $e=1$을 택하도록 만드는 것이다. 여기서는 이윤이 1,000인 경우의 보수를 $100+a$로 하고 이윤이 500인 경우의 보수를 $100-a$로 하는 경우를 생각해 보자.

이러한 보수체계에서 $e=1$일 때 대리인의 기대효용은 $0.9(100+a)+0.1(100-a)-100=0$이므로, 참여 제약은 여전히 만족시킨다. 대리인이 $e=1$을 택할지는 유인양립 제약을 만족시킬지 여부에 달려 있다. 만약 유인양립 제약이 충족된다면 본인의 기대이윤은 $0.9(1{,}000-a)+0.1(500+a)=950-0.8a$이므로, 본인의 입장에서는 가능한 한 a의 값을 작게 결정하려 할 것이다.[14]

이제 남은 문제는 유인양립 제약을 만족시켜 효용극대화를 원하는 대리인 스스로가 $e=1$을 선택하도록 하는 것이다. 유인양립 제약을 만족시키는 a의 범위는 $a \geq 62.5$인데,[15] a 값이 작을수록 본인의 기대이윤이 증가하므로 a는 결국 62.5로 결정된다. 즉 고정급 100을 책정한 상황에서 이윤이 1,000만큼 발생하면 62.5를 보너스로 지급해 급료가 162.5가 되게 하고 이윤이 500만큼 발생하면 62.5를 삭감해 급료가 37.5가 되게 한다. 이 경우에 본인의 기대이윤은 900이 된다.

위와 같은 유인보수체계를 설계해 본인이 얻을 수 있는 기대이윤 900은 도덕적 해이가 있음에도 불구하고 고정급을 설정해 얻을 수 있는 기대이윤 550보다 훨씬 높다. 그러나 이 경우에도 본인은 불완전한 정보가 야기하는 손실은 감수할 수 밖에 없다.

완전한 정보의 상황은 본인이 대리인의 행동을 파악할 수 있는 경우에 해당한다. 이런 경우라면 본인은 대리인의 행동에 따라 다른 보수체계를 설정할 수 있다. 즉 대리인이 $e=1$을 택하는 경우에 고정급여 100을 지급하고, $e=0$을 택하는 경우에 손실분담금 $100+b$를 물려 고정급여 100에서 손실분담금을 제한 금액이 $-b$가 되게 하는 경우를 생각할 수 있다($b>0$).

이때 대리인이 $e=1$을 택하는 경우의 효용수준은 0인 반면, $e=0$을 택하는 경우의 효용수준은 $-b$이므로, 대리인은 $e=1$을 택한다. 따라서 정보가 완전한 경우에 본인의 기대이윤은 950으로, 정보가 불완전한 상황에서 유인보수계획을 설계해 얻을 수 있는 기대이윤 900보다 50만큼 더 많다. 이때의 차이 50을 본인이

---

14 이윤은 총수입 − 임금이므로, 고정급이 100일 때 $e=1$인 경우, 본인의 기대이윤을 정확히 나타내면 $0.9(1100-100)+0.1(600-100)$가 된다. 새로운 임금체계에서의 기대이윤은 $0.9\{1100-(100+a)\}+0.1\{600-(100-a)\}$ 인데, 이를 정리하면 $0.9(1000-a)+0.1(500+a)$가 된다.

15 $0.9(100+a)+0.1(100-a)-100 \geq 0.1(100+a)+0.9(100-a)$가 유인양립 제약인데, 이를 정리하면 위의 조건을 얻는다.

그림 21-7

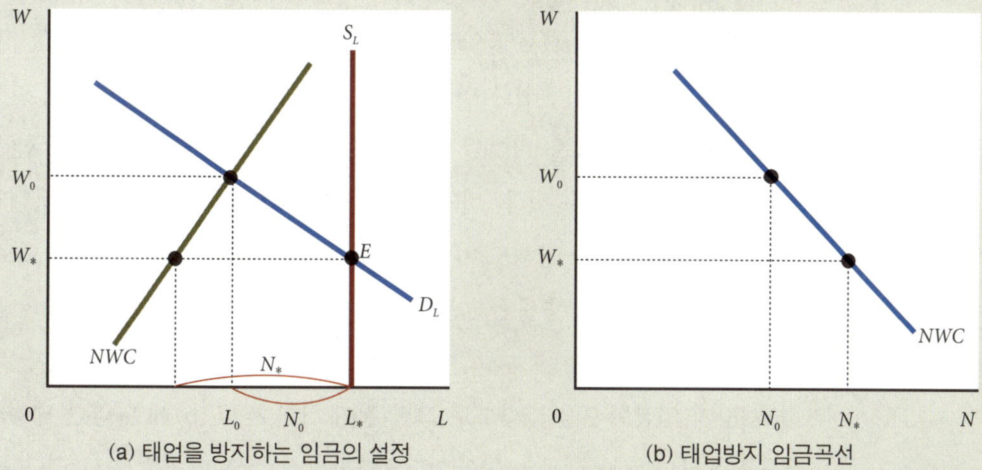

효율임금이론 하에서의 임금 결정

(a)의 W_* 하에서 태업이 없으려면 N_*만큼의 비자발적 실업이 있어야 하지만 L_*가 고용되어 비자발적 실업이 없으므로 태업이 불가피하다. 임금을 W_0로 올리면 N_0의 비자발적 실업이 생겨 태업이 불가능하다.

정보가 부족해 감수해야 할 정보비용인 것으로 생각할 수 있다.

효율임금이론

노동시장이 비대칭적 정보가 없는 완전경쟁인 경우 균형임금은 노동의 한계생산성을 반영하는 수준에서 결정되며 일하고 싶어하는 사람은 모두 일할 수 있는 상태, 즉 비자발적 실업이 없는 상태가 달성된다.

그러나 노동자가 열심히 일할지 여부를 피상적인 관찰만으로는 알 수 없는 비대칭적 정보의 상황에서는 노동자가 열심히 일을 하지 않고 태업을 하는 도덕적 해이가 발생할 수 있다. 왜냐하면 노동시장에 비자발적 실업이 없는 상황에서는 태업을 하다 발각되어 해고가 되더라도 쉽게 일자리를 다시 구할 수 있을 것으로 생각하기 때문이다. 이러한 도덕적 해이를 방지하기 위해 균형임금보다 더 높은 수준에서 임금이 설정된다는 것이 효율임금이론 efficiency wage theory 이다.

그림 21-7 (a)에서 D_L과 S_L은 노동에 대한 수요 및 공급곡선을 나타낸다. 도덕적 해이가 없는 경우 균형은 D_L과 S_L이 만나는 점 E에서 얻어지며 균형임금은

W_*, 균형 노동수급량은 L_*가 된다. 이 경우 앞에서 말한 바와 같은 이유로 태업이 발생할 수 있다. 태업을 막기 위한 임금수준이 얼마인지를 알아보기 위해 태업방지 임금함수 no-shirking wage function를 생각해 보기로 하자.

여기서는 태업을 막기 위한 임금수준이 비자발적 실업자 수에 의해 결정된다고 생각한다. 지금 N을 비자발적 실업자 수라고 하면 태업방지 임금함수는 $W=f(N)$으로 나타낼 수 있다. 비자발적 실업자의 수가 적으면 적을수록 태업을 한 것이 발각되어 해고를 당해도 비교적 쉽게 새로운 직장을 얻을 수 있으므로 태업을 방지하기 위한 임금수준은 높아야 한다. 따라서 $f'(N)=\Delta f(N)/\Delta N$의 값은 음(−)이 된다.

태업방지 임금함수를 그림으로 그린 것이 그림 21-7 (b)에 나타난 태업방지 임금곡선 no-shirking wage curve NWC이다. 비자발적 실업자수가 N_0인 경우 $W_0=f(N_0)$로 결정된 W_0 값은 태업을 방지할 수 있는 임금수준을 나타낸다. 노동의 공급량이 L_*로 일정하게 주어진 상황에서 고용량이 L인 경우 $N=L_*-L$이 성립하므로 NWC를 그림 21-7 (a)에 겹쳐 그리면 기울기가 양(+)인 곡선으로 나타난다.

그림 21-7 (a)에서 균형임금 W_* 하에서 비자발적 실업은 없으나 W_*가 태업을 방지하는 임금수준이 되기 위해서는 N_*만큼의 비자발적 실업이 있어야 한다. 따라서 W_* 하에서는 태업이 발생한다. 태업을 방지하기 위해서는 임금을 NWC와 D_L이 만나는 W_0까지 올려야 한다. 이 경우 고용량은 L_0이며 비자발적 실업자수는 $L_*-L_0=N_0$이므로 태업이 발생하지 않는다.

요 약

- 사람들마다 보유하는 정보의 양이 다른 경우에 비대칭적 정보의 상황이 발생한다. 비대칭적 정보는 숨은 정보와 숨은 행동이라는 두 가지 유형으로 나눌 수 있다. 숨은 행동이란 어떤 사람의 행동을 관찰할 수 없거나 피상적으로 관찰해서는 정보를 획득할 수 없는 경우를 말한다. 숨은 정보는 숨은 특성이라고도 하는데, 어떤 재화, 혹은 상대방의 특성을 피상적 관찰에 의해 알아낼 수 없는 경우를 말한다. 비대칭적 정보 하에서는 전략적 행위가 일반적이다.

- 비대칭적 정보의 상황에서 보수를 주는 사람을 본인이라 하며, 본인과 고용계약을 맺어 본인의 이익을 위해 일하지만 본인과는 다른 이해관계를 갖고 있는 사람을 대리인이라 한다. 본인-대리인 문제에서 본인은 숨은 정보에서는 참여 제약 및 자기선택 제약을 만족시키고, 숨은 행동에서는 참여 제약 및 유인양립 제약을 만족시키도록 보수를 결정해야 하는데, 이렇게 보수를 결정하는 것을 가리켜 '유인보수계획을 설계한다'라고 한다.

- 숨은 정보가 야기하는 비대칭적 정보 상황에서 적은 양의 정보를 가진 사람이 자신의 입장에서 보아 정보를 많이 가진 사람 중 가장 바람직하지 않은 사람과 거래를 하게 되는 경우에 적은 양의 정보를 가진 사람이 '역선택에 직면한다'라고 한다. 역선택의 경우, 시장이 존재하지 않을 수 있다. 중고차 시장에서는 자동차의 품질에 관한 비대칭적 정보가 존재하며, 이에 따라 구매자가 역선택에 직면할 수 있다. 보험 시장의 경우, 보험 가입자는 자신이 사고를 당할 확률을 알지만 보험회사는 이를 알지 못하므로 보험회사가 역선택에 직면한다. 금융 시장에서는 은행이 역선택에 직면해 신용할당이 이루어질 수 있다.

- 자신이 숨은 정보를 갖고 있을 때 그 정보를 상대방에게 알려 이득을 볼 수 있다면 누구나 그렇게 하려 할 것이다. 숨은 정보를 추측하게 할 수 있는 관찰 가능한 지표를 신호라 한다. 신호에 의해 상대방의 숨은 정보를 예측한 것이 사실로 판명되면 예측 방법을 바꿀 필요가 없는데, 이러한 상황을 신호균형이라 한다.

- 숨은 행동이 야기하는 비대칭적 정보 상황에서 정보를 갖고 있는 사람의 효용극대화 행위가 정보를 갖고 있지 않은 사람의 입장에서 볼 때 바람직하지 않은 행위가 되는 경우에 '도덕적 해이가 있다'라고 한다.

연 습 문 제

01 어떤 경제에 두 가지 유형의 사람이 존재한다고 하자. 유형 1인 사람이 사고를 당할 확률은 $\pi_1 = 0.2$이며, 화폐량이 M인 경우의 효용함수는 $u = M^{1/2}$로 주어졌다. 한편 유형 2인 사람이 사고를 당할 확률은 $\pi_2 = 0.3$이며, 효용함수는 $u = M^{3/4}$로 주어졌다. 두 유형의 사람은 모두 $M = 100$을 갖고 있으며, 사고가 발생하면 50의 손해를 본다.

(1) 정보가 완전하며 공정한 계약이 이루어지는 경우, 유형 1 및 2인 사람의 보험료율 γ_1 및 γ_2는 각각 얼마인가? 이 경우에 각 유형의 사람들의 보험가입액 K_1 및 K_2는 각각 얼마인가? 이 상황을 그림으로 나타내시오.

(2) 정보가 불완전한 경우이고, 보험회사는 π_1과 π_2의 값은 알지만 특정한 사람이 어떤 유형의 사람인지는 알지 못한다. 또한 보험회사는 자신이 역선택에 직면할 것임을 알고 있다. 이때 보험 시장의 상황은 어떠한가?

02 유형 1 및 2인 노동자의 한계생산성은 각각 1 및 2이다. 각 유형의 사람들은 자신의 교육수준 e를 신호로 보낸다. 유형 1 및 2인 노동자가 e의 교육을 받기 위한 교육비는 각각 e 및 $e/2$이다. 한편 전체 노동자 중 유형 1인 노동자의 비율은 q인 것으로 알려졌다. 이 경우에 불완전한 정보의 상황에 직면하는 기업이 특정한 교육수준 e_*를 결정한 후 다음과 같이 의사결정을 하기로 했다.

(i) $e < e_*$이면 확률 1로 유형 1인 노동자로 간주한다.
(ii) $e \geq e_*$이면 확률 q로 유형 1, 확률 $1-q$로 유형 2인 노동자로 간주한다.

이때 신호균형의 성립 여부를 판단하라.

03 어떤 경제에 동일한 유형의 사람들이 있다. 어떤 사람이 1/2의 확률로 건강하면 의료서비스를 받을 필요가 없다. 1/4의 확률로 약간 아프면 50단위의 의료서비스를 받아야 하며, 1/4의 확률로 매우 아프면 200단위의 의료서비스를 받아야 한다. 한 단위의 의료서비스의 가격은 1이며, 어떤 사람이 의료보험에 가입하면 질병에 걸려 병원에 갈 때 무료로 치료를 받는다.

(1) 위험기피자인 사람은 의료보험료가 62.5일 때 의료보험에 가입할 것인가?
다음과 같은 두 가지 경우의 의료서비스에 대한 수요함수를 생각한다.

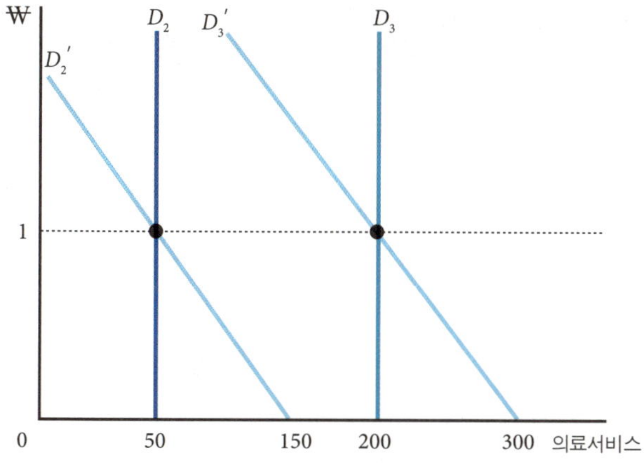

(2) 수요함수가 D_2, D_3일 때 의료보험료가 62.5인 것은 공정한 계약인가?

(3) 수요함수가 D_2', D_3'일 때 도덕적 해이는 어떠한 형태로 나타나는가? 이 때 의료보험의 적자에 의해 의료보험이 성립하지 않을 가능성이 있는가?

04 기업은 노동자의 태업 여부를 정확하게 관찰할 수 없다. 태업을 하지 않는 경우의 노동자의 효용은 $W+Z-e_1$이다. 태업을 하지만 발각되지 않는 경우의 효용은 $W+Z-e_0$이며, 태업을 하다 발각되는 경우의 효용은 $W-e_0$이다(단 $e_1>e_0$). 여기서 W는 임금이며, Z는 장려금이다. 기업이 태업 여부를 관찰하는 노력을 m만큼 할 때 m^3의 비용을 추가로 지불해야 하지만, 태업을 발견할 수 있는 확률 π는 $\pi=m^{0.5}$로 변화된다. 기업의 산출량은 $X=m^2$로 결정되며, 상품 생산비는 $C=kX$로 결정된다. 한편 X의 가격은 P로 주어졌다.

(1) 태업을 방지하기 위한 $\pi(m)\times Z$ 값의 범위는 얼마인가.

(2) 기업의 이윤을 m이 포함되지 않는 Z만의 함수로 나타내면 이윤극대화를 달성할 수 있는 Z를 구할 수 있다. 이를 감안해 기업의 이윤함수를 나타내시오.

05 앞의 본문에서 살펴 본 바에 의하면 유인보수의 설계 결과는 본인과 대리인의 효용함수의 형태에 의존해 복잡한 형태로 나타나게 된다. 그렇지만 현실적으로는 모든 거래에 대해 일정한 부동산 중개 수수료율이 적용된다거나 건설공사장에서 모두에게 동일한 일당을 지급하는 등 아주 단순한 선형 보수체계가 적용되고 있다. 그 이유는 무엇인가?

06 유형이 I 및 II인 노동자가 X재를 각기 5, 10 및 15단위 생산하는 경우의 고통을 화폐단위로 나타내면 다음과 같다. 노동자들의 효용 = 임금 − 고통으로 결정되며 유보효용수준 = 0이다. X의 가격은 3이다.

	$X=5$	$X=10$	$X=15$
I	5	12	22
II	10	25	45

(1) 완전정보의 경우 이윤극대화를 이루는 길은 [I = (X=15, 임금 = 22), II = (X=5, 임금 = 10)] 또는 [I = (X=15, 임금 = 22), II = (X=10, 임금 = 25)]의 두 가지이다. 이와 같이 생산을 할당하는 것이 왜 완전정보인지 설명하시오.

(2) 불완전정보의 경우 '누구든지 15단위 생산하면 a원, 10단위 생산하면 b원, 5단위 생산하면 c원을 준다'는 보수체계를 설정하였다. 이윤극대화를 이룩할 수 있는 a, b, c의 값을 구하시오.

07 판매자의 효용함수는 $u=M+Q$, 구매자의 효용함수는 $u=M+tQ$, Q 및 t의 확률밀도함수는 각기 $f(Q)$ 및 $h(t)$로 주어졌다. 판매자는 Q에 대해 완전정보를 갖고 있으며 구매자는 및 판매자가 완전정보를 갖고 있다는 사실을 알고 있다.

(1) 경쟁적 균형이 시장청산이 아닐 수 있는 경우를 설명하시오

(2) $Q^a(P)=-a+bP(a>0, b>0)$일 때에도 (1)과 같은 경우가 존재할 수 있는가?

08 유형 1 및 2인 소비자는 각각 소득을 M씩 갖고 있으며 사고가 발생하면 C의 피해를 본다. 유형 1 및 2인 소비자가 사고를 당할 확률은 $\pi_1=0.2$ 및 $\pi_2=0.3$이며 각각의 효용함수는 $u_i=\min\{C_{bi}, C_{gi}\}$이다 ($i=1, 2$이며 C_{bi} 및 C_{gi}는 각기 사고가 발생한 경우 및 사고가 발생하지 않은 경우의 소비액이다). 유형이 i인 소비자가 사고 발생시 K_i원을 보상하는 보험에 가입하는 경우 보험료는 $\gamma_i K_i$이다.

(1) C_{bi} 및 C_{gi}를 각기 수식으로 나타내고, 각 소비자의 예산선을 그림으로 나타내시오

(2) 완전정보 및 공정한 계약을 전제하는 경우의 상황을 하나의 그림에 나타내시오.

(3) 비대칭적 정보의 경우 공정한 계약을 전제할 때 두 유형에 공통적으로 적용되는 보험료는 얼마로 결정될 것인지 구체적으로 나타내시오.

09 보험시장에 1 및 2의 두 유형의 사람이 존재한다. 각 유형의 사람의 소득은 M으로 일정하며 사고를 당할 확률만 $\pi_1>\pi_2$로 차이가 난다. 사고가 발생하는 경우 손실은 C이며 사고 발생시 K_i원을 보상해 주는 보험의 보험료는 $\gamma_i K_i$이다. C_{bi} 및 C_{gi}는 사고가 발생하는 경우 및 사고가 발생하지 않는 경우의 소비지출액이며 i 유형 소비자의 효용함수는 $u_i=\min\{C_{bi}, C_{gi}\}$로 주어졌다 ($i=1, 2$).

(1) 완전정보하에서 공정한 계약fair contract가 달성된 상황을 그림으로 나타내시오.

(2) 숨은 특징에 의한 비대칭적 정보의 상황하에서 모든 유형에게 동일한 보험료

율 γ를 부과하는 경우의 상황을 그림으로 나타내시오.

(3) (2)에서 γ 값이 얼마일 때 공정한 계약 fair contract 이 달성될 수 있는가?

10 화재보험 가입희망자 '갑'의 집값은 M인데 화재가 발생하면 전소되면 가치가 0이 된다. 화재방지 노력 e는 0 혹은 1의 값을 가질 수 있는데 $e=0$인 경우 화재 발생확률은 p_0, $e=1$인 경우 화재 발생확률은 p_1이다 ($p_1<p_0$). 위험기피자인 갑의 효용함수는 $u=(1-p_i)U(M)+p_iU(0)-e$이다 ($i=0$ 혹은 1, $e=0$ 혹은 1). 한편 보험에 가입하지 않고 $e=1$일 때 갑의 기대효용 $=u_a$, $e=1$이 전제된 공정한 계약 하에서 보험에 가입했을 때 갑의 기대효용 $=u_b$, $e=0$이 전제된 공정한 계약 하에서 보험에 가입했을 때 갑의 기대효용 $=u_c$이다.

(1) 도덕적 해이에 의해 보험시장이 성립하지 않아 사회적 손실이 발생하는 경우에 u_a, u_b, u_c 사이의 크기 관계는 어떠한가? 그러한 크기 관계가 성립해야 하는 이유는 무엇인가?

(2) 도덕적 해이에도 불구하고 보험을 성립시키기 위해 보험료를 x로 하고 화재 발생 시에는 피해액에서 y를 뺀 금액만 보상하는 보험을 만들기로 하였다. ① $e=1$을 전제로 하는 공정한 계약 fair contract 의 조건과 ② 보험이 성립할 수 있는 조건을 쓰시오.

22

행태경제학

지금까지 살펴본 전통적인 경제이론은 연역적인 엄밀한 과학적 방법론에 의해 도출된 것들이었다. 즉 누구나 타당하다고 인정할 수 있는 공리에서부터 출발하여 엄격한 증명을 거쳐 도출된 이론들인 것이다. 그런데 이러한 엄밀한 이론체계를 갖고 있는 전통적인 경제이론이 우리가 관찰할 수 있는 사람들의 모든 행태를 다 설명할 수 있는 것은 물론 아니다. 이미 5장 불확실성하의 선택이론에서 살펴본 알레의 역설과 같이 기대효용이론에 의해 실제 사람들의 행위를 설명하지 못하는 경우도 많이 있다.

전통적인 경제이론의 이러한 한계를 극복하기 위해 전통적인 경제이론에 심리적인 기초를 더한 것이 행태경제학 behavioral economics 이다. 행태경제학에 포함될 수 있는 인접분야로서 실험경제학 experimental economics 및 신경경제학 neuroeconomics 등이 있다. 실험경제학에서는 행태경제학의 기초인 심리적 요인의 작동원리를 통제된 환경 하에 수행하는 실험에 의해 파악한다. 한편 신경경제학에서는 심리적 요인이 경제적 행동으로 나타나게 되는 실증적 증거를 뇌의 활동에서 찾으려고 한다.

경제학에서 심리적인 요인을 강조하는 것이 최근에 국한되는 것만은 아니다. 경제학의 시조로 불리는 아담 스미스 A. Smith 는 《국부론》을 집필하기 전인 1759년 《도덕정조론 theory of moral sentiment》을 집필하여 인간의 의사결정에서 감정이 중요한 역할을 한다는 점을 지적한 바 있다. 그 후 심리적 요인에 대한 언급은 계속 있어 왔지만 자신의 효용극대화를 목표로 행동하는 경제인 homo-economicus 에 대한 분석이 주로 이루어져 현재와 같은 전통적인 경제학으로 발전되어 왔다.

그러다가 사이몬 Simon[1] 에 의해 전통적 경제이론의 설명력을 높이기 위해서는 심리적인 요인을 고려할 수밖에 없다는 것이 강조되기 시작하였다. 사이몬은 특히 사람들이 정보를 획득하고 처리하는 데 인지적인 한계가 있기 때문에 합리적으로 행동하고 싶어도 그러지 못하는 경우가 있을 수 있다는 제한적 합리성 bounded

1 Simon, H.A., "rational choice and the structure of the environment", *Psychological Review*, 1956.

rationality 을 주장하였다. 이러한 주장은 최근 활발히 연구되고 있는 행태경제학에 큰 영향을 미치게 되었다.

22-1 행태경제학과 소비자선택이론[2]

전통적인 경제이론의 체계

합리적인 소비자라면 당연히 만족시켜야 할 공리는 앞의 2장선호관계와 효용함수에서 살펴본 반사성, 완비성, 이행성, 단조성, 연속성 및 볼록성의 공리 등이다. 이러한 공리들을 기초로 하여 도출된 효용함수는 소비계획과 그 소비계획을 소비했을 때 얻는 만족사이의 관계를 결정한다. 소비계획의 크기를 객관적인 수치로 나타낼 수 있으므로 이 소비계획을 소비했을 때 얻는 만족의 수준인 효용수준도 객관적인 것이다. 이러한 점에서 전통적인 경제이론에서 말하는 효용은 객관적 효용 objective utility 라고 할 수 있다.

여기에서 '객관적' 이라는 말의 의미는, 재화 또는 서비스의 양을 어떤 방법에 의해 객관적으로 측정할 때 그 측정된 양이 동일하다면 어떠한 환경 하에서도 그 재화 또는 서비스를 소비할 때 얻는 효용수준은 동일해야 한다는 것이다.

예를 들어 250g짜리 햄의 포장지에 '지방 95% 제거'라고 표시하든 '지방 5% 함유'라고 표시하든 이 햄을 소비할 때 소비자가 얻는 만족은 동일해야 한다는 것이다. 또한 점심을 먹는 것과 같이 소비가 일정한 시간에 걸쳐 이루어지는 경우 점심으로부터 얻는 총 효용수준은 매 순간마다 소비자가 얻는 효용을 합한 것으로 나타낼 수 있다. 매 순간마다 얻는 효용수준을 순간효용 moment utility 이라고 한다면 객관적 효용은 곧 순간효용의 합이 됨을 알 수 있다. 전통적 경제이론에서는 항

2 이 장의 내용은 주로 Kahneman, D. and A. Tversky, "subjective probability; a judgement of representativeness", *Cognitive Psychology*, 1972, Kahneman, D. and A. Tversky, "prospect theory: an analysis of decision under risk", *Econometrica*, 1979, Kahneman, D. and A. Tversky, "advances in prospect theory: cumulative representation of uncertainty", *Journal of Risk and Uncertainty*, 1992, Tversky, A. and D. Kahneman, "the framing of decisions and the psychology of choice", *Science*, 1981 등에 크게 의존하고 있다.

상 효용수준이 가장 높은 소비계획이 선택되므로 선택의 결과는 곧 소비자가 결정의 결과 얻을 수 있는 가장 높은 만족을 나타내게 되는데 이를 결정효용 decision utility 이라 부르기도 한다.

전통적 경제이론의 한계와 행태경제학의 대안 | 이상과 같이 구축된 전통적 경제이론이 합리적인 소비자의 소비행태를 상당한 정도까지 설명할 수 있는 것도 사실이지만 설명하지 못하는 부분이 있는 것 역시 사실이다. 행태경제학에서는 전통적인 경제이론이 설명할 수 없는 부분은 전통적인 경제이론에 심리적인 요인을 추가로 도입함으로써 어느 정도 해결할 수 있다고 생각한다.

행태경제학에서는 소비대상의 좋고 싫음을 평가하는 심리적 경향을 '태도 attitude'라고 한다. 사람들의 태도는 다양한 심리적 요인에 영향을 받기 때문에 객관적 효용 혹은 결정효용에 의해서만 설명할 수 없는 부분이 많이 있다. 앞의 예에서 250g 짜리 햄의 포장지에 '지방 95% 제거'라고 표시하는 경우와 '지방 5% 함유'라고 표시하는 경우에 먹을거리로부터 얻는 효용만 생각한다면 실제로 동일한 상품이지만 소비자들의 두 햄에 대한 태도는 다를 수 있고 그에 따라 선택의 결과도 다를 수 있다는 것이다. 이를 행태경제학에서는 정신적 표현 mental representation 이라고 부른다.

태도의 중요성에 대한 다른 설명으로 총경험이 아니라 경험 중 특정한 부분에 의해 태도가 결정된다는 원형에 의한 판단 judgement by prototype 이 있다. 원형에 의한 판단의 예로 절정-끝 규칙 peak-end rule[3]을 들 수 있는데 그 내용은 다음과 같다.

대장내시경을 받는 경우에 느끼는 총 고통을 객관적 효용에 의해 나타낸다면 매 순간 환자가 느끼는 고통인 순간비효용 moment disutility 의 합이 된다. 그런데 실제로 환자들을 대상으로 조사해 본 결과, 환자들이 느끼는 검사 전반에 대해 느끼는 고통에 대한 평가는 가장 고통이 심한 순간과 최후 3분간의 고통에 의해 좌우되는 것으로 나타났다. 즉 검사가 끝난 후 몇 분간 내시경을 빼지 않고 고통을 반 이하로 줄여 검사 시간을 끄는 경우에 환자가 검사 전반에 대해 느끼는 고통의 정

3 Katz, J., D. Redelmeier and D. Kahneman, "memories of painful medical procedures", *paper presented in American Pain Society 15th annual meeting*, 1997.

시간경과	3분	6분	9분	12분	15분	18분	21분
경우 1	−5	−8	−15	−10	−8	−6	
경우 2	−5	−8	−15	−10	−8	−6	−3

표 22-1
대장 내시경의 진행시간에 따른 고통의 가상적 예

도는 감소하는 것으로 나타났다. 만약 객관적 효용에 의해 파악한다면 검사 시간을 끌면 총 고통이 더 커져야 하므로 실제 조사결과를 설명하지 못하게 된다.

대장내시경검사에서 관찰되는 절정-끝 규칙을 설명하기 위해서는 객관적 효용과 다른 효용의 개념이 필요하다. 이에 대해 행태경제학에서는 경험적 효용experienced utility의 개념을 이용한다. 경험적 효용이란 기억에 의해 경험을 총체적으로 평가하여 얻는 효용으로서 매 시점의 순간효용을 합하여 얻는 객관적 효용과는 다른 개념이다.

대장내시경을 하는 경우 매 순간 환자가 느끼는 효용이 표 22-1와 같다고 하자. 여기서 음수는 비효용즉 고통을 나타낸다. 객관적 효용에 의하면 **경우** 1의 총효용은 −52이고 경우 2는 −55이므로 환자들이 **경우** 1을 더 선호할 것으로 판단한다. 그런데 실제로 환자들을 조사한 결과 **경우** 2를 선호한다는 것이 절정-끝 규칙인데 이를 경험적 효용에 의해 설명하면 다음과 같다. 즉 **경우** 1 및 **경우** 2의 경험적 효용은 각기 −21 및 −18이므로 경우 2를 더 선호한다는 것이다.

구성효과
사람들에게 물어보는 방법 혹은 결론을 이끌어내는 방법에 따라는 사람들의 반응이 달라질 수 있다는 것.

객관적 효용으로는 설명하지 못하고 태도 혹은 경험적 효용에 의해 설명이 가능한 다른 경우들에 대해 살펴보기로 한다. **구성효과**framing effect란 사람들에게 물어보는 방법에 따라 혹은 결론을 이끌어내는 방법에 따라 사람들의 반응이 달라질 수 있으며 경우에 따라서는 선호역전preference reversal이 발생할 수도 있다는 것이다. 이를 트버스키Tversky와 카네만Kahnemann의 '아시아 질병 문제Asian disease problem'의 예를 통해 알아보기로 한다. 600명이 심각한 질병에 노출되어 있는데 대처방법에 따라 다음의 두 가지 결과가 예상된다.

1 200명을 확실하게 살릴 수 있다

2 1/3의 확률로 600명을 살리고 2/3의 확률로 아무도 못 살린다.

1은 확실치이고 2는 기대치라는 것이 다르기는 하지만 예상생존자수는 동일하다. 이 경우 실제로 사람들에게 물어보면 대다수의 사람들이 1을 더 선호하는 것으로 나타났는데 이는 사람들이 위험기피자라는 사실을 나타낸다. 같은 상황의 표현을 다음과 같이 바꾸어 보기로 한다.

3 400명이 확실히 죽는다

4 2/3의 확률로 600명이 죽고 1/3의 확률로 아무도 죽지 않는다.

1과 3은 동일한 것이고 2와 4도 동일한 것이며 다만 표현만 '산다'라는 긍정적 표현을 '죽는다'라는 부정적 표현으로 바꾼 것에 불과하다. 그런데 실제로 이와 같이 물어보면 대다수의 사람들이 4를 3보다 더 선호하는 것으로 나타났다. 물어보는 방법에 따라 사람들의 태도가 달라져서 다른 선택의 결과가 나타나는 선호역전이 발생한 것이다. 전통적인 경제이론에 의하면 1을 2보다 선호하면 3을 4보다 선호해야만 하므로 선호역전은 발생할 수 없고, 따라서 아시아 질병 문제를 설명할 수도 없다.

앞의 3장수요함수의 EXAMPLE 3-1을 다시 살펴보자. 커피잔을 초콜릿보다 더 좋아하는 사람들과 초콜릿을 커피잔보다 더 좋아하는 사람들이 반씩 포함되도록 실험집단을 확정한 후 무작위로 시장가격이 동일한 커피잔과 초콜릿을 나누어 주고 자발적으로 교환을 하게 한다.

이때 이론적인 교환비율은 50%가 되어야 할 것이지만 실제 교환비율은 10% 정도라는 것이 관찰되었다. 이러한 결과를 가리켜 사람들이 자기가 일단 보유했던 물건에 더 높은 가치를 부여한다는 부존효과endowment effect라 한다. 행태경제학에서는 부존효과를 손실을 싫어하는 사람들의 심리적 성향인 **손실기피**loss aversion가 반영된 결과로 해석한다.

> **손실기피**
>
> 예를 들어 100만원을 얻을 때의 효용증가보다 100만원을 잃을 때의 효용감소가 더 크다는 것이다. 이를 효용함수를 이용하여 일반화시키면 $U(X)<-U(-X)$가 된다.

커피잔을 X_1, 초콜릿을 X_2라 하고 커피잔을 더 좋아하는 '갑'이 초콜릿을 받았지만 교환할 수 있는 기회가 주어졌을 때 교환하지 않는 경우를 손실기피로 설명하면 다음과 같다.

갑은 커피잔을 초콜릿보다 더 좋아하므로 $U(X_1)=15>U(X_2)=10$이 성립한다. 이때 손실기피란 갑이 가지고 있는 초콜릿이 없어질 때의 상실감이 예를 들어 $U(-X_2)=-20$이 된다는 것이다. 이 경우에 갑이 초콜릿을 커피잔으로 교환할 때 효용의 순증가는 $U(X_1)+U(-X_2)=-5$가 되므로 교환을 하지 않게 된다. 손실기피를 감안하지 않는다면, $U(-X_2)=-10$이므로 초콜릿을 갖고 있는 갑이 초콜릿을 커피잔으로 교환할 때 발생하는 효용의 순증가는 5가 된다. 따라서 갑은 교환에 응하게 되며 부존효과는 존재할 수 없다.

22-2 행태경제학과 불확실성하의 선택이론

전통적인 경제이론의 체계

화폐 M만 있고 n개의 상황이 발생할 수 있는데 π_i의 확률로 i번째 상황이 발생할 때 소비자가 얻는 화폐액이 M_i인 경우의 상황의존적 소비계획 X는 $X=\{(M_1, \pi_1), (M_2, \pi_2), \cdots, (M_n, \pi_n)\}$으로 나타낼 수 있다. 여기서 각 상황이 발생할 때 얻을 수 있는 화폐액과 각 상황이 발생할 확률이 다르면 서로 다른 상황의존적 소비계획이 된다. 즉 $A=\{(M_1^a, \pi_1^a), (M_2^a, \pi_2^a), \cdots, (M_n^a, \pi_n^a)\}$, $B=\{(M_1^b, \pi_1^b), (M_2^b, \pi_2^b), \cdots, (M_n^b, \pi_n^b)\}$로 나타내는 경우, A와 B는 서로 다른 상황의존적 소비계획이 된다. 상황의존적 소비계획을 소비할 때 얻는 만족을 일반적인 효용함수를 이용하여 $U(A)$, $U(B)$ 등과 같이 나타낼 수는 있지만 이를 이용하여 소비자의 행위를 분석하는 과정은 대단히 불편하다.

이러한 불편을 없애고 불확실성하의 선택이론을 다루기 위해 전통적 경제학에서는 기대효용함수를 이용한다. 기대효용함수는 이미 5장불확실성하의 선택이론에서 자세히 살펴본 바 있지만, 여기서는 행태경제학에서의 설명과 비교하기 위해 기대효용함수의 공리에 대해 자세히 알아보기로 한다.

효용함수와 마찬가지로 기대효용함수도 공리에 기초하여 그 존재가 증명되는데 기대효용함수의 존재를 증명하기 위해 사용되는 공리들은 완비성, 이행성, 연속성 및 독립성 등이 있다.

완비성completeness의 공리란 임의의 두 개의 상황의존적 소비계획 A 및 B에 대해 $A \succsim B$ 혹은 $B \succsim A$가 성립한다는 것이다. 이는 곧 불확실성에 직면하는 소비자가 상황의존적 소비계획에 대해 어느 것을 더 좋아하는지에 대해 항상 태도를 분명히 한다는 것을 의미한다. 이행성transitivity의 공리란 $A \succsim B$이고 $B \succsim C$이면 $A \succsim C$가 성립해야 한다는 것이다. 이는 불확실성에 직면하는 소비자의 선택이 일관성 있게 이루어져야 한다는 것을 의미한다.

연속성continuity의 공리란 임의의 상황의존적 소비계획 A, B, C에 관해 $A \succsim B$ 및 $B \succsim C$가 성립하면 $[(A, p), \{C, (1-p)\}] \sim B$를 만족시키는 확률 p가 항상 존재한다는 것이다. 어떤 소비자가 연금복권 A를 제일 좋아하고 주택복권 B를 그 다음으로 좋아하고 로또복권 C를 가장 덜 좋아한다고 하자. 연금복권과 로또복권으로 이루어진 합성복권compound lottery을 만들었는데 이 복권을 사면 p의 확률로 연금복권 A를 받을 수도 있고 $(1-p)$의 확률로 로또복권 C를 받을 수도 있다.[4] p값을 적절하게 주면 소비자가 합성복권과 주택복권 B를 똑같이 좋아하게 만들 수 있다는 것이 연속성의 공리이다.

독립성independence의 공리란 대체성substitution의 공리라고도 부르는데, 만약 $A \succsim B$이면 임의의 상황의존적 소비계획 C 및 모든 확률 값 p에 대해 $[(A, p), \{C, (1-p)\}] \succsim [(B, p), \{C, (1-p)\}]$가 성립한다는 것이다. 이는 곧 합성복권에서 공통되는 부분이 있으면 이를 생략해도 의사결정에 영향을 주지 않는다는 것을 의미한다. 이상의 공리들을 이용하면 기대효용함수가 존재한다는 것을 증명할 수 있다.

$$V(X) = \pi_1 U(M_1) + \pi_2 U(M_2) + \cdots + \pi_n U(M_n)$$

어느 상황이든지 화폐보유액이 증가하면 기대효용은 증가한다: $\Delta U(M_i)/\Delta M_i = U'(M_i) > 0$. 이를 단조성의 원리monotonicity principle라고 부르기도 한다. 그리고 소비자의 위험에 대한 태도는 한계효용 $U'(M_i)$의 변화에 의해 결정된다. 일반적으로 위험기피risk averse가 전제되는데 이는 곧 한계효용이 체감함을 의미한다: $\Delta U'(M_i)/\Delta M_i = U''(M_i) < 0$.

한편 독립성의 공리로부터 확률이 비례적으로 변화하는 경우에는 선호가 변하지 말아야 한다는 공통비의 원리common ratio principle가 성립함을 보일 수 있다.

$A = \{(300, 1.0)\}$, $B = \{(400, 0.8), (0, 0.2)\}$, $C = \{(0, 1.0)\}$이며 어느 소비자에게 $A \succsim B$라 하자. 이 소비자는 $D = \{(300, 0.25), (0, 0.75)\}$와 $E = \{(400, 0.2), (0, 0.8)\}$ 중 어느 것을 더 선호할 것인가? 여기서 D는 A로부터 300을 얻을 확률을 1/4로 줄인 것이며 E는 B로부터 400을 얻을 확률을 1/4로 줄였다즉 공통비가 적용되었다는 것에 유의하도록 한다.[5]

---

4 이 복권을 상황의존적 소비계획으로 나타내면 $[(A, p), \{C, (1-p)\}]$가 된다.

5 물론 확률의 합은 1이 되어야 하므로 0을 받을 확률은 300 혹은 400을 얻을 확률의 변화에 따

		0.1	0.01	0.89
경우 1	A	500	500	500
	B	2,500	0	500
경우 2	C	500	500	0
	D	2,500	0	0

표 22-2

알레의 역설

독립성의 공리에 의해 $A \succsim B$이면 $\{(A, 0.25), (C, 0.75)\} \succsim \{(B, 0.25), (C, 0.75)\}$가 성립해야 한다. 그런데 $\{(A, 0.25), (C, 0.75)\}$는 0.25의 확률로 A를 얻으면 확실하게 300을 얻을 수 있다는 것이므로 결국 300을 얻을 확률이 0.25이고 0을 얻을 확률은 0.75가 된다는 것이다. 따라서 이를 $\{(300, 0.25), (0, 0.75)\}$로 나타낼 수 있는데 이는 곧 $\{(A, 0.25), (C, 0.75)\} = D$이라는 것을 의미한다.

한편 $\{(B, 0.25), (C, 0.75)\}$는 0.25의 확률로 B를 얻으면 0.8의 확률로 400을 얻는다는 것이다. 따라서 400을 얻을 확률은 결국 0.2가 되며 0.8의 확률로 0을 얻게 된다. 따라서 이를 $\{(400, 0.2), (0, 0.8)\}$로 쓸 수 있는데 이는 곧 $\{(B, 0.25), (C, 0.75)\} = E$가 됨을 의미한다. 이에 따라 $D \succsim E$가 성립하여 공통비의 원리가 적용된다는 것을 알 수 있다.

전통적인 경제이론의 한계

기대효용함수를 이용하여 불확실성에 직면한 소비자들의 선택을 모두 효과적으로 설명할 수 있는 것은 아니다. 먼저 알레Allais의 역설에 대해 살펴보기로 한다.

표 22-2에 정리된 두 가지 경우의 네 가지 복권을 가정해 보자. **경우** 1은 **복권** A와 B 중 어느 것을 선택할 것인가이다. **복권** A는 500을 확실히 갖는 것이다, **복권** B는 0.1의 확률로 2,500, 0.89의 확률로 500, 0.01의 확률로 0을 갖는 것이다. **복권** C 및 D의 의미도 같은 방법으로 알 수 있다.

경우 1에서 A와 B중 어떤 것을 더 좋아할 것인지는 소비자의 기호에 달려 있다. 실제 실험에 의하면, **경우** 1에서 A를 B보다 더 좋아한 많은 사람들이 **경우** 2에서는 D를 C보다 더 좋아한다고 대답하였다. 이 결과는 기대효용함수 이론에 어긋나는데 그 이유는 다음과 같다.

라 변화되어야 한다.

표 22-3
공통비의 원리가 적용되지 못하는 경우

경우 1	A	{(600, 0.45), (0, 0.55)}
	B	{(300, 0.90), (0, 0.10)}
경우 2	C	{(600, 0.01), (0, 0.99)}
	D	{(300, 0.02), (0, 0.98)}

기대효용함수 존재의 증명에 사용된 독립성의 공리에 의하면 합성복권에서 공통적인 부분은 생략cancellation하여도 선호에 영향을 주지 않아야 한다. 즉 A와 B의 선택에서는 0.89의 확률로 500을 얻는 것이 공통이고, C와 D의 선택에서는 0.89의 확률로 0을 얻는 것이 공통이므로 이 부분은 생략되어도 선호에 영향을 주지 않는다는 것이다.[6] 공통되는 부분을 생략하고 보면 A와 C가 동일하고 B와 D가 동일하다는 것을 알 수 있다. 따라서 기대효용함수 이론에 의하면 A를 B보다 좋아한 사람은 C를 D보다 좋아해야 하지만 그렇지 않은 사람이 많다는 것이 알레의 역설인 것이다.

카네만-트버스키가 제시한 몇 가지 실험결과를 살펴보자. 표 22-3은 공통비의 원리가 적용되지 못하는 예이다. 공통비의 원리가 적용되는 경우 B를 A보다 더 좋아한 사람은 D를 C보다 더 좋아해야 한다.

그런데 실험결과에 의하면 B를 A보다 더 좋아한 사람은 86%이었지만 D를 C보다 더 좋아한 사람은 27%에 불과하였다. 단조성의 원리가 적용되지 못하는 또 다른 예로 표 22-4를 살펴보자.

주머니에 백 · 적 · 녹 · 청 · 황색의 공이 들어 있다. 괄호 안의 숫자는 그 색깔의 공이 포함된 비율이고, 색깔 아래의 숫자는 그 색깔의 공을 뽑았을 때 받는 상금이다. 상금이 음(−)이라는 것은 그만큼 돈을 내야한다는 의미이다.

경우 1의 A와 B를 비교해보면 모든 면에서 B가 A보다 낫다. 따라서 모든 사람이 B를 A보다 더 선호한다. 그런데 **경우** 2에서 C와 D 중 어느 것을 더 선호하는지 물어보았을 때 58%가 C를 더 선호한다고 대답하였다. 이는 단조성의 원리에 어긋나는 것인데 그 이유는 다음과 같다.

A와 C를 비교해보면 C는 A의 청색과 황색을 황색으로 합한 것이며 확률이

6 다음과 같이 기대효용함수로 나타내면 생략(cancellation)의 의미가 더 확실해질 수 있다.
$U(A)=0.1U(500)+0.01U(500)+\underline{0.89U(500)}>U(B)=0.1U(2{,}500)+0.01U(0)+\underline{0.89U(500)}$ 일 때 밑줄 친 공통부분을 생략하면 $0.1U(500)+0.01U(500)>0.1U(2{,}500)+0.01U(0)$가 된다. C와 D에서 공통부분을 제거하여도 이와 동일한 관계를 얻게 되므로 $U(C)>U(D)$가 된다.

표 22-4

단조성의 원리가 적용되지 못하는 경우

경우 1	*A*	백색(0.9)	적색(0.06)	녹색(0.01)	청색(0.01)	황색(0.02)
		0	45	30	−15	−15
	B	백색(0.9)	적색(0.06)	녹색(0.01)	청색(0.01)	황색(0.02)
		0	45	45	−10	−15
경우 2	*C*	백색(0.9)	적색(0.06)	녹색(0.01)	황색(0.03)	
		0	45	30	−15	
	D	백색(0.9)	적색(0.07)	청색(0.01)	황색(0.02)	
		0	45	−10	−15	

나 상금 등 나머지는 동일함을 알 수 있다. 마찬가지로 *B*와 *D*를 비교해 보면 *D*는 *B*의 적색과 녹색을 적색으로 합한 것이며 나머지는 동일하다. 따라서 기대상금액이 *A*와 *C*는 동일하며 *B*와 *D*도 동일하다. 따라서 *D*를 선택해야 단조성의 원리에 맞지만 많은 사람들이 *C*를 선택한다는 것이다.

전망이론

전통적인 기대효용이론에 의해 설명하지 못하는 경우들을 행태경제학에서는 다양한 방법에 의해 설명하려고 시도한다. 행태경제학에서는 상황의존적 소비계획 등과 같이 여러 가지 가능한 상황이 확률과 조합되어 있는 선택의 대상을 전망prospect라고 하며, 행태경제학의 불확실성하의 선택이론을 **전망이론**이라고 부르기도 한다.

전망이론

전통적인 기대효용이론이 설명하지 못하는 경우를 설명하기 위해 고안된 행태경제학의 불확실성 하의 선택이론이 전망이론이다.

전망이론이 전통적인 경제이론과 다른 점은 의사결정의 과정에 이르기까지의 과정을 심리학적 기반 하에서 설명하려는 과정이론procedure theory이라는 점, 그리고 사람들은 불완전한 정보 혹은 정보부족 등의 이유로 목적함수를 정확하게 규정할 수 없어 제한적 합리성bounded rationality만을 가질 수밖에 없다는 점을 전제로 한다는 점이다.

전망이론에 의하면 사람들의 의사결정은 편집editing과 평가evaluation의 두 단계를 거쳐 이루어진다. 편집은 제안된 전망에 대한 사전적 검토라고 할 수 있다. 즉 편집은 기본적으로 복잡한 전망을 나름대로 단순화시키는 과정이다. 편집에 포함되는 다양한 경우는 대부분 실험 등을 통해 얻은 것이다. 단순화는 사람들이 상황의존적 소비계획을 구성하는 결과outcome나 확률 등을 '어림수로 환산하여rounding'

그림 22-1

효용함수의 형태: 전망이론

결과가 양(+)인 경우에는 위험기피적이고 결과가 음(−)인 경우에는 위험애호적이라고 전제하면 효용함수는 S자 형태가 된다.

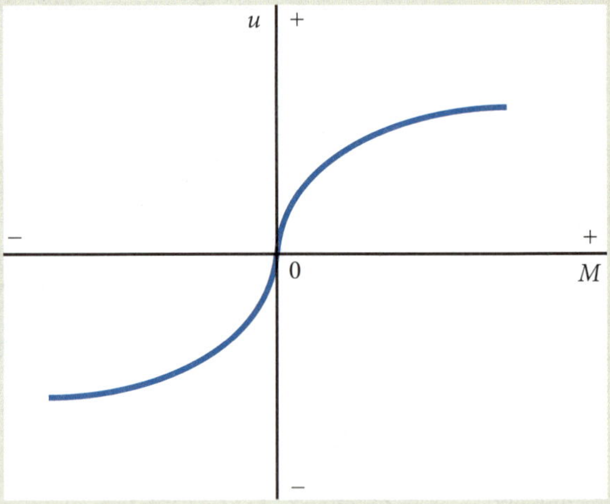

의사결정에 이용한다는 것이다.

예를 들어 $\{(99, 0.51), (0, 0.49)\}$를 $\{(100, 0.5), (0, 0.5)\}$로 생각하고 의사결정을 한다는 것이다. 우월성의 인식 detection of dominance 이란 공통인자를 제외한 나머지에 대해 어느 것이 더 우월한지를 판단하여 의사결정을 한다는 것이다. 즉 $A = \{(200, 0.3), (99, 0.51), (0, 0.19)\}$와 $B = \{(200, 0.4), (101, 0.49), (0, 0.11)\}$ 가운데 어느 것을 선택할 것인지의 의사결정은 다음과 같이 이루어진다.

먼저 어림수를 적용하여 $A = \{(200, 0.3), (100, 0.5), (0, 0.2)\}$로 인식하고 $B = \{(200, 0.4), (100, 0.5), (0, 0.1)\}$로 인식한다. $(100, 0.5)$라는 공통요인을 제거하면 B가 A를 압도하므로 B를 선택한다.

평가란 편집된 전망들을 비교하여 가장 만족이 높은 것을 선택하는 과정이다. 평가 과정에서 선택에 영향을 주는 것은 결국 기대효용을 결정하는 $U(M_i)$와 확률 π_i라고 할 수 있는데 전망이론에서의 이들을 취급하는 방식이 전통적인 경제이론과 다르다.

1 효용함수의 형태 전통적인 경제이론에서는 수익이 발생하든 반대로 손실이 발생하든 사람들은 항상 위험기피적이라고 전제한다. 그런데 현실적으로 사람들은 보험에 가입하고 동시에 약간의 손실을 감수하면서 도박을 즐기기도 한다. 이는 결과가 양(+)인 경우에는 위험기피적이지만 결과가 음(−)인 경우에는 위험

그림 22-2

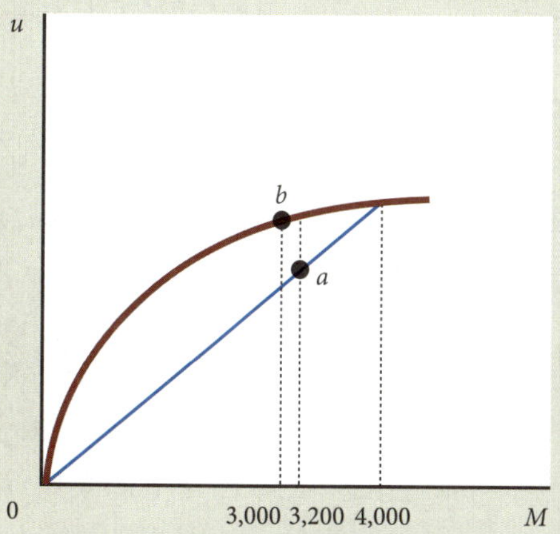

(a) 결과가 양인 경우

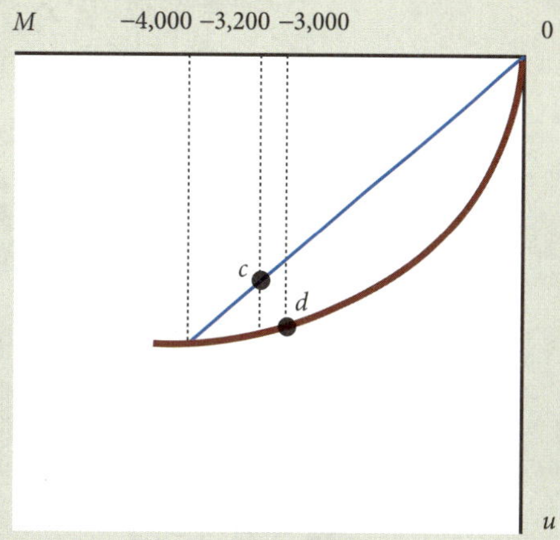

(b) 결과가 음인 경우

위험에 대한 태도와 결과

(a)와 같이 결과가 양인 경우는 확실치 b를 위험이 포함된 a보다 더 좋아하므로 위험기피적이다. (b)와 같이 결과가 음인 경우는 확실치 d보다 위험이 포함된 c를 더 좋아하므로 위험애호적이다.

애호적일 수 있음을 의미한다.

이와 같은 현상이 카네만-트버스키가 실시한 실험에서 관찰된 바 있다. $A = \{(4{,}000, 0.8), (0, 0.2)\}$ 와 $B = \{(3{,}000, 1.0)\}$ 의 선택에서 피실험자의 80%가 B를 선택하였다. 피실험자의 80%는 복권의 기대치 3,200보다 작은 3,000이라는 확실치를 선택하였으므로 위험기피적이라고 할 수 있다.

그런데 $C = \{(-4{,}000, 0.8), (0, 0.2)\}$ 와 $D = \{(-3{,}000, 1.0)\}$ 의 선택에서는 피실험자의 92%가 C를 선택하였다. 이와 같은 결과는 위험이 포함되었으며 기대손실이 −3,200인 것을 확실히 −3,000의 손실을 보는 것보다 더 선호하였음을 의미한다. 이는 기대손실이 큼에도 불구하고 0.2의 확률로 손실이 없을 수도 있다는 점을 감안하여 선택하였다는 것이며, 사람들이 위험애호적임을 나타낸다.

이러한 결과에 근거하여 전망이론에서는 결과가 양(+)인 경우에는 위험기피적이고 결과가 음(−)인 경우에는 위험애호적이라고 전제한다. 이 경우의 효용함수는 그림 22-1과 같은 S자 형태가 된다.

S자 형태의 효용함수를 전제로 한다면 위의 선택의 결과는 그림 22-2에 의해 다음과 같이 설명된다.

A 및 B를 선택했을 때 얻는 효용수준은 그림 22-2 (a)의 a 및 b가 나타내는 바와 같다. b가 나타내는 효용수준이 a가 나타내는 효용수준보다 크므로 소비자는 B를 선택한다. 한편 C 및 D의 경우 소비자가 얻는 효용수준은 그림 22-2 (b)의 c 및 d가 나타내는 바와 같은데, c가 나타내는 효용수준이 d가 나타내는 효용수준보다 크므로 소비자는 C를 선택하게 된다.

$A > B$일 때 A와 B의 결과를 각각 음(−)으로 만든 것이 C와 D인데 $D > C$가 된다. 이와 같이 양(+)에서 음(−)으로 바뀌어 $A > B$일 때 $D > C$가 되는 것을 거울에 물건을 비출 때 물건의 좌우가 바뀌는 것으로 이해할 수도 있다. 이를 반사효과reflection effect라고 한다.

2 주관적 확률 전통적 경제이론에 의해 설명할 수 없는 경우 가운데 일부는 확률의 변형을 통해 설명할 수 있다. 이때 논의의 초점은 사람들의 의사결정이 외생적으로 일정하게 주어진 각각의 상황이 발생할 객관적 확률에 의해서만 이루어지지는 않는다는 점에 맞추어진다. 즉 어느 상황이 발생할 객관적 확률이 π일 때 사람들이 의사결정에 이용하는 **주관적 확률**은 π를 단조변환시켜 얻은 주관적 확률 $p(\pi)$라는 것이다. $p(0)=0$, $p(1)=1$이지만 그 밖의 객관적 확률에 대해서는 일반적으로 $p(\pi)$와 π의 값이 상이하다. 전망이론에서는 $p(\pi)$의 성격을 다음과 같이 규정하고 있다.

> **주관적 확률**
> 객관적 확률을 단조변환시켜 얻은 것이 주관적 확률이다. 저가산성, 저확실성, 저비례성의 성격을 갖는다.

저가산성sub-additivity[7]이란 객관적 확률의 크기가 아주 작으면 사람들이 확률 변화에 둔감하다는 것이다. 예를 들어 확률이 0.8에서 0.4로 떨어지면 확률이 50% 하락했다고 느끼지만 확률이 0.002에서 0.001로 떨어지면 수학적으로는 확률이 50% 하락한 것이지만 실제로는 확률상 큰변화가 없다고 느낀다는 것이다. 카네만-트버스키의 실험에 의하면 $A=\{(6{,}000, 0.001), (0, 0.999)\}$와 $B=\{(3{,}000, 0.002), (0, 0.998)\}$ 가운데 어느 것을 더 좋아하는지 물어보았을 때 응답자의 73%가 A를 더 좋아한다고 대답했다.

$U(0)=0$이라고 단순화하면, 이 실험 결과로부터 다음의 관계를 얻을 수 있다. 기대치가 같아도 A를 B보다 더 좋아한다는 점에서 $p(0.001)U(6{,}000) > p(0.002)U(3{,}000)$이 성립한다. 한편 소비자는 결과가 양일 때 위험기피자이므로, 즉 한계효용이 체감하므로 $U(3{,}000) > 0.5\ U(6{,}000)$이 된다. 이 관계들에

7 수학적으로 저가산성이란 정의역(domain)에서 합보다 치역(range)에서 합이 더 작다는 것이다.

서 $p(0.001) > 0.5p(0.002)$가 성립함을 알 수 있는데[8] 이는 곧 $p(0.5 \times 0.002) > 0.5p(0.002)$라는 것을 의미한다. 이를 일반화하면 다음과 같다.

$$p(\alpha\pi) > \alpha p(\pi)$$

위의 관계는 $0 < \alpha < 1$이고, π가 작을 경우에만 성립한다.

예를 들어 $\pi = 0.002$, $\alpha = 0.5$인 경우, 객관적 확률이 0.002에서 절반 수준인 $0.001 = 0.5 \times 0.002$로 하락할 때 주관적으로 느끼는 확률 $p(0.5 \times 0.002)$는 객관적 확률이 0.002일 때 주관적으로 느꼈던 확률의 절반인 $0.5p(0.002)$보다 크다는 것이다. 이는 곧 객관적 확률이 작은 경우에는 객관적 확률의 변화보다 주관적 확률의 변화가 더 작아진다는 것을 의미한다.

표 22-3의 공통비 원리가 적용되지 않는 경우도 저가산성에 의해 설명할 수 있다. 즉 높은 확률인 0.45와 0.90 아래에서는 0.45가 0.90의 절반밖에 안 된다고 생각하지만 낮은 확률인 0.001과 0.002 하에서는 확률이 극히 낮아 고려할 가치가 없다고 판단하여 그게 그거라고 생각한다는 것이다.

저확실성sub-certainty이란 사람들이 확실치를 더 높게 평가한다는 것이다. 알레가 발표한 다음과 같은 실험 결과를 살펴보자.

$A = \{(2{,}400, 1.0)\}$과 $B = \{(2{,}500, 0.33), (2{,}400, 0.66), (0, 0.02)\}$의 선택에서 피실험자의 82%가 A를 선택하였다. B의 기대치가 2,409로 A보다 약간 높지만 확실한 A를 선택한 것이다. 한편 $C = \{(2{,}500, 0.33), (0, 0.67)\}$과 $D = \{(2{,}400, 0.34), (0, 0.66)\}$의 선택에서는 83%가 C를 선택하였다. 즉 똑같이 위험이 포함된 경우에는 기대치가 819인 D보다 기대치가 825인 C가 선택된 것이다.

$U(0) = 0$이라고 전제하면 위의 관계들로부터 $p(0.66) + p(0.34) < 1$이 된다는 것을 보일 수 있는데[9] 이를 일반화하면 다음과 같다.

$$p(\pi) + p(1 - \pi) < 1$$

8 앞의 두 가지 관계로부터 $p(0.001)U(6{,}000) > p(0.002)U(3{,}000) > p(0.002) \times 0.5U(6{,}000)$이 성립하므로 $p(0.001)U(6{,}000) > p(0.002) \times 0.5U(6{,}000)$이 성립한다. 이로부터 $p(0.001) > 0.5p(0.002)$가 성립함을 알 수 있다.

9 B보다 A를 선택했다는 결과로부터 $U(2{,}400) > p(0.66)U(2{,}400) + \underline{p(0.33)U(2{,}500)}$이 성립한다. D보다 C를 선택했다는 결과로부터 $\underline{p(0.33)U(2{,}500)} > p(0.34)U(2{,}400)$이 성립한다. 따라서 밑줄 그은 부분을 치환하면 $U(2{,}400) > p(0.66)U(2{,}400) + p(0.34)U(2{,}400)$이므로 $p(0.66) + p(0.34) < 1$이 성립함을 알 수 있다(여기서 $U(0) = 0$이 가정되었다).

표 22-5

확률의 크기와 위험에 대한 태도

전 망			EV	CE의 중앙값	위험에 대한 태도
높은 확률	{(100, 0.95), (0, 0.05)}	이익	95	78	위험기피적
	{(−100, 0.95), 0, 0.05)}	손실	−95	−84	위험애호적
중간 확률	{(100, 0.5), (0, 0.5)}	이익	50	36	위험기피적
	{(−100, 0.5), (0, 0.5)}	손실	−50	−42	위험애호적
낮은 확률	{(100, 0.05), (0, 0.95)}	이익	5	14	위험애호적
	{(−100, 0.05), 0, 0.95)}	손실	−5	−8	위험기피적

위의 결과는 기대효용이론이 의미하는 것보다 사람들이 확률 변화에 대해 덜 민감함을 보여준다.

저비례성 sub-proportionality 이란 확률이 낮은 경우에는 주관적으로 느끼는 확률의 차이가 객관적인 차이보다 작아짐을 의미한다. 카네만-트버스키가 발표한 다음과 같은 실험 결과를 살펴보자.

$A = \{(3{,}000, 1.0)\}$ 와 $B = \{(4{,}000, 0.8), (0, 0.2)\}$ 의 선택에서는 전체 피실험자의 80%가 A를 선택하였다. 3,000, 4,000 등 일정한 금액을 받을 확률을 1/4로 낮추어 $C = \{(3{,}000, 0.25), (0, 0.75)\}$ 및 $D = \{(4{,}000, 0.2), (0, 0.8)\}$ 로 만들었을 때에는 피실험자의 65%가 D를 선택하였다.

이 실험에서 B보다 A를 선택했다는 것은 1,000을 더 받는 대신 확률이 1.0에서 80% 수준인 0.8로 하락하는 것을 받아들이지 않았다는 것이다. 한편 C보다 D가 선택되었다는 것은 1,000을 더 받는 대신 확률이 0.25에서 80% 수준인 0.2로 하락하는 것을 받아들였다는 것이다.

즉 피실험자가 얻을 수 있는 금액이 1,000 증가하는 대신 확률이 동일하게 80% 수준으로 하락하는 경우에 선택이 달라진다는 것인데 이러한 차이는 확률의 크기에서 비롯된다. 확률의 크기가 1.0과 같이 큰 경우에는 확률이 80% 수준으로 떨어지는 것을 심각한 하락이라고 생각하지만, 확률의 크기가 0.25와 같이 비교적 작은 경우에는 확률이 80% 수준으로 떨어지는 것을 덜 심각하게 생각한다는 것이다. 이와 같은 개념을 식으로 나타내면 다음과 같다.

$$\frac{p(\alpha\pi)}{p(\pi)} \le \frac{p(\alpha\beta\pi)}{p(\beta\pi)} \quad 0 < \alpha, \beta, \pi < 1$$

그림 22-3

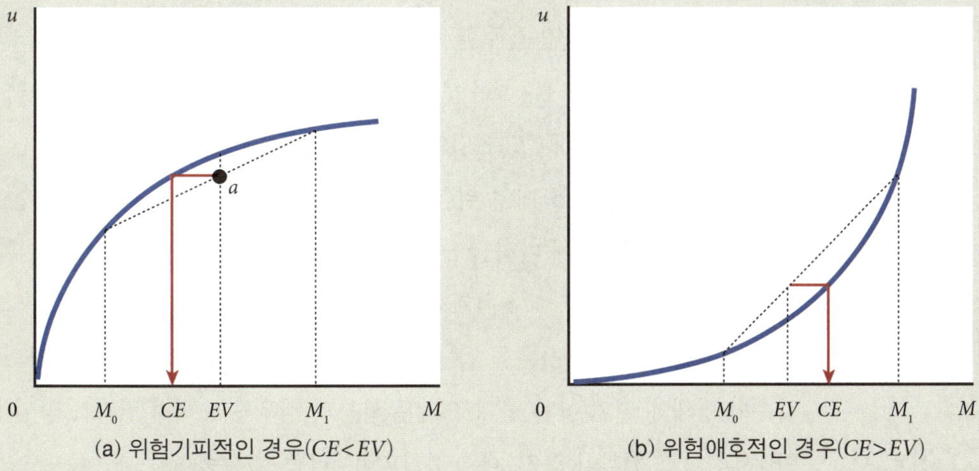

EV와 CE의 관계와 위험에 대한 태도

M_0와 M_1의 기대치가 EV로 얻어졌다. EV와 동일한 만족을 얻을 수 있는 확실한, 즉 위험이 없는 화폐액이 확실동등치 CE이다. (a)와 같이 위험기피적인 경우에는 $CE < EV$가 성립하며 (b)와 같이 위험애호적인 경우에는 $CE > EV$가 성립한다.

객관적 확률이 낮아졌지만 확률 변화에 민감하지 않은 경우의 예로, 당첨확률이 10^{-6}에서 10^{-7}로 낮아져 불리한 도박이 되었는데도 여전히 복권을 구입하는 위험애호적 행동을 보이는 경우, 사고확률이 0.002에서 0.001로 낮아져 불리한 보험이 되었는데도 여전히 완전보험에 가입하여 위험기피적 행동을 보이는 경우 등이 있다.

저가산성 및 저비례성 등은 모두 의사결정에서 낮은 확률이 과대평가된다는 것을 나타낸다. 이는 확률의 수준에 따라 사람들의 위험에 대한 태도가 달라질 수 있음을 의미한다. 표 22-5에 나타난 카네만-트버스키가 실시한 실험결과를 이용하여 이를 살펴보기로 한다.

100을 얻거나 100을 잃는 경우의 확률이 각각 0.95, 0.5 및 0.05로 높은 확률, 중간 확률 및 낮은 확률인 세 가지 경우를 생각해 보자. 각각의 경우에 대한 기대치 EV는 표 22-5에 주어져 있다. 사람들에게 각각의 전망을 보유하는 경우와 동일한 만족을 주는 확실동등치 certainty equivalence 가 얼마인지를 물어본 후 그 중앙값을 취한 것이 'CE의 중앙값'이다.

위험에 대한 태도는 *EV*와 *CE*의 크기에 따라 결정된다. 그림 22-3 (a)는 한계효용이 체감하는 위험기피적인 경우이다. M_0 및 M_1을 얻을 확률이 일정하게 주어진 복권은 *EV* 값을 구할 수 있으며 복권에서 얻는 기대효용은 *a*가 나타내는 높이가 된다. 복권을 보유할 때 얻는 기대효용과 동일한 만족을 주는 확실 동등치는 *CE*가 되는데 *CE*가 *EV*보다 작음을 확인할 수 있다.

한편 그림 22-3 (b)에서 위험애호적인 경우에는 *CE*가 *EV*보다 큼을 확인할 수 있다. 표 22-5에 나타난 *EV*와 *CE*의 중앙값을 비교해 보면 높은 확률과 중간 확률의 경우 결과outcome가 양일 때에는 위험기피적이고 결과가 음일 때에는 위험애호적이라는 결론을 얻는다.[10] 이는 앞에서 살펴본 전망이론하의 효용함수의 형태와 일치한다. 반대로 낮은 확률의 경우는 오히려 결과가 양일 때 위험애호적이고 결과가 음일 때 위험기피적이라는 결론을 얻는데 이는 사람들이 낮은 확률을 과대평가하기 때문에 발생한다.

3 전망이론의 한계 전망이론을 이용하여 전통적인 경제이론이 설명하지 못하는 여러 가지 경우를 설명할 수 있다는 것은 사실이다. 하지만 이러한 사실이 전망이론이 전통적인 경제이론을 대체할 수 있음을 의미하지는 않는다. 전망이론도 자체적으로 많은 한계를 갖고 있는데 그 한계들은 전망이론의 결과가 대부분 연역적인 논리적 추론에 의해 도출된 것이 아니라 실험결과에 의해 도출된 것이라는 점에 기인한다. 실험을 할 때 아무리 실험 환경을 잘 통제해도 자연현상이 아닌 사람을 대상으로 실시한 몇 번의 실험만으로 얻은 결과를 일반화시키는 데는 한계가 있다는 것이다.

그 밖에 전망이론에서 이용되는 제한적 합리성, 편집과정 등은 이론을 절약적이지 못하고 모호하게 만드는 측면이 있다. 이러한 한계는 적은 수의 가정 하에서 얻을 수 있는 결과를 더 많은 가정 하에서는 항상 얻을 수 있어야 한다는 소위 '오컴의 면도날Occum's razor'이 요구하는 모형이 갖추어야 할 절약성parsimony의 조건과 맞지 않는다.

실험을 통해 전통적 경제이론을 반박할 수 있는 것과 마찬가지로 전망이론의 결과도 실험에 의해 쉽게 반박될 수 있다. 부존효과는 자신이 일단 보유한 물건의 가치를 더 높이 평가하는 현상을 가리키는데 이로부터 전망이론의 주요

10 Kahneman, D. and A. Tversky, "advances in prospect theory: cumulative representation of uncertainty", *Journal of risk and uncertainty*, 1992.

그림 22-4

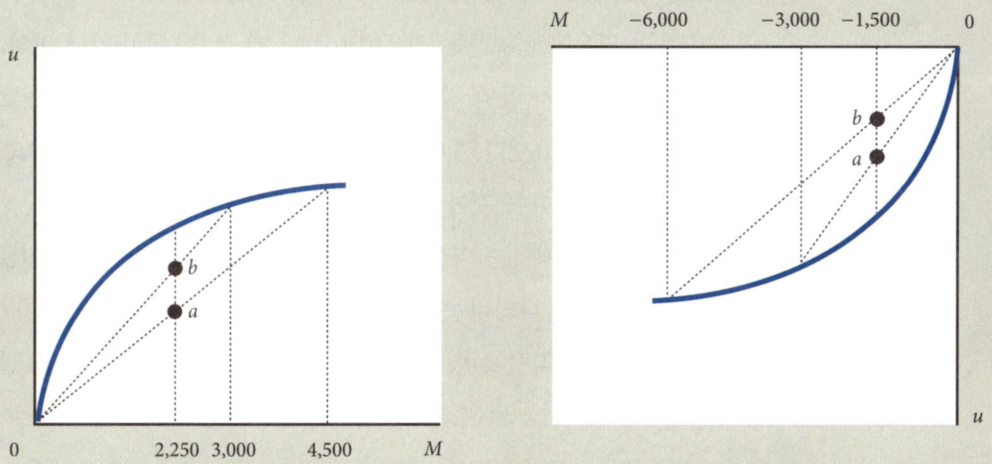

(a) 결과가 양인 경우

(b) 결과가 음인 경우

전망이론의 한계

효용함수가 S자 형태이고 $A=\{(4{,}500, 0.5), (-3{,}000, 0.5)\}$, $B=\{(3{,}000, 0.75), (-6{,}000, 0.25)\}$일 때 결과가 양인 경우만 비교하면 (a)와 같이 B가 더 선호된다. 결과가 음인 경우만 비교해도 (b)와 같이 B가 더 선호된다. 따라서 효용함수가 S자 형태를 갖는다면 $B>A$가 성립해야 하지만 실험 결과는 이와 반대로 나타났다.

결론의 하나인 손실기피 loss aversion 가 도출된다. 그런데 다른 실험들에 의하면 경험이 부족한 소비자들에게는 부존효과가 강하게 나타나지만 경험이 풍부한 소비자들에게는 부존효과가 거의 나타나지 않는다. 이는 곧 실험대상에 따라 결과가 달라질 수 있음을 나타낸다. 이러한 상황은 실험에 의해 결론을 도출하는 한 피할 수 없다.

이번에는 전망이론의 결론의 하나인 S자 형태의 효용함수에 대한 반박으로 레비 Levy 의 실험결과를 살펴보도록 하자.[11] 다음과 같은 전망을 생각해 보자. $A=\{(4{,}500, 0.5), (-3{,}000, 0.5)\}$, $B=\{(3{,}000, 0.75), (-6{,}000, 0.25)\}$가 주어졌을 때 A와 B는 결과가 양인 경우의 기대치가 2,250으로 동일하고, 결과가 음인 경우의 기대치도 −1,500으로 동일하며 전망의 기대치 역시 750으로 같다. 효용함수가 S자 형태를 갖는 경우 A 및 B의 선택과 관련하여 다음과 같은 결과를 얻을 수 있다.

먼저 결과가 양인 경우만 비교해 보기 위해 $A=\{(4{,}500, 0.5), (0, 0.5)\}$, $B=$

11 Levy, M and H. Levy, "prospect theory: much ado about nothing?", *Management Science*, 2002.

$\{(3{,}000, 0.75), (0, 0.25)\}$인 것으로 생각해 보자. 결과가 양인 경우는 위험기피적이므로 그림 22-4 (a)에서 B가 A보다 더 선호된다.

결과가 음인 경우만 비교하는 경우에도 그림 22-4 (b)에 나타난 바와 같이 B가 더 선호된다. 결과가 양인 경우와 음인 경우 모두 B가 A보다 더 선호되므로 원래의 $A = \{(4{,}500, 0.5), (-3{,}000, 0.5)\}$, $B = \{(3{,}000, 0.75), (-6{,}000, 0.25)\}$ 선택에서는 B가 선택되다는 것이 S자 효용함수에서 나타나는 결과이다.

그런데 실제 실험에서는 피실험자의 71%가 A를 선택하여 전망이론의 S자 형태 효용함수에서 나타나는 것과 다른 결과가 얻어졌다. 이는 전망이론에서 도출된 결론들 역시 실험 결과에 의존하므로 모든 경우를 다 설명할 수는 없음을 의미한다.

22-3 행태경제학과 게임이론

행태경제학에서는 전통적인 게임이론의 균형이 실제로 달성 가능한지 여부를 실험에 의해 검정한다. 논의의 요지는 사람들의 실제 행동은 전통적인 게임이론이 예상하는 것과 다를 수 있다는 것이다. 여기에서는 혼합전략 내쉬균형과 동태적 게임의 균형에 대해 살펴보기로 한다.

혼합전략 내쉬균형과 무작위적 행위

테니스 게임에서 서버 S는 포핸드forehand F와 백핸드backhand B 두 가지 서브를 넣는 것이 가능하다. 리시버 R은 사전에 F 혹은 B를 예측하고 수비를 하는데 승률은 예측이 맞았는지 여부에 따라 달라진다.

표 22-6의 청산행렬[12]에서 예를 들어 (0.1, 0.9)는 S가 F를 선택했는데 R이 F를 예상했다면 S의 승률은 0.1, R의 승률은 0.9가 된다는 의미이다. 이 게임에서는 순수전략 내쉬균형이 존재하지 않는다. 앞의 14-2 내쉬균형에서 살펴본 방법을 이

12 Dixit, A. and B. Nalebuff, *thinking strategically*, NY Norton, 1991.

S \ R	F	B
F	(0.1, 0.9)	(0.7, 0.3)
B	(0.8, 0.2)	(0.4, 0.6)

표 22-6
혼합전략 내쉬균형이 성립하는 경우

용하면 S가 F를 택할 확률을 0.4, R이 F를 택할 확률을 0.3으로 할 때 혼합전략 내쉬균형이 성립함을 알 수 있다. S의 경우에 혼합전략 내쉬균형이 성립하려면 무작위random적으로 40%는 F를, 60%는 B를 선택해야 하는데 현실적으로 사람들이 무작위적인 행동을 할 수 있는지가 문제될 수 있다.

행태경제학에서는 여러 가지 현실적인 제약 때문에 사람들이 무작위적 행동을 하는 것이 어렵다고 생각한다. 실제로 우리 주변에서 사람들이 너무 많은 런run을 만드는 것이 관찰된다.[13] 동전 던지기 게임에서 표면을 H, 뒷면을 T라 하고 동전을 던지기 전에 H 혹은 T 중 하나에 걸게 만드는 게임을 8번 시행하여 T-H-H-T-H-T-T-H의 결과를 얻었다고 하자. 이때 게임을 8번 했으므로 8번의 움직임move이 있으며 처음에는 H 및 T 중 무엇을 택하든 하나의 런이므로 이 게임의 경우 총 6번의 런이 있다.

사람들이 지나치게 런을 많이 만드는 예로 로또 복권을 구입할 때 지난 주의 당첨번호를 선택하지 않거나 객관식 문제를 풀다가 모르는 문제의 답을 선택해야 할 때 앞 문제의 답과 똑같은 번호를 피하는 것 등을 들 수 있다. 위의 동전 던지기에서 7번째 게임까지 H가 3번, T가 4번 나왔을 때 많은 사람들은 8번째 게임에서 H에 거는 경향이 있는데 이는 사람들이 소표본을 대표본으로 오해하기 때문에 발생하는 현상으로 이해할 수 있다.

사람들이 8번째 게임에서 H가 나올 것으로 예상하는 이유는 8번째 게임에서 H가 나와야 H와 T가 각각 4번씩 나오게 되어 0.5의 확률이 지켜진다고 믿기 때문이다. 그런데 이러한 논리는 게임을 수백 번 혹은 수천 번 하는 대표본의 경우에나 들어맞을 뿐이다. 실제로 8번의 게임에서 H와 T가 각각 4번씩 나올 확률, 즉 반반씩 나올 확률을 계산해 보면 0.27에 불과하다.

사람들이 대표본에서나 적용 가능한 논리를 소표본에 적용하는 이유는 작동기억working memory이 제한되어 있기 때문이다. 실제로 사람들은 직전에 관찰한 m

13 카지노 등의 도박에서 사용되는 런(run)이라는 말은 매번 입장을 바꾸어 반복해서 거는 것을 말한다. 예를 들어 홀짝게임을 하는 경우 홀, 짝, 홀, 짝, … 이런 식으로 거는 것이다.

개의 관찰치만을 대상으로 평가하여 $(m+1)$번째 결과를 경험칙에 연결시켜 예측한다고 한다. 위의 동전 던지기에서 m은 7이다. 따라서 사람들은 8번째 게임에서 자연히 H를 예상하게 된다.

사람들이 지나치게 많은 런을 만드는 경향이 있다는 것은 사람들이 무작위적으로 행동하지 못함을 의미한다. 원주율의 경우를 생각해 보자. 원주율은 무한정 이어지는 숫자에 어떠한 규칙성도 발견할 수 없으므로 무작위 수라고 할 수 있다. 그런데 원주율을 살펴보면 9가 여섯 번 계속 나오는 경우를 관찰할 수 있다. 다시 선택의 문제로 돌아와, 어떤 사람에게 0부터 9까지 10개의 수를 무작위로 선택하라고 하면 9를 여섯 번 연속해서 선택하는 경우는 극히 드물다. 사람들이 무작위적으로 행동하기 어렵다는 증거이다.

표 22-6의 게임에서 혼합전략 내쉬균형은 각각의 게임참가자가 택하는 순수전략의 기대이득이 동일하게 해주는 확률을 구해 얻어진다. 이에 대한 행태경제학의 비판은 위에서 살펴본 바와 같이 사람들이 무작위적인 행동을 하기 어렵다는 것이다. 이러한 행태경제학의 비판에 대한 반론도 있다.

워커와 우더스Walker & Wooders[14]에 의하면 윔블던 테니스 경기의 경우, 서버가 포핸드쪽으로 서브했을 때와 백핸드쪽으로 서브했을 때의 승률은 거의 같은 것으로 관찰되며, 프로축구에서 페널티킥의 경우 골키퍼가 왼쪽으로 움직였을 때와 오른쪽으로 움직였을 때의 승률도 거의 같은 것으로 나타났다. 이는 각각의 선택에서 순수전략의 기대이득이 동일하므로 테니스 선수나 프로축구 선수들이 무작위적으로 움직일 수 있음을 나타낸다. 그리고 경험이 풍부한 게임참가자는 무작위적으로 행동할 수 있으나 초보자들은 무작위적인 행동을 쉽게 하지 못하는 것으로 해석할 수도 있다.

동태적 게임의 균형과 행태경제학

동태적 게임의 경우 쿤Kuhn의 알고리즘으로 균형을 구할 수 있음은 이미 앞의 14장게임이론의 기초에서 살펴본 바 있다. 행태경제학에서는 쿤의 알고리즘으로 구한 균형과 실제 사람들의 행동이 다르다는 점을 지적한다. 여기서는 동태적 우월게임과 센티피드centepede 게임을 살펴보기로 한다.

14 Walker, M. and J. Wooders, "Minimax play at Wimbledon", *American Economic Review*, 2001.

그림 22-5

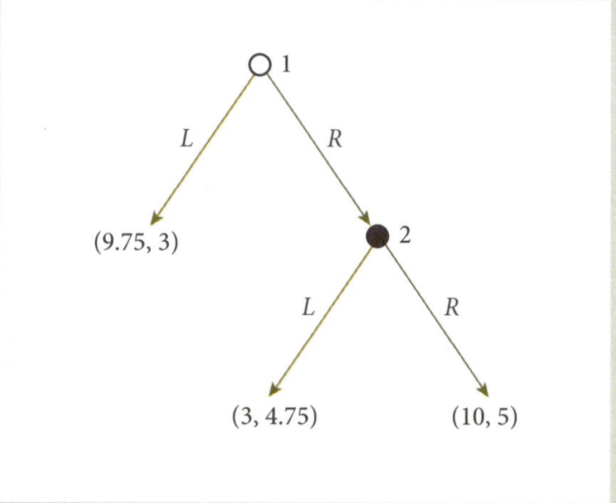

반복우월게임의 경우

이 동태적 게임의 균형을 쿤의 알고리즘에 의해 구하면 (R, R)이 된다. 그러나 실제로 실험해 보았을 때, 게임참가자 1의 66%는 L을 선택하는 것으로 나타났다. 이러한 결과는 상대방의 합리성을 불신하기 때문에 나타난다.

동태적 우월게임은 그림 22-5에 나타나 있다. 1 및 2는 각각 L 혹은 R을 택할 수 있다. 1이 L을 선택하면 게임이 끝나며 1이 R을 택하면 2가 L 혹은 R 가운데 무엇을 선택할 것인지에 따라 게임참가자들의 이득이 달라진다. 쿤의 알고리즘에 따라 열등전략을 제거하면 1 및 2가 모두 R을 택하는 것이 부속게임 완전균형이 된다. 그런데 비어드와 베일Beard & Beil이 실시한 실험[15]에 의하면, 게임참가자 1중 66%는 L을 선택한 것으로 나타났다. 이는 상대방의 합리성을 믿지 못해 발생한 결과이다. 실제로 게임참가자 1이 R을 택한 경우 게임참가자 2 중 83%만이 R을 택한 것으로 나타났다.

그림 22-6에 나타나 있는 센티피드 게임[16]을 살펴보기로 한다. 갑과 을 두 사람이 게임을 하는데 게임참가자가 택할 수 있는 전략은 패스 P와 채택 T의 두 가지가 있다. P를 선택하면 의사결정이 다른 게임참가자에게 넘어가고 T를 선택하면 게임이 끝나는데 T를 선택한 사람이 그 단계에서의 보수 가운데 80%를 갖는다. 첫 번째 단계에서의 보수는 0.5인데 단계가 하나씩 진행됨에 따라 보수는 2배

15 Beard, T.R. and R. Beil, "do people rely on the self-interested maximization of others?", *Management Science*, 1994.

16 McKelvey, R.D. and T.R. Palfrey, "an experimental study of the centipede game", *Econometrica*, 1992.

그림 22-6

센티피드 게임의 경우

센티피드 게임의 균형을 쿤의 알고리즘으로 구하면 갑이 1단계에서 T를 선택해 게임이 끝나는 것으로 나타난다. 그러나 실제로 실험해 보았을 때, 6~8%만 1단계에서 게임이 끝나는 것으로 나타났다.

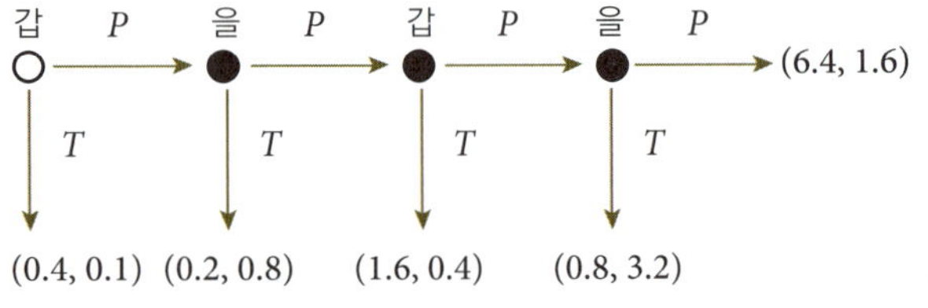

씩 증가한다. 게임은 총 4단계까지 진행된다.

쿤의 알고리즘에 의하면 4단계에서 을은 T를 택하는 것이 우월전략이다. 4단계에서 을의 우월전략이 알려졌을 때 3단계에서 갑의 우월전략 역시 T가 된다. 이를 반복하면 결국 1단계에서 갑은 우월전략 T를 선택하여 1단계에서 게임은 끝나게 된다. 이것이 센티피드 게임의 균형이다.

센티피드 게임의 실험 결과는 전통적인 게임이론에 의해 구한 균형과 다르게 나타났다. 실제로 실험을 실시하였을 때 6~8%만 1단계에서 게임이 끝났으며 75~82%는 4단계까지 게임이 지속되었다. 위와 동일한 센티피드 게임을 6단계까지로 확장한 경우(6단계까지 진행하는 경우), 즉 총수익이 1단계 수익의 64배가 되는 경우에는 1%만 1단계에서 게임이 끝났다.

게임의 해와 공정성

전통적인 게임이론은 개인이 자신의 이득만을 위해 행동한다고 전제한다. 즉 다른 사람의 반응을 고려하지 않는 건 아니지만 의사결정의 궁극적 목적은 자신의 이득을 가능한 한 극대화하는 데 있다고 전제한다는 것이다.

그런데 사람들의 실제 행동을 살펴보면 이타주의나 악의에 의한 행동들이 자주 관찰된다. 이타주의altruism에 의한 행동이란 자신이 비용을 부담하더라도 상대방에게 이득을 주는 행위를 하되 이 행동으로 인해 자신이 장래에 금전적인 이득을 얻을 것을 기대하지 않는 행동을 말한다. 그 예로 불우이웃돕기 성금을 내는 것 등을 들 수 있다.

악의spitefulness에 의한 행동이란 자신이 비용을 부담하면서 상대방도 비용을 부담하게 만들되 이러한 행동에 의해 장래에 금전적 이득을 얻을 것을 기대하지 않는 행동을 의미한다. 그 예로 자신이 목격한 사고를 기꺼이 신고하고 자신의 시간을 써가면서 조사에 응하는 것 등을 들 수 있다.

행태경제학에서는 이타주의적 혹은 악의적인 행동을 하는 근본적인 이유가 사람들이 본능적으로 공정성fairness에 대한 욕구를 갖고 있기 때문이라고 생각한다. 즉 사람들은 상대방이 가진 것이 자신이 가진 것에 비해 지나치게 많은 것도, 그리고 지나치게 적은 것도 모두 공정하지 않다고 생각한다는 것이다. 이러한 공정성의 개념을 이용하면 전통적인 게임이론으로 설명하기 어려운 게임의 해를 설명할 수 있다.

앞의 EXAMPLE 14-1 신경 경제학에서 살펴본 최후통첩게임ultimatum bargaining game은 떠올려 보자. 제안자 A에게는 100이 있다. A는 B에게 x를 준다고 제안할 수 있는데 이 제안을 B가 받아들이면 A는 $100-x$를, B는 x를 갖는다. 한편 B가 A의 제안을 거절하면 A와 B는 모두 0을 갖는다.

B가 자신의 이득만 생각한다고 전제하는 경우, x가 0보다 크면 항상 제안을 받아들이는 것이 B에게 이득이다. 그런데 실제로 최후통첩게임을 실험한 결과[17]에 의하면, 피실험자의 60~80% 정도에서 A는 40~50 정도를 제안했으며 A가 20 이하를 제안한 경우 가운데 절반 정도는 B가 A의 제안을 거부한 것으로 나타났다. 이 실험에서 A의 행동은 전략적이기는 해도 어느 정도는 이타적이라고 볼 수 있고 B은 행동은 악의적인 것으로 볼 수 있는데 이는 모두 공정성이 게임의 결과에 영향을 준 것으로 해석된다.

선도자 게임dictator game은 최후통첩게임보다 단순하게 구성된다. A가 100을 갖고 있는데 A가 B에게 x를 준다고 제안하면 게임이 끝난다. 이 게임에서는 x를 관찰하여 이타주의적 행동이 있는지를 판단할 수 있다. 다음과 같은 실험 결과를

17 Güth, W., et.al., "a experimental analysis of ultimatum bargaining", *Journal of Economic Behavior and Organization*, 1987.

살펴보자.[18]

이 실험은 다음과 같은 세 가지 경우를 포함하였다. **경우** 1에서는 A에게 무상으로 자산예: 10만 원을 지급하며 A와 B가 누구인지 서로에게 알려준다. **경우** 2에서는 A가 노력해서 자산을 취득하게 하고[19] A와 B가 누구인지 서로에게 알려준다. **경우** 3에서는 A가 노력해서 자산을 취득하게 하되 A와 B 모두에게 익명성을 보장해 준다.

실험을 실시한 결과, **경우** 1에서는 17%가 $x=0$을 제안하였고 **경우** 2에서는 80%가 $x=0$을 제안하였으며, **경우** 3에서는 96%가 $x=0$을 제안하였다. 익명성과 자산 획득에 드는 노력 등이 영향을 주기는 하지만 어느 정도 이타적인 행동이 있음을 알 수 있다.

금전적으로 자신에게 손해가 되지만 이타주의적 혹은 악의적인 행동을 하는 이유는 그러한 행동을 통해 금전적인 것 이외의 다른 만족을 얻을 수 있기 때문이다. 사람들이 보상을 얻을 때 활성화되는 것으로 알려진 등쪽줄무늬체dorsal striatum[20]가 불공정한 행위에 대해 징계를 할 때 얼마나 활성화되는지를 양전자단층촬영Positron Emission Tomography, *PET*을 통해 관찰한 실험결과를 통해 살펴보기로 한다.[21]

먼저 다음과 같이 게임을 구성한다. A와 B에게 각각 10mumoney unit씩 지급한다.

- A가 10mu를 가지면 게임은 끝나는데 이때 A와 B의 보수는 각각 10mu씩이다.
- A가 B에게 10mu를 주면 일단 B에게 40mu를 더 주어 B가 50mu를 갖게 한다. 이때 B가 A에게 25mu를 돌려주기로 하면 게임이 끝나며 A와 B의 보수는 각각 25mu가 된다. 만약 B가 50mu를 갖기로 하면 보수는 일단 $A=0$, $B=50$mu가 되지만 A가 B를 징계할 기회를 갖는다. 즉 A는 B에게 20점까지 벌점을 줄 수 있다.

이 벌점의 비용과 효과에 관해 다음과 같은 세 가지 경우가 고려되었다.

---

18 Cherry, T.L., et.al., "hardnose the dictator", *American Economic Review*, 2002.

19 실제 실험에서는 학부생들에게 GMAT 시험을 보게 한 후 성적에 따라 돈을 지급하였다.

20 등쪽줄무늬체(dorsal striatum)는 뇌의 한 부분인데 사람들이 보상을 받을 때 이 부분이 활성화되는 과정을 양전자단층촬영에 의해 관찰할 수 있다고 한다.

21 de Quervain, D., et.al., "the neural basis of altruistic punishment", *Science*, 2004.

- 비용이 수반되는 징계 C는 벌점 1점당 B의 보수가 2mu씩 감소하지만 A도 1mu씩 비용을 부담하는 경우이다.
- 비용이 들지 않는 징계 F는 벌점 1점당 B의 보수가 2mu씩 감소하지만 A는 어떠한 비용도 부담하지 않는 경우이다.
- 상징적 징계 S는 A가 벌점은 주지만 B의 보수는 줄지 않는 경우이다.[22]

실험을 실시한 결과 F와 C 모두 S와 비교하여 등쪽줄무늬체가 활성화되는 것으로 나타났다. C의 경우에서는 등쪽줄무늬체가 많이 활성화되는 사람일수록 벌점도 많이 주는 것으로 나타났는데 이는 사람들이 실제로 징벌을 하는 행위보다는 징벌을 할 때 얻게 될 만족에 대한 예측으로부터 더 많은 효용을 얻는 것으로 해석된다.

22 PET를 이용한 분석에서는 기준점과의 비교분석만이 가능하기 때문에 S는 일종의 기준점(baseline)으로 고려된 것이다.

요 약

- 전통적인 경제이론의 한계를 극복하기 위해 전통적인 경제이론에 심리적인 기초를 더한 것이 행태경제학이다. 실험경제학과 신경경제학은 행태경제학의 범주에 포함된다,

- 전통적인 경제이론에 의하면, 재화의 양이 동일하면 항상 동일한 만족을 얻어야 한다. 이런 점에서 전통적인 경제이론이 전제하는 효용을 객관적 효용이라 할 수 있다. 소비에 시간이 걸리는 경우에는 매 시점의 순간효용을 모두 합해 객관적 효용을 얻을 수 있다.

- 행태경제학에서는 객관적 효용에 의해 설명할 수 없는 소비자들의 행태를 소비자들이 소비 대상의 좋고 싫음을 평가하는 심리적 경향인 태도로 설명한다. 동일한 재화도 그 재화를 어떻게 표현하는가에 따라 소비자들의 선택이 달라질 수 있는데 이를 구성효과라 한다. 구성효과가 선호역전을 가져오는 예로 '아시아 질병문제'를 들 수 있다. 원형에 의한 판단이란 소비자들이 경험의 일부만을 이용하여 태도를 결정한다는 것인데 그 예로 절정-끝 규칙을 들 수 있다. 이러한 경우의 효용을 객관적 효용과 구별하여 경험적 효용이라 부른다. 한편 이미 갖고 있는 물건에 더 높은 가치를 부여한다는 부존효과는 손실기피에 의해 설명된다.

- 불확실성하의 선택행위를 분석하기 위해 전통적인 경제이론에서는 완비성, 이행성, 연속성 및 독립성의 공리에 기초하여 도출한 기대효용함수를 이용한다. 기대효용함수로부터 단조성의 원리와 공통비의 원리가 도출된다. 알레의 역설은 독립성의 공리에 어긋나는 예이며, 실제로 실험해 보면, 단조성의 원리 및 공통비의 원리에 어긋나는 경우도 많이 발견된다.

- 불확실성하의 선택행위를 분석하는 전통적인 경제이론의 한계를 극복하기 위해 행태경제학에서 고안한 것이 전망이론이다. 전망이론에 의하면 사람들의 의사결정은 편집과 평가의 과정을 거치며 편집과정에서는 어림수 환산, 우월성 인식 등이 작동된다. 그리고 결과가 양인 경우에는 위험기피적이고 결과가 음인 경우에는 위험애호적인 S자 형태의 효용함수를 전제한다. 그 밖에 사람들이 의사결정을 할 때 객관적 확률이 아니라 이를 변형한 주관적 확률을 고려한다고 주장한다. 주관적 확률은 저가산성, 저확실성, 저비례성을 만족시키는데 이는 사람들이 낮은 확률을 과대평가함을 의미한다. 확률이 아주 낮은 경우에는 S자형 효용함수와 정반대인 효용함수가 나타날 수 있다.

➲ 전망이론의 기본적 약점은 연역적 추론이 아니라 실험결과에 의해 이론이 도출된다는 것이다. 따라서 전망이론에 의해 성립된 이론들은 다른 실험에 의해 얼마든지 부정될 수 있다.

➲ 전통적 게임이론의 혼합전략 내쉬균형은 게임참가자들이 무작위적으로 행동한다는 것을 전제로 한다. 그런데 실제로 실험해 보았을 때 사람들이 지나치게 많은 런run을 만드는 등 무작위적으로 행동하지 못하는 경향이 있는 것으로 나타났다. 전통적 게임이론에서는 동태적 게임의 균형을 쿤Kuhn의 알고리즘으로 구한다. 그러나 실제로 실험해 보면 동태적 우월게임과 센티피드 게임의 결과는 전통적 게임이론의 예측과 다르게 나타난다. 한편 최후통첩 게임과 선도자 게임의 실험 결과가 부속게임 완전균형과 다르게 나타나는 것은 사람들이 공정성에 대한 욕구를 갖고 있기 때문이라고 설명된다.

연 습 문 제

01 전망의 결과가 음(−)인 경우에도 확실동등치가 기대치보다 크면 위험애호적이고 확실동등치가 기대치보다 작으면 위험기피적이 됨을 그림을 이용하여 확인하시오.

02 전망이론이 전제하는 S자형 효용함수에서 $X>0$일 때 $U(X)=X^{0.5}$로 주어졌다. 손실기피가 성립하고 $X<0$일 때의 효용함수가 $U(X)=X^{a}$인 경우에 a 값의 범위는 어떻게 되는가?

03 '아시아 질병 문제'에서 '사는 것'을 결과가 양(+)인 것으로, '죽는 것'을 결과가 음(−)인 것으로 간주하기로 한다. 이 경우 S자형 효용함수에 의해 '아시아 질병 문제'를 설명할 수 있음을 보이시오.

04 본문의 **표 22-2**에 제시된 알레의 역설을 고려해 보자. $A>B$인 경우 $C>D$가 성립해야 한다는 것을 대체성의 공리를 이용하여 증명하시오. A 및 B에서 공통적인 (500, 0.89)를 무엇으로 대체하면 C와 D의 관계를 얻을 수 있는가?

05 본문의 **표 22-6**에 제시된 게임의 혼합전략 내쉬균형을 구하시오.

찾아보기

ㄱ

ㅇ

ㅈ

ㅍ

ㅎ

[저자 약력]

연세대학교 경제학과 졸업(1979)

연세대학교 대학원 경제학과, 경제학 석사(1981)

Princeton 대학원 경제학과, 경제학박사(1985)

(현재) 연세대학교 경제학부 교수

[주요 저서]

도시경제(제4판, 공저), 홍문사, 2009.

부동산과 시장경제, 삼성경제연구소, 2006.

자료해석의 이해(제2판, 공저), 홍문사, 2004.

한국부동산시장의 거시계량분석, 홍문사, 1994.

한국경제의 계량분석, 서울경제연구소, 1994.

제 7 판

미시경제학

1995년	12월	10일	제1판		발행
2010년	1월	5일	제6판		발행
2011년	12월	27일	제7판	1쇄	발행
2014년	8월	20일	제7판	2쇄	발행

著 者 徐 昇 煥

發行人 林 勸 圭

發行處 弘 文 社

121-856 서울시 마포구 토정로 222 A동 205호

등록 1993. 6. 24. 제1-1543호

TEL. 712-5311(代) FAX. 716-5311

값 37,000원

ISBN 978-89-7770-283-7 93320